RECUEIL DES COURS

428 (2023)

L'Académie de droit international de La Haye
honorée du prix Wateler de la Paix (1936, 1950), du prix Félix Houphouët-Boigny pour la recherche de la paix (1992), de l'ordre du Rio Branco, Brésil (1999), et de la médaille de l'Institut royal d'études européennes, Espagne (2000)

The Hague Academy of International Law
awarded the Wateler Peace Prize (1936, 1950), the Félix Houphouët-Boigny Peace Prize (1992), the Order of Rio Branco, Brazil (1999), and the Medal of the Royal Institute of European Studies, Spain (2000)

© Académie de droit international de La Haye, 2023
The Hague Academy of International Law, 2023

Tous droits réservés   All rights reserved

ISBN 978-90-04-54440-6

Printed by/Imprimé par Triangle Bleu, 59600 Maubeuge, France

ACADÉMIE DE DROIT INTERNATIONAL

FONDÉE EN 1923 AVEC LE CONCOURS DE LA
DOTATION CARNEGIE POUR LA PAIX INTERNATIONALE

RECUEIL DES COURS

COLLECTED COURSES OF THE HAGUE
ACADEMY OF INTERNATIONAL LAW

2023

Tome 428 de la collection

BRILL | NIJHOFF

Leiden/Boston

COMPOSITION DU CURATORIUM
DE L'ACADÉMIE DE DROIT INTERNATIONAL DE LA HAYE

PRÉSIDENT

Y. DAUDET, professeur émérite de l'Université Paris I (Panthéon-Sorbonne)

VICE-PRÉSIDENT

B. HESS, avocat, docteur en droit

MEMBRES

M. BENNOUNA, juge à la Cour internationale de Justice

K. BOELE-WOELKI, doyenne de la faculté de droit de Bucerius, Hambourg; présidente de l'Académie internationale de droit comparé

H. BUXBAUM, professeure à l'Université de l'Indiana

H. CHARLESWORTH, *Laureate Professor* à l'école de droit de l'Université de Melbourne; professeure à l'université nationale australienne

G. CORDERO-MOSS, professeure à l'Université d'Oslo

D. P. FERNANDEZ ARROYO, professeur à l'école de droit de Sciences Po, Paris

B. B. JIA, professeur à l'Université de Tsinghua, Pékin

M. KAMTO, professeur à l'Université de Yaoundé II

M. M. MBENGUE, professeur à l'Université de Genève

D. MOMTAZ, professeur à l'Université de Téhéran

Y. NISHITANI, professeure à l'Université de Kyoto

N. J. SCHRIJVER, professeur émérite de l'Université de Leiden; Conseiller d'Etat au Conseil d'Etat des Pays-Bas

L.-A. SICILIANOS, doyen de la faculté de droit de l'Université d'Athènes; ancien président de la Cour européennne des droits de l'homme

P. TOMKA, juge et ancien président de la Cour internationale de Justice

T. TREVES, professeur émérite de l'Université de Milan; ancien juge au Tribunal international du droit de la mer

SECRÉTAIRE GÉNÉRAL
DE L'ACADÉMIE DE DROIT INTERNATIONAL DE LA HAYE

J.-M. THOUVENIN, professeur à l'Université Paris-Nanterre

COMPOSITION OF THE CURATORIUM
OF THE HAGUE ACADEMY OF INTERNATIONAL LAW

PRESIDENT

Y. DAUDET, Emeritus Professor at Paris I University (Panthéon-Sorbonne)

VICE-PRESIDENT

B. HESS, Attorney-at-Law, Ph.D.

MEMBERS

M. BENNOUNA, Judge at the International Court of Justice

K. BOELE-WOELKI, Dean of Bucerius Law School, Hamburg; President of the International Academy of Comparative Law

H. BUXBAUM, Professor at Indiana University

H. CHARLESWORTH, Laureate Professor at Melbourne Law School; Professor at the Australian National University

G. CORDERO-MOSS, Professor at the University of Oslo

D. P. FERNANDEZ ARROYO, Professor at the Sciences Po Law School, Paris

B. B. JIA, Professor at Tsinghua University, Beijing

M. KAMTO, Professor at the University of Yaoundé II

M. M. MBENGUE, Professor at the University of Geneva

D. MOMTAZ, Professor at the University of Tehran

Y. NISHITANI, Professor at Kyoto University

N. J. SCHRIJVER, Emeritus Professor at Leiden University; State Councillor at the Netherlands Council of State

L.-A. SICILIANOS, Dean of the Law Faculty of the University of Athens; former President of the European Court of Human Rights

P. TOMKA, Judge and former President of the International Court of Justice

T. TREVES, Emeritus Professor at the University of Milan; former Judge at the International Tribunal for the Law of the Sea

SECRETARY-GENERAL
OF THE HAGUE ACADEMY OF INTERNATIONAL LAW

J.-M. THOUVENIN, Professor at the University Paris-Nanterre

ACADÉMIE DE DROIT INTERNATIONAL DE LA HAYE
— FONDÉE EN 1923 AVEC LE CONCOURS DE LA DOTATION CARNEGIE —
HONORÉE DU PRIX WATELER DE LA PAIX (1936, 1950), DU PRIX FÉLIX HOUPHOUËT-BOIGNY POUR LA RECHERCHE DE LA PAIX (1992), DE L'ORDRE DU RIO BRANCO, BRÉSIL (1999), ET DE LA MÉDAILLE DE L'INSTITUT ROYAL D'ÉTUDES EUROPÉENNES, ESPAGNE (2000)

L'Académie constitue un centre d'études et d'enseignement du droit international public et privé, et des sciences connexes. Son but est de faciliter l'examen approfondi et impartial des problèmes se rattachant aux rapports juridiques internationaux.

L'enseignement de l'Académie est principalement donné au Palais de la Paix, à La Haye, par des personnalités de différents États. Il porte sur le droit international, sous ses aspects théoriques et pratiques, et sur la jurisprudence internationale. La durée de ses deux principales sessions est en été de six semaines s'étendant sur les mois de juillet et d'août, et partagée en deux périodes, consacrées l'une au droit international public, l'autre aux relations privées internationales, et, en hiver, de trois semaines, consacrée en janvier au droit international. L'enseignement est dispensé en français ou en anglais, avec traduction simultanée dans l'autre langue. Les sessions de l'Académie se déroulent sous l'autorité du Secrétaire général.

L'enseignement de l'Académie est conçu dans un esprit à la fois pratique et hautement scientifique. Nettement différencié des enseignements similaires des universités et écoles nationales, il s'adresse à tous ceux qui possèdent déjà des notions de droit international et ont, par intérêt professionnel ou curiosité d'esprit, le désir de se perfectionner dans cette science.

Il n'existe pas de cadre permanent de professeurs à l'Académie. Le Curatorium, qui est le corps chargé de la direction scientifique de l'institution, et qui se compose de dix-huit membres appartenant statutairement à des nationalités différentes, adresse chaque année, en toute liberté, ses invitations aux personnes qu'il estime qualifiées pour donner un cours ou une conférence à l'Académie. Les personnes ayant donné des cours à l'Académie ne sont donc aucunement fondées à s'intituler professeur de ou à l'Académie de droit international de La Haye.

L'Académie décerne un diplôme à ceux des auditeurs qui, réunissant les qualifications spéciales exigées par le règlement en vigueur, auront subi avec succès des épreuves d'examen devant le jury de la session à laquelle ils se sont inscrits. Elle délivre en outre aux auditeurs un certificat attestant l'assiduité aux cours de l'Académie à la fin de la session suivie.

Toute personne désirant suivre l'enseignement de l'Académie doit faire parvenir par voie électronique au secrétariat de l'Académie, au Palais de la Paix, à La Haye, un formulaire d'inscription dûment rempli. L'Académie perçoit des droits d'inscription fixés par le Conseil d'administration de l'Académie.

Un programme de bourses d'études permettant d'assister aux cours d'été ou d'hiver est institué auprès de l'Académie. Le mode d'attribution de ces bourses fait l'objet d'un règlement disponible sur le site Internet de l'Académie.

Tous les cours professés à l'Académie durant les sessions d'été et d'hiver font, en principe, l'objet d'une publication dans le *Recueil des cours de l'Académie de droit international de La Haye*, ainsi que sur une plateforme Internet, dans la langue dans laquelle ils ont été professés. Certains cours sont également publiés ou réédités dans des collections spéciales.

THE HAGUE ACADEMY OF INTERNATIONAL LAW
— Founded in 1923 with the Support of the Carnegie Endowment —
Awarded the Wateler Peace Prize (1936, 1950), the Félix Houphouët-Boigny Peace Prize (1992), the Order of Rio Branco, Brazil (1999), and the Medal of the Royal Institute of European Studies, Spain (2000)

The Academy is an institution devoted to the study and teaching of Public and Private International Law and related fields. Its mission is to further the thorough and impartial examination of issues arising from international legal relations.

The courses of the Academy are dispensed principally at the Peace Palace in The Hague by personalities from different States. They deal with the theoretical and practical aspects of international law, including international jurisprudence. The duration of its two main sessions is, in Summer, of six weeks in July and August, divided into two periods of three weeks each, one devoted to Public International Law and the other to Private International Law, and, in Winter, of three weeks, in January, devoted to international law. They are taught in either English or in French, with simultaneous interpretation into the other language. The Secretary-General is responsible for managing the sessions of the Academy.

The education offered by the Academy is designed to be both practical and highly academically advanced. Clearly distinct from the teachings provided in national universities and law schools, it is intended for those who already possess some notion of international law and who, out of professional interest or intellectual curiosity, desire to deepen their knowledge in this field.

There is no permanent teaching staff at the Academy. The Curatorium, which is the body entrusted with the scientific management of the institution, and which consists of eighteen members of different nationalities, invites each year, in its unfettered discretion, whomsoever it deems best qualified to dispense a course or give a lecture at the Academy. It follows that no one who has lectured at the Academy is entitled to style himself or herself Professor of or at The Hague Academy of International Law.

The Academy awards a Diploma to those attendees who possess special qualifications as set out in the regulations, after having successfully passed examinations before the Jury of the session in which they are registered. It also delivers a certificate of attendance to registered attendees at the end of the session.

Anyone wishing to attend the courses at the Academy must send a completed electronic registration form to the Secretariat of the Academy at the Peace Palace in The Hague. The registration fee for each session of courses is fixed by the Administrative Board of the Academy.

The Academy manages a programme of scholarships to allocate at its discretion to attendees at the Summer and Winter Courses. The regulations governing scholarships are published on the website of the Academy.

All courses taught at the Academy during the Summer and Winter Courses are, in principle, published in the *Collected Courses of The Hague Academy of International Law*, which also exist in electronic format, in the language in which they were delivered. Some courses are also published or reissued in special collections.

TABLE GÉNÉRALE DES MATIÈRES
GENERAL TABLE OF CONTENTS

Islam et droit international, par S. LAGHMANI, professeur à l'Université de Carthage (Tunis). 9-128

The Influence of Public International Law upon Private International Law in History and Theory and in the Formation and Application of the Law, by M. J. A. OYARZÁBAL, Ambassador of the Argentine Republic . . 129-525

ISLAM ET DROIT INTERNATIONAL

par

SLIM LAGHMANI

S. LAGHMANI

TABLE DES MATIÈRES

Introduction	21
Chapitre I. L'Islam	26
A. Acteurs et thèses en présence	29
1) Le mu`tazilisme et la possibilité d'un droit humain	30
a) `Ilm al-kalâm, signification et statut	31
b) Le principe de la justice divine	33
i) La raison divine	34
ii) La liberté humaine	35
iii) L'ordre naturel	36
2) Le traditionnisme et l'hérésie d'un droit humain	38
a) Les postulats du traditionnisme	38
i) Le volontarisme divin	38
ii) Le paradigme de la science dans la perspective traditionniste	39
b) Sharî`a et *fiqh*	40
B. L'affrontement et l'issue	46
1) L'affrontement	47
2) L'ash`arisme ou `ilm al-kalâm ordonné au dogme volontariste	50
Chapitre II. Le droit des gens en islam: les *siyar*	54
A. La discipline des *siyar*	54
B. A titre de comparaison: notions et définitions dans la tradition juridique grecque, romaine et chrétienne médiévale	56
1) Grèce: l'idée de droit naturel	56
2) Rome: droit naturel et *jus gentium*	58
3) La Chrétienté médiévale: droit naturel, droit des gens et droit divin	61
C. La structure des *siyar*	64
1) Règles régissant les rapports de la *'Umma*, la communauté des croyants, aux autres peuples	64
a) Le droit de la guerre	64
i) Jus ad bellum	64
A titre de comparaison: le *jus ad bellum* dans la tradition juridique grecque, romaine et chrétienne médiévale	69
ii) Jus in bello	73
A titre de comparaison: le *jus in bello* dans la tradition juridique grecque, romaine et chrétienne médiévale	74
b) Le droit de la paix	75
i) La paix par la domination: la *pax islamica*	75
A titre de comparaison: la *pax romana*	78
ii) La paix par l'équilibre	79
A titre de comparaison: la paix par l'équilibre dans la pratique grecque, romaine et chrétienne médiévale	81

2) Règles régissant des rapports où une partie au moins est un étranger 82
   a) L'étranger-ennemi......................... 82
      A titre de comparaison : l'étranger-ennemi la tradition. juridique grecque, romaine et chrétienne médiévale 83
   b) L'étranger-hôte 84
      A titre de comparaison : l'étranger-hôte dans la tradition juridique grecque, romaine et chrétienne médiévale 85

Chapitre III. Les *siyar* et le droit international 87
  A. L'existence d'un droit international antique et médiéval 87
    1) Les négateurs de l'existence d'un droit international antique et médiéval 87
      a) L'absence de l'infrastructure du droit international 89
      b) L'absence de règles juridiques internationales......... 89
    2) L'affirmation de l'existence d'un droit des gens antique et médiéval.................................. 90
      a) L'existence (intermittente) de l'infrastructure nécessaire au droit international........................ 93
         i) Les premières collectivités interétatiques 93
         ii) «Les premières sociétés internationales» 96
      b) L'existence de règles juridiques internationales à caractère primitif 98
         i) Présence de règles juridiques internationales 98
         ii) Un droit international primitif 101
  Conclusions................................... 102
  B. Compréhension : la cohérence interne des *siyar*............ 106
    1) Détermination négative........................ 106
      a) L'absence du concept de souveraineté 107
      b) L'absence du principe d'égalité 108
      c) L'absence de la logique de l'accord 110
    2) Détermination positive 111
  C. Explication : facteurs et fonctions du droit des gens........... 115
    1) L'Empire et l'universalisation de sa culture 117
    2) L'Empire et la domination universelle................ 118

Synopsis : l'Islam classique........................... 123

Bibliographie sélective 125

NOTICE BIOGRAPHIQUE

Slim Laghmani, né le 12 novembre 1957 à Tunis (Tunisie).
Docteur d'Etat en droit, Université de Tunis (1990), prix présidentiel de la thèse de doctorat. Admis major au concours d'agrégation en droit public et en sciences politiques, Université de Tunis (1992).
Assistant, maître assistant et maître de conférences agrégé à la Faculté des sciences juridiques, politiques et sociales de Tunis (FSJPST). Actuellement professeur à la FSJPST, Université de Carthage. Enseignements: le droit international public, la philosophie du droit, les droits de l'Homme et le droit constitutionnel comparé.
Directeur du Laboratoire «Droit communautaire et relations Maghreb-Europe» (2001-2013). Responsable du mastère «Droit communautaire et relations Maghreb Europe» (1999-2012). Directeur du département de droit public de la FSJPST (1996-1999 et 1999-2002). Chef du programme d'appui à la qualité de la FSJPST «Renforcement des capacités en ingénierie pédagogique et appui à la qualité du Système LMD en sciences juridiques» (2010-2011).
Secrétaire de rédaction de la *Revue tunisienne de droit* (*RTD* 1980, *RTD* 1981, *RTD* 1982 et *RTD* 1983).
Professeur invité de plusieurs universités et instituts.
Depuis 1999, expert auprès de la «Commission nationale du droit de la mer» et à ce titre: membre de la délégation tunisienne qui a conclu l'accord sur «les arrangements provisoires relatifs à la délimitation des frontières maritimes entre la Tunisie et l'Algérie» signé à Alger le 11 février 2002 et l'accord définitif relatif à la délimitation des frontières maritimes entre la Tunisie et l'Algérie (signé à Alger le 11 juillet 2011, ratifié par la Tunisie en 2011 et par l'Algérie en 2013); membre du Groupe mixte de juristes et d'experts tuniso-italien sur le statut juridique des espaces maritimes situés entre les deux Etats; membre du Groupe mixte de juristes et d'experts tuniso-libyen sur les questions maritimes intéressant les deux Etats.
Président de l'Association tunisienne de droit constitutionnel (2017-2020).
Membre de la Commission des libertés individuelles et de l'égalité créée par Décret présidentiel en date du 3 août 2017 et, à ce titre, co-auteur du rapport de ladite Commission remis au chef de l'Etat le 8 juin 2018.
Membre du Comité des experts au sein de la Haute instance de réalisation des objectifs de la révolution, de la réforme politique et de la transition démocratique, président de la sous-commission des libertés publiques chargée de l'élaboration du projet de décret-loi relatif aux partis politiques et du projet de décret-loi relatif aux associations (2011).
Membre désigné par l'Agence d'évaluation de la recherche et de l'enseignement supérieur du Comité d'évaluation des unités et laboratoires de recherches de l'Université de Paris I Panthéon Sorbonne (vague D, 2009).

PRINCIPALES PUBLICATIONS

Ouvrages

Eléments d'histoire de la philosophie du droit, tome I, *La nature, la révélation et le droit*, Tunis, FNRS-Cérès Production, 1993 ; tome II, *La modernité, l'Etat et le droit*, Tunis, CPU, 1999.
En commun avec Ali Mezghani : *Ecrits sur le droit et la modernité*, Tunis, Dar al-Janûb li'al-Nashr 1994, en langue arabe.
Histoire du droit des gens. Du jus gentium *impérial au* jus publicum europaeum, Paris, Pedone, 2004.
Islam. Le pensable et le possible, Casablanca, éd. Le Fennec, 2005.
Ecrits politiques et constitutionnels depuis la révolution, Tunis, Nirvana, 2020, 2ᵉ éd. revue et augmentée, 2021 (en langue arabe et en langue française).
L'ordre juridique international : souveraineté, égalité et logique de l'accord. Une théorie tiers-mondiste, Tunis, Nirvana, 2021.
Une critique de la connaissance juridique, Tunis, Nirvana, 2022.

Cours

« La volonté des Etats est-elle encore au fondement du droit international ? », dans *Cours euro-méditerranéens Bancaja de droit international*, Cardona Llorens (dir. publ.), Cours sur les problèmes fondamentaux, vol. XI/XII, 2007-2008, Valence, 2008, p. 55-306.

Recueils de textes

Répertoire élémentaire de jurisprudence internationale, Tunis, CERP, 1993.
En commun avec Dali Jazi et Rafaâ Ben Achour : *Les droits de l'Homme par les textes*, Tunis, CPU, 2004.
En commun avec Ghazi Gherairi et Salwa Hamrouni : *Affaires et documents en droit international*, Tunis, CPU, 2005.

Direction d'ouvrages

En commun avec Rafaâ Ben Achour :
Les nouveaux aspects du droit international, Paris, Pedone, 1994.
Harmonie et contradictions en droit international, Paris, Pedone, 1996.
Droit international et droits internes, développements récents, Paris, Pedone, 1998.
Justice et juridictions internationales, Paris, Pedone, 2000.
Le droit international face aux nouvelles technologies, Paris, Pedone, 2002.
Le droit international à la croisée des chemins, Paris, Pedone, 2004.
Acteurs non étatiques et droit international, Paris, Pedone, 2007.
Les droits de l'Homme : une nouvelle cohérence pour le droit international ?, Paris, Pedone, 2008.

En commun avec Yadh Ben Achour :
Droit communautaire et mondialisation, Tunis, CPU, 2004.

En commun avec Fadhel Moussa :
La mer Méditerranée entre territorialisation et coopération, La fondation Hans Seidel, Maghreb 2013.

Principales contributions en droit international

*Aspects internationaux de l'*Affaire de Gafsa, Faculté de droit et des sciences économiques et politiques de Tunis, Mémoire en vue de l'obtention du Diplôme d'études approfondies en droit public sous la direction de Yadh Ben Achour, juin 1981.
« La crise consécutive à l'admission de la République Arabe Sahraoui démocratique

à l'Organisation de l'Unité africaine», *Etudes internationales*, n° 5, 1982, p. VII-XXIX.

En commun avec Mme Sana Ben Achour: «Droit international, droits internes et droit musulman», dans *La non-discrimination à l'égard des femmes entre la Convention de Copenhague et le discours identitaire*, Tunis, CERP-UNESCO, 1989, p. 55-71.

«L'effectivité des sanctions des violations des droits fondamentaux: développements récents», dans *L'effectivité des droits fondamentaux dans les pays de la communauté francophone*, Montréal, Editions AUPELF-UREF, 1994, p. 541-553.

«Vers une légitimité démocratique?», dans Rafaâ Ben Achour et Slim Laghmani (dir. publ.), *Les nouveaux aspects de droit international*, Paris, Pedone, 1994, p. 249-278.

Le cadre juridique des organisations non gouvernementales en Tunisie, Tunis, éd. Fondation El-Taller, Fondation Friedrich Ehbert, février 1996.

«Le phénomène de perte de sens en droit international», dans Rafaâ Ben Achour et Slim Laghmani (dir. publ.), *Harmonie et contradictions en droit international*, Paris, Pedone, 1997, p. 55-75.

«Référendum et droit international», dans Henry Roussillon (dir. publ.), *Référendum et démocratie*, Presses de l'Université des sciences sociales de Toulouse, 1998, p. 195-217.

«Les défis à la souveraineté», dans *La souveraineté aujourd'hui*, Troisièmes journées tuniso-françaises de droit constitutionnel, Tunis, ATDC-CPU, 1998, p. 5-28.

«Droit international et droits internes: vers un renouveau du *jus gentium*?», dans Rafaâ Ben Achour et Slim Laghmani (dir. publ.), *Droit international et droits internes, développements récents*, Paris, Pedone, 1998, p. 23-44.

«Suprématie de la Constitution et transfert de souveraineté», dans *Constitution et droit international, Recueil des cours de l'Académie internationale de droit constitutionnel*, n° 8, Tunis, CPU, 2000, p. 79-126.

«Le Tribunal pénal international pour le Rwanda», dans Rafaâ Ben Achour et Slim Laghmani (dir. publ.), *Justice et juridictions internationales*, Paris, Pedone, 2000, p. 161-186.

«L'adoption du Statut de la Cour pénale internationale: consécration de l'humanité ou expression des rapports de force?», *L'Humanitaire, Maghreb*, 2001, n° 3, p. 4-7.

«Le terrorisme, la force et le droit, A propos des attaques terroristes du 11 septembre 2001», *Prologues: revue maghrébine du livre* (Casablanca), n° 26, hiver 2003, p. 26-31.

«Est-ce la guerre des civilisations?», *Prologues: revue maghrébine du livre* (Casablanca), n° 26, hiver 2003, p. 10-13.

«Faut-il rire du droit international ou le pleurer?», *Actualité et droit international*, février 2003, http://www.ridi.org/adi.

«L'internationalité: antécédents, consécration et crise d'un concept», *Supplément à la Revue Lamy Droit des affaires*, n° 46, février 2002, p. 11-15.

«Le droit international face aux nouvelles technologies, rapport introductif», dans Rafaâ Ben Achour et Slim Laghmani (dir. publ.), *Le droit international face aux nouvelles technologies*, Paris, Pedone, 2002, p. 23-41.

«Du droit international au droit impérial? Réflexions sur la guerre contre l'Irak», *Actualité et droit international*, avril 2003 http://www.ridi.org/adi.

«Sanction et immunité», dans Brahim Bertégi (dir. publ.), *La sanction: Anciennes solutions et nouvelles tendances*, faculté des sciences juridiques, politiques et sociales de Tunis, 2004, p. 35-53.

«La doctrine américaine de la *"preemptive self-defense"*», dans Rafaâ Ben Achour et Slim Laghmani (dir. publ.), *Le droit international à la croisée des chemins*, Paris, Pedone, 2004, p. 133-178.

«Du Juge international aux Juges internationaux», dans *Mélanges Sadok Belaid*, Tunis, CPU, 2004, p. 477-492.

«Le nouvel ordre politique international et son impact sur le droit international», dans Emmanuelle Jouannet, Hélène Ruiz Fabri et Jean-Marc Sorel (dir. publ.), *Regards d'une génération sur le droit international*, Paris, Pedone, 2008, p. 229-245.

«La Constitution tunisienne et le droit international. Rapport introductif», dans *La Constitution tunisienne et le droit international,* publication *de l'Association tunisienne de droit constitutionnel,* Tunis, 2005, p. 19-37.

«Droit international et identité», dans *Mélanges Abdelfattah Amor,* Tunis, CPU, 2005, p. 689-700.

«L'ambivalence du renouveau du *jus gentium*», *Les Cahiers Marxistes,* Bruxelles, n° 233, *Le défi impérial,* août-septembre 2006, p. 53-63; également publié dans *Select Proceedings of the European Society of International Law,* vol. 1, 2006, Hélène Ruiz Fabri, Emmanuelle Jouannet et Vincent Tomkiewicz (dir. publ.), Hart Publishing, mai 2008, p. 209-220.

«Acteurs non étatiques et droit international: Rapport introductif», dans Rafaâ Ben Achour et Slim Laghmani (dir. publ.), *Acteurs non étatiques et droit international,* Paris, Pedone, 2007, p. 7-22.

«Droit international et diversité culturelle», *RGDIP,* 2008-2, p. 241-253.

«Le *jus cogens* et la cohérence de l'ordre juridique international», dans Rafaâ Ben Achour et Slim Laghmani (dir. publ.), *Les droits de l'Homme: Une nouvelle cohérence pour le droit international?,* Rencontre dédiée à la mémoire de Dali Jazi, Paris, Pedone, 2008, p. 63-96.

«L'impact du terrorisme international sur le droit de la sécurité collective», dans Maurizio Arcari et Louis Balmond (dir. publ.), *La sécurité collective entre légalité et défis à la légalité,* Milan, Giuffrè Editore, 2008, p. 227-235.

«Le Conseil de sécurité et le terrorisme international», dans *Mélanges à la mémoire de Dali Jazi,* Tunis, CPU, 2009, p. 325-332.

«Le rang des traités dans la hiérarchie des normes en droit constitutionnel tunisien», dans Mohamed Ridha Jenayah (dir. publ.), *Le juge et le traité,* Sousse, C&R SAS, 2009, p. 23-34.

«Vattel: Le recours à la force *(jus ad bellum)*», dans Vincent Chetail et Peter Haggenmacher (dir. publ.), *Le droit international de Vattel vu du XXIe siècle,* Leiden, Boston, Martinus Nijhoff Publishers, 2011, p. 307-315.

«La réception de l'accord d'association et des normes européennes auxquelles il renvoie: logique de droit international ou de droit communautaire?», *Recueil d'études offert à Mohamed Midoun,* Tunis, Faculté des sciences juridiques, politiques et sociales, 2013, p. 515-536.

«Les principes généraux de droit en droit international», dans *Mélanges offerts à la doyenne Kalthoum Meziou-Dourai,* Tunis, CPU, 2013, p. 533-542.

«Aspect légal de la prise en charge du gréviste de la faim», dans *Médecine, éthique et grève de la faim,* XVIIe Conférence annuelle du Comité national d'éthique médicale, faculté de médecine de Tunis, publié en 2014 par le Comité national d'éthique médicale, p. 24-36.

«Les origines du droit international public et le concept de discours fondateur», dans Pierre-Marie Dupuy et de Vincent Chetail (dir. publ.), *The Roots of International Law/Les fondements du droit international. Liber Amicorum Peter Haggenmacher,* Leiden, Boston, Martinus Nijhoff Publishers, 2014, p. 449-464.

«Une Cour constitutionnelle internationale?», dans *Mélanges en hommage à Henry Roussillon, Le pouvoir, mythes et réalité,* Presses de l'Université de Toulouse I Capitole, 2014, deux tomes, tome II, p. 989-1001.

«Islam et droit international», dans Anne-Laure Chaumette et de Nicolas Haupais (dir. publ.), *Religions et droit international,* Paris, éd. A. Pedone, 2019, p. 67-83.

«L'environnement du droit international», dans *Droit, humanité et environnement. Mélanges en l'honneur de Stéphane Doumbé-Billé,* Bruxelles, Bruylant, 2020, p. 627-644.

«L'auteur de l'agression», dans *Mélanges en l'honneur du doyen Mohamed Salah Ben Aissa,* Tunis, CPU, 2020, p. 803-814.

Islam et modernité

En commun avec Mme Sana Ben Achour: «Droit international, droits internes et droit musulman», dans *La non-discrimination à l'égard des femmes entre la convention de Copenhague et le discours identitaire,* Tunis, CERP-UNESCO, 1989, p. 55-71.

« Réflexions sur le concept de patrimoine culturel » (en langue arabe : *Fî al-Turâth)*, publié dans l'hebdomadaire *L'observateur*, 1992, n° 1.
« Le concept de droits de l'Homme : naissance et évolution », *RTD*, 1992, p. 37-61, *Revue arabe des droits de l'Homme*, 1994, 1, p. 8-21 (en langue arabe).
« Droit musulman et droit positif en Tunisie », dans *Les dossiers du CEDEJ, Politiques législatives : Egypte, Tunisie, Algérie, Maroc*, Le Caire, CEDEJ, 1994, p. 157 ss.
« Islam et droits de l'Homme », dans G. Conac et A. Amor (dir. publ.), *Islam et droits de l'Homme*, Paris, Economisa, 1994, p. 42-56, paru dans une version remaniée : « Pensées musulmanes et théorie des droits de l'Homme », dans Jacques-Ivan Morin (dir. publ.), *Les droits fondamentaux, Actes des premières journées scientifiques du réseau droits fondamentaux de l'AUPELF-UREF*, Bruxelles, Bruylant, 1997, p. 147-156. Traduit en italien par Davide Righi sous le titre : « Correnti di pensiero musulmane et teorie dei diritti dell'uomo », http://xoomer.virgilio.it/davide_righi/Dispense/CorrDiPens2.pdf.
« La problématique de la démocratie. Le concept de démocratie et ses applications en Occident peuvent-ils servir de modèle aux arabes dans le cadre du changement culturel ? », rapport demandé par les organisateurs du IVᵉ Congrès culturel arabe qui a porté sur *La culture arabe entre la conservation et l'identité et le défi du changement*, Hammamet, 10-11-12 décembre 1997 (en langue arabe), *Revue arabe des droits de l'homme*, 1999, n° 6, p. 136-143.
« Entre Etat laïque et Etat confessionnel : un statut intermédiaire est-il pensable ? », dans *Mélanges en l'honneur de Habib Ayadi*, Tunis, CPU, 2000, p. 625-633.
« Islam et droits de l'Homme à travers la question de l'interprétation » (en langue arabe), *Revue arabe des droits de l'homme*, 2000, n° 7, p. 15-21 ; *Prologues*, 2001, n° 22/23, p. 120-124.
« Religions, droit et interprétation », dans *Mélanges offerts à Mohamed Charfi*, Tunis, CPU, 2001, p. 181-202.
« Est-ce la guerre des civilisations ? », *Le Temps*, 7 octobre 2001, p. 7 ; *Prologues*, n° 26, hiver 2003, p. 10-13.
« Les écoles juridiques du sunnisme », *Pouvoirs*, n° 104, 2003, p. 21-31, traduit en espagnol : *Revista Internacional de Pensamiento Político*, I Época, vol. 7, 2012, p. 43-50.
« Discours et identité », *Expolugha : Les héritages linguistiques et les transformations de l'identité tunisienne*, 3, 4 mai 2014, non publié.
« Les trois figures du droit dans la littérature classique de langue arabe », contribution au colloque : *Le droit dans la fiction : Romans classiques, romans graphiques*, Alexis Le Quino et Pascal Richard (dir. publ.), Université de Toulon, Centre d'études et de recherches sur les contentieux, 26-27 mars 2015, *Revue tunisienne des sciences juridiques et politiques*, n° 2, 2017-2, p. 93-104.

Théorie générale du droit, théorie politique et droit constitutionnel

« La réactivation des rapports traditionnels à l'occasion des élections législatives du premier novembre 1981, le cas de Gafsa », *RTD*, 1982, p. 897-911.
« De J.-J. Rousseau à G. W. F. Hegel. Hypothèses sur l'analyse comparée de leur doctrine politique », *RTD*, 1982, p. 363-397.
« Philosophie du droit et théorie générale du droit », *RTD*, 1990, p. 227-249.
« Le fondement de la démocratie », *RTD*, 1990, p. 79-91 (en langue arabe).
« Catégories et classifications dans la théorie générale du droit constitutionnel », dans *Journées tuniso-françaises de droit constitutionnel*, 11-14 mai 1988, Tunis, CERP, 1990, p. 33-52.
« Justice constitutionnelle et droits fondamentaux », dans *La justice constitutionnelle*, Tunis, ATDC-CERP, 1995, p. 123-135.
« Le concept de République dans la pensée occidentale », dans *La République*, ATDC-CPU, 1997, p. 9-41.
« La crise de la citoyenneté », Université d'été de l'« Initiative démocratique », Hôtel Amilcar, Carthage, 13-14 août 2004, *Attariq Aljadid*, n° 30, septembre 2004, p. 9-11.
« Constitution et démocratie », dans *Mélanges en l'honneur du professeur Michel Troper, L'architecture du droit*, études coordonnées par Denys De Béchillon, Pierre

Brunet, Véronique Champeil-Desplats et Eric Millard, Paris, Economica, 2006, p. 593-601.

«Le pouvoir constituant existe-t-il?», dans *Droits et culture, Mélanges offerts au Doyen Yadh Ben Achour*, Tunis, CPU, 2008, p. 1037-1046.

«Le faux en droit et en théorie du droit, rapport introductif», dans Jean-Jacques Sueur (dir. publ.), *Le faux, le droit et le juste*, Bruxelles, Bruylant, 2009, p. 1-12.

«Droit constitutionnel et science politique. Essentiellement à partir du cas français», dans Michel Troper et Dominique Chagnollaud (dir. publ.), *Traité international de droit constitutionnel, tome I: Théorie de la constitution*, Paris, Dalloz, Traités Dalloz, 2012, p. 145-180.

«La transition démocratique: une théorie ou une pratique?», dans Hatem M'rad et de Fadhel Moussa (dir. publ.), *La transition démocratique à la lumière des expériences comparées*, Université de Carthage, Faculté des sciences juridiques, politiques et sociales de Tunis, Association tunisienne d'études politiques, 2012, p. 37-44.

INTRODUCTION

1. Ce cours ne traitera pas des rapports des Etats musulmans au droit international [1]. Les Etats musulmans sont, d'abord, des Etats, donc des sujets du droit international comme tous les Etats. Ils sont tous membres des Nations Unies et donc tenus par les obligations qu'impose la Charte des Nations Unies en particulier et le droit international positif en général.

Il y a bien une Organisation de la coopération islamique (cinquante-sept Etats membres) [2], mais c'est une organisation intergouvernementale comme toute autre. Le paragraphe premier de l'article 2 de sa Charte constitutive dispose : « Tous les Etats membres s'engagent à respecter les buts et principes de la Charte des Nations Unies. »

Il y a également une Ligue des Etats arabes (vingt-deux Etats membres) dont tous les membres sont des Etats musulmans à part le Liban, qui est un Etat multiconfessionnel. Son Pacte constitutif adopté le 25 mars 1945 est marqué par un attachement particulier aux principes d'égalité souveraine et de non-intervention. Le texte du Pacte est même en retrait par rapport à la Charte des Nations Unies : aucune référence n'y est faite au droit des peuples à disposer d'eux-mêmes et aux droits de l'Homme.

2. Les Etats musulmans se distinguent toutefois, pour nombre d'entre eux, notamment les Etats arabes, par leurs attitudes à l'égard du droit international des droits de l'Homme en général et, en particulier, à l'égard de la liberté de conscience et de religion, de la peine de mort et des droits des femmes.

Pour nous limiter aux Etats membres de la Ligue des Etats arabes, notons que de ces Etats, qui sont aujourd'hui au nombre de vingt-deux, seuls six étaient membres de l'Organiation des Nations Unies (ONU) au moment de l'adoption de la Déclaration universelle des droits de l'Homme (DUDH). L'Egypte, l'Irak, le Liban et la Syrie ont voté en faveur du texte. L'Arabie saoudite s'est abstenue. Le Yémen n'était pas présent lors du vote. Le Liban a, par contre, activement participé à

---

1. Nous entendrons ci-après par « Etats musulmans », les Etats dont la religion officielle est l'Islam et/ou dont la population est très majoritairement musulmane.
2. Qui a succédé à l'Organisation de la Conférence islamique. La Charte de l'Organisation de la coopération islamique a été adoptée au 11e Sommet de l'OCI à Dakar du 13 au 14 mars 2008 et a été enregistrée aux Nations Unies le 22 juin 2017, conformément à l'article 102 de la Charte des Nations Unies.

l'élaboration de la Déclaration et son représentant, Charles Malik, est considéré comme l'un de ses artisans. Il est vrai que le Liban est un Etat multiconfessionnel.

Depuis l'accès de l'ensemble des Etats arabes à l'indépendance, rares sont ceux qui ont inscrit la DUDH dans leur constitution. Aucune mention n'y est faite dans les constitutions de l'Egypte et de la Syrie qui ont pourtant voté pour la DUDH.

La Constitution algérienne du 10 septembre 1963 mentionnait expressément la DUDH dans son article 11 dans une formule forte: «La République donne son adhésion à la Déclaration universelle des droits de l'Homme.» Cependant, on ne trouve plus aucune trace de la DUDH dans la Constitution algérienne du 28 novembre 1996 telle que révisée en 2016.

Une référence timide et indirecte est faite à la DUDH dans les constitutions marocaine et tunisienne. Le préambule de la Constitution marocaine de 2011 «réaffirme son attachement aux droits de l'Homme tels qu'ils sont universellement reconnus» et le préambule de la Constitution tunisienne de 2014 affirme son «attachement... aux valeurs humaines et principes universels et supérieurs des droits de l'Homme». Cette référence, malgré sa timidité, disparaît de la Constitution adoptée par référendum le 25 juillet 2022.

Le préambule de la Constitution mauritanienne de 2006 fait figure de notable exception en ce qu'il se réfère expressément à la DUDH:

> «Fort de ses valeurs spirituelles et du rayonnement de sa civilisation, [le peuple mauritanien] proclame ... solennellement, son attachement à l'Islam et aux principes de la démocratie tels qu'ils ont été définis par la Déclaration universelle des droits de l'Homme du 10 décembre 1948 et par la Charte africaine des droits de l'Homme et des peuples du 28 juin 1981 ainsi que dans les autres conventions internationales auxquelles la Mauritanie a souscrit.»

On doit, toutefois, souligner qu'il est question des «principes de la démocratie tels qu'ils ont été définis par la DUDH» et non pas de l'ensemble des dispositions de la Déclaration. Il y a là matière à réflexion.

Seuls deux Etats membres de la Ligue des Etats arabes se réfèrent dans leur constitution sans ambiguïté aucune à la DUDH. Le Liban, d'abord, qui est resté fidèle à son attachement à la DUDH. Le paragraphe B du préambule de la constitution libanaise mérite d'être cité parce qu'il montre de manière claire la volonté ferme de l'Etat libanais de faire de la DUDH une référence de base pour son ordre juridique :

> « [Le Liban] est membre fondateur et actif de l'Organisation des Nations Unies, engagé par ses pactes et par la Déclaration universelle des droits de l'Homme. L'Etat concrétise ces principes dans tous les champs et domaines sans exception. »

Ensuite Djibouti dont la Constitution du 4 septembre 1992 proclame dans son préambule l'attachement du peuple djiboutien « aux principes de la démocratie et des droits de l'Homme tels qu'ils sont définis par la DUDH ... ».

Par ailleurs, si seize Etats arabes ont ratifié les deux pactes internationaux relatifs aux droits de l'Homme, seuls deux ont émis la Déclaration relative à la compétence du Comité des droits de l'Homme pour examiner les communications émanant des Etats parties, l'Algérie et la Tunisie. Quatre, uniquement, ont ratifié le Protocole facultatif se rapportant au Pacte international relatif aux droits civils et politiques : Djibouti, la Libye, le Maroc et la Tunisie et un seul a ratifié le deuxième Protocole facultatif se rapportant au Pacte international relatif aux droits civils et politiques visant à abolir la peine de mort, Djibouti.

Et si dix-sept Etats arabes ont ratifié la Convention sur l'élimination de toutes les formes de discrimination à l'égard des femmes (CEDAW), seuls quatre ont ratifié le Protocole facultatif relatif à la compétence du Comité pour l'élimination de la discrimination à l'égard des femmes en ce qui concerne la réception et l'examen de communications : la Libye, le Maroc, la Palestine et la Tunisie.

A cela il faut ajouter les réserves et déclarations que les Etats arabes ont émises à l'occasion de la ratification de ces instruments notamment en ce que concerne la liberté de conscience et de religion ainsi que le statut de la femme [3].

Il y a certainement dans cette faible foi dans les droits de l'Homme universels un effet de l'Islam, mais l'objet de ce cours n'est pas

---

3. Les Etats arabes, les droits de l'Homme et notamment les droits de la femme :

Etats	PDESC	PDCP	Art. 41	P1	P2	NDEF	P. NDEF
1. Algérie	X	X	X				
2. Arabie saoudite							
3. Bahreïn						X	
4. Comores	X	X				X	
5. Djibouti	X	X		X	X	X	
6. Emirats arabes unis						X	
7. Egypte	X	X				X	
8. Irak	X	X				X	
9. Jordanie	X	X				X	
10. Koweït						X	
11. Liban	X	X				X	
12. Libye	X	X		X		X	X
13. Maroc	X	X		X		X	X
14. Mauritanie	X	X				X	
15. Oman						X	
16. Palestine	X	X				X	X
17. Qatar						X	
18. Somalie	X	X					
19. Soudan	X	X					
20. Syrie	X	X					
21. Tunisie	X	X	X	X		X	X
22. Yémen	X	X				X	
Totaux	16	16	2	4	1	17	4

Liste des abréviations. PDESC : Pacte international relatif aux droits économiques sociaux et culturels ; PDCP : Pacte international relatif aux droits civils et politiques ; Art. 41 : Déclaration relative à la compétence du comité des droits de l'Homme pour examiner les communications émanant des Etats parties ; P1 : Protocole facultatif se rapportant au Pacte international relatif aux droits civils et politiques ; P2 : Deuxième Protocole facultatif se rapportant au Pacte international relatif aux droits civils et politiques ; NDEF : Convention sur l'élimination de toutes les formes de discrimination à l'égard des femmes ; P. NDEF : Protocole facultatif relatif à la compétence du Comité pour l'élimination de la discrimination à l'égard des femmes en ce qui concerne la réception et l'examen de communications.

d'étudier l'effet de l'Islam sur les engagements internationaux des Etats musulmans, son objet est la conception musulmane du droit international.

3. En vérité, aucun de ces deux termes n'est opportun. Le terme Islam est trop vague l'expression droit international est inadéquate. Il aurait dû être intitulé «*Fiqh* et *Siyar*», mais un tel titre aurait été incompréhensible pour un non-initié, j'ai donc préféré l'intituler «Islam et droit international» et montrer, ensuite, toute la distance qui sépare le *fiqh* de l'Islam et les *siyar* du droit international. Dire en quoi ce titre est inadéquat est, nous a-t-il semblé, plus pédagogique que de proposer un titre abscons.

Nous consacrerons donc l'essentiel de notre propos à montrer que le mot Islam, dans le contexte de ce sujet, est trop vague, trop incertain (chapitre I). Nous exposerons, ensuite, la normativité islamique relative à ce qu'il convient de nommer droit des gens islamique *(siyar)* plutôt que droit international (chapitre II). Nous mesurerons, enfin, la distance qui sépare les *siyar*, le droit des gens islamique, du droit international (chapitre III).

CHAPITRE I

L'ISLAM

4. L'Islam désigne une civilisation dont le ressort est une religion. En tant que civilisation, l'Islam désigne l'ensemble des valeurs (intellectuelles, spirituelles, artistiques), des connaissances scientifiques et réalisations techniques et matérielles qui ont caractérisé une étape de l'évolution d'une société donnée, l'étape de sa présence dans l'histoire. Nous nous limiterons dans ce cours à l'étape de ce que Dominique Sourdel nomme « l'Islam médiéval »[4], mais que nous préférons nommer « l'Islam classique » étendant ainsi le champ que donne M. Arkoun à cette expression[5]. Si, du fait du jugement de valeur qui s'y est associé, le concept de Moyen Age est de nos jours évité si l'on veut rendre compte de l'histoire occidentale, à plus forte raison doit-il être évité s'agissant de la civilisation arabo-musulmane. Il n'y a même pas le sens descriptif de période intermédiaire entre le classicisme gréco-romain et la modernité que l'on peut lui découvrir quand on l'emploie pour rendre compte de l'histoire de l'Occident. Cette étape va du VIIe au XIIIe siècle apr. J.-C., période durant laquelle on assiste à la grandeur et à la décadence de la civilisation arabo-musulmane. Au IXe siècle apr. J.-C. rien ne semble pouvoir s'interposer entre le Califat[6] Abbasside et la domination mondiale : Hârûn Al-Rachîd (cinquième calife abbasside 789-809 apr. J.-C.) est aussi puissant que l'avaient été Alexandre le Grand et Septime Sévère. Les IXe, X^e et XIe siècles apr. J.-C. sont marqués par l'essor sur tous les plans de la civilisation islamique. Deux siècles plus tard, en 1258 (l'an 656 de l'ère musulmane, l'Hégire, ci-après H.[7]), Bagdad sera prise par les Mongols et le rêve partira dans la fumée de l'autodafé le plus gigantesque que la tradition musulmane

---

4. D. Sourdel, *L'Islam médiéval*, Paris, PUF, coll. L'Historien, 1979.
5. M. Arkoun, *Essais sur la pensée islamique*, Paris, Maisonneuve et Larose, 1984, p. 13 ss : « Introduction à la pensée islamique classique ».
6. Le Califat *(Khilâfa)* est le nom donné au pouvoir politique en Islam classique. Le mot signifie « succession », succession au prophète dans la direction de la *'Umma* musulmane. Le titulaire du pouvoir politico-religieux est le Calife *(Khalîfa)*.
7. Hégire *(Hijra)* : Emigration, exil, séparation. Le mot désigne traditionnellement le départ de Muhammad et de plusieurs de ses compagnons de La Mecque vers l'oasis de Yathrib, ancien nom de Médine, en 622. Le premier jour de l'année lunaire de l'Hégire, correspondant au 16 juillet 622, a été décrété comme premier jour du calendrier islamique.

rapporte. Si nous nous limitons à cette période c'est parce que c'est au cours de celle-ci qu'a été développée la doctrine musulmane du droit en général et du droit des gens en particulier, doctrine qui, depuis, n'a subi aucun changement significatif.

Une civilisation dont le ressort est une religion. L'Islam comme toute religion est une foi en une surnature qui s'extériorise par rites, des règles et des institutions. L'Islam désigne spécifiquement une foi (`aqîda) en l'existence d'un Dieu unique et en ce que Muḥammad (vers 570-632 apr. J.-C.) est son messager et le sceau des prophètes. L'Islam désigne également une loi (sharî`a), au sens large de ce mot, c'est-à-dire un ensemble de normes et de commandements relatifs aux rites, à la morale et au droit. Cette foi et cette loi trouvent leur source dans le livre révélé, le Coran (al-Qur'ān) et dans les traditions du prophète Mohamed, c'est-à-dire ses propos, ses attitudes, son comportement et même ses silences (Sunna – Hadith).

5. La succession au prophète à la tête de la communauté musulmane (Umma) qu'il a dirigée pendant dix ans, dont huit à Médine et deux à la Mecque après sa prise en 630 apr. J.-C., a été à l'origine de la Grande discorde (Al-fitna al-Kubrâ), une guerre de succession, latente dès la mort du prophète et réelle entre 655 et 661 apr. J.-C.[8]. L'issue de cette guerre a été déterminée par une bataille, la bataille de Siffîn (657 apr. J.-C.), au cours de laquelle se sont affrontés `Ali, cousin et gendre du prophète, quatrième «Calife bien guidé» (après Abû Bakr al-Siddiq, `Umar, Uthmân), à Mu`âwiya qui contestait sa légitimité. C'est Mu`âwiya qui est sorti victorieux de la Grande discorde.

La Grande discorde et notamment la bataille de Siffîn sont importantes à un autre titre : elles donneront naissance aux trois grands schismes de l'Islam : l'Islam sunnite, l'Islam chiite et l'Islam kharijite.

Les sunnites qui représentent la grande majorité des musulmans aujourd'hui (entre 85 et 90%), se sont désignés par ce terme afin de marquer leur prétention d'être, parmi les musulmans, ceux qui continuent et perpétuent la Tradition, la sunna, du Prophète. En fait, il s'agit de ceux qui considèrent comme légitime le pouvoir des quatre premiers Califes, dits les «bien guidés» (al-khulafâ al-râchidûn) et qui considèrent également légitime l'ordre dans lequel ils se sont succédés[9].

---

8. A propos de la Grande discorde et parmi une littérature abondante, voir notamment H. Djaït, La Grande Discorde. Religion et politique dans l'Islam des origines, Paris, Gallimard, coll. Bibliothèque des Histoires, 1990 (rééd., Paris, Folio, 2008).

9. A savoir d'abord Abû Bakr al-Siddîq (632-634 apr. J.-C.), ensuite `Umar Ibn al-Khattâb (634-644 apr. J.-C.), ensuite `Uthmân Ibn `Affân (644-656 apr. J.-C.) et, enfin, `Ali ibn Abî Tâlib (656-661 apr. J.-C.).

Il s'agit aussi, bien que cela ne soit pas toujours dit clairement, de ceux qui ont accepté le pouvoir de Mu`âwiya, après l'assassinat de `Ali (40 H./660 apr. J.-C.) et l'abdication de Hussayn, le fils de `Ali (41 H./661 apr. J.-C.). En réalité, il s'agit de l'immense majorité des musulmans, c'est-à-dire de ceux qui ont accepté le fait accompli.

Les kharidjites *(khawârij)* sont désignés par ce mot parce qu'ils sont «sortis» *(kharaja)* des rangs de `Ali auquel ils reprochaient d'avoir accepté le principe de l'arbitrage comme mode de règlement du conflit qui l'opposait à Mu`âwiya et d'avoir, pour cette raison, accepté de mettre fin à la bataille de Siffîn alors que, de leur point de vue, Dieu est le seul juge, le seul arbitre *(lâ hakama illâ Allah)*. Ils n'existent aujourd'hui comme communauté politique spécifique qu'à Oman où la religion de la famille royale est l'ibadisme *(al-ibâdhiyya)* qui est issu du kharijisme. Il y a également des minorités ibadites dans certaines régions du Maghreb, notamment dans la région du Mzab et à Ouargla en Algérie, dans le Djebel Nefoussa en Libye et à Djerba en Tunisie.

Les chiites *(shî`a)* sont désignés par ce mot parce qu'ils ont «pris le parti» *(tashayya`a)* de `Ali, cousin et gendre du prophète. Le chiisme ne s'est constitué comme doctrine qu'après la mort de `Ali. Les chiites considèrent que la succession du Prophète doit revenir à sa famille *(ahl al-beit)* et précisément à `Ali et à ses descendants [10]. Le shiisme (duodécimain) est aujourd'hui la doctrine officielle de l'Etat iranien et est, sous sa forme alaouite, la religion de la minorité au pouvoir en Syrie. C'est une des religions officielles du Liban, c'est la religion majoritaire en Irak et celle de fortes minorités en Arabie saoudite, dans les émirats du Golfe, au Yémen (sous sa version zaydiste), en Turquie, en Azerbaïdjan, au Pakistan, en Inde...

Nous nous en tiendrons dans ce cours à l'Islam sunnite. En effet, les deux dynasties qui ont gouverné le monde musulman durant la période de l'Islam classique qui nous retient sont sunnites: la dynastie omeyyade fondée par Mu`âwiya (661-750 apr. J.-C.) et la dynastie abbasside [11] qui lui a succédé (750-1258 apr. J.-C.).

---

10. La prétention de `Ali au Califat est présente dès la mort du Prophète, il l'a déclarée au moment du choix du troisième Calife puisque le choix final s'est joué entre lui et `Uthmân. Mais `Ali, lui-même, n'a jamais dit ni laissé entendre que le Califat doit revenir de droit à *ahl al-beit*. Etant donné le personnage, il est même probable qu'il considérait que la préexcellence prime la lignée. `Ali n'était pas chiite.

11. Dynastie fondée par Abu al-Abbas Abd Allah Ibn al-Abbas, dit al-Saffâh *(«le sanguinaire»)*.

6. La pensée musulmane, sunnite, dans son rapport à la révélation s'est, en vérité, très vite scindée en deux tendances. Dès la fin du premier siècle de l'Hégire (fin VII⁰ siècle, début VIII⁰ siècle apr. J.-C.), on pouvait distinguer les linéaments d'une tendance valorisant à l'extrême la volonté divine et d'une tendance accordant le primat à la raison. Les *Jabrites*, partisans de la thèse de la prédestination, s'opposaient déjà aux *Qadarites*, partisans du libre arbitre. En matière de jurisprudence, deux conceptions des sources à exploiter pour régler les différends s'opposaient. Une première tendance ne se détachait point du Coran et des *Traditions* du Prophète dont la collecte était active, il s'agit des traditionnistes [12] *(ahl al-hadîth)* ; une seconde tendance accordait au donné scripturaire *(nass)* une importance relative, il s'agit des partisans de l'opinion libre *(ahl al-ra'y)*.

Au second siècle de l'Hégire les deux tendances allaient, si l'on peut dire, s'institutionnaliser. Elles se constituèrent en théories, plus, elles se donnèrent à voir comme deux organisations du savoir à la fois parallèles et imbriquées. La discipline reine des mu'tazilites est `ilm al-kalâm* aux principes duquel s'ordonne le *fiqh* et, plus tard *usûl al-fiqh.* La discipline reine des traditionnistes est le *fiqh* encadré théoriquement par `ilm usûl al-fiqh.* Il allait s'asservir plus tard un `ilm al-kalâm* purifié et déclassé.

Deux représentations du créateur, deux ordres du savoir se disputaient donc le champ du discours religieux, ce discours qui, depuis le passage du Califat aux Abbassides (en 132 H./750 apr. J.-C.) est devenu, plus que jamais, le discours du pouvoir. L'affrontement était inévitable. Le politique dira la vérité du religieux. L'affrontement aura lieu à l'initiative, et, triste retour de l'histoire, au détriment des rationalistes. Le III⁰ siècle H. (IX⁰ s. apr. J.-C.) sera le témoin de l'apogée et du déclin, de la chute même du mu'tazilisme. Dès la seconde moitié du III⁰ s. H., l'orthodoxie sunnite est définitivement installée et l'orthodoxie est un strict volontarisme divin. Nous analyserons d'abord les thèses en présence, nous relaterons ensuite l'affrontement et son issue.

A. Acteurs et thèses en présence

7. L'antagonisme entre le rationalisme mu'tazilite et le volontarisme traditionniste a été au centre du processus historique dont l'issue a

---

12. Le barbarisme « traditionniste » fait référence aux Traditions du Prophète.

déterminé la structure de la raison théologico-juridique islamique, ou si l'on préfère, la constitution de l'orthodoxie sunnite

1) Le mu`tazilisme et la possibilité d'un droit humain

8. Le mot *i`tizâl* exprime l'idée de l'action volontaire de se séparer de quelque chose ou de quelqu'un, il s'oppose à `azl* qui exprime l'idée d'une séparation imposée, non choisie, d'une exclusion.

La tradition rattache la naissance de cette tendance à la question du statut du musulman qui a commis un grand pêché *(murtakib al-kabîra)* Il est utile, à ce propos, de savoir que les Kharijites tiennent *murtakib al-kabîra* pour un non-musulman *(kâfir)* promis à l'enfer éternel. A l'opposé, les *Murji'a*, distinguant la foi *(al-`îmân)*, relevant du for intérieur, de l'action extérieure des Hommes *(al-`a`mâl)*, s'interdisent de nier la foi d'une personne sur la base de ses actions et de ses fautes quelles que soient leur gravité. Ils considèrent de ce fait le pêcheur comme un croyant *(mu`min)* et diffèrent (ce qui est le sens du verbe *arja`a*) à Dieu, au jour du jugement dernier, la décision concernant sa foi. Al-Hassan al-Basrî (m. 110 H./728 apr. J.-C.) qui dirigeait à al-Basra le cercle des *qadarites*, tenait *murtakib al-kabîra* pour un hypocrite *(munâfiq)*. Wâsil Ibn `Ata (m. 131 H./748 apr. J.-C.) et `Amr Ibn `Obeyd (m. 144 H./761 apr. J.-C.), se séparèrent de lui à ce propos et qualifièrent *murtakib al-kabîra* de pêcheur *(fâsiq)* dont le statut est un intermédiaire *(manzila bayn al-manzilatayn)* entre la foi et l'incrédulité. Il serait promis dans l'au-delà à l'enfer éternel, mais à un degré de châtiment moindre que celui destiné aux infidèles. Ici-bas, il resterait membre de la communauté musulmane tout en étant déchu de certains droits, parmi lesquels celui, très important dans la symbolique arabe, de porter témoignage.

La question n'était spéculative qu'en apparence, elle traduisait en vérité, en discours religieux, un conflit politique. Il était question, en ce début de second siècle de l'Hégire, de juger le pouvoir Omeyyade aussi bien pour la manière avec laquelle Mu`âwiya ibn Sufyân a pris le pouvoir *(la Grande Discorde)* que pour les changements qu'il a imprimés à l'exercice et la transmission du pouvoir: du Califat et du consensus *(chûrâ)* à la monarchie héréditaire – *(mulk)*. Le mu`tazilisme se présente alors comme une opposition politique au pouvoir omeyyade moins radicale toutefois que celle des kharijites ou des chiites, mais en rupture totale avec le discours du pouvoir omeyyade: le discours des

Murji'a [13]. Mais le mouvement mu'tazilite ne peut être réduit à cette controverse, il prétendait constituer une raison islamique fondée sur un paradigme rationaliste.

9. Le discours mu'tazilite s'organisa en une discipline, qui, pendant très longtemps, s'y identifia : *'ilm al-kalâm,* au point où la qualification *mutakallim* fut tenue pour synonyme *mu'tazil.* Il convient avant d'aller plus loin de poser le problème de la définition même de cette discipline *(a)*). Nous exposerons ensuite le principe théologique qui autorise l'éclosion d'un droit humain *(b)*).

a) `Ilm al-kalâm, signification et statut*

10. L. Gardet et G. Anawati voient en *'ilm al-kalâm* une «apologie défensive» «discursive et raisonnée» [14]. Cette définition est, nous semble-t-il, partielle et, à cause de cela, partiale. Elle reproduit le statut final de la discipline plutôt que ses ambitions initiales. Elle rend compte du regard jeté sur le *'ilm al-kalâm* par l'orthodoxie une fois les mu'tazilites éliminés.

Certes, *'ilm al-kalâm* a été, aussi, une apologie défensive de l'Islam sunnite. On ne peut nier que ses catégories fondamentales, ses thèmes principaux se soient constitués dans et par la controverse qui opposait les mu'tazilites aux théologiens juifs ou chrétiens qui vivaient en terre d'Islam [15]. On ne peut non plus récuser le fait que les Califes Abbassides aient d'abord utilisé les mu'tazilites et leur science pour «combattre sur le plan doctrinal, les chiites extrémistes *(ghulât)* et toutes les sectes qui leur étaient apparentées ... sectes qu'on désignait du terme global de *zanâdiqa*» [16]. Mais il n'a pas été que cela. Il a prétendu détenir la vérité même de la révélation à opposer aux non-musulmans, bien sûr, mais aussi à diffuser parmi les musulmans eux-mêmes, à la leur imposer

---

13. Sur les origines du mouvement et de sa dénomination, voir par exemple, Ch. Bouamrane, *Le problème de la liberté humaine dans la pensée musulmane (Solution Mu'tazilite),* Paris, J. Vrin, 1978, p. 22 ss.
14. L. Gardet et G. C. Anawati, *Introduction à la théologie musulmane,* Paris, lib. Phil. J. Vrin, 1re éd. en 1948, 2e éd. en 1970, 3e éd. 1981, p. 38-39; Ch. Bouamrane et L. Gardet, *Panorama de la pensée islamique,* Paris, Sindbad, 1984, ch. 2, p. 36. Cf. L. Gardet, «*'Ilm al-Kalâm*», dans B. Lewis, Ch. Pellat et J. Schacht (dir. publ.), *Encyclopédie de l'Islam,* nouvelle éd., Leyde, Paris, E. J. Brill, Maisonneuve et Larose, T. II, C-G, 1977, p. 1170-1179.
15. L. Gardet et G. C. Anawati, *op. cit.,* p. 31 ss.
16. Pl. de *Zindîq,* individus considérés comme ayant des opinions ou des pratiques contraires aux dogmes officiels de l'Islam. R. Arnaldez, «Mu'tazilisme», *Encyclopaedia Universalis,* p. 105, 3e colonne.

même, ce que les mu'tazilites, une fois au pouvoir (début du IIIᵉ siècle H./ IXᵉ s. apr. J.-C.), n'ont guère hésité à faire.

11. L'expression *'ilm al-kalâm* signifie littéralement science ou connaissance de la *Parole*. L'explication du choix de cette expression que Abdurrahman Badawi retient pour «la plus vraisemblable» est que cette science a été ainsi dénommée «parce que la question centrale autour de laquelle les plus vives – et les plus sanglantes – discussions ont été soulevées était la question de savoir si la Parole *(Kalâm)* divine est créée ou non créée»[17]. Badawi a également raison de soutenir que le *'ilm al-kalâm* signifiait, dans un premier temps en tout cas, «intelligence de la foi» plutôt qu'«apologie défensive». A l'appui de cette interprétation l'auteur avance l'opinion d'Abû Hayyân Al-Tawhîdî (m. 441 H./1023 apr. J.-C.) qui définit le *'ilm al-kalâm* comme la connaissance rationnelle des fondements de la religion[18].

12. Mais, à la différence de Badawi, la question ne nous semble pas être seulement une question de définition du contenu de cette science «intelligence de la foi» ou «apologie défensive». *Elle concerne la structuration globale du savoir en Islam.* Jusqu'au milieu du IIIᵉ siècle H. le *'ilm al-kalâm* prétendait au statut de *al-fiqh al-akbar* c'est-à-dire du «plus grand savoir». Le *'ilm al-kalâm* prétendait à la centralité dans l'ordre du savoir et du discours musulmans. Ses propositions n'avaient pas uniquement valeur de vérité «sectorielle», elles servaient ou tendaient à servir de paradigme à toutes les formes de savoir et notamment au savoir théologico-juridique. Le statut initial peut-être, l'ambition initiale en tout cas, était, pour *'ilm al-kalâm*, d'être le modèle de la raison islamique.

La réduction de *'ilm al-kalâm* à une apologie défensive, dirigée vers le dehors donc, occulte et nie ses prétentions internes. Cette réduction ne rend nullement compte du statut de *'ilm al-kalâm* durant sa première période, lorsqu'il était investi par le mu'tazilisme. Elle reflète le statut de cette discipline au terme d'une trajectoire qui a abouti à sa marginalisation. Ceci étant déterminé, on peut à présent aborder les thèses mu'tazilites.

---

17. A. Badawi, *Histoire de la philosophie en Islam, I, Les philosophes théologiens*, Paris, lib. Phil. J. Vrin, 1972, p. 16. L'auteur reprend ainsi l'opinion émise par al-Shahrastânî dans *Al-Milal wa al-Nihal,* Beirut, Dar al-Ma'rifa, éd. Kaylani, 2 vol., sans date, vol. I, p. 30.
18. L'auteur cite Abû Hayyân al-Tawhidi, *Thamarât al-'ulûm*, publié avec *Al-'adab wa al-'inchâ' fî al-sadâqa wa al-sadîq*, Le Caire, Al-Matba'a al-Sharqyya, 1323 H., p. 192-193.

13. Traditionnellement, on ramène à cinq les thèses mu`tazilites [19] : l'unicité divine *(tawhîd)* [20] ; la justice divine *(al-`adl)* ; la promesse et la menace *(al-wa`d wa-al-wa`îd)* [21]. La quatrième thèse est celle de l'état intermédiaire *(Al-manzila bayn al-manzilatayn)* [22]. Enfin la dernière thèse mu`tazilite concerne l'obligation qui pèse, sur les musulmans d'ordonner ce qui est bien et d'inciter à éviter ce qui est mal *(al-amr bi-l ma`rûf wa-n-nahy `an al-munkar)* [23].

De ces cinq principes celui qui est au cœur de la raison théologico-juridique islamique est celui de la justice divine. C'est celui qui nous retiendra.

b) *Le principe de la justice divine*

14. L'on peut schématiser le principe de la justice divine sous la forme d'un triangle dont le sommet et le premier angle serait la perfection

---

19. Sur ces principes on peut consulter, en langue française et anglaise : R. Arnaldez, article « Mu`tazila », dans *Encyclopaedia Universalis* ; Ch. Bouamrane, *Le problème de la liberté humaine dans la pensée musulmane (Solution Mu`tazilite)*, Paris, lib. Phil. J. Vrin, 1978 ; Cheikh Si Hamza Boubakeur, *Traité moderne de théologie islamique*, Paris, Maisonneuve et Larose, 1985, p. 377 ss ; H. Corbin, *Histoire de la philosophie islamique*, Paris, Idées, NRF, 1964, p. 152 ss ; L. Gardet et G. C. Anawati, *Introduction à la théologie musulmane*, Paris, lib, Ph. J. Vrin, 3ᵉ éd., 1981 ; M. Khadduri, *The Islamic Conception of Justice*, Baltimore-London, The Johns Hopkins Univ. Press, 1984, p. 39-77 ; H. Laoust, *Les schismes dans l'islam. Introduction à une étude de la religion musulmane*, Paris, Payot, 1965 ; A. N. Nader, *Le système philosophique des mu`tazila*, Beirut, 1932 ; H. Nyberg, article « Mu`tazila », dans *Encyclopédie de l'islam, op. cit.*
20. Qui a pour conséquence la négation des attributs car, autrement, il s'ensuivrait une pluralité d'êtres éternels ce qui est contraire à l'unicité divine *(al-tanzîh wa nafy al-sifât)* ; le rejet de toute image corporelle dans la représentation de Dieu *(Al-tajrîd wa nafy al-Tajsîm wa al-tachbîh)* ainsi que la négation de la possibilité de voir Dieu au jour du jugement dernier Ce monothéisme radical détermine la nécessité d'interpréter *(ta'wîl)* tout Texte dont le sens apparent est contraire à ces principes. Il a pour corollaire célèbre, la thèse du Coran créé.
21. Les mu`tazilites soutiennent à ce propos l'unité indissoluble de l'action et de la foi et que les Hommes sont jugés sur la foi de leurs actes. Ils affirment que la promesse et la menace de Dieu sont Vraies-Justes *(haqq)* : Dieu promet le paradis à ceux qui agissent conformément à sa volonté et cette promesse se réalisera nécessairement, de même en est-il de sa menace d'éterniser en enfer ceux qui ne respectent pas sa volonté à moins que ceux-ci ne se repentent avant leur mort. Cette thèse emporte deux conséquences de taille. D'abord le fait que Dieu lui-même ne saurait faillir à ses promesses ou menaces ensuite le rejet de l'idée, répandue, de la possibilité d'intercession *(shafâ`a)* du prophète au jour du jugement dernier.
22. Exposée plus haut. Cette thèse ne doit, à notre sens, son autonomie par rapport à la troisième que parce que la tradition veut qu'elle ait été à l'origine de la création de la tendance mu`tazilite.
23. Les mu`tazilites n'interprètent pas cette obligation comme une simple obligation d'émettre des jugements d'approbation ou de réprobation, mais comme l'obligation d'agir, même par l'épée, pour assurer l'ordre moral. Ce qui augurait de la férocité avec laquelle ils allaient se comporter quand, au début du IXᵉ siècle apr. J.-C., ils s'établirent au pouvoir.

de la raison divine, le second la liberté humaine et le troisième l'ordre naturel.

i) *La raison divine*

15. Le premier postulat mu`tazilite est que «Dieu a créé le monde par un acte désintéressé, par «sagesse» *(hikma)*»[24]. Les mu`tazilites s'accordent à affirmer que Dieu ne peut mal faire, qu'aucune action laide ne peut être imputée à Dieu : tout acte établi (par la raison) comme laid ne peut être attribué à Dieu et tout acte établi comme divin ne peut être laid[25]. Les mu`tazilites s'accordent tous à soumettre, en Dieu, la volonté à la raison. Al-Quâdhî `Abd al-Jabbâr n'hésite pas à imputer à Dieu l'obligation *(al-wâjib)*. Pour le savant mu`tazilite «l'acte obligatoire est celui dont la non-exécution mériterait le blâme en tant qu'injustice»[26] et certains actes divins relèvent de cette catégorie de l'obligatoire : ce sont

> «les actes de Dieu les plus propices à la réalisation de ses commandements ... le fait de rendre possible ... l'accomplissement des devoirs qu'il impose, le fait aussi d'accorder une récompense à qui la mérite et de justes compensations pour les souffrances subies (sans motif préalable) ... Si Dieu ne récompensait pas les Prophètes et les croyants, il serait blâmable comme l'un de nous qui ne restituerait pas le dépôt à lui confié»[27].

Ailleurs, `Abd-al-Jabbâr écrit que «s'il est dit que Dieu est juste c'est que Ses actions sont toutes belles *(hassana)* et qu'Il ne commet pas (d'acte) laid et *qu'Il ne faillit jamais à ses obligations*»[28]. Dieu est donc soumis à la règle, la règle de sa propre perfection.

Si, comme on ne peut en douter, Dieu est juste, plus, Dieu est le juste en soi, on doit en déduire qu'il ne pourrait châtier un irresponsable ni rétribuer un imméritant. Dieu ne peut

---

24. Abû al-Hudhayl al-`Allâf (230 H./849 apr. J.-C.) cité par R. Brunschvig, «Mu`tazilisme et optimum *(al-aslah)*», dans *Etudes d'islamologie*, Paris, Maisonneuve et Larose, 1976, tome I, p. 233-251, voir p. 234.
25. Al-Quâdhî `Abd al-Jabbâr, *Fadhl al-i`tizâl wa tabaqât al-mu`tazila*, Tunis-Alger, 2ᵉ éd., 1986, p. 348, C'est nous qui traduisons. Il s'agit de `Abd al-Jabbar ibn al-Hamadani al-Asadabadi, né vers 935 apr. J.-C. et mort en 1025 apr. J.-C. C'est mu`tazilite tardif, un des rares dont l'œuvre nous est parvenue.
26. Al-Quâdhî `Abd al-Jabbâr, *Al-Mughnî* fî adab at-*tawhîd wa-l-`adl*, Le Caire, tome VI, (1), 8, 43, XIV, 7-8, 12, D'après R. Brunschvig, article cité, p. 241.
27. *Ibid.*, p. 244-245.
28. Al-Quâdhî `Abd al-Jabbâr, *Sharh al-Usûl al-khams*, Le Caire, 1965, p. 132, c'est nous qui traduisons et qui soulignons.

« mentir à propos de ce qu'il annonce, ni commettre d'injustice dans ses jugements ; il ne peut châtier les enfants des infidèles du fait de la faute de leurs parents ... ni charger ses créatures d'obligations qu'ils ne peuvent supporter ou dont ils n'ont pas connaissance ; au contraire, il les rend capables d'accomplir les devoirs qu'il leur impose et leur fait connaître le sens de leur devoir et le leur montre. »[29]

Dieu étant nécessairement juste, il agit certainement en vue d'une fin et cette fin ne peut être que le meilleur, le plus utile, l'optimum *(al-aslah)* pour l'Homme : « Il ne veut que le bien des créatures et Il n'est point parcimonieux »[30].

ii) *La liberté humaine*

16. Si ce point de départ est admis, la liberté humaine est déductible par voie de conséquences nécessaires. Il faut admettre que l'Homme est responsable de ses actes, mais pour cela on doit supposer l'Homme libre, libre de choisir entre le bien et le mal : « L'Homme n'est moralement responsable que d'actes voulus par lui, en application du libre choix que Dieu lui accorde. »[31] Selon Al-Quâdhî `Abd Al-Jabbâr, les mu`tazilites sont unanimes à déclarer que Dieu ne charge ses créatures que de ce qui est en leur pouvoir de faire et ce pouvoir est aussi bien un pouvoir de croire que celui de l'incrédulité, un pouvoir d'obéissance aussi bien que de désobéissance[32]. L'Homme, pouvant choisir, est l'auteur de ses actes. Les mu`tazilites, *qadarites,* s'opposent par-là aux thèses *jabrites* de la prédestination absolue. Dieu ne crée pas les actes des Hommes, à l'admettre il faudrait également accepter l'idée détestable en vérité que Dieu crée le mal :

« Le mal, c'est l'Homme qui le crée, comme le bien d'ailleurs, puisque l'Homme crée (engendre est plus précis – *tawlîd*) toutes

---

29. *Ibid.*, p. 133-134, c'est nous qui traduisons.
30. Abû al-Hudhayl al-`Allâf cité par R. Brunschvig, « Mu`tazilisme et optimum *(al-aslah)* », article cité, p. 234. M. Khadduri écrit dans le même sens : « The mu`tazila ... held that divine justice is an expression of God's Essence and that He only do what is salutary *(al-aslah)* to man », dans *The Islamic Conception...*, *op. cit.*, p. 42.
31. R. Brunschvig, « Devoir et pouvoir, histoire d'un problème de théologie musulmane », dans *Études d'islamologie*, Paris, Maisonneuve et Larose, 1976, tome II, p. 179-220, voir p. 184.
32. Al-Quâdhî `Abd al-Jabbâr, *Fadhl al-i`tizâl wa tabaqât al-mu`tazila*, Tunis-Alger, 2ᵉ éd., 1986, p. 349, c'est nous qui traduisons.

ses actions bonnes ou mauvaises, il a, en effet, reçu de Dieu une puissance, *qudra*, qui lui permet d'agir en toute liberté.»[33]

On doit, en effet, supposer la liberté de l'Homme si l'on veut, et l'on doit, admettre la justice divine. Dieu étant le Juste il ne peut châtier un irresponsable, ni récompenser un imméritant. Le libre arbitre humain est la condition *sine qua non* de la justice divine. Or, on sait qu'au Jugement dernier tout être humain sera tenu responsable de ses actes, même ceux auxquels aucune révélation n'est parvenue. C'est que ces Hommes ont été mis, autrement que par la révélation, en mesure de choisir entre le bien et le mal[34]. La liberté humaine, ainsi définie, détermine donc la reconnaissance d'une «nature des choses».

iii) *L'ordre naturel*

17. Si en Dieu la raison prime la volonté, s'il est juste et qu'il rétribue ceux à qui la révélation n'est point parvenue, on doit en déduire

«qu'il y a un ordre voulu dans l'univers, un ordre objectif et donc des fins intermédiaires ordonnées elles-mêmes à une fin ultime. Il en résulte qu'il y a un bien et un mal objectifs, antérieurement à la détermination apportée par la loi religieuse»[35].

Il y a donc une loi qui gouverne l'univers, une fin qui l'anime, celle-là que saint Thomas nommera plus tard *lex aeterna* et que les stoïciens avaient déjà dégagée. Il y a une raison divine qui gouverne l'univers et qui soustrait la nature aux aléas d'une volonté absolument libre.

---

33. L. Gardet et G. C. Anawati, *op. cit.*, p. 49, les parenthèses sont de nous; M. Khadduri, *The Islamic Conception...*, *op. cit.*, écrit, p. 45 :
 «Not only is He just, the mu`tazila held; He can do no injustice. For, in accordance with Reason, it is contrary to His perfection to associate His name with injustice.»
Cf. D. Gimaret, «Un problème de théologie musulmane: Dieu veut-il les actes mauvais? Thèses et arguments», *Studia Islamica*, 1974, n° XL, p. 5 ss, et 1975, XLI, p. 63 ss.
34. «On sait que tout Homme raisonnable est responsable de ses actes même s'il ne croit à aucune révélation, les athées et les matérialistes distinguent parfaitement le bien du mal», Chikh Bouamrane *Le problème de la liberté humaine*, *op. cit.*, p. 235. Du même: «Révélation et raison en Islam d'après les docteurs mu`tazilites et quelques savants postérieurs», *2ᵉ Rencontre islamo-chrétienne – Sens et niveaux de la révélation*, Tunis, CERES, 1980, p. 183-194.
35. L. Gardet et G. C. Anawati, *op. cit.*, p. 49, dans le même sens: M. El Shakankiri, «Loi divine, loi humaine et droit dans l'histoire juridique de l'Islam», *RIDC*, 1981, p. 767-786, voir p. 781-782.

« Les mu'tazilites imbus de philosophie péripatéticienne, admettent l'existence d'un ordre objectif, une volonté divine soumise aux exigences de la raison. Le bien et le mal existent en soi. La loi religieuse est venue simplement sanctionner ce que la raison considère comme bien ou comme mal en soi. »[36]

Pour le mu'tazilite « il y a un bien et un mal absolus et c'est la raison qui donne la mesure de cette appréciation. C'est elle qui a le *prius* non la volonté divine. Une chose n'est pas bonne parce que Dieu l'a ordonnée, mais Dieu l'a ordonnée parce qu'elle est bonne »[37].

La raison humaine est en état de trancher, de choisir, elle peut qualifier les choses et les actions de belles ou justes *(tahsîn)* et s'en faire un devoir, ou de laides ou injustes *(taqbîh)* et se les interdire. Et si elle le peut, c'est parce que la beauté ou la laideur sont des attributs des « choses », leur « nature », une nature que l'Homme peut découvrir en toute autonomie grâce à la raison dont l'a douée son Créateur. L'ordre qui régit le monde, la loi morale qui doit régir les Hommes leur sont donc accessibles, à la portée de leur raison, indépendamment de la révélation. Comment du reste en serait-il autrement lorsque l'on sait que c'est le meilleur pour les Hommes qu'une telle loi vise. Il y a donc une loi naturelle à la portée de l'Homme. Etre libre en face d'une nature intelligible œuvre d'un créateur infiniment sage, l'Homme peut donc découvrir la vérité des choses, la loi. La révélation n'est pas la seule source de la valeur.

18. De telles prémices théologiques ne pouvaient déboucher en matière de jurisprudence que sur la possibilité reconnue à l'Homme de pouvoir, de manière autonome et sans l'intercession nécessaire du texte, découvrir le beau et le juste, la norme morale ou juridique. Le mu'tazilisme se situe donc à mi-chemin entre deux extrêmes : il rejette le principe de l'institution de la valeur par la révélation, mais il nie également que l'Homme puisse créer le droit. La révélation ne fait qu'informer, la raison ne fait que découvrir ; la valeur, elle, se situe dans les choses arrangées selon un ordre transcendant.

Le Quâdhî `Abd al-Jabbâr tirera de ces principes les conséquences nécessaires s'agissant de la hiérarchie des sources du droit ou pour utiliser une terminologie plus adéquate au concept arabe la hiérarchie

---

36. Ch. Chehata, « Etudes de philosophie musulmane du droit », *Studia Islamica*, n° XXIII, p. 5-25 et n° XXV, p. 123-138, voir n° XXIII, p. 10.
37. I. Goldziher, *Le dogme et la loi en Islam*, Paris, lib. P. Geuthner, trad. Arin, 1920, p. 85.

des «preuves» de la loi *(adilla shar`iya)*. Pour le docteur mu`tazilite «le premier *(dalîl)* [la première preuve] est la raison parce que grâce à elle on distingue le beau du laid et parce que c'est elle qui nous montre que le Coran est une preuve, ainsi que la Sunna et *l'ijmâ`*». Il sait qu'un tel avis est contraire à l'opinion des traditionnistes il ajoute donc :

> «Certains s'étonneront de ce classement, ceux qui établissent le Livre la Sunna et *l'ijmâ`* comme uniques preuves ou encore ceux qui ne reconnaissent à la raison qu'une fonction subalterne, mais cela est faux : Dieu ne s'est adressé qu'à des êtres raisonnables.» [38]

On réalise à l'étude de la pensée mu`tazilite la très étroite imbrication des positions strictement théologiques et des postulats de la raison juridique. Dans la perspective mu`tazilite l'essentiel du problème juridique, les questions de la philosophie du droit, est réglé dans et par `ilm al-kalâm. La science du *fiqh* et des *usûl al-fiqh* ne peut que tirer les conséquences de ce qui est arrêté au niveau de `ilm al-kalâm et ce qui y est arrêté essentiellement c'est la possibilité d'un droit humain, d'un droit qui serait fondé sur la capacité de l'Homme de qualifier les choses. La pensée traditionniste se situera à l'opposé d'une telle opinion.

2) Le traditionnisme et l'hérésie d'un droit humain

19. En face de cette première tendance de la pensée musulmane, se dressait (et se dresse encore) la tendance traditionniste. Sur la base d'un strict volontarisme divin, le traditionnisme érige le *fiqh* en science souveraine et le structure en fonction du dogme de l'impossibilité pour l'Homme de découvrir le droit ailleurs que dans les textes.

a) *Les postulats du traditionnisme*

20. Les fondements théologiques du traditionnisme sont aux antipodes des principes mu`tazilites : un strict volontarisme divin. Cette thèse va déterminer une conception de la science et du savoir vrais.

i) *Le volontarisme divin*

21. Dans la perspective traditionniste la raison humaine ne paraît pas simplement inférieure, en degré de perfection, à la raison divine,

---

38. Al-Quâdhî `Abd al-Jabbâr, *Fadhl al-i`tizâl wa tabakât al mu`tazila*, Maison Tunisienne de l'édition, 1974, 2ᵉ éd. 1986, p. 139. Cf. M. Hammoud, *«Sûltat al-`aql `inda-al- mu`utazila»*, dans *Al-fikr al-`arabî*, 1983, mai-août, p. 398-407, voir p. 399-400. C'est nous qui traduisons.

mais qualitativement différente de telle sorte que même le mot raison appliqué à Dieu devient impropre, une simple commodité de langage : une métaphore. L'Homme est incapable de comprendre Dieu. La raison dont le créateur l'a doué est indigente en dehors de son champ : l'humain. N'ayant aucun accès à la «raison» divine, l'Homme ne pourra connaître de Dieu qu'une volonté absolument libre. Libre, et il faut insister sur ce point, par rapport à une raison qu'en fait l'Homme lui attribuerait non par rapport à celle que l'on peut postuler, mais que l'on ne peut absolument pas connaître : la raison divine. Dire que Dieu est une volonté absolument libre ce n'est pas le définir, c'est faire la somme de tout ce que l'Homme peut percevoir de son créateur.

L'Homme peut et doit observer la nature, la création, mais point pour comprendre ou dégager des lois, au contraire, pour réaliser son ignorance. A observer les choses, l'Homme ne peut connaître de Dieu que son infinie puissance, que son existence. La stupeur qui le saisira à contempler les astres, sa propre constitution ; l'angoisse qui l'étreindra à réaliser son infinie petitesse ; la peur qui le pétrifiera de ne rien comprendre à ce qui l'entoure et le dépasse, ne peuvent être apaisées que par la foi en un créateur qui, lui, sait, maîtrise, meut : crée. L'Homme peut et doit alors se soumettre aveugle et confiant, en paix avec son absolue ignorance, en harmonie avec cette nature éloquente en son mutisme.

ii) *Le paradigme de la science dans la perspective traditionniste*

22. Voilà pour le croire, quant au savoir il n'y a pour y accéder qu'une seule voie : la voie tracée, montrée par le Seigneur, la *sharî`a*[39]. La raison humaine ne peut atteindre de la vérité que ce que Dieu a voulu lui en révéler. La raison humaine n'a aucune autonomie et ne peut que se mettre à la lecture de ce qui a été écrit car ce qui est écrit a été mis à sa modeste portée. Rien, hormis cela, n'a de sens pour l'Homme. Rien hormis la révélation n'est lieu de vérité, source de valeur.

Il y a là l'exposé d'un paradigme : une science certaine ne peut qu'être exégétique, littéraliste. Ce paradigme commande une organisation hiérarchique du savoir qui met à l'avant comme sciences «exactes» les sciences exégétiques (*`ulûm shar`iya* ou *naqliya*) et qui tient les sciences rationnelles (*`ulûm `aqliya*) pour incertaines et

---

39. C'est d'ailleurs là le sens ordinaire du mot qui désigne la voie claire, la voie droite.

secondes. Cette distinction constitue la *summa divisio* de la classification des sciences dans la perspective traditionniste.

A tenir Dieu pour Volonté absolument libre et la révélation pour unique Vérité, le traditionnisme ne pouvait que faire reine la science de la volonté de Dieu, des commandements divins, de la *sharî`a*: le *fiqh*. Le *fiqh* qui «a acquis dès le IIIe siècle hégirien, la précellence dans le champ de la science académique» [40].

b) Sharî`a *et* fiqh

23. La *sharî`a* est la voie indiquée par Dieu pour le salut de ses créatures. Elle comprend, de ce fait, des commandements qui relèvent tout autant du culte, que de la morale et du droit. C'est un tout intelligible par sa fin. Le droit, dans cette perspective, n'est qu'un moment dont la fin immédiate, à savoir organiser les rapports sociaux, est au service d'une fin dernière, ultime: le Salut. La *sharî`a,* ainsi délimitée, est consignée dans le Coran et les Traditions du Prophète. Mais ces sources sacrées ne comprennent pas que des commandements ayant pour objet les actions ou le for intérieur des croyants. Les commandements se trouvent mêlés à un discours *(khitâb)* qui vise à la constitution même de la foi et qui utilise souvent le récit *(qaças)* comme vecteur de la conviction. L'entremêlement des différents niveaux du discours rend difficile *a priori* l'identification de la *sharî`a*. Il faudrait pour cela bien comprendre le texte afin d'arriver à isoler ce qui ressort à proprement parler de la *sharî`a*. D'autre part, si les textes sacrés sont supposés contenir une solution à toute situation concrète, ils n'ont pas envisagé pour autant, cela est évident, toutes les actions humaines possibles et imaginables. Il faut donc pouvoir, à partir d'une saine lecture et d'une vraie connaissance des sources, trouver dans la *sharî`a* les principes de solution de tout cas nouveau.

24. C'est pour répondre à ces deux attentes que s'est constituée une science humaine, la science de l'intelligence de la *sharî`a*: le *fiqh.* Comme la *sharî`a, le fiqh* ne peut être réduit au droit; il traite en effet aussi bien de questions cultuelles que de questions morales n'intéressant que le for intérieur ainsi que des questions juridiques au sens contemporain du mot. Le *fiqh* peut être défini comme un ensemble de qualifications ou jugements (*ahkâm,* pl. de *hukm*) des

---

[40]. Y. Ben Achour, «Droit et changement social. L'exemple tunisien», *RDP*, 1989, p. 133 ss, voir p. 137.

comportements et actions humaines. Ces qualifications sont au nombre de cinq : l'obligatoire *(fardh)*, le recommandé *(mandûb)*, le licite ou permis *(mubâh)*, le désapprouvé, *(makrûh)* et l'interdit *(mahdûr)*. Le *fiqh* se présente donc comme un exposé des différents actes, réels ou possibles, sous l'angle de leur qualification. Il faut tout de suite relever que deux de ces cinq qualifications peuvent ne pas être considérées comme juridiques au sens actuel du terme. Il s'agit des qualifications intermédiaires de « réprouvé » et de « recommandé », les actes intégrés dans ces deux catégories ne pouvant donner lieu à des controverses susceptibles d'être tranchées par des tribunaux. Il ne faudrait pourtant pas en conclure à la nécessité d'opérer une coupe dans le *fiqh* afin d'y isoler ce qui correspond aujourd'hui au concept de droit. Ce serait là détruire la cohérence interne du *fiqh*. Comme système, le *fiqh*, avec ses cinq qualifications, est parfaitement intelligible puisqu'il vise à apprécier l'action humaine, de quelque nature qu'elle soit, au regard des commandements divins et dans la perspective finale du Salut.

Le *fiqh* se présente donc comme un ensemble de qualifications de comportements précisément définis au cas par cas. Il peut être appréhendé comme une *casuistique théorique*. Casuistique puisqu'il ne procède pas par règles générales. Casuistique théorique parce que les recueils de *fiqh* ne sont pas l'équivalent des recueils de précédents tels que les connaissent les pays de *common law*. Les cas envisagés par les *fuqahâ* (les docteurs de la loi, pl. de *faqîh*) sont souvent des cas imaginés et parfois extrêmement improbables. La validité des recueils de *fiqh* ne tient donc absolument pas au fait qu'ils exposent des précédents judiciaires, mais, uniquement, au fait que les qualifications des comportements qu'ils exposent sont le produit de la volonté divine et qu'elles peuvent y être rapportées par des procédés contrôlés.

25. Cette casuistique théorique est le produit de l'*ijtihâd* (effort intellectuel) des maîtres fondateurs du *fiqh* : Abû Hanîfa (m. 150 H./767 apr. J.-C.) ; Mâlik Ibn Anas (m. 179 H./795 apr. J.-C.) ; Muhammed Ibn Idrîs al-Shâfi`î (m. 204 H./820 apr. J.-C.) ; Ahmed Ibn Hanbal (m. 241 H./855 apr. J.-C.). A côté de ces *fuqahâ* qui sont à l'origine des écoles de *fiqh (madhâhib)* qui se sont historiquement imposées, d'autres ont marqué leur époque sans pour autant réussir à fonder des écoles pérennes : Sufyân al-Thawrî (m. 161 H./778 apr. J.-C.) ; Al-Awzâ`î (m. 157 H./774 apr. J.-C.) ; Abû-Thawr (m. 240 H./854 apr. J.-C.) ; Abû Sulaymân Dâwûd Ibn Khalaf (m. 270 H./884 apr. J.-C.) qui a fondé l'école dhâhirite, et Tabarî (310 H./923 apr. J.-C.). Les principales écoles de *fiqh* sunnite qui se sont historiquement imposées sont donc

l'école hanafite, l'école malékite, l'école shaféite et l'école hanbalite. Ces «écoles» s'accordent sur l'essentiel *(al-'usûl)* et ne divergent que sur des points de détail *(al-furû')*. L'école hanafite est aujourd'hui encore présente en Turquie, en Asie centrale, en Afghanistan et en Inde, l'école malékite domine au Maghreb et en Afrique occidentale; l'école shaféite est représentée en Egypte, au Kurdistan, en Malaisie, en Indonésie, quant à l'école hanbalite, elle est sous sa version wahhabite (Muhammed ibn `Abd al-Wahhâb, m. 1206 H./1792 apr. J.-C.) la doctrine officielle de l'Arabie saoudite.

26. Afin d'ordonner le *fiqh* au dogme volontariste de l'hérésie d'un droit humain, une discipline fut instituée: `ilm usûl al-fiqh*.* Il a fallu attendre le début du IIIe siècle H. (IXe siècle apr. J.-C.) pour que naisse, formellement en tout cas, cette discipline. Il semble que l'on doive à Shâfi`î la première œuvre d'*usûl al-fiqh*, la *Risâla* dont le titre (qui signifie «l'Epître» ou «Le message») confirme l'hypothèse selon laquelle elle aurait été commanditée [41].

27. Un grand flottement règne parmi la doctrine s'agissant de déterminer l'équivalent conceptuel de `ilm usûl al-fiqh,* flottement qui reflète une indécision quant à la signification de la discipline. Ainsi Ostrorog y voit l'exposé de «la méthode selon laquelle le droit s'élabore, les principes directeurs de ce droit»[42]. M. Charnay définit *usûl al-fiqh*: «méthodologie fondamentale du droit, science des principes fondamentaux du droit»[43]. M. Chehata voit dans notre discipline «une épistémologie de la science du droit»[44]. M. Abdel-Rahman considère pour sa part que la science des *usûl al-fiqh* est «la science des sources ou des principes de droit ... qui ... comprend outre une logique juridique et une philosophie du droit, l'élaboration, l'abrogation, l'interprétation

---

41. Abû `Abd Allâh Muhammad bin Idrîs al-Shâfi`î, *La Risâla, les fondements du droit musulman*, traduit de l'arabe, présenté et annoté par Lakhdar Souami, Paris, Sindbad, La Bibliothèque de l'Islam, 1997; voir M. Arkoun, *Pour une critique de la raison islamique*, Paris, Maisonneuve et Larose, 1984, ch. II, «Le concept de raison islamique», p. 67; G. Makdisi, «The Juridical Theology of Shafi`î, Origins and Significance of *Usûl al-Fiqh*», *Studia Islamica*, LIX, 1984, p. 5-47, voir p. 6.
42. L. Ostrorog, *Introduction générale à al-ahkâm as-sultâniyya d'al-Mâwardî*, Paris, E. Leroux éd., 1901, vol. I, p. 2.
43. P. Charnay, «Amplitude sociale et logique de la norme musulmane», dans *La Règle de droit*, études publiées par Ch. Perelman, Bruxelles, Bruylant, 1971, p. 142-158, voir p. 152. Voir du même: «Pluralisme normatif et ambigüité du *fiqh*», *Studia Islamica*, XIX, 1963, p. 65 ss.
44. Ch. Chehata, *Etudes de droit musulman*, Paris, PUF, 1971, p. 19; du même: «La religion et les fondements du droit en Islam», *Archives de philosophie du droit (APD)*, 1973, p. 17 à 25.

et l'application du droit »[45]. Enfin, A.-M. Turki fait correspondre notre discipline à une « méthodologie juridique »[46].

28. La dispersion tient essentiellement, à notre sens, à ce que les auteurs cités, ainsi que d'autres, tiennent à rendre compte, en recourant à des concepts voire des disciplines juridiques contemporaines, d'une réalité qui les ignorait totalement. Le propos n'est pas, et à notre avis ne doit pas être, de rapporter les *usûl al-fiqh* à une discipline qui nous soit, aujourd'hui familière, mais de saisir la cohérence interne et par-là, la signification intrinsèque de cette discipline. Or, à consulter les anciens on constate que la fonction essentielle de cette discipline est normative : elle *établit les normes de validité de la casuistique juridico-religieuse*. La signification profonde de cette science est en définitive d'être gardienne et garante du respect du dogme fondamental, du paradigme volontariste qui est le référent exclusif des normes de validité que la science expose[47]. Cette signification ressort très clairement des définitions classiques de cette science qui, toutes, insistent sur le caractère normatif de la discipline. Ibn Khaldûn la définit comme suit :

> « On doit savoir que la science des sources du droit *(usûl al-fiqh)* est l'une des principales, des plus importantes et des plus utiles de toute la Loi religieuse. Elle consiste à examiner les indications probantes *(adilla)* de celle-ci d'où sont tirés les lois et les Commandements de Dieu *(takâlif).* »[48]

Science normative, le `ilm usûl al-fiqh* constitue la chaîne méthodologique qui lie le *fiqh*, et assure sa stricte conformité au dogme de la toute-puissance divine et du caractère irrésistible de la volonté de Dieu.

L'apparition de la science des *usûl al-fiqh* ne répond qu'indirectement à un souci de perfection formelle et de cohérence logique du *fiqh*, elle ne

---

[45]. H. Abdel-Rahman, « La place du syllogisme juridique dans la méthode exégétique chez Ghazâlî », dans *Le Raisonnement juridique*, Actes du Congrès mondial de philosophie du droit et de philosophie sociale, Bruxelles, Bruylant, 1971, p. 192, note 1.
[46]. A.-M. Turki, « La logique juridique des origines jusqu'à Shâfi`î », *Studia Islamica*, LVII, 1983, p. 30-45, voir p. 32-33.
[47]. Les normes de validité qu'expose le `ilm usûl al-fiqh* peuvent être comptées parmi les normes dites de « reconnaissance » catégorie de « normes secondaires » permettant de faire le départ entre ce qui appartient et ce qui est dehors d'un système juridique donné. Cf. H. L. A. Hart, *Le concept de droit*, Bruxelles, Publication des facultés universitaires de Saint Louis, 1976, p. 105 ss.
[48]. Ibn Khaldûn, *Discours sur l'histoire universelle (al-Muqaddima)*, traduction nouvelle, préface, notes et index par Vincent Monteil, Beyrouth, Commission libanaise pour la traduction des chefs-d'œuvre, 1968, 3 tomes, voir tome III, p. 948-949. Voir aussi : Al-Ghazâlî, Al-*Mustaçfâ min `ilm al-usûl*, Le Caire, Dâr al-fikr, sans date, vol. I, p. 5 et 7.

résulte pas d'un constat d'anarchie et d'une volonté de rationalisation désintéressée [49]. La *Risâla* répond à la question ainsi formulée par M. Arkoun :

> «Au nom de qui, au nom de quoi et selon quelles procédures démonstratives, un jugement de vérité, une règle de droit *(hukm)*, deviennent-ils non seulement contraignants pour l'Homme, mais indispensables à sa marche dans la Voie *(sharî`a)* du salut ? ... cette interrogation dépasse les limites de la simple méthodologie juridique.» [50]

Elle vise à traduire en normes de production des solutions juridico-religieuses le dogme volontariste et à produire une théorie qui fasse le contre poids de `ilm al-kalam*. La science des *usûl al-fiqh* expose bien une méthodologie, mais cet aspect ne la définit pas, la méthode exposée n'a de sens que par rapport au dogme qui la détermine et au service duquel elle est conçue. C'est ce que G. Makdisi a, à notre sens, parfaitement vu. Il écrit :

> « I hope to show that by raising the prophets sum to the level of the Koran and by restricting the use of analogical reasoning with in definite limits Shafi`î's purpose was to create for traditionnalism a science which could be used *as an antidote to kalâm*. » [51]

29. Shâfi`î, en élaborant sa *Risâla* réussit donc la double mission d'ordonner le *fiqh* à la dogmatique volontariste et d'opposer aux mu`tazilites un discours organisé, une discipline de combat, qui tout en restant dans les limites que détermine le volontarisme, à savoir les limites d'un discours exégétique, expose sous forme de dogmes absolus la vision d'un Dieu pure volonté et absolue puissance. Ne pouvant, ni ne voulant, démontrer par des arguments rationnels la thèse de la toute-

---

49. Contrairement à ce que semble croire M. Charnay qui écrit :

«Afin de pallier à l'apparence désordonnée que pouvait offrir l'intégralité des normes apparues lors des grandes floraisons juridiques des trois premiers siècles de l'Islam ... l'Islam a élaboré *a posteriori* une méthodologie fondamentale du droit : la science des principes fondamentaux du droit des *usûl al-fiqh* qui, d'abord instrument de purification, aurait été également moyen d'augmentation du droit», «Amplitude sociale...», article cité, p. 152.

50. M. Arkoun, *Pour une critique...*, *op. cit.*, p. 68. M. Arkoun dégage de la *Risâla* «un concept opératoire - historiquement et spéculativement – de la raison islamique classique» (*ibid.*, p. 67). Nous en dégageons pour notre part le paradigme d'une des deux tendances de cette raison.

51. G. Makdisi, article cité, *Studia Islamica*, LIX, 1984, p. 5 à 47, voir p. 12 et p. 40 ss. C'est nous qui soulignons.

puissance divine, Shâfi`î élabore une discipline normative qui en déduit les conséquences pratiques. La science des *usûl al-fiqh* remplace une théologie rationnelle jugée impossible et, pour cela, sacrilège.

Le point de jonction entre la dogmatique théologique volontariste et le *fiqh*, point de jonction qu'assure et que garantit la science des *usûl al-fiqh*, est qu'il n'y a d'autre législateur que Dieu et donc non point l'impossibilité, mais, plus, l'hérésie d'un droit humain. Cette conséquence déduite de l'absolue puissance de Dieu et de la totale indigence de la raison humaine sera le dogme, le principe premier à respecter par la science du *fiqh*. C'est à l'exposé, non point à la démonstration, de cet article de foi, que sont consacrés les premiers chapitres des ouvrages de *usûl al-fiqh* intitulés «Du Législateur» *(Al-hâkim)* [52]. Comme on peut le deviner ce sont des arguments scripturaires qui sont avancés pour fonder un tel dogme et ils ne manquent pas [53].

La fonction de *`ilm usûl al fiqh* a été de limiter au maximum les incursions de la raison et de la lier par des règles de méthode strictes et précises permettant de la cantonner dans les limites d'instrument de découverte du *hukm* divin à partir ou plutôt en revenant au texte seul et unique source des jugements divins. Le *ra'y* ou libre opinion est mis hors la loi, il est remplacé par ce qui n'en est qu'une pâle reproduction : le *qiyâs* qui

> «désigne cette opération permettant de rattacher un cas d'application ou ramification *(far`)* d'une qualification juridique *(hukm)* non prévue par la loi, à un autre cas ou origine *(açl)* bien défini juridiquement, et ce parce que le principe de motivation *(`illa)* du *hukm* s'applique au premier» [54].

---

52. Cf. al-Ghazâlî, *op. cit.*
53. Il s'agit aussi bien de versets coraniques que de Traditions du Prophète. On rapporte généralement la Tradition suivante :

«Aux chrétiens, qui reconnaissent à leurs prêtres le droit de défendre certaines choses et d'en permettre d'autres, Dieu ordonna à son Messager de dire : « Nous (musulmans) ne reconnaissons point de maître parmi nous hormis Dieu» (S. III, V. 57). Un chrétien lui dit : «Mais nous n'adorons pas ces hommes Messager de Dieu». Le Prophète dit : «Ils vous permettent certaines choses, vous en défendent d'autres, et vous vous conformez à ce qu'ils disent n'est-ce pas?» Il répondit : « Oui », « C'est cela même, c'est de l'adoration », dit le Prophète.»

(Beidhaoui, I, 211, *Commentaire*, 1303, 2 vols., traduit par L. Ostrorog, *op. cit.*, p. 65). Cf. M. S. A. Aldeeb Abu-Salieh, «Introduction à la lecture juridique du Coran», *RIDC*, 1988, p. 76-104, voir p. 94.
54. A.-M. Turki, article cité, *Studia Islamica*, 1983, LVII, p. 43.

30. Il est intéressant de relever que dans la littérature traditionniste classique ou contemporaine, Shâfi'î n'est point supposé avoir créé `ilm usûl al-fiqh, mais, simplement, avoir été le premier à le codifier. L'idée généralement avancée est que les anciens, imbibés de foi, savants de la loi et de sa langue pouvaient se passer de ces sciences. La grammaire ou les usûl al-fiqh ne se sont révélés nécessaires qu'après la disparition des premières générations, après que la terre d'Islam se fut ouverte sur des peuples dont la langue n'est pas l'arabe, dont la connaissance est hésitante et dont la foi est encore mal assurée. Dissertant sur l'origine de `ilm usûl al-fiqh, Ibn Khaldûn écrit :

> « La science des sources du droit [c'est ainsi que Vincent Monteil traduit – maladroitement – `ilm usûl al-fiqh] est d'origine récente en Islâm. Les premiers musulmans pouvaient s'en passer … Mais, ces premiers musulmans moururent et, avec eux, la première génération de l'Islâm… et les juristes et les docteurs au jugement indépendant *(al-mujtahidûn) durent apprendre les règles et les principes de base, pour pouvoir tirer les lois des textes probants*, c'est ainsi qu'ils mirent au point, par écrit, une branche particulière, à laquelle ils donnèrent le nom de « sources du Droit » *(usûl al-fiqh).* »[55]

31. Ainsi grâce à `ilm usûl al-fiqh la thèse volontariste clôt un ordre du savoir et de la vérité où la raison n'a qu'un statut subalterne et dérivé, instrument de lecture plutôt que source de vérité. La raison se trouve confinée, cantonnée dans le seul lieu qu'elle puisse occuper : l'exégèse.

B. L'affrontement et l'issue

32. Société ouverte, la société musulmane le resta pendant les deux premiers siècles de l'Hégire. Jusqu'au début du IIIe siècle H. on vivait, au sein de l'Islam sunnite, un pluralisme réel et relativement accepté. Deux pôles, deux attitudes face au dogme, deux épistémologies, deux ordres du savoir coexistaient : rationalisme et volontarisme, raison suffisante et exégèse, `ilm al-kalâm et `ilm usûl al-fiqh.

Durant cette période, le Califat sut se tenir relativement à l'écart des querelles internes aux sunnites, le sens commun voyait dans ces controverses un pluralisme *(ikhtilâf)* bénin voire bénéfique. Le

---

55. Ibn Khaldûn, *Discours sur l'histoire universelle (al-Muqaddima), op. cit.*, tome III, p. 953, c'est nous qui soulignons.

Califat abbasside savait d'ailleurs tirer profit de l'une comme de l'autre tendance. Il encourageait les traditionnistes qu'il tenait, à la différence des Omeyyades, pour une source fondamentale de soutien et de légitimation et utilisait la plume acérée et la langue assassine des mu`tazilites pour combattre les ennemis politiques d'alors, chiites et autres schismatiques.

Mais l'équilibre était fragile et les choses allaient changer à partir du règne du Calife abbasside al-Ma'mûn (m. 218 H./833 apr. J.-C.).

1) L'affrontement

33. Comme l'écrit Brunschwig:

«Qui saura les raisons les plus profondes de l'adhésion officielle d'al-Ma'mûn au mu`tazilisme et sa décision de l'ériger en doctrine d'Etat? La situation générale du Califat abbasside à cette époque, pris entre un hanbalisme populaire naissant, le chiisme et une *zandaqa* persistante, en rend sans doute compte pour une part, allant de pair avec la prédisposition ancienne du mu`tazilisme à soutenir les droits de ce Califat. Mais il est vraisemblable aussi que la forte personnalité de Thumâma et son emprise sur ce monarque à l'intellect ouvert, y ont été pour quelque chose.»[56]

34. Sous les règnes d'al-Ma'mûn, d'al-Mu`tasim et d'al-Wâthiq (811-847 apr. J.-C.), tous les trois acquis au mu`tazilisme et conseillés successivement par deux grands mu`tazilites de l'école de Bagdad, Thumâma Ibn al-Ashras (m. 226 H./840 apr. J.-C.) et Ahmed Ibn Abî Du'âd (m. 240. H./854 apr. J.-C.), le mu`tazilisme s'impose comme doctrine officielle et les principes de l'*i`tizâl* se transforment en autant d'articles de foi. Une inquisition *(mihna*[57]*)* s'organise qui prend pour cibles les *fuqahâ*, les juges *(qudhât)* et, plus généralement, les *traditionnistes*. Les traditionnistes dogmatiques et anti-rationalistes se retrouvent victimes, martyres de la raison qui, au pouvoir, devint folie. Le mu`tazilisme fut dès lors identifié non point au rationalisme

---

56. R. Brunschvig, «Mu`tazilisme et Ash`arisme à Baghdâd», dans *Etudes d'Islamologie*, Paris, Maisonneuve et Larose, 1976, tome II, p. 221-232, voir p. 222.

57. Le mot signifie *mihna* littéralement «épreuve». Il s'est agi d'une véritable inquisition, les *fuqaha* étaient sommés de répondre à la question relative au Coran: est-il créé? (ce que professaient les mu`tazilites) ou incréé? (ce que professaient les traditionnistes). Les traditionnistes qui maintenaient la thèse du Coran incréé (dont Ahmed Ibn Hanbal, fondateur de l'école hanbalite) étaient persécutés.

qu'il enseignait, mais à la terreur qu'il pratiqua une fois au pouvoir. Au milieu de la foule des persécutés s'éleva le héros qui allait désormais et tout à la fois symboliser la résistance à l'oppression et l'orthodoxie sunnite : Ahmad Ibn Hanbal (241 H./855 apr. J.-C.)

35. La réaction s'organisa dès le règne d'Al-Mutawakkil (de 847 à 867 apr. J.-C.). Le traditionnisme s'installe au pouvoir et s'érige en orthodoxie. Le hanbalisme, quatrième rite sunnite, la personnifie.

36. Comment expliquer que cette doctrine, si respectueuse par ailleurs de la liberté humaine, ait débouché, une fois au pouvoir, sur la terreur? Il faut pour comprendre ce fait mettre en valeur le facteur essentiel qui a miné le mu`tazilisme comme discours du pouvoir.

Le mu`tazilisme ne pouvait emporter la conviction de la masse. Certes, durant les règnes mu`tazilites, le prêche du vendredi s'était transformé en exposé des solutions mu`tazilites érigées en dogmes. Mais de qui était composé l'auditoire? Pour son écrasante majorité, il était constitué de sujets réceptifs au *mythos* et imperméables au *logos*, de sujets influençables par le récit, insensibles à la réflexion. La démonstration la plus solide ne convainc qu'un esprit logique, de plus, elle n'est démonstration que par rapport aux canons de la logique. Le mu`tazilisme ne pouvait convaincre que l'élite *(al-khâssa),* la masse *(al-`âmma)* était beaucoup plus réceptive au discours traditionniste, aux métaphores, aux récits, aux promesses concrètes, aux images d'enfer ou de paradis. L'irrationnel, l'inexplicable, le mystère, le fantastique ne gênent que l'esprit logique, ils satisfont pleinement l'esprit mythique qui, à la limite, désire ne pas comprendre. La masse, *al-`âmma,* était beaucoup plus sensible à l'idée d'un Dieu tout puissant, omniscient et omniprésent qu'à l'idée d'un Dieu rationnel, prévisible, présent au monde par la médiation d'une nature créée et parfaitement réglée, une abstraction en somme.

Dans une société traversée par une ligne de démarcation nette et brutale entre une minorité cultivée et une masse inculte, le mu`tazilisme ne pouvait être qu'un discours d'élite, sa promotion au rang de discours de pouvoir ne pouvait que déboucher sur un échec.

Le discours traditionniste, par contre, permettait à la fois de convaincre la masse et d'exercer un pouvoir absolu, de fonder la prétention des gouvernants d'être obéis inconditionnellement. L'idée d'un Dieu tout puissant et l'idée d'un Homme totalement prédestiné servent les intérêts d'un pouvoir d'autant plus absolu qu'il est censé être transparent, d'autant plus libre qu'il est censé être un instrument. L'efficacité du discours traditionniste provient de ce qu'il est à la portée de l'entendement de la `âmma. Ce n'est d'ailleurs pas un hasard si, pour se qualifier, il se dit discours de la *jamâ`a* (que l'on pourrait rendre par communauté, – la communauté fidèle aux enseignements du prophète). Ce n'est pas non plus un hasard si, pour fonder la justesse d'une solution à un problème juridique ou théologique, le discours traditionniste en réfère à l'opinion du *jumhûr*, expression adroitement choisie qui signifie masse ou majorité des *fuqahâ*, mais qui, employée le plus souvent sans restriction, a pour fonction de provoquer chez l'auditeur le sentiment que « tout le monde est de cet avis ». Le discours traditionniste survalorise l'idée de masse, de majorité. Certes, il est également le discours d'une élite (uléma, *fuqahâ, muhaddithûn*), mais à la différence du mu`tazilisme c'est un discours adressé à la masse, adapté à la structure mythique de sa pensée, c'est un discours que la masse écoute même s'il lui dit essentiellement qu'elle ne vaut pas.

En même temps que le discours traditionniste offre l'avantage d'être écouté, il permet au pouvoir d'exercer une domination sans partage. Cela est parfaitement analysé par M. Arkoun qui explique qu'avec

> « l'avènement d'un Etat impérial, on assiste à l'utilisation du capital symbolique véhiculé par le Coran pour construire et imposer un Islam officiel, orthodoxe : *officiel* parce que résultant des choix politiques de l'Etat qui élimine physiquement des opposants au nom d'une interprétation différente du capital symbolique et de son utilisation ... ; *orthodoxe* parce que les docteurs agréés par le pouvoir accréditent l'idée qu'il est possible de lire correctement la parole de Dieu, de connaître la tradition prophétique de façon exhaustive pour déduire *(istinbât al-ahkâm)* à partir de ces deux sources-fondements *(usûl)* toutes les qualifications légales *(ahkâm)* qui constitueront la loi divine *(sharî`a)* »[58].

Les mu`tazilites ont été *isolés* par la nature même de leur discours. Ils n'ont eu d'autres ressources pour combattre les traditionnistes que la terreur organisée par le pouvoir, la Terreur d'Etat dirions-nous aujourd'hui. Doctrine rationaliste, pouvoir absolu, masse indifférente sinon hostile, le mélange ne pouvait déboucher que sur l'échec. Plus tard, le pouvoir traditionniste, pour traquer les mu`tazilites et autres rationalistes, n'aura pas à recourir à la répression directe, il se contentera de livrer les *zanâdiqa* à la fureur de la foule, à la vindicte populaire. Le

---

58. M. Arkoun, *Ouvertures sur l'Islam*, Paris, éd. J. Grancher, 1989, p. 40.

traditionnisme a réussi à faire de la `âmma son allié, son principal agent de contrôle social.

37. Le mu`tazilisme ne devait plus se relever, il déclinera jusqu'à disparaître comme thèse vivante. Le fragile équilibre du II$^e$ siècle de l'Hégire est rompu au profit de la thèse volontariste. Le `ilm al-kalâm, jusque-là au centre du savoir théologico-juridique, allait être déclassé, mis au service du volontarisme.

2) L'ash`arisme ou `ilm al-kalâm ordonné au dogme volontariste

38. Le `ilm al-kalâm connaîtra une revivification avec al-Ash`arî (m. vers 324 H./935 apr. J.-C.), mais il ne se présente plus comme un concurrent au volontarisme, il est désormais son instrument. Il produira la théorie du volontarisme et contribuera ainsi à la marginalisation du rôle de la raison dans le *fiqh*.

39. L'ash`arisme fournira au volontarisme ce qui jusque-là lui manquait, une philosophie fondatrice, l'atomisme : « Dans cette théologie l'univers ne subsiste que par une création continue. Pas de lois dans la nature, tout dépend à chaque instant de la volonté toujours libre du créateur. »[59] Al-Ghazâlî[60] sacrifiera la causalité à l'autel du volontarisme divin, ce que l'on nomme causalité n'est, écrit-il, qu'une « habitude divine » et Dieu peut à tout moment rompre cette habitude si telle est sa volonté[61].

Armés d'une telle « philosophie » les ash`arites peuvent répliquer à la thèse mu`tazilite selon laquelle la raison humaine peut, en toute autonomie, qualifier les choses de belles ou de laides (*tahsîn* et *taqbîh*) :

> « La volonté de Dieu est libre et Dieu n'est lié à l'avance par aucune loi. Il n'y a pas d'ailleurs de lois qui précèdent les lois révélées. Les normes du bien et du mal ne sont pas à établir par la raison, mais c'est Dieu seul qui les fixe selon sa bonne volonté ... c'est la volonté de Dieu qui crée les actes et l'Homme ne fait que les acquérir *(kasb)* au moment de l'action. »[62]

---

59. Ch. Chehata, article cité dans *Studia Islamica*, n° XXIII, p. 7-8. Cf. H. Corbin, *op. cit.*, p. 173 ss.

60. Abu Hamid Muhammad al-Ghazâlî al-Tusi al-Nisaburi (1058-1111 apr. J.-C.), philosophe, théologien, juriste et mystique musulman d'origine perse, surnommé par la pensée sunnite dominante : « la preuve de l'Islam » *(hujjat al-Islâm)*.

61. Al-Ghazâlî, *Tahâfut al-falâsifa*, Le Caire, Dar al Ma`ârif, p. 240. C'est ainsi, d'ailleurs, que al-Ghazâlî explique les « miracles » : « des ruptures de l'habitude divine » *(khawâriq lil `ada)*. Quand Abraham fut jeté dans le feu, Dieu dit : « O feu, sois pour Abraham une fraîcheur salutaire », (Sourate *Les Prophètes*, verset 69).

62. M. El Shakankiri, article cité, *RIDC*, 1981, p. 782-783.

40. Au triangle mu'tazilite constitué par la rationalité divine, la nature des choses et la liberté humaine est substitué un face à face entre un Dieu tout puissant et une créature esclave de sa puissance.

> « Ce qui est bon et beau c'est ce que Dieu ordonne ; ce qui est mauvais ou laid, c'est ce que Dieu interdit. L'irresponsable volonté divine et ses décisions sont la mesure du bien et du mal. Il n'y a rien de rationnellement bon ou de rationnellement mauvais. »[63]

Pour Baquillâni (403 H./1013 apr. J.-C.), « La raison ne saurait conférer aucune moralité aux actes humains, ces derniers ne peuvent recevoir de statut que par la loi divine. »[64] Al-Ghazâlî consacre de longs passages de son *Mustaçfâ* à la réfutation des arguments mu'tazilites en matière de *tahsîn* et de *taqbîh*. On conçoit qu'il utilise à cette fin sa thèse de la négation de la causalité[65]. Il soutient que le *hukm* est le discours de la *sharî`a*, qu'il n'y a pas de qualification avant l'intervention des textes et que donc la raison seule ne peut juger[66]. Pour Al-Shahrastânî (548 H./1153 apr. J.-C.), « prétendre que l'évidence rationnelle est identique à l'évidence morale est proprement déraisonnable »[67].

Une place particulière doit être réservée à Ibn Taymiyya (728 H./ 1327. apr. J.-C.) dont l'écrit exalte la toute-puissance divine et qui n'hésite pas à pousser le raisonnement jusqu'au bout de sa logique, savoir la négation de la raison :

> « Dieu a tout créé : les actes, le bien et le mal, il fait ce qu'il veut et juge comme il veut. Il ne fait pas de distinction entre ce qui est utile et ce qui est dommageable. On ne peut dire qu'il agit injustement ou d'une manière non raisonnable quoi qu'il fasse. Il est sage et juste, ce qu'il interdit est mauvais et personne ne

---

63. I. Goldziher, *op. cit.*, p. 85 ; Dans le même sens M. Chehata écrit :

> « Pour les ash`arites, la raison ne peut reconnaître le bien du mal, la loi divine le fait. En le faisant, elle n'est point soumise à un droit éternel quelconque. Dieu aurait pu, dans toute sa puissance promulguer une tout autre loi ou ne pas en promulguer du tout. », Ch. Chehata, article cité, *Studia Islamica*, n° XXIII, p. 7-10.

64. Ch. Bouamrane, *op. cit.*, p. 236, al-Baquillânî, *Kitâb al-tawhîd*, Le Caire, Dâr al-fikr, 1947, p. 97.
65. Al-Ghazâlî, *Al-mustaçfâ...*, *op. cit.*, vol. I, p. 55-65.
66. *Ibid.*, p. 55.
67. Ch. Bouamrane, *op. cit.*, p. 237, Abû al-Fath al-Shahrastânî, *Nihâyat al-iqdâm fî `ilm al-kalâm*, Bagdad, p. 371.

peut rien lui interdire. Il peut punir l'Homme de bien et rétribuer l'incroyant ou l'hypocrite. »[68]

41. Quel est dans ces conditions le statut de la raison humaine ? En aucun cas la raison ne peut s'ériger en source de la qualification légale, elle ne peut qu'être confinée dans *l'extraction* de la qualification légale.

« Le problème de la certitude ainsi résolu par la théologie et sa tâche remplie, celle du juriste va commencer. Elle est vaste et difficile. Le problème qu'il lui appartient à son tour de résoudre se posant ainsi : comment des manifestations sensibles de la pensée divine, Coran ou écriture, paroles du Prophète ou Tradition, extraire la loi ? »[69]

42. Pourtant, même asservi, même déclassé le `ilm al-kalâm continue à être attaqué, par les plus virulents des traditionnistes il est vrai. C'est que démontrer l'absolue liberté divine est aussi une intervention de la raison dans un domaine qui lui est étranger. *Ratio in munero alieno !* semblent avoir crié les traditionnistes musulmans avant qu'au XVIe siècle Gentilis ne clame sa phrase célèbre :

« *Theologi in munero alieno !* ». « Pour renforcer les convictions du plus grand nombre *(`âmma)*, l'argument d'autorité (citations de versets et de *hadîth*) suffit, c'est par ce mode simple d'articulation des vérités que des schèmes théologiques tenaces seront popularisés... »[70]

Les hanbalites ne désarment pas, sous leur influence le Calife Al-Kâdir (442 H./1031 apr. J.-C.) établit en l'an 409 H./1018 apr. J.-C. une profession de foi dont les articles condamnent aussi bien les thèses mu`tazilites que certaines thèses ash`arites[71]. Il faudra attendre le ministère de Nidhâm al-Mulk (m. en 1092 apr. J.-C.) pour qu'enfin l'ash`arisme ait droit de cité[72].

Encore plus acerbe et violente était l'attaque des *dhâhirites*. Il s'agit d'une tendance ultra traditionniste apparue au IXe siècle

---

68. Cité par Ch. Bouamrane, *op. cit.*, p. 235-236. Ibn Taymiyya, *Majmû`at ar-rasâ'il wa-l-masâ'il*, Le Caire, Dâr al-manâr, vol. V, p. 29.
69. L. Ostrorog, Introduction générale à *Al-ahkâm as-sultâniyya d'al-Mâwardî*, Paris, éd. E. Leroux, 1901, vol. I, p. 7-8.
70. M. Arkoun, *Pour une critique...*, *op. cit.*, p. 72.
71. Le texte de cette profession de foi, commenté par M. Qsibi, a été publié par la revue *Al-Shahriyya*, n° 3, octobre 1984, p. 24-25 (en langue arabe).
72. L. Gardet et G. C. Anawati, *op. cit.*, p. 62.

apr. J.-C., fondée par Dâwud Ibn Khalaf (290 H./884 apr. J.-C.). Elle prône le littéralisme le plus strict refusant toute forme d'intervention de la raison dans l'intelligence du dogme. Cette tendance refuse même le modeste statut qui est reconnu à la raison dans le *fiqh* puisque les dhâhirites rejettent le *qiyâs* comme mode de découverte du *hukm*. Le *dhâhirisme* aura en Ibn Hazm (456 H./1065 apr. J.-C.) son représentant le plus illustre.

Pour les traditionnistes il n'est nul besoin de démontrer la liberté divine, Dieu est tel qu'il se décrit et il n'est nul besoin de se poser les questions du pourquoi et du comment. S'agissant maintenant de la possibilité d'un droit humain, les traditionnistes n'ont guère besoin de démonstration logique pour la nier, les arguments scripturaires existent et sont largement explicites.

C'est donc le principe même de la science du *kalâm* qui est contesté par les traditionnistes. Il est à ce propos remarquable de constater chez Ibn Khaldûn (808H/1406 apr. J.-C.), le père fondateur de la science de l'histoire et de la sociologie, une attitude conservatrice s'agissant de *'ilm al-kalâm*, science qu'il estime inutile voire dangereuse et réservée, en tous les cas, à un cercle restreint d'initiés[73].

43. Tel est donc le *système* de la normativité islamique tel qu'il se présente au terme de son évolution, c'est-à-dire à la fin du IIIe siècle de l'Hégire (IXe siècle de l'ère chrétienne). Par Islam, dans le contexte de ce cours, nous désignerons donc cette lecture humaine et historique des textes sacrés qui s'est constituée en orthodoxie au terme d'un processus historique dont l'issue a été une lecture normative des textes sacrés concrétisée par la prévalence de la loi *(sharî`a)* sur la foi et la centralité du *fiqh*, *fiqh* qui comporte une branche dédiée au droit des gens dénommée *siyar*.

---

73. «En somme, nous dirons que la théologie dialectique [c'est ainsi que Vincent Monteil traduit – maladroitement – *'ilm al-kalâm*] *n'est plus une science nécessaire aux étudiants* ... al-Junayd [mystique soufi de Bagdad, mort en 909, note du traducteur], rencontrant un jour un groupe de théologiens en dispute, demanda qui ils étaient. On lui répondit : ce sont des gens qui veulent prouver que Dieu doit être libéré des attributs des créatures et des marques d'imperfection. Alors al-Junayd : « Nier un vice impossible est un vice en soi», Ibn Khaldûn, *Discours sur l'histoire universelle, op. cit.*, tome 3, p. 982. C'est nous qui soulignons.

CHAPITRE II

LE DROIT DES GENS EN ISLAM : LES *SIYAR*

Nous présenterons d'abord cette branche du *fiqh*, nous exposerons ensuite sa structure.

A. La discipline des siyar

44. Les *siyar* se présentent comme une branche du *fiqh*. Le mot *siyar* est un pluriel de *sîra* qui signifie «comportement». Les *siyar* ont été définis par Mohamed al-Sarakhsî (m. en 1090 apr. J.-C.) dans sa monumentale compilation *al-Mabsût (Le Traité)* à l'occasion de son commentaire du *Kitâb al-siyar* de al-Sheybânî (m. 804 apr. J.-C.) comme signifiant

> «*les règles de comportement des musulmans dans leurs relations avec les non-musulmans*, qu'ils soient de ceux avec lesquels nous sommes en guerre ou de ceux qui nous sont liés par des pactes et, parmi ces derniers, les protégés *(musta'minîn)* et tributaires *(ahl al-dhimma)* ou avec les apostats *(murtaddîn)* ... ou avec les schismatiques *(ahl al-baghy)*»[74].

Les plus anciens ouvrages de *fiqh* comprennent immanquablement un chapitre consacré aux *siyar*:

> «*Je sais*, comme le savent les chercheurs en matière d'Islam, que le plus ancien ouvrage de *fiqh* qui nous soit parvenu est *La somme du fiqh (Majmû` al-fiqh)* de Zayd ibn `Ali (m. en 739 apr. J.-C.), je sais également que, depuis, *à ce jour*, tout ouvrage de *fiqh* contient un chapitre consacré au règles internationales qu'ils nomment le chapitre des *siyar*.»[75]

Peu à peu, l'étude des *siyar* s'érigea en science autonome. Des ouvrages y furent spécialement consacrés, des siècles avant que Grotius n'écrive son *De jure belli ac pacis* (1625). Il semble qu'Abû Hanîfa (696-767 apr. J.-C.) a été le premier à avoir prodigué un enseignement

---

74. Cité dans M. Khadduri, *Introduction à Al-Mabsût*, (en langue arabe), Beyrouth, Dâr al-Muttahida li al-Nashr, 1970, p. 55. C'est nous qui traduisons.
75. M. Hamidullah, *Introduction à Ahkâm ahl al-dhimma (Le régime juridique des tributaires) d'Ibn Qayyim al-Jawziyya*, Beyrouth, Dâr al-`ilm li al-Malâyîn, 1981, tome I, p. 74-94, voir p. 82-83, c'est nous qui traduisons.

consacré à la question[76]. La petite histoire des premiers ouvrages consacrés aux *siyar* est ainsi contée par Ibn Hajr :

«*Le livre des siyar* est à l'origine d'Abû Hanîfa, il fut critiqué par Al-Awzâ`î (m. en 774 apr. J.-C.) qui fut à son tour critiqué par Abû Yûssef al-Shâfi`î (767-820 apr. J.-C.) qui critiqua la critique adressée par Abû Yûssef à Al-Awzâ`i.»[77]

Cette chaîne ne doit pas éclipser al-Sheybânî (m. en 804 apr. J.-C.) considéré comme l'un des meilleurs sinon le meilleur jurisconsulte en la matière. On lui doit un *Kitâb al-siyar al-kabîr (Traité de droit des gens)* dont il ne nous est parvenu qu'un commentaire d'al-Sarakhsî.

Au total, nous pouvons citer parmi les principaux contributeurs à l'éclosion de cette branche du *fiqh* :

– Abû Hanîfa : *Kitâb al-siyar*, non parvenu ;
– `Abd al-Rahmane al-Awzâ`î : *Kitâb al-siyar*, non parvenu ;
– Abû Yûssef Ibrahim al-Ansârî : *Kitâb al-rad `alâ siyar al-Awzâ`î*[78] ;
– Muhammad ben Hassen al-Sheybânî : *Kitâb al-siyar al-kabîr* dont il ne nous est parvenu qu'un commentaire par Mohamed ibn Ahmed al-Sarakhsî[79] ;
– Ibn Idrîs al-Shâfi`î : *Kitâb siyar al-Awzâ`î*[80].

45. Que conclure de ce qui précède ? Au moins deux assertions peuvent être tenues pour vraies. Tout d'abord, le fait que les musulmans ont pensé leurs rapports avec les autres peuples en termes de droit ; ensuite, le fait que ce droit était considéré comme autonome, distinct du droit encadrant les rapports entre les musulmans.

Du fait que les *siyar* sont des obligations de comportement pesant sur les musulmans dans leurs rapports avec les non-musulmans, on a déduit rapidement qu'il s'agissait d'un droit étatique externe[81]. C'est

---

76. *Ibid.*, p. 84.
77. *Ibid. loc. cit.* (notre traduction).
78. *Réponse au Livre du droit des gens de al-Awzâ`î*, Le Caire, 1939.
79. Le Caire, 1957 en trois volumes, traduit par Mohamed Hamidullah, *Le grand livre de la conduite de l'Etat (Kitâb al-siyar al-kabîr)*, Ankara, Turkiye Dianet Vakfi, 2 vol., 1989.
80. *Kitâb al-Um (L'ouvrage essentiel)*, Le Caire, 1957, vol. VII, p. 303-332.
81. E. Rabbath, «Pour une théorie du droit international musulman», *Revue égyptienne de droit international (REDI)*, 1950, p. 1-23, spéc. p. 14. Pour H. Kruse, il s'agit d'un «droit canonique externe ... des normes internes, unilatérales, qui ne s'adressent qu'à la communauté islamique et valent pour son comportement extérieur», H. Kruse, «The Islamic Foundation of Islamic International Jurisprudence. Muhammed al-Sheybânî – The Grotius of the Muslims», *Journal of the Pakistan Historic Society*, 1955, n° 3, p. 231-267, cité par A. Truyol Y Serra qui semble du même avis dans *Histoire du droit international*, Paris, Economica, 1995, p. 36.

là une manière bien positiviste de régler le problème. Elle s'inspire de la doctrine allemande du monisme avec primauté du droit interne défendue au XIXe siècle par l'école de Bonn à laquelle appartiennent notamment Philip et Albert Zorn [82]. Il faut avoir présent à l'esprit que les *siyar* ne se définissaient pas comme un droit *posé par les musulmans* : les *siyar* ne font pas exception à la logique générale du droit musulman qui commande de rattacher les règles d'espèce *(furû)* aux racines de la législation *(uçûl)* que l'on découvre dans le Coran ou la Sunna du Prophète, donc, en définitive, *à la volonté divine*. Les *siyar*, comme le *jus gentium*, ne pouvaient être conçus comme des normes juridiques *naissant entre* les peuples; elles ne pouvaient *qu'avoir lieu entre eux*. Aussi furent-elles conçues comme des commandements divins destinés à réglementer la conduite d'un peuple avec les autres. Il ne s'agissait pas pour autant d'un «droit externe» car ce concept suppose une volonté humaine qui se projette au dehors alors que, dans la conscience des anciens, il s'agissait d'un droit divin, c'est-à-dire d'une volonté aussi extérieure et supérieure à la volonté des fidèles qu'à celle des infidèles.

46. Les *siyar* ne relèvent donc absolument pas de la logique du droit international, ils doivent par contre être rapprochés des autres manifestations du droit des gens antique et médiéval : la théorie grecque du droit naturel, le *jus gentium* romain et la doctrine chrétienne médiévale du droit naturel et du droit des gens.

B. *A titre de comparaison : notions et définitions dans la tradition juridique grecque, romaine et chrétienne médiévale*

1) *Grèce : l'idée de droit naturel*

47. «Si actif dans une foule de directions, le génie grec ne s'occupe guère du droit.»[83] «Le droit grec ne se présente pas d'ordinaire dans une forme technique aussi élaborée que d'autres droits de l'Antiquité

---

82. Ph. Zorn, *Das Staatsrecht des Deutschen Reiches*, 2e éd., 1895; A. Zorn, *Grundzüge des Völkerrechts*, 1901. Pour P. Zorn, «le droit international n'est ... qu'un droit national autonome extérieur, de même nature que le droit national dont il fait partie et n'ayant pour trait distinctif que de se manifester à l'extérieur» (d'après F. von Liszt, *Le droit international, exposé systématique*, trad. française par G. Gidel avec le concours de L. Alcindor, Paris, Pedone, 1928, p. 10). Pour Albert Zorn, «le droit international n'est juridiquement un droit que lorsqu'il est le droit de l'Etat et dans la mesure où il l'est» (A. Zorn, *Grundzüge des Völkerrechts*, Leipzig, 1903, p. 7, d'après G. Chklaver, *Le droit international dans ses rapports avec la philosophie du droit*, Thèse, Paris, 1929).
83. J. Westlake, *Etudes sur les principes de droit international*, trad. de l'anglais par E. Nys, Paris, Bruxelles, 1895, p. 19.

et singulièrement le droit romain.»[84] Ces deux sentences expriment une réalité historique: les Grecs n'ont point été jurisconsultes[85] et «la loi de la Cité ne préoccupait les esprits que comme branche de la politique»[86]. Si le génie grec n'a pas construit le droit, il est indéniable qu'il l'a pensé, profondément, de manière philosophique. Si le génie grec n'a pas inventé la science juridique, il lui revient l'honneur d'avoir inventé la philosophie et, par-là même, la philosophie du droit. C'est à la philosophie grecque que l'on doit l'idée impérissable de droit naturel.

Le concept de droit naturel n'a certainement pas été inventé par Aristote. Déjà Sophocle avait donné argument de droit naturel à Antigone contre Créon. Par ailleurs, les sophistes avaient déjà largement développé une critique de la loi (positive) au nom des principes du droit naturel. C'est ainsi qu'Antiphon déclare: «Le fait est que par nature nous sommes tous et en tout de naissance identiques, grecs et barbares»[87], et Hippias renchérit:

> «Vous qui êtes ici présents je vous regarde tous comme parents et alliés, concitoyens, non par la loi, mais par la nature, car le semblable est naturellement parent du semblable, mais la loi, tyran des Hommes, fait souvent violence à la nature.»[88]

Peu importe d'ailleurs, dans ce cadre, l'origine historique du concept[89], il nous suffit d'en citer la version la plus complète sinon la version dominante en Grèce. On la doit «au Premier maître» pour reprendre l'expression dont usaient les philosophes arabo-musulmans pour désigner Aristote. Dans un passage célèbre de sa *Rhétorique,* il écrit:

> «Par loi j'entends d'une part la loi particulière, *celle qui pour chaque peuple, a été définie relativement à lui*, et cette loi est tantôt non écrite, tantôt écrite; par loi commune j'entends la loi naturelle. Car il y a une justice et une injustice dont tous les Hommes ont comme une divination et dont le sentiment leur est

---

84. J. Gilissen (dir. publ.), *Introduction bibliographique à l'histoire du droit et à l'ethnologie juridique*, Univ. Libre de Bruxelles, 1963, voir l'introduction de G. Sautel, A. 7, Grèce, p. 6.
85. *Ibid., loc. cit.* Cf. J. de Romilly, *La loi dans la pensée grecque, des origines à Aristote*, Paris, Société d'édition «Les Belles Lettres», 1971.
86. J. Westlake, *op. cit., loc. cit.*
87. J. de Romilly, *op. cit.*, p. 79.
88. Platon, *Protagoras et autres dialogues*, trad. Chambry, Paris, GF, 1967, voir *Protagoras*, 337-*a*/338-*b*, p. 68.
89. Voir à ce propos: S. Laghmani, Éléments d'histoire de la philosophie du droit, tome I, La nature, la Révélation et le Droit, *op. cit.*, p. 62 ss.

naturel et commun, même quand *il n'existe entre eux aucune communauté ni aucun contrat.*» [90]

Il appartiendra aux jurisconsultes romains de donner une forme et une structure juridiques à ces concepts.

2) Rome : droit naturel et jus gentium

48. Cicéron (106-43 av. J.-C.) semble avoir été le «premier à utiliser ce terme, il n'apparaît pas avant lui chez les écrivains latins» [91]. Si l'on peut effectivement attribuer la paternité de l'expression *jus gentium* à Cicéron, il n'en demeure pas moins que l'origine de la notion le précède, de beaucoup. Le concept remonte, en vérité, à l'organisation tribale, c'est-à-dire bien avant la monarchie romaine qui a été instituée en même temps que la Cité vers 754 av. J.-C. L'organisation sociale de l'Italie était auparavant basée sur le système gentilice et l'on distinguait dès cette époque entre *le jus gentilicium* qui gouvernait les relations entre les classes supérieures et les classes inférieures au sein d'une même *gente*, le *jus gentilitatis* qui comprenait les lois en vigueur au sein de la classe supérieure des gentils et le *jus gentium* qui réglait les rapports entre les différentes *gentes* [92].

En vérité et sans remonter aussi loin, une controverse n'a cessé de partager la doctrine sur la signification du *jus gentium*. Pas moins de cinq thèses ont été soutenues : 1. droit commun des peuples italiques, droit commun des peuples tout court ; 2. droit naturel ; 3. droit international privé et, en ce sens, droit interne ; 4. droit international public ; 5. droit international tout court. La querelle des érudits continue [93].

---

90. Aristote, *Rhétorique*, 1373 b, trad. M. Dufour, Paris, 1932, tome 1, p. 130, c'est nous qui soulignons. Cf. la traduction de Charles-Emile Ruelle revue par Patricia Vanhemelryck, Paris, Le Livre de Poche, collection «Classiques de la philosophie», 1991, p. 161-162.

91. M. Ducos, *Les Romains et la loi*, Paris, «Les Belles lettres», 1984, p. 258, l'auteur réfère à G. Lombardi, *Ricerche in tema di ius gentium*, Milan, 1946.

92. G. Carle, dans son ouvrage : *Le origine del diritto romano* (Turin, 1888) écrit à la note 3 de la page 45 :

«Il ius gentilicium, che comprende anche i rapporti fra la classe superiore dei gentiles et quella dei dependenti da essi o gentilicii, il ius gentilitatis che significa il complesso dei diritti spettanti ai membri di une stessa gente (gentiles) et i jura gentium che governavavo i rapporti fra le varie gente»,

cité par C. Phillipson, *The International Law and Custom of Ancient Greece and Rome*, London, 2 vol., 1911, vol. I, p. 90.

93. Voir M. Ducos, *op. cit.*, p. 258-263 ; P. Frezza, «*Ius gentium*», *Revue internationale des droits de l'antiquité (RIDA)*, 1949, tome II, p. 259-308 ; G. Grosso, «Gai III, 133 : Riflessioni sul concetto di *ius gentium*», *RIDA*, 1949, tome II, p. 395-400.

Nous avons, quant à nous, opté pour la thèse d'une stratification des significations du *jus gentium* : ce dernier a pris plusieurs significations en fonction de l'évolution historique. Le *jus gentium* a, d'abord, désigné l'ensemble des règles réglant les rapports entre peuples italiques, une fois la domination romaine assurée à ce niveau, le *jus gentium* a désigné les règles régissant les rapports de Rome et de ses citoyens avec les peuples étrangers. A partir du premier siècle av. J.-C. Rome pouvait se considérer maîtresse du Monde, elle n'avait plus, à proprement parler, de vis-à-vis, c'est de cette époque que date la reconversion du concept qui, désormais, désignera les règles applicables aux peuples dominés et aux rapports entre citoyens romains et étrangers. C'est à ce stade qu'interviennent Cicéron et les jurisconsultes : le premier a donné sa dimension philosophique à ce droit, le rapprochant de la tradition grecque de droit naturel, les seconds l'ont traduit juridiquement [94].

49. Cicéron

« a eu au moins le mérite de diffuser la pensée grecque chez ses compatriotes et, ce qui était gros d'avenir, de leur fournir une terminologie philosophique qui allait être, grâce à la fortune historique du latin, celle des siècles à venir »[95].

Dans le traité de la *République,* il fait dire à Lélius :

« Il existe une loi vraie, c'est la droite raison, conforme à la nature, répandue dans tous les êtres, toujours d'accord avec elle-même, non sujette à périr... Cette loi n'est pas autre à Athènes, autre à Rome, autre aujourd'hui, autre demain, c'est une seule et même loi immuable, éternelle qui régit toutes les nations et en tout temps. »[96]

Cette loi, Cicéron l'appelle indifféremment loi naturelle ou *jus gentium* : « Ce n'est pas seulement par la nature, c'est-à-dire le droit des gens... »[97] Il la distingue soigneusement des « lois propres aux nations et qui assurent le maintien de l'Etat »[98].

---

94. Voir S. Laghmani, Éléments d'histoire..., tome I, *op. cit.*, p. 129-134.
95. A. Truyol Y Serra, *Genèse et fondements spirituels de l'idée de communauté internationale (De la civitas maxima stoïcienne à la civitas gentium moderne),* Lisbonne, Faculdade de Direito, 1958, p. 35 ; *contra* E. Bréhier qui écrit : « Le stoïcisme si répandu a-t-il laissé quelque chose de lui dans le droit romain ?... le stoïcisme n'a joué qu'un rôle effacé », dans *Histoire de la philosophie*, Paris, PUF, Quadrige, nouvelle éd. 1983, tome 1, p. 371-372.
96. Cicéron, *De la République*, livre 3 : XXII, voir aussi, *Les lois*, livre 1 : V, VI, VII, XV, XVI, livre 2 : IV, V, IX, XIV, XV, livre 3 : I, Paris, Garnier-Flammarion, 1965.
97. Cicéron, *Des devoirs*, livre 3 : V, Paris, Garnier-Flammarion, 1967, p. 218.
98. *Ibid., loc. cit.*

50. Les jurisconsultes romains, dont l'œuvre, appelée depuis 1583 *Corpus juris civilis*, nous est parvenue grâce à l'énorme intérêt accordé par l'Empereur Justinien au droit [99], ont repris la distinction entre droit naturel et droit des gens, mais se sont séparés sur la classification du *jus gentium*. Un groupe confondit le droit naturel et le droit des gens, un autre les a distingués, mais et c'est le point qui, ici, nous intéresse, aucun des deux n'a confondu entre droit des gens et droit civil. Dans le premier groupe, on peut citer en premier lieu Gaïus (IIe siècle apr. J.-C.):

> «Tous les peuples qui sont régis par des lois et des mœurs se servent tantôt du droit qui leur est propre, tantôt du droit qui est commun à tous les Hommes. En effet, le droit que chaque peuple a établi pour lui-même, est propre à la Cité elle-même; mais le droit que la raison naturelle a établi entre tous les Hommes est une règle à laquelle tous se conforment également et s'appelle droit des gens, en tant que droit dont toutes les nations se servent.» [100]

Parmi les tenants du second groupe, on doit citer en premier lieu Ulpien (170-228 apr. J.-C.) pour lequel le droit naturel est ce que la nature a enseigné à tous les êtres vivants alors que le droit des gens, œuvre de la raison universelle, est propre à l'Homme:

> «Le droit naturel est ce que la nature a enseigné à tous les êtres animés: car ce droit est propre non au genre humain, mais à tous les êtres animés qui naissent sur terre ou dans la mer et s'applique même aux oiseaux.» [101]

---

99. Cf. M. E.-H. Kaden, «Justinien législateur (527-565)», dans *Grandes figures et œuvres juridiques*, Genève, 1948. Le *Corpus juris civilis* comprend: 1. Le *Code* (9/4/529) recueil des ordonnances impériales appelées *Constitutiones* ou *leges*; 2. *Novellae Constitutione*; 3. le *Digeste* (œuvres choisies) (16/12/533), recueil de *ius*, c'est-à-dire de règles juridiques contenues dans les ouvrages des jurisconsultes romains, à peu près 9000 fragments, sorte de résumé; 4. le *Pandecte* (œuvre encyclopédique), œuvre monumentale exposant *in extenso* les opinions des jurisconsultes romains; 5. les *Institutes* (21/11/533) œuvre de Justinien même, manuel didactique. Voir: *Corpus juris civilis, edit sexta decima*, L. V. C. I. S *Ope. Expressa*, 3 vol., Berolini, MCMLIV.

100. Gaïus, *Libro primo institutionum*, dans *Digeste*, livre I, titre I, «De la justice et du droit», *Corpus juris civilis, edit sexta decima*, L. V. C. I. S *Ope. Expressa*, 3 vols., Berolini, MCMLIV, vol. I, p. 29. Parmi les adeptes de cette thèse on peut citer le jurisconsulte Paul, voir J. Kosters, «Les fondements du droit international», Leyden, Bibliotheca Visseriana, vol. IX, 1925, p. 1-5; du même: «Le droit des gens chez saint Augustin», *RDI*, 1933, p. 31 ss, p. 282 ss, p. 635 ss, voir p. 38 ss.

101. Ulpianus, *Libro primo institutionum*, dans *Digeste*, Livre I, titre I, «De la justice et du droit», *Corpus juris civilis*, vol. I, p. 29. Sur cette question la contribution

Les *Institutes* de Justinien s'aligneront sur la thèse d'Ulpien et distingueront entre droit civil, droit naturel et droit des gens en reprenant les termes mêmes d'Ulpien [102].

Le Moyen Age chrétien connaîtra les mêmes classifications et on y verra persister les deux tendances.

3) La Chrétienté médiévale : droit naturel, droit des gens et droit divin

51. La pensée chrétienne, sans remettre en cause ces classifications, les doublera afin de les accorder au dogme, de la distinction entre droit humain et droit divin. Evidemment, les positions diffèrent d'un auteur à un autre, d'une époque à une autre et ce notamment s'agissant des rapports entre droit naturel et droit divin ; droit divin révélé et raison divine éternelle. Il n'est pas nécessaire, ici, d'analyser l'évolution de la conception chrétienne du droit naturel [103], il suffit de montrer que la pensée médiévale avait conscience de l'existence d'un droit spécifique dépassant le droit civil. Pour ce faire nous nous arrêterons aux définitions les plus célèbres.

Selon l'évêque d'Hippone, saint Augustin (354-430), «la loi naturelle ce n'est pas l'opinion qui l'a fait naître ; elle découle d'une force innée, tout comme la religion, la piété, la gratitude, la vindicte publique, le respect, la vérité» [104]. Ailleurs, il écrit: «Il n'est pas d'être vivant doué de raison, pas une âme si perverse qu'elle soit, dans laquelle Dieu ne fasse entendre sa voix. Qui donc sinon Dieu a écrit la loi naturelle dans le cœur humain ? » [105] On le voit, les préoccupations théologiques l'emportent, chez saint Augustin, sur les considérations juridiques. Cela ne doit pas masquer le souci principal de notre auteur de «sauver», si l'on peut ainsi s'exprimer, le concept de droit naturel. Il reviendra à un autre théologien quelque deux siècles plus tard de

---

de Felix Senn a été fondamentale, voir F. Senn, «De la distinction du *ius naturale* et *du ius gentium*», appendice à l'ouvrage : *De la justice et du droit*, Paris, Sirey, 1927, voir également H. Rommen, *Droit naturel, histoire, doctrine*, Paris, Egloff, 1945 (trad.).

102. Justinien, *Institutes*, livre I, titre II, *De iure naturali et gentium civili*, dans *Corpus juris civilis*, vol. I, p. 1. Cf. P. Haggenmacher, *Grotius et la doctrine de la guerre juste*, Genève, pub. de l'IUHEI et Paris, PUF, 1983, p. 313-319.

103. Cette évolution est magistralement exposée par O. Lotton, *Le droit naturel chez saint Thomas et ses prédécesseurs*, Bruges, 2ᵉ éd., 1931.

104. *De diversis quaestiones*, 31, 1, cité par J. Kosters, «Le droit des gens chez saint Augustin», *RDI*, 1933, p. 41.

105. *De sermone domini in monte*, cité par J. Kosters, article cité, *RDI*, 1933, p. 41, voir aussi V. E. Hrabar, «Esquisse d'une histoire littéraire du droit international au Moyen Age du IVᵉ au XIIIᵉ siècle», *RDILC*, 1936, p. 7 ss, p. 373 ss, voir p. 22 ss.

présenter la distinction de manière plus juridique. Il s'agit d'Isidore de Séville (570-632).

L'auteur distingue le droit civil du droit naturel lui-même distinct du droit des gens ce dernier étant considéré comme droit positif :

> « Le droit naturel est le droit qui est commun à toutes les nations du fait qu'il est reçu partout par un instinct de nature et non en vertu de quelques institutions humaines, le droit naturel se trouve dans la loi de Moïse et les Evangiles et nous ordonne de faire envers autrui ce que nous voulons qu'autrui fasse envers nous et nous abstenir envers lui de faire le contraire, comme exemple de droit naturel Isidore énumère la communauté de l'homme et de la femme, la succession et l'éducation des enfants. » [106]

Quant au droit des gens, il est

> « ainsi appelé parce qu'il est en vigueur chez presque tous les peuples, (il) est seulement indiqué par des exemples comme l'appropriation des biens immeubles sans maîtres, la construction d'habitations et l'élévation de fortifications ; les guerres, la captivité, l'esclavage, le *postliminum*, les alliances, les traités de paix, les trêves, l'inviolabilité des ambassadeurs, la défense du mariage avec les étrangers » [107].

Les définitions d'Isidore de Séville furent reprises par Gratien (XIIe siècle)[108]. Celui-ci doit sa renommée à son *Décret (Decretum Gratiani)* composé entre 1139 et 1142. Le *Décret* est une compilation du droit Canon réalisée en vue d'harmoniser ce droit et de l'expurger des contradictions qu'il recelait. Œuvre privée, elle n'en eut pas moins un retentissement considérable et pendant des siècles fit autorité. Gratien reprend la division entre droit naturel, droit des gens et droit civil et assimile le droit naturel à la révélation : « Le droit naturel est le droit qui se trouve dans l'Ancien et le Nouveau Testament, le droit naturel est identique au droit divin, l'Homme seul y participe. » [109] Pour ce qui

---

106. Isidore de Séville, *Etymologiae*, livre V, ch. 4, I, d'après J. Kosters, « Les fondements… », *op. cit.*, p. 11 ; cf. F. Senn, *op. cit.*, p. 84, note 1, texte en latin.
107. Isidore de Séville, *Etymologiae*, livre V, ch. 6, I, d'après J. Kosters, « Les fondements… », *op. cit.*, p. 12 ; F. Senn, *op. cit.*, p. 84, note 3.
108. Qu'il ne faut pas confondre avec Gratien (359-383) Empereur romain (375-383) fils de Valentinien 1er.
109. Cité par V. E. Hrabar, article cité, *RDILC*, 1936, p. 401. Il s'agit de la première distinction de la première partie du *Décret* : « *Lex naturae quod in evangilo et lege* ». Cf. Ch. Mounier, « Droit canonique et droit romain d'après Gratien et les décrétistes », dans *Etudes d'histoire de droit canonique dédiées à G. Le Bras*, Paris, Sirey, 1965, tome 2, p. 943-945 ; H. Rommen, *op. cit.*, p. 59 et 87.

est du droit des gens, Gratien reprend les termes mêmes d'Isidore de Séville[110].

La dernière autorité à citer parmi les penseurs chrétiens médiévaux s'impose avec autant sinon plus d'évidence que la première, il s'agit du Docteur angélique, du *Doctor communis,* saint Thomas d'Aquin (1226-1274). Quelque révolutionnaires que fussent ses idées théologiques, il n'innova point en matière de droit des gens. De plus, une hésitation caractérise ses écrits en la matière[111] : le droit des gens est tantôt classé parmi le droit positif, tantôt dans le droit naturel, il est dans tous les cas et c'est ce qui nous importe, distingué du droit civil:

> «L'être doué de raison est soumis à la providence divine d'une manière plus noble que les autres créatures dans la mesure où il participe lui-même à cette providence dont il est l'agent pour lui-même et pour les autres, ce qui signifie que la lumière de la raison naturelle qui nous permet de distinguer le bien du mal n'est rien d'autre que la marque imprimée en nous par la lumière divine. Il en résulte donc que la loi naturelle n'est rien d'autre qu'une participation à la loi éternelle chez la créature douée de raison.»[112]

Pourtant, plus loin, il admet que le droit naturel est commun aux Hommes et aux animaux[113]. Ailleurs, il distingue entre droit naturel *primum modum* commun à tous les êtres animés et *secundum modum* spécial aux êtres humains[114].

Notons, en ce qui concerne la tradition chrétienne, le passage du volontarisme divin qui donne sens au droit naturel chez Isidore de Séville et Gratien puisque ceux-ci l'identifient au «droit qui se trouve dans l'Ancien et le Nouveau Testament» (ce qui correspond à la doctrine traditionniste en Islam), au rationalisme thomiste qui considère que le droit naturel trouve son origine et son fondement dans «la lumière de

---

110. D'après V. E. Hrabar, article cité, *RDILC,* 1936, p. 401.
111. Cf. à ce propos: J. Kosters, «Les fondements...», *op. cit.,* p. 12; F. Senn, *op. cit.,* p. 84-85, note 4; A. de G. de La Pradelle, *Maîtres et doctrines en droit des gens,* Paris, les éditions internationales, 2ᵉ éd., 1950, p. 24 ss.
112. Saint Thomas, *L'être et l'esprit, textes choisis,* Paris, PUF, coll. «sup.», 1971, p. 132, extrait de la *Summa Theologicae,* 2ᵉ partie, 1ʳᵉ sous partie, question 94, article 2 (transcription abrégée: *Sum. Theo.* I-II, qu. 94, a. 2).
113. *Ibid.,* p. 133, *Sum. Theo.,* I-II, qu. 94, a. 3. Saint Thomas attribue dans ce passage «à la loi naturelle ce que la nature enseigne à tous les animaux par exemple se reproduire, élever les petits etc.». L'influence d'Ulpien est manifeste.
114. *Sum. Theo.,* II-II, qu. 57, a. 3.

la raison naturelle qui nous permet de distinguer le bien du mal», ce qui est une reprise, ou, en tous les cas, identique à la thèse mutazilite[115].

52. Au-delà des divergences sur le statut du droit des gens, un fait est certain : le droit pour les anciens n'est pas uniquement «civil», il n'est pas limité aux rapports entre les citoyens ou les coreligionnaires, le droit naturel et le droit des gens sont spécifiques parce qu'ils dépassent ce cadre étroit, ils sont communs à tous les Hommes.

C. La structure des siyar

53. Ce qui attire le plus l'attention, c'est que les *siyar* était aussi bien un droit régulant les rapports des peuples que les rapports des individus relevant de peuples différents.

1) Règles régissant les rapports de la 'Umma, la communauté des croyants, aux autres peuples

54. La *'Umma* est une unité personnelle dont le ciment est la foi en une même religion. Les rapports de la *'Umma* aux autres peuples peuvent être de deux sortes : des relations de guerre ou des relations de paix. Ces deux types de rapports et leur droit ont également été envisagés par les *siyar*.

a) Le droit de la guerre

55. Nous l'envisagerons dans ses deux aspects : droit à la guerre et droit dans la guerre

i) Jus ad bellum

56. L'analyse du *jus ad bellum* islamique est délicate. C'est que, contrairement aux autres cas étudiés, le droit musulman n'appartient pas à une histoire révolue. Il est encore présent, sinon dans le droit en vigueur dans certains Etats, du moins dans l'imaginaire collectif. C'est peut-être ce qui explique que la quasi-totalité des écrits récents sur l'Islam et le droit des gens, et ils sont nombreux, a pour objectif premier de mettre en valeur son caractère pacifique, progressiste, son actualité

---

115. Avec toutefois une différence majeure : la théologie chrétienne a commencé par être volontariste avec saint Augustin et l'augustinisme, pour, ensuite, opter définitivement pour le rationalisme thomiste : c'est le cheminement inverse qu'a connu la pensée théologico-juridique musulmane.

même [116]. Qu'il nous soit permis de procéder autrement. Certes, la tendance mentionnée s'explique par les incompréhensions dont l'Islam a été victime, incompréhensions qui sont le plus souvent loin d'être innocentes. Mais la réaction s'est, hélas ! généralement située sur le même terrain que l'action : sur le terrain de l'idéologie.

Nous pensons qu'il existe plusieurs lectures possibles du Coran et de la Sunna. Nous pensons que l'interprétation pacifiste est possible, ses arguments sont peut-être même solides. Il suffit à cet égard de rappeler deux versets du Coran :

> « Nulle contrainte en religion ! Car le bon chemin s'est distingué de l'égarement. Donc, quiconque mécroit au Rebelle tandis qu'il croit en Allah saisit l'anse la plus solide, qui ne peut se briser. Et Allah est Audient et Omniscient. » (Sourate *al-Baqara* – La Génisse – verset 256).
>
> « Et dis : « La vérité émane de votre Seigneur ». Quiconque le veut, qu'il croie, quiconque le veut qu'il mécroie. Nous avons préparé pour les injustes un Feu dont les flammes les cernent. Et s'ils implorent à boire on les abreuvera d'une eau comme du métal fondu brûlant les visages. Quelle mauvaise boisson et quelle détestable demeure ! » (Sourate *al-Kahf* – la Caverne – verset 29) [117].

Mais la question n'est pas de savoir quel est le vrai sens du texte révélé ou quelle est la meilleure interprétation du Coran. Indépendamment du fait que nous pensons qu'il n'y a pas de « sens vrai » du texte que tout texte supporte plusieurs interprétations [118], nous interrogeons, ici, l'histoire et non le Coran. Nous nous intéressons donc à la lecture officielle en la matière pendant la période de l'Islam classique. Cette lecture est, peut-être, aujourd'hui, peu opportune, elle n'en a pas moins été historiquement vraie, efficace, agissante et elle l'est encore !

57. Ceci posé, un premier constat s'impose : « *Le jihâd* en Islam (est) une institution soumise à la souveraineté du droit. » [119] En son sens

---

[116]. Voir, dans ce sens M. A. Baderin, « The Evolution of Islamic Law of Nations and the Modern International Order : Universal Peace through Mutuality and Cooperation », *The American Journal of Islamic Social Sciences*, vol. 17, n° 2, 2000, p. 57-80.

[117]. *Le noble Coran et la traduction en langue française de ses sens*, par Muhammad Hamidullah, arabe-français, éd. Révélation, 2004.

[118]. Nous avons traité de cette question dans S. Laghmani, *Une critique de la connaissance juridique*, Tunis, Nirvana, 2022, deuxième partie : « Interprétation ? Interprétations ? », p. 137-263.

[119]. E. Rabbath, article cité, *REDI*, 1950, p. 16.

large, le mot *jihâd* signifie « effort », en son sens strict, il signifie « guerre sainte ». Toute œuvre de *siyar* et, plus généralement, toute œuvre de *fiqh* comprend un chapitre *(bâb)* intitulé : Du *jihâd*. Le deuxième constat est le suivant : Le *jihâd* est une obligation juridique en même temps que religieuse *(fardh)*, son fondement est l'obligation de propager l'Islam. Car l'Islam est un message adressé à l'humanité entière. L'obligation du *jihâd* est une obligation solidaire *(fardh kifâya)* : un groupe de musulmans peut, en la remplissant, en délier les autres quand la guerre est offensive. Elle se meut en obligation personnelle *(fardh `ayn)* quand les musulmans sont attaqués.

Abou al-Hassan al-Qudûrî (973-1037 apr. J.-C.) écrit dans son *Compendium (mukhtaçar)* de droit hanéfite :

> « *La guerre sainte est une obligation solidaire, (fardh kifâya)* … combattre les infidèles est obligatoire même s'ils ne nous ont pas attaqué les premiers. Si l'ennemi attaque une ville, tous sont tenus à la défense et même la femme sortira alors sans autorisation du mari et l'esclave sans celle du maître. »[120]

Dans le même sens, Muwaffaq al-Dîn Ibn Qudâma (1142-1223 apr. J.-C.) écrit dans son Précis de droit :

> « *La guerre légale (jihâd)* est un devoir d'obligation sociale *(fardh kifâya)*, quand un groupe de musulmans en assure l'exécution d'une façon satisfaisante les autres en sont dispensés. Le *jihâd* devient un devoir personnel d'obligation stricte *(fardh `ayn)* pour tous les musulmans qui se trouvent en ligne et dont le pays est [envahi] par l'ennemi. Il n'est obligatoire que pour les hommes libres, pubères, doués de raison et capables de combattre. »[121]

Il ajoute et c'est fondamental : « Chaque nation doit combattre les ennemis qui sont ses voisins immédiats. »[122] Cette distinction juridique implique nécessairement l'obligation d'entreprendre des guerres offensives (agressives dirons-nous aujourd'hui). Cette implication est admise explicitement par certains, implicitement par d'autres.

---

120. Abû al-Hassan al-Qudûrî, « Compendium *(mukhtaçar)* de droit hanéfite », trad. L. Bercher, *RTD*, 1954, tome II, p. 123-149, spéc. p. 125.
121. Muwaffaq ad-Dîn Ibn Qudâma al-Maqdissî, ci-après Ibn Qudâma (451-620 H./1147-1223 apr. J.-C.), jurisconsulte hanbalite, *Kitâb al-`umda fî ahkâm al-fiqh*, traduit par H. Laoust sous le titre : *Précis de droit*, Beyrouth, Institut français de Damas, 1950, p. 271.
122. *Ibid.*, p. 272.

58. Certains classiques posent clairement l'obligation du *jihâd* et la lient à l'obligation de propagation de la foi, il en est ainsi de Muhammad ben Hassen al-Sheybânî (m. en 804 apr. J.-C.) qui écrit :

> «*Au total*, l'obligation du *jihâd a été révélée progressivement*. Le Prophète a eu, d'abord, pour mission de propager la foi et d'ignorer les polythéistes (Sourate *al-Hajj* – Le pèlerinage à la Mecque – verset 80) ; Dieu lui a, ensuite, ordonné de discuter avec eux pacifiquement … (Sourate *al-Nahl* – L'abeille – verset 125 et sourate *al-`Ankabût* – L'araignée – verset 46). Dans un deuxième temps, le Prophète fut autorisé à combattre… ; (Sourate *al-Hajj* – Le pèlerinage à la Mecque – verset 39). Les musulmans eurent, d'abord, l'obligation de combattre s'ils sont attaqués…, ensuite, ils eurent l'obligation de combattre une fois les trois mois sacrés expirés… (Sourate *al-Tawba* – Le repentir – verset 5) ; enfin, ils eurent l'obligation catégorique de combattre … (Sourate *al-Baqara* – La génisse – verset 244) et le statut du *jihâd* se fixa sur cette obligation… : l'obligation du *jihâd* pour consolider la religion et vaincre les polythéistes.» [123]

59. D'autres récusent le principe. Ils affirment que les musulmans ne doivent combattre que s'ils sont attaqués. C'est l'opinion de Sufyân al-Thawrî (m. 778 apr. J.-C.) et d'Ibn Taymiyya (m. 1327 apr. J.-C.). Mais, et cela est de la première importance, ces *fuqahâ* considèrent les cas de persécution de musulmans vivant sous le pouvoir de puissances non musulmanes comme un *casus belli*. Ils considèrent également que tout obstacle opposé à la propagation pacifique de la foi musulmane dans des contrées non converties est un *casus belli*. Ce qui, à l'évidence, réduit considérablement la portée du principe, s'il ne le nie pas [124].

60. Une autre distinction est essentielle en la matière c'est celle qui oppose *dâr al-Islâm* à *dâr al-harb* (littéralement : maison d'Islam – maison de guerre), les terres sont classées en deux catégories : les terres d'Islam c'est-à-dire les espaces soumis au pouvoir de l'Islam et les terres de combat, de guerre, celles où s'exerce un pouvoir non musulman.

---

123. Muhammad ben Hassen al-Sheybânî, *Kitâb al-siyar al-kabîr* commentaire al-Sarakhsî, Le Caire 1957, 1er vol., p. 188 (notre traduction).
124. Ibn Taymiyya, *Al-siyyâssa al-shar`iya*, Le Caire, Maison du livre, 1956, p. 123 (en langue arabe), traduit par H. Laoust sous le titre : *Le traité de droit public d'Ibn Taymiyya*, Beyrouth, Institut français de Damas, 1948. Voir à ce propos D. Quasimi, *Al-Jihâd wa al-huqûq al-duwalyia al-`âmma fi al-Islam* (*La guerre sainte et le droit international en Islam*, traduction de l'auteur), Beyrouth, Dâr al-`ilm li al-Malâyîn, 1982, p. 251 et p. 272.

Cette institution n'a pas, à proprement parler, de fondement coranique ou même dans la Tradition du Prophète, elle est née du constat que, pour une période au moins, l'Islam ne gouvernera pas toutes les âmes; en attendant que l'Islam se réalise totalement, la guerre est la situation juridique «normale» entre les musulmans et les non-musulmans.

61. La guerre devra être précédée, quand elle oppose les musulmans à un peuple auquel le message n'est jamais parvenu, d'une sommation préalable dont le texte nous est traduit par A. Rechid:

> «*Nous vous convions à l'Islam*, si vous l'embrassez vos droits seront comme nos droits et vos devoirs comme nos devoirs, si vous refusez donnez-nous la *jizya*, si vous refusez nous vous attaquerons.» [125]

Dans le même sens, al-Qudûrî écrit:

> «Quand les musulmans pénètrent en territoire ennemi, *dâr al-harb*, et assiègent une ville ou une forteresse, ils convieront les occupants à l'Islam. Si ceux-ci répondent favorablement à cet appel, ils cesseront de les combattre. Mais s'ils refusent, les musulmans les inviteront à payer l'impôt de la *jizya*. Il n'est pas licite que l'Imâm combatte ceux à qui n'est point parvenu le message de l'Islam. Il ne pourra le faire qu'après les y avoir appelés.» [126]

Ceci est confirmé par al-Mâwardî (*faqîh* shaféite, 974-1058 apr. J.-C.):

> «Ce nous est chose défendue de les attaquer par surprise ... avant de leur avoir manifesté l'appel à l'Islam, les miracles de la prophétie et les preuves propres à les amener à répondre à cet appel.» [127]

62. Notons, pour terminer, que les guerres contre les *apostats (murtaddîn)* et les schismatiques sont considérées comme *jihâd*. En les évacuant du champ de son étude, A. Rechid méconnaît la cohérence fondamentale et l'unité du concept de *jihâd*: c'est une guerre contre les non-musulmans, qu'elle se situe ou non dans *dâr al-Islâm* est sans

---

[125]. A. Rechid, «L'Islam et le droit des gens», *Recueil des cours*, tome 60 (1937), p. 414-416.
[126]. Al-Qudûrî, *op. cit.*, p. 125-126.
[127]. Al-Mâwardî (shaféite): *Al-ahkâm al-sultâniyya*, trad. L. Ostrorog (*Les statuts gouvernementaux*), éd. Leroux, 1906, tome II, 4e titre.

pertinence eu égard à sa qualification juridique: elle relève toujours des *siyar* [128].

A titre de comparaison: le jus ad bellum *dans la tradition juridique grecque, romaine et chrétienne médiévale*

63. Redslob écrit: « Grecs et Romains, quand ils entrent en campagne, s'efforcent toujours de démontrer la justice de leur cause », il ajoute et c'est important: « Que leur argumentation soit sincère ou non, elle implique l'aveu qu'un droit régit la guerre. » [129]

64. « Dès l'âge héroïque les Hellènes font savoir la raison de leur prise d'armes et formulent la prétention à laquelle ils comptent faire droit par la force. » [130] La philosophie de ce droit comme de l'ensemble des règles du *jus ad bellum* hellène nous est révélée par Bikerman:

> « La guerre est un mal endémique. Les règles de droit international seront établies pour l'empêcher de devenir épidémique, pour circonscrire chaque foyer de conflagration. Telle la fonction du principe qui limite *casus belli* aussi bien que *casus fœderis* (alliance) à une invasion du territoire d'un autre contractant. » [131]

Toutefois, ce souci ne se constate que dans les relations entre cités grecques, dans leurs rapports aux peuples non hellènes, « il existait une seule loi conventionnelle dans cette nation, la plus civilisée du monde antique, dont le mot d'ordre était « la guerre aux barbares » [132]. Cette guerre n'était d'ailleurs pas conçue comme un fait, mais comme un droit, un droit naturel. Pour Platon, « lorsque les Grecs combattent les barbares et les barbares les Grecs nous disons qu'ils guerroient, qu'ils sont ennemis par nature » [133].

---

128. A. Rechid, *cours cité*, p. 449. Voir également al-Mâwardî, *op. cit.*, p. 106 ss; al-Qudûrî, *op. cit.*, p. 147-149.
129. R. Redslob, *Histoire des grands principes du droit des gens*, Paris, éd. Rousseau et Cie, 1923, p. 87-88. L'ouvrage ainsi que l'indique son titre a pour objet de retracer l'histoire de quatre principes que l'auteur considère comme étant les piliers du droit international: *Pacta sunt servanda*, souveraineté, égalité et solidarité.
130. *Ibid., loc. cit.*
131. E. Bikerman, « Remarques sur le droit des gens dans la Grèce classique », *RIDA*, IV, 1950, p. 101.
132. M. Branko, *Le fondement du droit international*, Paris, Thèse, 1928, p. 16. Ernest Nys écrit à ce propos: « La civilisation hellénistique se dépeint par les paroles que Tite-Live met dans la bouche d'un des orateurs à l'Assemblée générale des Etoliens: « Avec les étrangers, avec les barbares, tous les Grecs sont et seront dans un état de guerre permanent », E. Nys, *Le droit international, les principes, les théories, les faits*, 3 vol., Paris, Bruxelles, 1904, vol. I, p. 4.
133. Platon, *La République*, V, 469b-470b, Paris, GF, 1960, trad., notes R. Baccou, p. 226.

65. « Une guerre, déclare Cicéron, ne peut être juste si elle n'a pas été précédée d'une réclamation en forme ou d'une dénonciation et d'une déclaration »[134]. Rome a connu une branche spéciale du droit des gens à cette fin. Il s'agit du *jus fetiale* qui commande l'observation d'une procédure longue et compliquée avant le déclenchement des hostilités[135]. Son existence se justifie par le fait que

> « les Romains demandaient que la lutte soit *bellum justum*. La question de savoir si le droit se trouve du côté des romains est tranchée par le collège des prêtres *fétiaux* ... les Romains représentent la lutte armée comme la réalisation d'un droit par la force. Ils restent donc tout à fait conséquents en exigeant satisfaction de l'adversaire avant l'ouverture des hostilités »[136].

Ces conditions ne valent toutefois pas quand il s'agit de la guerre contre les « barbares ».

66. La Chrétienté eut, d'abord, à trancher le problème théologique de la licéité de la guerre. L'enseignement des premiers chrétiens était pacifiste. Le fondement de ce pacifisme est le Nouveau Testament, Evangile selon Mathieu 26 :

> « [51] Et voici, un de ceux qui étaient avec Jésus étendit la main, et tira son épée ; il frappa le serviteur du souverain sacrificateur,

---

134. Cicéron, *Des devoirs*, Paris, GF, 1967, L. I, XI, p. 125
135. Cette procédure peut être résumée comme suit : 1) Envoi des prêtres fétiaux avec demande de réparation des torts (réels ou prétendus) ; 2) délai ; 3) deuxième mission dont le but est de constater l'attitude injuste de l'autre partie ; 4) rapport par le collège des fétiaux au Sénat 5) résolution du Sénat ; 6) prières rituelles ; 7) mission des fétiaux, « cette fois seulement jusqu'à la frontière. Le *Pater Patratus* (chef du collège des prêtres fétiaux) en présence de trois témoins au moins, jetait une lance maculée de sang en territoire ennemi », c'est la déclaration de guerre proprement dite. (G. Fusinato, « Le droit international de la République romaine », *RDILC*, 1885, p. 283.)
La doctrine est partagée sur la valeur d'une telle procédure. Pour certains, elle est rituelle et formelle et ne se préoccupe guère de la légitimité du motif : G. Fusinato, article précité, *RDILC*, 1885, p. 283 ; J. van Kan, « Règles générales du droit de la paix (L'idée de l'organisation internationale dans ses grandes phases) », *Recueil des cours*, tome 66 (1938), p. 295 à 621, voir p. 388 ; F. Laurent, *Etudes sur l'histoire de l'humanité, Histoire du droit des gens et des relations internationales*, 3 premiers vol., Paris, Gand, 1855-1870, voir vol. III, p. 15 ; L. Le Fur, *Précis de droit international public*, Paris, coll. Petits précis Dalloz, 4ᵉ éd., 1939, p. 4 ; M. Revon, *Le droit de la guerre sous la république romaine*, Paris, A. Rousseau éditeur, 1891, disponible sur http://www.roma-quadrata.com/droitdelaguerre.html ; A. Truyol Y Serra, *Genèse et fondements spirituels...*, *op. cit.*, p. 33. *Contra* : P. Bierzanek, « Sur les origines du droit de la guerre et de la paix », *RHDFE*, 1960, p. 83-85 ; A. Chauveau, « Le droit des gens dans les rapports de Rome avec les peuples de l'Antiquité », *Nouv. RHDFE*, 1891, p. 393-443, voir p. 427, note 3 ; C. Phillipson, *op. cit.*, vol. II, p. 185.
136. R. Redslob, *op. cit.*, p. 88.

et lui emporta l'oreille⁵². Alors Jésus lui dit : Remets ton épée à sa place ; car tous ceux qui prendront l'épée périront par l'épée. »[137]

L'opinion changea avec la fin de la persécution (313 apr. J.-C.), l'élévation du Christianisme au rang de religion officielle de l'Empire romain (380 apr. J.-C.) et, enfin, avec le déclenchement des Croisades. De l'interdiction originelle, l'Eglise passe à la permission conditionnelle pour, enfin, décider elle-même des guerres [138].

Dès saint Ambroise (340-397), le principe de la licéité du recours à la guerre est admis, « la participation des chrétiens à la guerre apparaît à saint Ambroise non seulement licite, mais digne d'éloge quand il s'agit de défendre la patrie contre les barbares »[139]. Saint Augustin (354-430) réaffirmera le principe [140]. Il sera codifié dans la somme de droit canonique qu'établira Gratien en 1150. En effet, la première question de la cause XXIII (IIe Partie du *Décret* de Gratien) est ainsi conçue : « An militari *sit peccatum* ? » (« Est-ce pêché de faire la guerre ? »), la réponse est raisonnée ... l'auteur admet ... que la guerre peut être légitime, mais c'est à la condition d'être nécessaire. »[141] De cette condition naquit la théorie chrétienne de la juste guerre.

Selon saint Augustin « pour qu'une guerre soit juste il faut qu'elle soit entreprise pour une juste cause et par ordre de l'autorité »[142]. Reste à déterminer ce que l'on entend par « juste cause ». Isidore de Séville (570-632), dans le livre VII des *Etymologiae* consacré au droit de la guerre, précise : « Une guerre juste est celle qui est conduite en conséquence d'un ordre légal pour des choses dont on demande le

---

137. Cf. à ce propos et par exemple J. Duncan et M. Derret, « The Primitive Christian Teaching Concerning Violence », *Workshop, The Hague Academy of International Law, The Future of International Law in a Multicultural World*, 1983, p. 311-316.
138. « L'Eglise avait, pendant le haut Moyen Age, laissé le glaive temporel à l'Empire, et s'était bornée à encourager ou bénir celles des guerres qui étaient faites pour la défense, voire l'expansion de la Chrétienté, mais (après) elle en était venue à l'idée que si le pouvoir temporel était déficient, *a fortiori* s'il était hostile, c'était le droit et le devoir de l'Eglise de décider des guerres », C. Cahen, *Orient et Occident au temps des Croisades*, Paris, Aubier, 1983, p. 53.
139. V. E. Hrabar, article cité, *RDILC*, 1936, p. 21.
140. F.-P. Chanut, « Guerre sainte et guerre juste au Moyen Age : variations conceptuelles entre Occident chrétien et terres d'Islam », dans B. Béthouart et X. Boniface (dir. publ.), *Les chrétiens, la guerre et la paix. De la paix de Dieu à l'esprit d'Assise*, Presses universitaires de Rennes, 2012, p. 101-118, voir par. 33 ; A. de G. de La Pradelle, *op. cit.*, p. 22.
141. E. Nys, *Les origines du droit international*, Paris, Bruxelles, 1894, p. 98-99.
142. V. E. Hrabar, article cité, *RDILC*, 1936, p. 25 ; voir Chr. L. Lange, « Histoire du pacifisme et son influence sur le développement du droit international », *Recueil des cours*, tome 13 (1926), p. 171-426, voir p. 194.

retour ou pour repousser l'ennemi.»[143] C'est cette même théorie que l'on retrouvera dans le *Décret* de Gratien : les guerres justes sont

> « celles qui vengent les injures par exemple dans le cas où quelque peuple ou cité doit être poursuivi par les armes comme ayant négligé de réprimer ce que l'un des siens a fait de mal ou de rendre ce qui a injustement été enlevé »[144].

Ces précautions et conditions ne concernent que les guerres intra chrétiennes, vis-à-vis des infidèles la guerre est toujours juste,

> « cette autre guerre est juste incontestablement, en qui il n'y a point d'iniquité qui est ordonnée par Dieu ... car alors celui qui dirige les armées et la multitude qui les compose sont moins réputés les auteurs de la guerre que les exécuteurs d'une volonté plus haute »[145].

Pour Gratien, qui a vécu la fièvre qui a précédé et préparé les Croisades, « les musulmans sont les ennemis naturels de la communauté chrétienne, il faut donc les combattre, les expulser tout comme une société policée combat et punit les malfaiteurs »[146]. Vis à vis des hérétiques les opinions ne divergent que par la forme. Pour Henri de Suse, (Hostiensis, canoniste du XIIIe siècle) la guerre aux infidèles est toujours juste. Par contre, Sinibalade de Fiesque, décrétaliste qui deviendra Pape sous le nom d'Innocent IV (1243-1254), enseigne que « les infidèles ont droit de juridiction et de domaine », qu'on ne peut leur faire la guerre uniquement pour les convertir, mais qu'il est cependant licite de faire la guerre aux occupants de la terre Sainte ainsi qu'à tous les infidèles occupant des pays autrefois sous la juridiction de l'Empire romain[147].

---

143. V. E. Hrabar, article cité, *RDILC*, 1936, p. 28-29. *« Justum bellum est quod esc proedicto geritur de rebus repetitis, aut propulsandorum hostium causa »*, Isidore de Séville cité par E. Nys, *Les origines...*, *op. cit.*, p. 100.
144. Gratien, *Decretum*, cité par E. Nys, *Les origines...*, *op. cit.*, p. 100 ; cf. V. E. Hrabar, article cité, *RDILC*, 1936, p. 405.
145. Gratien, *Decretum,* cité par E. Nys, *Les origines...*, *op. cit.*, p. 100 ; cf. V. E. Hrabar, article cité, *RDILC*, 1936, p. 405.
146. P. Dubois, *De recuperatione terrae sanctae*, 1306, cité par J. Graven, « Le difficile progrès de la justice et de la paix par le droit (de l'origine à la Société des Nations), dans R. Cassin, *Amicorum discipulorumque liber III*, Paris, Pedone, 1970, II, p. 26.
147. Sur toutes ces questions cf. E. Nys, *Les origines...*, *op. cit.*, p. 44-49, 97-106, 140-151, il écrit aux p. 143-144 :

> « La légitimité de la guerre contre les infidèles fut agitée de bonne heure par les juristes. L'historien doit malheureusement constater que l'opinion la moins libérale est celle qui réunit le plus de suffrages. »

Ce qui évidemment, réduit singulièrement la portée du principe, le monde romain étant passé dans sa plus grande partie sous domination arabo-musulmane.

ii) Jus in bello

67. L'histoire enseigne que l'Islam a, de toutes les civilisations antiques, connu la réglementation la plus poussée et la plus générale en la matière. La conduite de la guerre, la distinction entre combattants et non-combattants et le traitement des prisonniers furent l'objet d'une législation fournie. Les sources de ce droit sont le Coran et la Sunna auxquels il faut ajouter les instructions d'Abû Bakr al-Siddîq et de 'Umar ibn al-Khattâb, les deux premiers Califes.

Les instructions d'Abû Bakr ont été ainsi traduites:

> «*Souvenez-vous que vous êtes toujours sous les regards de Dieu et à la veille de la mort*; que vous rendrez compte au dernier jour ... Lorsque vous combattez pour la gloire de Dieu, conduisez-vous comme des hommes, sans tourner le dos, mais que le sang des femmes ou celui des enfants et des vieillards, ne souille pas votre victoire. Ne détruisez pas les palmiers, ne brûlez pas les habitations ni les champs de blé, ne coupez jamais les arbres fruitiers, et ne tuez le bétail que lorsque vous serez contraints de le manger. Quand vous accorderez un traité ou une capitulation, ayez soin d'en remplir les clauses. Au fur et à mesure de votre avance, vous rencontrez des hommes de religion qui vivent dans les monastères et qui servent Dieu dans les prières.· laissez-les, ne les tuez point et ne détruisez point leurs monastères.» [148]

68. Al-Qudûrî résume ainsi les règles du droit humanitaire musulman:

> «*Il convient que les musulmans ne commettent ni traîtrise (ghadr)*, ni vol de butin de guerre *(ghulûl)* et qu'ils n'infligent pas aux ennemis des traitements atroces *(muthlâ)*. Ils ne doivent

---

Du même et dans le même sens: «Les jurisconsultes espagnols et la science du droit des gens», *RDILC,* 1912, voir p. 511-512; cf. V. E. Hrabar, article cité, *RDILC,* 1936, p. 410-413; G. Hubrecht, «La guerre juste dans la doctrine chrétienne des origines au milieu du XVIe siècle», dans *Recueil de la Société J. Bodin, La Paix*, deuxième partie, Bruxelles, 1962, p. 107 ss; F. Parkinson, *The Philosophy of International Relations: A Study in History of Thought*, Londres, Sage Libr., 1977, p. 17 à 20: The Crusades.

148. Traduction par E. Rabbath, article cité, p. 16.

tuer ni femme, ni vieillard décrépit, ni impubère, ni aveugle, ni infirme, *à moins que l'une de ces personnes ne* donne des conseils pour la conduite de la guerre ou que la femme, soit une reine. Il convient qu'ils ne tuent point les fous.» [149]

C'est ce qui a fait dire au Baron Michel Taube:

«*Aussi à une époque où on ne trouve rien de pareil en Europe (sauf peut-être quelques déclarations théoriques de quelques théologiens)*, des principes d'un droit positif dans le domaine de la guerre, humains et raisonnables, sont formulés chez les musulmans.» [150]

A titre de comparaison: le jus in bello *dans la tradition juridique grecque, romaine et chrétienne médiévale*

69. Les Grecs n'ont enserré ou tenté d'enserrer, la conduite de la guerre dans des règles juridiques strictes que quand il s'est agi de guerre entre cités hellènes: «Polybe ne s'adresse qu'aux nations de même race quand il déclare indigne de détruire les moissons, d'abattre les arbres, de saccager les villes et de refuser la grâce des peuples qui ont fait amende honorable» [151] et Platon ne limite qu'aux «discordes» intra-hellènes la considération «qu'on ne doit ni dévaster, ni incendier, mais enlever seulement la récolte de l'année» [152]. Il «recommande aux Grecs de se laisser guider par la justice et la bienveillance dans leurs rapports mutuels, mais il ne reconnaît pas d'obligation envers les barbares. Platon et Polybe condamnent les cruautés inutiles des belligérants, mais ils limitent cette règle aux guerres dites hellènes» [153].

70. Rome pour sa part n'a envisagé ces règles que dans sa jeunesse, quand elle avait face à elle des puissances égales. A son apogée, elle considérait qu'il n'y avait en dehors de l'*Imperium romanum* que des

---

149. Voir aussi al-Qudûrî, *op. cit.*, p. 137; Ibn Qudâma, *op. cit.*, p. 274-275; al-Mâwardî, *op. cit.*, p. 37-44, 106-134 et 197-207. Cf. Aussi Y. Ben Achour, «Islam et droit humanitaire», *RICR*, mars-avril 1980; S. M. M. Damad, «The Law of War in Islam», *Law and Judicial Review of the Judiciary of the Islamic Republic of Iran*, vol. I, n° 2, 1992, p. 7-23 et vol. I, n° 3, 1992, p. 45-60; H. Sultan, «La conception islamique du droit international humanitaire», *REDI*, 1978, p. 1-20; A. Zemmali, *Combattants et prisonniers de guerre en droit islamique et en droit international humanitaire*, Paris, Pedone, 1997.
150. M. de Taube, «Etudes sur le développement historique du droit international dans l'Europe orientale», *Recueil des cours*, tome 11 (1926), p. 341-556, spéc. p. 391.
151. R. Redslob, *op. cit.*, p. 30.
152. Platon, *La République*, V, 469-b/470-b, éd. citée, p. 224-225.
153. R. Redslob, *op. cit.*, p. 63. Voir Platon, *La République*, V, 471; Polybe, *Histoire*, XXIII, 15.

brigands. On ne respecte pas de code de conduite dans la lutte menée aux brigands [154].

71. La guerre intra-chrétienne ne fut durant des siècles soumise à aucune limitation, ce qui semble paradoxal quand on sait l'hésitation des premiers chrétiens concernant le principe même de toute guerre :

> «Quant aux moyens de la guerre, Grégoire de Tours, un des pères de l'Eglise, (338-394) restant fidèle à la Bible (il est fait ici référence, bien entendu, à l'Ancien Testament), n'impose aux belligérants aucune restriction «Incendia, preades, homicidi a tanta fecerunt, sicut solet contra inimicos fieri» [155].»

Il faudra attendre le XIe siècle pour voir instituées les premières règles d'humanisation de la guerre notamment les institutions de la «Paix de Dieu» dont bénéficient certaines catégories de personnes notamment les prêtres, et la «Trêve de Dieu» durant les jours sacrés. Dans les guerres contre les infidèles aucune limitation n'était conçue [156].

La guerre ne peut être conçue que si son contraire est concevable. Et de fait la paix fut, autant que la guerre, sujette à une réglementation juridique ressortant du droit des peuples.

b) *Le droit de la paix*

72. La paix ... Le mot a aujourd'hui une signification juridique précise. La paix est, avant d'être l'absence de guerre, une situation conforme au droit international, le respect de l'interdiction juridique du recours à la force. La pacification forcée d'un territoire n'est pas Paix. Autrefois, c'était la seule forme concevable de paix durable. C'est ainsi que l'on connut une *pax romana*, une *pax islamica*. Mais les *siyar* organisent une autre forme de paix, précaire et révocable, c'est celle qui intervient quand deux puissances également fortes conviennent de ne point se faire la guerre. Cette paix est conséquence d'équilibre. Elle est conditionnée par l'équilibre. C'est, pour les deux parties, un pis-aller.

i) *La paix par la domination: la* pax islamica

73. Les empires antiques et médiévaux ont tous considéré la situation juridique des peuples dominés comme relevant du droit des

---

154. R. Redslob, *op. cit.*, p. 89.
155. V. E. Hrabar, «Esquisse...», *RDILC*, 1936, p. 19-20.
156. E. Nys, *Les origines...*, *op. cit.*

gens, c'était aussi le cas du Califat musulman et de son droit des gens : les *siyar*.

74. Toute œuvre sur les *siyar* comprend nécessairement un chapitre sur la condition juridique des *ahl al-dhimma*. Les *dhimmis* sont les « gens du livre » c'est-à-dire les chrétiens et les juifs auxquels, sur la base d'une Tradition du Prophète, on a assimilé les zoroastriens [157]. Mais la définition est jusque-là incomplète car il s'agit des gens du livre vivant de façon permanente en terre d'Islam sur la base d'une convention à durée illimitée conclue entre la Communauté en question, d'un côté, et le Calife ou son représentant, de l'autre. En vertu de cette convention, les communautés *dhimmi* sont soumises au pouvoir musulman sauf en matière d'obligations religieuses et de statut personnel. Ils doivent en contrepartie de la liberté de l'exercice de leur culte payer la *jizya* (capitation) et, si leurs terres sont restées en leur propriété, ils doivent payer l'impôt foncier du *kharâj*.

Le fondement *(açl)* de cette institution est un verset coranique. Il s'agit du verset 29 de la Sourate *al-Tawba (le Repentir)* :

> « *Combattez ceux qui ne croient pas en Dieu*, au jour du Jugement, ceux qui ne s'abstiennent pas de ce que Dieu et son Prophète ont interdit et qui, parmi ceux qui ont reçu le livre, ne croient pas en la religion véritable, jusqu'à ce qu'ils paient la *jizya* de leur propre main, et qu'ils soient humbles. » [158]

75. La première application en fut le pacte conclu entre le Prophète et la communauté chrétienne de *Nedjrân*. En 631 H., soit un an avant la mort du Prophète, l'expansion islamique ayant atteint le Yémen,

---

[157]. V. Ibn Quayyim al-Jawziyya, *Ahkâm ahl al-dhimma*, Beyrouth, Dâr al-`ilm li al-Malâyîn, 1981, tome I, p. 1.
[158]. Traduction contestable de A. Abel, « La convention de Nedjrân et le développement du « droit des gens » dans l'Islam classique », *RIDA*, 1949, tome II, p. 1-17. Le mot *sâghirûn* y est traduit par humilité alors qu'il exprime plutôt la soumission et l'acceptation de l'humiliation. Cf. Al-Imâm al-Zamaksharî, *Al-Kashâf*, Le Caire, vol. II, p. 206 ; S. Qutb, *Fî Dhilâl al-Qur'ân,* Dâr al-Shurûq, 1975, vol. III, p. 163 ; M.-A. Sabouni, *Safwat al-Tafâsîr,* Beyrouth, Dâr al-Qur'ân al-Karîm, 1981, vol. I, p. 531 ; A.-M. Turki, « Situation du tributaire qui insulte l'Islam au regard de la doctrine et de la jurisprudence musulmane », *Studia Islamica*, XXX, 1969, p. 42 et note 3. Meilleure est la traduction de Blachère :

> « Combattez ceux qui ne croient point en Dieu ni au dernier jugement, (qui) ne déclarent pas illicite ce que Dieu et son Prophète ont déclaré illicite (qui) ne pratiquent point la religion vraie parmi ceux ayant reçu l'écriture ! (Combattez les) jusqu'à ce qu'ils paient la *jizya* directement et alors qu'ils seront humiliés. »

Islam et droit international   77

« une délégation de soixante-dix chrétiens, dont quatorze notables, établis dans la communauté de Nedjrân (au Yémen), se serait rendue à la Mecque, pour négocier les conditions de leurs relations avec la communauté musulmane. Les négociations entre ces chrétiens et Mahomet aboutirent après trois jours : en échange de la protection du nouvel Etat musulman et du maintien de leur foi, les chefs chrétiens acceptèrent de fournir tous les six mois deux mille tissus brodés, trente côtes de maille, trente chevaux, trente chameaux et renoncer à l'usure » [159].

Le détail de ce statut d'autonomie, accordé par voie conventionnelle et à titre collectif, nous importe peu ici [160]. Plus significatif pour nous est le fait que le statut des peuples dominés ressort des *siyar*. Peu importe la nature du rapport (équilibre ou domination), il ressort des *siyar* à partir du moment où il ne s'agit pas de rapports entre musulmans.

76. Il convient à ce niveau de l'analyse de mentionner d'autres classifications juridiques des terres d'Islam.

Mohamed Hamidullah ne distingue pas moins de neuf types de territoires soumis à la domination musulmane : « Regular parts of dominions and condominiums ... ; Tributary independent States ... ; Nominally dependent States ... ; Protected States ... ; Sphere of influence ... ; Neutralization and no man's land ... » [161]. L'auteur, on le voit, classe les territoires soumis au pouvoir musulman en fonction de concepts et de catégories qui, alors, n'avaient pas cours.

---

159. A. Abel, article cité, *RIDA*, 1949, tome II, p. 1-17. Voir L. Massignon, « La *Mubâhala*. Étude sur la proposition d'ordalie faite par le prophète Muhammad aux chrétiens *Balhàrith* du *Najràn* en l'an 10/631 à Médine », dans Ecole pratique des hautes études, Section des sciences religieuses, *Annuaire 1943-1944*, p. 5-26, disponible sur https://www.persee.fr/docAsPDF/ephe_0000-0002_1942_num_55_51_17495.pdf.

160. Outre la bibliographie déjà citée, on pourra consulter, en langue arabe : M. Abdelgawed, « L'attitude de l'Islam à l'égard des non-musulmans (Etats et individus) », *Revue al-Quânûn wa al-Iqtisâd*, n° 4, tiré à part, Imprimerie de l'Université du Caire, 1976, p. 200 ss ; Ibn Quayyim al-Jawziyya, *Ahkâm ahl al-dhimma*, Beyrouth, Dâr al-`ilm li al-Malâyîn, 1981 ; S. Sabeq, *Fiqh al-Sunna*, Beyrouth, Dâr al-Fikr, vol. III, 3ᵉ éd., 1981, p. 36-85.
En langues française et anglaise : A. Abel, « *Djizya*, tribut ou rançon ? », *Studia islamica*, XXXII, 1970, p. 5-20 ; S. A. Aldeeb Abu-Sahlieh, *Non-musulmans en pays d'Islam, cas de l'Egypte*, Fribourg, 1979 ; A. Fattal, *Le statut légal des non-musulmans en pays d'Islam*, Beyrouth, 1958 (thèse, Paris, 1947) ; L. Gardet, *La cité musulmane*, Paris, Vrin, 1969, spéc. p. 344-349 ; A. Hasnaoui, « L'Islam, la conquête, le pouvoir », dans F. Châtelet et G. Mairet (dir. publ.), *Histoire des idéologies*, Paris, éd. Marabout Université, 1981, tome I, p. 268-307, voir spéc. p. 277-279 et p. 291-194 ; E. Strauss, « The Social Isolation of Ahl al-*Dhimma* », dans *P. Hirschler Memorial Book* (Budapest, 1949), p. 73-94 ; Encyclopédie *de l'Islam,* article de Claude Cahen, 2ᵉ éd., p. 234, coll. 2 ; A. S. Tritton, *The Caliphs and Their Non-Muslim Subjects : A Critical Study of The Covenant of `Umar*, Londres, 1930, réimpr. 1970.

161. M. Hamidullah, The *Muslim Conduct of State*, Lahore, 1945, p. 90-96.

Plus authentique est l'approche d'al-Mâwardî :

> « Les pays d'Islam se répartissent en trois catégories : le territoire sacré, le Hedjaz et tout ce qui est en dehors de l'un et de l'autre lui-même divisé en quatre catégories : terres vivifiées par les musulmans, terres de convertis, terres gagnées par la force, terres acquises par un traité de paix, soit que la propriété en passe aux musulmans soit qu'elle reste à ses habitants contre paiement de l'impôt du *kharâj*. » [162]

Certes, la classification, est juridique : elle commande des régimes juridiques différents (notamment en matière d'impôts), mais elle n'est pas commandée par ce qui retient ici notre attention : les *siyar* [163].

A titre de comparaison : la pax romana

77. « Rome est maîtresse du monde. » La locution est significative : Rome n'est pas le monde. Jusqu'en 212 après J.-C. La citoyenneté romaine était un privilège inestimable. La Cité de Rome dominait le monde. Son « droit civil » n'était applicable qu'à ses citoyens. Les autres peuples sont « sujets » du droit des gens.

L'Empire était constitué de différents peuples. Le « noyau » c'est le peuple romain *(cives romani)*, ensuite l'on doit considérer les peuples amis *(amicci populi romane)*, les alliés *(socii populi romani)*, les peuples qui se sont rendus à Rome à la suite d'une guerre *(detitii)*, et enfin « les royaumes annexés à l'Empire par le jeu des successions au trône échues à l'Empereur » [164]. Tous ces peuples étaient plus ou moins assujettis à Rome. Leur condition particulière diffère, mais leur situation globale est la même : celle de peuples dominés. Tous sont formellement liés à Rome par un traité *(foedus)*. Les romains connaissaient d'ailleurs la distinction entre traités égaux ou équitables *foedus aequum* et traités inégaux *foedus minus aequum* sans que la distinction n'ait d'effet sur la validité de ces traités, la règle était même que les traités fussent inégaux. Certes, si l'on considère le droit international moderne il ne

---

162. Al-Mâwardî, *Les statuts gouvernementaux*, trad. Fagnan, Paris, éd. Sycomore, 1982, p. 333.
163. Voir, s'agissant des différentes catégories de territoire M.-R. Othman, *Les droits et les obligations et les relations internationales en Islam*, en langue arabe, Matbâ'at al-Sa'âda, 2ᵉ éd., 1975, p. 247-248.
164. J. Van Kan, cours précité, *Recueil des cours*, tome 66 (1938), p. 368-378, l'organisation de l'Empire y est clairement analysée malgré sa complexité.

s'agit point d'une organisation internationale [165]. Cependant, comme il met en lien des peuples différents ces rapports, dans la conscience juridique d'alors, ressortaient du *jus gentium* [166] et le droit applicable à ces peuples était aussi, au moins sous le principat [167], le *jus gentium* [168].

ii) *La paix par l'équilibre*

78. «*Si les empires ont essaimé l'histoire de l'Antiquité*, ils n'ont jamais... obtenu de réussite universelle.» [169] L'Antiquité autant que le Moyen Age ont connu des phases d'équilibre des forces. Cet équilibre, combiné avec les nécessités de la vie (commerce notamment), a rendu possible un droit basé sur l'égalité et la réciprocité [170]. C'est le cas de Rome du temps de la Monarchie et au début de la République, c'est également le cas du Califat à partir du XIe siècle.

79. Un droit de la paix par l'équilibre se retrouvait dans l'Antiquité et le Moyen Age dans une autre situation : à l'intérieur de certains foyers civilisationnels assez spécifiques pour former une unité, assez lâches pour permettre une diversité et où, de toute manière, entre les parties de ces ensembles on retrouvait un équilibre même instable [171]. C'est le cas, bien sûr, du droit régulant les rapports des cités grecques entre elles [172], mais aussi des rapports des entités musulmanes sécessionnistes ou quasi indépendantes entre elles ou avec un Califat désormais incapable d'assurer une hégémonie autre que nominale. Le Califat n'acceptait l'autonomie des gouvernorats *(wilâyât)* que contraint et forcé. Il est vrai que la question n'a guère été étudiée sous cet angle, cela est peut-

---

165. *Ibid.*, p. 396 ss.
166. M. Lemousse, *Le régime des relations internationales dans le Haut Empire romain*, Paris, Sirey, 1967, p. 210 ss.
167. Le principat est le nom communément donné par les historiens de l'Antiquité au régime politique mis en place par Auguste et restant en vigueur dans l'Empire romain de 27 av. J.-C. à 284 environ.
168. M. Lemousse, *op. cit.*, p. 150 ss. Cf. aussi sur la question éd. Engelhardt, «Les protectorats romains», *RGDIP*, 1895, p. 489 ss ; J. Imbert, *«Pax romana»*, dans *Rec. Soc. J. Bodin, La Paix*, Bruxelles, 1962, 1re partie, p. 303-319.
169. J. Schmidt, «L'idéologie romaine. La cité œcuménique», dans *Histoire des idéologies, op. cit.*, tome I, p. 153.
170. M. Alessandri, *Le droit international public, les doctrines*, Paris, Pedone, 1941, p. 69 ; R. Ago, «Les premières collectivités inter-étatiques méditerranéennes», dans *Mélanges offerts à P. Reuter, Le droit international, unité et diversité*, Paris, Pedone, 1981, p. 9 ss.
171. M. Khadduri, *Introduction à Al-Mabsût*, Beyrouth, Dâr al-Muttahida li al-Nashr, 1970, p. 10.
172. A. Truyol Y Serra, *Genèse et fondements spirituels..., op. cit.*, p. 24 ; voir aussi J. de Romilly, *La loi dans la pensée grecque*, Paris, éd. Les Belles Lettres, 1971, p. 40 ss ; G. Ténékidès, «Droit international et communautés fédérales dans la Grèce des cités», *Recueil des cours*, tome 90 (1956), p. 470-652.

être dû à la sacralisation de l'institution du Califat qui a empêché de reconnaître autrement que comme un simple fait l'existence de pouvoirs indépendants de Bagdad.

80. Il y avait donc un droit de la paix, ses institutions sont connues et d'abord la règle *pacta sunt servanda*, quoi de plus sacré pour un musulman que le respect de la parole donnée? Ce principe d'honneur enfoui dans les tréfonds d'une culture chevaleresque a été confirmé plus d'une fois et dans les termes les plus fermes par le Coran et la Sunna du Prophète. L'on trouve la règle affirmée à plusieurs reprises dans le Coran. Les exemples les plus intéressants sont ceux où l'obligation est posée même dans les rapports avec les polythéistes *(muchrikîn)*: *Sourate al-Tawba*, Verset 1 et Verset 4.

81. Sur un autre plan, s'il est vrai que le respect de la parole donnée est sacré, il n'en reste pas moins que des précautions ont été prises pour en limiter l'effet. Selon l'école classique du droit musulman, un traité de paix ne peut avoir d'effet au-delà de dix ans. La trêve *(sulh)* d'*al-Hudaybiyya* conclue entre le Prophète et *Quraich* est la base d'une telle jurisprudence qui, on le devine, condamne le principe d'une paix illimitée avec les gens de ce que l'on nomme, bien à propos, *dâr al-harb*[173]. Il est du reste significatif que les écoles de *fiqh* ne se soient pas accordées sur la possibilité, en sus de *dâr al-Islâm* et *dâr al-harb,* d'un troisième espace: *dâr al-sulh* ou *dâr al-`ahd* qui est défini par *l'Encyclopédie de l'Islam* comme un «territoire non conquis par les troupes musulmanes, mais achetant la paix au prix d'un tribut dont le paiement garantit une trêve *(hudna)* ou un accommodement *(sulh)*»[174]. Les shaféites furent partisans de cette institution. Leur opinion est toutefois minoritaire, la majeure partie de la doctrine des différentes écoles de *fiqh* considère les populations liées aux musulmans par traités non pas comme des égaux, mais comme des peuples subjugués qui sont donc dans une situation que l'on peut assimiler à celle des *dhimmi*[175].

82. Au total, les *siyar* ont bien envisagé un droit de la paix qui se rapproche du droit international contemporain, mais c'était cependant un droit d'exception. Le principe était que le droit gérât la domination.

---

173. H.-K. al-Wakil, *Traités et alliances de la vie du Prophète*, Le Caire, Al-Azhar, 1930 (en langue arabe); M.-T. Ghunaimi, *Le régime des traités en droit musulman* (en langue arabe), *op. cit.*; M.-R. Othman, *Les droits et les obligations...*, *op. cit.* (en langue arabe), p. 242; S. Sabeq, *Fiqh al-Sunna*, Beyrouth, Dâr al-Fikr, 3ᵉ éd., 1981, vol. III, p. 99 et 107 (en langue arabe).
174. *Encyclopédie de l'Islam, op. cit.*, tome II (C. G.), p. 134.
175. Voir *Encyclopédie de l'Islam, op. cit.*, outre la bibliographie déjà citée.

A titre de comparaison : la paix par l'équilibre dans la pratique grecque, romaine et chrétienne médiévale

83. L'existence d'un droit de la paix fondé sur l'égalité et la réciprocité, pour incontestable qu'elle soit doit être relativisée : elle est loin de constituer la règle, elle dépendait plus d'une conjoncture historique que d'un principe juridique. Même au sein des grands ensembles civilisationnels ces situations étaient conjoncturelles, la guerre du Péloponnèse et l'entreprise de Philippe de Macédoine le montrent en Grèce. Platon reconnaît, à contrecœur, que

> « lorsque la plupart des gens parlent de paix ce n'est là qu'un mot ; en réalité, de par la nature, chaque cité ne cesse d'être engagée contre toutes les autres dans une guerre sans déclaration »[176].

Isocrate, lui, affirme que « c'est en vain que nous faisons des conventions de paix : nous ne terminons pas les guerres, nous ne faisons que les remettre à plus tard et nous attendons l'occasion de pouvoir nous faire mutuellement un mal irréparable »[177]. On comprend alors que les *symmachoï*, les traités d'alliance entre cités grecques, se transformaient la plupart du temps en traités d'hégémonie[178].

84. S'il est vrai par ailleurs que les romains ont connu des traités de paix équitables, les *foedus* et les *sponsio*[179], il n'en demeure pas moins que pour Rome « les traités qu'elle concluait n'étaient même pas des traités proprement dits. C'était des trêves »[180].

85. Dans la *Respublica Christiana*, « les traités avaient un caractère religieux, le Pape élevait la prétention d'être leur gardien et de punir leur violation en vertu de sa juridiction spirituelle »[181]. Le Pape faisait également office d'arbitre et de médiateur afin de régler les conflits intra européens[182]. Quant aux traités conclus avec les « infidèles » la question fut controversée. Les Papes Nicolas IV (1288-1292) et Urbain

---

176. Platon, *Les lois*, I, 626-a, in Œuvres complètes, trad. E. Des Places, Paris, Les Belles Lettres, tome XI en deux Parties (1951), tome XII en deux Parties (1956), voir tome XI, 1re partie, p. 3.
177. Isocrate, *Panégyrique* cité par Cl. Préaux, « La paix à l'époque hellénistique », dans *Rec. Soc. J. Bodin, La Paix*, 1re partie, p. 227-301, voir p. 228.
178. E. Bikerman, article cité, *RIDA*, IV, 1950, p. 99 à 127.
179. V. Bellini, « *Foedus et sponsio* dans l'évolution du droit international romain », *RHDFE*, 1962, p. 509-539.
180. E. Nys, *Le droit international...*, *op. cit.*, vol. I, p. 4.
181. R. Redslob, *op. cit.*, p. 123.
182. J. Gaudemet, « Le rôle de la Papauté dans le règlement des conflits entre Etats aux XIIIe et XIVe siècles », dans *Recueil de la Société J. Bodin, La Paix*, 2e partie, Bruxelles, 1962, p. 79 ss.

VI (1378-1389) délièrent les chrétiens de toute obligation de respecter les engagements contractés avec des infidèles, ils considéraient même ces conventions comme impies. Par contre Innocent IV (1243-1254) et avant lui Nicolas I (856-867) semblent avoir pris une position contraire. Il reste que la première position était dominante [183].

2) Règles régissant des rapports où une partie au moins est un étranger

86. La non-reconnaissance, de principe, d'un droit à l'existence, en tant que pouvoir, de l'autre, explique que les *siyar*, comme les autres droits des gens antiques et médiévaux, réglementent aussi les relations entre individus appartenant à des peuples différents. En effet, du fait de cette absence de reconnaissance de la légitimité de l'existence des pouvoirs étrangers, ceux-ci ne peuvent, en droit, faire écran et dès lors l'étranger est directement saisi par le droit des gens, en l'occurrence, les *siyar*.

87. De tout temps l'étranger a été considéré de deux manières: ennemi ou hôte. Il est d'ailleurs significatif que «*chez les romains le mot ennemi, hostis avait l'étymologie commune avec le mot hôte, hospes*» [184]. Considéré sous ces deux aspects l'étranger a toujours été «sujet» des *siyar*.

a) *L'étranger-ennemi*

88. C'est là le principe. Le non-musulman est un ennemi *(harbî)* et les ennemis *(harbiyîn)*

> «*ne jouissent ni en leur corps*, ni en leurs biens du principe d'inviolabilité *(`isma)* qui comme on l'a vu est exclusivement la conséquence de la foi et du séjour en terre de foi. Leur sang est sans valeur et leurs biens de bonne prise» [185].

Ibn Qudâma en tire la conclusion suivante: «Quiconque trouve et capture en territoire musulman un infidèle qui s'est, par exemple, égaré en acquiert la propriété.» [186] Ce statut n'admet pas de réciprocité:

---

183. Cf. à ce propos: V. E. Hrabar, «Esquisse...», *RDILC*, 1936, p. 38 ss; E. Nys, *Les origines..., op. cit.*, p. 216.
184. P. Bierzanek, «Sur les origines du droit de la guerre et de la paix», *RHDFE,* 1960, spéc. p. 83-123 et p. 110, note 72.
185. L. Ostrorog, note sous *Al-ahkâm al-sultâniyya, op. cit.*, tome II, note 4, p. 79-80. Voir également S. Mahmassani, cours cité, *Recueil des cours*, tome 117 (1966), p. 254: «*Harbis* are liable to be expelled, imprisoned or even killed»; A. Zeidane, *Ahkâm al-dhimmiyîn wa al-musta'minîn fî dâr al-Islâm*, Maktabat al-Quds, Mu'assasat al-Rissâla, 1982, spéc. p. 20.
186. Ibn Qudâma, *op. cit.*, p. 278.

> « *Les infidèles du territoire ennemi quand ils ont la victoire sur nous n'acquièrent pas la propriété de nos affranchis*, ni celle de nos concubines, ni celle de nos mères, ni celle de nos affranchis contractuels, ni celle de nos personnes libres. Mais nous, musulmans, dans le cas inverse, acquerrons la propriété de toutes ces catégories de personnes pour les infidèles. » [187]

A titre de comparaison : l'étranger-ennemi, la tradition juridique grecque, romaine et chrétienne médiévale

89. Déjà Homère dans l'Iliade déclarait «tout étranger est ennemi: pour obtenir ce qu'il possède on ne connaît qu'un moyen: le lui prendre» [188]. C'est un barbare, un esclave naturel:

> «Chez les barbares ... il n'existe pas ... de chefs naturels, mais la société conjugale qui se forme entre eux est celle d'un esclave mâle et d'une esclave femelle. D'où la parole des poètes: Il est normal que les Grecs commandent aux barbares dans l'idée qu'il y a identité de nature entre barbare et esclave. » [189]

> «Cette division, de l'humanité en maîtres et esclaves n'est ni arbitraire, ni violente: la nature, obéissant à la finalité, crée dans les climats chauds d'Asie, des hommes d'esprit ingénieux et subtil, mais sans énergie et qui sont faits pour être esclaves, seul le climat tempéré de la Grèce peut produire des hommes à la fois intelligents et énergiques qui sont libres par nature, non par convention ... Dans cette théorie qui cadre si bien avec le finalisme d'Aristote, on sent un écho de la lutte séculaire entre la Grèce et les barbares, et peut être un essai pour justifier la gigantesque entreprise de domination universelle de la Grèce, alors tentée par Alexandre. » [190]

90. Rome considère les barbares *per non est*. La *loi des XII Tables* (451-450 av. J.-C.) posée par les *Decemvirs*, les dix sages, dispose: *adversus hostem aeterna auctoritas esto* (Que la possession légitime soit éternelle contre l'ennemi). A l'égard de l'étranger il n'y a pas de droit:

---

187. Al-Qudûrî, *op. cit.*, p. 132-133.
188. E. Audinet, «Les traces du droit international dans l'Iliade et l'Odyssée», *RGDIP*, 1914, p. 26-63 voir p. 29 ss.
189. Aristote, *La Politique*, II, 1252, Paris, éd. Vrin, Trad. Tricot, 3ᵉ éd., 1977, p. 5 ss.
190. E. Bréhier, *Histoire de la philosophie, op. cit.*, tome I, p. 221.

> « en vertu du principe romain des *postliminii*, les biens qu'on trouve chez ces peuples n'ont pas de maître. Ils sont accessibles à l'occupation ... Prisonniers ils sont esclaves. Leur tombe n'est pas *res religio*. Le *connubium* (mariage) est ... interdit » [191].

91. A partir de saint Ambroise la Chrétienté s'alignera sur la tradition antique.

L'évêque de Milan

> « parle de la société du genre humain, *societas generis humani*, les « étrangers » *aliengenea* n'y entrent pas, et comme « étrangers » sont considérés tous ceux qui ne sont pas chrétiens ou ne vivent pas sous la domination de l'Empire romain et de son droit. Les étrangers sont des ennemis qu'on est en droit de tuer » [192].

Selon A. de G. de La Pradelle, saint Augustin enseigne la même chose :

> « Les chrétiens forment une société qui, seule, est munie de tous les droits. Les infidèles sont mis hors la loi et ne peuvent rien posséder. La conception du monde antique en ce qui concerne les barbares devient la règle pour les rapports entre chrétiens et infidèles. » [193]

b) *L'étranger-hôte*

92. C'est l'exception : Dans sa contribution aux *Mélanges Séfériadès*, M. Bierzanek s'autorise d'une recherche historique fouillée à avancer la thèse selon laquelle la situation de l'étranger a évolué durant l'Antiquité, en fonction de l'évolution du pouvoir politique. Une fois la cité bien assise, définitivement constituée, voire florissante les « étrangers-ennemis cèdent à cette époque de plus en plus aux étrangers marchands » [194]. L'on peut sans risque d'erreur généraliser l'observation.

93. Il eût été surprenant que cette terre de grand commerce qu'était l'Arabie n'organisât point une institution destinée à protéger l'étranger commerçant.

---

191. R. Redslob, *op. cit.*, p. 63 ; cf. P. Bierzanek, « Sur les origines... », *RHDFE*, 1960, p. 120 ; G. Fusinato, « Le droit international ... », *RDILC*, 1885, p. 279. On lira avec plaisir : Fustel de Coulanges, *La cité antique*, 1864, réédition Flammarion, coll. « Champs classiques », 2009, ch. XII : « Le citoyen et l'étranger », p. 226 ss.
192. V. E. Hrabar, article cité, *RDILC*, 1936, p. 20.
193. A. de G. de La Pradelle, *op. cit.*, p. 21 ; V. E. Hrabar, art. cité, *RDILC*, 1936, p. 21.
194. P. Bierzanek, « Le statut juridique des étrangers dans l'antiquité gréco-romaine », dans *Mélanges Séfériadès*, Athènes, A. Klissounis, 1961, 2 vol., vol. II, p. 567-582. Cf. Cicéron, *Des devoirs*, Paris, GF, 1967, livre I, XII.

De fait, les *siyar* prévoient l'institution *d'al-'amân* (mot signifiant paix, sûreté) basée à la fois sur un verset du Coran (Sourate *Tawba*, verset 6) et sur une Tradition du Prophète [195]. L'*amân* peut être défini comme un contrat tacite ou exprès, *intuitu personae* et temporaire [196] par lequel l'étranger est assuré, durant son séjour en terre d'Islam de sa personne et de ses biens. Il concerne des ressortissants de *dâr al-harb* et notamment les commerçants d'entre eux et leur assure aujourd'hui une immunité qui n'est que fonctionnelle et provisoire, un statut d'exception par rapport au statut général du *harbî*.

A titre de comparaison: l'étranger-hôte dans la tradition juridique grecque, romaine et chrétienne médiévale

94. Ici aussi, deux constatations s'imposent: le parallèle entre les institutions antiques et médiévales et le fait que ces institutions ont été considérées, par toutes ces civilisations, comme ressortant du droit des peuples.

95. Le terme «métèque», parvenu jusqu'à nous, est significatif de l'existence en Grèce, à Athènes plus particulièrement, d'un statut juridique spécial accordé à l'étranger.

> «Les métèques sont des étrangers qui se sont établis dans la ville en vertu d'un décret autorisant leur venue ... Les métèques sont placés sous la protection d'Athènes. Ils jouissent d'une sécurité parfaite pour leur personne et leurs propriétés.» [197]

Plus généralement appliquée en Grèce est l'institution de la *Proxenie*

> «office doté de privilèges divers qui doit défendre les intérêts des étrangers tout en s'occupant d'autres affaires diplomatiques. Le

---

195. M.-R. Othman, *Les droits et les obligations et les relations internationales en Islam*, en langue arabe, Matba`at al-Sa`âda, 2e éd., 1975, p. 159; S. Sabeq, *Fiqh al-Sunna*, Beyrouth, Dâr al-Fikr, 3e éd., vol. III, 1981, spéc. p. 96 et 98.

196. Le fait de signifier, par un simple mouvement de tête, l'acceptation, a été jugé suffisant, voir S. Mahmassani, cours cité, *Recueil des cours*, tome 117 (1966), p. 255-256; M.-R. Othman, *op. cit.*, p. 159; E. Rabbath, article cité, p. 20-21; A. Rechid, cours cité, *Recueil des cours*, tome 60 (1937), p. 34-38; A. Zeidane, *op. cit.*, p. 46 et 63.

197. R. Redslob, *op. cit.*, p. 70-71. Les métèques étaient, en matière civile, justiciables devant un magistrat spécial le *Polémarque* (*ibid.*, p. 71-72). Sur la question cf. P. Bierzanek, contribution citée dans les *Mélanges Séfériadès*; C. Phillipson, *op. cit.*, tome I, p. 157-180; W. Preiser, «History of the Law of Nations – Ancient Times to 1648», dans *Encyclopaedia of Public International Law (EPIL)*, R. Bernhardt (dir. publ.), Amsterdam, New York, Oxford, North Holland, vol. 7, 1984, p. 132 ss, voir p. 135; R. Redslob, *op. cit.*, p. 69-71.

Proxenos est d'habitude nommé par la ville dont il doit protéger les citoyens, parfois aussi par le gouvernement territorial »[198].

96. A Rome le statut de l'étranger-hôte évolua progressivement. La première institution en la matière est celle de *l'hospitum*

« contrat d'hospitalité privé. L'un des principaux avantages de cette hospitalité sera de permettre à *l'hostis* ou *l'hospes* d'ester en justice avec l'assistance d'un citoyen romain qui l'a pris sous sa protection »[199].

L'hospitalité pouvait être également la conséquence d'un traité *d'amictitia* ou *d'hospitum* : « Les alliances que Rome contracta avec les autres peuples ... impliquaient régulièrement un accord concernant la protection juridique réciproque des citoyens »[200]. Grâce à ces institutions il fut possible à l'étranger d'exercer les droits de *connubium* (mariage) *commercium* et *recuperatio*, d'où l'institution des *recuperatores*, juges spéciaux, généralement institués par traités, dont l'office est de trancher les différends où l'une des parties est un étranger[201]. Dans la deuxième période de son histoire, à l'apogée de sa puissance, Rome délaissa ces institutions. Désormais, la condition juridique des étrangers est assurée par un droit prétorien rendu par un juge spécial le *preater peregrinus* : Il s'agit du *jus gentium stricto sensu*[202]. Enfin, dernière étape, en 212 apr. J.-C. un édit de Caracalla étendit la citoyenneté romaine à tous les habitants de l'Empire. Il ne fut plus question de droit applicable aux étrangers faute d'objet d'un tel droit.

---

198. R. Redslob, *op. cit.*, p. 70.
199. J. Imbert, « *Pax romana* », dans *Rec. de la Soc. J. Bodin, La Paix*, 1re partie, p. 314 ; cf. P. Bierzanek, « Sur les origines... », *RHDFE*, 1960, p. 120 ; M. Chauveau, article précité, *Nouv. RHDFE*, 1891, p. 402-403 ; G. Fusinato, « Le droit international... », *RDILC*, 1885, p. 279 ss.
200. G. Fusinato, art. précité, *RDILC*, 1885, p. 280. L'équivalent grec de ces conventions fut le traité *l'Isopolitie* ; cf. R. Redslob, *op. cit.*, p. 67-69.
201. G. Fusinato, article cité, *RDILC*, 1885, p. 280. Voir Fustel de Coulanges, *La cité antique, op. cit.*, p. 230-232 ; C. Phillipson, *op. cit.*, tome I, p. 210-300.
202. Sur le droit des gens dans ce sens précis voir P. Bierzanek, « Le statut... », dans *Mélanges Séfériadès*, p. 579-581 ; J. Van Kan, cours précité, *Recueil des cours*, tome 66 (1938), p. 382 ss ; M. Lemousse, *op. cit.*, p. 150 ss.

CHAPITRE III

LES *SIYAR* ET LE DROIT INTERNATIONAL

97. Les règles des *siyar* relèvent-elles du droit international ? Cette question est un aspect particulier d'une question plus générale : celle de l'existence d'un droit international antique et médiéval, nous répondrons donc à cette question (A) avant de tenter une compréhension (B) et, ensuite, une explication des *siyar* (C).

A. *L'existence d'un droit international antique et médiéval*

98. Une histoire du droit international qui remonte au-delà des temps modernes est-elle possible ? Si oui, à quelles conditions l'est-elle ?

Cette double interrogation a reçu, notamment au XIXe siècle et durant la première moitié du XXe siècle (âge d'or des recherches ayant pour objet l'histoire du droit), les réponses les plus diverses. La floraison des thèses est même telle qu'une première lecture laisserait à croire qu'il ne reste plus aux contemporains qu'à choisir, que l'embarras du choix.

S'agissant de la première question, les deux réponses possibles ont été avancées, soutenues avec autant de force par des noms prestigieux. Les négateurs font face aux affirmatifs également armés, également persuasifs. S'agissant de la seconde question, un éventail de nuances est proposé aux chercheurs. Car, bien entendu, aucune des thèses affirmatives n'a soutenu l'insoutenable, à savoir, l'existence immémoriale du droit international dans son état actuel.

1) *Les négateurs de l'existence d'un droit international antique et médiéval*

99. Les négateurs du droit international antique et/ou médiéval sont nombreux. Des noms illustres s'associent pour défendre la cause. Pour certains même, et non des moindres, la cause est entendue. Oppenhein écrit :

> « It is well known that the conception of family of nations did not arise in the mental horizon of the ancient world : each nation had its own Language, law, morality. »[203]

---

203. L. Oppenheim, *International Law, a Treatise*, 7e ed., par H. Lauterpacht, Londres, 1948/1951, 1er vol., 1948, p. 62 (la première éd. date de 1905). C'est nous qui soulignons.

Nys, un des pionniers en matière d'histoire du droit international affirme pour sa part :

> « C'est le droit international qui nous intéresse en ces pages. Comme ensemble systématique, il a fait son apparition longtemps après le droit privé et le droit public, à proprement parler il est la création du génie européen qui date du XIIe et XIIIe siècles et dont l'une des manifestations est précisément la formation d'une société des communautés politiques. » [204]

Si les XIIe et XIIIe siècles sont retenus comme date de naissance du droit international par Ernest Nys c'est parce qu'ils ont vu naître les premiers traits de la société européenne moderne. En ce sens, il rejoint Oppenheim.

Alessandri abonde dans le même sens laissant deviner ses arguments :

> « La notion d'un droit des gens ne pouvait naître car il suppose que ... (un) ... équilibre se forme entre Etats indépendants et conscients de leur intérêt ; aucune de ces conditions n'étant réunie, le fait juridique ne pouvait être conçu. » [205]

Branko fait valoir ces vues en déclarant que le

> « défaut de la notion de l'Etat moderne, l'omnipotence des religions, le caractère divin de la guerre ont empêché une conception du fondement et de l'existence d'un droit des gens dans l'antiquité » [206].

100. Ce rapide survol des sentences générales laisse apparaître la multiplicité et la diversité des griefs accumulés contre la possibilité d'un droit des gens antique et médiéval. Nous pouvons grouper ces arguments sous deux grandes rubriques. Les négateurs tirent d'abord argument de l'absence de l'infrastructure nécessaire à l'éclosion d'un droit international. Ils récusent ensuite le caractère juridique et/ou international des règles observées dans les relations internationales des anciens.

---

204. E. Nys, *Le droit international, les principes...*, *op. cit.*, vol. I, p. 3. L'on remarque en passant la confusion entre le droit international et sa science. C'est, bien sûr, le premier qui nous intéresse en ces pages.
205. M. Alessandri, *op. cit.*, p. 69.
206. M. Branko, *Le fondement du droit international*, thèse Paris 1928, p. 23. Il ne s'agit là, bien entendu, que d'exemples ; on pourrait également citer G. Fusinato, F. Laurent et F. von Liszt.

a) *L'absence de l'infrastructure du droit international*

101. Sous le vocable infrastructure nous entendons, par analogie, les conditions sociales, politiques et idéologiques constituant l'assise et la condition du droit international. Les négateurs constatent que l'exclusivisme politique et religieux qui caractérise les systèmes politiques de l'époque considérée ne pouvait et n'a débouché que sur une « idéologie » ou un rêve partout prédominant : la domination universelle. Celle-ci a donné lieu à un état de guerre permanent. Toutes ces données sont contradictoires, antinomiques aux conditions nécessaires à l'émergence du droit international : « L'idée mère du droit des gens ne s'était pas encore manifestée dans le monde ... l'exclusivisme religieux et politique était alors le fondement des relations internationales. »[207]

Franz von Liszt résume bien l'idée :

> « qu'un peuple se considère comme un peuple « élu » et honoré d'une dilection particulière de la divinité ; ou qu'il jouisse d'une civilisation d'une nature spéciale et très supérieure à celle des peuples qui l'entourent et lui appartiennent en propre, il ne saurait être question de droit international. L'histoire nous fournit la démonstration de cette idée. Aussi longtemps que l'Antiquité juive et que l'Antiquité classique ont considéré l'étranger comme un ennemi, un mécréant ou un barbare, il ne put bien s'agir de règles concernant les étrangers ; il ne pouvait être question qu'un droit international naquît. Le droit international n'est pas compatible davantage avec la notion de domination universelle »[208].

b) *L'absence de règles juridiques internationales*

102. Cet état des choses a une conséquence : l'absence de règles juridiques internationales.

La critique va ici aussi se développer à trois niveaux. Tout d'abord les négateurs ont dénoncé l'inobservation par les anciens des règles élémentaires de la justice et du droit des gens, à commencer par le

---

207. Ch. Vergé, Introduction à G. F. De Martens, *Précis du droit des Gens moderne*, Paris, 1864, vol. 1, p. VIII.
208. F. von Liszt, *Le droit international...*, *op. cit.*, p. 16. Dans le même sens, L. Le Fur écrit : « Chez eux, nous trouvons une première erreur qui est le principe d'inégalité des races humaines », *Nationalisme et internationalisme au regard de la morale et du droit naturel*, Lyon, Chronique sociale de France, 1926, p. 10. L'auteur parle en l'occurrence des Grecs, mais son attitude peut être étendue à toute la période qui nous intéresse.

principe *pacta sunt servanda*²⁰⁹. Ils ont, ensuite, remis en cause le caractère juridique de ces règles affirmant leur caractère religieux. La majeure partie des négateurs a vu une sorte de différence génétique entre la règle juridique et le commandement religieux et si l'argument a pu être utilisé contre le droit gréco-romain ²¹⁰ *a fortiori* peut-il l'être à l'encontre de la possibilité d'un droit international chrétien ou musulman! Les négateurs ont, enfin, contesté la nature internationale, il s'agit d'un droit externe, un « *ausseres Recht* » ²¹¹.

> « Même quand le rapport juridique existait, il n'y avait pas à véritablement parler de rapport juridique international. En effet, ce n'était pas d'une idée internationale, subordonnée à une idée de *civitas gentium*, mais plutôt d'une idée juridique nationale que provenait la conscience du droit. » ²¹²

103. En somme l'on n'observe ni des normes, ni des normes juridiques ni des normes juridiques internationales. Est-ce à dire que le droit international antique et/ou médiéval est une vue de l'esprit? Nos négateurs l'affirment, mais les affirmateurs le nient.

2) L'affirmation de l'existence d'un droit des gens antique et médiéval

104. Le principe qui est à la base de l'affirmation de l'existence immémoriale du droit international est admirablement présenté par Maulde-la-Clavière quand il écrit:

---

209. Ch. Vergé qui déclare:

> « Les traités n'étaient pas respectés et l'inviolabilité des ambassadeurs tenait moins au respect du droit qu'à un sentiment religieux fortifié par des serments et des sacrifices », ailleurs il ajoute « en temps de guerre chacun se croyait tout permis, injuste dans ses origines, barbare dans ses procédés... »,

Ch. Vergé, *op. cit.*. Cp. 3 et p. 60.
210. E. Nys affirme:

> « Les usages qu'elle observait lors de la déclaration de guerre et au sujet de l'envoi des ambassadeurs étaient non les germes d'un système juridique mais le produit de vagues sentiments de religiosité »,

Le droit international..., *op. cit.*, p. 4. Pour Ch. Vergé, « l'inviolabilité des ambassadeurs tenait moins au respect du droit qu'à un sentiment religieux fortifié par des serments et des sacrifices », *op. cit.*, p. 60.
211. E. Rabbath, article cité, *REDI*, 1950, p. 14. Dans le même sens, et toujours sans remettre en cause l'existence d'un droit international musulman, nous pouvons lire M. Hamidullah, *The Muslim Conduct of State*, *op. cit.*, p. 2:

> « We have emphasized the point that what a Muslim State accepts as such is Muslim international law. This must be borne in mind from the very outset. Muslim international law depends wholly upon the will of the Muslim State. »

212. G. Fusinato, article précité, *RDILC*, 1885, p. 28.

« Il suffit que deux sociétés coexistent pour qu'elles aient des intérêts à régler ; elles font la guerre et par conséquent la paix, et même les institutions internationales représentent malgré leur fragilité apparente ce qu'il a de moins variable et de plus indélébile. »[213]

De sorte que

« Ce serait une erreur d'assigner à l'histoire du droit international un point de départ autre que celui de l'histoire de l'humanité elle-même. »[214]

L'on assiste même, dans certains milieux de la doctrine, à un éclatement de l'européocentrisme qui caractérisait, entre autres, les recherches en matière d'histoire du droit international. L'on dénonce cette approche pour erronée, voire comme un synonyme d'ignorance. Cavaglieri, qui se fait l'écho de cette perspective critique, écrit :

« L'idée que le droit international était un produit exclusif de la civilisation christiano-européenne avait donc en réalité sa source dans l'ignorance des principes juridiques élaborés en d'autres centres de culture. »[215]

Plus proche de nous, M. Ago s'étonne de la persistance du courant négateur, il s'exclame :

« Combien y a-t-il encore en effet de ces théoriciens du droit et de ces protagonistes des relations internationales convaincus du prétendu caractère nouveau du droit international ! Peu nombreux sont ceux qui se rendent pleinement compte que le droit des collectivités interétatiques est de formation presqu'aussi ancienne que le droit des sociétés dites étatiques. »[216]

A l'affirmation de l'existence d'un droit international antique et médiéval la doctrine ajoute généralement une relativisation. C'est que

---

213. A. de Maulde-La-Claviere, *La Diplomatie au temps de Machiavel*, Paris, 1893, (3 vol.), vol. 1, p. 1.
214. K. Gareis, *Institutionen des Völkerrechts*, 2ᵉ éd. Giessen, 1902, p. 7, cité par G. Chklaver, *Le droit international dans ses relations avec la philosophie du droit*, Thèse, Paris, 1929, p. 47-48.
215. A. Cavaglieri, « La conception positive de la société internationale », *RGDIP*, 1911, p. 268.
216. R. Ago, « Les premières collectivités inter-étatiques méditerranéennes », dans *Mélanges offerts à Paul Reuter, Le droit international : unité et diversité*, Paris, Pedone, 1981, p. 9. C'est nous qui soulignons.

les tenants de la thèse affirmative sont conscients de ce qu'ils ne peuvent soutenir la thèse de l'existence pérenne du droit international dans sa forme, son contenu, sa structure et ses sujets actuels. A l'affirmation de principe succède la nuance. Deux exemples illustreront cette tendance générale :

> « Les peuples de l'Antiquité, les Chinois, les Egyptiens, les Assyriens ont tous entretenu des rapports d'ordre juridique avec les peuples voisins il faut toutefois reconnaître qu'il ne s'agissait pas là d'un droit des gens dans le sens moderne du mot étant donné que la notion de l'unité du genre humain et d'un certain minimum de ressemblance morale et culturelle faisait défaut. » [217]

Ou encore :

> « Nombreux sont les auteurs qui ont nié catégoriquement l'existence d'un droit international chez les anciens... Cette opinion est injuste parce qu'elle est extrême, l'Antiquité respecte la norme internationale et la renie en même temps. Elle se meut dans une contradiction grandiose. Mais dans cette lutte de deux conceptions, le droit international est une des forces qui combattent, il est donc une puissance malgré tout. » [218]

Affirmation nuancée donc. Quelles sont les lois qui vont présider à ces nuances ? A quelles conditions et dans quelles conditions ces auteurs admettent-ils la possibilité d'un droit international antique et/ou médiéval ?

Il importe de remarquer que ces questions nous les posons dans un souci de clarification des thèses car, à notre connaissance, le problème ne fut pas posé en ces termes. Généralement les auteurs parlent de droit international antique sans préciser explicitement les conditions auxquelles ils en admettent l'existence. Il reste que ces conditions se dégagent plus ou moins implicitement de leurs écrits. Leur analyse permet de les classer sous deux rubriques, les mêmes que celles des négateurs. Les partisans affirment que les conditions infrastructurelles du droit international n'étaient pas absentes, du moins pas toujours, et ils affirment le caractère juridique et international des règles organisant les rapports entre les peuples antiques et médiévaux.

---

217. J.-P.-A. François, « Règles générales du droit de la paix », *Recueil des cours*, tome 66 (1938), p. 1-294, voir p. 5-6.
218. R. Redslob, *Histoire des grands principes...*, p. 106-107.

a) *L'existence (intermittente) de l'infrastructure nécessaire au droit international*

105. Les partisans du droit international antique et médiéval tablent à ce niveau sur deux séries d'arguments qui se recoupent sans pour autant se confondre. Ils ne considèrent dans l'histoire des relations internationales que certaines époques, ou certains espaces culturels. Dans le premier cas, ils croient retrouver une égalité entre entités indépendantes, dans l'autre un héritage culturel commun qui permet une *société* internationale, donc son droit.

i) *Les premières collectivités interétatiques* [219]

106. Les « affirmateurs » déclarent que l'Antiquité autant que le Moyen Age ont connu des phases non négligeables d'équilibre des puissances. Cet équilibre, combiné avec les nécessités découlant de la vie internationale (le commerce notamment), a rendu possible un droit international basé sur l'égalité et la réciprocité.

> « Parfois l'équilibre de fait, qui s'établissait momentanément faisait l'objet d'une convention et c'est là qu'on peut trouver les premiers monuments de droit international. » [220]

Roberto Ago se prononce dans le même sens :

> « C'est négliger la réalité historique que de ne pas saisir que le droit international est un phénomène qui s'est manifesté et développé de tout temps, chaque fois qu'une constance des rapports suivis et organisés s'est établie dans le cadre d'un groupe d'entités politiques souveraines et distinctes. » [221]

C'est même là l'objet de la contribution Roberto Ago aux mélanges dédiés à Paul Reuter. Son but est d'identifier, dans le cadre de l'histoire méditerranéenne, des « collectivités interétatiques » et par là de montrer que

> « le droit international dont nous avons hérité n'est que le produit concret des exigences réelles de la vie, de la relation qui a réuni, et ceci dès le début, une pluralité d'entités souveraines appartenant

---

219. L'expression est empruntée à l'intitulé de la contribution de Roberto Ago aux *Mélanges Reuter*. Roberto Ago a condensé dans un article très fouillé les éléments à l'appui de l'argument.
220. M. Alessandri, *op. cit.*, p. 65.
221. R. Ago, article précité, p. 10.

souvent à des civilisations différentes et d'après le vocabulaire actuel, à des mondes distincts, qui ont été amenés à se rencontrer au fil de l'histoire » [222].

107. Cette approche mène à distinguer selon les époques: à nier l'existence du droit international quand une puissance s'est faite assez forte pour subjuguer toutes celles qui l'entourent, à l'affirmer quand se réalise une situation d'équilibre des forces. L'on se détournera de la Grèce hellénistique pour ne considérer que la Grèce des cités, on passera sous silence Rome à l'époque du Principat (empire) pour ne considérer que la Monarchie et la République.

Parfait exemple en est Coleman Phillipson qui, parce qu'il pense que «These rules are capable of international application as soon as there is a general recognition of the juridical equality and reciprocity of States», statue «this condition was not wanting at least in the case of the constituent states of the Hellenic circle and in that of Rome during her first period of history, that, is to the end of the second Punic war » [223]. Parlant spécialement de Rome, Redslob écrit:

> «A leur début, quand ils n'avaient pas commencé à soumettre l'univers, les Romains avaient encore une conception nette de la souveraineté d'autres peuples. Ils admettaient l'existence d'une *civitas gentium* basée sur le respect mutuel de tous les participants ... mais cette vision s'obscurcit à partir de l'époque où la République romaine entreprit de soumettre l'Univers.» [224]

M. Khadduri déclare dans le même sens que ce n'est que lorsque l'Etat musulman s'avoua incapable de dominer le monde qu'il reconnut le

---

222. *Ibid.*, p. 10-11.
223. C. Phillipson, *op. cit.*, tome 1, p. 51-52.
224. R. Redslob, *op. cit.*, p. 58-59. Dans le même sens M. Revon écrit: «Si ... nous voulons découvrir à Rome un droit international nous ne le chercherons que dans la période comprise entre la fondation de la Cité et la chute de la République », dans « De l'existence du droit international sous la République romaine», *RGDLJ*, 1891, p. 506-507. J. van Kan abonde dans le même sens:

> «L'ancienne république se trouvait en face d'adversaires assez redoutables pour se faire respecter en égaux, ce qui n'était plus le cas à l'époque des conquêtes d'orient ni surtout à l'époque impériale.»

Il conclut:

> «L'importance de ces règles, leur vocation même devait fatalement se rétrécir du moment que le monde romain avait réussi à englober la grande masse des nations avec lesquelles les rapports étaient possibles et désirables»,

dans «Règles générales du droit de la paix», *Recueil des cours*, tome 66 (1938), p. 396 et 398.

principe de coexistence avec d'autres puissances [225]. De là a découlé une série d'études sur l'histoire du droit international musulman qui part du principe que l'on n'est autorisé à parler de droit international musulman que quand fut dépassée la phase conquérante [226]. On oublie ainsi qu'une fois «dépassée» cette «phase conquérante», le monde arabo-musulman est entré en phase de déclin qui en fera plus tard une proie facile pour l'entreprise coloniale, un objet du droit international et non pas un sujet [227]. Le monde arabo-musulman ne participera au droit international qu'après la décolonisation, non pas comme une entité politique, mais comme un ensemble d'Etats.

108. Ce dépeçage de l'histoire est fonction de l'existence «de rapports entre peuples indépendants qui se traitent en fait sur le pied d'égalité» [228]. Envisagée à l'échelle méditerranéenne, cette approche mène à privilégier certaines époques, ainsi celle partant du VIe siècle jusqu'au IIe siècle av. J.-C.

> «Aux approches du dernier quart du IIIe siècle avant notre ère, la situation politique du bassin méditerranéen est caractérisée par l'existence d'une véritable *«balance of power»*. Cinq grandes puissances y participent: la République de Carthage, les trois grandes monarchies hellénistiques des Ptolémée, le Royaume Antigonide de Macédoine, et enfin dernière venue, la République romaine.» [229]

Il s'agit là, selon Roberto Ago, d'une

> «communauté d'entités politiques souveraines égalitaires, non institutionnalisée et typiquement pluraliste ... l'ancienne collectivité interétatique pan-méditerranéenne, la plus vaste qui ait jamais existé dans le monde antique» [230].

---

225. M. Khadduri, *Introduction*..., citée p. 31-32.
226. Dans cette perspective voir G. M. Badr, «A Historical View of Islamic International Law», *REDI*, 1982, p. 1 à 9; A. S. El-Kosheiri, «History of the Law of Nations. Regional Developments: Islam», dans *EPIL, op. cit.*, vol. 7, p. 222-230; W. Friedmann, *New Aspects of International Law*, trad. éd. Tendences actuelles, 1971, p. 197-198; A. Martine-Daftary, «Les fondements du droit international dans l'Islam», *RDIScDip*, 1962, vol. 40, p. 10-31; E. Rabbath, article précité, *REDI*, 1950.
227. Nous excluons de cette analyse l'Empire ottoman, qui connaîtra toutefois la même évolution, mais décalée dans le temps. Dans un premier temps, il connaîtra une phase conquérante (XVIe et XVIIe siècles), à partir du XVIIIe siècle il entre dans une phase de déclin et sera «l'homme malade de l'Europe» au XIXe siècle, objet de multiples formes de domination (conflits armés, «interventions d'humanité», y compris militaires, régime des capitulations...).
228. A. Chauveau, article précité, *Nouv. RHDFE*, 1891, p. 398.
229. R. Ago, article précité, p. 30.
230. *Ibid.*, p. 33. Dans le même sens W. Preiser, «History...», contribution citée, *EPIL, op. cit.*, vol. 7, p. 137.

C'est là et seulement là, qu'on peut découvrir un droit international car

> « les relations internationales ne prospèrent et ... le droit international ne se cristallise normalement que dans les époques où existent simultanément deux ou plusieurs Etats ou Nations possédant un niveau de culture plus ou moins équivalent. C'est seulement entre des Etats relativement égaux que la sainteté des obligations internationales ... fondement moral de tout le droit international, trouve la garantie de son existence et de sa reconnaissance »[231].

109. Cette dernière citation nous fait déjà entrevoir le second cadre offrant les conditions infrastructurelles de l'éclosion du droit international. Il s'agit des grands foyers civilisationnels.

ii) *« Les premières sociétés internationales »*

110. Dans cette optique, l'argumentation porte incontestablement la marque de l'idée que se faisaient les internationalistes du droit international au moins jusqu'à la Première Guerre mondiale. Jusque-là, le droit international était européen dans son origine et dans son champ d'application. Considérant que le « droit public européen », comme on l'appelait alors, est le produit de la culture occidentale moderne, certains auteurs en inférèrent que la communauté de culture est nécessaire à l'éclosion du droit des gens car elle seule permet d'envisager la coexistence de plusieurs sociétés politiques comme normale. Partant, ils recherchent à travers l'histoire des foyers de civilisation assez spécifiques pour former une unité, assez lâches pour permettre une diversité. Et si l'on parle alors de droit des gens chinois, indien, grec et romain, chrétien ou musulman, c'est pour rendre compte des règles juridiques qui organisent les relations des parties d'un ensemble civilisationnel donné.

Cette manière de voir est compatible avec la précédente quand « la communion » culturelle coïncide avec l'équilibre des parties; le cas type étant celui des cités grecques. Mais considéré de manière générale, l'argument tiré de l'appartenance à une même famille culturelle mène à élargir et à rétrécir en même temps le champ du droit international antique et médiéval. L'élargir d'abord, car il permet de considérer comme

---

231. Baron S. A. Korff, « Introduction à l'histoire du droit international », *Recueil des cours*, tome 1 (1923), p. 1-23, voir p. 6.

internationales des règles qui, autrement, auraient été considérées de droit interne. Le rétrécir ensuite, car faire de la communauté de culture l'infrastructure nécessaire du droit international a pour conséquence de nier qu'un tel droit soit possible dans les relations de mondes culturels différents [232].

111. Au titre de droit international seront bien sûr analysés les rapports juridiques entre les cités grecques [233], mais aussi les liens juridiques entre Rome et les peuples qu'elle a assujettis [234], entre le Califat et les autres entités musulmanes sécessionnistes ou quasi indépendantes [235], entre le Pape et l'Empereur et entre eux d'un côté et les principautés et les républiques d'un autre [236].

Il est un fait incontestable que ces rapports avaient une teneur juridique, et que, par leur nombre, ils étaient bien plus courants que tout autre type de règle internationale. Ce fait permet d'expliquer que, même quand l'auteur ne prend pas nettement position sur la question, il consacre ses développements à cette catégorie de règles. Deux auteurs résument bien cette attitude. Il s'agit de Louis Erasme Le Fur et Bruno Paradisi.

Le premier écrit:

« Il existe dans l'antiquité un droit international se rapprochant à beaucoup d'égards du notre, mais c'est entre cités voisines de même langue, de même race, de même religion ... en dehors de ce cas ... il n'y a pas de droit international au sens actuel du mot. » [237]

Quant à Bruno Paradisi, il soutient que le droit international ne peut éclore qu'à la suite de la désagrégation d'une entité mère ou par

---

232. C'est là d'ailleurs la cause de la critique adressée par Roberto Ago à la thèse sous considération, contribution citée, p. 11, note 2.
233. A. Truyol Y. Serra, *Genèse...*, p. 24, écrit: « fragmentation politique dans le cadre d'une unité de culture ... C'est ainsi que se constitua un droit international intra-hellénique... », cf. J. de Romilly, *op. cit.*, p. 40 ss: « La loi commune des Grecs ».
234. M. Lemousse, *Le régime des relations internationales...*, *op. cit.*, éd. Engelhardt, article cité, *RGDIP*, 1895, p. 489 ss.
235. La question a, il est vrai, été peu ou pas analysée sous cet angle.
236. V. E. Hrabar, « Esquisse ... », *RDILC,* 1936. A. Truyol Y. Serra écrit:

« Il serait faux de considérer la chrétienté médiévale comme un super Etat ... La chrétienté médiévale fut une diarchie compatible à une large autonomie des Communautés qui en faisaient partie; au sein de cette communauté des communautés se développa du XIIe au XVe siècles un droit des gens à fondement religieux commun à la famille des Nations chrétienne ... C'est à une large échelle et sur une nouvelle base spirituelle, le même phénomène qui avait donné lieu à un droit Panhellénique. », *op. cit.*, p. 56-57.

237. L. Le Fur, « La théorie du droit naturel depuis le XVIIe siècle et la doctrine moderne » *Recueil des cours*, tome 18 (1927), p. 259-442, voir p. 278.

l'appartenance à une communauté ethnique originaire. Ce qui n'est pas tout à fait un deuxième cas de figure et ce qui, en tout état de cause, est visiblement déterminé par les expériences grecque et chrétienne [238].

112. Tel est donc le second argument/condition de l'existence d'un droit international antique, ou plutôt de la possibilité de son existence. Il reste, maintenant que son infrastructure a été découverte, de dégager sa structure même.

b) *L'existence de règles juridiques internationales à caractère primitif*

113. Les auteurs qui affirment l'existence d'un droit international antique et médiéval sont toutefois conscients des différences qui séparent ce droit du droit international qui leur est contemporain.

i) *Présence de règles juridiques internationales*

114. Se basant sur des époques historiques déterminées ou puisant leurs exemples dans les rapports d'entités appartenant au même monde culturel, les partisans de la thèse positive ont montré l'effectivité des principes fondamentaux du droit international, ils ont critiqué l'incompatibilité présumée du droit et de la religion et rejeté la thèse d'un droit externe.

115. L'effectivité des principes fondamentaux du droit international.

> «Comment expliquer, si la force a servi de règle unique, l'économie des alliances conclues par Rome avec les cités voisines, pourquoi ces concessions réciproques, pourquoi l'organisation d'un tribunal des *recuperatores* [239] sinon pour régulariser les rapports internationaux et substituer à l'isolement

---

238. B. Paradisi, *Storia del diritto internazionale nel Medioevo*, Milan, 1940 (1), p. 9 :

> «La Communita di cultura servi di Commune fondamento aile relazioni internazionali senza percio divenire il fondamento per una comunità giuridica internazionale ..., o forai' la base alla costituzione di un organismo confederale che era già in sè un piccolo mondo internazionale ; o in fine, tome accadde in Grecia, formo, indipendenfemente da vincoli federali, il punto d'inizio per la formazione di une coscienza nazionale bellenica.»

Cf. du même auteur : *Il problema storico del diritto* internazionale, Firenze, 1944, 2ᵉ éd. augmentée, Naples, 1956, et plus récemment : *Civias Maxima-Studi di storia dell diritto internazionale*, Florence, Olschki, 1974 (2 vol.). Dans le même sens M. Khadduri, *Introduction...*, citée, p. 10.

239. Institution chargée de régler les différends entre les ressortissants de la cité romaine et ceux d'une autre entité liée à Rome par un traité.

jaloux, source d'insécurité, de conflits, de luttes, la stabilité d'un régime favorable aux bonnes relations, contraire à l'emploi de la force et de la violence. Faut-il donc réduire les solennités de la déclaration de guerre à des formalités puériles, sans intérêt, sans utilité? N'est-il pas plus exact d'y voir un moyen destiné à retarder le recours à la force des armes? Ne doit-on y découvrir le souci d'en rendre au moins l'usage légitime quand toutes les tentatives de solution pacifique ont échoué.» [240]

Vibrante plaidoirie. Certains de ses éléments sont confirmés par R. Redslob qui écrit: «Il est un fait indiscutable que les peuples de l'ère antique avaient le culte du traité.» L'auteur ajoute avec plus de nuance:

«Mais sans affirmer la même force de conviction les anciens rendaient aussi un hommage fréquent aux autres principes de l'ordre international. Ils marquaient une déférence au caractère souverain des Etats, ... Puis les anciens avaient une notion de la règle de l'égalité, règle qu'ils appliquaient à la navigation maritime ... Enfin la doctrine et la pratique de la solidarité universelle ne leur étaient pas étrangères. En un mot, les principales idées du droit des gens vivaient. Certes leur règne n'était pas incontesté. Mais sont-ils mieux partagés de nos jours?» [241]

116. La critique de l'incompatibilité présumée du droit et de la religion.

«Does connection with religion destroy the character of international law? The answer is that is of no consequence at all when the sanction lies; since the fundamental question is whether there is a generally admitted rule regulating certain international relationship and whether there exists, any potent sanction whatever similarly recognized as enforcing the observance of that rule. The religious sanction did not impair but added force to the legal and political sanction. Religion in antiquity was co-extensive with the whole of life . . . it was at the bottom of life and the admitted insistence and protection of the law gods, in view of its general observance by men does not necessarily deprive it of its character as law.» [242]

---

240. A. Chauveau, article précité, *Nouv. RHDFE*, 1891, p. 441.
241. R. Redslob, *op. cit.*, p. 107-108.
242. C. Phillipson, *op. cit.*, tome 1, p. 81 cf. aussi p. 27 ss. Fustel de Coulanges écrit à ce propos dans *La cité antique, op. cit.*, p. 218:

Parce que magistral l'exposé méritait d'être reproduit in *extenso*, c'est à juste titre que les partisans de la thèse affirmative nient toute validité à l'argument dont il s'agit. Le droit ne s'est séparé de la religion qu'à une époque récente. Ne considérer comme droit que ce qui correspond au dogme positiviste est contraire au principe de relativité qui doit commander toute recherche historique prétendant au statut de science. Poser l'incompatibilité du droit et de la religion dans ces sociétés où toute la vie, et non pas seulement celle juridique, prend une forme religieuse revient à priver l'Antiquité non pas de droit international seulement ou même de droit tout court, mais aussi d'art, de langue...

L'argument ne tient donc pas. En particulier, il ne tient pas pour les civilisations romaine et arabo-musulmane lesquelles « au jugement de Jules Mohl, l'illustre orientaliste, (ont été) les peuples les plus légistes qu'il y ait jamais eu »[243]. Mais dire que la religion n'est pas antinomique au droit c'est accepter l'idée que le droit international avait un caractère sinon un fondement religieux et que par suite il était « interne » puisque, par définition, il n'y a pas eu de religion universellement partagée. Ainsi en levant un pied les affirmateurs en ont enfoncé un autre. Qu'en pensent-ils ?

117. « Un droit externe » ? Qu'il nous soit permis d'écrire, qu'ici, l'argumentation des affirmateurs est la plus faible. La plupart des auteurs taisent la question et quand d'aventure ils s'y trouvent confrontés, l'on sent leur situation inconfortable. L'on a vu plus haut Chauveau avouer que la question est embarrassante. Il concède « que les modes de formation du droit international public, reconnus aujourd'hui, n'ont pas leur équivalent exact dans l'Antiquité » et il ne fait, à notre sens, que contourner le problème quand il déclare « qu'importe en fin de compte de considérer comme une loi particulière de la Cité les règles relatives aux rapports entre les peuples, si, pour chaque Etat, il y avait une loi semblable renfermant des principes identiques »[244]. L'essentiel n'est pas vu : le droit des gens antique et médiéval n'était pas conçu comme un droit posé par une autorité humaine, mais comme identique ou

---

« Chez les Grecs et les Romains comme chez les Hindous, la loi fut d'abord une partie de la religion. Les anciens codes des cités étaient un ensemble de rites, de prescriptions liturgiques de prières en même temps que des dispositions législatives. Les règles du droit de propriété, du droit de succession y étaient éparses au milieu des ordonnances réglant les sacrifices, la sépulture, le culte de morts. »

243. J. Mohl, *Journal asiatique*, 4ᵉ série, tome XII, p. 13, cité par E. Nys, « Les jurisconsultes espagnols et la science du droit des gens », *RDILC*, 1912, p. 382.
244. A. Chauveau, article précité, *Nouvelle RHDFE*, 1891, p. 442-443.

dérivant directement du droit naturel ou comme exprimant la volonté divine, dans tous ces cas, il est, par rapport aux peuples, objectif, il ne dépend pas de leur vouloir subjectif. Ce n'est pas un droit qu'un peuple décide d'appliquer à d'autres, mais un droit «que la raison naturelle» ou la volonté divine a établi parmi les Hommes.

Certes, les tenants de la thèse positive pourraient faire valoir un nombre impressionnant de conventions ayant de tout temps lié les Etats antiques et médiévaux, mais que vaut une convention stipulant contre la religion? Plus insidieuse encore serait la question suivante: Les conventions étaient-elles sources d'un droit international ou cas d'application d'un droit national aux relations internationales? La question est décidément embarrassante. Elle ne laisse d'autres issues aux tenants de la thèse affirmative que de présenter le droit international antique et/ou médiéval comme un droit embryonnaire ou naissant, balbutiant ou primitif et ce selon la force des convictions. «Il est vrai que le droit des gens de l'Antiquité préclassique fût fragmentaire et le plus souvent précaire étant donné qu'il se fondait sur la religion et que celle-ci avait un caractère national.» [245]

ii) *Un droit international primitif*[246]

118. Il s'agit en effet de présenter du droit international antique et médiéval une théorie qui permette d'en poser l'existence tout en récupérant au titre d'imperfections, de maladies de jeunesse, les objections jugées imparables des négateurs. L'affirmation nuancée sera alors de règle. Truyol y Serra écrira:

> «Le droit international surgit dès que s'établissent des rapports d'une certaine régularité entre deux sociétés d'un certain niveau de civilisation. Des règles comme celle de l'inviolabilité des messagers ou légats, du respect dû à la parole donnée *(pacta sunt servanda)*, sanctionnées par des coutumes immémoriales, constituent un droit des gens véritable bien que rudimentaire.» [247]

La citation est d'autant plus intéressante qu'elle synthétise ce qui précède. Redslob, nous l'avons vu, en parlant de l'histoire des grands principes, a écrit que «*sans affirmer la même force de conviction*, les

---

245. A. Truyol Y Serra, *Genèse* ..., p. 16. C'est nous qui soulignons.
246. Rappelons qu'aujourd'hui encore le droit international est considéré par une doctrine dominante comme primitif. Que devait-il être alors! Cf. à titre d'exemple H. Kelsen, *Théorie pure du droit*, trad. Ch. Eisenmann, Dalloz, 1962, p. 423-424.
247. A. Truyol Y Serra, *op. cit.*, p. 15. C'est nous qui soulignons.

anciens rendaient un hommage fréquent aux autres principes du droit international » [248].

Coleman Phillipson pour sa part et dans un style qui lui est particulier abonde dans le même sens

> « That the ancient possessed a complete system of international law *no one can justifiably assert*. That they possessed important elements thereof which contributed greatly to subsequent judicial evolution is undeniable. To admit this is not to imply the admission that international law then was a non entity, *but simply to concede that it had not the breadth, the completeness, the firm basic, the scientific coordination of modern law.* » [249]

Plus sévère pour le droit international antique, mais affirmatif tout de même, Audinet, dans une intéressante monographie consacrée aux « traces du droit international dans l'Iliade et l'Odyssée », écrit :

> « La conception du droit international appartient aux temps modernes ... Cependant les groupes sociaux avaient entre eux des rapports pacifiques ou belliqueux ; certaines coutumes présidaient à ces relations et se présentaient comme un *embryon de droit international.* » [250]

On terminera ce rapide tour d'horizon par Chauveau qui déclare :

> « Il ne faut donc pas entretenir l'espoir de rencontrer dans le droit des gens tel qu'on le pratiquait à Rome un corps complet de doctrine, une construction savante, assise sur de larges principes. *On aura la chance seulement de trouver quelques règles applicables à certaines situations déterminées* preuve suffisante de l'existence d'un droit des gens si ces règles ont à la fois un caractère juridique et une portée internationale. » [251]

Conclusions

119. Telles sont donc les idées-forces des partisans et des négateurs d'un droit international antique et médiéval. Au terme de cet exposé, il importe de s'interroger sur l'attitude générale de la doctrine face à la possibilité d'un droit international datant d'avant l'époque

---

248. R. Redslob, *op. cit.*, p. 107. C'est nous qui soulignons.
249. C. Phillipson, *op. cit.*, tome I, p. 60-61. C'est nous qui soulignons.
250. E. Audinet, *RGDIP*, 1914, p. 29. C'est nous qui soulignons.
251. A. Chauveau, article précité, *Nouvelle RHDFE*, 1891, p. 397. C'est nous qui soulignons.

moderne. Il importe surtout de s'interroger sur l'étrange parallèle des types d'arguments utilisés par les uns et par les autres. Tous ont tirés leurs preuves des mêmes «tiroirs». Nous croyons pouvoir en tirer la conclusion suivante qui, *a priori*, peut paraître étonnante : *sur l'essentiel les négateurs et ceux qui affirment l'existence immémoriale du droit international sont d'accord.* L'essentiel étant, pour nous, les postulats épistémologiques des deux courants. C'est en partant d'une seule et même conception du droit des gens et de son infrastructure nécessaire que les deux thèses déploient leur démonstration. Les partisans des deux thèses ne s'opposent en fin de compte que parce qu'ils analysent des périodes différentes ou des espaces différents. Les négateurs insistent sur un fait historique certain : la tendance à la domination universelle, les «affirmateurs» mettent l'accent sur un fait indéniable : l'existence à travers l'histoire de phases d'équilibre des forces. A aucun moment ils ne s'opposent sur deux points essentiels :

1. Le droit international suppose une société d'entités égales et souveraines ;
2. Le droit international est un ensemble de règles juridiques organisant les rapports d'entités indépendantes et égales.

Nous ne nous proposons nullement de concilier les deux thèses, mais de les dépasser. Nous en conservons certains éléments, faits et exemples, mais nous en rejetons les préalables épistémologiques. Nous entendons récuser l'*a priori* qui veut que le concept contemporain du droit international soit la norme de tout droit entre les peuples. Aux antipodes de cette perspective, nous adoptons la thèse d'une rupture, non pas d'une continuité. C'est pour cette raison que nous avons évité, s'agissant du droit des gens antique et médiéval, de parler de droit international concept que nous réservons au droit régissant les rapports des Etats modernes. Nous avons préféré employer les expressions «droit entre les peuples», «droit des peuples», «droit des gens» pour la période précédant la Renaissance. Nous espérons qu'au terme de ce cours, de telles précautions terminologiques auront été justifiées.

120. Rares sont les études qui ont pensé le droit des gens antique et médiéval en général et les *siyar* en particulier en termes de spécificité. Qu'il nous soit permis de citer ici Maurice Bourquin et Maxime Lemousse.

121. Le premier, dans une étude consacrée à Grotius, s'est interrogé sur le droit des gens médiéval :

> « Une des caractéristiques du Moyen Age ne réside-t-elle pas dans l'affaiblissement de l'Etat ? La puissance de l'Etat s'est effritée ; elle s'est diluée dans le régime féodal. Comment imaginer dès lors un droit des gens construit sur cette notion, un droit des gens dont l'Etat est le principal ressort » [252],

ceci pour la négation.

> « En revanche ce qu'on trouve au Moyen Age, c'est une certaine unité de l'Europe ... Une civilisation homogène, dominée par la foi ... Une organisation modelée sur les traditions de l'Empire romain ... Voici la réalité qui a servi de support aux conceptions internationales du Moyen Age. » [253]

Ceci pour le substrat.

> « Il n'est pas surprenant que le droit des gens ait porté la marque de cette unité. Comment le concevait-on ? Le droit des gens est devenu pour eux le droit commun de l'humanité chrétienne, ce droit des gens du Moyen Age diffère sensiblement il faut y insister, du droit des gens moderne. Il s'en distingue d'abord par son objet et par son fondement. » [254]

Ceci pour l'affirmation. L'auteur se démarque ainsi des positions usitées et s'il considère l'unité culturelle chrétienne ce n'est point pour en inférer l'existence d'un droit international « se rapprochant à beaucoup d'égard du notre » [255], mais pour en conclure à la nécessaire spécificité du droit des gens exprimant cette unité et pour « insister » sur cette différence.

122. Maxime Lemousse a, pour sa part, consacré un ouvrage au « régime des relations internationales dans le Haut Empire romain ». Il écrit :

> « Toutes les conceptions des juristes modernes en matière de droit international supposent fondamentalement une pluralité d'Etats souverains. Chacun d'eux exerce son autorité pleine et entière sur un territoire délimité avec précision ; il y a donc relations

---

252. M. Bourquin, « Grotius est-il le père du droit des gens ? », dans *Grandes figures et grandes œuvres juridiques*, Mémoires publiées par la faculté de droit de l'Université de Genève, n° 6, Genève, 1948, p. 80.
253. *Ibid.*, p. 81.
254. *Ibid.*, p. 82.
255. L. Le Fur, « La théorie du droit naturel... », *Recueil des cours*, tome 18 (1927), p. 278.

internationales dans la mesure où coexistent des puissances étatiques souveraines, juridiquement égales et respectivement indépendantes. Une telle manière de voir ne correspond pas à la réalité de l'Antiquité romaine.»[256]

Il ajoute :

«Un peuple annexé ou une cité conquise peuvent, conservant leurs institutions, leurs lois et leurs magistrats se trouver en fait sous le pouvoir de Rome et entretenir les mêmes relations, parfois conclure la même alliance que des Etats restés indépendants. Constatation qui s'impose et qui marque bien le contraste avec la réalité (actuelle) ... On ne peut pas distinguer catégoriquement entre ceux qui sont étrangers et ceux qui ne le sont pas selon qu'ils seraient d'un côté ou d'un autre d'une frontière.»[257]

123. En ce qui concerne les *siyar*, l'on peut trouver des éléments de cette manière de voir chez Majid Khadduri, mais celui-ci n'est jamais allé au bout de la logique de la spécificité. Et s'il admet des différences entre le droit des gens antique et médiéval et le droit international il n'en pose pas moins le «développement linéaire du droit international»[258]. Notre propos est de continuer, d'essayer de développer la réflexion dans cette voie.

124. Nous partirons des conclusions dégagées de l'analyse de la structuration des matières du droit des gens ancien. D'abord, l'existence d'une branche du droit autonome dénommée selon les cas droit naturel, droit des gens ou *siyar*, donc d'un concept c'est-à-dire d'une unité logique. Ensuite, l'existence sous ces rubriques d'un ensemble de règles que l'on peut juger disparates si nous les jugeons à partir du concept de droit international.

Notre position est que le concept de droit international est inadéquat dans la mesure où, justement, il ne rend pas compte de la *totalité* des éléments des *siyar* en particulier et du droit des gens antique et médiéval de manière plus générale, *totalité* qui, nécessairement, a une cohérence. Quel est donc le principe de cette cohérence ? Nous nous proposons de montrer ici que la logique interne des *siyar* en particulier et, plus généralement, du droits des gens antique et médiéval est spécifique

---
256. M. Lemousse, *op. cit.*, p. 3.
257. *Ibid.*, p. 7.
258. Majid Khadduri considère que «le droit international contemporain prouve la possibilité d'une évolution par accumulation», M. Khadduri, Introduction à *Al-Mabsût*, Beyrouth, Dâr al-Muttahida li an-nashr, 1970, p. 10, c'est nous qui traduisons.

et que cette spécificité trouve explication dans la structure du pouvoir antique et médiéval.

B. *Compréhension : la cohérence interne des* siyar

125. Il importe, à ce niveau, de saisir le sens de l'inadéquation du concept de droit international (1). La rupture que nous dégagerons à ce plan nous aidera à la détermination de la cohérence propre du droit des gens antique et médiéval et des *siyar* en particulier (2).

1) Détermination négative

126. «L'Organisation est fondée sur le principe de l'égalité souveraine de tous ses Membres.» Tel est le premier principe conformément auquel doivent agir l'Organisation des Nations Unies et ses membres. Tel est le principe premier du droit international. La clé de voûte de tout l'édifice. La base de l'ordre juridique international. Il importe d'en bien apprécier la signification et les implications.

A la Conférence de San Francisco cette disposition a fait l'objet des explications suivantes dans le rapport du Comité I/1 :

> «Le Comité a décidé de garder la terminologie «égalité souveraine» étant entendu qu'elle contient les éléments suivants :
> – Que les Etats sont égaux juridiquement;
> – Qu'ils jouissent de tous les droits qui découlent de la souveraineté;
> – Que la personnalité de l'Etat est respectée ainsi que son intégrité territoriale et son indépendance politique;
> – Que l'Etat devra, dans un ordre juridique international, s'acquitter fidèlement de ses devoirs et obligations internationales.» [259]

La dialectique de la souveraineté et de l'égalité est au cœur du droit international. C'est l'absence de ces principes qui explique l'inadéquation du concept de droit international. Pour la clarté de l'exposé nous analyserons séparément les deux principes étant entendu qu'ils sont en vérité indissociables. Nous verrons ensuite que l'implication essentielle de ces bases de l'ordre juridique international, à savoir la logique de l'accord comme fondement et principe de formation des règles, était également absente.

---

259. UNCIO, doc., vol. VI, p. 475.

a) *L'absence du concept de souveraineté*

127. La souveraineté implique la plénitude, l'exclusivité et la suprématie des compétences d'un pouvoir politique dans le cadre d'un espace déterminé nommé «territoire». La souveraineté c'est l'indépendance envisagée non pas comme un état, un fait, mais comme un droit. S'il est un élément central dans cette définition cela nous semble bien être le territoire. Ce qui sépare le concept juridique de souveraineté de l'idée de puissance à l'état pur c'est ce fait que c'est une puissance limitée dans son déploiement par un espace, un lieu au-delà duquel elle se transforme en force prohibée par le droit international. C'est là la marque de la dialectisation de la souveraineté et de l'égalité. L'Etat moderne est territorial. Rivier définit le territoire comme étant «la portion du globe qui est comprise entre des frontières ou limites qui la séparent des territoires des Etats limitrophes»[260]. «L'espace soumis à la souveraineté d'un Etat doit donc être circonscrit par des limites. Ces limites sont ce qu'on appelle frontières.»[261]

128. Si le concept de territoire est le principe de la souveraineté, la notion de frontière est le principe du territoire. «Le Traité pour déterminer la frontière» signé entre la France et l'Espagne le 2 décembre 1856 emploie comme synonymes les locutions «ligne destinée à séparer la souveraineté de l'Empire français et celle du Royaume d'Espagne» et «Frontière»[262]. La frontière est donc la matérialisation de l'Etat territorial. *Quid* des pouvoirs politiques anciens?

129. Certes, on ne peut nier l'existence de pouvoirs politiques antiques et médiévaux parfois plus centralisateurs que certains Etats modernes: l'Egypte sous Ramsès II, Rome à son apogée, le Califat jusqu'au IXe siècle (apr. J.-C.). Il reste qu'il a toujours manqué à ces systèmes l'idée de l'assise territoriale, «l'Etat antique ne pense pas ses limites»[263]. Il ne peut les penser. Il y a, en effet, une contradiction logique entre l'idéologie de la domination mondiale qui anime les grands pouvoirs antiques et médiévaux et le concept de territoire: «L'idée de territoire est liée à l'idée de souveraineté moderne ... Un Etat universel

---

260. A. Rivier, *Principes du droit des gens*, Paris, Arthur Rousseau éditeur, 1885, vol. I, p. 136.
261. P. Fauchille, *Traité de droit international public*, Paris, Arthur Rousseau éditeur, 1921-1925, n° 486.
262. J. Basdevant, *Dictionnaire de la terminologie du droit international*, Paris, Sirey, 1960, p. 293.
263. P.-F. Moreau, «Le Saint Empire», dans *Histoire des idéologies, op. cit.*, tome II, p. 65.

ne peut avoir de territoire puisque le territoire le détermine dans sa particularité.»[264] Le territoire comme concept juridique c'est-à-dire comme cadre et donc limite de l'exercice d'un pouvoir politique était impensable par un pouvoir ne reconnaissant par idéologie, d'autres limites que celles du monde. Certes, on pourrait nous opposer l'idée du *limes* romain ou la distinction qu'établit le droit musulman entre *dâr al-harb* et *dâr al-Islâm* et insister sur le terme *dâr* qui est une métaphore spatiale. Mais l'argument nous semble de peu de poids car ce qui était inconcevable c'était le concept juridique de territoire et non la réalité d'un espace soumis à un pouvoir, à une puissance. En d'autres termes, le pouvoir antique et médiéval ayant toujours rêvé la domination mondiale n'a pu concevoir une limite spatiale *de jure* à sa puissance, mais n'ayant jamais pu la réaliser pleinement, a toujours subi une limite de fait à sa puissance, à son extension territoriale[265]. La différence est de taille car ce qui sépare deux puissances ce n'est jamais une frontière au sens juridique moderne, mais une ligne *de facto* jamais définitive, toujours précaire, ne signifiant rien d'autre que l'état conjoncturel de rapports de force; de sorte que sa modification suite à une rupture de l'équilibre de puissance ne donne pas lieu à une contestation de droit se basant sur le principe actuellement sacro-saint de l'intégrité territoriale. C'est dire que «la souveraineté ne s'impose que lorsqu'elle a pris corps dans l'espace»[266]. Sans territoire, point de souveraineté et sans souveraineté point de droit international.

b) *L'absence du principe d'égalité*

130. L'égalité juridique est le corollaire indispensable de la souveraineté. Son enfantement a été lent. Jusqu'au début du vingtième siècle, la doctrine occidentale opérait des distinctions entre Etats souverains, Etats mi-souverains, protectorats, etc. Pourtant l'idée est ancienne, l'école du droit de la nature et des gens l'avait transposée du domaine des droits de l'Homme à celui du droit entre les Etats. Emer de Vattel (1714-1788) en avait dit:

> «Puisque les Hommes sont naturellement égaux, et que leurs droits et leurs obligations sont les mêmes, comme venant égale-

---

264. *Ibid.*
265. M. Lemousse, écrit: «Les limites de l'Empire n'avaient pas la même signification que pour les Etats modernes. Elles ne marquaient pas la limite de l'espace territorial sur lequel une puissance gouverne souverainement, mais les bornes de son influence politique», *op. cit.*, p. 14.
266. R. Redslob, *op. cit.*, p. 142.

ment de la nature, les Nations composées d'Hommes, et considérées comme autant de personnes libres qui vivent ensemble dans l'état de nature, sont naturellement égales et tiennent de la nature les mêmes obligations et les mêmes droits. La puissance et la faiblesse ne produisent à cet égard aucune différence. Un nain est aussi bien un Homme qu'un géant, une petite République n'est pas moins un Etat souverain que le plus grand des Royaumes. »[267]

Admettre l'inégalité c'est concevoir des Etats «plus souverains que d'autres» et, donc, nier la souveraineté qui s'entend d'un pouvoir par définition plénier, exclusif et suprême. L'égalité dont il s'agit ici est une égalité de droit indépendamment de l'égalité de fait des Etats. C'est là un des acquis fondamentaux du droit international moderne, sinon contemporain que d'avoir contrebalancé une inégalité de fait par l'égalité juridique de sorte que les plus faibles aient les mêmes droits (le premier d'entre eux étant le droit à l'existence) que les plus puissants.

131. A aucun moment l'idée d'une égalité de droit et des droits n'a frôlé la conscience antique ou médiévale en général et musulmane en particulier. Les peuples sont classés de manière hiérarchique: Pour l'Islam classique, en premier lieu la *'Umma* musulmane dont le Coran dit:

> «Vous êtes la meilleure communauté, qu'on ait fait surgir pour les Hommes. Vous ordonnez le convenable, interdisez le blâmable et croyez en Allah. Si les gens du Livre croyaient, ce serait meilleur pour eux, il y en a qui ont la foi, mais la plupart d'entre eux sont des pervers.»

Sourate 3 du Coran, *âl-Imran (La famille d'Imran)*, verset 110. Viennent ensuite les tributaires, les peuples dominés *ahl al-dhimma*, qui doivent payer la capitation de leur propre main en signe d'humiliation, viennent enfin les *harbî* qui n'ont aucun droit et dont des *fuqahâ* appartenant à des écoles juridiques musulmanes différentes disent que, morts, ils ne sont pas enterrés, mais jetés aux chiens et ne peuvent être enterrés que si l'on veut éviter pour les musulmans l'odeur de la putréfaction de leur cadavre.

---

[267]. E. de Vattel, *Le droit des gens ou principes de la loi naturelle appliqués à la conduite et aux affaire des Nations et des Souverains*, Londres, 1758, vol. I, Prél., par. 18.

Et s'il s'est trouvé des périodes d'équilibre cela n'implique pas pour autant l'égalité juridique. Il y a loin entre l'égalité de fait et l'égalité de droit. S'appuyer sur des situations historiques d'équilibre de fait, de «balance of power», pour reprendre l'expression de Roberto Ago [268] pour en inférer la possibilité d'un droit international est l'expression d'une confusion entre l'égalité de droit et l'état précaire d'équilibre de puissance.

98. Ni l'égalité juridique, ni la souveraineté territoriale n'ont été connus par l'Antiquité et le Moyen Age, n'ont frôlé la conscience des anciens, ils ne pouvaient donc fonder leur droit des gens sur l'accord des volontés.

c) *L'absence de la logique de l'accord*

132. Le principe d'égalité souveraine est le point de départ de la construction du droit international, le donné de l'ordre international qui va en déterminer, en dominer la logique générale, un peu comme les données d'un terrain nu déterminent la structure de l'édifice à bâtir. La logique de l'accord est la seule qui permette d'«accorder» les règles du droit au principe de l'égalité souveraine, «l'accord étant à la fois l'expression de la souveraineté et sa coordination avec d'autres souverainetés» [269]. Quelle est la part de l'accord dans le droit des gens ancien?

133. Le principe d'égalité souveraine étant alors impensable, les règles de droit ne pouvaient se former sur la base et selon la logique de l'accord. Il nous faut de suite préciser que ce dont il est ici question n'est point l'accord comme source formelle du droit des gens. Même l'Antiquité préclassique nous a laissé des traces de traités, on aime à citer le traité conclu en 1278 (av. J.-C.) entre Ramsès II, Pharaon d'Egypte, et Hattousil, roi des Hittites [270]. Par ailleurs, l'Antiquité classique et le Moyen Age nous ont laissé un nombre impressionnant de conventions. Ce dont il est ici question c'est de l'accord réel conçu comme logique générale de la formation du droit. A revoir le droit des gens ancien on se rend compte combien dérisoire était la part de l'accord.

134. Tout d'abord il est un grand nombre, une partie majeure de traités que l'on ne peut considérer comme expressions d'accords. Il s'agit de

---

268. R. Ago, contribution citée aux *Mélanges Reuter*, p. 9 ss.
269. Ch. Chaumont, «Cours général de droit international public», *Recueil des cours*, tome 129 (1970), p. 333-528, voir p. 417.
270. *Cf.* J. Pirenne, «L'organisation de la paix dans le Proche-Orient aux IIIe et IIe millénaires», *Rec. Soc. J. Bodin, La paix*, Bruxelles, 1962, 1re partie, p. 200 ss.

conventions de toute sorte conclues pour constater, institutionnaliser une situation de domination. L'accord du vaincu.

135. Ensuite, surtout, l'accord ne correspondait point à la logique du droit des gens ancien. L'accord ne dominait pas la formation de la règle. Celle-ci dérivait d'un principe autre et même quand l'accord se réalisait à la faveur de quelque circonstance, il ne fondait rien du tout. Il appliquait. La volonté associée des peuples anciens ne pouvait légiférer contre le *droit fétial* romain, contre le droit canon, contre la Tradition du Prophète ou le Coran. S'il s'est trouvé des cas d'accords conclus en violation de ces principes, nous connaissons des exemples de traités conclus entre autorités musulmanes et princes chrétiens au mépris d'interdictions provenant des deux côtés [271], cela veut tout simplement dire que leur juridicité était, en fonction de l'ordre existant, douteuse.

Loin de dominer le droit des gens ancien, l'accord était relégué à un rang second et n'en constituait qu'une mise en œuvre.

2) Détermination positive

136. Ni souveraineté, ni égalité, ni accord. Le concept de droit international n'est point opératoire. Est-ce à dire que les «négateurs» ont raison? Non plus! A notre sens aussi bien les négateurs d'un droit international antique et médiéval que ceux qui en affirment l'existence commettent une erreur de méthode: celle d'interroger le passé avec les concepts du présent. Qu'ils affirment ou qu'ils nient, c'est de la vision moderne du droit international, de sa définition, de ses modes de formation, de ses fondements éthico-philosophiques, des fonctions qui lui sont dévolues, qu'il s'agit. La perspective nous semble pour le moins contestable. Elle présuppose anhistorique le concept moderne, donc récent du droit international. La réalisation de l'histoire moderne est érigée en modèle absolu, élevée au rang de la «chose en soi» de tout droit entre les peuples, pour reprendre un concept kantien.

137. En vérité, l'enjeu épistémologique qui se profile est bien plus général que ne le laisse deviner notre sujet. L'attitude générale de la doctrine n'est que l'effet, l'application au domaine de l'histoire du droit qui a lieu entre les peuples, d'un principe généralement admis, rarement évoqué, omniprésent cependant. Il est parfaitement résumé par Louis Althusser qui envisage «le primat épistémologique légitime du présent sur le passé» [272].

---

271. Consulter à titre d'exemple A. Dhina, *Les Etats de l'Occident musulman aux XII*^{e}*, XIV*^{e} *et XV*^{e} *siècles*, Alger, OPU, 1984, p. 401 ss.
272. L. Althusser, *Lire le Capital*, Paris, Maspero, 1968, vol. 1, p. 158.

Mais un primat épistémologique peut-être apprécié en termes de légitimité ? Comment accepter qu'un principe de base commandant la « scientificité » d'une recherche, les normes même de sa validité soit opérant du fait de considérations de légitimité ? Ou alors devrait-on considérer ce principe à la manière de la norme hypothétique fondamentale de Kelsen ?

Un principe épistémologique ne peut être analysé qu'en termes de validité. Or le primat épistémologique du présent est, de ce point de vue, insoutenable. Il suppose le passé comme « prénotion » du présent. Il mène à ne considérer l'histoire qu'en tant que le présent en gestation. Il implique que l'histoire a un sens dans la double portée du terme à savoir une direction et une signification, ce qui du reste est possible, mais il implique en même temps que ces sens ne se laissent découvrir qu'au présent du chercheur, ce qui est pour le moins contestable. Le présent contiendrait, révélerait la vérité du passé, c'est-à-dire sa justification, son explication, sa fin, en un mot, sa raison d'avoir été. C'est oublier que le présent du chercheur est un passé virtuel et, à moins de privilégier de manière irrationnelle ce présent, la thèse du primat est insoutenable [273].

Il est vrai cependant que l'historien est dans l'histoire et que, d'une certaine manière, le voudrait-il, il ne pourrait se libérer du présent. En ce sens, le primat est légitime dans la mesure où « nécessité fait légitimité ». Il n'y a nulle contradiction nécessaire entre la critique du primat épistémologique du présent et la reconnaissance de l'historicité du chercheur. La part des choses peut être faite, certes jamais de manière parfaite, mais y a-t-il une science où l'objectivité est parfaite ?

« La présence du présent » peut être cantonnée dans le choix des questions : « Il est loisible d'admettre avec les wébériens un primat méthodologique du présent : l'historien choisit en fonction de ses critères actuels les questions qu'il pose au passé. » [274] Mais pour y répondre le chercheur peut prendre des précautions méthodologiques mettant une distance salutaire entre lui-même et son présent.

138. Le principe premier de cette méthode est de considérer les réalisations de l'histoire comme des réalités parfaites en soi, en ce

---

273. « Rien n'autorise à considérer l'histoire du passé comme une sorte de propédeutique à un présent « privilégié » à moins d'admettre l'hypothèse du sens caché de l'histoire », *Encyclopaedia Universalis*, « Idéologie », vol. 8, p. 720, coll. 1. Encore qu'en admettant l'hypothèse du sens caché de l'histoire aucun argument rationnel ne peut être avancé pour expliquer pourquoi ce sens *cesse d'être caché* au présent.

274. *Ibid.*

sens qu'elles ne nécessitant, pour être intelligibles, aucune réalisation future. Autrement dit, il s'agit d'accorder à l'histoire son indépendance, de la libérer de la tyrannie du présent. L'hypothèse de départ consiste à considérer que les réalités historiques sont cohérentes d'une cohérence qui leur est propre, immanente, et non comme des faits qui reçoivent leur vérité de concepts qui leur ont succédé.

Afin de découvrir le principe de cette cohérence, il nous faut nous défaire du prisme nécessairement déformant que constitue le concept de droit international et ne considérer les choses que du point de vue des anciens. Et du point de vue des anciens, il y avait bien un droit qui régulait les rapports entre les peuples. Un droit vécu comme spécifique distinct de celui qui régulait les rapports entre les personnes appartenant à un même peuple *(concitoyens, coreligionnaires)*. A la différence du droit international, ce droit n'était pas bâti sur le principe de l'égalité souveraine des Etats, pas plus qu'il n'était le produit du consentement des Etats. Ce droit avait lieu entre les peuples, il ne naissait pas entre les peuples. Grecs, romains et chrétiens le nommaient droit naturel ou *jus gentium*, les musulmans le nommaient *siyar* ou règles de comportement des musulmans avec les non-musulmans.

Au-delà des différences culturelles, religieuses, spatiales et temporelles, nous avons constaté une remarquable identité de la structure et des matières des différentes manifestations du droit des gens durant l'Antiquité et le Moyen Age. Des structures qui relèvent, aujourd'hui, de branches du droit différentes (droit international public, droit international privé, droit privé interne, droit public interne). Des matières considérées, aujourd'hui, pour certaines d'entre elles, conformes au droit et, pour d'autres, hors-la-loi (agression, esclavage, torture, assassinat, ...) Qu'est ce qui permet alors d'expliquer que des civilisations (ayant parfois cultivé la science du droit à un point rarement atteint depuis), aient cru bon ou se soient crus dans l'obligation de subsumer sous un même concept, d'intégrer dans une même catégorie, un corps de règles nous apparaissent, aujourd'hui, hétérogènes?

139. Nous nous proposons dans ce qui suit de montrer que le principe de compréhension de la cohérence du droit des gens antique et médiéval est le principe de personnalité du droit, que l'absence du concept juridique de territoire était compensée par ce principe. La personne et non le territoire commandait le droit applicable.

Le principe de personnalité du droit antique et médiéval est connu de la doctrine [275]. Ses implications sur le droit des gens ancien n'ont cependant point été analysées comme marquant la distance le séparant du droit international. Le droit était d'application personnelle et non territoriale. De ce fait, le droit des peuples ne doit point être cherché dans les relations interétatiques puisque le concept d'Etat territorial n'existait pas. Le concept de territoire étant absent, le droit des gens a lieu aussi, voire surtout, dans l'aire de déploiement d'une puissance. Il n'est pas interne pour autant car ce qui est «interne» ce n'est pas ce qui a lieu dans les limites d'un territoire, mais ce qui lie les membres d'un même peuple : concitoyens, coreligionnaires. On comprend que la situation des peuples dominés, des pérégrins, des *musta'minîn* relève du droit des gens au même titre que le droit de la guerre.

> «On ne laissait (au «droit civil») que les ... questions qui intéressaient uniquement les personnes de même nationalité. Dès l'instant où la question débordait ce cadre étroit, de quelque façon que ce fût, elle était soustraite au droit civil et relevait du droit des gens.» [276]

C'est qu'on ne pouvait «distinguer catégoriquement entre ceux qui sont étrangers et ceux qui ne le sont pas selon qu'ils seraient d'un côté ou de l'autre d'une frontière» [277].

140. Le droit naturel, le droit des gens ou les *siyar* trouvent donc application dès que des peuples différents ou leurs ressortissants entrent en contact et policent ces rapports, peu importe le lieu, la personne seule est déterminante, même à l'intérieur de l'aire de déploiement de la puissance concernée. En sens inverse, peu importe le lieu, le *jus civile* ou le *fiqh* s'appliquent aux *cives romani* ou aux musulmans où qu'ils se trouvent, même à l'extérieur du déploiement de la puissance concernée. Il est instructif, à cet égard, de rapporter la querelle des jurisconsultes musulmans quant au sort du musulman qui commet une infraction en

---

275. S. Mahmassani écrit, à ce propos :

> «In modern times law is considered as territorial in principle. This modern principle of the territorial jurisdiction is opposed to an older principle, which is that of the personality, of the personal system of law»,

cours cité, *Recueil des cours*, tome 117 (1966), p. 252-253. Dans le même sens M.-M. Bakri, «La licéité de la guerre en droit musulman et en droit international contemporain», en langue arabe, *REDI*, 1976, p. 104; Ch. Cardahi, cours cité, *Recueil des cours*, tome 60 (1937), p. 518; M. Khadduri, Introduction à *Al-Mabsût*, Beyrouth, Dâr al-Muttahida li al-Nashr, 1970, p. 15, 20, 21 et 31.

276. M. Bourquin, article précité, dans *Grandes figures...*, *op. cit.*, p. 82.

277. M. Lemousse, *op. cit.*, p. 7.

dâr al-harb. La position dominante est qu'il est justiciable des peines prévues pour la même infraction commise en *dâr al-islâm*[278].

L'on comprend alors que le droit des gens ancien s'applique aux individus autant qu'aux peuples, au sein d'une aire soumise à la puissance d'un seul pouvoir aussi bien qu'entre deux peuples d'égale puissance.

141. Au total, le droit des gens ancien peut être défini comme l'ensemble des règles juridiques destinées à régir les relations entre peuples ou individus ressortissant de peuples différents. Ce n'est donc pas un droit international et c'est à juste titre que les anciens l'on dénommé *jus gentium* ou *siyar*. C'est un droit des peuples. Telle est la cohérence du droit des gens ancien. Un droit personnel et non un droit interétatique. Cette caractéristique nous permet de comprendre ce qui, de prime abord, apparaît étrange, illogique. Elle nous permet de comprendre, non d'expliquer.

C. *Explication: facteurs et fonctions du droit des gens*

142. Comprendre et expliquer ont la même signification quand il s'agit de choses naturelles, mais acquièrent des sens différents quand il s'agit de choses humaines. La compréhension d'un phénomène social ou humain suppose que l'on saisisse le sens que le sujet donne à son action, elle suppose un point de vue interne herméneutique[279]. L'explication, elle, doit se faire à partir du réel historique, par l'intégration du phénomène à expliquer dans un schéma plus compréhensif[280], elle suppose donc un point de vue externe, causal.

143. Il est à ce propos, navrant de constater que la littérature socialiste, enferrée dans un dogmatisme désespérant, n'a point tiré profit des ressources de la méthode marxiste. Elle s'est limitée à transposer dans l'histoire du droit international les étapes d'évolution dégagées par Karl Marx en ce qui concerne les modes de production. Elle parle alors de droit international esclavagiste, féodal, bourgeois et contemporain sans que l'on sache à quelles structures spécifiques du droit international correspondent ces étapes et sans pouvoir expliquer l'étape dite du «droit international contemporain». Ne point pouvoir

---

278. Voir Ibn Idriss al-Shâfi`î, *Kitâb al-Um*, vol. VII, *Kitâb siyar al-Awzâ`î*, p. 322-323 «Le droit pénal en *dâr al-harb*».
279. «Comprendre, c'est-à-dire, constituer et formuler un sens...», G. Granger, «L'explication dans les sciences sociales», dans *L'explication dans les sciences*, J. Piaget (dir. publ.), Paris, Flammarion, 1973, p. 147.
280. *Ibid.*, p. 149.

réduire le droit international contemporain à un mode de production est l'aveu de l'impasse d'une telle transposition [281].

Or, à considérer la forme, l'objet, la logique du droit des gens antique et médiéval on doit admettre qu'il constitue une unité historique, une étape du droit des gens. L'histoire nous montre que des bouleversements tenus pour qualitatifs à l'échelle économique (passage de la société esclavagiste à la société féodale) n'ont eu aucune influence décisive sur le développement du droit des gens. Qu'en inférer sinon que la thèse de la détermination par l'économique est invérifiable dans le cas et pour l'époque qui retiennent notre attention. Qu'en inférer sinon que le facteur déterminant du droit des gens ancien se situe ailleurs que dans l'économique.

144. Le droit qui a lieu entre les peuples, aujourd'hui comme hier, est déterminé par les rapports réels entre ces peuples, par les relations internationales dirions-nous aujourd'hui et notamment par les rapports de force qui président à ces relations. Les rapports entre les peuples sont à leur tour déterminés par les acteurs des relations entre les peuples. Cet acteur est aujourd'hui l'Etat, il ne l'est que depuis l'ère moderne, auparavant c'était l'Empire. Il faut bien voir que l'acteur n'est pas le sujet de droit, il est aujourd'hui comme hier des sujets qui ne sont pas acteurs. L'acteur est l'entité qui détermine le cours des relations entre les peuples. L'Antiquité et le Moyen Age ont connu des formes politiques diverses: tribus, cité, principautés et royaumes, mais la forme politique qui a déterminé le cours de l'histoire est l'Empire. Il ne s'agit évidemment pas de la dénomination officielle «Empire», celle-ci a encore cours aujourd'hui: le chef de l'Etat nippon est, en vertu de la Constitution du 3 novembre 1946, un Empereur. Il s'agit de l'Empire comme forme du pouvoir politique, comme concept de science politique. En ce sens l'Empire se définit comme un

> «système politique doté d'un centre fort et institutionnalisé prétendant, par ce biais, à la mobilisation des ressources et des énergies en faveur non pas seulement de la protection d'une culture au sens strict du terme, mais de la promotion d'un projet de nature universaliste» [282].

---

281. Voir, outre les travaux de G. Tunkin et Y. Kartashktin, « The Marxist Leninist Approach: The Theory of Class Struggle and Contemporary International Law », dans R. S. J. Macdonald et D. C. Johnston (dir. publ.), *The Structure and Process of International Law*, Martinus Nijhoff Publishers, 1983, p. 79-102; Th. Schweisfurth, « Socialists Conceptions of International Law », dans *EPIL, op. cit.*, vol. 7, p. 417 ss.
282. M. Grawitz et J. Leca, *Traité de science politique*, tome I: *La science politique, science sociale; l'ordre politique*, Paris, PUF, 1985, p. 623. Cf. M. Duverger (dir publ.), *Le concept d'empire*, Paris, Presses universitaires de France, 1980.

L'Empire doit universaliser sa culture, ce n'est pas un droit, c'est pour lui une obligation, une « mission » (1), et si les autres peuples refusent ce don, rejettent cette offrande, ce présent, alors ils doivent, pour leur bien, être dominés (2).

1) L'Empire et l'universalisation de sa culture

145. L'Empire est, d'abord, un pouvoir au service d'un projet universaliste. La réalisation de ce projet est la source même de sa légitimité. L'Empire entend universaliser sa culture, cette universalisation n'est pas vécue comme une volonté hégémonique subjective, mais comme un don à l'univers et comme une obligation morale et/ou religieuse. Elle procède de la conviction que cette culture est supérieure et que, donc, les autres sont inférieures.

146. Un incontestable sentiment de supériorité a caractérisé l'imaginaire collectif dans la civilisation gréco-romaine.

> « Les Grecs ont ce sentiment, que leurs poètes confortent et magnifient, non seulement que les hommes occupent une place privilégiée dans la nature, à mi-chemin en quelque sorte des dieux et des réalités minérales, végétales et animales, mais encore, qu'eux, grecs, de par leurs origines, les relations qu'ils ont tissées avec le divin et les exploits de leurs héros, réalisent au mieux la « vertu », n'est le résultat ni du hasard, ni de la force : il provient d'un don de la nature et des dieux et que les fils d'Hellen ont su faire fructifier par leur intelligence ... et leur valeur ... »[283]

Les Grecs n'avaient-ils pas créé la loi, la cité[284]? Ces deux motifs de fierté étaient hissés au rang de frontière séparant l'être civil du barbare.

Rome, héritière de la civilisation hellène, perpétuera cette conviction, et Nys de rappeler

> « la maxime cruelle qui résume toute la politique de la ville éternelle : *vexatio dat intellectum*, les races vaincues étaient traitées comme si elles se trouvaient dans un état d'infériorité mentale et morale »[285].

---

283. F. Châtelet, « L'idéologie de la cité grecque », dans *Histoire des idéologies, op. cit.*, tome I, p. 122. Dans le même sens, G. Fusinato écrit : « En Grèce ... ce n'est pas le sentiment de la supériorité religieuse qui anime le Grec, c'est plutôt le sentiment de la supériorité intellectuelle », article cité, *RDILC*, 1885, p. 281.
284. On lira avec plaisir à ce propos J. de Romilly, *La loi dans la pensée grecque*, Paris, éd. Les Belles Lettres, 1971.
285. E. Nys, *Le droit international..., op. cit.*, tome I, p. 4.

147. Ce qu'Athènes et Rome avaient fondé sur une infériorité morale et intellectuelle, chrétiens et musulmans le fonderont sur un état de péché, de *kufr*. La religion érigée en pouvoir (Islam) ou le pouvoir fondé sur la religion (Christianisme) ne permet de percevoir l'autre qu'en tant qu'inférieur. L'autre n'est par définition, susceptible d'aucun respect, d'aucune souveraineté, puisqu'il est dans l'erreur, pire, dans le péché. Il est par définition méprisable puisque souillé, impur; aveugle puisque non éclairé par la foi, grâce ou *imân*; ignorant puisque ne sachant pas l'unique vérité.

Byzance prétendait régir le monde entier et exercer sa suprématie sur les terres connues aussi bien que sur les terres inconnues. «L'Empereur était le vicaire de Dieu; au temporel il était le dominateur suprême l'«autocrate»; au spirituel, il était «le maître des croyances», son peuple était «le peuple par excellence», les habitants des pays qui ne reconnaissaient point sa volonté étaient les «gentils». Hors de l'Europe, il ne pouvait y avoir ni vraie liberté ni réel bonheur. La guerre se faisait dans l'intérêt et pour le salut éternel de l'adversaire»[286].

Cette mission d'universalisation de sa culture dévolue à l'empire porte en elle une volonté de domination universelle comme la nuée porte la pluie.

2) L'Empire et la domination universelle

148. S'il est une constante, un dénominateur commun des pouvoirs antiques et médiévaux, c'est bien ce que Joël Schmidt a baptisé «l'idéologie de la cité œcuménique»[287]. L'ambition de domination mondiale est inscrite dans la structure même de l'Empire dans la mesure où, par définition, d'autres peuples rejettent ce projet universaliste et/ou ont eux-mêmes leur propre projet universaliste. C'est cette structure impérialiste qui nous donne la clé de l'explication du droit des gens ancien.

---

286. *Ibid.*, tome 1, p. 5-6. Dans le même sens, mais pour Byzance seulement, A. Alvarez écrit dans sa *Codification du droit international, ses tendances – ses bases* (Paris, Pedone, 1912, p. 18):

«La religion chrétienne qui avait rendu tant de services à l'humanité chrétienne avait été faite par la papauté toute de haine pour les non-chrétiens auxquels on ne reconnaissait aucun droit: ceux-ci n'avaient d'autres alternatives que de se convertir ou d'être anéantis»;

cf. Rechid, cours cité, *Recueil des cours*, tome 60 (1937), p. 390-391.
287. J. Schmidt, «L'idéologie romaine. La cité œcuménique», dans *Histoire des idéologies, op. cit.*, tome I, p. 153-171.

149. Si le droit est personnel c'est parce que l'Empire ne pense pas ses limites. Il ne peut les penser parce que cela serait la négation de son projet universaliste, de la source de sa légitimité. Comme l'écrit M. Khadduri, « territorial limitation was irrelevant to the conception of the State claim ultimately to embody the whole mankind »[288]. Le principe de personnalité du droit se présente ainsi comme le seul lien de rattachement juridique compatible avec le projet universaliste qui définit l'Empire. Il est à la fois le résultat et le moyen d'une ambition de domination universelle. Ce principe permet en même temps qu'il présuppose l'absence d'autorité d'égale nature ayant un territoire à protéger et un droit à faire valoir.

150. « L'histoire ancienne est traversée par un grand mouvement qui est en contradiction flagrante avec la liberté de l'Etat. C'est l'ambition de gouverner le monde. Une nation après l'autre étend la main vers le sceptre de l'univers. »[289] L'idée d'une société internationale plurielle était donc inconcevable :

> « L'Antiquité ne pouvait pas concevoir encore l'idée d'une libre coexistence de puissances amies ou rivales ... La société des antiques ne pouvait se concevoir sans l'absorption des autres par une seule d'entre elles. »[290]

Alexandre la réalisa comme dans un rêve, Rome se prétendait « maîtresse du monde », le *dâr al-Islâm* ne devait, à terme, avoir d'autres limites que celles de la terre et la *Respublica Christiana* était supposée universelle. Le *dominus mundi* était la seule perspective.

151. Si les Romains ont inventé le concept d'Empire, ils n'en ont pas inventé la réalité. « La domination sur d'autres peuples était la règle plutôt que l'exception. »[291] Intéressant est à cet égard, l'évolution, à Rome, du concept d'Empire :

> « Quand on disait d'un général romain qu'il était *cum imperio*, cela signifiait à l'origine qu'il avait été investi par le Sénat et l'Assemblée du peuple de la responsabilité militaire suprême. Quand la République devint un Empire les mots *cum imperio* en vinrent à signifier que le peuple romain, dans son ensemble ... assumait collectivement la responsabilité de gouverner d'autres peuples. »[292]

---

288. M. Khadduri, « Islamic Law... », *Workshop ADI,* 1983, précité, p. 158-159.
289. R. Redslob, *op. cit.*, p. 58.
290. Chr. Lange, cours cité, *Recueil des cours*, tome 13 (1926), p. 200-201.
291. G. Lichtheim, *De l'impérialisme*, Paris, Calmann-Lévy, 1972, p. 39.
292. *Ibid.*, p. 30-31.

152. Pour saint Thomas d'Aquin :

« La *Respublica sub Deo* est aussi une cité mondiale, administrée par le président suprême du pouvoir spirituel, le vicaire de Dieu sur terre, le Pape ... Le pouvoir des papes s'étend même sur les infidèles car ils appartiennent aussi à la République sous Dieu. »[293]

La *Respublica Christiana* s'estimera héritière de Rome :

« L'auréole dont l'imagination des peuples a toujours couronné l'Empire romain, surtout pendant les siècles sombres et troublés du Moyen Age. Il devient pour eux le symbole tangible, l'expression politique de l'unité du genre humain ... Il est donc tout naturel que, pendant des siècles les esprits d'élite ... aient vu dans un Empire mondial, dans une « monarchie universelle » le but vers lequel devaient tendre tous les efforts ... L'Empereur et le Pape sont, aux yeux des hommes d'alors, les deux héritiers des Césars romains, l'Empereur s'appelle par leur titre militaire *Imperator Augustus*, le Pape ... aujourd'hui encore ... porte comme titre officiel la désignation des grands prêtres païens de Rome : *Pontifex maximus*. »[294]

La volonté de rattachement du Saint-Empire romain germanique des Ottons et avant lui de l'Empire carolingien fondé par Charlemagne en 800 apr. J.-C. à l'Empire romain se lit dans « Le sceau impérial et la couronne d'or [qui] portent l'inscription : « Rome capitale du monde tient les rênes du globe terrestre » *Roma caput mundi regit orbis frena* »[295]. Cette continuité fut même théorisée. Les Papes imaginèrent et conçurent la théorie du *translatio* selon laquelle l'Empire romain aurait, après être passé à l'orient, transité, d'abord, aux Carolingiens, ensuite, aux Ottons. Les Empereurs, eux, ont qualifié officiellement le couronnement comme Empereur de Charlemagne « comme rénovation de l'Empire romain – *renovatio imperii romanii* »[296]. Pourtant, de tous

---

293. A. de G. de La Pradelle, *op. cit.*, p. 24-25 ; Th. Ruyssen, *Les sources doctrinales de l'internationalisme*, Paris, Presses Universitaires de France, III vol., vol. I, *Des origines au traité de Westphalie*, 1954, p. 112. L'auteur cite le *De regimine* (1, 2, 3, 12) et la *Summa theologica* (II, 2, 10-11 ; III, 8) de saint Thomas d'Aquin.
294. Chr. Lange, cours cité, *Recueil des cours*, tome 13 (1926), p. 201-202 ; cf. J. Van Kan, cours précité, *Recueil des cours*, tome 66 (1938), p. 446 ss ; P.-F. Moreau, « Le Saint Empire », dans *Histoire des idéologies, op. cit.*, tome II, p. 54-73, voir p. 58.
295. J. Van Kan, cours précité, *Recueil des cours*, tome 66 (1938), p. 455.
296. V. E. Hrabar, article cité, *RDILC*, 1936, p. 29-30 ; J. Van Kan, cours précité, *Recueil des cours*, tome 66 (1938), p. 458-459 ; P.-F. Moreau, « Le Saint Empire », dans *Histoire des idéologies, op. cit.*, tome II, p. 60.

les Empires qui ont essaimé le monde le Saint-Empire est celui qui s'est le moins rapproché du but. A l'opposé de Rome, il avait en face de lui des rivaux puissants et redoutables : Byzance et le Califat surtout. Mais il n'y avait pas que cela, il y avait également les forces internes centrifuges, la constitution de la féodalité et peu à peu des royaumes et principautés. Il y avait, enfin, cette querelle qui a traversé le Moyen Age : la querelle des Papes et des Empereurs :

> « L'idéal politique du Moyen Age est ... une société une et indivisible, la théorie exige l'unité. Mais il y a en fait dualité : L'Empire se trouve en face de la Papauté - la Papauté en présence de l'Empire. Tous deux aspirent à la domination universelle, le résultat en est une rivalité, une lutte acharnée. » [297]

153. Ce qui est vrai pour la *Respublica Christiana* l'est pour le Califat qui est au service de l'autre religion universaliste l'Islam. Tout espace non soumis à l'Islam est une terre de guerre, la fin (dans les deux sens de ce mot) de la guerre correspond donc, dans cette logique, à l'universalisation de l'Islam ou, plus précisément, à l'universalisation du pouvoir musulman et cela est la mission du Calife. Il est d'ailleurs révélateur que les Ottomans aient recouru à une théorie qui s'apparente au *translatio*. Jusqu'en 1516, le pouvoir ottoman se qualifiait de sultanat, Sélim 1er sera le premier à porter le titre de Calife à partir de 1517, à la suite de la bataille de Marj Dabiq (Syrie) au terme de laquelle il défit les Mameluks et de l'abdication du dernier Calife abbasside nominal al-Mutwakkil.

154. Le *corpus juris* musulman correspond, nous l'avons vu, à la lecture dominante à la fois de la foi et de la loi musulmanes, une lecture volontariste, mais il correspond en même temps aux besoins historiques d'une forme politique, l'Empire musulman. Il s'agit de l'Islam tel qu'il a été interprété par les *fuqahâ* dans le contexte *et dans l'intérêt* d'un pouvoir impérial. Ce que l'on appelle *siyar*, est, de ce point de vue, le droit d'un empire et plus précisément un droit impérial. Le paradoxe est que, du fait de la permanence de l'orthodoxie théologico-juridique sunnite qui a le *fiqh* pour centre et dont les *siyar* sont une branche, ce

---

297. Chr. Lange, cours cité, *Recueil des cours*, tome 13 (1926), p. 202. Cf. R. Foltz, *L'idée d'Empire en Occident du Ve au XIVe siècle*, Paris, Aubier, 1953 ; J. Graven, *op. cit.*, p. 23 ; J. Van Kan, cours précité, *Recueil des cours*, tome 66 (1938), p. 436 ; M. Pacaut, *La théocratie, l'Eglise et le pouvoir au Moyen Age*, Paris, Aubier, 1957 ; J. Quillet, *Les clefs du pouvoir au Moyen Age*, Paris, Flammarion, 1972 ; R. Redslob, *op. cit.*, p. 179-180.

corpus juris s'est maintenu, plus, il a été sacralisé, alors que l'Empire, lui, a, depuis longtemps, disparu.

C'est ce qui explique que les jihadistes d'al-Qaïda, de l'Etat islamique d'Iraq et du Levant (EIIL)[298] de Jabhat an-Nosra[299], de Boko Haram, Groupe sunnite pour la prédication et le djihad et autres, prétendent, encore aujourd'hui, appliquer, plus, pensent avoir l'obligation religieuse d'appliquer les normes des *siyar*. C'est ce qui explique également que les représentants de l'Islam officiel considèrent ces normes comme immuables et sacrées. Tout cela tient au fait que l'orthodoxie théologico-juridique qui s'est fixée au cours de la moitié du IXe siècle apr. J.-C. est en même temps le produit d'un empire alors au faîte de sa puissance. L'orthodoxie a donc eu pour conséquence que l'on tienne pour divines les normes d'un pouvoir médiéval impérial, des normes qui, pour l'essentiel, sont des violations des normes fondamentales du droit international contemporain. Ce ne sont donc pas ces normes qu'il faudrait revoir, mais, et cela est beaucoup plus complexe, cette orthodoxie.

155. Le chemin que nous avons parcouru dans ce cours est celui qui part d'«Islam et droit international» pour arriver à «Empire et droit des gens». Que conclure au terme de ce cours sinon que, dans notre matière aussi, il n'y a pas d'exception islamique.

---

298. L'organisation terroriste qui s'est donnée le nom d'Etat islamique en Irak et au Levant, également connue sous le nom de Daech.
299. Un avatar d'al-Qaïda en Syrie.

SYNOPSIS : L'ISLAM CLASSIQUE [300]

Périodes	Politique	*Fiqh*	*Usûl al-fiqh*
1ᵉʳ siècle H.- 7ᵉ siècle apr. J.-C.	* Début de la prédication du Prophète *Muhammed* : 612 apr. J.-C. * L'Hégire, début de la datation islamique (H.) : 622 apr. J.-C. * Mort du Prophète : 632 apr. J.-C. * Les Califes « bien guidés » : Abû Bakr : 632-634 apr. J.-C. ; `Umar : 634-644 apr. J.-C. ; `Uthmân : 644-656 apr. J.-C. ; `Ali : 656-661 apr. J.-C. * La Grande Discorde : 656-661 apr. J.-C. Bataille de Siffîn : 657 apr. J.-C. * Dynastie Omeyyade : 41 H./661 apr. J.-C.	Ahl al-Ra'y. Ahl al-Hadîth.	
2ᵉ siècle H.- 8ᵉ siècle apr. J.-C.	Dynastie Abbasside : 132 H./750 apr. J.-C. Hârûn al-Rachîd (193/809).	Zayd ibn `Ali (shi`ite) 145/740 ; Abû Hanîfa : 150/767 ; Al-Awzâ`î : 157/774 ; Al-Thawrî : 161/778 ; Mâlik Ibn Anas : 179 /795.	
3ᵉ siècle H.- 9ᵉ siècle apr. J.-C.	* Califes Mu`tazilites et *al-Mihna* (l'épreuve) 833-848 apr. J.-C. : Al-Ma'mûn, (198-218 H.), Al-Mu`tasim (218-227 H.), Al-Wâthiq (227-232 H.). * Première réaction traditionniste : Al-Mutawakkil (227-232/847-867).	Al-Shâfi`î : 204/820. Ahmed Ibn Hanbal : 241/855. Dhâhirisme, Daoud Ibn Khalaf : 290/884. Ibn al-Hassen al-Sheybânî : 189/805 (hanéfite).	Al-Shâfi`î : *Al-Risâla*. Abû Mûsâ al-Murdâr (226/840) mu`tazilite, *Kitâb `alâ ashâb ijtihâd al-ra'y*.
4ᵉ siècle H.- 10ᵉ siècle apr. J.-C.	Emirat Bouyide, shi`ite : Emir `Adhud ad-Dawla (372/983). Le Ministre al-Sâhib ibn `Abbâd. Alliance avec les mu`tazilites.	Al-Tabarî : 310/923.	Al-Mâturîdî (333/944) : *Ma`âkhidh al-sharî`a` fî usûl al-fiqh*.
5ᵉ siècle H.- 11ᵉ siècle apr. J.-C.	Deuxième réaction traditionniste : Al Qâdir Bi Allâh (422/1031). La profession de foi qadirite : *Al-I`tiqâd al-Qâdirî* : 408 H./1018 apr. J.-C. Institutionnalisation de l'ash`arisme par Nidhâm al-Mulk (485/1092).	* Hanéfites : Al-Qudûrî (428/1037) ; Al-Sarakhsî (490/1101). * Shaféite : Abû Ishâq al-Shîrâzî (476/1083).	* Al-Quâdhî `Abd-al-Jabbâr (415/1025) mu`tazilite : *Kitâb al-`Umad*. * Abû-l-Hussein al-Basrî (436/1045) mu`tazilite : *Al-mu`tamad fî usûl al-fiqh*. * Ibn Hazm (456/1064) dhâhirite : *Al-Ihkâm fî usûl al-ahkâm*. * Al-Juwaynî (478/1085) *Kitâb al-burhân fî usûl al-fiqh*.
A partir du 6ᵉ siècle H.- 12ᵉ siècle apr. J.-C.	* Salaheddin al-'Ayyûbî reprend Jérusalem : 1187 apr. J.-C. * Le sac de Bagdad par les Mongols : 1258 apr. J.-C. Selon l'opinion commune : « Fermeture des portes de l'Ijtihâd » ? * Prise de Constantinople par les Ottomans : 1453 apr. J.-C. * Chute de Grenade : 1492 apr. J.-C.	* Hanéfites : Al-Samarkandî (538/1144) ; Al-Kâssânî (587/1191). * Malékites : Al-Marghînânî (593/1197) ; Ibn Rushd (Averroès). * Hanbalite : Ibn Qudâma (620/1223). * Shaféites : Al-Ghazâlî ; al-Nawawî (676/1277) ; Taqî al-Dîn al-Subkî (756/1355).	* Al-Ghazâlî, shaféite (505/1111) : *Al-Mustaçfâ min `ilm al-usûl*. * Ibn Rushd (Averroès) (595/1198) : *Al-Kashf `an manâhij al-adilla fî `aqa`id al-milla*. * Fakhr al-Dîn Al-Râzî (606/1210) : *Al-Mahsûl*. * Sayf al-Dîn al-Âmidî (631/1233) shaféite : *Kitâb al-ihkâm fî usûl al-ahkâm*. * Al-Qarâfî (684/1285) malékite : *Al-Furûq*. * Ibn Taymiyya (728/1327) : *Al-Qiyâs fî al-shar` al-islâmî*. * Al-Shâtibî (790/1390) malékite : *Al-Muwâfaqât*.

---

300. NB. Quand deux dates se suivent, séparées d'une barre oblique, elles désignent la date du décès de la personne nommée, la première date désigne l'ère musulmane, la seconde l'ère chrétienne.

Périodes	`Ilm al-kalâm	Falsafa	Siyar (droit des gens)
1ᵉʳ siècle H. 7ᵉ siècle apr. J.-C.	* _Qadarites_: Mohammed Ibn al-Hanafiyya (81/700); Abû Hâshim Abdallah Ibn Mohammed Ibn al-Hanafiyya (99/717); Hassen Ibn Md Ibn al-Hanafiyya (100/718). * _Jabrites et Murji'a_: Jahm ibn Safwân (128/746).		
2ᵉ siècle H. 8ᵉ siècle apr. J.-C.	* Précurseurs du Mu`tazilisme: Abû Marwân ibn Muslim ad-Dîmachqî (102/720); Hassen al-Basrî (110/728). * Fondateurs du mu`tazilisme: Wâsil ibn `Atâ (131/748); `Amr ibn `Obeid (144/761).		* Abû Hanîfa (150-767) * `Abd al-Rahmane al-`Awzâ`î (157/774): _Kitâb al-siyar_.
3ᵉ siècle H. 9ᵉ siècle apr. J.-C.	* Mu`tazilites, l'Ecole de Bassorah (Al-Basra): Al-Uswârî (200/815); Al-Fûtî (218/833); Mu`ammar ibn `Abbâd (220/835); Al-Hudhayl al-`Allâf (230/841); Abbâd Ibn Sulaymân (230/841); Al-Shahhâm (233/844); Al-Nadhdhâm (221/845); Al-Jâhidh (255/869). * Mu`tazilites, l'Ecole de Bagdad: Bichr ibn al-Mu`tamir (210/825); Thumâma Ibn al-Ashras (213/828); Abû Mûsâ al-Murdâr (226/840); Ahmad Ibn abî Du`âd (240/854); Al-Khayyât (300/912).	Beit al-Hikma: instituée en 832 apr. J.-C. Al-Kindî (256/873).	* Al-Shâfi`î: _Kitâb siyar al-`Awzâ`î_. * Muhammad ben Hassen al-Sheybânî (189/805): _Kitâb al-siyar al-kabîr_.
4ᵉ siècle H. 10ᵉ siècle apr. J.-C.	* Mu`tazilites, Ecole de Bagdad: Al-Balkhî (319/931). * Mu`tazilites, Ecole de Bassorah (Al-Basra): Abû `Ali al-Jubâ`î (303/915-6). Abû Hâshim al-Jubâ`î (321/933). * Ash`arisme: Al-Ash`arî (324/936). * Al-Mâturîdî (333/944).	Al-Farâbî (339/950)	
5ᵉ siècle H. 11ᵉ siècle apr. J.-C.	* Mu`tazilites: Al-Quâdhî `Abd-al-Jabbâr (415/1025); * Ash`arites: Al-Bâqillânî (403/1013); Al-Baghdâdî (429/1038); Al-Juwaynî (478/1085) * Dhâhirite: Ibn Hazm (456/1065)	Al-Tawhîdî (414/1023) Ibn Sînâ (428/1037)	
A partir du 6ᵉ siècle H. 12ᵉ siècle apr. J.-C.	Al-Ghazâlî; Al-Shahrastânî (548/1153); Ibn al-Jawzî (596/1200); Fakhr al-Dîn al-Râzî (606/1210); Ibn Taymiyya (727/1327); Al-Isfahânî (743/1344); Ibn Qayyim al-Jawziyya (751/1350); Al-Taftazânî (791/1389); Al-Jurjânî (816/1413); Ibn abî Hadîd, (mu`tazilite-655/1257).	Ibn Bâja (553/1138). Ibn Tufayl (581/1170). Ibn Rushd (Averroès) (596/1198). Ibn Khaldûn (808/1406).	*Al-Sarakhsî (483/1090) _Al-Mabsût (Le Traité)_ commentaire du _Kitâb al-siyar_ de al-Sheybânî.

BIBLIOGRAPHIE SÉLECTIVE

Cette bibliographie ne mentionne pas l'ensemble des textes lus ou consultés pour l'élaboration de ce cours dont la plupart figurent en notes de bas de page. Nous nous limiterons ici à une bibliographie sommaire disponible en langue française ou en langue anglaise relative à l'Islam dans son rapport au droit international.

Les textes

Al-Mâwardî, *Al-ahkâm al-sultâniyya* :
—, *Traité de droit public musulman*, introd. trad. et notes L. Ostrorog, Paris, E. Leroux, deux tomes, 1901-1906.
—, *Les statuts gouvernementaux*, trad. et notes E. Fagnan, Paris, le Sycomore, 1982.
Al-Qudûrî, *Compendium (mukhtaçar) de droit hanéfite*, trad. L. Bercher, «Le livre de la guerre sainte d'al-Qudûrî», *Revue tunisienne de droit (RTD)*, 1954, II, p. 123-149.
Al-Sheybânî, *Kitâb al-siyar al-kabîr* commenté par al-Sarakhsî, traduit par M. Hamidullah, *Le grand livre de la conduite de l'Etat,* Ankara, éd. Türkiye Diyanet Vakfi, 2 vol., 1989.
Ibn Khaldûn, *Discours sur l'histoire universelle (al-Muqaddima),* traduction nouvelle, préface, notes et index par Vincent Monteil, Beyrouth, Commission libanaise pour la traduction des chefs-d'œuvre, 1968, 3 tomes.
Ibn Qudâma, *Kitâb al-`umda fî ahkâm al-fiqh,* traduit par H. Laoust : *Précis de droit (hanbalite)*, Institut français de Damas, Beyrouth, 1950.
Ibn Taymiyya, *Al-siyyâssa al-shar`iya*, traduit par H. Laoust *Le traité de droit public d'Ibn Taymiyya*, Beyrouth, Institut français de Damas, 1948.

Encyclopédies

Encyclopédie de l'Islam, nouvelle éd., Leyden, E. J. Brill.
Fassbender, B., et A. Peters (dir. publ.), *The Oxford Handbook of the History of International Law*, Oxford, United Kingdom, Oxford University Press, 2012.
Bernhardt, R. (dir. publ.), *Encyclopedia of public international law*, published under the auspices of the Max Planck Institute for Comparative Public Law and International Law, Amsterdam, New York, North-Holland Pub. Co., 1981-1990, 12 vols., voir vol. 7. *History of International Law, Foundations and Principles of International Law, Sources of International Law, Law of Treaties*, 1984.
Wolfrum, R. (dir. publ.), *Max Planck Encyclopedia of Public International Law,* Oxford University Press, 2ᵉ éd., 2012, 11 vol.

Ouvrages et articles

Abel, A., «La *djizya* : tribut ou rançon?», *Studia Islamica,* XXXII, 1970, p. 5-20.
—, «La convention de Nedjrân et le développement du droit des gens dans l'Islam classique», *RIDA*, 1949, II, p. 1-17.
Abû Sulaymân, A. A., *Towards an Islamic Theory of International Relations,* Herndon, The International Institute of Islamic Thought, 2ᵉ éd. révisée, 1993.
Actes de l'IVᵉ Colloque franco-pakistanais (14-15 mai 1984), *L'Islam dans les relations internationales*, Paris, Edisud, 1986.
Afroukh, M. (dir. publ.), *L'Islam en droit international des droits de l'Homme*, Institut Universitaire Varenne, Coll. Transition et Justice, 2019.
Aldeeb Abu-Sahlieh, S. A., *Non-musulmans en pays d'Islam. Le cas de l'Egypte*, Genève, Fribourg, 1979.
Al-Ghunaimi, M. T., *The Muslim Conception of International Law and the Western Approach*, La Haye, Martinus Nijhoff, 1968.

Baderin, M. A., « The Evolution of Islamic Law of Nations and the Modern International Order: Universal Peace through Mutuality and Cooperation », *The American Journal of Islamic Social Sciences*, vol. 17, n° 2, 2000, p. 57-80.

Badr, G. M., « A Historical View of Islamic International Law », *REDI*, 1982, p. 1-9.

Bakri, M.-M., « La licéité de la guerre en droit musulman et en droit international contemporain », en langue arabe, *REDI*, 1976, p. 104 ss.

Ben Achour, Y., « Islam et droit international humanitaire », *RICR*, 1980, mars-avril.

Cahen, C., *Orient et Occident au temps des croisades*, Paris, Aubier, collection Historique, 1983.

Cardahi, Ch., « La conception et la pratique du droit international privé dans l'Islam, étude juridique et historique », *Recueil des cours*, tome 60 (1937), p. 507-650.

Chanut, F.-P., « Guerre sainte et guerre juste au Moyen Age: variations conceptuelles entre Occident chrétien et terres d'Islam », dans B. Béthouart et X. Boniface (dir. publ.), *Les chrétiens, la guerre et la paix. De la paix de Dieu à l'esprit d'Assise*, Presses universitaires de Rennes, 2012, p. 101-118.

Charfi, M., « L'influence de la religion dans le droit international privé des pays musulmans », *Recueil des cours*, tome 203 (1987), p. 321-454.

Damad, S. M. M., « The Law of War in Islam », *Law and Judicial Review of the Judiciary of the Islamic Republic of Iran*, vol. I, n° 2, 1992, p. 7-23 et vol. I, n° 3, 1992, p. 45-60.

Dhina, A., *Les Etats de l'Occident musulman aux XIIe, XIVe et XVe siècles*, Alger, OPU, 1984.

Djaït, H., *La Grande Discorde. Religion et politique dans l'Islam des origines*, Paris, Gallimard, Collection Bibliothèque des Histoires, 1990 (rééd. Paris, Folio, 2008).

Draz, M. A., « Le droit international public et l'Islam », *REDI*, 1949, vol. 5, p. 17 ss.

El-Kosheiri, A. S., « History of the Law of Nations. Regional Developments: Islam », dans R. Bernhardt (dir. publ.), *Encyclopedia of Public International Law*, vol. 2 (Amsterdam, Max Planck Institute, 1995), p. 809 ss.

Fadel, M., « International Law in General in the Medieval Islamic World » (29 juin 2021), à paraître dans R. Lesaffer et A. P. Bernhardt (dir. publ.), *The Cambridge History of International Law*, vol. VIII: *International Law in the Islamic World*, Part I: International Law in the Medieval Islamic World (622-1453), disponible sur SSRN: https://ssrn.com/abstract=3751399 or http://dx.doi.org/10.2139/ssrn.3751399.

Fattal, A., *Le statut légal des non-musulmans en pays d'Islam*, Beyrouth, 1958 (thèse, Paris, 1947).

Hamidullah, M., *Documents sur la diplomatie musulmane à l'époque du Prophète et des khalifes orthodoxes*, Paris, 1935.

—, *The Muslim Conduct of State*, Lahore, 2ᵉ éd., 1945.

Kelsey, J., et J. T. Johnson (dir. publ.), *Just War and Jihad, Historical and Theoretical Perspectives on War and Peace in Western and Islamic Traditions (Bio-Bibliographies in the Performing Arts)*, New York, Greenwood Press, 1991.

Khadduri, M., *War and Peace in the Law of Islam*, Baltimore, The Johns Hopkins Press, 1955.

—, « Islam and International Law », *AJIL*, 1956, p. 358-372.

—, « Islamic Law in International Law », dans *The Future of International Law in a Multicultural World*, colloque de l'Académie de droit international de La Haye, Martinus Nijhoff Pub., 1983.

Khalilieh, H. S., *Islamic Law of the Sea. Freedom of Navigation and Passage Rights in Islamic Thought*, Cambridge University Press, Cambridge Studies in Islamic Civilization, 2019.

Laghmani, S., Eléments d'histoire de la philosophie du droit, tome I, *La nature, la révélation et le droit*, Tunis, FNRS – Cérès Production, 1993; tome II, *La modernité, l'Etat et le Droit*, Tunis, CPU, 1999.

–, *Histoire du droit des gens. Du* jus gentium impérial *au* jus publicum europaeum, Paris, Pedone, 2004.
–, *Islam. Le pensable et le possible*, Casablanca, éd. Le Fennec, 2005.
Mahmassani, S., « The Principles of International Law in the Light of Islamic Doctrine », *Recueil des cours*, tome 117 (1966), p. 201-328.
Matin-Daftary, A., « Les fondements du Droit international de l'Islam », *RDIScDip*, n° 1, 1962, p. 19-31.
Milliot, L., « La conception de l'Etat et de l'ordre légal dans l'Islam », *Recueil des cours*, tome 75 (1949), p. 591-706.
Nys, E., « Le droit des gens dans les rapports entre des Arabes et des Byzantins », *RDILC*, 1894, p. 461-487.
Peters, R., *Jihad in Classical and Modem Islam*, Princeton, Markus Wiener Publishers, 1996.
Rabbath, E., « Pour une théorie du droit international musulman », *REDI,* 1950, p. 1-23.
Rasilla, I. de la, et A. Shahid (dir. publ.), *International Law and Islam. Historical Explorations*, Leiden, Boston, Brill, Nijhoff, 2019.
Rechid, A., « L'Islam et le droit des gens », *Recueil des cours*, tome 60 (1937), p. 371-506.
Sultan, H., « La conception islamique du droit international humanitaire dans les conflits armés », *REDI,* 1978, p. 1-20.
Strauss, E., « The Social Isolation of Ahl al-*Dhimma* », dans *P. Hirschler Memorial Book* (Budapest, 1949), p. 73-94.
Turki, A.-M., « Situation du « tributaire » qui insulte l'Islam au regard de la doctrine et de la jurisprudence musulmane », *Studia Islamica*, XXX, 1969, p. 39-72.
Tritton, A. S., *The Caliphs and Their Non-Muslim Subjects: A Critical Study of The Covenant of 'Umar*, Londres, 1930, réimpression 1970.
Westbrook, D. A., « Islamic International Law and Public International Law: Separate Expressions of World Order », *Virginia Journal of International Law*, 33, 1993, p. 819-897.
Zemmali, A., *Combattants et prisonniers de guerre en droit islamique et en droit international humanitaire*, Paris, Pedone, 1997.

THE INFLUENCE OF PUBLIC INTERNATIONAL LAW UPON PRIVATE INTERNATIONAL LAW IN HISTORY AND THEORY AND IN THE FORMATION AND APPLICATION OF THE LAW

by

MARIO J. A. OYARZÁBAL

M. J. A. OYARZÁBAL

TABLE OF CONTENTS

Foreword 141

Preliminary remarks. 143

Chapter I. The influence of public international law upon the *history* and the *theory* of private international law 146

   1. The evolving concepts of public and private international law. . . 146
   2. A historical and theoretical overview 151

      (a) Jus gentium and the origins of the conflict of laws 151
      (b) International comity. 152
      (c) Sovereignty and the dearth of the internationalist approach . 154
      (d) The legal conscience of the civilised world 155
      (e) The early normative and institutionalisation efforts 158
      (f) The Russian and the American revolutions 163
      (g) The growing international legal community 170
      (h) International law and development. 176
      (i) Public law in the international arena. 186
      (j) The privatisation of the State. 196
      (k) Expansion and diversification of international law 198
      (l) Significance for private international law of the human rights movement 209
      (m) From international law to transnational law 223

   3. Should private international law be international law? 230

Chapter II. The influence of public international law upon the *formation* of private international law. 240

   A. Sources of the law 240

      1. Customary international law 240
      2. Treaties 244

         (a) Private international lawmaking treaties 244
         (b) Validity and application of treaties. 248
         (c) Reservations. 255
         (d) Interpretation of treaties 259
         (e) Application of successive treaties regarding the same subject matter 270
         (f) Treaties as part of the domestic systems of private international law 277
         (g) Incidences of non-recognition of States, breach of diplomatic relations and State succession 279

      3. General principles of law 286
      4. Judicial decisions. 290

         (a) Decisions of the ICJ and its predecessor. 290
         (b) Arbitral awards 298
         (c) Decisions of national courts 302

      5. The writings of publicists 307

   B. Other sources 309

      1. "Community" law 309
      2. Human rights standards 317

134 *Mario J. A. Oyarzábal*

  3. Non-legally binding norms. 324
  4. Party autonomy. 332
  5. Reciprocity 333
  Note on comity 339
  Note on international conferences and organisations concerned with private international law 340

Chapter III. The influence of public international law upon the *application* of private international law: selected problems. 342
  1. Jurisdictional immunities and the right of access to justice 342
    (a) The distinction between non-justiciability and jurisdictional immunity of States 342
    (b) State immunity as a personal jurisdictional bar 346
    (c) The relationship between foreign State immunity and the right to court access. 353
    (d) Diplomatic immunity and the demise of private international law. 356
    (e) Problems raised by the immunity of international organisations 360
  2. From mutual recognition to international legal cooperation 365
    (a) Recognition and enforcement of foreign judgments in civil and commercial matters: New developments 365
    (b) Mutual legal assistance in the investigation and prosecution of international crimes. 375
  3. Sovereign debt restructuring: Public and private law litigation . . 379
    (a) The absence of an adequate mechanism for sovereign debt restructuring. 379
    (b) The issue of "vulture" investors 382
    (c) Sovereign bonds litigation: Treaty versus contractual rights . 385
    (d) The impact of holdout investors on sovereign debt default. . 389
    (e) Holdouts actions against sovereigns 393
    (f) Market-based versus institutional models to restructuring . . 403
    (g) Principles of sovereign debt restructuring processes 405
  4. International law on the rights of the child 411
    (a) International human rights of children in private international law. 411
    (b) Best interests of abducted children. 416
    (c) The protection of the best interests of migrant children. . . . 421
    (d) Best interests of the child in intercountry adoption 428
  5. International sports law 431
    (a) International sports organisations: Personality and lawmaking and law enforcement 431
    (b) The case of FIFA 439
  6. International art law 449
    (a) Cultural internationalism and cultural nationalism 449
    (b) The public and the private international law approaches . . . 452
    (c) Free market and exports control 455
    (d) Human rights considerations 456
    (e) Anti-seizure statutes. 458
    (f) Conflicts law in illegally exported works of art 461
    (g) Cultural heritage, peace and security. 462
  7. International norms and standards in cyberspace 464
    (a) Cybercrime, rights and global politics 466

(b) The rise of cryptocurrency	468
Note on nationality	473
Note on deep seabed mining and the protection of the marine environment	476
Note on sea level rise	477
Critical recap and outlook	480
Epilogue	503
Selected bibliography	505

BIOGRAPHICAL NOTE

Mario J. A. Oyarzábal, born in Azul, Argentina, in 1969.
Procurador (1990), *Abogado* (1991) and *Escribano* (1992), University of La Plata. Argentine Foreign Service Institute (1995-1996). LLM, Harvard Law School (2005).
Adjunct Professor at the University of La Plata Law School (since 1995). Associate Professor at the University of Buenos Aires Law School (2008-2010). Lecturer at The Hague Academy of International Law, External Program, Buenos Aires (2012).
The Legal Adviser to the Argentine Ministry of Foreign Affairs (2016-2020).
Member of the United Nations International Law Commission (2023-2027). Arbitrator and Conciliator under Article 2 of Annexes V and VII of the United Nations Convention on the law of the Sea (since 2017). Member of the Panel of Arbitrators and Conciliators of the International Centre for Settlement of Investment Disputes (since 2016). Member of the Permanent Court of Arbitration (2019-2022). Member of the International Humanitarian Fact-Finding Commission established by Additional Protocol I to the 1949 Geneva Conventions (2017-2022). Member of the Committee on the Election of the Prosecutor of the International Criminal Court (2019-2020). Member of the Legal and Technical Commission of the International Seabed Authority (2012-2013).
Ambassador of the Argentine Republic to the Kingdom of the Netherlands and Permanent Representative to the Organization for the Prohibition of Chemical Weapons, also representing Argentina before the International Court of Justice, the Permanent Court of Arbitration, the International Criminal Court and the Hague Conference on Private International Law (since 2020). Argentine Commissioner to the International Whaling Commissioner (2016-2020). Deputy Permanent Representative of Argentina before the United Nations Security Council (2013-2014). Lead negotiator for Argentina on the United Nations General Assembly Resolution on the Basic Principles on Sovereign Debt Restructuring Processes (2015). Career diplomat with the Argentine Foreign Service (since 1997).
Head of Delegation and Delegate of Argentina to meetings of the Sixth Committee of the United Nations General Assembly, the International Seabed Authority, the International Maritime Organization, the Hague Conference on Private International Law, the International Institute for the Unification of Private Law, the United Nations Commission on International Trade Law and the Inter-American Conferences on Private International Law.
Agent for Argentina before the International Court of Justice in the Advisory Opinion on *The Legal Consequences of the Separation of the Chagos Archipelago from Mauritius in 1965* (2019), and Legal Counsel in the *Case Concerning Pulp Mills on the River Uruguay* (2010). Legal Counsel before the International Tribunal for the Law of the Sea in the advisory opinion on the *Responsibilities and Obligations of States Sponsoring Persons and Entities with Respect to Activities in the International Seabed Area* (2011).

PRINCIPAL PUBLICATIONS

Books

El contrato de seguro multinacional, Buenos Aires, Ábaco, 1998.
Ausencia y presunción de fallecimiento en el derecho internacional privado, Buenos Aires, Ábaco, 2003.
La nacionalidad argentina – Un estudio desde la perspectiva del derecho internacional público, del derecho internacional privado y del derecho interno argentino con referencias al derecho de la integración, Buenos Aires, La Ley, 2003.
Derecho procesal transnacional (ed.), Buenos Aires, Ábaco, 2012.

Articles and shorter works in collections

"Aspectos internacionales de la presunción de fallecimiento", *La ley*, Vol. 2001-F, pp. 1417 *et seq.*
"Juez competente y contratos electrónicos en el derecho internacional privado", *Jurisprudencia argentina*, Vol. 2002-IV, pp. 1010 *et seq.* Updated in *Derecho del comercio internacional: Temas y actualidades (DeCITA)*, Vol. 1 (2004), pp. 289 *et seq.*
"La ley aplicable a los contratos en el ciberespacio transnacional", *El derecho*, Vol. 201, 2003, pp. 709 *et seq.* Updated in *Revista de derecho comercial y de las obligaciones*, Vol. 2007-B, pp. 735 *et seq.*
"Doble nacionalidad y ciudadanía. El artículo 8° de la ley 346 y la suspensión de los derechos políticos de los naturalizados en país extranjero", *La ley*, Vol. 2003-F, pp. 1158 *et seq.*
"Nuevos desarrollos en el proceso de legalización de documentos extranjeros", *Revista del notariado*, Vol. 872 (2003), pp. 27 *et seq.*
"Los actos de estado civil en derecho internacional privado y la competencia específica de los agentes diplomáticos y consulares argentinos", *Anuario argentino de derecho internacional*, Vol. 13 (2004), pp. 125 *et seq.*
"La descentralización del proceso de legalización mediante la Apostille", *Legislación argentina – El derecho*, Vol. 2004-B, pp. 1011 *et seq.*
"El Protocolo adicional al Convenio de nacionalidad entre España y Argentina. Un análisis desde la perspectiva argentina", *Revista española de derecho internacional*, Vol. 56 (2004), pp. 579 *et seq.*
"International Electronic Contracts: A Note on Argentine Choice of Law Rules", *University of Miami Inter-American Law Review*, Vol. 35 (2004), pp. 499 *et seq.*
"Observaciones generales sobre el estatuto personal en derecho internacional privado", *Revista de Derecho del Tribunal Supremo de Justicia* (Venezuela), Vol. 14 (2004), pp. 165 *et seq.*
"El nombre y la protección de la identidad de las personas. Cuestiones de derecho internacional público y privado", *Prudentia iuris*, Vol. 58 (2004), pp. 73 *et seq.* Also in F. Parra-Aranguren (ed.), *Studia iuris civilis – Libro homenaje a Gert F. Kummerow Aigster*, Caracas, Tribunal Supremo de Justicia, 2004, pp. 459 *et seq.*
"La revisione dell'Accordo italo-argentino di doppia cittadinanza", *Rivista di diritto internazionale privato e processuale*, Vol. 41 (2005), pp. 101 *et seq.*
"El inicio y el fin de la existencia de las personas humanas en el derecho internacional privado", *El derecho*, Vol. 210 (2005), pp. 1146 *et seq.*
"La capacidad en el derecho internacional privado argentino", *Revista mexicana de derecho internacional privado y comparado*, Vol. 17 (2005), pp. 9 *et seq.*
"Algunos problemas derivados del hermafroditismo y de la transexualidad en el derecho internacional privado argentino", *Revista de derecho de familia*, Vol. 30 (2005), pp. 97 *et seq.*

"Lex Electronica: Un 'Common Law' de la Internet?", *Derecho del comercio internacional: Temas y actualidades (DeCITA)*, Vol. 3 (2005), pp. 365 *et seq.*
"O Acordo de simplificação de legalizações com a Argentina", *Revista de direito constitucional e internacional* (Brazil), Vol. 51 (2005), pp. 343 *et seq.*
"Jurisdiction over Electronic Contracts: A View on Inter-American, Mercosur and Argentine Rules", *Temple International and Comparative Law Journal*, Vol. 19 (2005), pp. 87 *et seq.*
"Exención de traducciones para efectos de inmigración en el Mercosur", *Revista de derecho privado y comunitario*, Vol. 2005-3, pp. 672 *et seq.*; *Revista de derecho (Valdivia) de la Universidad Austral de Chile*, Vol. 19 (2006), pp. 109 *et seq.*; *Revista boliviana de derecho*, Vol. 4 (2007), pp. 161 *et seq.*; *Revista de derecho del Tribunal Supremo de Justicia* (Venezuela), Vol. 24 (2007), pp. 347 *et seq.* Published in Portuguese with the title "Dispensa de traduções para efeitos de imigração no Mercosul", *Revista de informação legislativa* (Brazil), Vol. 171 (2006), pp. 125 *et seq.*
"Il Protocollo aggiuntivo che modifica l'Accordo italo-argentino sulla cittadinanza", *Rivista di diritto internazionale*, Vol. 90 (2007), pp. 749 *et seq.*
"El derecho a la intimidad y el tratamiento de datos personales en el derecho internacional privado argentine", *Lecciones y Ensayos*, Vol. 83 (2007), pp. 49 *et seq.* Updated in D. P. Fernández Arroyo and N. González Martín (eds.), *Tendencias y relaciones: Derecho internacional privado actual* (Jornadas de la ASADIP 2008), México, UNAM/Porrua/ASADIP, 2010, pp. 267 *et seq.*
"Das internationale Privatrecht von Werner Goldschmidt: In Memoriam", *Rabels Zeitschrift für ausländisches und internationales Privatrecht*, Vol. 72 (2008), pp. 601 *et seq.*
"Efectos en la Argentina de matrimonios extranjeros entre personas del mismo sexo", *Revista de derecho de familia*, Vol. 44 (2009), pp. 123 *et seq.*
"The Legal Regime of Antarctica", *Comité Maritime International Yearbook*, Vol. 72 (2010), pp. 541 *et seq.*
"El domicilio en el derecho internacional privado", in D. Opertti Badan, D. P. Fernández Arroyo, G. Parra Aranguren, J. A. Moreno Rodríguez and J. Basedow (eds.), *Derecho internacional Privado – Derecho de la libertad y el respeto mutuo. Ensayos a la memoria de Tatiana B. de Maekelt*, Asunción, Centro de Estudios de Derecho, Economía y Política, 2010, pp. 453 *et seq.*
"A Private International Law Perspective: Conflict Rules in Advanced Directives and Euthanasia Legislation", in S. Negri (ed.), *Self-Determination, Dignity and End-of-Life: Regulating Advance Directives in International and Comparative Perspective* (Queen Mary Studies in International Law 7), Leiden/Boston, Martinus Nijhoff, 2011, pp. 127 *et seq.*
"Nacionalidad, asilo y refugio", in S. González Napolitano (ed.), *Lecciones de derecho internacional*, Buenos Aires, Errepar, 2015, pp. 897 *et seq.*
"Werner Goldschmidt", in J. Basedow, F. Ferrari, P. de Miguel Asensio and G. Rühl (eds.), *European Encyclopedia of Private International Law*, Vol. 1, Cheltenham, Edward Elgar, 2017, pp. 852 *et seq.*

LIST OF PRINCIPAL ABBREVIATIONS

AJIL	*American Journal of International Law*
ACHR	American Convention on Human Rights
ASADIP	Asociación americana de derecho internacional privado
BIT	bilateral investment treaty
CAS	Court of Arbitration for Sport
CESCR Committee	United Nations Committee on Economic, Social and Cultural Rights
CFREU	Charter of Fundamental Rights of the European Union
CIDIP	Inter-American Conference(s) on Private International Law
CJEU	Court of Justice of the European Union
Clunet	*Journal de droit international privé et de la législation comparée / Journal du droit international* (after 1915)
COMJIB	Conference of Ministers of Justice of the Ibero-American Countries
CRC Committee	United Nations Committee on the Rights of the Child
Diss. Op.	dissenting opinion
EC	European Community / European Commission
ECHR	European Convention on Human Rights
ECtHR	European Court of Human Rights
ECLI	European Case Law Identifier
FIFA	Fédération Internationale de Football Association
FSIA	Foreign Sovereign Immunities Act
HCCH	Hague Conference on Private International Law
HR Committee	United Nations Human Rights Committee
HRC	United Nations Human Rights Council
IACtHR	Inter-American Court of Human Rights
ICC	International Criminal Court
ICESCR	International Covenant on Economic, Social and Cultural Rights
ICJ	International Court of Justice
ICLQ	*International & Comparative Law Quarterly*
ICSID	International Centre for Settlement of Investment Disputes
IDI	Institut de droit international
ILC	International Law Commission
ILR	International Law Reports
ICCPR	International Covenant on Civil and Political Rights
ISDS	investor-State dispute settlement
ITLOS	International Tribunal for the Law of the Sea
MLA	mutual legal assistance
MERCOSUR	Southern Common Market (formed by Argentina, Brazil, Paraguay and Uruguay)
OAS	Organization of American States
OECD	Organisation for Economic Co-operation and Development

OHADA	Organization pour l'Harmonisation en Afrique du Droit des Affaires
OHCHR	Office of the United Nations High Commissioner for Human Rights
PCA	Permanent Court of Arbitration
PCIJ	Permanent Court of International Justice
RCDIP	*Revue critique de droit international privé*
Recueil des cours	*Recueil des cours de l'Académie de droit international de La Haye*
Res.	resolution
RGDIP	*Revue générale de droit international public*
RIAA	Reports of International Arbitral Awards
Sep. Op.	separate opinion
TEU	Treaty on European Union
TFEU	Treaty on the Functioning of the European Union
UDHR	Universal Declaration of Human Rights
UNCEDAW	United Nations Convention on the Elimination of Discrimination against Women
UNCITRAL	United Nations Commission on International Trade Law
UNCLOS	United Nations Convention on the Law of the Sea
UNCRC	United Nations Convention on the Rights of the Child
UNCTAD	United Nations Conference on Trade and Development
UNESCO	United Nations Educational, Scientific and Cultural Organization
UNHCR	United Nations High Commissioner for Refugees
UNIDROIT	International Institute for the Unification of Private Law
Unif. L. Rev.	*Uniform Law Review / Revue de droit uniforme*
USSR	Union of Soviet Socialist Republics
VCDR	Vienne Convention on Diplomatic Relations
VCLT	Vienna Convention on the Law of Treaties
Yearbook ILC	*Yearbook of the International Law Commission*

FOREWORD

When the Curatorium of The Hague Academy of International Law honoured me with an invitation to deliver a course, I thought I would propose a subject where I could bring both my academic research and diplomatic experience. For many years I have dealt with the complexities of the interaction between public and private international law. I focused on international legal studies during my formative years at the University of La Plata and Harvard Law School, and I have taught both branches of international law at the Universities of La Plata and Buenos Aires. I also produced the bulk of the course while in charge of the Office of the Legal Adviser, which furnishes advice on all international legal issues arising in the course of the Argentine Foreign Ministry's work, including treaties, jurisdictional immunities, law of the sea, international criminal law, international human rights law, international trade law and international judicial assistance. Thus, the subject came naturally, although preparing the course was an entirely different matter as some of the topics proved very complex. I do not consider myself a "theorist", even though I do greatly appreciate the importance of theory to understanding the world around us and to aiding law development. Rather, I am primarily empirical and analytical, and the content of the course may reflect that.

The publication follows the content of the lectures I delivered at the Academy with very few exceptions. An Italian student whose name I failed to catch at the time suggested that I address the issue of the trafficking, abduction and return of children. In attending the General Course by Professor Rüdiger Wolfrum, I was inspired to add a note on deep sea mining. And in reviewing the draft for submission, I came to the conclusion that the issues of nationality should be succinctly addressed, so I added another note. Finally, upon several discussions during my campaign for membership of the International Law Commission in New York, I also could not resist the temptation to add a last-minute mini note on sea level rise in relation to private international law. Questions and comments by students in The Hague also provided valuable food for thought resulting in some further editions to the original manuscript.

Special thanks go to my research assistant Axel Cacheiro, whose meticulousness and critical thinking helped me navigate the copious literature, legislative materials and cases involved in a multidisciplinary project like the current one. My thanks also go to the following colleagues who generously agreed to read the manuscript and provided valuable comments: Vice-Dean and Professor at the University of California Irvine School of Law Christopher Whytock, with whom I share an interest in the relationship between public and private international law and who provided valuable inputs on this and other areas; Director of LLM in Transnational Arbitration & Dispute Settlement at Sciences Po Law School Professor Diego P. Fernández Arroyo, for his comments on international arbitration and European law; former President of the UN Human Rights Committee Fabián Salvioli, on human rights aspects and the interplay with traditional rules of public international law; HCCH Regional Representative for Latin America and the Caribbean Ignacio Goicoechea, who contributed significantly with regard to the best interest of the child in particular; former President of the International Criminal Court and Chair of the MLA Diplomatic Conference Judge Silvia Fernández de Gurmendi, on that conference; National Director of International Affairs at the Argentine Ministry of Justice Juan José Cerdeira, for his input on MERCOSUR law and the COMJIB; Director of International Juridical Assistance of the Argentine Ministry of Foreign Affairs Aldana Rohr, on mutual legal assistance and the Argentine practice in particular; and Argentine Delegate to the 22nd HCCH Diplomatic Session on enforcement of foreign judgments Andrea Mackielo, who also provided very useful input on the structure and selected topics. Mistakes are mine alone.

The opinions expressed in this course belong solely to the author and do not purport to reflect the views or policies of the Argentine Government.

For citation of cases and authors, recourse has been made to the officially sanctioned format where one exists, including the ICJ Reports, PCIJ Collections, ITLOS Reports and European Court Reports. For US sources I relied on the most common citation system prescribed in *The Bluebook*, adjusted slightly to the Academy's in-house style.

Footnotes have been kept to a minimum to facilitate reading, yet I have benefited and borrowed heavily from the academics included in the bibliography.

As research and writing had to come to an end at some point, I set the somehow arbitrary cut-off date of 4 March 2022, which coincided with the conclusion of the Council on General Affairs and Policy of the HCCH, for including up-to-date factual information concerning *inter alia* treaties entered into and signatories, except where there has been a significant supervening development that warranted being brought up.

PRELIMINARY REMARKS

The inauguration of the Winter Courses of The Hague Academy of International Law in 2019 could not have been timelier. Unlike the Summer Courses, they are not divided into either public or private international law courses. This signals that, for the members of the Curatorium, in modern times the public/private law divide often proves to be insufficient to examine, understand and resolve international legal issues. Some lectures published in the *Recueil des cours*, mostly recent ones given in the private international law session, already include both international legal dimensions as they adopt a problem-focused coping approach [1].

In 1997, the learned Institut de droit international recommended that law schools offer a foundation course on public and private international law, and where two separate courses are offered that there shall be close interrelation and coordination between them, further recommending that no law graduate enter the practice of law and the judicial or diplomatic service without having a course or courses on public and private international law [2].

And yet the situation is still somewhat different, with the result that academia may be lagging behind real-world developments.

This course has the not-so-modest purpose of perusing how in modern international law public relates to private, without aiming at erudition of any sort. In so doing, the lack of depth in the exposition of individual areas proved inevitable, for which I hope to be excused in light of the ambitious nature of the task undertaken.

To this end, the course is divided into three parts. The first provides an overview of the influence of public international law upon the

---

1. Notable examples are A. F. Lowenfeld, "Public Law in the International Arena: Conflict of Laws, International Law, and Some Suggestions for Their Interaction", *Recueil des cours*, Vol. 163 (1979), pp. 311 *et seq.*; J. Basedow, "The Law of Open Societies: Private Ordering and Public Regulation of International Relations" (General Course on Private International Law), *Recueil des cours*, Vol. 360 (2012), pp. 9 *et seq.*; H. van Loon, "The Global Horizon of Private International Law", *Recueil des cours*, Vol. 380 (2015), pp. 9 *et seq.*; B. Hess, "The Private-Public Divide in International Dispute Resolution", *Recueil des cours*, Vol. 388 (2016), pp. 49 *et seq.*
2. Resolution on The Teaching of Public and Private International Law, *Annuaire de l'IDI*, Vol. 67-II (1998), pp. 466 *et seq.*, and Report by E. Jayme, "Droit international privé et droit international public: utilité et nécessité de leur enseignement dans un cours unique", in *ibid.*, pp. 99 *et seq.*

history and the *theory* of private international law, focusing on the most significant modern developments (Chap. I). The second addresses the influence of public international law upon the *formation* of private international law, regarded from the sources of international law and the law of treaties (Chap. II). The last part discusses the influence of public international law upon the *application* of private international law in selected areas, notably jurisdictional immunities, international legal cooperation, sovereign debt restructuring, children protection, sports, arts law, cyberspace and issues related to law of the sea (Chap. III).

One notable omission is investment arbitration, which despite references and general principles is not treated systematically, if only to spare students another lesson in this field where the degree of development of the law would render moot any effort to do so seriously within the frame of a more general course. Besides, several courses have been taught at this Academy alone by prominent academics and practitioners, dealing with the public and private international law aspects of investor-State arbitration and their points of contact [3].

Lastly, the course does not dive into the influence of private international law upon public international law, an area where no significant work has been undertaken to my knowledge, except perhaps on account of the general principles as a source of international law which reflect domestic derivatives on the subject, and as it concerns investment arbitration and international juridical assistance, some of which this course considers in passing. It is submitted that an overall view of the influence of private international law upon public international law could shed light and bring fresh perspectives on the complex relationship between the two branches of the law.

In addressing the various matters raised in the course I used a theoretical-practical approach to the public/private international law relationship, bringing specific experiences from the practice of international dispute resolution as an advocate and expert. Subject to the availability of sources and research capabilities, and time permitting, I have also taken account of the legislation, decisions, practices and work of academics from different jurisdictions representing the different

---

3. See in particular J. E. Alvarez, "The Public International Law Regime Governing International Investment", *Recueil des cours*, Vol. 344 (2009), pp. 193 *et seq.*; G. A. Bermann, "International Arbitration and Private International Law" (General Course on Private International Law), *Recueil des cours*, Vol. 381 (2016), pp. 41 *et seq.*; Hess, *op. cit.* (note 1), pp. 49 *et seq.*

legal traditions and languages, including from my own region, Latin America, with the aim of enabling students to shape their understanding of and approaches to the international legal field, a field which is meant to be universal, and is also inevitably a human product [4].

I do not have good answers to all questions, and answers might well reflect my educational, professional and affiliation biases, and hence my own approaches to international law.

---

4. A. Roberts, *Is International Law International?*, Oxford, Oxford University Press, 2017, at p. 321.

CHAPTER I

THE INFLUENCE OF PUBLIC INTERNATIONAL LAW UPON THE *HISTORY* AND THE *THEORY* OF PRIVATE INTERNATIONAL LAW

> "Parmi tous les domaines du droit, aucun ne dépend à un tel degré de son histoire que le droit international. En droit international privé, l'histoire est tout."
>
> Max Gutzwiller

1. The evolving concepts of public and private international law

1. The traditional view is that international law is "the body of rules which are legally binding on States in their intercourse with each other"[5]. International law is sometimes called public international law to distinguish it from private international law which has been defined as "that part of [the domestic] law which comes into operation when the court is faced with a claim that contains a foreign element"[6]. Whereas the former governs the relations between States (and other subjects of international law), the latter resolves problems between private persons (individuals and companies) by determining the conditions under which a domestic court may exercise jurisdiction in a case involving a foreign element, the particular municipal system of law by reference to which the rights of the parties must be ascertained (a process loosely described as "choice of law"), and the circumstance under which foreign judgments and awards can be recognised[7]. In other terms, whereas public international law arises from the juxtaposition of States, private international law arises from the juxtaposition of legal systems[8]. There are as many systems of private international law as there are independent States, as its rules are most commonly created in the ways and through the procedures used to create municipal law. Public international law, on the other hand, "general" as well as "particular"

---

5. R. Jennings and A. Watts (eds.), *Oppenheim's International Law*, Vol. 1, 9th ed., New York, Longman, 1996, at p. 4.
6. P. Torremans (ed.), *Cheshire, North & Fawcett Private International Law*, 15th ed., Oxford, Oxford University Press, 2017, at p. 3.
7. *Ibid.*
8. Jennings and Watts, *op. cit.* (note 5), at pp. 6-7.

or "regional", constitutes a separate legal regime, essentially stemming from the consent of States (if voluntarist theories of the international legal process are to be adopted). It follows that the subjects of public international law are normally States and international organisations as appropriate, while individuals and private corporations are the normal subjects of private international law.

Now, the problem is that this description does not account for the entire state of affairs.

2. States are the principal subject of public international law, which means that it is *primarily* a law for the international conduct of States, and not of their citizens [9]. This being the case, there is no general rule that the individual cannot be a subject of public international law, and in particular contexts individuals appear as legal persons on the international plane when custom or treaties confer upon them rights and obligations [10]. As a matter of fact, agreements creating individual rights have long existed [11], and the criminal responsibility that public international law imposes on individuals for certain acts or omissions has been generally recognised since the latter half of the nineteenth century. There can be little doubt, however, that the new procedural capacity conferred on individuals before international tribunals or bodies to present claims for violation of human rights, and to a lesser extent of other rights (e.g. before the Court of Justice of the European Union (CJEU) when an individual has suffered damage as a result of action or inaction by a European Union institution or its staff), has produced a radical change in the question of international legal personality. Not only individuals but also some established legal persons may be directly the subject of rights and duties under public international law. Such is the case of companies when they are entitled to institute arbitral proceedings against States under investment treaties. Alongside governments, companies are also recognised to have certain duties with regard to the general obligation to respect human rights and environmental standards.

It is intergovernmental organisations, however, the most important of these being of course the United Nations Organization created in 1945, that possess the largest measure of international personality,

---

9. *Ibid.*, at p. 16.
10. J. Crawford, *Brownlie's Principles of Public International Law*, 9th ed., Oxford, Oxford University Press, 2019, at pp. 111, 591 *et seq.*
11. *Jurisdiction of the Courts of Danzig*, Advisory Opinion, PCIJ Series B, No. 15 (1928).

exercising and enjoying the functions and rights required to enable those functions to be effectively discharged [12]. For that purpose, in addition to their international legal personality, international organisations are habitually recognised now as legal persons within particular systems of national law, in relation to private international law and other rules. Of particular interest is the European Communities (later the EU) which, like no other regional international organisation, has progressively acquired competences conferred upon it totally or partially by its member States, including in the field of private international law. The competences of member States and the EU, which can be exclusive or shared, are articulated dynamically depending on the area.

3. States can also and often do enter into private law transactions with other States and with individuals in other States (as opposed to performing acts relating to the public administration of the State), which are governed by the municipal law of some country. In such cases, although a subject of public international law, States are regarded as a private person for the purpose of the transaction and may be subject to foreign proceedings (although certain sovereign immunities would persist) in the course of which the court may apply the rules of private international law found in its domestic law. Choice of law problems often appear in international commercial arbitration (in which a State may be a party) as well as in investor-State arbitration.

Public international law tribunals, including the International Court of Justice (ICJ) and its predecessor the Permanent Court of International Justice (PCIJ), whose function is to decide in accordance with international law disputes between States, have not shied away from private international law analysis as necessary to decide on the public international law issues submitted to them [13]. The Permanent Court of Arbitration (PCA), established in 1899 to facilitate arbitration and other forms of dispute resolution between States, has developed into a modern, multifaceted arbitral institution that is now situated at the juncture between public and private international law to meet the evolving dispute resolution needs of the international community. Its caseload encompasses territorial, treaty and human rights disputes between States, as well as commercial and investment disputes

---

12. *Reparation for Injuries Suffered in the Service of the United Nations*, Advisory Opinion, *ICJ Reports 1949*, pp. 178-179.

13. See D. P. Fernández Arroyo and M. Mbengue, "Public and Private International Law in International Courts and Tribunals?", *Columbia Journal of Transnational Law*, Vol. 56 (2018), pp. 798 *et seq.* at 803-815.

involving States, State entities, international organisations and private parties [14]. Therefore, the affirmation made some sixty years ago that "[t]he emphasis in conflict of laws, or private international law, is nowadays not so much in the *person* affected as upon the *tribunal* concerned and its right to judge" [15] is much less so today (emphasis on the tribunal also neglects the fact that the application of public international law is entrusted, in the first place, to domestic courts).

4. Since the late nineteenth century, moreover, a wide range of private international law issues are the object of bilateral and multilateral treaties, the latter negotiated, increasingly since the second half of the twentieth century, at international organisations or in an economic integration context. Hence the choice of law rules have a conventional basis (rather than based in domestic law) and their wrongful application may entail the international responsibility of the State. The growth of this kind of treaty law, together with the efforts in the field of uniform law contribute towards obviating the effect of having close to 200 sovereign States [16]. Treaties and other international instruments of a different kind, resulting from the human rights movement, have also had a profound impact in private international law directly by application of those instruments or indirectly as a consequence of the constitutionalisation of human rights which occurred in some countries, as the recognition that States have a general obligation to respect and protect human rights signifies that human rights are to be held as well in the particular context of private international law both at the time of enacting legislation and adjudicating cases.

5. Finally, although private international law is called "private" because, generally speaking, it deals with private law cases between private individuals, its *raison d'être* is to resolve conflicts of national laws, laws which by definition are "public" as they are enacted by the State and have a regulatory purpose even when their objects concern private relationships – the allocation of governance authority (to prescribe, adjudicate and enforce) among States – which further highlights the public nature of private international law [17].

---

14. https://pca-cpa.org/en/home/.
15. B. A. Wortley, "The Interaction of Public and Private International Law Today", *Recueil des cours*, Vol. 85 (1954), pp. 239 *et seq*. at 255.
16. E. Hambro, "The Relations between International Law and Conflict Law", *Recueil des cours*, Vol. 105 (1962), pp. 1 *et seq*. at 14.
17. See C. A. Whytock, "Domestic Courts and Global Governance", *Tulane Law Review*, Vol. 84 (2009), pp. 67 *et seq*.

Anyway, the public interest is always accounted for in the public policy exception, as well as in the recognition in private international law literature of the conceptual and scope of application of the so-called *lois de police* (or peremptory norms, *normas rígidas*, *Exklusivsätz*e, etc.)[18]. This may help explain why questions of nationality and treatment of aliens are still treated as part of private international law today in some countries, despite their public nature, as are questions relating to international judicial cooperation in criminal matters, including extradition requests, and the extraterritorial application of foreign law in the areas of tax, antitrust, securities and foreign subsidiary regulations. Especially in the field of economic law, jurisdiction has become a concern of (public) international law where States regulate matters which, having a link with another State, are not exclusively of domestic concern[19].

6. All in all, the convergence of public international law and private international law has become apparent as emphasis in international law is now less on coordination of clashing wills than on the articulation of universal interest, exemplified by the common threat to human survival, the efforts in reducing inequalities between the richest and the poorest countries, and the priority of universal human values[20], even if recent events put this affirmation to the test. Alongside this development, emphasis in private international law is now less on appropriate international legal ordering than on the pursuit of universal concerns, exemplified by the efforts to harmonise law at worldwide level, to strengthen cross-border cooperation and to guarantee individual choice and access to remedies. All this has been done as part of the law-developing process at the international level, of which the next section gives a brief account. This trend has not been linear, but as, despite the advances of national individualism and cultural relativism, the universality of international law has not been challenged, it is likely to continue.

---

18. R. De Nova, "I conflitti di legge e le norme con apposite delimitazione della sfera di efficacia", *Diritto internazionale* (1959), pp. 13 *et seq.*; P. Francescakis, "Quelques précisions sur les lois d'application immédiate et leur rapports avec les règles de conflits de lois", *RCDIP* (1966), pp. 1 *et seq.*; H. Eek, "Peremptory Norms and Private International Law", *Recueil des cours*, Vol. 139 (1973), pp. 1 *et seq.*

19. C. Ryngaert, *Jurisdiction in International Law*, 2nd ed., Oxford, Oxford University Press, 2015, at p. 6.

20. R. Higgins, *Problems and Process: International Law and How We Use It*, Oxford, Oxford University Press, 1994, at pp. 11-12.

2. A historical and theoretical overview

7. The public/private divide in international law is concomitant with the eighteenth- and nineteenth-century centralisation of power in State sovereigns, the verification of an international system formed by States recognised as equal, and of State consent as the source of international law. The traditional term "law of nations" used since the demise of Rome in fact comprised what is currently regarded as public international law as well as the then underdeveloped subject of private international law [21]. It was Jeremy Bentham who in 1789 fathered the term "international law" to designate the law *between* nations, distinct from the law designating the domestic, municipal law of diverse nations [22].

(a) Jus gentium *and the origins of the conflict of laws*

8. The Roman idea of universal empire was incompatible with international law save one established unilaterally by Rome. The *jus gentium* was principally a private law developed for cases involving the numerous foreigners living in ancient Rome (different from the *jus civile* applicable exclusively to citizens). It is not clear how cases were resolved where a choice of law arose. And *jus gentium* was certainly not a law that regulated relationships among independent States. However, conceived as "the law which natural reason appoints for all mankind" [23], the *jus gentium* contained the antecedents of both public and private international law [24].

9. Starting in the eighteenth century, the growth of international trade led to the development of an international law merchant (purportedly a system of law reflecting the customs of merchants throughout the known world), and to various compilations of rules and customs of maritime law such as the Rhodian laws compiled between the seventeenth and the nineteenth centuries and the *Consolato del mare* published during the fourteenth century. While the law merchant may have evolved into

---

21. M. Wolff, *Private International Law*, 2nd ed., Oxford, Clarendon Press, 1950, at p. 11.
22. J. Bentham, *Introduction to the Principles of Morals and Legislation*, Oxford, Clarendon Press, 1879, at p. 326, note 1.
23. *The Institutes of Justinian*, ed. and trans. T. C. Sanders, London, Longmans Green and Co., 1922, at bk I, tit. II, para. 1.
24. C. Phillipson, *The International Law and Custom of Ancient Greece and Rome*, London, Palgrave Macmillan, 1911, at pp. 265, 285 *et seq.*

the current *lex mercatoria*, the ancient maritime codes are at the roots of the present international law of the sea.

10. In another development, although the concept of modern international law was unknown to the Glossators of the fourteenth century, Bartolus of Sassoferrato (1313-1357) and the Statutists began to construct principles for resolving conflicts between the laws of the Italian city-states (local *statuta*), and between Roman and non-Roman laws conceived as part of the *jus commune* of universal application [25]. Statutist search for criteria that would determine the spatial reach of laws resulted in distinguishing between personal and territorial (or real) statutes (the former apply to the subject wherever they may be, while the latter apply to all persons and things within the political unit). During the fifteenth and sixteenth centuries, other Italian and especially French scholars like Dumoulin and d'Argentré refined the Bartolus method. But while Charles Dumoulin (1500-1566) still belongs to the Italian Statutist school, Bertrand d'Argentré (1519-1590) anticipated the idea that conflict rules are local rather than universal law [26]. D'Argentré argued that laws should be presumed territorial and only exceptionally personal, hence elevating territorialism to the position of a fundamental principle. Of course, this drift in the prevailing theory mirrored the growing centralisation of political power by the French kings.

(b) *International comity*

11. By the seventeenth century, Europe had witnessed the emergence of modern nation-States, and with it came the need for new ideas underlying the growing number of customs and State practices that had developed over the past centuries. Hugo Grotius (1583-1645), whose treatise *On the Law of War and Peace* [27] published in 1625 is generally regarded as the foundation of modern international law, argued that because States were sovereign, the law of nations *(jus gentium)* was a matter of the will and practice of States (a *jus voluntarium*) – even if derived from and subordinated to the principles of the law of nature *(jus naturale)* – and that promises given through signature of treaties or otherwise must be kept *(pacta sunt servanda)*. The *jus gentium*

---

25. C. N. Sidney Woolf, *Bartolus of Sassoferrato: His Position in the History of Medieval Political Thought*, Cambridge, Cambridge University Press, 1913.

26. F. K. Juenger, *Choice of Law and Multistate Justice*, Special ed., New York, Transnational Publishers, 2005, at p. 17.

27. H. Grotius, *De Jure Belli ac Pacis*, trans. F. Kelsey, Washington, Carnegie Institution of Washington, 1925.

for Grotius was no more a matter of natural, universal law (of the *jus naturale* in the Roman tradition).

12. At that time, the Netherlands had also become one of the major trading nations in the world. It is thus not surprising that Dutch authors were preoccupied with the question of *why* the supremacy a State enjoys in its territory does not require that courts apply forum law in all cases, attempting to reconcile the application of foreign law with the idea of sovereignty. For Ulrich Huber (1624-1694) foreign laws were applied out of comity *(comitas)*, something between legal obligation and mere courtesy, as derived from convenience and the tacit consent of nations [28]. Huber assumed that comity was rooted in the *jus gentium*. However, he did not believe that the obligation to apply foreign law was absolute, as a sovereign may refuse to recognise "rights acquired" if they would prejudice the "power or rights" of the forum [29].

13. Huber's *De Conflictu Legum* exerted great influence on Joseph Story (1779-1845), the undisputed father of US "private international law" (a term he apparently coined). In his seminal *Commentaries on the Conflict of Laws*, published in 1834 when he was a sitting Associate Justice of the Supreme Court, Story undertook a much-admired scholarly survey of foreign doctrine (continental) and judicial precedents (from England and especially from Scotland). For Story, the phrase "comity of nations" expresses "the true foundation and extent of the obligation of the laws of one nation within the territories of another [and it] is derived altogether from the voluntary consent of the latter" [30]. Consequently, despite the internationalism of his comparative methodology, Story anchored private international law in national law [31]. The doctrine was generally accepted by US courts during the second half of the nineteenth century [32].

In addition to recasting Huber's comity principle, Story is credited with developing the doctrine of international jurisdiction, also rooted in

---

28. U. Huber, "De conflictu legum diversarum in diversis imperiis", in *Praelectiones iuris romani et hodierni*, 1689, para. 2, lib. 1, lit. 3, reprinted in E. G. Lorenzen, *Selected Articles in the Conflict of Laws*, New Haven, CT, Yale University Press, 1947, pp. 162 *et seq.* (with English trans).
29. *Ibid.*, at p. 164. See Juenger, *op. cit.* (note 26), at p. 21.
30. J. Story, *Commentaries on the Conflict of Laws*, 1st ed., Boston, Hilliard, Gray and Co., 1834, at p. 37.
31. K. Lipstein, "The General Principles of Private International Law", *Recueil des cours*, Vol. 135 (1972), pp. 97 *et seq.* at 130.
32. P. Hay, P. J. Borchers, S. C. Symeonides and C. A. Whytock, *Conflict of Laws*, 6th ed., St. Paul, West Academic, 2018, at p. 21.

Huber's territorialism [33]. Huber said that the laws of a State have force within its territory but not beyond, and that these laws bind all persons who are found permanently or temporarily within its boundaries [34]. Story reformulated these axioms and said that: (1) every nation has exclusive sovereignty and jurisdiction within its territory, its laws affecting and binding all property and resident persons therein (whether nationals or aliens) as well as contracts made and acts done within it; and (2) no State can directly affect or bind property out of its own territory or persons not resident therein, except that every nation has a right to bind by its laws its own nationals outside its own territory [35]. The implications of Story's "general maxims of international jurisprudence", as he called them (omitting the third that relates to the notion of comity), are noteworthy in a variety of fields relating to public and private international law, including on account of US economic measures and their repercussions during the twentieth century [36].

(c) *Sovereignty and the dearth of the internationalist approach*

14. The voluntary aspect of the law of nations gained increasing significance, especially from the latter part of the eighteenth century, corresponding to the steady rise of the national State and its claims of absolute legal and political supremacy [37]. A most influential exponent of this turn to positivism, Emerich de Vattel (1714-1767) considered all effective international law to have been derived from the will of nations, even custom as a form of "implied consent" [38]. Vattel's treatise *Le droit des gens, ou principes de la loi naturelle, appliqués à la conduite et aux affaires des nations et des souverains*, published in 1758, dominated the philosophy of international law until the end of the First World War.

15. From another angle, the positivist emphasis on "free, independent and equal" States solidified the division between the domains of international and national law which, together with the developments of the global market economy, in turn led to the gradual exclusion of

---

33. F. A. Mann, "The Doctrine of Jurisdiction in International Law", *Recueil des cours*, Vol. 111 (1964), pp. 1 *et seq.* at 26-28.
34. Huber, *op. cit.* (note 28), at pp. 162 *et seq.*
35. Story, *op. cit.* (note 30), pp. 19, 21, 24-25.
36. F. A. Mann, "The Doctrine of International Jurisdiction Revisited after Twenty Years", *Recueil des cours*, Vol. 186 (1984), pp. 9 *et seq.* at 19.
37. L. F. Damrosch and S. D. Murphy, *International Law*, 7th ed. St. Paul, West Academic, 2019, at p. xxv.
38. E. de Vattel, *The Law of Nations, or the Principles of Natural Law applied to the Conduct and the Affairs of Nations and Sovereigns*, trans. C. G. Fenwick, Washington, Carnegie Institution of Washington, 1916, at p. 7.

private disputes connected with more than one State from the domain of international law [39]. It seems only fitting that the first nationally enacted provisions of private international law came to light during this period, scattered among the articles of substantive law of the Prussian Code of 1792 and the Code Napoléon of 1804. Other countries followed, some taking a more deliberate approach through preliminary provisions on conflicts of law (such as the Italian Civil Code of 1865, and the German Bürgerliches Gesetzbuch or BGB that came into force in 1900). The State would become the main (if not the exclusive) source of private international law [40].

16. In England, John Westlake [41] (1828-1913) and especially Albert Venn Dicey [42] (1835-1922) were the leading exponents of this approach. Dicey rejected comity as a foundation for private international law, which he considered to be part of English law, as derived from English cases. In Germany, Carl Georg von Wächter (1797-1880) debunked Statutist doctrine, disparaged comity and advocated a solution that gave primacy to the domestic and conflict of laws of the forum on the basis that a judge is but an instrumentality (an organ) [43] of the legislative will [44]. Wächter's writings anticipated the forum-centred approaches of modern United States unilateralists, like the "*lex fori* approach" of Albert A. Ehrenzweig (1906-1974) and the "interest analysis" of Brainerd Currie (1912-1965) [45].

(d) *The legal conscience of the civilised world*

17. For the liberals of the 1860s, international law was devoid of political direction, it was missing *l'esprit d'internationalité* [46]. Departing

---

39. A. Mills, "The Private History of International Law", *ICLQ*, Vol. 55 (2006), pp. 1 *et seq*. at 23-24.
40. P. Mayer, V. Heuzé and B. Remy, *Droit international privé*, 12th ed., Paris, LGDJ, 2019, at p. 31.
41. J. Westlake, *A Treatise on Private International Law: Conflict of Laws, with Principal References to its Practice in the English and other Cognate Systems of Jurisprudence*, London, W. Maxwell, 1858.
42. A. V. Dicey, *Digest of the Law of England with Reference to the Conflict of Laws*, London, Stevens and Sons, 1896.
43. . C. G. von Wächter, "Uber die Collision der Privatrechtsgesetze verschiedener Staaten", *Archiv für die civilistische Praxis*, Vol. 24. (1841), pp. 230 *et seq*. at 237, 261, 263-267 (article cont. in Vol. 25 (1842), pp. 261 *et seq*.).
44. *Ibid.*, at pp. 239, 265.
45. Juenger, *op. cit.* (note 26), at p. 33.
46. M. Koskenniemi, *The Gentle Civilizer of Nations: The Rise and Fall of International Law 1870-1960*, Cambridge, Cambridge University Press, 2001, at pp. 23-24.

from the sovereignty of States and focused on listing treaty rules, it paid little attention to the special nature and history of the relations between European countries and even less to the needs of economic or humanitarian progress, national self-determination or the primacy of international public opinion. Without renouncing their autonomy, States had to cooperate for the furtherance of common aims [47]. The foundation of the Institut de droit international (IDI) in 1873 at the initiative of Gustave Rolin-Jaequemyns was the result of a collective effort by several eminent men actively engaged in the development of international law. The first meeting in Ghent on 8-11 September of the same year under the presidency of Pasquale Stanislao Mancini adopted a statute, Article 1 of which laid down the purpose of the Institut "[d]e favoriser le progrès du droit international, en s'efforçant de devenir l'organe de la conscience juridique du monde civilisé". The proposal for a scientific institution to act as an "organ" of the conscience (or consciousness) of the civilised world, though the language came from Joham Caspar Bluntschli, can be traced back to the teachings of the German historical school of law associated particularly with Savigny [48].

18. Probably the most influential private international law theorist of the nineteenth century, Friedrich Carl von Savigny (1779-1861) conceived private international law as the supranational expression of an "international legal community of nations dealing with one another" [49]. He argued that the existence of such a community and the common advantage that nations and individuals draw from increasing world trade warranted reciprocity in legal relationships. Legal relationships are to be treated in the same way irrespective of the forum that adjudicates them, with the basic objective of achieving "international uniformity of decisions" [50]. Savigny rejected both unilateralism and the primacy of the *lex fori*. Rather than trying to ascertain the intended spatial reach of laws, he proposed to determine the applicable law by allocating each legal relationship to the territory in which it has its "seat" *(Sitz)* [51]. To that end, Savigny made use of the major private law categories (contracts, torts, property, family law, etc.) and through "connecting factors" (such as domicile, *situs*, or the place of the transaction or the event) localised

---

47. *Ibid.*, at pp. 12-14, 22-24.
48. *Ibid.*, at p. 43.
49. F. C. von Savigny, *System des Heutigen Römischen Rechts*, Vol. 8, Berlin, Neudr. der Ausg., 1849, at p. 27.
50. *Ibid.*, at pp. 26-29.
51. *Ibid.*, at p. 108.

each legal relationship in the territory where it belongs "according to its peculiar nature" [52]. The result was a system of multilateral rules oblivious of the wish or interest of a State to apply its law or that law's content, that place foreign law on parity with forum law. Savigny's doctrine is still considered as the classic approach to conflict of laws outside the United States.

19. Departing from Savigny's idea of a "community of nations", Pasquale Stanislao Mancini (1817-1888) considered the recognition by a State of the national law of aliens *(lex patriae)* a requirement of international law; thus rejecting the idea that private international law rules are an inherently discretionary part of the law of each State [53]. In his inaugural address at the University of Turin in 1851, Mancini proposed "nationality as the basis of international law" [54]. From a political standpoint, nationality was meant to support the movement towards national unity in Italy. He argued that private laws are created for the nationals of the State that enacts them, therefore private law is primarily personal, intended for citizens rather than aliens, but aliens' national law ought to be respected in principle, as a matter of duty (not comity) [55]. Mancini also actively promoted the adoption of multilateral treaties that aimed at conflicts uniformity [56]. As early as 1867, he had Italy propose a European convention on the conflict of laws. Years later, Tobias Asser would succeed in a colossal effort for the development of rules of private international law and the unification of laws when the Hague Conference on Private International Law (HCCH) was first convened in 1893 at the initiative of the Dutch Government. The axis of codification moved decisively from the purely speculative field of legal minds towards the more practical of the political action of the States, with a wide-ranging international vocation [57].

---

52. *Ibid.*
53. A. Mills, *The Confluence of Public and Private International Law*, Cambridge, Cambridge University Press, 2009, at p. 64.
54. P. S. Mancini, *Della nazionalità come fondamento del diritto delle genti*, Turin, Tipografia Eredi Botta, 1851.
55. Juenger, *op. cit.* (note 26), at p. 41.
56. P. S. Mancini, "De l'utilité de rendre obligatoire pour tous les Etats, sous la forme d'un ou de plusieurs traités internationaux, un certain nombre de règles générales de droit international privé pour assurer la décision uniforme des conflits entre les différentes législations civiles et criminelles", *Journal du droit international privé et de la jurisprudence comparée* (1874), pp. 221 *et seq.*
57. D. P. Fernández Arroyo, *La codificación del derecho internacional privado (Ambitos de aplicación jurídica y orientación metodológica)*, Madrid, Universidad Complutense de Madrid, 1993, https://eprints.ucm.es/id/eprint/53495/1/5312297645.pdf, at pp. 64-67.

20. Ironically, the success of the national law in Europe, Latin America, Africa and Asia drove a wedge between common law and other nations that adhered to the domicile law, resulting in a major obstacle in the quest for decisional harmony through multilateral treaties. Mancini's ideas prevailed from the start in the work of the Hague Conference, while the Montevideo Congress of 1888-1889 and the treaties elaborated there have been seen as a reaction against the doctrine of the Italian school [58]. The 1995 Hague Convention relating to the Settlement of the Conflicts between the Law of Nationality and the Law of Domicile, which aimed at establishing common rules for when the State where the person is domiciled mandates the application of the law of nationality but the State to which the person is a national mandates the application of the law of domicile, does not stand out as one of the great successes of the Hague Conference, having been accepted by only a handful of countries, short of those required for entry into force.

If truth be told, other factors would also contribute to holding back international codification, such as the territorialist tendency in Latin America [59] and elsewhere, various political factors, and later on what is now known as the "American conflict of laws revolution" in the world's most powerful country.

(e) *The early normative and institutionalisation efforts*

21. The revolt against positivism characterised the cultural atmosphere of the last two decades of the nineteenth century [60]. Nationalism was hardening as a consequence of economic stagnation and social problems associated with *laissez-faire* capitalism. International lawyers integrated their moderate nationalism into a larger, humanist vision of European civilisation, sometimes defining nationhood in a cosmopolitan way as an aggregate of individuals [61]. To be sure, international lawyers accepted the autonomy of the State as a fundamental fact of the international society, which they considered compatible with communal solidarity as well as with the protection of individual rights. Nationalism and internationalism were not only compatible but interlinked [62].

---

58. *Ibid.*, at pp. 67-68.
59. L. Pereznieto Castro, "La tradition traditionaliste en droit international privé dans les pays d'Amérique latine", *Recueil des cours*, Vol. 190 (1984), pp. 271 *et seq.*
60. Koskenniemi, *op. cit.* (note 46), at p. 62.
61. *Ibid.*, at p. 63.
62. *Ibid.*, at pp. 57-66.

The need to balance universalism and nationalism made it necessary to assess pragmatically what reforms to propose. As substantive unification might violate the national sentiment, unification was to commence with conflict rules, where reform seemed more urgent and less threatening to national authorities [63].

22. The first codification of private international law occurred through the treaties adopted at the First South-American Congress on Private International Law held in Montevideo, Uruguay, in 1888-1889. For the Argentine Representative Roque Saenz Peña, the work of the Congress of Montevideo demonstrated a respect for national sovereignty and was therefore a study of convergences in private international law in order to strengthen ties between the contracting countries [64]. Eight treaties and one protocol were adopted on civil, commercial, penal and procedural law, the exercise of liberal professions, literary and artistic property, commercial and industrial trademarks, and letters patent. The first Congress would be followed five decades later by the Second Congress of Montevideo in 1939-1940 where the old treaties were slightly revised. The Treaties of Montevideo still hold sway over their ratifying countries, Argentina and Uruguay in particular, but also in the wider Latin American region.

23. Meanwhile, a more ambitious attempt was made aiming at regional codification, which would materialise with the adoption of the Code of Private International Law (known as the "Bustamante Code") at the Sixth Pan-American Congress in Havana, Cuba, in 1928. Like its predecessors (the first Pan-American Congress took place in 1889-1890 at the initiative of the US) the Sixth Congress embraced and sought to implement the idea of an American international law, understood not as a set of norms diametrically opposed to European ones, but as norms devised to regulate problems that were peculiar to the American continent. This distinction, however, did not succeed in preventing the successive Conferences from raising, over and over again, byzantine discussions on the existence of an "American international law" [65]. One peculiarity adduced in the doctrine and positive law was that of America as a continent of immigration, explaining the adoption of the *ius soli* as

---

63. T. M. C. Asser, "Droit international privé et droit uniforme", *Revue de droit international et de législation comparée*, Vol. 12 (1880), pp. 4 *et seq*. at 14, 17.
64. Congreso sudamericano de derecho internacional privado, *Actas y tratados celebrados por el Congreso Internacional Sud-Americano de Montevideo* (Anexo a la Memoria del Ministerio de Relaciones Exteriores), Montevideo, Tipo-Litografía "Oriental", 1889, at pp. 176-178.
65. Fernández Arroyo, *op. cit.* (note 57), at p. 171.

a criterion to determine nationality and of the *lex domicilii* to regulate personal status as well as foreign companies that carried on business in America (hence precluding them from seeking diplomatic protection from the country of incorporation) [66]. Unlike the Treaties of Montevideo, the Bustamante Code departed from the private international law principles generally accepted in the region [67]. Moreover, in order to achieve agreement among participating States, the Code refrained from clarifying whether the principles of domicile or nationality applied. This, together with the large number of reservations, would lead to the Code's limited success [68]. These developments signalled the beginning of a long period short of achievements and the end of Latin American leadership in the codifying task [69].

24. In the meantime in Europe six Conferences on Private International Law were held in The Hague between 1893 and 1928, in the course of which six conventions and one protocol were adopted focusing on family law and procedure (the so-called old conventions).

25. Substantive harmonisation would not come until later, when the International Institute for the Unification of Private Law (UNIDROIT) was established in 1926 as an auxiliary organ of the League of Nations with a purpose of harmonising and coordinating the private laws of States and groups of States and to prepare gradually for the adoption by governments of uniform rules of private law.

26. By that time, a new "institutionalisation" impulse was underway. Faced with the unprecedented destruction caused by the First World War, the League of Nations was established following the Paris Peace Conference in 1919 under the new premise of collective security. At the same time, the PCIJ was established in a major endeavour to substitute the use of force for organic methods of dispute settlement in international relations. The creation of the UN in 1945 signalled the transition of international law from the traditional system of rules of mutual respect and abstention to an incipient system of organised, cooperative efforts [70]. International commissions and technical organisations multiplied to accompany States' efforts to address

---

66. *Ibid.*, at pp. 174-175.
67. H. Valladão, *Direito internacional privado*, 2nd ed., Rio de Janeiro, Freitas Bastos, 1970, at pp. 196-199.
68. See generally J. Samtleben, *Derecho internacional privado en América Latina. Teoría y práctica del Código Bustamante*, Buenos Aires, Depalma, 1983.
69. Fernández Arroyo, *op. cit.* (note 57), at p. 88.
70. Damrosch and Murphy, *op. cit.* (note 37), at p. xxviii.

common problems and attain social needs. Public international law was to coordinate these developments.

27. In 1940 UNIDROIT was re-established, following the demise of the League of Nations, on the basis of a multilateral agreement. In turn, in 1955 the HCCH adopted its statute that made it a permanent intergovernmental organisation. These two organisations would carry out almost exclusively the codification of private international law at universal scale.

Although the International Law Commission (ILC), established by the UN General Assembly in 1947, "is not precluded from entering the field of private international law" (Art. 2 (1), ILC Statute) pursuant to its "object", it has only undertaken public international law topics in its programme of work. It was not until 1966, when the General Assembly established the United Nations Commission on International Trade Law (UNCITRAL), that the world body "entered the field" to develop uniform commercial law.

The "three sisters", as the Hague Conference on Private International Law (HCCH), UNIDROIT and UNCITRAL are sometimes referred to, have sought to complement each other and have occasionally undertaken joint projects, such as the elaboration of a Tripartite Legal Guide to Uniform Instruments in the Area of International Commercial Contracts, with a Focus on Sales [71] published in 2021, which aims to clarify the relationship between the texts prepared by each organisation in the area of international sales law, promoting uniformity, certainty and clarity in this area of the law.

28. In the context of the Americas, the establishment of the Organization of American States (OAS) in 1948 under US leadership paved the way for new attempts to codify international law at the regional level. The Charter of the OAS created the Inter-American Council of Jurisconsults – replaced by the Inter-American Juridical Committee in 1967 – as an advisory body whose mandate includes "the possibility of attaining uniformity in [the] legislation [of the countries of the Hemisphere]" (Art. 99).

In the period immediately following the establishment of the OAS, the Council undertook the project of drafting a comprehensive code integrating the provisions of the Bustamante Code with those of the Treaties of Montevideo, in light of the US First Conflicts Restatement. The draft code was not approved by the member States. Thus, beginning

---

71. https://uncitral.un.org/sites/uncitral.un.org/files/media-documents/uncitral/en/tripartiteguide.pdf.

in 1971, the newly established Committee turned to the current more gradual and progressive approach of developing international instruments on specific matters by means of the Inter-American Specialised Conferences on Private International Law (known by the Spanish acronym "CIDIP") [72]. However, the absence of a permanent body has caused intermittence and thematic dispersion [73].

One important effect of the codification process initiated by CIDIP, besides the direct application of the conventions elaborated therein, lies in the (rather limited) indirect "homogenisation" it produced in the reforms of the domestic systems of private international law in the countries of the region [74]. A considerable number of CIDIP instruments (twelve out of twenty-six) deal with civil procedure and international legal assistance (rogatory letters, taking of evidence, arbitration), and more recently secured transactions. The topics reflect the interests of the United States in the regional codification process which did not lead, however, to the US accepting most conventions.

No CIDIP has taken place in over a decade (the seventh and last Conference was held in Washington in 2009), which, together with the still limited and slowing number of ratifications of its conventions, denote the virtual standstill, if not "crisis", of the Inter-American codification process [75].

29. The European Communities treaties did not provide for cooperation in the field of private international law other than Article 220 1957 Treaty of Rome which encouraged negotiations among member States for the mutual recognition of companies and the simplification of formalities governing the reciprocal recognition and enforcement of judgments and arbitral awards. Several instruments were negotiated on this basis, but only the 1968 Brussels Convention on Jurisdiction and the Enforcement of Judgments in Civil and Commercial Matters entered into force. The 1988 Lugano Convention on Jurisdiction and the Enforcement of Judgments in Civil and Commercial Matters extended the Brussels Convention to the then members of the European

---

72. T. B. de Maekelt, "General Rules of Private International Law in the Americas: New Approach", *Recueil des cours*, Vol. 177 (1982), pp. 193 *et seq.* at 228-229.

73. J. Samtleben, "Die Interamerikanischen Spezialkonferenzen für Internationales Privatrecht", *Rabels Zeitschrift für ausländisches und internationales Privatrecht*, Vol. 44 (1980), pp. 257 *et seq.* at 296-297.

74. Fernández Arroyo, *op. cit.* (note 57), pp. 255-256.

75. See M. Vázquez and J. Grandino Rodas, "CIDIP VII y etapas sucesivas: Cuestionesgenerales",https://www.oas.org/dil/esp/derecho_internacional_privado_conferen cias_cuestionesgenerales.htm.

Free Trade Association (EFTA). Another important instrument adopted during this "early period" (before supranational measures and Union competence under the Reform Treaty), the 1980 Rome Convention on the Law Applicable to Contractual Obligations, was not based on a European treaty provision. The formally international character of these instruments does not, however, neglect their *inspiration communautaire* as the treaty-based rules were meant to complement – and certainly not contradict – the (few) private international law provisions of secondary Community legislation scattered in regulations and directives, and the primacy of EC laws was guaranteed in both conventions (Art. 57 (3), Brussels Convention; Art. 20, Rome Convention) [76]. Consultations among member States also took place with the aim of adopting a common position at international organisations, which would lead to the progressive ratification by all member States of the 1980 Council of Europe Convention on Recognition and Enforcement of Decisions concerning Custody of Children and on Restoration of Custody of Children (the Luxembourg Convention) and the Hague Convention on the Civil Aspects of International Child Abduction of the same year (both of which are open to non-EU member States) [77].

(f) *The Russian and the American revolutions*

30. The period leading to the First World War was also witness to two seemingly unrelated events: the emergence of the US as a global superpower and that of the Union of Soviet Socialist Republics (USSR) as the first socialist State.

31. Originally meant as "the necessary transit point to the abolition of class distinctions" [78] and "the withering away of the State" [79], the State that emerged from the Bolshevik Revolution first, followed by the other socialist States born after the Second World War, progressively accepted the sovereignty of the State in accordance with international law as a means of consolidating the proletarian dictatorship. They contested some "capitalist" or "bourgeois" rules and demanded the

---

76. E. Jayme and C. Kholer, "L'interaction des règles de conflit contenues dans le droit dérivé de la communauté européenne et des conventions de Bruxelles et de Rome", *RCDIP* (1995), pp. 1 *et seq.* at 2-3.

77. A. Fiorini, "The Evolution of European Private International Law", *ICLQ*, Vol. 57 (2008), pp. 970 *et seq.* at 970.

78. C. Marx, "The Class Struggles in France", *Neue Rheinische Zeitung* (1950).

79. F. Engels, *Socialism: Utopian and Scientific*, trans. E. Avelin, London, Swan Sonnenschein & Co., 1892.

creation of different rules, but accepted a world divided into States. Although controversy surrounds the Soviet international legal theory, the position seems to be that the Soviet State only recognised the customary law norms and international treaties that it consented to. Previously existing international law was accepted (above all, the principles of respect for State sovereignty, equality and non-interference in internal affairs), except for "reactionary" norms and institutes of international law which "justified" oppression and inequality in international relations [80]. The professed foreign policy of the Soviet Union was based on three international legal ideas or "principles": *(a)* "socialist internationalism", directed to strengthening fraternal solidarity, close cooperation and mutual assistance between socialist States and peoples; *(b)* "peaceful coexistence", aimed first and foremost at mutually beneficial commercial and economic relationships and scientific-technical links with capitalist countries; and *(c)* "equality and self-determination of nations and peoples" [81].

32. In Soviet literature, socialist private international law is inseparably connected with these three so-called principles of public international law, since the basic goal of the rules of private international law, as applied by the Soviet State, is the legal regulation of its international cooperation in the international economic, scientific-technical and cultural relationship, on the basis of the principles of equality of rights and non-discrimination [82]. The principle of peaceful coexistence presupposes the reciprocal recognition by capitalist countries of the socialist system of property and Soviet legislation. In return, the Soviet Union recognises the effect of the legal system and of the rights arisen on the basis of the law of the capitalist State. As regards relationships between socialist States, the task of private international law is to strengthen the legal mechanism of socialist economic integration and securing the rights and interests of the peoples of the countries of the socialist fraternity. As regards relationships with "liberated" States, the Soviet doctrine exposed the legal methods of neocolonialism conducted by imperialist States and proceeded from the recognition of peoples' and nations' sovereignty over their natural resources, while conducting social and economic reorganisation at their discretion [83].

---

80. G. I. Tunkin, *Theory of International Law*, trans. W. E. Butler, Cambridge, MA, Harvard University Press, 1974, at pp. 22-35.
81. *Ibid.*, at pp. 3-20.
82. M. M. Boguslavskii, *Private International Law: The Soviet Approach*, trans. D. Winter and W. B. Simons, Dordrecht, Martinus Nijhoff, 1988, at pp. 1-8.
83. *Ibid.*, at pp. 18-21.

But on the whole, the theory and the practice of the USSR and the other socialist countries followed traditional private international law doctrine characterised by conflict rules having in principle a general character, and do not make any distinction in relation to various legal systems [84].

33. In the early years of the twentieth century, the United States was among the leading States promoting the development of legal regimes and institutions to bring about the peaceful resolution of disputes between nations, yet it failed to join the League of Nations. Later still, in the years that followed the Second World War, the United States exerted its influence to negotiate treaties and establish institutions to manage international relations on an unprecedented scale [85], the United Nations and the Bretton Woods institutions being only the first. It was one of the first States to recognise as compulsory *ipso facto* and without special agreement the jurisdiction of the ICJ in 1946, yet it withdrew its consent in 1985 when the Court issued an unfavourable decision in a case relating to US military intervention in Nicaragua [86]. The United States pioneered international human rights when Eleanor Roosevelt chaired the UN Commission on Human Rights and the committee that drafted the Universal Declaration of Human Rights; yet it did not begin to ratify major human rights treaties until the late 1980s, and its implementation of international human rights standards is sometimes portrayed as selective, particularly as it continues to apply the death penalty and sees cases of extraterritorial torture of detainees. US practice has caused its commitment to international law to often be questioned. The US enthusiasm for international law has been depicted as indirectly proportional to its perceived vital national interests. This attitude towards international law is sometimes attributed to "American exceptionalism", which is often ascribed to its peculiar social, political and economic history. For the present purpose, the constitutional law of the United States resulting from this history and theory might help explain not only its struggle to abide by some public international law rules and international human rights standards (e.g. because of the

---

84. L. A. Lunz, "L'objet et les principes fondamentaux du droit international privé en URSS et dans les autres pays socialistes européens", *Clunet* (1973), pp. 97 *et seq.* at 108.

85. W. H. Taft, "A View from the Top: American Perspectives on International Law After the Cold War", *Yale Journal of International Law*, Vol. 31 (2006), pp. 503 *et seq.*

86. *Military and Paramilitary Activities in and against Nicaragua (Nicaragua v. United States of America)*, Merits, Judgment, *ICJ Reports 1986*, p. 14.

courts' expansive extraterritorial application of US laws often trampling on the rights of other States and on the sovereign immunity of foreign States, and the states' powers and handling of the death penalty), but also the peculiarities of US conflict of laws.

34. In the United States, federalism and states' legislative autonomy encouraged an early keen interest in conflicts law. Still today, by far the greater number of conflict cases are interstate, not international. This explains why "conflict of laws" is the term primarily used in the United States (also in Canada, another federal State) while most other countries refer to "private international law". From a historical perspective, in fact intra-national conflicts have been of much importance in the development of the discipline. It should be remembered that problems arising from the existence of a multitude of Italian city-states with different laws but theoretically subject to the Holy Roman Empire, and later conflicts between the *coutumes* of the provinces of the feudal Kingdom of France, gave rise to the Statutist methodology whose features are relevant to contemporary US conflict of laws. This is shown in Currie's use of the unilateral conflictual method, in the notion of examining the "policy" of the conflicting laws and in the concept that a State's "interest" in applying its laws is an acceptable criterion for resolving conflicts [87]. Thus, by default, besides the few international conventions that avoid or resolve conflicts through substantive or conflict rules, in the United States the conflict rules that apply in international situations are the ones that come into play in interstate situations. Concerns that intermingling rules for interstate and international cases produces results which are not satisfactory for either group of cases have prompted calls for developing an independent approach to international conflict of laws [88], to no avail.

Until well into the twentieth century, under Story's influence, US conflicts law resembled that of Europe, as courts and scholars viewed the subject as a body of multilateral rules that, rather than decide cases directly, allocate legal relationships to one State or another [89]. The multilateral approach persisted in the 1934 Restatement of Conflict of Laws (the First Conflicts Restatement) adopted by the American Law Institute whose reporter was Joseph Beale (1861-1943). However,

---

87. S. C. Symeonides and W. Collins Perdue, *Conflict of Laws: American, Comparative, International*, 3rd ed., St. Paul, West, 2012, at p. 12.

88. A. A. Ehrenzweig, "Interstate and International Conflict of Law: A Plea for Segregation", *Minnesota Law Review*, Vol. 41 (1957), pp. 717 *et seq.*

89. Juenger, *op. cit.* (note 26), at pp. 88-89.

Beale sought to accommodate territoriality with the continued need to recognise foreign law in the theory of "vested rights"[90] expounded in England by Dicey[91] who, in turn, had borrowed from Huber's reference to "rights acquired" within a foreign territory[92]. It was the "fact" of a right created abroad, not the foreign law, that was entitled to recognition[93].

Although highly influential in the courts until the 1950s, the reaction led by Walter Wheeler Cook (1873-1943) and his "local law theory"[94] put into question the greater weight assigned by the vested rights theory to foreign law than to local law, ultimately resulting in Supreme Court decisions of important doctrinal repercussions. Instead of compelling a particular choice of law, the Court construed the Constitution's "full faith and credit clause" (which prescribes that states within the United States have to respect the "public acts, records and judicial proceedings of every other state") as merely preventing the application of local law where the forum lacks a reasonable connection with (or a sufficient interest in) the controversy[95]. By removing constitutional support from Beale's system, the Court provided the stimulus for a reorientation of the discipline and the "American conflicts revolution" that followed[96].

The more radical reformers advocated the outright abolition of multilateralism. Notable among them was Brainerd Currie for whom a State has the *right* to apply its own law when a "governmental interest" of the forum is present. According to Currie, choice of law questions should be resolved so as to promote State interests, that is, the governmental policies said to underlie the laws in question[97]. State interests, in turn, were to be determined through a process of construction that relied on assumptions with little basis in actual legislative intent[98]. Albert A. Ehrenzweig elevated *lex fori* to the status

---

90. J. H. Beale, *3 Cases on the Conflict of Laws*, Cambridge, MA, Harvard Law Review Publishing Association, 1902, at pp. 517 *et seq.*

91. Dicey, *op. cit.* (note 42), at p. 22.

92. Huber, *op. cit.* (note 28), at p. 164.

93. J. H. Beale, *A Treatise on the Conflict of Laws*, Vol. 3, New York, Baker, Voorhis & Co., 1935, at pp. 53, 1969, 1974.

94. W. W. Cook, "The Logical and Legal Bases of the Conflict of Laws", *Yale Law Journal*, Vol. 33 (1924), pp. 457 *et seq.*

95. Juenger, *op. cit.* (note 26), at pp. 94-95. Cf. *Alaska Packers Association* v. *Industrial Accident Commission*, 294 U.S. 532 (1935); *Pacific Employers Insurance Co.* v. *Industrial Accident Commission*, 306 U.S. 493 (1939).

96. Juenger, *ibid.*, at pp. 95-96.

97. B. Currie, "Notes on Methods and Objectives in the Conflict of Laws", *Duke Law Journal* (1959), pp. 171 *et seq.* at 178.

98. L. Brilmayer, "Interest Analysis and the Myth of Legislative Intent", *Michigan Law Review*, Vol. 78 (1980), pp. 392 *et seq.*

of basic rule [99]. David F. Cavers (1903-1988), who can be considered a precursor of the revolution, proposed "result-selective principles" [100]. Arthur T. von Mehren (1922-2006) and Donald T. Trautman (1924-1993) adopted a "functional approach": weighing conflicting policies (something Currie rejected) supplemented by multilateral rules [101]. Another extreme postulate was made by Robert A. Leflar (1901-1997) who proposed that courts should apply the "better law" [102].

The novel approaches proffered by academicians have prevailed in a majority of US jurisdictions, although it is often unclear which particular methodology [103]. As a result, the 1969 Restatement (Second) of the Conflict of Laws constitutes a mixture of discordant approaches, with (Currie's) identification of States substantive policies sharing the limelight with other considerations, and the retention of the rules-based method of the First Restatement (opposed by Currie). Considering moreover that the traditional theory of the First Restatement persists as the dominant choice of law methodology in several states [104], and in view of the reaction from judges and scholars to the new learning excesses, one thing seems clear: the "American revolution" has failed to produce a coherent philosophy [105], much less a system that yields the purported "certainty, predictability and uniformity of results" (stated as a "relevant factor" in choice of law, though hardly unexpectedly with another six, in Section 6, para. 2 *f*) of the Second Restatement). Not surprisingly, outside academia, lawyers in the US spend significant time, energy and resources on the process of forum selection.

This notwithstanding, the American conflicts revolution contributed to a reorientation of the discipline away from the technicalities of

---

99. A. A. Ehrenzweig, "The *Lex Fori*: Basic Rule in the Conflict of Laws", *Michigan Law Review*, Vol. 58 (1960), pp. 637 *et seq*.

100. D. F. Cavers, "A Critique of the Choice-of-Law Problems", *Harvard Law Review*, Vol. 47 (1933), pp. 173 *et seq*.

101. A. T. von Mehren and D. T. Trautman, *The Law of Multistate Problems*, Boston, Little, Brown & Co., 1965, at pp. 76-79, 376-378.

102. R. A. Leflar, "Choice-Influencing Considerations in Conflicts Law", *New York University Law Review*, Vol. 41 (1966), pp. 267 *et seq*. at 282-304; R. A. Leflar, "More on Choice-Influencing Considerations", *California Law Review*, Vol. 54 (1966), pp. 1584 *et seq*.

103. Juenger, *op. cit.* (note 26), at pp. 106-107; Hay *et al.*, *op. cit.* (note 32), at pp. 75-79.

104. See W. M. Richman and D. Riley, "The First Restatement of Conflict of Laws on the Twenty-Fifth Anniversary of Its Successor: Contemporary Practice in Traditional Courts", *Maryland Law Review*, Vol. 56 (1997), pp. 1196 *et seq*.

105. Juenger, *op. cit.* (note 26), at p. 143.

traditional doctrine by weighing in with more material and other considerations, if only to give way on no few occasions to the application of the *lex fori* (although this claim has been controverted lately [106]).

In light of significant legal developments in the field of conflict of laws since the influential Restatement Second was published in 1972, the American Law Institute is currently developing the Restatement of the Law Third, Conflict of Laws. The project has been underway since 2014 and may near completion in the next quinquennium. The Restatement Third is taking a much more rule-oriented approach than the Restatement Second, through the adoption of a "two-step" methodology: every choice of law problem can be settled by first determining each relevant law's scope through the ordinary processes of statutory construction, and then resolving any resulting conflict through the application of priority rules. This Restatement would operate through a comprehensive system of choice of law rules dealing with issues, such as the applicable law to marriage and real property, together with a very small number of exceptions as specified by rules. The rules have been derived through the two-step process by positing the likely scope of State laws in light of their likely or generally accepted purposes and then attempting to determine "the most appropriate law" by identifying the State with the dominant interest [107]. Only in (rare) cases where no Restatement rules provide guidance are judges to perform the "two-step" analysis themselves.

The draft Third Restatement purportedly breaks ranks with "governmental interest analysis" and the consideration of factors specific to interstate disputes, such as comity, and embraces the modern choice of law theory. And yet, paradoxically, the determination of State "interests" or "scope" is embodied in a general rule. The question has been posed as to which trend will prevail in practice when rule-based decision-making and *ad hoc* analysis of substantive policy lead to different outcomes [108].

---

106. C. A. Whytock, "Myth or Mess? International Choice of Law in Action", *New York University Law Review*, Vol. 84 (2009), pp. 719 *et seq.*

107. American Law Institute, "Restatement of the Law Third. Conflict of Laws", Council Draft No. 2 (12 September 2017), Comment *c)* on Section 5.02, Subsection (2), p. 125.

108. For a critique, see L. Brilmayer and D. B. Listwa, "Continuity and Change in the *Draft Restatement (Third) of Conflict of Laws:* One Step Forward and Two Steps Back?", *The Yale Law Journal Forum*, Vol. 128 (2018), pp. 266 *et seq.*, https://www.yalelawjournal.org/pdf/BrilmayerListwa_9bg766tn.pdf.

(g) *The growing international legal community*

35. Perhaps the most significant development of the post-war period was the addition of a new field of cooperation and organisation to the traditional system of international law. A second development has been the growing importance of non-Western States as members of the system of international law developed by a relatively small group of Western States. Between 1945 and 1960 alone, three dozen new States in Africa and Asia achieved autonomy or outright independence from their European colonial rulers. The number of States recognised as sovereign nations by most countries has almost quadrupled since the Second World War (from 51 to 193). The new States have generally abided by the existing rules of customary law, participated in treaties and joined a variety of international organisations, drawn by the necessity of collaboration to face the challenges of statehood in general and economic development in particular [109].

36. Private international law in the newly independent States bears the influence of the legal tradition of their former colonial rulers. Even when conditions allowed for choice of law problems in precolonial societies, the practices and rules that may have been developed were largely superseded by the imported Western legal systems. Of course, existing traditions and religious influence have helped shape in a variable degree the current statutory or common law national rules. However, for the most part, common law jurisdictions often turn to English cases and doctrine for persuasive authority (including India, which became independent in 1947), and the private international law of the former colonies of Portugal and France form part of the wider "Lusophone" and "Francophone" legal traditions respectively [110].

37. One effect of the irruption on the scene of the Islamic civilisation in particular was interreligious law as a set of "special choice of law rules" to solve the internal and interreligious conflict of laws emanating from legal systems where the applicable law depends on religious affiliation. While there is no agreement whether interreligious law is a part of private international law, recourse must be had to interreligious law when the choice of law rule designates the law of a foreign State

---

109. Damrosch and Murphy, *op. cit.* (note 37), at p. xxviii.
110. See generally J. Basedow, G. Rühl, F. Ferrari and P. de Miguel Asensio (eds.), *Encyclopaedia of Private International Law*, Vol. 3: *National Reports*, Cheltenham, Edward Elgar, 2017.

Influence of Public Int'l Law upon Private Int'l Law 171

with religion-based legal pluralism [111]. Problems arise mainly in family law and property where Muslims are bound by Shari'a. Interreligious law transcends the Islamic world, and reminiscences can be found, for example, in Israeli family law (which kept the millet system inherited from the Ottoman Empire and the British mandate), and secular countries like Kenya, South Africa and Suriname.

38. China existed as an independent State for centuries before the emergence of modern private international law. But it is also in this period, after the end of the so-called Cultural Revolution (1966-1976), when it started to develop a modern system of choice of law rules for the first time and to join a number of international conventions in the field. Private international law has not been fully systematised in China, but overall contemporary practice reflects the European scholarship and tradition [112].

39. Membership of the Hague Conference grew from fourteen in 1955 to ninety-one in 2022 (ninety States and the European Union). By the 1990s it was becoming evident that the advancements in the European integration process was putting at serious peril the future viability of the HCCH, as its membership was still made up mostly of European countries and the then European Commission was looking to develop further its own body of private international law. In this context, two strategic decisions were taken. On the one hand, the HCCH Statute was amended in 2007 to allow for the admission as a member of "any Regional Economic Integration Organisation" which is "constituted solely by sovereign States, and to which its member States have transferred competence over a range of matters within the purview of the Conference, including the authority to make decisions binding on its member States in respect of those matter" (new Art. 3 (1) and (2)). Pursuant to the amendment, the EC (later EU) became a member of the HCCH on 3 April 2007. On the other hand, a consistent effort was made to increase and diversify the HCCH membership beyond the European continent.

Partly due to the more "outward bound" policy, forty-four new members have joined the HCCH in the new century alone, representing 48 per cent of the membership. Recent growth has come mainly from Asia (sixteen) but also from Eastern Europe (eleven), with Western

---

111. I. Gallala-Arndt, "Interreligious Law", in Basedow *et al* (eds.), *ibid.*, Vol. 2, pp. 1020 *et seq.*

112. Q. Kong and H. Minfei, "The Chinese Practice of Private International Law", *Melbourne Journal of International Law*, Vol. 3 (2002), pp. 414 *et seq.*

and Latin American countries being for the most part members of the Hague Conference. In turn, most African, Southeast Asian and Central Asian States are not integrated, including the majority of Islamic countries, even though many have signed or ratified one or more Hague Conventions or are in the process of becoming a member. In 2020 alone the Dominican Republic, Uzbekistan and Nicaragua deposited their instruments of acceptance of the Statute becoming the eighty-fourth, eighty-fifth and eighty-sixth members respectively, and Thailand and Mongolia applied to become members. Namibia, Thailand, Mongolia and Honduras became the eighty-seventh, eighty-eighth, eighty-ninth and ninetieth members of the Hague Conference respectively in 2021 and El Salvador applied for admission. Following a six-month voting period upon which a majority of votes was cast in its favour, El Salvador became the ninety-first member by accepting the Hague Conference Statute in 2022. Another two countries, Colombia and Lebanon, admitted respectively in 2006 and 2010, still need to accept the Statute to become a member State.

Some Hague Conventions have gained wide acceptance. For example the 1961 Convention Abolishing the Requirement of Legalisation for Foreign Public Documents has 121 contracting parties, the 1980 Convention on the Civil Aspects of International Child Abduction has 101 contracting parties, and the 1993 Convention on Protection of Children and Co-operation in Respect of Inter-Country Adoption has 104 contracting parties, just to mention the conventions in which the contracting parties have outnumbered significantly the Hague Conference member States).

Over time, key challenges of diversity for the Hague Conference have included: *(a)* the development of rules to allow ratification of conventions by federal States on behalf of only some of its territorial units, and to allocate the competence of courts and to determine the applicable law within a federal system, which was important to the United States, Canada and quasi-federal States like the United Kingdom; *(b)* bridging the divide between the civil (continental) law and the common law systems in family law, contracts, torts, property law, succession and civil procedure, as well as between approaches of the United States and other – including common law – approaches. Requests for obtaining pre-trial discovery of documents, recognition of judgments awarding punitive or exemplary damages, and different approaches regarding the jurisdiction of the courts, pose some of the most serious barriers to cooperation; *(c)* cross-border issues involving countries whose legal systems are based on religion in particular Jewish and Shari'a law and secular countries, which led to the launching of the "Malta Process" in 2004 (a cross-cultural dialogue between judges and high-level administrative representatives aimed at securing rights of contact between parents and children and addressing the wrongful removal of children); *(d)* the transfer of legislative authority from member States to the European Union which has opened up the possibility for the EU to become itself a party to Hague conventions in matters within its competence; and *(e)* taking account of human rights developments at multilateral level and accompanying these developments in the Hague Conference's normative work and the implementation of existing conventions, in particular with regard to the 1989 UN Convention on the Rights of the Child and the 2006 UN Convention on the Rights of Persons with Disabilities [113].

In an effort to increase its global coverage and inclusiveness (in terms of membership, conventions adherence and engagement in its work), the Hague Conference has opened two regional offices servicing the Latin American and Caribbean and the Asia-Pacific regions respectively. A deliberate effort has also been undertaken to promote the use of the acronym "HCCH" (which stands for Hague Conference / Conférence de La Haye) instead of "Hague Conference on Private International Law", as the organisation's official name is statutorily established although it points to its originally Eurocentric composition and focus. In recent years, the Conference has invested more resources in its non-normative work than in developing new instruments, to assist States, particularly less developed ones, with the implementation of the conventions and to promote consistency and good practices in their daily operation (often called post-convention services) [114].

---

113. J. H. A. van Loon, "Embracing Diversity: The Role of the Hague Conference in the Creation of Universal Documents", in V. Ruiz Abou-Nigm and M. B. Noodt Taquela (eds.), *Diversity and Integration in Private International Law*, Edinburgh, Edinburgh University Press, 2019, pp. 31 *et seq.*

114. On the work of the HCCH, see generally G. Droz, M. Pelischet and A. Dyer, "La Conférence de la Haye de droit international privé vingt-cinq ans après la création de son bureau permanent", *Recueil des cours*, Vol. 168 (1980), pp. 123 *et seq.*; A. E. von Overbeck, "La contribution de la Conférence de la Haye au développement du droit international privé", *Recueil des cours*, Vol. 233 (1992), pp. 9 *et seq.*; A. Boggiano, "The Contribution of the Hague Conference to the Development of Private International Law in Latin America: Universality and *genius loci*", *Recueil des cours*, Vol. 233 (1992), pp. 99 *et seq.*; J. D. McClean, "The Contribution of the Hague Conference to the Development of Private International Law in the Common Law Countries", *Recueil des cours*, Vol. 233 (1992), pp. 267 *et seq.*; K. Lipstein, "One Hundred Years of Hague Conferences on Private International Law", *ICLQ*, Vol. 42 (1993), pp. 553 *et seq.*

With membership expansion has also come pressure, particularly on the side of Latin American countries, for more inclusiveness in the work and outcomes of the HCCH by means of a fairer distribution of chairmanships (of the Council on General Affairs and Policy and of working and expert groups) and of equal opportunity employment within the Permanent Bureau, where participation of WEOG (Western European and Others Group) nationals have traditionally predominated, as well as through the addition of Spanish as a language at the Conference's meetings together with English and French. This phenomenon is not unique to the HCCH but occurs also at other "public" international law institutions in The Hague like the International Criminal Court (ICC) and the Organisation for the Prohibition of Chemical Weapons (OPCW), in which WEOG is still considerably overrepresented and Asia and Latin America in particular are significantly underrepresented.

At the time of writing, the idea of geographic distribution of posts based on the five geopolitical regional groups of member States of the United Nations at the HCCH is on the table. Indeed, the current informal arrangement where the United States and Canada are clustered with the Group of Latin American and the Caribbean (GRULAC) rather than with WEOG countries, paired with the absence of a rotation policy for electing nationals from its member States, is increasingly perceived by many as failing to guarantee equal participation of GRULAC member States in particular – and more generally of the non-Western world – in the HCCH's leadership. This idea is met with resistance by some States which signal the technical (that is non-political) character of the HCCH but for whom a change in the status quo would require relinquishing certain positions. While political considerations are certainly not missing in the position of developing States, those considerations do not minimise the need for enhanced inclusiveness in the future direction of the HCCH. Meanwhile, with the joining of Honduras and El Salvador as members, Spanish has become the official language of the largest number of HCCH member States (currently fifteen countries, which will rise to sixteen when Colombia joins), with English falling to second place (fourteen countries). French is the official language of seven member States (this will rise to eight when Lebanon joins), but it is also spoken in several other mainly African countries that are parties to one or more HCCH conventions and efforts are underway to encourage them to become members of the organisation. In this scenario, the exclusion of Spanish as a language is difficult to sustain.

As States are generally wary of increasing their assessed contributions to the budget of international organisations, some countries fear that the addition of Spanish may come at the expense of French in particular which, like English, is not statutorily established as an official language of the HCCH.

40. UNIDROIT for its part had twenty-three members in 1940 and sixty-three in 2022. The geographical distribution of UNIDROIT membership has roughly reproduced that of the HCCH, while the degree of adherence to UNIDROIT instruments is harder to assess as over the years it has prepared many model laws, principles and contractual guides. However, UNIDROIT's most successful binding instrument, the 2001 Cape Town Convention on International Interests on Mobile Equipment has been ratified by a significant number of non-Western countries including several African countries. Also the Principles on International Commercial Contracts (currently in the fourth edition) have influenced national legislations and solutions worldwide.

41. The different nature of UNCITRAL as a legal body of the United Nations favours the participation of the wider membership (although the Commission is composed since 2004 of sixty members, other countries often participate in its work as observers, the difference between a member State and an observer State being blurred in practice as decisions in UNCITRAL are taken by consensus rather than majority voting). Like UNIDROIT and lately the HCCH, UNCITRAL has produced both binding and non-binding instruments. The 1958 New York Convention on Recognition and Enforcement of Foreign Arbitral Awards (which precedes UNCITRAL) has achieved almost universal ratification. To a lesser extent the UN 1980 Convention on Contracts for the International Sale of Goods and the Model Laws on International Commercial Arbitration of 1985 and on Electronic Commerce of 1996 have been ratified or enacted by a diverse group of States.

42. As global participation has grown, institutions have sought to adapt their missions and methods of work to take account of the diversity of legal traditions and development needs. This has caused tensions as wider acceptance especially of old conventions relating to family matters may come at the price of reform and compromise in Western values. However, it has also encouraged engagement and the seeking of consensus as the principled decision-making system *in lieu* of the traditional voting procedure in the three sister organisations.

(h) *International law and development*

43. Another development in international law since the Second World War originates in the growing gap between the economically developed and the less developed countries. This led to the creation of new type of international body specifically designed to promote cooperation for economic development, among them the International Bank for Reconstruction and Development (soon called the World Bank), the International Monetary Fund, and the United Nations Conference on Trade and Development (UNCTAD). It has also intensified challenges to certain norms of international law developed by Western capital-exporting States, notably for the protection of foreign investors [115].

44. Injury to aliens and their property has always caused incidents, and States have exercised diplomatic protection on their behalf. However, in the nineteenth century, as Western capital expanded considerably overseas, the problem acquired a wider dimension [116]. In the century after 1840 around sixty commissions were set up to deal with claims between investor States and hosts to foreign capital. In Latin America the Calvo doctrine, enunciated by the Argentine jurist Carlos Calvo, sought to limit diplomatic intervention (by the United States and European States) by compelling aliens entering into a contract with the host State to pursue claims in local courts [117]. The validity of the contractual clause has been disputed by capital-exporting countries and generally rejected by arbitral tribunals by reasoning that since the holder of the right of diplomatic protection is not the investor but the State of nationality, the investor cannot waive diplomatic protection. The corollary is that the Calvo clause does not bind States as a matter of international law except as may be provided in some older treaties (for example Arts. 8 of the 1990 Agreements for the promotion and protection of investments between Argentina and the United Kingdom and between Argentina and Italy contain "soft Calvo" or "half-hearted Calvo" provisions that oblige private investors to resort to local courts as a previous requirement to arbitration) [118].

---

115. Damrosch and Murphy, *op. cit.* (note 37), at p. xxviii.
116. Crawford, *op. cit.* (note 10), at p. 595.
117. C. Calvo, *Le droit international théorique et pratique*, 5th ed., Paris, A. Rousseau, 1896, at pp. 231-232. See also L. A. Barazzutti, "Limitación a la protección de los nacionales en el exterior", in H. D. Piombo (ed.), *Doctrinas argentinas de derecho internacional*, Buenos Aires, Astrea, pp. 92 *et seq.* at 92-105.
118. See the developments and a critique, in R. E. Vinuesa, "Bilateral Investment Treaties and the Settlement of Investment Disputes under ICSID: The Latin American

Since the beginning of the twentieth century, the existence of a customary "international minimum standard" to be accorded to foreign investors and investments (as opposed to the standard of national treatment of the Calvo doctrine) has been the object of much debate. The question relates to the compensation rule since, as a matter of international law, expropriation of foreign property is in principle not unlawful.

Disputes over the treatment of foreign investments increased in the period after 1945, as some countries favoured nationalisation and strengthening the role of the public sector in key sectors of their economy. In a sign of the changing times, resort to international arbitration also increased significantly, based on contractual clauses, as foreign investors generally distrusted local courts [119]. A corollary of this was the conclusion, and widespread ratification that ensued, of the 1958 New York Convention on Recognition and Enforcement of Foreign Arbitral Awards. The Convention seeks to facilitate the recognition and enforcement of awards to the greatest extent possible (Art. 7 (1)), which is the most noteworthy feature of the Convention. Significantly also, the Convention makes respect for the arbitration agreement a treaty obligation (Art. 2) but does not address the issue of State immunity from execution (nor should it have as the Convention was initially meant to apply to commercial disputes) which is to be decided in accordance with existing law. In another development, in 1962 the UN General Assembly adopted the Declaration on Permanent Sovereignty over Natural Resources (UN General Assembly Res. 1803 (XVII)), which was followed twelve years later by the adoption of the Charter of Economic Rights and Duties of States (UN General Assembly Res. 3281 (XXIX)). Regardless of their different approaches as to the extension to which international law was applicable, the Declaration as well as Article 2 of the Charter place emphasis on the rights of the State receiving foreign capital, and in a general way contradict the thesis of "respect for acquired rights" of the investor supported by Western governments [120].

Experience", *Law and Business Review of the Americas*, Vol. 8 (2002), pp. 501 *et seq.* at 508-509.

119. A. Newcombe and L. Paradell, *Law and Practice of Investment Treaties: Standards of Treatment*, Alphen aan den Rijn, Kluwer Law International, 2009, at pp. 24-25.

120. I. Brownlie, *Principles of Public International Law*, 7th ed., Oxford, Oxford University Press, 2008, at p. 548.

45. Apart from general international law and the legal devices adopted by investors and hosts to foreign capital, since the 1960s the capital-exporting States have sought to protect investors by means of international agreements in the form of "bilateral investment treaties" (BITs) and investment chapters contained in free trade agreements. BITs were signed liberally during the 1990s as developing States looked to attract foreign direct investment [121]. One notable characteristic is that they provide for arbitration between the foreign investor and the State (not State-to-State arbitration) independent from an arbitration clause in a contract or a pre-existing formal contractual relationship. On the proposal of the World Bank, an International Centre for Settlement of Investment Disputes (ICSID) has been set up by means of a multilateral treaty – the 1965 ICSID Convention – to provide for conciliation and arbitration services. To entice States that were leery of international arbitration to ratify the Convention and to depoliticise investor-State disputes, Article 27 precludes from resorting to diplomatic protection [122]. A separate set of rules developed by UNCITRAL in 1976 for the settlement of international commercial disputes has been increasingly used in investor-State arbitration. The 2013 version of the UNCITRAL Arbitration Rules incorporates the UNCITRAL Rules on Transparency in Treaty-based Investor-State Arbitration that aim at greater accountability in proceedings that may affect the public interest or raise human rights concerns. The Transparency Rules will apply retroactively to existing BITs, even if the arbitration is conducted under ICSID or another set of arbitration rules or procedures (different from the UNCITRAL Arbitration Rules), if the respondent State and the home State of the claim are parties to the 2014 UN Convention on Transparency in Treaty-based Investor-State Arbitration (also known as the Mauritius Convention on Transparency) provided that certain conditions are met.

46. In recent years, practical and policy concerns have prompted action to reform both investment treaty standards and investor-State arbitration. Some concerns are common to private commercial arbitration and to investor-State arbitration such as impartiality and independence of arbitrators, predictability and consistency of

---

121. ICSID, "Database of Bilateral Investment Treaties", https://icsid.worldbank.org/en/Pages/resources/Bilateral-Investment-Treaties-Database.aspx (accounting for 2,916 BITs signed by 159 countries, besides other investment treaties concluded on a multilateral basis or as chapters in a free trade agreement).

122. Alvarez, *op. cit.* (note 3), at p. 224.

interpretation, and high costs. Other concerns result from the public interest that is involved in investment arbitration. In addition to the issue of transparency, many States and civil societies call for safeguarding the right of States to regulate foreign investment for pursuing sustainable development objectives and human rights commitments [123]. As a result, several countries have sought to renegotiate existing BITs (e.g. Argentina, Canada, Ghana, India) while few have terminated them and/or withdrawn from the ICSID (Bolivia withdrew in 2007, Ecuador in 2009 and Venezuela in 2012, with Ecuador re-joining in 2021). Other proposals aim at the reform of arbitral institutions (e.g. replacing arbitral tribunals with standing courts, or setting up some multilateral appellate mechanism) [124]. A remarkable feature of this development is that it has been driven by the European Union and other countries such as Canada. As arbitration claims against developed countries were brought more often by foreign investors with damages effectively awarded or agreed to in settlements amounting to hundreds of millions of dollars, the position of the States is determined less by the developed/developing countries dichotomy than by the exposure of the State as respondent in investment treaty arbitrations.

If regional lessons are to be learned, the survival of the investor-State dispute settlement (ISDS) regime may come at the cost of its reform. Indeed, expansive arbitral rulings that trump State consent and come at exorbitant cost to taxpayers bring the danger, however minimal, of removing the ISDS, similarly to what occurred when the 2014 EU-Canada Comprehensive Economic and Trade Agreement (CETA) embraced the investment court system – by establishing a permanent Tribunal and an Appellate Tribunal competent to hear claims for violation of the investment protection standards established in the Agreement, once Chapter Eight which includes the investor-State dispute resolution provisions enters into force. Another illustrative example of this is what happened between the United States and Canada and between Mexico and Canada when the North American Free Trade Agreement (NAFTA) was renegotiated and replaced by the United States-Mexico-Canada Agreement (USMCA) in 2018.

---

123. B. Simma, "Foreign Investment Arbitration: A Place for Human Rights?", *ICLQ*, Vol. 60 (2011), pp. 573 *et seq.*
124. UNCITRAL, "Possible reform of investor-State dispute settlement (ISDS): Consistency and related matters", UN Doc. A/CN.9/WG.III/WP.150 (28 August 2018), pp. 44-17, and related documents.

Most recently, ICSID member States have approved a comprehensive set of amendments to the Centre's flagship rules for resolving disputes between foreign investors and their host States. The 2022 ICSID Regulations and Rules, which came into effect last July, streamline procedures to enable greater access and speed, increase transparency of ICSID orders and awards and enhance disclosures of third-party funding to avoid conflicts of interest. Also, the Secretariats of ICSID and UNCITRAL have jointly prepared a draft code of conduct meant to serve as a unique and universal standard that would permit a harmonised approach to ethical requirements for adjudicators handling international investment disputes [125]. Possible means of implementation and enforcement of the code include its incorporation in investment treaties, agreement of disputing parties on a case-by-case basis, and incorporation in procedural rules, and sanctions in case of non-compliance [126].

Reforming investment standards faces difficulties of its own as standards are treaty-based and are indissolubly linked to the fragmented nature of the ISDS regime. Multilateral efforts to set international standards for investment protection – from The Havana Charter for the establishment of the International Trade Organisation, which contained a comprehensive set of investment rules in the 1940s, to negotiations on a proposed draft Multilateral Agreement on Investment (MAI) launched at the Organisation for Economic Co-operation and Development (OECD) in 1995 – have failed in the past [127]. And if lessons are to be drawn from the MAI experience, some States may continue to prefer the competitive advantage that they have in bilateral agreements and the assertion of investment protection that ICSID tribunals favour.

47. The problem with the ISDS regime is that a dispute resolution mechanism that is designed to encourage and promote foreign private investment cannot be expected to run on public or national interests in the first place. Investment arbitration rests on party autonomy as expressed in the consent to arbitrate, with the characteristic that one of

---

125. UNCITRAL, "Possible reform of investor-State dispute settlement (ISDS) Draft Code of Conduct – Note by the Secretariat", A/CN.9/WG.III/WP.209 (15 September 2021).

126. UNCITRAL, "Investor-State dispute settlement (ISDS) reform. Draft code of conduct: Means of implementation and enforcement – Note by the Secretariat", A/CN.9/WG.III/WP.208 (2 September 2021).

127. K. Greenman, "The Law of State Responsibility and the Persistence of Investment Protection", in I. Venzke and K. J. Heller (eds.), *Contingency in International Law: On the Possibility of Different Legal Opinions*, Oxford, Oxford University Press, 2021, pp. 391 *et seq*. at 398-399.

the parties in the dispute is a State, a main subject of international law with rights and duties under that legal system that may conflict with the BIT (or its interpretation by an arbitral tribunal). This raises two concerns from an international law perspective which lead to a crisis of legitimacy of the regime itself. The first relates to the States' ultimate competence to interpret BITs and other treaty provisions, which is what the reform process driven by the European Union ultimately aims to ensure, under the premise that the involvement of States and the public interests that are at stake in an investment dispute justify higher standards of transparency, accountability and consistency. The second relates to the relevance of the international legal rules of general application, including the classical doctrine of State responsibility, to disputes between a foreign investor and a State. One inference is that arbitrators must allow the invocation of defences precluding the wrongfulness of a conduct of a State under customary international law such as state of necessity and *force majeure*. Another inference is that arbitrators must construe investment provisions in order to avoid contradiction with the human rights and environmental standards and other general international obligations as may be applicable to the State in the dispute.

On this view, generally taken by host States and legal scholarship, ISDS is a mechanism to resolve "public" law disputes, subordinated to public international law, whose legitimacy is to be assessed by reference to the fundamental values of such a public institutional setting. This conceptualisation implies that the investment regime should better respect policy space and that arbitrators should apply standards of review that are deferential to States. It also justifies the agenda for reform of the investment regime to include greater transparency, processes for review of arbitral awards and protection of collective rights.

In opposition, foreign investors and the position occasionally taken by countries of origin of the investment generally emphasise the "hybrid" (public/private) nature of the regime, party autonomy as a legitimising value and the existence of an autonomous arbitral legal order[128]. The points are made that investor-State disputes alleging breach of contractual or comparable State promises are not conceptually distinct from typical commercial arbitration disputes between two

---

128. See A. Roberts, "Clash of Paradigms: Actors and Analogies Shaping the Investment Treaty System", *AJIL*, Vol. 107 (2013), pp. 45 *et seq.*; J. E. Alvarez, "Is Investor-State Arbitration "Public"?", *Journal of International Dispute Settlement*, Vol. 7 (2016), pp. 534 *et seq.*

private parties, and that private international law – including national law on jurisdiction, conflict of laws, and recognition and enforcement of judgments or arbitral awards – accounts for much of the investment regime and ISDS [129]. Admittedly, characterisation of the investment regime as hybrid also carries implications as it focuses on the value of property and contractual rights, and the possibilities for private and hybrid forms of standard setting to regulate externalities such as environmental harms, product safety and human rights violations that occur within today's global value chains. It also emphasises the potential for regime evolution associated with the private as it fears the demise of the ISDS because of the contemplated public law reforms [130].

At any rate, the interests of multinational corporations and other private actors that may be disguised in the hybrid conceptualisation does not negate the obvious private components of the investment regime, nor should it cloud the potential of foreign investment to help achieve development objectives and the need to have in place a favourable legal framework to attract foreign investors. In very much the same manner, being hybrid does not contradict the investment regime and ISDS' impact on development and human rights, nor should it amount to subtracting ISDS in whole or in part from the scope of public international law, trumping the role of States in pursuing public goods and global governance, or postponing the correction of the negative externalities posed by foreign investment.

In the reasoning of an expert, while the legitimacy conundrum may be inescapable, acknowledging other perspectives is required to achieve actual progress in reforming ISDS [131].

48. In another development, on 5 May 2020, twenty-three EU member States – with the exception of Austria, Finland, Ireland and Sweden – signed the Agreement on the Termination of Bilateral Investment Treaties Between the Member States of the European Union, which entered into force later that same year, terminating more than 277 "intra-EU" BITs including "sunset clauses" (which guarantee that investments made prior to the termination of a BIT continue to be protected over a certain period of time). The agreement is the direct

---

129. Alvarez, *ibid.*, at pp. 542-543.
130. See generally Alvarez, *ibid.*, at pp. 574-575.
131. See D. P. Fernández Arroyo and A. Senegacnik, "Global Governance's Inescapable Legitimacy Conundrum: A Call to Reform International Commercial Arbitration", in A. Bjorklund, F. Ferrari and S. Kröll (eds.), *Cambridge Compendium of International Commercial and Investment Arbitration*, Cambridge, Cambridge University Press, 2022, pp. 1802 *et seq.*

result of the 2018 *Achmea* landmark judgment in which the CJEU ruled that ISDS clauses found in intra-EU BITs have an adverse effect on the autonomy of EU law and are therefore incompatible with it [132]. Broadening the scope of its findings in *Achmea*, the CJEU ruled in 2021 in *PL Holdings* [133] that member States are precluded from entering into *ad hoc* arbitration agreements with EU-based investors, and most recently in 2022 in *Micula* [134] that the payment of compensation to claimants as per their ICSID award is unlawful.

The motivation and rationale of EU institutions may be unrelated to the ones behind the current push for ISDS reform. Also, investment arbitration tribunals have considered *Achmea* not to be a bar to their jurisdiction under international law to hear treaty claims and award compensation to investors [135]; and the ramifications of the CJEU's decisions for arbitration procedures and enforcement are uncertain (for example, whether *PL Holdings* extends to commercial contracts with States or State-owned enterprises or whether assets held by an investment host State in a third country may be subject to attachment). However, the overall effect of these developments may be to further weaken the ISCID system at least within Europe, while they continue to expose the expansive approach to jurisdiction by ICSID tribunals and the conflict of interests that may be at stake (because longer arbitration proceedings usually result in higher arbitrator's fees).

In asserting jurisdiction, arbitral tribunals have relied on two seemingly different arguments: the prevalence of treaty law over EU law (which they considered – quite rightfully – to be "domestic" law as regards international law) and the autonomy of the ISCID regime [136]. Conversely, respondent States and international law specialists have pointed to the fact that EU law is part of both international law and

---

132. Judgment (Grand Chamber) of 6 March 2018, *Slowakische Republik* v. *Achmea BV*, C-284/16, ECLI:EU:C:2018:158. See Ch. A. Moarbes, "Agreement for the Termination of Bilateral Investment Treaties Between the Member States of the European Union", *International Legal Materials*, Vol. 60 (2021), pp. 99 *et seq.*
133. Judgment (Grand Chamber) of 26 October 2021, *Republiken Polen* v. *PL Holdings*, C-109/20, ECLI:EU:C:2021:875.
134. Judgment (Grand Chamber) of 25 January 2022, *Viorel Micula and others* v. *Romania*, C-638/19, ECLI:EU:C:2022:50.
135. E.g. *Theodoros Adamakopoulos and others* v. *Republic of Cyprus*, ICSID Case No. ARB/15/49, Decision on Jurisdiction of 7 February 2020; *Raiffeisen Bank International AG and Raiffeisenbank Austria d.d.* v. *Republic of Croatia*, ICSID Case No. ARB/17/34, Decision on the Respondent's Jurisdictional Objections of 30 September 2020.
136. See *Theodoros Adamakopoulos and others* v. *Republic of Cyprus*, ICSID Case No. ARB/15/49, Decision on Jurisdiction of 7 February 2020, paras. 156-162.

the investment host State's domestic law. The foundations of EU law are international treaties, and all other EU rules and institutions derive from them. The BITs cannot be invoked because of the conflict between the BITs and the EU treaties, the incompatibility of the former with the latter and the prevalence of the latter. In order to address this issue, it is necessary to apply the rules of international law that govern the relationship between two successive treaties between the same parties relating to the same subject matter (Art. 30 (4), 1969 Vienna Convention on the Law of Treaties). The relevant questions are not whether accession to the EU treaties implies the tacit termination of the BITs (which it does not), or if *Achmea* is binding on the arbitration tribunal (which is also not the case), but rather whether the EU treaties – the 2007 Treaty on the Functioning of the European Union (TFEU) in particular – that are *lex posterior* have superseded the BITs and/or render the offer to arbitrate contained in them ineffective [137]. As Kohen considered in his dissenting statement in the *Adamakopoulos* v. *Cyprus* case, "the majority of the Tribunal has largely disregarded the role of EU Treaties in that matter while alleging at the same time that it applies international law" [138]. Ultimately, the question comes down to whether or not the BITs and the EU treaties deal with the same subject matter.

In conclusion, the CJEU may be "opportunistic" in its attack on intra-EU investment [139]. It may even have erred in the application of EU law (which is nevertheless irrelevant as the Court's decisions are final and binding). But sustaining jurisdiction on the basis of a BIT which has been superseded by a posterior treaty does not conform to international law.

49. International investment law's latest frontier concerns its interaction with international environmental law, and proposals for the international adjudication of host citizen-investor disputes. Environmental issues raised in investor-State arbitration include the various ways that environmental protection is referred to in BITs, States' regulatory powers (and exceptions thereof), corporate social responsibility standards applicable to investors, the obligation under customary international law to conduct an environmental impact

---

137. See *Theodoros Adamakopoulos and others* v. *Republic of Cyprus*, ICSID Case No. ARB/15/49, Statement of Dissent of Professor Marcelo Kohen, paras. 3-6 *et seq*.
138. *Ibid.*, para. 3.
139. C. Sanderson, "Bermann Blasts ECJ at GAR Live Istanbul", *GAR Global Arbitration Review* (18 July 2022), https://globalarbitrationreview.com/article/bermann-blasts-ecj-gar-live-istanbul.

assessment, and the resort to experts [140]. The idea of granting rights of standing to States, through the embedding of counterclaims or, more ambitiously, direct actions by affected individuals or communities against investors, is still embryonic and not free from legal and practical difficulties in the current investment architecture. Yet it does offer the potential of addressing some investor misconduct while opening an international venue to affected individuals for achieving justice [141].

50. As human rights and environmental concerns are relied upon by States as defences in ISDS, another relatively novel development is the use by investors of human rights instruments and discourse to vindicate corporate interests [142], for example by invoking the human right to property [143] and the presumption of innocence [144] in arbitration proceedings. The idea of corporations as international right bearers is at the origin of the investment regime and is implicit in the establishment of an international minimum standard for the treatment of foreigners. But a trend to use human rights adjudication is a phenomenon of the last twenty years [145].

Under the European human rights system, corporations have been endowed with certain due process guarantees and the right of standing before the European Court of Human Rights (ECtHR) as a result of a jurisprudence that has expanded corporate rights beyond property rights which is the only right expressly recognised to legal persons by the European Convention on Human Rights (ECHR) (Art. 34 and

---

140. See generally L. Boisson de Chazournes, "Environmental Protection and Investment Arbitration: Yin and Yang?", *Anuario colombiano de derecho internacional*, Vol. 10 (2017), pp. 371 *et seq.*

141. See e.g. M. Jarrett, "A New Frontier in International Investment Law: Adjudication of Host Citizen-Investor Disputes?", *Zeitschrift für ausländisches öffentliches Recht und Völkerrecht*, Vol. 81 (2021), pp. 969 *et seq.*

142. M. Paparinskis, "Investment Treaty Arbitration and the (New) Law of State Responsibility", *European Journal of International Law*, Vol. 24 (2013), pp. 617 *et seq.*

143. See *ST-AD GmbH* v. *Republic of Bulgaria*, UNCITRAL, Award on Jurisdiction of 18 July 2013, PCA Case No 2011-06.

144. See *Hassan Awdi, Enterprise Business Consultants, Inc. and Alfa El Corporation* v. *Romania*, ICSID Case No. ARB/10/13 Award of 2 May 2015, para. 189. See also J. E. Alvarez, "The Use (and Misuse) of European Human Rights Law in Investor-State Dispute Settlement", in F. Ferrari (ed.), *Impact of EU Law on International Commercial Arbitration*, New York, Juris, 2017, pp. 519 *et seq.*

145. S. Steininger and J. von Bernstorff, "Who Turned Multilateral Corporations into Bearers of Human Rights? On the Creation of Corporate 'Human' Rights in International Law", in I. Venzke and K. J. Heller (eds.), *Contingency in International Law: On the Possibility of Different Legal Opinions*, Oxford, Oxford University Press, 2021, pp. 281 *et seq.* at 291.

First Additional Protocol)[146]. In contrast, the Inter-American Court of Human Rights (IACtHR) has rejected that corporations could hold rights under the American Convention on Human Rights (ACHR)[147].

Leaving aside that attributing human rights to corporations is a contradiction in terms, considering corporations as a subject of human rights law and providing them access to human rights remedies can only contribute to the persistence of prioritisation of investment protection on the international plane.

(i) *Public law in the international arena*

51. Traditionally private international law has been regarded as the collection of rules applicable solely to private persons in their international relations[148]. Ergo, the classical topics addressed in a private international law treatise or course are contracts, torts, property, decedent succession, marriage and divorce, adoption, corporations and trusts. Private international law does not focus on those areas in which the interests of a private person and a foreign State, or of two or more States, collide, such as criminal liability, double taxation, trade practices and the like. These are said to belong to the realm of public law or public international law or both. As a matter of fact, private law can be applied extraterritorially when, as often happens, a court decides a case by reference to a foreign municipal system of law. Public law is applied exclusively within the borders and by the authorities of the country which enacted it[149]. The words "territoriality" and "sovereignty" first come to mind[150]. Historically, the position may reflect the influence of the civil law tradition in private international law which was originally codified in the European and Latin American civil codes leading to the exclusion of "non-civil" law (commercial law, public law, civil

---

146. E.g. *Tinnelly & Sons Ltd and Others and McElduff and Others* v. *United Kingdom*, Nos. 20390/92 and 21322/92, ECtHR 1998; *Comingersoll SA* v. *Portugal* [GC], No. 35382/97, ECtHR 2000; *Stratégies et Communications et Dumoulin* v. *Belgique*, No. 37370/97, ECtHR 2002.

147. IACtHR, *Entitlement of legal entities to hold rights under the Inter-American Human Rights System (Interpretation and scope of Article 1 (2), in relation to Articles 1 (2), 8, 11(2), 13, 16, 21, 24, 25, 29, 30, 44, 46 and 62 (3) of the American Convention on Human Rights, as well as of Article 8 (1) (A) and (B) of the Protocol of San Salvador)*, Advisory Opinion OC-22/16 of 26 February 2016, Series A, No. 22.

148. H. Batiffol and P. Lagarde, *Droit international privé*, Vol. 1, 7th ed., Paris, LGDJ, 1981, at pp. 2-3.

149. L. Collins (gen. ed.), *Dicey, Morris & Collins on The Conflict of Laws*, Vol. 1, 15th ed., London, Sweet & Maxwell, 2012, at pp. 108-109.

150. See generally F. A. Mann, "Conflict of Laws and Public Law", *Recueil des cours*, Vol. 132 (1971), pp. 107 *et seq.*

procedure) [151], and ultimately can be traced back to the distinction between private and public law introduced by Roman law.

52. This position of principle belongs to a time in which virtually all private activity was local in its effects [152]. The situation is now very different. As activity in one country could be harmful to other societies, States cannot afford to stay uninvolved [153]. As a result, the phenomenon of extraterritoriality must be re-thought in line with developments taking place at international level, in particular to safeguard human rights [154].

In criminal matters, the mobility of offenders, the international effects of their activities and the easy transfer of illicit profits to overseas heavens have changed attitudes since the 1970s and 1980s [155]. Governments realise that international crime has to be fought by international cooperation between law enforcement agencies. In these new circumstances, the principle that one State will not take cognisance of the penal laws of another State, to which extradition has always been an exception, had to be re-examined. It is now recognised that the provision of assistance to the prosecuting authorities or the courts of another State may not amount to even "indirect" enforcement of the penal law of that State [156].

The territorial application of fiscal, pension and administrative law is also no longer absolute, as States recognise foreign acts, contracts and juridical persons and cooperate in the collection of information and the fight against tax avoidance and financial crimes. Allowing deduction of taxes paid in another State is tantamount to recognising locally the effect of foreign tax legislation. Likewise, social security authorities in determining the eligibility and the amount payable for a benefit may take into consideration the periods of insurance completed and the payments made under a foreign legislation. The rationale, if not the immediate source, may be traced to the obligation to protect the human rights of migrant workers. Mutual recognition of administrative

---

151. J. D. González Campos, "Diversification, spécialisation, flexibilisation et matérialisation des règles de droit international privé. Cours général", *Recueil des cours*, Vol. 287 (2000), pp. 9 *et seq.* at 42.
152. D. McClean, *International Judicial Assistance*, Oxford, Clarendon Press, 1992, at p. 120.
153. *Ibid.*
154. See generally H. D. Piombo, *Extraterritorialidad del derecho extranjero. Aplicación de su método a todas las ramas*, Buenos Aires, Astrea, 2020.
155. McClean, *op. cit.* (note 152), at pp. 4, 130.
156. J. D. McClean, *International Co-operation in Civil and Criminal Matters*, 3rd ed., Oxford, Oxford University Press, 2012, at p. 150.

decisions regarding the recovery of undue social security benefit payments, collection of social security or administrative sanctions may also be provided by treaty.

53. Until well after the Second World War, the provision of assistance to foreign courts, including the taking of evidence for use in foreign proceedings, remained exceptional in light of the principle that no evidence taken out of the presence of the accused may be admitted, a principle that prevailed in common law jurisdictions. The early efforts to secure cooperation through multilateral and bilateral agreements for international judicial assistance in civil and commercial matters was not accompanied by similar developments in the criminal context. Furthermore, when treaties were signed or projected there was a strong link with extradition practice in that assistance could be refused if the relevant offence were not extraditable [157]. Nowadays it is generally accepted that extradition requirements such as double criminality are not applicable in principle to requests for mutual legal assistance.

The first modern multilateral international assistance treaty was the European Convention on Mutual Assistance in Criminal Matters signed in 1959. Since the 1970s concerns about drugs traffic, international terrorism and commercial offences in general have led to the current scene of "almost frenetic activity" [158]. There is now a large number of international instruments that provide for measures of assistance in connection with criminal proceedings, usually in the most general terms, as well as covering specific topics.

The pioneering work of the Council of Europe (which since it was established in 1949 has taken a keen interest in crime problems) has been ensued at the multilateral level by that of the United Nations under whose aegis a series of conventions have been adopted, including the 1988 Vienna Convention against Illicit Traffic in Narcotic Drugs and Psychotropic Substances, the 1999 International Convention for the Suppression of the Financing of Terrorism, the 2000 Palermo Convention against Transnational Organized Crime (supplemented by the 2000 Protocol to Prevent, Suppress and Punish Trafficking in Persons, Especially Women and Children, the 2000 Protocol against the Smuggling of Migrants by Land, Sea and Air, and the 2001 Protocol against the Illicit Manufacturing of and Trafficking in Firearms, Their

---
157. *Ibid.*, at p. 153.
158. *Ibid.*, at pp. 153-154.

Parts and Components and Ammunition), and the 2003 Convention against Corruption. Among instruments aiming at universal application, there is the Budapest Convention on Cybercrime, adopted by the Council of Europe in 2001 (supplemented by the 2003 Additional Protocol on Xenophobia and Racism Committed through Computer Systems, and the 2022 Additional Protocol on Enhanced Co-operation and Disclosure of Electronic Evidence). The Budapest Convention has been ratified by several non-European countries, including Argentina, Japan, Morocco and the United States. However, other important economic players, such as Russia (which is a member of the Council of Europe) and China, have not joined, pushing instead for a UN cybercrime convention. One common feature of the above conventions is that they provide the basis for mutual legal assistance, including extradition in certain conditions, where no other binding instrument exists between the concerned States. The United Nations has also developed several "model agreements" and "model laws" on extradition, mutual assistance in criminal matters, transfer of detained persons and disposal of confiscation of proceeds of crime, which are periodically updated.

International action in criminal matters is nowadays ensured by a myriad of international organisations and political and specialist bodies (Interpol, the World Customs Organisation (formerly Customs Cooperation Council), the United Nations Office on Drugs and Crime (UNODC), the Financial Action Task Force (FATF-GAFI)) and regional arrangements (such as Eurojust and Crimjust in Europe, or IberRed among Latin American countries, Andorra, Portugal and Spain). Coordination mechanisms among countries include the coordination of national policies and action plans, coordinated investigative and prosecutorial actions and specialised units including joint investigation teams, and institutional and single contact or focal points responsible for providing assistance for the purpose of investigations or proceedings concerning criminal offences including collecting evidence or data (e.g. the "24/7 network" of national contact points under the Budapest Convention). Perhaps because different agencies have been involved, the term "international judicial and administrative cooperation" (used in the field of civil proceedings in which the HCCH has played a preponderant role) tends to be replaced in this context by "mutual assistance in criminal matters" or simply "mutual legal assistance" (or "MLA") [159].

---

159. McClean, *op. cit.* (note 152), at p. 4.

54. Double taxation is an area traditionally regulated by a network of bilateral treaties developed on the basis of models originally prepared by the Financial Committee of the League of Nations in 1928, and later by the Organisation of European Economic Cooperation (OEEC) and its successor the OECD in 1963 when the OECD published its first Draft Model Tax Convention, regularly amended since. Other models intending to serve the interests of developing countries were prepared under the aegis of the United Nations Economic and Social Council (ECOSOC) in 1980 and by groups of States. Also the United States published its own model to serve as the basis for US treaty negotiations in 1976 (subsequently revised). In the European Union, direct taxation remains, as yet, the sole responsibility of member States and is regulated by a network of bilateral treaties, while the EU does coordinate and harmonise law on value-added tax (VAT) and excise duties which affect the free movement of goods and the freedom to provide services in the internal market.

Although the content of bilateral treaties varies greatly, their general nature is to establish an independent mechanism to avoid double taxation through the division of tax claims. Tax treaties do not establish which State has the right to levy taxes (as each State party applies its own law), but rather which State shall be bound to withdraw its tax claim, either by waiving its tax claim in favour of the other State (exemption method) or by granting a credit against its tax for taxes paid in the other State (credit method)[160]. As part of the OECD/G20 Base Erosion and Profit Shifting (BEPS) Project, in 2016 a Multilateral Convention to Implement Tax Treaty Related Measures to Prevent Base Erosion and Profit Shifting was concluded. The Convention modifies the application of the bilateral tax treaties to which the signatories of the Convention are parties (saving the signatories from the burden of bilaterally renegotiating these treaties), in order to lessen the opportunity for tax avoidance by multinational enterprises (treaty abuse and "treaty shopping") and to enhance dispute resolution mechanisms in accordance with minimum standards.

55. Also in the economic sphere, earlier confrontation has given room to collaboration between competition enforcers. In recent times, foreign governments have increasingly objected to the extraterritorial reach of the US statutes that threaten criminal as well as administrative and civil sanctions, as being in violation of international law. One such

---

160. K. Vogel, "Double Tax Treaties and Their Interpretation", *International Tax & Business Lawyer*, Vol. 4 (1986), pp. 4 *et seq.* at 22-23.

statute is the Sherman Anti-Trust Act of 1890, as its application to foreign conduct expanded progressively since the 1950s, after the 1945 *Alcoa* case [161] embraced the "effects" doctrine. Several States objected that applying the Sherman Act overseas effectively required companies operating in their own countries to comply with US economic regulations, without regard for the trading interests of other nations. Perceived abuses by the United States initially prompted blocking legislation preventing US discovery of evidence located in Europe, and refusal to recognise the judgments of US courts in antitrust cases [162]. Since the late 1980s, however, as the European Community / European Union grew and sought to enforce its own competition laws, it embraced an extraterritorial theory of jurisdiction not far from the US effects test, that is the "implementation" test adopted by the European Court of Justice in the 1988 *Woodpulp* case [163]. As the United States and the European Union enforced their competition laws only with regard to their own interests, the outcomes have not always been the same as shown by the General Electric / Honeywell merger that was approved by the US but prohibited by the European Commission, and by the divergent scrutiny of the Microsoft antitrust case by the EU and the US competition authorities, during the first decade of the current century.

However, since the 1990s, the US and the EU have attempted to strengthen cooperation and lessen differences in the application of their respective competition laws. The 1991 EU-US Competition Cooperation Agreement was followed by the 1998 EU-US Positive Comity Agreement, followed in turn by the 1999 Administrative Arrangement on Attendance and the 2002 Best Practices on Cooperation in Merger Investigations (updated and revised in 2011). Under the current scheme, the parties must notify each other of activities of which they become aware that may affect important interests of the other party, and must assist each other in their enforcement activities in so far as it is compatible with their laws or coordinate their activities if both parties have an interest in undertaking enforcement with respect to related situations. The enforcing party must take into account the important interests of the other party by deferring or suspending investigations in certain conditions (referred to as "negative comity"), and also

---

161. *United States* v. *Aluminum Co. of America*, 148 F.2d 416, 443 (2d Cir. 1945).
162. Note, "Reassessment of International Application of Antitrust Laws: Blocking Statutes, Balancing Tests and Treble Damages", *Law & Contemporary Problems*, Vol. 50 (1987), pp. 197 *et seq.*
163. Judgment of 27 September 1988, *Åhlström Osakeyhtiö and others* v. *Commission of the European Communities*, C-129/85, ECLI:EU:C:1988:447.

consider taking enforcement action to the extent that the interests of the requesting party are adversely affected by conduct in the territory of the enforcing party (referred to as "positive comity").

The growth of transactions or conduct which may impact competition across borders, the enactment of anti-competitive laws by an increasing number of countries and the risk of divergent outcomes and jurisdictional conflicts have led to the conclusion of cooperation agreements among several jurisdictions. A key feature of newer or "second generation" agreements is that they facilitate the exchange of confidential information obtained by the respective competition authorities during the course of an investigation – a legal limitation long identified as the "primary impediment" to international cooperation.

56. In the field of securities law, the Multilateral Memorandum of Understanding Concerning Consultation and Cooperation and the Exchange of Information (MMoU) sets an international benchmark for cross-border cooperation. Established in 2002, in the framework of the International Organization of Securities Commission (IOSCO), it has provided securities regulators with the tools for combating cross-border fraud and misconduct that can weaken global markets and undermine investor confidence [164]. The international framework for corporate accountability includes the 1997 OECD Convention on Combating Bribery of Foreign Public Officials in International Business Transactions, together with the recommendations, guidance and related documents issued by the OECD Council. The Convention establishes legally binding standards to criminalise bribery of foreign public officials in international business transactions and provides for a host of related measures that make this effective. It is the first and only international anti-corruption instrument focused on the "supply side" of the bribery transaction, by directing States to establish the liability of its nationals including legal persons over the bribery of a foreign public official when the offence is committed in whole or in part in its territory (Arts. 1, 3 and 4) [165].

57. The biggest challenge currently posed by extraterritoriality may be the increasing resort to extraterritorial legislation and regulation by States beyond the classic areas, such as data protection, consumer law, internet regulation and financial regulation (anti-money laundering, anti-bribery and counter-terrorism financing). This practice is no

---

164. https://www.iosco.org/about/?subsection=mmou.
165. https://www.oecd.org/corruption/oecdantibriberyconvention.htm.

longer confined to the United States but is also followed by other large jurisdictions such as the European Union, China and Russia, and even by smaller countries. The exacerbation of extraterritoriality creates the (not entirely new) problem of potentially multiple overlapping mandatory laws. While at the level of individuals and companies the effect may be that some withdraw from certain markets to avoid facing contradictory obligations (thus reinforcing the current slowdown in globalisation), at inter-State level it could lead to a reformulation of the international law rules on jurisdiction [166].

Another development concerning US practice may be an emerging differentiation in the application of federal statutes in public enforcement proceedings and to private claims. While public enforcement proceedings routinely involve the consideration of foreign interests, in private claims recent jurisprudence has placed additional constraints on the scope of regulation which has the consequence of limiting the availability of private enforcement in cross-border cases [167].

A more far-reaching development relates to the extraterritorial application of environmental law. The question often concerns whether parent companies can be held liable for environmental violations committed by their subsidiaries abroad and the local courts can entertain jurisdiction to hear such cases even where a foreign court offers a more appropriate forum. The case law is limited – although it is growing [168] –, including in terms of the jurisdictions intervening, and inconsistent, to draw definite conclusions. What may be said at this point is that the public interests involved may allow some comparison with the quest for redress for corporate human rights abuses so as to justify an adequate international system of legal liability and reparations for

---

166. See generally M. Lehmann, "New Challenges of Extraterritoriality: Superposing Laws", in F. Ferrari and D. P. Fernández Arroyo (eds.), *Private International Law: Contemporary Challenges and Continuing Relevance*, Cheltenham and Northampton, Edward Elgar, 2019, pp. 236 *et seq.* at 258 *et seq.*
167. See *Parkcentral Global Hub Ltd.* v. *Porsche Auto Holdings SE*, 763 F.3d 198 (2nd Cir. 2014). But see *Stoyas* v. *Toshiba Corp.*, 896 F.3d 933 (9th Cir. 2018). See generally H. L. Buxbaum, "Extraterritoriality in the Public and Private Enforcement of US Regulatory Law", in Ferrari and Fernández Arroyo (eds.), *ibid.*, pp. 236 *et seq.* See also H. L. Buxbaum, "Public Regulation and Private Enforcement in a Global Economy: Strategies for Managing Conflict", *Recueil des cours*, Vol. 399 (2018), pp. 267 *et seq.*
168. See e.g. the decision of the UK Supreme Court in *Okpabi and others* v. *Royal Dutch Shell Plc and another*, [2021] UKSC 3 (the claims against RDS and The Shell Petroleum Company of Nigeria Limited ("SPDC") were based on the tort of negligence under the common law of Nigeria). See J. Rooney, "Extraterritorial Corporate Liability for Environmental Harm: *Okpabi* v. *Royal Dutch Shell*", *Northern Ireland Legal Quarterly*, Vol. 71 (2019), pp. 157 *et seq.*

extraterritorial corporate environmental harm. This may include State responsibility for failing to provide an adequate regulatory framework that disincentivises corporations to be negligent in relation to the activities of their subsidiaries abroad often in developing countries [169]. However, some questions raised may be reminiscent of the controversial US practice under long-arm statutes.

58. On the whole, mutual assistance in criminal, revenue and other public law matters has developed relatively slowly in comparison with civil and commercial matters, although there is now hectic international activity in these fields. However, the proliferation of treaties and informal arrangements often conceal the difficulties for international cooperation which still arise particularly when the right or interest asserted is considered a "public" or "governmental" interest or a "security" interest. The case of "political" cybercrime is revealing, with States intervening in acts that may be public or politically motivated (such as *hacktivism, cyber espionage, cyberterrorism*) so that the distinction between cybercrime and cyber warfare becomes blurred. Behind concerns for global and national security and the violation of privacy and other human rights that are often an important facet of the problem, there may lay difficulties in ensuring adequate international cooperation for non-political transnational crimes.

59. Leaving policy considerations to one side, it remains controversial to what extent under international law States can prescribe legislation with extraterritorial effect or seek to enforce it within the territory of another State.

The starting point is that, as an aspect of sovereignty, States have the legal competence to make rules or decisions (prescriptive or legislative jurisdiction) and to act in pursuance of or consequent on rules or decisions (enforcement or prerogative jurisdiction). In principle, jurisdiction is, or at least is presumed to be, territorial. However, the concept is still developing. The territorial principle, while remaining the foundation for the law, is not exclusive. It is now accepted that a State enjoys jurisdiction in cases of violation of its penal, antitrust and other laws by activity abroad when the effects are felt within its territory. Nationality is also generally recognised as a basis for jurisdiction over extraterritorial acts. The passive nationality principle (for offenses

---

169. See A. Bonfanti, "Accountability of Multinational Corporations for Human Rights and Environmental Abuse: How Far Can Extraterritorial Jurisdiction Go?", in Ch. Sampford, S. Zifcak and D. Aydin Okur (eds.), *Rethinking International Law and Justice*, Dorchester, Ashgate, 2015, pp. 152 *et seq.* at 152-177.

committed abroad that affect its own citizens) and the universality principle (based solely on the nature of the crime, over international crimes, human rights violations and egregious transnational crimes) have been very controversial particularly when applied as the rationale or in support of what is perceived as a foreign policy of dubious legality. Examples of this are the Helms-Burton Act of 1996, officially the "Cuban Liberty and Democracy Solidarity *(Liberty)* Act", which enables US nationals to recover damages in US courts from persons or entities that have "trafficked" in property "confiscated", that is, expropriated without compensation by the Cuban government; and the 1789 Alien Tort Act (as amended), which since 1980 US courts have applied to human rights violations under the actual or apparent authority of a foreign State. The strong reaction from foreign governments to US attempts to take measures on the territory of other States by way of enforcement of its economic regulations constitutes the best evidence that there are certain limits to enforcement jurisdiction, although there is no consensus on what those limits are [170].

60. It follows for some authors that private international law has no decisive role to play in regulatory matters since antitrust and securities regulations are public law (even if they are privately enforced), and thus courts do not face the choice of applying the laws of another State. A court may not apply forum law only if it would overstep the jurisdictional limits imposed by international law. On this view, a determination of the applicable law yields to the determination of the precise scope of forum law or, what is the same, an inquiry into whether or not forum law applies to regulatory cases is no longer a choice of law analysis, but rather an inquiry under public international law [171].

Leaving aside that no good reason appears to exist to differentiate regulatory matters from other public law matters such as criminal matters, the position is based on a rather narrow formalistic concept of private international law, which neglects to grasp the evolution in the international field that has occurred in recent decades, with the incursion of public law in the private arena, the recognition of the extraterritorial effect of foreign public law, and the recourse to instruments and techniques developed in the field of private international law for

---

170. Crawford, *op. cit.* (note 10), at p. 463. Also B. Simma and A. Th. Müller, "Exercise and Limits of Jurisdiction", in J. Crawford and M. Koskenniemi (eds.), *International Law*, Cambridge, Cambridge University Press, 2012, pp. 134 *et seq.* at 152-153.

171. Ryngaert, *op. cit.* (note 19), at pp. 16-17, and the bibliography cited therein. Also Mann, *op. cit.* (note 36), at p. 31.

international legal cooperation in criminal and regulatory matters requiring an all-encompassing approach [172].

(j) *The privatisation of the State*

61. For centuries governments associated themselves with foreign individuals and companies to support the financing needs of the State, through the granting of privileges and access, borrowing (often forced loans), the creation of trade and other monopolies and, since the second half of the nineteenth century, operating railways, shipping and postal services. From the 1920s the development at large scale of the oil industry in the Middle East, and after the Second World War of railways and other infrastructure projects in developing countries, attracted foreign investment and credit from US and European financial institutions. Alongside the socialist States, other countries also found it necessary to have a public sector as the basis for the development of a modern economy.

62. As States became increasingly involved in commercial activities, the longstanding position that, as an attribute of sovereignty, a State's jurisdiction within its own territory is absolute, began to yield. As early as the 1920s, courts and governments started to develop a distinction between acts of government *(jure imperii)* and acts of a commercial nature *(jure gestionis)* denying immunity in the latter case. The restrictive theory of jurisdiction was adopted by the US Government in 1952 and codified in 1976 as the result of the Foreign Sovereign Immunities Act. In 1972 the European Convention on State Immunity also formulated exceptions to the principle of immunity. Many States have since enacted a restrictive view of immunity. However, this trend in the practice of States hides the considerable divergence of practices and views with regard to the exceptions to the principle of absolute immunity. Besides immunity from jurisdiction (procedural immunity), the majority of States still recognise immunity from execution (from measures of constraint) upon the exercise of jurisdiction in cases of acts *jure gestionis* unless the State has expressly and specifically waived its immunity. However, the issue is still developing as some governments and domestic courts have favoured the view that property in use or intended for use by the State for commercial (or non-governmental)

---

172. Cf. e.g. Lowenfeld, *op. cit.* (note 1), at pp. 311 *et seq.*, esp. pp. 321-322; R. Michaels, "German View on Global Issues", *Journal of Private International Law*, Vol 4 (2008), pp. 121 *et seq.* at 133-137.

purpose will not be immune from measures of enforcement [173]. The issue is most serious when the property in question is affected to a diplomatic or consular function.

63. There is a further issue which has brought problems of jurisdictional immunities when an action is brought in the courts of one State against another State or property. It is the question of sovereign debt which arises when governments are incapable of continuing to pay the service on their debt, typically issued as bonds denominated in a reserve currency, in order to finance the country's growth and development. Sovereign debt collection was rare until the 1950s when the sovereign immunity of government issuers started to get restricted. The introduction in 1976 in the United States of the Foreign Sovereign Immunities Act, under which sovereign immunity does not automatically apply for commercial activities such as external borrowing, made possible for banks and hedge funds to sue developing countries in US courts. Courts decisions in cases brought against Latin American countries in the 1980s and 1990s further eroded the legal protection available to sovereign States. In the last two decades the aggressive legal strategies used by so-called vulture funds (speculative hedge funds which invest in weak or defaulted debt at a reduced price on a secondary market and then litigate to recover the full amount) to collect on sovereign bonds have been a matter of international concern. In addition to the impact on the international financial system and forcing States to extensive litigation and countermeasures abroad, including to defend longstanding rules of international law such as the immunity of bank accounts of embassies and of warships, holdout attacks inflict economic damage on countries struggling with debt, forcing them to cut expenditures that are meant to guarantee the basic human rights of their population.

The continuing risk of holdout creditor litigation has led several developed countries to pass legislation in order to close their courts to the enforcement of the contested debt. Governmental and non-governmental organisations (NGOs) have also denounced in recent years the negative effect on countries' efforts to restructure their sovereign debt to return to the path of development. In this context, in 2014 the United Nations launched a process for creating a "multinational legal framework for sovereign debt restructuring processes", which

---

173. Brownlie, *op. cit.* (note 120), at pp. 344-345; Crawford, *op. cit.* (note 10), at pp. 488-489.

culminated in the passing the next year of General Assembly Resolution 69/319 adopting nine principles which should serve as the basis for sovereign debt restructuring: sovereignty, good faith, transparency, impartiality, equitable treatment of creditors, sovereign immunity, legitimacy, sustainability, and majority restructuring. Most of the "Basic Principles on Sovereign Debt Restructuring Processes" already existed in the form of general principles of law or customary law, which seems to explain why they were supported by the majority of countries. However, their actual formulations may conceal some real differences of opinion on the law. It is significant, however, that the countries which opposed the process, including the two major jurisdictions for sovereign lending, the United States and the United Kingdom, questioned less the substance of the principles than the appropriateness of a statutory mechanism developed by the United Nations, as they favour a market-based approach guided by the international financial institutions in which they have higher voting power [174].

(k) *Expansion and diversification of international law*

64. Established to end war and promote peace, justice and better living for all peoples (preamble and Art. 1 UN Charter), the United Nations is intended to be universal. In a like manner, a great deal of specialised agencies and other international organisations were formed to address a broad range of needs of the world community. International law also expanded dramatically in the period after 1945 beyond traditional topics to include international human rights law, the law of international organisations, international economic law, international development law, international environmental law, and so on. Other matters that could be considered as settled were reappraised, such as the law of the sea and to a lesser extent the law of treaties. It was a reaction to the necessity of coherence and legal certainty which were already affected by the major developments following the Second World War and which became amplified as the community of nations grew to more than 190 countries [175].

---

174. On sovereign debt restructurings in the contemporary global economy and the approach advocated by UNCTAD and UN General Assembly resolutions, see generally the "Special Issue on Sovereign Debt", *Yale Journal of International Law*, Vol. 41 (2016), pp. 1 *et seq.*; M. Goldmann, "Public and Private Authority in a Global Setting: The Example of Sovereign Debt Restructuring", *Indiana Journal of Global Legal Studies*, Vol. 25 (2018), pp. 331 *et seq.*

175. D. Nguyen Quoc, P. Daillier, M. Forteau and A. Pellet, *Droit international public*, 8th ed., Paris, LGDJ, 2009, at pp. 84-85. See generally Fragmentation of

65. The work of the HCCH, UNIDROIT and UNCITRAL also expanded and diversified in response to emerging concerns of the growing international community. Under their aegis, successful multilateral conventions and other instruments were adopted for the protection of children (in respect to child abduction, inter-country adoption and child support), abolishing the requirement of legalisation for foreign public documents, for the purpose of improving mutual judicial assistance (to facilitate service of judicial and extrajudicial documents and the taking of evidence abroad in civil and commercial matters), on commercial contracts generally as well as international sale of goods in particular, and on international commercial arbitration. More recently, work has been undertaken on such current matters as cohabitation outside marriage, surrogacy, access to justice, protection of tourists, secured transactions (involving aircraft, railway, space and agriculture, mining and construction equipment), electronic commerce, and micro, small and medium-sized enterprises.

66. The direction taken by international law, public and private, is concomitant with the accent placed on economic and social development which resulted from the relative peace of the post-war era, the growing interdependence of the world's economies, cultures and population, and the triumph of liberalism after the late 1980s.

67. Alongside the expansion and adaptation of international law, political and economic integration has favoured the development of regional law. At certain particular junctures, regionalism has allowed for the emergence of very specific juridical orders where rules are elaborated by the regional organisation, there are jurisdictional procedures that control the behaviour of States, and eventually rules have direct effect on individuals [176]. The case of the European Union is paradigmatic, as the EU substitutes member States as an actor on the international plane in a number of areas such as customs, commerce, fisheries, environment and foreign policy.

68. The 1997 Treaty of Amsterdam introduced notable institutional and substantive modifications to both the European Community and the European Union. Among these is the transfer of competences to the Community to legislate in the field of judicial cooperation in civil matters (Arts. 61 and 65 of the Treaty establishing the European

---

International Law: Difficulties Arising from the Diversification and Expansion of International Law, UN doc. A/CN.4/L.682 (13 April 2006), UN doc. A/CN.4/L.702 (18 July 2006), *Yearbook ILC* (2006), Vol. 2, Part 2, pp. 175-184.

176. Nguyen Quoc *et al.*, *ibid.*, at p. 87.

Community (EC Treaty); replaced by Arts. 67 and 81 TFEU) under the newly established "area of freedom, security and justice" (Denmark and Ireland have different opts-out with respect to measures in this area, as did the United Kingdom up until Brexit). The TFEU in turn conferred upon the Union "exclusive competence" for the conclusion of international agreements (Arts. 3 (2) and 216 (1)), the extent of which is the object of debate and a matter that, by its nature, is susceptible to continuous development [177]. To ensure uniform interpretation of treaties and EU legislation, preliminary rulings may be requested by national courts to the CJEU, such procedure becoming compulsory if the case is pending before a court of final appeal (Art. 267 TFEU).

Since the entry into force of the Treaty of Amsterdam, the unification of private international law rules has been effected primarily by EC regulations of the Council or jointly with the Parliament under Article 65 EC Treaty. In 2001 the Brussels Regulation on recognition and enforcement of judgments in civil and commercial matters (Regulation (EC) No. 44/2001) almost completely superseded the 1968 Brussels Convention. This Regulation was repealed in 2012 by the recast Brussels Regulation (Regulation (EC) No. 1215/2012). Brussels I Regulation in substance has been extended to Norway, Iceland and Switzerland by virtue of the 2007 Lugano Convention (which replaced the 1988 Lugano Convention). In 2008 the Rome Regulation on the law applicable to contractual obligations (Regulation (EC) No. 593/2008) replaced the 1980 Rome Convention, and a regulation was adopted on the law applicable to non-contractual obligations (Regulation (EC) No. 864/2007, known as Rome II Regulation). In family matters, the specific instruments are Regulation (EC) No. 4/2009 on jurisdiction, applicable law, recognition and enforcement of decisions and cooperation in matters relating to maintenance obligations; the 2010 Rome III Regulation on law applicable to divorce and legal separation (Regulation (EU) No. 1259/2010); Regulation (EU) No. 650/2012 on jurisdiction, applicable law, recognition and enforcement of decisions and acceptance and enforcement of authentic instruments in matters of succession and on the creation of a European Certificate of Succession;

---

177. P. A. De Miguel Asensio, "International Conventions and European Instruments of Private International Law: Interrelation and Codification", in P. A. De Miguel Asensio and J.-S. Bergé, "The Place of International Agreements and European Law in a European Code of Private International Law", in M. Fallon, P. Lagarde and S. Poillot Peruzzetto (eds.), *Quelle architecture pour un code européen de droit international privé?*, Frankfurt, Peter Lang, 2011, pp. 186 *et seq.* at 186-190; Fiorini, *op. cit.* (note 77), at pp. 981-983.

the Rome IV Regulation establishing a European Account Preservation Order (Regulation (EU) No. 665/2014); Regulation (EU) No. 2016/1103 implementing enhanced cooperation in the area of jurisdiction, applicable law and the recognition and enforcement of decisions in matters of matrimonial property regimes; Regulation (EU) 2016/1104 implementing enhanced cooperation in the area of jurisdiction, applicable law and the recognition and enforcement of decisions in matters of the property consequences of registered partnerships; and the Brussels IIB Regulation (Regulation (EU) No. 2019/1111) on jurisdiction, the recognition and enforcement of decisions in matrimonial matters and the matters of parental responsibility, and on international child abduction, which repealed the 2003 Brussels IIA Regulation on jurisdiction, recognition and enforcement of matrimonial and parental judgments (Regulation (EC) No. 2201/2003), with effect from 1 August 2022. There is even an Insolvency Regulation (Regulation (EC) 1346/2000), a Regulation on the service in the member States of judicial and extrajudicial documents in civil or commercial matters (Regulation (EC) 1393/2007 replaced by Regulation (EU) 2020/1784 as of 1 July 2022), and a Legal Aid Directive (Directive 2002/8/CE) to improve access to justice in cross-border disputes by establishing minimum common rules relating to legal aid. Many other private international law provisions are scattered among other EU instruments, on company, consumer, labour law, insurance contracts, intellectual property rights, securities, and so on. Many of them have been adopted under Article 114 TFEU, rather than Article 65 EC Treaty, which enables the adoption of measures for the approximation of the provisions laid down by law, regulation or administrative action in member States which have as their object the establishment and functioning of the internal market. Some sector-specific instruments, like the e-commerce Directive (Directive 2000/31/CE), do not lay down private international law provisions and yet have effects on the choice of law.

As a result of this process, the original treaty foundations for EU interventions in private international law are a distant memory. The origins of European private international law lie in internal market law [178]. Currently the emphasis is on the European judicial area with a stronger emphasis on the individual, which is seen by some as having the effect of hampering competition among member States [179].

---

178. G. van Calster, *European Private International Law: Commercial Litigation in the EU*, 3rd ed., Oxford and New York, Hart, 2021, at p. 14.
179. E.g. G. van Calster, *ibid.*, at p. 14.

The EU external exclusive competence on judicial cooperation in civil and commercial matters, as provided by the European instruments and CJEU's decisions and practice, has wide-ranging implications: *(a)* the EU has attained membership of the HCCH in its own right which allows it to negotiate conventions in areas of its competence; *(b)* special treaty provisions were developed to allow the EU (or any other regional economic integration organisation which is constituted solely by sovereign States and has competence on all or some of the subject matters) to accede to conventions as a contracting party binding its member States while excluding some and to make reservations and declarations on their behalf (the EU has since acceded to four HCCH instruments: the 2005 HCCH Convention on Choice of Court Agreements; the 2007 HCCH Convention on International Recovery of Child Support and Other Forms of Family Maintenance and its Protocol on the Law Applicable to Maintenance Obligations: and the 2019 Convention on the Recognition and Enforcement of Foreign Judgments in Civil or Commercial Matters); *(c)* member States must abstain from concluding agreements or amending existing agreements with third countries that fall within the exclusive external competence of the EU or alter the scope of EU legislation, unless authorised through the appropriate procedure in attention to the special ties or the particular needs of a given country (e.g. Regulation (EC) No. 662/2009 on particular matters concerning the law applicable to contractual and non-contractual obligations; Regulation (EC) No. 664/2009 concerning jurisdiction, recognition and enforcement of judgments and decisions in matrimonial matters, matters of parental responsibility and matters relating to maintenance obligations, and the law applicable to matters relating to maintenance obligations; Regulation (EC) No. 1219/2012 establishing transitional arrangements for bilateral investment agreements). This notwithstanding, some member States have continued to conclude agreements on international judicial cooperation in civil and commercial matters of a general scope with third States. The reasons for this are that Regulations 662/2009 and 664/2009 only envisage the possibility of member States being authorised with respect to agreements on very specific matters, that EU instruments do not include common rules on the recognition and enforcement of third country judgments and that the EU has not endeavoured to negotiate this kind of agreement [180]. The European Court has played a formative role in shaping the scope of

---

180. De Miguel Asensio, *op. cit.* (note 177), at pp. 196-203.

the external competence of the Union in the field of private international law, the conditions upon which this competence should be regarded as exclusive and the principles according to which the competence itself should be exercised [181]. However, the development of the external dimension of EU private international law remains controversial and there are still many unanswered questions.

Per some advocates, the European construction in the absence of becoming a political union must ineluctably lead to a uniform private law for intra-community relations, including in the area of individual rights by derivation of European citizenship [182]. But the fact is that although in matters such as the law of contracts there is a highly significant body of directives, an overall appraisal of EC private law shows that harmonisation is basically confined to isolated results in certain sectors [183]. Further unification of private law in Europe may also require changes in the institutional framework to create uniform rules and the development of new regulatory techniques [184]. In this context, in the foreseeable future, progress in the unification of the rules of private international law is likely to continue to be greater than the uniformisation of private law where substantive unification is not essential to the proper working of the internal market [185].

69. European-like integration has not been pursued in the American continent except at sub-regional level. Yet the codification undertaken by the CIDIPs of the OAS has been substantial. Seven CIDIPs were convened between 1975 and 2009, at which twenty-one conventions, two protocols, one model law and one uniform document were adopted dealing with a wide range of civil, commercial and

---

181. See Opinion (Full Court) of 6 February 2006, *Opinion pursuant to Article 300(6) EC – Competence of the Community to conclude the new Lugano Convention on jurisdiction and the recognition and enforcement of judgments in civil and commercial matters*, Opinion 1/03, ECLI:EU:C:2006:81; and lately Opinion (Grand Chamber) of 14 October 2014, *Opinion pursuant to Article 218 (11) TFEU – Convention on the civil aspects of international child abduction – Accession of third States – Regulation (EC) No. 2201/2003 – Exclusive external competence of the European Union – Risk of undermining the uniform and consistent application of EU rules and the proper functioning of the system which they establish*, Opinion 1/13, ECLI:EU:C:2014:2303. See P. Franzina (ed.), *The External Dimension of EU Private International Law after Opinion 1/13*, Cambridge, Intersentia, 2016.
182. B. Audit and L. D'Avout, *Droit international privé*, 8th ed., Paris, LGDJ, 2018, pp. 59, 89-91.
183. P. A. De Miguel Asensio, "The Future of Uniform Private Law in the European Union: New Trends and Challenges", *Spanish Yearbook of International Law*, Vol. 11 (2005), pp. 1 *et seq.* at 2.
184. *Ibid.*, at pp. 1 *et seq.*
185. *Ibid.*, at p. 29.

procedural issues including arbitration, bills of exchange, bills of lading, checks, commercial companies, contracts, domicile of natural persons, evidence, family law (adoption, return and traffic in children and support obligations), foreign judgments, letters rogatory, powers of attorney, preventive measures, bills of landing for the international carriage of goods by road, and secured transactions. Harmonisation of conflict rules has been complemented on occasion with rules on the adjudicatory competence of courts regarding which two trends can be devised: growing relevance of habitual residence as the competent forum and of party autonomy in court selection [186]. Of special mention is the CIDIP II, held in Montevideo in 1979, as it adopted a very unique Convention on General Rules of Private International Law dealing with the structure, operation and escape mechanisms of choice of law rules (incidental question, proof of foreign law, exclusion of foreign law, etc.).

Traditionally mainly Latin American states have taken the initiative and ratified the conventions. United States has ratified only three CIDIP instruments: the 1975 CIDIP I Convention on Commercial Arbitration, and the 1975 CIDIP I Convention on Letters Rogatory and its 1979 CIDIP II Additional Protocol; Belize four and Antigua and Barbuda one. However, since the CIDIP V, held in Mexico in 1994, the United States and Canada have become more involved. Since the CIDIP VI, held in Washington DC in 2002, harmonisation of conflict rules through conventions has ceded terrain to harmonisation of substantive rules through soft law instruments, a trend in which Inter-American private international law is not alone. Aside from States' acceptance, as some conventions have resulted in a larger number of ratifications than others, their "indirect" impact as a model for domestic legislation is not negligible [187].

In 2011 the OAS Permanent Council's Committee on Juridical and Political Affairs requested the Department of International Law of the Secretariat for Legal Affairs to conduct preliminary inquiries to determine potential topics and instruments for a possible CIDIP VIII, in addition to previous topics presented by OAS member States for the CIDIP VII (which included several aspects of electronic commerce,

---

186. D. P. Fernández Arroyo, "¿Qué CIDIP para cuál América?", in J. Kleinheisterkamp and G. A. Lorenzo Campos (eds.), *Avances del derecho internacional privado en América Latina: Liber Amicorum Jürgen Samtleben*, Montevideo, FCU, 2002, pp. 31 *et seq*. at 36.

187. D. P. Fernández Arroyo, "What's New in Latin American Private International Law", *Yearbook of Private International Law*, Vol. 7 (2005), pp. 85 *et seq*. at 86-88.

consumer protection, migratory flows of persons, and extracontractual civil liability for defective products and environmental pollution) [188]. However, the process was not followed through.

Recent developments, including the election for the first time of a private international lawyer as President of the Inter-American Juridical Committee at its 101st session in August 2022, might suggest that the CIDIP model could give way to the pre-1971 institutional codification model (hopefully a more successful one).

70. Of all sub-regional integration structures in the Americas, only the Southern Common Market trade bloc (consisting of Argentina, Brazil, Paraguay and Uruguay, and known by its Spanish abbreviation MERCOSUR or its Portuguese abbreviation MERCOSUL) has pursued the harmonisation of the national laws of its member States in the field of private international law as a means to strengthen the integration process mandated by Article 1 of the 1991 founding Treaty of Asunción. At the initiative of the Meeting of Justice Ministers [189], established by the Common Market Council (the highest MERCOSUR organ), several "protocols" complementary to the Asunción Treaty have been concluded notably concerning jurisdiction and mutual legal assistance, among which are the 1992 Las Leñas Protocol on Jurisdictional Assistance and Cooperation regarding Civil, Commercial, Labour and Administrative Matters (amended in 2002), the 1994 Buenos Aires Protocol on International Jurisdiction in Contractual Matters, the 1994 Ouro Pretto Protocol on Preventive Measures, the 1996 San Luis Protocol on Civil Liability in Traffic Accidents, and the 1997 Santa María Protocol on International Jurisdiction in Consumer Relations.

As Bolivia and Chile joined as associate States, "agreements" were the instrument chosen – unlike protocols and agreements among member States, the interpretation, application or violation of these is not automatically subjected to the dispute settlement system of the 2002 Olivos Protocol for Dispute Settlement. Since then, several twin mirror agreements have been concluded among MERCOSUR member States and between them and associate States, for example the identical 1998 Arbitration Agreements, the 2000 Agreements on Free Access to Justice and Judicial Assistance, the 2002 Agreements

---

188. Selection of topics for a possible Eighth Inter-American Specialized Conference on Private International Law (Considered by the CAJP at its meeting of 6 October 2011), OAS doc. OEA/Ser.G, CP/CAJP/INF. 151/11 (29 November 2011).

189. See generally M. Fohs, "La Reunión de Ministros de Justicia del MERCOSUR y Estados Asociados a 26 años de su creación", *Contribuciones a las ciencias sociales* (June 2011), at https://www.eumed.net/rev/cccss/12/mnf.htm.

on Jurisdiction concerning Contracts for Cargo Transport, and the 2002 Agreement on Jurisdictional Assistance and Cooperation regarding Civil, Commercial, Labour and Administrative Matters between MERCOSUR member States and Bolivia and Chile mirroring the Las Leñas Protocol as amended. Ratification of the mirror agreements has been inconsistent at best. Occasionally agreements between member States have not been replicated with associate members. Such is the case of the 2017 Agreement on the Law Applicable to International Consumer Contracts.

In 2012 an Agreement was concluded between some member States (excluding Paraguay which was suspended from the bloc) and one associate State (Bolivia) concerning Jurisdiction, Applicable Law and Cooperation regarding Matrimony, Personal Relations between Spouses, Matrimonial Property, Divorce, Separation and Non-Marital Unions. It is the first and only treaty not signed by all member States, and negotiations for Paraguay to join have been ineffectual.

To a degree, harmonisation was necessary among MERCOSUR members in view of the particular situation of Brazil. While significant legal integration already existed between Argentina, Paraguay and Uruguay (all three were parties to the main Treaties of Montevideo and several CIDIP conventions), it did not extend to Brazil, which had adhered to the Bustamante Code. However, since many MERCOSUR solutions follow CIDIPs, in order to fast-track the integration process, Brazil opted to ratify the CIDIP conventions (fourteen between 1994 and 1998). This, in turn, has caused codifying private international law at sub-regional level to lose much of its purpose [190].

As there is no such thing as the "exclusive competence" of MERCOSUR on judicial cooperation or in the field of private international law more generally, member States are free to negotiate and conclude agreements with third States.

71. Another regional undertaking that involves the unification of commercial law among French-speaking West and Central African nations is being conducted through the Organisation for the Harmonisation of Business Law in Africa (OHADA). Established by the 1993 Treaty signed in Port Louis, Mauritius, to stimulate investment and create a new development pole in Africa, OHADA has adopted several key "uniform acts" on general commercial law in 2010, commercial companies and economic interest groups in 2014, insolvency law in

---

190. Fernández Arroyo, *op. cit.* (note 187), at p. 94.

2015, and arbitration law in 2017. Uniform acts are enacted by the Council of Ministers, are directly applicable and supersede national legislation unless they contain different preconditions to entry into force. A Common Court of Justice and Arbitration exists with responsibility for the interpretation and application of the uniform acts, as a court of final appeal on decisions taken by appellate courts or not subject to appeal in the courts of a State party.

72. In addition to legal harmonisation in traditional private international law matters, both the EU and MERCOSUR have elaborated several conventions on cooperation in criminal matters. Between EU countries a Convention on Mutual Assistance in Criminal Matters was established by the Council of the European Union in 2000 in accordance with Article 34 of the 1992 Treaty on European Union (TEU). The Convention supplements the 1959 Council of Europe Convention on Mutual Assistance in Criminal Matters and its 1978 Protocol, and the related conventions on Extradition of 1957 and on the Transfer of Sentenced Persons of 1983 (both amended by several protocols), all of which are open to accession by non-member States. In addition to these agreements, cooperation between EU member States is contained in two Council framework decisions: on the European Arrest Warrant (2002/584/JHA), and on the Transfer of Sentenced Persons (2008/909/JHA). Framework decisions (nowadays directives) oblige member States to see to it that their national legislation fulfils the required objectives.

73. In MERCOSUR, four main treaties have been concluded and are partially in force as some contracting States are yet to ratify them: the 1996 San Luis Protocol on Mutual Juridical Assistance in Criminal Matters (extended in 2002 to Bolivia and Chile, and amended in 2018 to allow direct communications and the use of electronic means between competent authorities in the border area) and the 1998 Agreement on Extradition, both between member States; and the 1998 Agreement on Extradition and the 2002 Agreement on Mutual Juridical Assistance in Criminal Matters (amended in 2004), the two between of them member States and associate States. The transfer of sentenced persons is the object of another set of twin mirror agreements among MERCOSUR member States and between them and the associate States both concluded in 2004, complemented in 2005 by a Protocol on the Transfer of Persons subject to Special Regimes (including children, incapacitated adults and persons who choose to serve their sentence in another country). There is also a Framework Agreement for setting

up Joint Investigation Teams between member States and associate States signed in 2010 (in force between member States), an Agreement on the MERCOSUR Order of Detention and Procedures of Surrender between member States and associate States signed also in 2010 (not in force) [191], and a Framework Agreement on Recovery of Assets from Organized Crimes signed between member States in 2018 (also not in force).

MERCOSUR agreements do not preclude the application of other bilateral or regional agreements that may be in place among its member States (such as the 1933 Caracas Convention on Extradition and the 1992 Inter-American Convention on Mutual Assistance in Criminal Matters) in so far as they are more favourable to cooperation.

74. Currently, both the EU and MERCOSUR are struggling with the rise of anti-integration forces, triggered by nationalist and populist movements all across the world and by pro-liberalisation pro-globalisation interests, if not by both, leading to Brexit (the withdrawal of the United Kingdom from the EU as of 31 January 2020) and ongoing speculations on the disintegration of MERCOSUR [192]. While the termination of the constituent treaties of the EU and MERCOSUR for all or some member States is to be decided in accordance with those treaties and other treaty or customary rules of public international law that may be applicable, the implications for private international law will largely depend on the agreement of the parties that may provide for the continuation of – or possibility of adherence to – private international law instruments adopted in the integration process or the outright application of default treaty or domestic rules [193].

75. The legal panorama would be incomplete if account were not given of the bi-regional norm development process and cooperation that takes place under the aegis of the Conference of Ministers of

---

191. See J. J. Cerdeira, *Cooperación internacional contra el crimen organizado*, Buenos Aires, Ad Hoc, 2011.
192. B. Malacalza and J. G. Tokatlian, "¿Puede desintegrarse Mercosur?", *Política Exterior* (1 September 2021), https://www.politicaexterior.com/articulo/puede-desintegrarse-mercosur/; "O risco de uma desintegração do Mercosul", *Folha de S. Paulo* (3 September 2021), https://www1.folha.uol.com.br/colunas/latinoamerica21/2021/09/o-risco-de-uma-desintegracao-do-mercosul.shtml.
193. On the EU-UK Withdrawal Agreement and private international law and the situation post-transition, see van Calster, *op. cit.* (note 178), at pp. 19-24. See also J. Basedow, "Brexit und das Privat- und Wirtschaftsrecht", *Zeitschrift für europäisches Privatrecht* (2016), pp. 567 *et seq.*; A. Dickinson, "Back to the Future: The UK's EU Exits and the Conflict of Laws", *Journal of Private International Law*, Vol. 12 (2016), pp. 195 *et seq.*; G. Rühl, "Judicial Cooperation in Civil and Commercial Matters after Brexit: Which Way Forward?", *ICLQ*, Vol. 67 (2018), pp. 99 *et seq.* at 104 *et seq.*

Justice of the Ibero-American Countries (COMJIB). Established in 1992 by the Treaty of Madrid, the COMJIB is an international intergovernmental organisation that brings together the Ministries of Justice and similar institutions of the twenty-two countries of the Ibero-American Community of Nations (Andorra, Argentina, Bolivia, Brazil, Chile, Colombia, Costa Rica, Cuba, Dominican Republic, Ecuador, El Salvador, Guatemala, Honduras, Mexico, Nicaragua, Panama, Paraguay, Peru, Portugal, Spain, Uruguay and Venezuela) with the aim of studying and promoting forms of legal cooperation between its member States. Three instruments adopted in the framework of COMJIB are worth noting: the 2010 Ibero-American Convention for the Use of Videoconferencing in International Cooperation and its Additional Protocol related to Costs, Linguistic Regime and Submission of Requests; the 2013 Ibero-American Cooperation Agreement on Joint Investigation Teams (not in force); and the 2019 Medellín Treaty on Electronic Transmission of Requests for Service.

With the entry into force of the Medellín Treaty, requests for mutual legal assistance between central authorities will be legally valid and will not require subsequent physical shipments of documents when they are made through the Iber@ Platform, provided that the treaty in force between the parties enables direct communication between central authorities. In addition, the Medellín Treaty allows accession by third States that are not part of the Ibero-American Community, expanding the network of international legal cooperation and reducing the time and costs associated with the international processing of applications. In this way, IberRed is positioned as the formal and informal international legal cooperation network with the greatest potential worldwide [194].

(l) *Significance for private international law of the human rights movement*

76. Of all the post-1945 developments, arguably none caused greater revolution in international law than the "human rights movement" whose origin is often placed in 1948 with the adoption by the United Nations of the Universal Declaration of Human Rights (UDHR), although some trace the movement back to the American and French revolutions of the eighteenth century [195]. In fact, the question of human rights is so

---

194. https://iberred.notariado.org/presentacion.
195. L. Hunt, *Inventing Human Rights: A History*, New York, W. W. Norton & Co., 2007.

rooted in history, ethics and politics that probably some theoretical distinction needs to be made for our purpose. In today's world, human rights involves international law and institutions as well as the spread of liberal constitutions among States. Internal developments in many States have been profoundly influenced by international law and institutions as well as by pressure from other States seeking to enforce international law. Internal or comparative, and international aspects of human rights are complexly intertwined and reciprocally influential with respect to the growth of human rights norms, the causes and effects of their violations and the reactions of international bodies and other States [196]. Both dimensions are significant for an understanding of modern public and private international law developments. However, it is international human rights, with its aspirations to universal validity, which constitutes the truly novel development of the last seventy years.

77. In broad terms, the international rules and standards of human rights have developed and are elaborated, interpreted, applied and changed as an expression of States' will [197]. Multilateral treaties have been the principal means for development of human rights. Together with the 1948 UDHR, the International Covenant on Civil and Political Rights (ICCPR) and the International Covenant on Economic, Social and Cultural Rights (ICESCR), both of which became effective in 1976, form the substantive core. The *universal* human rights system also includes other treaties that, in most cases like the ICCPR and ICESCR, are supported and developed in different ways by treaty bodies (committees) to which States parties may owe duties and individuals may allege violations of rights. These include, notably, for the purpose of this course, the 1979 Convention on the Elimination of All Forms of Discrimination against Women (UNCEDAW), and the 1989 UN Convention on the Rights of the Child (UNCRC). Four *regional* treaty-based human rights systems also coexist with the universal system, each open only to members from the designated part of the world: the 1950 European Convention for the Protection of Human Rights and Fundamental Freedoms, the 1969 ACHR (American Convention on Human Rights, also known as the "Pact of San José de Costa Rica"), the 1981 African Charter on Human and Peoples' Rights ("African Charter") and the 2004 Arab Charter on Human Rights ("Arab Charter").

---

196. P. Alston and R. Goodman, *International Human Rights*, Oxford, Oxford University Press, 2013, at p. 59.
197. See M. Koskenniemi, "The Pull of the Mainstream", *Michigan Law Review*, Vol. 88 (1990), pp. 1946 *et seq.*

Under the regional systems, courts may decide individual complaints against member States, order emergency interim measures [198] and issue advisory opinions. In the European system cases can be brought directly by individuals before the European Court, while in the Inter-American and African systems commissions investigate the situations filed by the victims of human rights violations, and can bring a case before the regional courts. In the Arab system, no individual petitions or communications are foreseen – except that under the Statute of the Arab Court of Human Rights, approved by the Ministerial Council of the Arab League in 2004 but not in force, States parties can accept that NGOs accredited and working in the field of human rights in the State whose subject may be a victim of a human rights violation have access to the Court (Art. 19 (2)).

In addition to treaties, custom has become an increasingly significant source of law in human rights obligations, as derived not only from actual State practice but also potentially from multilateral treaties and declarations by international fora such as the UN General Assembly, despite the existence of silences, ambiguities and contradictions in that practice [199]. Inevitably, the work produced by the new international institutions (like the UN Human Rights Council (HRC) and the Office of the UN High Commissioner for Human Rights (OHCHR)) and treaty bodies, special rapporteurs and independent experts, and national and international human rights NGOs, as well as the phenomenon of globalisation embracing multiple cultures, have influenced the making of international law, leading to the concept of "soft law" and having a direct and forceful bearing on the conceptions of *erga omnes* and *jus cogens* [200].

78. This account of the public international law sources of human rights should not however obscure the fact that "international human rights" has developed into its own body of law, with separate postulates and principles, which follows a distinct logic and which impacts at both the international and national levels [201]. The most notable feature of the regime is that States are internationally bound to apply the human rights

---

198. See F. Salvioli, *El rol de los órganos internacionales de protección de los derechos humanos, y el valor jurídico de sus pronunciamientos: La edad de la razón*, San José, Investigaciones Jurídicas SA, 2022.

199. See A. Roberts, "Traditional and Modern Approaches to Customary International Law: A Reconciliation", *AJIL*, Vol. 95 (2001), pp. 757 *et seq.*

200. Alston and Goodman, *op. cit.* (note 196), at pp. 81-82.

201. F. Salvioli, *Introducción a los derechos humanos*, Valencia, Tirant lo Blanch, 2020, at pp. 33 *et seq.*

protection to everyone within their jurisdiction (even extraterritorially to persons within their power or effective control [202]). The implication is that a human rights violation constitutes an international wrongful act to which other States or actors, individuals included, may be entitled to respond (normally through the United Nations and regional machineries) seeking cessation and/or reparation, irrespective of whether the act is considered illegal on the domestic sphere.

The other consequential feature is the *pro homine* (or *pro personae*) principle that stems from early human rights instruments (e.g. Art. 5 (2), ICCPR; Art. 5 (2) ICESCR; Art. 29, ACHR) and has been incorporated by subsequent international treaties (e.g. Art. 23 UNCEDAW; Art. 41 UNCRC) and strengthened by decisions of human rights tribunals and bodies [203]. The principle, which has been stated to prescribe the application of the norm or the interpretation that is most favourable to the recognition of protected rights (and conversely, the application of the norm or the interpretation that is most restrictive when limiting or suspending rights) [204], is considered nowadays to be a basic rule of legal interpretation and implementation and a fundamental aspect of international human rights law [205].

79. Human rights are universal since they derive from the inherent dignity of the human person, and were designed and recognised in international instruments for universal application [206]. And yet the question of the "universal" or "relative" character of human rights has been a source of contention from the movement's start. Claims that the rights declared in the major human rights instruments are universal have been denounced as an attempt to impose the political ideology of the West (liberalism) in contradiction to the value of

---

202. HR Committee, General Comment No. 31 [80]: The nature of the general legal obligation imposed on States parties to the Covenant, UN doc. CCPR/C/21/Rev.1/Add.13 (26 May 2004), paras. 10-11; *Legal Consequences of the Construction of a Wall in the Occupied Palestinian Territory*, Advisory Opinion, *ICJ Reports 2004*, pp. 177-181 (noting that its position was consistent with that of the HRC).

203. E.g. HR Committee, General Comment No. 28. (2000): Article 3 (The Equality of Rights between Man and Women), UN doc. CCPR/C/21/Rev.1/Add.10 (29 March 2000), para. 9; IACtHR, *Juridical Condition and Rights of Undocumented Migrants*, Advisory Opinion OC-18/03 of 17 September 2003, Series A No. 18, para. 156; IACtHR, *Vélez Loor Case*, Judgment of 23 November 2010, Series C No. 218, para. 107.

204. M. Pinto, "El principio *pro homine:* Criterios de hermenéutica y pautas para la regulación de los derechos humanos", in M. Abregú and C. Courtis (eds.), *La aplicación de los tratados de derechos humanos por los tribunales locales*, Buenos Aires, CELS and Del Puerto, 1997, pp. 163 *et seq*.

205. Salvioli, *op. cit.* (note 201), at pp. 440 *et seq*.

206. *Ibid.*, at pp. 211 *et seq*.

religious ideologies, cultural structures and local social practices. This derives, in part, from the historical conditions surrounding the creation of the particular human rights instruments as most African and Asian countries did not participate in the formulation of the UDHR (which established the framework for the subsequent instruments) as they were not members of the United Nations. The countries and advocates of cultural relativism argue that the pre-existing framework and assumptions favour individual civil and political rights over non-Western notions of human dignity and collective solidarity rights, such as the right to development.

Partisans of universality claim that application of Shari'a as the primary foundation for legal obligations and rights in Islamic countries is in complete conflict with fundamental human rights, especially of women and non-Muslims, on the basis of the principles of legality and non-discrimination contained in many human rights instruments. Shari'a classifies the subjects of an Islamic State in terms of their religious beliefs. In some countries, non-Muslims are still only entitled to the status of *dhimma*, which grants them equal rights to Muslims under the laws of property, contracts and obligations, in exchange for loyalty to the State and payment of the *jizya* tax, but otherwise imposes upon non-Muslims serious social, occupational and residency restrictions. Women, in turn, although full citizens of an Islamic State, see their status and rights influenced by the notion of *qawama*. Viewed by universalists as a foundation of discriminatory treatment of women in the social and legal spheres, *qawama* refers to the "guardianship and authority" that men have over women because of the alleged advantage of the former over the latter and because men spend their property in supporting women (verse 4:34 of the Qur'an). In family law, for example, men have the right to marry up to four wives and the power to exercise almost absolute control over them during marriage. While husbands are entitled to divorce any of their wives at will, wives can only divorce on judicial order on very specific and limited grounds. Also, as a general rule, women are entitled to inherit half the share of men. According to Islamic jurisprudence, the father is the natural guardian *(wali)* of the person and property of the minor child. In the administration of justice, women's testimony is accepted in civil cases (but not in criminal proceedings) where it takes two women to make a single witness. *Diya* (the monetary compensation to be paid to victims of violent crimes or their surviving akin) is less for female than for male victims.

80. Some scholars theorise that the protection of cultural identity constitutes one of the foundations of private international law as it pleads to guarantee respect for the diversity and equality of national legal orders. It is argued that the possibility to apply foreign law is related in particular to the right to respect for "private and family life" as provided for in Article 8 (1) of the European Convention for the Protection of Human Rights and Fundamental Freedoms [207]. Others see little value in justifying private international law upon application of human rights norms, on the basis of either Article 8 (1) or the prohibition of discrimination set forth in Article 14 of the Convention [208]. They also warn against the dangers of relativism inherent in the calls to respect local notions of rights [209].

81. In principle, the international standards of human rights provide a basis for the public policy exception *(ordre public)* against odious foreign law, either directly originating in international law or indirectly as embedded in national constitutions and domestic legislation. The exception is more commonly invoked in family law where international (or Western) and Islamic rights often collide [210]. The most well-known issues are Muslim polygamy and repudiation *(talak)*. Also, the *kafala*, a child protection measure under which by legal decision a minor is raised by a legally married couple that supports him or her and from whom he or she may inherit, but without creating family ties, as adoption is prohibited in most Islamic countries. The concept of secularism is also at odds with the application of rules requiring a religious celebration for the marriage (rather than allowing it) or prohibiting Muslim women from marrying non-Muslim men. These ideas are considered foreign to the West. Many rules are problematic particularly in that they run contrary to the principle of equality between men and women proclaimed by international human rights instruments (e.g. Art. 1 UN Charter; UDHR; UNCEDAW; and the 1995 Beijing Declaration and Platform for Action) or to the status and rights of guardianship, maintenance and property of illegitimate children (Art. 2 UNCRC). International tensions may

---

207. E. Jayme, "Menschenrechte und Theorie des Internationalen Privatrechts", *Internationale Juristenvereinigung Osnäbruck* (1991/1992), pp. 8 *et seq.*
208. P. A. De Miguel Asensio, "Derechos humanos, diversidad cultural y derecho internacional privado", *Revista de derecho privado* (1998), pp. 541 *et seq.*
209. *Ibid.*
210. J. Déprez, "Droit international privé et conflits de civilisations. Aspects méthodologiques (Les relations entre systèmes d'Europe occidental et systèmes islamiques en matière de statut personnel)", *Recueil des cours*, Vol. 211 (1988), pp. 9 *et seq.*

linger when the application of the foreign odious law is mandated by treaty even as the public policy exception is provided for or where the parties disagree as to its scope. In these cases, the application of the human rights standards shall normally prevail in Western courts as the principle of equality before the law, equal protection before the law and non-discrimination is considered essential in both national constitutions and universal and regional human rights instruments and may be said to belong to *jus cogens*.

82. Of course, differences transcend the Western / non-Western divide, particularly when so-called new rights are involved that go beyond those fundamental rights in the UDHR or as they were understood in 1948, among which are the rights and protections associated with marriage to same-sex couples, and advance decisions (living wills) as a derivative of personal autonomy or the "right to die" with dignity. The reality is that discriminatory (sexist) rules are still in place in several Western and other countries giving priority to the personal law of the husband or the father or asserting male authority in issues such as transmitting the nationality to offspring, marriage and fault-based divorce, the right to choose the family residence, management of marital property, child custody and maintenance.

83. Sometimes differences between international human rights and a foreign law cannot be reconciled, in which case the public law exception will lead to the outright refusal to apply the law designated by the choice of law rule of the forum or to give recognition or enforcement to a foreign decision. In other cases, some effects of the foreign odious law may be accepted, particularly if not doing so would lead to the denial of internationally protected human rights. For example, property or inheritance rights acquired under a foreign law may be recognised to a person married against his or her will, and to all wives in a polygamous family. Also, the "best interests of the child", which derives from Article 3 UNCRC, dictates that the children of the plural family be considered "legitimate" if the forum law still distinguishes between children born to married and unmarried parents. Rather than weakening international human rights standards by evoking foreign legal rationality based on local culture, tradition or religion, public order shall be applied to effectively protect the human rights in issue.

The public policy exception shall be strictly construed and applied to avoid encroachment of the forum law. There should also be a reasonable connection (proximity) between the case and the forum. The "margin of appreciation" doctrine needs not be called into action in conflict cases, as had been proposed in the draft Resolution on Human Rights and Private International Law of the IDI [211], for several reasons. First and foremost, its purpose as developed by the ECtHR is to grant national authorities some deference in carrying out their obligations under the ECHR in cases that come before the Court. Moreover, this is a European doctrine whose use has been limited if not viewed with suspicion by the UN Human Rights Committee, the IACtHR and the African Court of Human and Peoples' Rights.

84. Beyond the enforcement of substantive human rights, the application of the rules of jurisdiction and international judicial cooperation are areas in which human rights may be invoked in effecting access to justice, the prohibition of an exorbitant jurisdiction by the adjudicating court, due process and other procedural guarantees. A variety of human rights treaties explicitly provide for an international legal right to access to justice for violations of human rights law (e.g. Art. 2 (3) ICCPR; Art. 13 ECHR; Art. 47 of the 2000 Charter of Fundamental Rights of the European Union (CFREU); Art. 25 ACHR; Art. 7 (1) *(a)* African Charter). A more general international legal right to access to justice extending beyond human rights violations to other types of disputes is also recognised, albeit to a more limited extent, for example in Article 8 UDHR, Article 14 ICCPR, Article 8 ACHR, Article 7 (1) *(b)-(d)* African Charter, Article 12 Arab Charter, and Article 5 of the 2012 ASEAN (Association of Southeast Asian Nations) Human Rights Declaration.

The right to access to justice is also expressed in a variety of private international law doctrines, prominently under the doctrine of jurisdiction by necessity *(forum necessitatis)*, and is implicit in the adequate alternative forum requirement of the *forum non conveniens* doctrine [212]. In 1980 the HCCH adopted the Convention on International

---

211. Draft Resolution on Human Rights and Private International Law, Article 2 (2), *Annuaire de l'IDI*, Vol. 78 (2017), pp. 215 *et seq.*, and draft Report by Jürgen Basedow (September 2018), https://www.idi-iil.org/app/uploads/2019/06/Commission-4-Droits-de-lhomme-et-droit-international-prive-Basedow-Travaux-La-Haye-2019.pdf, at p. 5. The Resolution adopted by the IDI in 2021 (*infra* note 220) and the Explanatory Report by Fausto Pocar (27 January 2021) (https://www.idi-iil.org/app/uploads/2021/05/Report-4th-commission-human-rights-and-private-international-law-vol-81-yearbook-online-session.pdf) contain no references to the margin of appreciation.

212. C. A. Whytock, "Transnational Access to Justice", *Berkeley Journal of International Law*, Vol. 38 (2020), pp. 154 *et seq.* at 179-180. See generally J. J. Fawcett, "General Report", in J. J. Fawcett (ed.), *Declining Jurisdiction in Private International Law*, Oxford, Clarendon Press, 1995, pp. 1 *et seq.*; C. A. Whytock and C. Burke Robertson, "*Forum Non Conveniens* and the Enforcement of Foreign Judgments", *Columbia Law Review*, Vol. 111 (2011), pp. 1444 *et seq.* at 1454-1462.

Access to Justice which declares that the State signatories "[d]esir[e] to facilitate international access to justice" and provides that

> "[n]ationals of any contracting State and persons habitually resident in any contracting State shall be entitled to legal aid for court proceedings in civil and commercial matters in each contracting State on the same conditions as if they themselves were nationals of and habitually resident in that State".

It has been propounded with considerable justification that the predominant concept of access to justice is still domestic in that it focuses on access to justice problems from the perspective of persons in domestic disputes, in particular domestic legal systems, and as a problem of domestic governance, while overlooking the important implications for access to justice in transnational disputes, in the context of the global system, and as a problem of global governance [213]. In transnational disputes some access to justice problems can be exacerbated by lack of awareness and understanding of legal rights and defences, limited access to legal representation, lack of affordability and other procedural and practical barriers [214]. In addition, there are distinctive problems due to the decentralised nature of the global legal system, when no legal system provides access to justice, if no court is available to adjudicate or having authority nevertheless declines to adjudicate. For example, a court in a country that recognises the *forum non conveniens* doctrine may dismiss a claim despite the uncertainty over whether the court of some other country will provide access to justice instead; also, redress may not be obtained from a multinational corporation that engages in business through a foreign subsidiary because the subsidiary lacks sufficient assets to satisfy a judgment and access to justice is not available in the parent company's "home" country because of the applicable rules of corporate law precluding liability of the parent company for the acts of its subsidiary or on any other grounds. Similarly, foreign sovereign immunity can prevent access to justice if the foreign country's own courts cannot adjudicate or do so impartially [215]. Furthermore, the right of access to justice can be seriously impaired when the courts in one country, for example where the debtor's assets are located, refuse to recognise or enforce

---

213. Whytock, 2020, *ibid.*, at pp. 155-156.
214. *Ibid.*, at pp. 161-164.
215. *Ibid.*, at pp. 166-167.

a foreign judgment leaving the prevailing party without a remedy [216]. Access to justice for parties in transnational disputes thus implies different potential barriers and problems that require specially tailored solutions [217].

Moreover, transnational access to justice depends not merely on a right of court access, but also on a right of access to a court that provides procedural fairness (adequate notice and a reasonable opportunity to be heard, procedural equality, adversarial proceedings, a public hearing, a reasoned decision, a judgment in a reasonable time and enforcement of judgments). It depends, furthermore, on there being no practical obstacle to having a dispute determined (by providing awareness of one's legal rights and defences, affordability of access and availability of legal assistance), and for some also on substantive law that is capable of producing just outcomes – although a substantive legal requirement goes beyond access to justice as conceived by important international human rights instruments [218].

As Whytock indicates, the scope of the international right of access to justice is unsettled, as is its status as a norm of international law beyond the customary duty to allow foreign nationals to establish rights before the ordinary courts the breach of which constitutes denial of justice and results in the international responsibility of the State, and for violations of human rights as recognised and guaranteed by treaty [219]. Nevertheless, its wide(ning) recognition is an indicator that the right of access to justice may have established itself as a general principle in public and private international law, even when the relation with other principles, such as foreign sovereign immunity, is developing.

85. As is apparent, international human rights have permeated modern private international law legislation in several countries sometimes indirectly as a consequence of the constitutionalisation of human rights, by incorporating rules and principles to be accounted for in adjudicating conflict cases, such as the *forum necessitatis* to avoid the denial of justice, and the principle of the best interests of the child. However, a final word of caution may be needed. Framing private international law in international human rights law will not automatically provide solutions to conflict cases, nor necessarily help advance human rights for that matter. Human rights analysis should not

---

216. *Ibid.*, at pp. 168-169.
217. *Ibid.*, at p. 161.
218. *Ibid.*, at p. 159.
219. *Ibid.*, at p. 180.

replace private international law analysis by importing its doctrines and discourse. Human rights analysis can help design private international law norms and interpret and apply the conflict rules in accordance with the standards established in international human law instruments, including the *pro homine* principle and compass, so as to also avoid the international responsibility of the State. But the theory, concepts and methods to be applied are above all those of private international law.

86. The Resolution on Human Rights and Private International Law [220] adopted in 2021 by the IDI, and the Principles on Transnational Access to Justice (TRANSJUS) [221] adopted by the Asociación americana de derecho internacional privado (ASADIP) in 2016 in the Americas, represent the most erudite initiatives to bring private international law up to date with human right tendencies in a systematic manner – the IDI's Resolution more comprehensively, the ASADIP Principles on a narrower scope – even if some of the articles and principles are rather programmatic and *de lege ferenda*. The ASADIP Principles are noteworthy in that they postulate the "right of access to justice" as the main jurisdictional threshold, to favour the effect of foreign decisions when interpreting and applying the requirements those decisions are submitted to (Principle 7.1). The underlying rationale is that jurisdiction is not only a State prerogative but a function to ensure effective access to justice [222].

87. Another development merits brief description here. Along with globalisation and the increasingly central role of transnational corporations in international and domestic economic orders, the notion of corporate accountability under international law has arisen. This postulates that, regardless of the primary duty of States to respect, promote and protect human rights, businesses must act with due diligence to avoid infringing on the rights of others and to address any negative impacts of their activity, including by conducting human rights impact assessments and by putting in place voluntary company-level mechanisms to provide access to remedy through dialogue and engagement.

---

220. https://www.idi-iil.org/app/uploads/2021/09/2021_online_04_en.pdf.
221. http://www.asadip.org/v2/wp-content/uploads/2018/08/ASADIP-TRANSJUS-EN-FINAL18.pdf.
222. D. P. Fernández Arroyo, "The Progressive Evolution of Private International Law: From State Centralisation to Denationalisation and Beyond", in A. Parise and E. V. Popov (eds.), *Globalisation and Private International Law: Proceedings of the 2017 Annual Symposium of the International Association of Legal Sciences (IALS) Hosted by the Russian Academy of Legal Sciences*, Moscow, Jurist, 2019, at pp. 73-74.

The most important instrument is the UN Guiding Principles on Business and Human Rights adopted by the HRC in 2011 [223]. In 2016, in response to a request by the HRC, the OHCHR also presented a report setting out guidance to improve accountability and access to remedy for victims of business-related human rights abuses [224]. Building on the UN Guiding Principles, regional bodies and institutions have also acknowledged the need for legislation on mandatory human rights due diligence and corporate liability, while further elaborating legal standards in the field, for example the European Parliament [225], the Council of Europe [226], the Inter-American Commission on Human Rights [227]. There is also an emerging jurisprudence on parent company tort liability for human rights abuses committed by foreign subsidiaries, as an exception to the bedrock company law principles of separate legal personality and limited liability [228].

Another important step has been taken with the establishment by the HRC of an open-ended intergovernmental working group which since 2014 is elaborating an international legally binding instrument to regulate, in international human rights law, the activities of transnational corporations and other business enterprises – the latest, the third revised draft, dates from 17 August 2021 [229]. The draft underlines, in its preamble, para 11, that

> "business enterprises, regardless of their size, sector, location, operational context, ownership and structure have the obligation to respect internationally recognised human rights, including by avoiding causing or contributing to human rights abuses through their own activities and addressing such abuses when they occur,

---

223. Human Rights and Transnational Corporations and Other Business Enterprises, UN doc. A/HRC/RES/17/4 (6 July 2011).

224. Improving Accountability and Access to Remedy for Victims of Business-related Human Rights Abuse, UN doc. A/HRC/32/19 (10 May 2016).

225. European Parliament Resolution of 25 October 2016 on corporate liability for serious human rights abuses in third countries, 2015/2315(INI).

226. Human Rights and Business, Recommendation CM/REC(2016)3 of the Committee of Ministers to Member States (2 March 2016).

227. Inter-American Commission on Human Rights, Special Rapporteurship on Economic, Social, Cultural and Environmental Rights, "Informe sobre empresas y derechos humanos: Estándares interamericanos", OAS doc. OEA/Ser.L/V/II (1 November 2019).

228. See the UK Supreme Court's recent landmark decisions in *Vedanta Resources Plc and Another* v. *Lungowe and Others*, [2019] UKSC 20; and *Okpabi and others* v. *Royal Dutch Shell Plc and Another*, [2021] UKSC 3.

229. For the mandate and reports of the working group and the successive versions of the draft instrument, see https://www.ohchr.org/EN/HRBodies/HRC/WGTransCorp/Pages/IGWGOnTNC.aspx.

as well as by preventing or mitigating human rights abuses that are directly linked to their operations, products or services by their business relationships".

One significant improvement *vis-à-vis* the zero draft is that the scope of the future treaty would extend to *all* business activities – not exclusively of a transnational character (Art. 3 (1)). However, the matter is not settled because some States insist on circumscribing the treaty to the specific terms used in Resolution 26/9 of the HRC which referred to transnational corporations and other corporations whose operational activities were of a transnational nature [230]. In fact, the Resolution – which launched the codification process – does point out that the expression "[o]ther business enterprises" as is used in its title and text "denotes all business enterprises that have a transnational character in their operational activities, and does not apply to local businesses registered in terms of relevant domestic law".

Beyond the statement of purpose and scope of the future treaty, the more programmatic draft clauses impose upon States parties to regulate and/or take adequate and effective measures to protect victims of human rights abuses in the context of business activities (Arts. 4 and 5), ensure that business enterprises respect internationally recognised human rights and prevent and mitigate human rights abuses throughout their business activities and relationships for which business must be required to undertake human rights due diligence, proportionate to their size, risk of human rights abuse or the nature and context of their business activities and relationships (Art. 6 (3)), and provide access to remedy (Art. 7) and civil liability of legal as well as natural persons conducting business activities which have caused or contributed to human rights abuses (Art. 8).

Access to justice is to be provided via judicial and non-judicial mechanisms (Art. 7 (1)) and States parties commit to remove legal obstacles – including *forum non conveniens* provisions and legal costs placing an unfair and reasonable burden on victims or becoming a barrier to commencing proceedings (Art. 7 (4)). Article 7 (5) mandates States to enact or amend laws allowing judges to reverse the burden of proof in appropriate cases to fulfil the victims' right to access to remedy

---

230. C. I. de Casas, "Principios y objetivos para un tratado sobre empresas y derechos humanos", in H. Cantú Rivera (ed.), *El tratado sobre las empresas y los derechos humanos: Perspectivas latinoamericanas*, Madrid, Tirant Lo Blanch, 2022, pp. 75 *et seq.*

where consistent with international law and its domestic constitutional law, while paragraph (6) seeks to guarantee the enforcement of remedies for human rights abuses, including through execution of national or foreign judgments or awards in accordance with the present treaty, domestic law and international legal obligations.

Articles 9, 11 and 12 deal respectively with the jurisdiction of the courts to adjudicate claims brought by victims, the applicable law to matters of substance, and mutual legal assistance *and* international judicial cooperation (seemingly because the existing treaties and other arrangements, or the domestic legislation that the State or the victim may have recourse to in order to investigate or prosecute or to pursue a civil claim respectively, are the treaties and legislation both in the fields of criminal and civil law). Not surprisingly some provisions are controversial and further debate is expected, notably on adjudicative jurisdiction which is vested in the courts of the State where the victim is a national or is domiciled (Art. 9 (1) *(d)*), and a broad definition of the domicile of legal persons which would allow a suit to be brought against an enterprise conducting business activities of a transnational nature including through their business relationships (e.g. a subsidiary for activities of its parent company and vice versa, and a sister company?) at the place of incorporation, central administration, principal place of business and place where the principal assets and operations are located (Art. 9 (2)). Together with other default jurisdictional bases in Article 9 (5), it almost amounts to enacting universal criminal and civil jurisdiction with respect to human rights abuses in the context of business activities. Also, the possibility, however limited, for the victim to choose the law applicable (presumably to civil claims only) under Article 11 (2) requires further analysis.

A potentially insurmountable problem with this draft treaty may lie precisely in that it seeks to regulate both the criminal and the civil aspects of the human rights abuses committed by business enterprises. While an all-encompassing approach may be warranted and even possible, criminal and civil procedures have their own law and logic which make them difficult to combine. An additional question is whether the working group, which has been mandated to regulate "in international human rights law" the activities of transnational corporations and other business activities, is the appropriate forum to legislate on complex private international law issues that may arise out of human rights abuses in the business context, and it should at least work with other specialised fora such as the HCCH, UNCITRAL and UNIDROIT (which, for example, in 2006 adopted Principles on International Civil Procedure) [231].

(m) *From international law to transnational law*

88. The latter decades of the twentieth century brought radical political, economic and technological developments, and growing awareness of their transformative implications singly and cumulatively for the international system and for international law: globalisation, privatisation, "the market" and cyberspace. This has been increasingly recognised as an erosion of traditional State sovereignty [232].

Perspectives on international law have, in turn, revealed the transformation in the field, as various theories challenged positivism, which justifies international law on the consent of States and tends to view these as the only subjects of international law, disregarding the role of non-State actors [233]. For example, the *critical legal studies* movement, which focuses on the contradictions, hypocrisies and failings of international law discourse, has emphasised the importance of culture to legal development and presents a critical view of the progress of the law in confrontation with State sovereignty. For a *law and economics* perspective, individual preferences, sometimes called "consumer sovereignty", are the ultimate source of values, thus the State is seen as a mediating institution for individuals to work together more productively. Likewise, *international relations (IR)* theory, in particular that developed by institutionalist scholars, views States as legal fictions that aggregate a broad spectrum of their citizens' interests and preferences. In analysing legal doctrine, *IR liberals* would accept traditional sources of law although they would question easy claims of universality, while *IR transnational liberals* would reject doctrines that limit law creation to States [234]. For *feminist* approaches, legal norms and processes reflect the dominance of men, including the public/

---

231. F. Wegher Osci, "Aportes para la inclusión de reglas de jurisdicción international en el Tratado de Empresas y Derechos Humanos", in H. Cantú Rivera (ed.), *ibid.*, pp. 473-499.
232. Damrosch and Murphy, *op. cit.* (note 37), at p. 31.
233. See generally S. Ratner and A.-M. Slaughter, "Appraising the Methods of International Law: A Prospectus for Readers", in S. Ratner and A.-M. Slaughter (eds.), "Symposium on Method in International Law", special issue, *AJIL*, Vol. 93 (1999), pp. 291 *et seq.* at 291-294, 300-301.
234. K. W. Abbott, "International Relations Theory, International Law, and the Regime Governing Atrocities in Internal Conflicts", *Studies in Transnational Legal Policy*, Vol. 36 (2004), pp. 137 *et seq.*

private difference which is considered "the fundamental basis of the modern State's function of separating and concentrating juridical forms of power that emanate from the State": the "public" sphere associated with men and the male voice in all areas of power and authority in the Western liberal tradition is regarded as the province of public international law, and the private or domestic one associated with the home and women and accorded lesser significance is associated with private international law [235]. From one *political economy* perspective, the public/private distinction is instrumental to international liberalism that seeks to establish a protected domain for the functioning of the market and obscure the operation of private power in the global political economy [236]. Each of these theories mentioned here, with the possible exception of some variants of the international theory, originated in an approach of domestic law, thus reinforcing the conceptual connection between international law and domestic law [237].

89. For students of *law and globalisation* the international/ domestic law dichotomy fails to grapple with a contemporary world of transnational lawmaking, governmental and non-governmental networks, extraterritorial assertions of jurisdiction, rhetorical statements of legal norms and permeable borders [238].

They observe that the classical conception of the inviolable State sovereign may be affected by new players on the global stage, some more powerful and richer than many States, and norms articulated, disseminated and enforced internationally or transnationally. On this view, cross-border legal norms are not (or no longer) exclusively promulgated *among* States through treaties or custom, or *by* State-sanctioned entities. Non-traditional actors such as NGOs play a tangible role in defining (and sometimes enforcing) legal (or quasi-legal) standards. That includes businesses, trade unions, networks of judges, and legal institutions. Likewise, official international institutions, such as the United Nations, can pressure certain international agendas and influence local bureaucracies. The OECD, for example, adopts

---

235. H. Charlesworth, C. Chinkin and S. Wright, "Feminist Approaches to International Law", *AJIL*, Vol. 85 (1991), pp. 615 *et seq.*
236. A. C. Cutler, "Artifice, Ideology and Paradox: The Public/Private Distinction in International Law", *Review of International Political Economy*, Vol. 4 (1997), pp. 261 *et seq.* at 279.
237. Ratner and Slaughter, *op. cit.* (note 233), at pp. 300-301.
238. P. Schiff Berman, "From International Law to Law and Globalization", *Columbia Journal of Transnational Law*, Vol. 43 (2005), pp. 485 *et seq.* at 490-491, 526-527.

recommendations, guidelines, best practices and other standards on public and corporate governance, bribery and corruption, regulatory reform, taxes and various other areas, which States (even non-OECD countries) follow in particular to attract foreign direct investment. Even classic legal actors such as courts are increasingly willing to apply international norms transnationally and may give legal effect to non-binding international instruments (such as the UNIDROIT Principles on International Commercial Contracts or the UN Guiding Principles on Business and Human Rights), conventions not in force and even legal pronouncements made by the parties. In their opinion, law operates as much by influencing modes of thought (the "legal consciousness" of ordinary people is the term used by some socio-legal scholars) as by actually prescribing and enforcing conduct [239].

90. In private international law, there has been a proliferation of international and transnational instruments which complement domestic statutes or cover situations not regulated by domestic law. Moreover, a significant part of the content of the private international law in force in different countries, although formally "national" in that rules are put in place as the result of the internal norm-creation process, actually comes from international or supranational codifying efforts. This process has been described as one of "de-nationalisation" of private international law (and beyond, as the trend is not exclusive to this field) [240].

From this perspective, the distinction between "public" and "private" law has been blurred by the interpenetration of domestic and international systems and the increasing intercourse between two or more States and the individuals who compose each. The public/private divide in international law is difficult to maintain in light of the prominence of international business transactions in State-to-State relations and of the empowerment of private actors, who in many cases now have access to processes before international tribunals both in traditional public law areas, such as human rights or the World Trade Organization (albeit only to file *amicus curiae* submissions), and in areas where public and private law converge, such as investor-State disputes [241]. In certain contexts, trade uses have been deemed

---

[239]. See generally Schiff Berman, *ibid.*, at pp. 485 *et seq.*; R. Michaels and N. Jansen, "Private Law Beyond the State? Europeanization, Globalization, Privatization", *AJIL*, Vol. 54 (2006), pp. 843 *et seq.*

[240]. See Fernández Arroyo, *op. cit.* (note 222), at pp. 64-67.

[241]. See e.g. R. G. Steinhardt, "The Privatization of Public Law", *George Washington Journal of International Law and Economics*, Vol. 25 (2001), pp. 523 *et seq.*; H. Muir Watt, "Droit public et droit privé dans les rapports internationaux (ver la

applicable, as an expression of *lex mercatoria*, out of any State law (e.g. Art. 9, 1980 UN Convention on Contracts for the International Sale of Goods)[242]. Increasingly recourse is made to arbitration, mediation and other alternative private dispute resolution, in commercial matters but also steadily more in consumer, workplace, family (including child custody and child abduction) and other cross-border cases, which may be enforceable without homologation by a public authority (e.g. Directive 2008/52/EC of the European Parliament and of the Council of 21 May 2008 on certain aspects of mediation in civil and commercial matters). There are private entities that operate as a public-like governance regime, as is the case of the Fédération Internationale de Football Association (FIFA), which has regulatory structures that parallel those of a government, imposes legal standards (sometime contrary to national legislation) that countries must adopt or forfeit hosting the World Cup and operates essentially unregulated with perceived immunity. In addition, the physical localisation of goods, conduct and effects, which historically has been the main determinant of jurisdiction and of choice of law, presents problems in an electronically connected world, and the World Wide Web remains unruly. The past few years have seen cryptocurrencies become ubiquitous, prompting national and regional authorities to regulate transactions, impose restrictions in certain areas, tax gains made from selling them and bring them under the ambit of money laundering and counter-terrorist financing laws. Not last in importance, the building of multicultural societies resulting from the migration movements of recent decades has brought forth the dilemma between assimilation and respect for cultural identity in the elaboration and application of traditional private international law (e.g. in Europe the 1995 Framework Convention for the Protection of National Minorities prohibits discrimination and forced assimilation but also provides for trans-frontier contacts and international and trans-frontier cooperation)[243].

91. It is argued that despite the extent of the changes brought by globalisation, private international law has done little to address the

---

publicisation des conflits de lois?)", in "Le privé et le public", special issue, *Archives de philosophie du droit*, Vol. 41 (1997), pp. 207 *et seq.*

242. B. Audit, "The Vienna Sales Convention and the *Lex Mercatoria*", in T. E. Carbonneau (ed.), Lex Mercatoria *and Arbitration*, New York, Juris, 1990, pp. 173 *et seq.*

243. See generally E. Jayme, "Identité culturelle et intégration. Le droit international privé postmoderne" (Cours general de droit international privé), *Recueil des cours*, Vol. 251 (1995), pp. 9 *et seq.*

issues that arise from the decline of territory, the financialisation of the economy, the privatisation of adjudication, changing cultures of human rights, or new understandings of the rule of law, or to link these matters to wider changes in world politics or current trends in political philosophy, social theory or economics. Such reaction (or lack thereof) has "seriously detracted from the usefulness of private international law doctrine and method as a starting point for thinking about the role, nature, and content of law beyond the state" [244]. Instead, for the past century, private international law has encouraged transnational private ordering in the name of party autonomy in areas where global commons have proven to be most vulnerable, such as investor-biased arbitral dispute resolution mechanisms, free-wheeling of vulture funds, corporate misconduct including the bribery of foreign public officials, private mechanisms for sovereign debt restructuring, abuse of power in the global supply chain, and so on. [245]. Thus, for Robert Wai, Horatia Muir Watt and others, private international law needs to embrace politics and expand doctrine beyond its traditional area of conflicts between private laws. It ought to work practically and strategically in the search for new models of global commons in both old and upcoming areas. For example, the investment and the sovereign debt restructuring regimes should encompass collective social and economic rights, capital-exporting States should assume responsibility for the violation of fundamental rights by private corporations overseas, and so on. Furthermore, private international law needs to engage more vigorously in the attainment of the UN Sustainable Development Goals 2030 (SDGs), which may require distinguishing between private international law rules (the normative sphere) and private international law as a field of knowledge (the disciplinary sphere). While sustainability and development are themes that private international law has not traditionally paid much attention to, private international law remains indispensable for establishing reciprocal obligations between States as well as in providing insight into issues such as the challenges resulting from the development of new technologies (in the context of SDGs 3: "Good Health and Well-Being", 11: "Sustainable Cities and Communities", and 17: "Partnership for the Goals" (Targets

---

244. H. Muir Watt, "The Relevance of Private International Law to the Global Governance Debate", in H. Muir Watt and D. P. Fernández Arroyo (eds.), *Private International Law and Global Governance*, Oxford, Oxford University Press, 2014, pp. 1 *et seq.* at 2.

245. *Ibid.*, at pp. 1-4.

17.6, 17.7 and 17.8)), party autonomy (SDGs 5: "Gender Equality", 9: "Industry, Innovation and Infrastructure", and 15: "Life on Land"), responsible business conduct (SDGs 9 and 10: "Reduced Inequalities") and the environment and climate change (SDGs 13: "Climate Action", and 15)[246]. In sum, private international law must play a role in the regulation of the transnational conduct of private actors, in a like manner as public international law has been instrumental in limiting the power of States[247].

These theories are encouraging. One can only hope that the resistance of the State to big business corporations while pursuing the public good, human rights compliance and corporate social responsibility across borders, and the pursuance of global commons generally, will be achieved through private international law (or any other means). Interestingly, rather than *limiting* States' extraterritorial exercises of public authority (a major preoccupation of classical scholarship), the role of private international law is conceived here as *assisting* States to reassert public authority over private legal relationships.

Perhaps not surprisingly, both friends and foes of the current trends in transnational governance invoke "international values" in support of their arguments, albeit confronting ones: international economic efficiency, comity among State systems and cosmopolitan restraint *vis-à-vis* a more harmonious international order, made to be more inclusive and more mindful of its membership decisions.

92. Despite the continuing developments, it is apparent that, even if less so now than in the nineteenth century, international law remains highly State-centric. With some exceptions, the State continues to be the ultimate source of power and authority, as corroborated by the national and international responses to the attacks of 11 September 2001 and the rise of the Islamic State of Iraq and Syria (ISIS, also known as ISIL or Da'esh) in an alleged exercise of the right to individual or collective self-defence[248]. This was also demonstrated lately by the imposed national lockdowns and virtual standstill of economic activity resulting from

---

246. See generally R. Michaels, V. Ruiz Abou-Nigm and H. van Loon (eds.), *The Private Side of Transforming Our World: UN Sustainable Development Goals 2030 and the Role of Private International Law*, Cambridge, Intersentia, 2022, esp. "Introduction", at pp. 1 *et seq.*

247. See e.g. R. S. Wai, "Transnational Liftoff and Juridical Touchdown: Regulatory Function of Private International Law in an Era of Globalization", *Columbia Journal of Transnational Law*, Vol. 40 (2002), pp. 209 *et seq.*; H. Muir Watt, "Private International Law Beyond the Schism", *Transnational Legal Theory*, Vol. 2, No. 3 (2011), pp. 347 *et seq.*

248. Damrosch and Murphy, *op. cit.* (note 37), at p. xxx.

measures taken by governments to combat the spread of the potentially deadly Covid-19 virus (although technological advancement – which is one of the main forces of globalisation – made it easier for people to travel and transmit the disease worldwide in the first place, and coping with the pandemic may require global cooperation and solidarity)[249]. States have accepted international law and submitted to the authority of international institutions in the exercise of their "sovereignty", even if by doing this they become conditioned by their decisions or findings which although may not always be binding often carry great moral or political weight. Human rights standards are not universally accepted let alone universally enforced. Private arrangements may only be enforceable in the last instance in so far as there are legal remedies available to the parties before a court, administrative agencies, police officers or other agents of law enforcement (however, those arrangements and their outcomes are more often than not complied with voluntarily). Only rules produced by the procedures and methods for the creation of rules of general application of domestic or international law which are binding on the addressees are still generally regarded and applied with the status of "law" by domestic and international courts and tribunals. Contrarily, norms developed by actors who do not derive their authority from a voting polity may be deemed to suffer from "democratic deficit", bringing out discussions about their legitimacy. Of course, the concept of law evolves, and emphasis on (involuntary) enforcement instead of on (voluntary) compliance puts a wrong interpretation on international law whose enforcement relies on the willing general observance by States rather than on sanctions. Moreover, technically globalisation is not global, as many parts of the world are left out, even though it is evolving with the cyber world being its new frontier ("Globalisation 4.0" is the phrase coined) and expanding (including its negative aspects). Nor does a "global law" exist (or not yet and very possibly never).

93. This is not to deny that there are observable long-time developments on the international plane. It is worth reflecting on what

---

249. The IDI adopted in 2021 a Resolution on Epidemics, Pandemics and International Law with focus on development and clarification of legal principles for future action in preparation for and response to a pandemic (https://www.idi-iil.org/app/uploads/2021/09/2021_online_12_en.pdf); and the American Society of International Law and other academic institutions are also launching initiatives to reflect on the different ways in which international law plays a role in identifying and resolving this global problem (see e.g. "Agora: The International Legal Order and the Global Pandemic", *AJIL*, Vol. 114 (2020), pp. 571 *et seq.*, at 571-707, 726-728).

legal significance should be given to them, what the advantages and disadvantages are of considering the transnational legal actors and processes alongside and in relation with the classical international ones, and whether public and private international law methods as we know them are sufficient to capture the new conceptual framework. For a start, the new international realities show that public and private international law interact, and that with cross-border cases growing and becoming more complex, legal operators will continue to require mixed public/private international law answers.

3. Should private international law be international law?

94. At this point it must be clear that there exists a close relation between public international law and private international law and that the former has exerted a significant influence upon the latter through time.

Arising from the nature of this relation, some authors have argued further that private international law forms an integral part of public international law. Others, mostly in early writings, have denied that any connection at all exists between private and public international law. Some recent literature, in turn, observes a tendency towards a merger of the two fields, in light of the "privatisation" of public international law (resulting from the growing role of private actors and the involvement of States in economic transactions) and the "publicisation" of private international law (with the penetration of human rights and the proliferation of international tribunals in this area)[250].

As a matter of fact, many of the differences among scholars regarding this relationship can be explained in terms of the varying views as to the scope of private international law[251]. For example, nationality is determined without regard to the policy considerations of private international law. The standards for the treatment of aliens are established by public international law, and only municipal norms which relate as well to judicial jurisdiction, choice of law or foreign judgments can be said to be properly included in private international law. Rules pertaining to judicial assistance have also been denounced as having only a tenuous connection to judicial jurisdiction, choice of law or foreign judgments. Conversely, excluding criminal cases from the

---

250. Michaels, *op. cit.* (note 172), at pp. 121-122.
251. J. R. Stevenson, "The Relationship of Private International Law to Public International Law", *Columbia Law Review*, Vol. 52 (1952), pp. 561 *et seq.*

realm of private international law tends to obscure the real similarities of jurisdictional and choice of law questions with civil cases. Also, no reason appears conclusive to exclude the immunity of foreign States and diplomats from private international law [252].

95. The basic proposition of what has been characterised as the "law of nations doctrine" of private international law is that the rules of private international law are derived from and sanctioned by public international law [253]. The doctrine's initial impetus came from Savigny's finding that there is evidence in the practice of States of an "international legal community of nations" or *völkerrechtliche Gemeinschaft* (translated by Guthrie as "international common law of nations" [254], which may explain some of the implications derived by this school) that make it desirable that private international law cases are dealt with in a spirit of reciprocity and that they are solved in the same way wherever they present themselves [255]. In consequence, Savigny expected that customary rules would emerge from theoretical agreement and judicial coincidence, if not a full set of rules formally declared by governments in international treaties.

The law of nations doctrine won many prominent adherents mainly in continental Europe. Ludwig von Bar (1836-1913), in re-advocating Savigny's approach, argued that private international law rules are not "dependent merely upon the arbitrary determination of individual States" but are "limitations belonging to the law of Nations" [256]. For Antoine Pillet (1857-1926), a leading exponent of this doctrine, "[t]ous les conflits de lois sont des conflits de souverainetés" since what is at stake is "l'effet international" of an act of a State sovereign on the territory or the domain of another State sovereign [257]. Ellery C. Stowell (1875-1958) considered that in resolving conflict cases the national courts "fulfil an international function", even if the rule applied is a part of a national system of law as "the obligation to apply the rule identical with that of the foreign jurisdiction is nonetheless an international

---

252. *Ibid.*, at pp. 561-564, 566-567.
253. A. Nussbaum, "Rise and Decline of the Law-of-Nations Doctrine in the Conflict of Laws", *Columbia Law Review*, Vol. 42 (1942), pp. 192 *et seq.*
254. F. C. von Savigny, *A Treatise on the Conflict of Laws, and the Limits of their Operation in Respect of Place and Time*, trans. W. Guthrie, 2nd ed., Edinburgh, T. & T. Clark, 1880, at pp. 69-70.
255. Von Savigny, *op. cit.* (note 49), at p. 27.
256. L. von Bar, *The Theory and Practice of Private International Law*, trans. G. R. Gillespie, 2nd ed., Edinburgh, W. Green & Sons, 1892, at p. 2.
257. A. Pillet, *Traité pratique de droit international privé*, Vol. 1, Paris, Allier, 1923, at pp. 18-21.

obligation which rests upon the state"[258]. In the view of George Scelle (1878-1961), one of the most influential jurists of the twentieth century, as "the relations between individuals are the very essence of the international community . . . public international law is at the service of private international law"[259]. Judge Phillip Jessup (1897-1986), in a very important book published in the 1950s, coined the concept of "transnational law" to include "all law which regulates actions or events that transcend national frontiers. Both public and private international law are included, as are other rules which do not wholly fit into such standard categories" and for whose applicability "it is necessary to avoid thinking solely in terms of any particular forum"[260]. Finally, for Sir Gerald Fitzmaurice (1901-1982), "it is possible to regard, and so to speak, account for, the whole rules of private international law as a reflection, or part application, of the public international law principle of the minimum standard of justice in the treatment of foreigners and of foreign rights and interests"[261]. In more recent times, the argument has been made that the allocation of regulatory authority made by private international law (i.e. which State should hear a dispute, whose law should be applied and whether a foreign judgment should be enforced locally) involves deep political questions concerning the organisation of the international system. Here, private international law rules are not about doing justice in individual cases, but the justness of this international legal ordering[262].

96. Anglo-American scholars, with a few exceptions, have rejected the law of nations doctrine. Albert V. Dicey (1835-1922), arguably the most influential English conflicts jurist, took the position that the rules governing choice of law and jurisdiction are rules of municipal law exclusively "as much [a] part of the law of England as the Statute of Frauds" and that the "rights acquired under foreign laws" can be enforced only by permission of the territorial sovereign[263]. Also

---

258. E. C. Stowell, *International Law: A Restatement of Principles in Conformity with Actual Practice*, New York, Henry Holt and Co., 1931, at pp. 299-300.

259. G. Scelle, *Cours de droit international public*, Paris, Domat-Montchrestien, 1948, at p. 18.

260. Ph. C. Jessup, *Transnational Law*, New Haven, CT, Yale University Press, 1956, at pp. 2, 6.

261. G. Fitzmaurice, "The General Principles of International Law Considered from the Standpoint of the Rule of Law", *Recueil des cours*, Vol. 92 (1957), pp. 1 *et seq.* at 221-222.

262. Mills, *op. cit.* (note 53), at pp. 17-18, 23.

263. A. V. Dicey, *A Digest of the Law of England with Reference to the Conflict of Laws*, 2nd ed., London, Stevens and Sons, 1908, at pp. 3, 11.

Geoffrey C. Cheshire (1886-1978) in early editions of his treatise stated bluntly that "[t]here is, of course, no affinity between private and public international law" [264]. Ernest G. Lorenzen (1876-1952) observed that "there are as many systems of the conflict of laws as there are independent states" [265]. J. Aubry, in a much-quoted line that would prove to be wrong, observed that the conflicts of laws "n'ont jamais troublé les relations de la politique extérieure ni provoqué même le plus léger froncement de sourcil d'un diplomate" [266]. And the same stance was adopted by the late Judge Roberto Ago (1907-1995) in lectures at this Academy [267], as well as by other continental writers both in the field of public international law such as Friedrich A. Freiherr von der Heydte (1907-1994), who expressed the extreme view that "the rules of private international law are not part of international law, even when States may conclude treaties on conflict rules" [268], and in the field of private international law such as Martin Wolff (1872-1953), for whom the efforts to find public international law rules which bind the States in the sphere of conflicts law was "wishful thinking" [269].

This is also the position taken by the PCIJ in the 1929 *Serbian Loans* case in which the Court theorised on the object of private international law and its relation to public international law. The judgment states:

> "Any contract which is not a contract between States in their capacity as subjects of international law is based on the municipal law of some country. The question as to which this law is forms the subject of that branch of law which is at the present day usually described as private international law or the doctrine of the conflict of laws. The rules thereof may be common to several States and may even be established by international conventions or customs, and in the latter case may possess the character of true international law governing the relations between States. But

---

264. G. C. Cheshire, *Private International Law*, 4th ed., Oxford, Clarendon Press, 1952, at p. 16.
265. E. G. Lorenzen, "The Theory of Qualifications and the Conflict of Laws", *Columbia Law Review*, Vol. 20 (1920), pp. 269 *et seq.*
266. J. Aubry, "De la notion de territorialité en droit international privé", *Clunet* (1901), pp. 643 *et seq.* at 651.
267. R. Ago, "Règles générales des conflits de lois", *Recueil des cours*, Vol. 58 (1936), pp. 243 *et seq.* at 289-290.
268. F. A. Freiherr von der Heydte, *Völkerrecht. Ein Lehrbuch*, Vol. 1, Cologne, Verlag für Politik und Wirtschaft, 1958, at p. 17.
269. Wolff, *op. cit.* (note 21), at p. 12.

apart from this, it has to be considered that these rules form part of municipal law."[270]

97. The debate surrounding the national or international character of private international law appears to be influenced by the positions taken in respect of the relations of municipal and international law and of the objectives of private international law, which are not lacking in practical implications.

In so far as an extreme natural law approach is not taken, nor one of the unity of law (i.e. that international law and all systems of municipal law form a single system and do not conflict) such as one expounded by Hans Kelsen[271], a principled position that the conflict rule is a rule of public international law cannot be sustained in terms of the sources of the law. Besides conflict rules established in treaties (of which there are plenty more now than when "nationalist" positions were originally presented, and that clearly come within the definition of public international law), and customary rules and general principles of law as they may exist in the field, the situation still is that conflict rules that come from the domestic law of countries (statutory or common law) lack the quality to bind States and cannot be regarded as such to be a source of rules of general application on the international plane. The judgment in the *Serbian Loans* case holds true.

98. From a positivist point of view, and one generally taken by adjudicators at international and national levels, the normative foundation of private international law has to be determined in accordance with the sources of the law. Domestic or municipal rules of private international law are created by the legal procedures and methods for the creation of rules of general application established by constitutional law. Thus, the principal source of authority for these rules is the individual State. In international law, no similar machinery of lawmaking exists, except for the law of treaties. What matters is the evidence of consensus *among* States concerning the existence of particular rules or practices in private international law matters. Article 38 of the ICJ Statute is generally regarded as a complete statement of the sources of international law[272], and it is therefore by reference

---

270. *Case Concerning the Payment of Various Serbian Loans issued in France*, Judgment, PCIJ Series A Nos. 20/21 (1929), p. 41.
271. H. Kelsen, *Pure Theory of Law*, Berkeley and Los Angeles, University of California Press, 1967, at pp. 328-329.
272. Brownlie, *op. cit.* (note 120), at p. 5.

to this provision that the existence and content of obligations between States is to be resolved, including in the field of private international law. Treaties and other sources of international law containing the binding obligations between States in private international law, as well as the sources of information on the law, will be the object of study of the next chapter.

99. It should suffice to recall at this time that a State cannot plead provisions or deficiencies of its own laws for not observing its obligations under international law. This raises the issue of international responsibility, which can be regarded today as a general principle of international law concomitant of the substantive rules and the breach of duty which results in loss to another State [273]. A failure to bring legislation or decisions into conformity with obligations under international law could allow another State to raise a claim and to seek reparation. On that account, a breach of a treaty or another international obligation brought about by the implementation of a private international law legislative measure or a decision of a national court thereof is a violation of public international law and entails the responsibility of the State on the international plane.

Besides matters concerning foreign investment regarding which the standards of treatment and available remedies are largely based today upon bilateral investment and aid agreements, and the breaches and annulment of State contracts, State claims are not exceptional in situations involving requests of mutual legal assistance in criminal matters, such as extradition including in some high-profile cases [274]. Issues of responsibility of States may arise in different private international law situations, normally in the context of a bilateral treaty, or as they involve human rights, especially the right of access to justice, or certain categories of persons such as cases of child support and child abduction, or the nationality of corporations, either in diplomatic or judicial settings, as revealed by State practice (including before international or regional courts of general or specialised jurisdiction, and the courts of arbitration, although most are adjudicated by national courts). Reference has been used on various topics addressed below in Chapters II and III.

---

273. Crawford, *op. cit.* (note 10), at p. 524.
274. See e.g. "Meng Wanzhou: Huawei Chief Executive Can Be Extradited, Canada Says", *BBC News* (2 March 2019), https://www.bbc.com/news/world-us-canada-47423398 ("China said the case against Ms Meng was an 'abuse of the bilateral extradition treaty' between Canada and the US").

100. All things considered, the national character of private international law does not negate the value of the international, non-parochial approach. In a book published at the turn of the nineteenth century, Dionisio Anzilotti (1857-1950) explained that while the real work in solving conflicts of laws is done by national rules, the purpose of those national rules is not the fulfilment of a purely national need but an international one arising from the fact that an international community exists also in the private arena, as pointed out by Savigny[275]. In other words, conflict rules may be *formally* national law (if they originate from State sources), but *in substance* are international law because they attempt a supranational function, be it global governance, individual justice in multistate cases or universal legal values, or all three. In a similar vein, François Rigaux (1926-2013) wrote that "en raison de son objet: *la situation privée internationale*, cette matière devrait appartenir au droit international. On constate donc un divorce entre le caractère *international* de l'objet du droit international privé et l'origine interne de ses principales règles"[276]. The implication is that national conflict rules should be internationally minded, fashioned even locally with an eye to their peculiar function[277].

101. The "universalist" or "internationalist" approach is all the more important as the current age of globalisation seems to put distinctions between public and private international law into question. This tendency allegedly stems from the expansion of public international law to non-traditional strictly State-to-State relations, and the fact that public international law is becoming "domesticated" (i.e. increasingly applied intra-State between governments and their own citizens)[278]. For some, this expansion comes at the expense of private international law, which is to revisit its subordination to public international law that dates back to the last years of the nineteenth century, and start "to address those issues which might have been expected to fall within its scope to the extent that they concern private actors, private norms, the transnational reach of publicly-produced 'private' law, or indeed human

---

275. D. Anzilotti, *Studi critici di diritto internazionale privato*, Rocca San Casciano, Licinio Cappelli, 1898, at pp. 132-139, 161.

276. F. Rigaux, "Droit public et droit privé dans l'ordre juridique international", in *Mélanges en l'honneur de Jean Dabin*, Vol. 1, Brussels, Bruylant; Paris, Sirey, 1963, pp. 247 *et seq.* at 255.

277. R. De Nova, "Historical and Comparative Introduction to Conflict of Laws", *Recueil des cours*, Vol. 118 (1966), pp. 435 *et seq.* at 472.

278. A.-M. Slaughter and W. Burke-White, "The Future of International Law is Domestic (or The European Way of Law)", *Harvard International Law Journal*, Vol. 47 (2006), pp. 327 *et seq.*

rights, and which also come under the heading of 'global governance' in that they relate to the way in which informal power is exercised in transnational settings"[279]. For others, even if public international law is expanding, this expansion comes at the expense of its own specific "public" character (i.e. its traditional role of law between States) towards markets and individuals and their rights, and a "shift away from the balancing of interests that is typical of public international law towards the technical character of private international law". On this view, private international law is instead gaining ground[280], even at a risk of "dying from success" as both internationalisation and privatisation of legal situations may lead to the creation of a global law[281].

The development in globalisation does not indicate, however, that the separation of public and private international law has lost relevance. In general, public international law and private international law have different objects ("the common and equal utility of all nations"[282] v. multistate justice for individuals), different sources (consent *between* States v. legislative authority of the State), different methods (weighing and balancing of interests v. coordination of different legal orders) and different consequences in the event of an infringement on the legal interest of one subject of the law by another (diplomatic claims v. non-recognition)[283]. Besides, not all activities or relationships between private persons or entities containing a foreign element (a typical private international law relationship) involve the application of public international law rules, in much the same way that not every intercourse between States (a typical public international law relationship) has an outcome with legal impact on or between persons under private international law.

Of course, in many instances public relates to private within the particular regulation, not only in international economic law where public and private international law tend to relate the most[284], but more and more in areas of traditional private international law. In fairness, this process is not exclusive to the international situation nor is it an entirely new phenomenon. For centuries, domestic legislators and judges have integrated criminal, administrative, civil and commercial law, or some combination of these and other fields of law, for the resolution of cases,

---

279. Muir Watt, *op. cit.* (note 244), at p. 4.
280. Michaels, *op. cit.* (note 172), at p. 138.
281. Fernández Arroyo, *op. cit.* (note 222), at p. 79.
282. Bentham, *op. cit.* (note 22), at p. 537.
283. See generally Michaels, *op. cit.* (note 172), at pp. 125-126, 134-136.
284. *Ibid.*, at pp. 133-137.

including a mix of civil and religious law, of foreign and forum rules and procedures, and of international and internal legal sources. It does not signify that public and private international law are "merging", in the sense of gradually forming a single legal field. It is part of the law development where the internationalisation of once mostly internal legal relationships now require more public/private solutions if cases are to be resolved in their entirety, in a fair manner and with due regard to the collective and individual interests concerned.

102. One sense in which there may be convergence is that, in as much as public international law represents universal values, private international law provides a further source for potentially achieving them. For example, the HCCH children's Conventions are linchpins to the international principle of the best interests of the child recognised in the 1989 UNCRC. In this same vein, party autonomy in international contractual and non-contractual relations including family law, may be seen as an emanation of the pre-State fundamental right of the parties to subject their transactions to a legal system *ad libitum*[285] and that could facilitate the progressive realisation of said universal right. Mutual legal assistance, of which much is still provided for in accordance with domestic laws, is also instrumental in the fight against money laundering, smuggling of people and goods, and fraud and inside trading, which are crimes of international concern. International juridical cooperation also carries a potential for accountability for offences committed abroad by diplomats since, without prejudice to their privileges and immunities, they are under an international duty to respect the laws of the receiving State. The investor-State arbitration system, where the rules and methods of private international law are often resorted to, while guaranteeing investors protection, should aim at spurring – not preventing – economic growth, improve human life and protect the environment, which are Global Goals covered by the 2030 Agenda for Sustainable Development, adopted by all UN member States in 2015. One last example: the 1970 UNESCO (United Nations Educational, Scientific and Cultural Organization) Convention on the Means of Prohibiting and Preventing the Illicit Import, Export and Transfer of Ownership of Cultural Property and the 1995 UNIDROIT Convention on Stolen or Illegally Exported Cultural Objects have the common objectives of fighting the illicit trade in cultural objects

---

285. J. Basedow, *The Law of Open Societies: Private Ordering and Public Regulation in the Conflict of Laws*, Leiden, Brill Nijhoff, 2015, at pp. 239 *et seq.*

and of preserving and protecting the cultural heritage in the interest of all.

That common good comes from public or private international law is inconsequential. Besides, public international law has long had recourse to domestic laws and tribunals for application to the facts of the case. To the extent that States have the duty to bring national law into conformity with their obligations under international law [286], it only makes sense that they adopt in their domestic systems of private international law certain values and policies developed in public international law as they reflect shared values, to sustain the unity and coherence of the legal system and to avoid international responsibility.

The international sources of private international law will be addressed next.

---

286. *Exchange of Greek and Turkish Populations*, Advisory Opinion, PCIJ Series B No. 10, p. 20 (1925).

CHAPTER II

THE INFLUENCE OF PUBLIC INTERNATIONAL LAW UPON THE *FORMATION* OF PRIVATE INTERNATIONAL LAW

"But wherein lies the magic of this philosopher's stone that transmutes municipal law into international law?"

Richard D. Kearney

A. Sources of the law

1. Customary international law

103. For logical reasoning there is one subject that must be addressed briefly first: whether certain obligations are imposed upon States by customary international law in private international law matters.

In addition to the general principles of law discussed below, supporters of the internationalist school of private international law point to the fact that most national systems of law contain rules applicable to multistate disputes (contracts, torts, successions, etc.) established by statutes, judicial precedents or a combination thereof, and that virtually no State excludes the application of foreign law altogether. From that, two basic principles are derived: (1) that every State must have a system of private international law; and (2) that it would be a breach of international law to apply *lex fori* in all circumstances [287]. Determining whether this practice has given way to customary rules or merely reflects the observance by States of minimum standards of justice and abstention from illegal treatment of aliens [288] is of little practical utility, as they are very general propositions. In any case, national conflict rules often differ (the dichotomy between nationality and domicile is the most evident) and a common basis of public policy in the exclusion of foreign law is difficult to find. Relevant international precedents are scarce and related to the question of jurisdiction. Probably the most that can be affirmed is that the emphasis of the PCIJ in the 1929 *Lotus*

---

287. See generally Lipstein, *op. cit.* (note 31), at pp. 167-171; F. Kahn, *Abhandlungen zum internationalen Privatrecht*, Vol. 1, Munich and Leipzig, Verlag von Duncker & Humblot, 1928, p. 286.
288. K. Lipstein, "The Hague Conventions on Private International, Public Law and Public Policy", *ICLQ*, Vol. 8 (1959), pp. 520-521.

case [289] on State discretion "to adopt the principles which it regards as best and most suitable" concerning the application of its laws and the jurisdiction of its courts to persons, property or acts outside its territory, has since been contradicted by the views of the ICJ in the 1951 *Anglo-Norwegian Fisheries* [290] and 1955 *Nottebohm* cases [291], where the Court emphasised the limitations that follow when the exercise of the right is not compatible with international legal obligations or would lead to the exclusion of the prerogative of another State.

The essential problem lies in identifying the precise principles – if there are any – applicable to private international law which appear in ordinary State practice and that are generally accepted to constitute rules of customary law or general principles of international law in terms of Article 38 (1) *(b)* and *(c)* ICJ Statute.

104. The first such principle is that a State cannot take enforcement measures on the territory of another State without the consent of the latter. Persons may not be arrested, documents may not be served, tax or police investigations may not be mounted, orders for production of documents may not be executed in a foreign territory, except under the terms of a treaty or other consent given [292]. The basic rule was stated by the PCIJ as follows:

> "[T]he first and foremost restriction imposed by international law upon a State is that – failing the existence of a permissible rule to the contrary – it may not exercise its power in any form in the territory of another State. In this sense, jurisdiction is certainly territorial; it cannot be exercised by a State outside its territory except by virtue of a permissive rule derived from international custom or from a convention." [293]

Although some exceptions apply, and controversy has arisen in the past with respect to the "effects doctrine" and orders for discovery abroad, the rule results from the principles of equality of States and non-intervention in the internal affairs of other States and is so generally accepted as to probably constitute a general principle of international law standing on its own.

---

289. *The Case of the SS Lotus*, Judgment, PCIJ Series A No. 10 (1927), p. 19.
290. *Fisheries case*, Judgment of 18 December 1951, *ICJ Reports 1951*, p. 116.
291. *Nottebohm case (second phase)*, Judgment of 6 April 1955, *ICJ Reports 1955*, p. 4.
292. Crawford, *op. cit.* (note 10), at p. 462. See generally Mann, *op. cit.* (note 33), at pp. 34 *et seq.*
293. *The Case of the SS Lotus*, Judgment, PCIJ Series A No. 10 (1927), pp. 18-19.

105. Alongside the territorial doctrine, a principle of substantial and genuine connection between the subject matter of jurisdiction and the territorial base and reasonable interests of the forum should be observed [294]. The doctrine was stated by the ICJ in the *Nottebohm* case [295] and the statements in the 1958 *Guardianship* case, or *Boll* case as it is sometimes referred to [296]. Excessive or abusive assertions of jurisdiction lead to non-recognition and may result in international responsibility for *ultra vires* acts [297].

Whether the principle as it applies to private law matters is rooted in the international law doctrine of jurisdiction is not defining. Firstly, emphasis is placed by the traditional doctrine on that the question posed by choice of law rules relates to what relationship they control, rather than what the scope of the legal rules is [298]. In normal private international law cases, it is observed that multilateral rules tell the courts what law to pick by allocating the legal relationship in the country where it belongs or is most connected to, be it the forum or a foreign State. Conversely, in criminal and regulatory cases, municipal courts have jurisdiction only to the extent necessary to enforce the law of the forum State.

The distinction is relevant as an explanation of analytical thinking and problem solving and for historical reasons, but it does not affect the fact that in both the processes of determining the applicable private law and the scope of application of the public laws of the forum, a substantial and genuine connection between the case and the applicable law is ordinarily pursued. Moreover, the fact that States seek (or must seek) not to encroach on the jurisdiction of other States when enacting or applying public law, and that private law cases do not often give rise to an international claim, does not mean that choice of law rules are not enacted or applied out of some sense of duty and legal obligation. When a national legislature or court engage in regulating private international

---

294. Crawford, *op. cit.* (note 10), at p. 441. See generally Mann, *op. cit.* (note 33), at pp. 43-51; I. Jennings, "General Course on Principles of International Law", *Recueil des cours*, Vol. 121 (1967), pp. 323 *et seq.* at 515-526; O. Schachter, "International Law in Theory and Practice: General Course in Public International Law", *Recueil des cours*, Vol. 178 (1982), pp. 9 *et seq.* at 240-265.
295. *Nottebohm case (second phase)*, Judgment of 6 April 1955, *ICJ Reports 1955*, p. 4.
296. *Case concerning the Application of the Convention of 1902 Governing the Guardianship of Infants (Netherlands v. Sweden)*, Judgment of 28 November 1958, *ICJ Reports 1958*, pp. 108 (Sep. Op. Judge Moreno Quintana), 136-137 (Sep. Op. Judge Winiarski), 155 (Diss. Op. Judge *ad hoc* Offerhaus).
297. Brownlie, *op. cit.* (note 120), at p. 300.
298. von Savigny, *op. cit.* (note 49), at pp. 2-3, 10-11.

law relationships or disputes, they are also asserting jurisdiction on the international plane [299]. From the perspective of international law, the exercise of civil or commercial jurisdiction does not present problems that are fundamentally different from the exercise of criminal jurisdiction or regulatory authority over aliens [300].

Secondly, it must be remembered that the various international law principles of State jurisdiction (territoriality, nationality, passive nationality, protective or security, and universality), either applied independently or cumulatively, are in substance abstractions from a mass of national rules, which by and large rest on some genuine or effective link between the subject matter or the person and the State. It may be that the individual principles are only evidence of the reasonableness of the exercise of State jurisdiction [301]; if not that one or more separate principles have emerged with regard to private international law, under the name of the "seat" of the legal relationship, the "proper law", the "most significant relationship" or any other variant, or encompassing the forum of choice (in acceptable situations) and the forum of the defendant's domicile or ordinary residence on the basis of which nearly all States assume jurisdiction.

These and other features of State practice, such as assuming jurisdiction on grounds of the place of performance of the obligation in question, the place where the harmful event occurred and the country in which the immovable is located, for example, have led some jurists to formulate a broad principle of "proximity" as a jurisdictional threshold in private international law [302]. There must be a minimum of reasonable contact between the forum and the case for the jurisdiction assumed not to endure exorbitance or jurisdictional abuse, in which case the sanction would be the denial of recognition to the foreign judgment [303].

That a foreign judgment would not be impeachable in principle on the choice of the governing law, for lack of some genuine and effective link to the subject matter of the judgment does not rebut the applicability of the general principle to the choice of law aspect.

---

299. Mills, *op. cit.* (note 53), at p. 231.
300. Crawford, *op. cit.* (note 10), at pp. 468-469.
301. *Ibid.*, p. 461.
302. P. Lagarde, "Le principe de proximité dans le droit international privé contemporain" (Cours général de droit international privé), *Recueil des cours*, Vol. 196 (1986), pp. 9 *et seq.* at 212-213.
303. D. P. Fernández Arroyo, "Compétence exclusive et compétence exorbitante dans les relations privée internationales", *Recueil des cours*, Vol. 223 (2006), pp. 197 *et seq.* at 166-170; A. Boggiano, *Derecho internacional privado*, Vol. 1, 6th ed., Buenos Aires, La Ley, 2017, at p. 244; Audit and D'Avout, *op. cit.* (note 182), at pp. 40-41.

Matters, and the 1972 European Convention on State Immunity. Article 3 of the Brussels Convention provides a list of fora which cannot be invoked for purposes of founding jurisdiction against persons domiciled in a contracting State. The HCCH has as recently as 2019 adopted a Convention on the Recognition and Enforcement of Foreign Judgments in Civil or Commercial Matters, establishing the links that must exist between a judgment and the country of origin for the judgment to be eligible for recognition or enforcement in another contracting State (Arts. 5 and 6) and stating among the reasons for refusal of recognition or enforcement that the defendant could not properly arrange for his or her defence (Art. 7 (1) *(a)*), or if there is a close connection between the dispute and the requested State (Art. 7 (2) *(b)*). Moreover, many countries have abolished or limited exorbitant bases of jurisdiction by statutory reform or by departure by the courts of their own judicial precedents, the adoption of a *forum non conveniens* and the review of the jurisdiction of the judge of origin [310].

This trend in State practice, together with the universal condemnation by the doctrine seems to confirm the view that currently, under (public) international law, as a general principle or a customary rule, a substantial and *bona fide* connection between the subject matter and the source of the jurisdiction should be observed. If the jurisdiction assumed is beyond limits, then recognition of the judgment so rendered may not be demanded. Although there are certain bases for jurisdiction and certain limits to recognition and enforcement on which there is no consensus, a principle of substantial or effective connection could be applied as the governing principle in private international law.

2. Treaties

(a) *Private international lawmaking treaties*

108. One notable fact of the twentieth century has been the increasing "international" side of private international law with the proliferation of treaties particularly since the 1950s and in recent decades of non-binding instruments. This massive and yet uncoordinated undertaking has purported to the unification of private international law rules which are still today mostly developed and applied by municipal legislators and courts. If Mancini's nationality principle is in retreat, his cry for unifying treaties has yielded results.

---

310. Fernández Arroyo, *op. cit.* (note 303), at pp. 160-167.

It is rather explained by the facts first that the exercise of exorbitant grounds of jurisdiction is relatively uncommon [304]; and second that the recognition and enforcement of judgments is subject to specific procedural requirements and the overarching need to facilitate the global circulation of foreign judgments which would be seriously impaired if the case could be retried at the time of seeking recognition. Thus, in practice in private international law matters, the jurisdictional problem presents itself almost exclusively with regard to the jurisdiction of the courts to adjudicate or recognise or enforce a foreign judgment.

To be sure, the principles held to justify State jurisdiction under international law do exhibit differences with those employed in normal private international law cases (for example, nationality is widely considered nowadays as an exorbitant forum in conflict cases, not least when it is made the exclusive forum or it leads to a *forum actoris* [305]; also the submission to the forum or the State where the defendant is domiciled, which are common bases of jurisdiction in actions *in personam* and *in rem*, do not reflect the categories of State jurisdiction) [306]. That disparity, however, and the fact that national legislations adopt different criteria to determine the applicable law or the jurisdiction of the courts are not decisive factors in so far as an effective connection between the case and the State is established.

106. Recent US scholarship has sought to "reconcile" the public and the private international law rules on jurisdiction by incorporating the scope of a legal rule into choice of law. The draft Third (Conflicts) Restatement describes choice of law as a two-step process: the first step is to identify the State laws that are relevant to a particular issue; the second is to select one such law to govern the issue [307]. The scope of a legal rule is contained in the first step: whether a State's law reaches the facts of the case. This approach would accord with the notion that a State lawmaker may only create rights and obligations with respect to transactions and events over which it exerts jurisdiction under international law. The premise is that the existing principles of jurisdiction limit the authority of a State to prescribe or legislate rules for cases containing a foreign element, such that if choice of

---

304. A. Mills, "Private Interests and Private Law in Public International Law Jurisdiction", in S. Allen, D. Costelloe, M. Fitzmaurice, P. Gragl and E. Guntrip (eds.), *Jurisdiction in International Law*, Oxford, Oxford University Press, 2019, pp. 330 *et seq.* at 345.
305. Fernández Arroyo, *op. cit.* (note 303), at pp. 138-143.
306. See generally Mills, *op. cit.* (note 53), at pp. 234 *et seq.*
307. *Supra* (note 107), Chap. 5: Choice of Law, Introduction, at p. 111.

law rules operate to exceed such limits, they would violate customary international law. However, most choice of law systems are not likely in practice to exceed the limits imposed by international law: first because of the non-territorial bases for prescriptive jurisdiction, and second due to the tendency of choice of law rules to use connecting factors such as personal connections (that tend to overlap to a great extent with nationality) and territorial connections (whether for acts or effects). Now, since pursuant to the customary and general principles relating to jurisdiction, a State might not restrict its laws to its territory but lawfully extend their application to facts occurred partly or even entirely outside of its borders, this raises the possibility that the rights and obligations created under different States' laws might conflict. This is addressed in the second step of the Restatement's two-step process, which describes the relative priority accorded to those laws. Although innovative, the overall development is in tune with US tradition where approaches to international law of jurisdiction, which have largely arisen in the context of competition law, have influenced and been influenced by the development of choice of law rules [308].

Whatever the theoretical underpinning and the potential of the novel two-step methodology, the relevant question posed in relation to the object of this section is whether the "most appropriate law" selected by the draft Restatement to name the governing law – which has intendedly been drafted with attention to certainty, predictability and ease of application as well as to desirability of results in individual cases (Section 5.02 (2))[309] – or the "manifestly more appropriate" law exception (Section 5.03), are close to the principle of substantial connection which in the proposed model would be secured by the conformity of the law chosen with the general principles on jurisdiction.

Besides this point, the approach taken by the new draft Conflicts Restatement appears *prima facie* redundant and counterintuitive since determining the scope and choosing the applicable law are two sides of the same coin and the method proposed to resolve conflicts, for instance when a case does not fall within the scope of a foreign internal law, leads to the same result as the application of *renvoi*.

107. The significance of connecting links in private international law is evidenced by the provisions of the 1968 Brussels Convention on Jurisdiction and the Enforcement of Judgments in Civil and Commercial

---

308. Cf. generally Mills, *op. cit.* (note 53), at p. 227.
309. *Supra* (note 107), Comment c) on Section 5.02, Subsection (2), p. 125.

Treaties on private international law create *general* norms for the future conduct of the parties (its organs, notably the judiciary and the executive), and also sometimes direct rights and obligations for private individuals. Thus, they belong to the category of "lawmaking" treaties.

Codification through treaties has been recognised to better serve the objective of private international law, which is to provide solutions that are fair, encompassing and predictable to multistate private cases [311]. When it comes to the recognition and enforcement of judgments and the circulation of public documents, treaties offer the best guarantee of reciprocity [312].

With the growth of treaty law, and also the influence of international solutions and the work carried out by international organisations, *viz* HCCH, UNIDROIT, UNCITRAL and CIDIP, on national conflicts reform, the "line of demarcation" between public and private international law is becoming less important [313].

109. Treaties play a *rôle inégal* depending on the area [314]. A great many of them have as their object to regulate the rights of aliens by reciprocity, most-favoured-nation treatment or national treatment. Foreign investment agreements, treaties providing diplomatic immunity and treaties of regional integration (in Europe, the 1957 Treaty of Rome establishing the European Economic Community and subsequent treaties) fit in this category. Unlawful discrimination against aliens as provided by treaty has been the primary (though by no means the only) motive of the exercise of diplomatic protection in modern times. Numerous mostly multilateral treaties are also in place that regulate jurisdiction and, in particular, recognition and enforcement of foreign judgments. Treaties containing common choice of law and uniform substantive rules are less common because States are less keen on accepting general international norms that differ from the one enacted and applied nationally than on recognising a foreign decision that applies only to the individual case.

110. Apart from some multilateral treaties, the bulk of treaties have been adopted regionally or bilaterally according to the intensity of exchanges between the States involved. Unifying efforts have

---

311. M. H. van Hoogstraten, "La codification par traités en droit international privé dans le cadre de la Conférence de la Haye", *Recueil des cours*, Vol. 122 (1967), pp. 337 *et seq*.
312. M. Pertegás, "Treaties in Private International Law", in Basedow *et al.* (eds.), *op. cit.* (note 110), Vol. 2, pp. 1743 *et seq*. at 1744.
313. See Hambro, *op. cit.* (note 16), at p. 14.
314. Audit and D'Avout, *op. cit.* (note 182), at p. 46.

been longstanding and far-reaching in Latin America where several treaties encompassing choice of law rules, jurisdiction and recognition and enforcement of foreign judgments in civil, commercial and criminal matters have been concluded at regional, sub-regional and bilateral levels [315]. However, the most notable feature of international codification in recent decades has been in the framework of regional economic integration organisations, such as the European Union and MERCOSUR, although in the former case treaties coexist with and some have been superseded by other instruments (mainly regulations and directives) [316].

(b) *Validity and application of treaties*

111. A great many treaties creating obligations in private international law are governed, in terms of their conclusion, reservations, entry into force, interpretation, application and termination, and so forth, by the 1969 Vienna Convention on the Law of Treaties (VCLT). The Convention entered into force on 27 January 1980. Thus treaties concluded before that date (e.g. the 1889 and 1940 Treaties of Montevideo in South America, and several important HCCH conventions such as the 1961 Convention Abolishing the Requirement of Legalisations for Foreign Public Documents and the 1970 Convention on the Taking of Evidence Abroad in Civil or Commercial Matters), or signed after that date in the relations between contracting and non-contracting States to the VCLT (as of 2019, sixty-two UN member States had not signed or ratified the Convention) or between States and international organisations (such as the EU, which is a contracting party to three HCCH conventions

---

315. See generally J. M. Yepes, "La contribution de l'Amérique Latine au développement du droit international public et privé", *Recueil des cours*, Vol. 32 (1930), pp. 1 *et seq*.; H. Valladão, "Le droit international privé des états américains", *Recueil des cours*, Vol. 81 (1952), pp. 1 *et seq*.; M. A. Vieira, "Le droit international privé dans le développement de l'intégration latino-américaine", *Recueil des cours*, Vol. 130 (1970), pp. 315 *et seq*.; G. Parra-Aranguren, "Recent Developments of Conflict of Laws Conventions in Latin America", *Recueil des cours*, Vol. 164 (1979), pp. 55 *et seq*.; de Maekelt, *op. cit.* (note 72), at pp. 193 *et seq*.; Pereznieto Castro, *op. cit.* (note 59), at pp. 368-377; Fernández Arroyo, *op. cit.* (note 187), at pp. 85 *et seq.*

316. See generally G. Badiali, "Le droit international privé des Communautés européennes", *Recueil des cours*, Vol. 191 (1985), pp. 9 *et seq*.; A. V. M. Struycken, "Les conséquences de l'intégration européenne sur le développement du droit international privé", *Recueil des cours*, Vol. 232 (1992), pp. 257 *et seq*.; M. Fallon, "Les conflits de lois et de juridictions dans un espace économique intégré", *Recueil des cours*, Vol. 253 (1995), pp. 9 *et seq*.; M. Pertegás, *op. cit.* (note 312), at pp. 1745-1746. As regards MERCOSUR, see D. P. Fernandez Arroyo (ed.), *Derecho internacional privado de los Estados del MERCOSUR (Argentina, Brasil, Paraguay, Uruguay)*, Buenos Aires, Zavalía, 2003.

governed by the VCLT, i.e. the 2005 Convention on Choice of Court Agreements, the 2007 Convention on the International Recovery of Child Support and Other Forms of Family Maintenance and its 2007 Protocol on the Law Applicable to Maintenance Obligations, and the 2019 Convention on the Recognition and Enforcement of Foreign Judgments in Civil or Commercial Matters), are not governed by the VCLT, except those provisions which may be declaratory of general international law (last paragraph of the preamble and Articles 1, 3 and 4).

112. However, the VCLT is not concerned with the question of what State(s) may become a party to a treaty, which is dependent on the intention and consent of the parties to the individual treaty as may emerge from its text.

Multilateral treaties concluded at the HCCH and other institutions are generally open for signature or accession by all States (e.g. 2001 Cape Town Convention on International Interests in Mobile Equipment; 2005 HCCH Convention on Choice of Court Agreements; 2019 HCCH Convention on the Recognition and Enforcement of Foreign Judgments in Civil or Commercial Matters). Older treaties, but also some recent ones, only allow accession by States that were not members of the sponsoring organisation or did not participate in their negotiation, conditional to the express acceptance or the non-objection by a contracting party. Examples of treaties adopting an "opt-in" approach (the accession will have effect only as regards the relations between the acceding State and such contracting States as will have declared their acceptance of the accession) include the 1970 HCCH Convention on the Taking of Evidence Abroad in Civil or Commercial Matters and the 1980 HCCH Convention on the Civil Aspects of International Child Abduction. Treaties with an "opt-out" approach (the accession shall have effect only as regards the relations between the acceding State and those contracting States that have not raised an objection to its accession within a certain period of time, usually of six to twelve months) include the 1961 HCCH Convention Abolishing the Requirement of Legalisations for Foreign Public Documents and the 2007 HCCH Convention on the International Recovery of Child Support and Other Forms of Family Maintenance [317]. Very rarely has

---

317. See A. E. von Overbeck, "Essai sur la délimitation du domaine des Conventions de droit international privé", in Juristische Fakultät der Universität Freiburg (ed.), *Ius et Lex. Festgabe zum 70. Geburstag von Max Gutzwiller*, Basel, Helbing and Lichtenhahn, 1959, pp. 325 *et seq.*; E. Vitta, "International Conventions and National Conflict Systems", *Recueil des cours*, Vol. 126 (1969), pp. 111 *et seq.*; M. Pertegás, *ibid.*, at p. 1747.

a State raised an objection to the accession of another State. One such case is the objection by the United States to the accession of Kazakhstan to the said 2007 Maintenance Convention, the consequence of which is that the Convention will not enter into force between the two States. Interestingly, the non-objection condition of HCCH conventions has been used to justify the conclusion of agreements on the same matters by the CIDIP [318].

Contrariwise, regional treaties are generally open only to countries which are members (sometimes also observers) of the regional organisation (e.g. the 1981 Inter-American Convention on Extradition) or are situated in a certain region (the Treaties of Montevideo), except that extra zone countries may be invited to adhere (e.g. the 1959 Council of Europe Convention on Mutual Assistance in Criminal Matters) or may adhere only after the treaty has entered into force (e.g. the 1994 CIDIP V Convention on the Law Applicable to International Contracts). Several non-members of the Council of Europe have adhered to its conventions on mutual legal assistance on criminal matters, but only one non-American State (Spain) has acceded to CIDIP conventions (the 1975 CIDIP I Convention on Letters Rogatory and the 1979 CIDIP II Convention on Proof and Information on Foreign Law). Also, several European countries have adhered to the 1889 Montevideo Treaty on Literary and Artistic Property (Austria, Belgium, France, Germany, Hungary, Italy and Spain). Finally, only members of the EU and MERCOSUR can be parties in principle to treaties that are a part of the integration processes and purported to contribute to their aims.

The object of treaties or clauses on recognition and enforcement of foreign judgments is that judgments rendered by the courts of one contracting State will be recognised in the other contracting States. Likewise, common rules on jurisdiction apply only to situations linked to one of the contracting States. The application of treaty-based choice of law rules raises more complex issues, ultimately depending on the common intention of the parties. In some treaties, contracting States have committed themselves to enact the treaty rules in their national legislations (e.g. Art. 7, 1955 HCCH Convention on the Law Applicable to International Sales of Goods), or to apply the law designated in the convention irrespective of any requirement of reciprocity and whether or not it is the law of a contracting State (e.g. Art. 6, 1961

---

318. D. Opertti Badán, *Restitución internacional de menores. Aspectos civiles*, Montevideo, Instituto Interamericano del Niño, 1989, at p. 48.

HCCH Convention on the Conflicts of Laws Relating to the Form of Testamentary Dispositions; Art. 3, 1973 HCCH Convention on the Law Applicable to Maintenance Obligations). Some modern conventions apply to the protected person wherever habitually resident (e.g. 1996 HCCH Convention on Jurisdiction, Applicable Law, Recognition, Enforcement and Co-operation in respect of Parental Responsibility and Measures for the Protection of Children; 2000 HCCH Convention on the International Protection of Adults), departing from prior approaches requiring minors to be minors according to both the domestic law of the State of their nationality and that of their habitual residence (Art. 12, 1961 HCCH Convention Concerning the Powers of Authorities and the Law Applicable in Respect of the Protection of Infants). These types of treaties have a "universal" character in that the rules apply to all situations regardless of the country they may be connected to. Other treaties apply exclusively to situations where the designated law is that of a contracting State (e.g. Art. 6, 1956 HCCH Convention on the Law Applicable to Maintenance Obligations Towards Children) or the situation is connected to a contracting State (e.g. Treaties of Montevideo). The effect of this other type of treaty is to standardise the choice of law rules to be applied by their respective courts and authorities.

113. Treaties enter into force usually pursuant to their provisions. Multilateral treaties require the deposit of a variable number of instruments of ratification or accession to enter into force. Once the treaty is in force, for a State ratifying or acceding subsequently, it enters into force on the date its consent was established unless the treaty otherwise provides (Art. 24 VCLT).

An entirely different matter is whether the treaty applies to decisions rendered after the treaty entered into force or at any other time established by the treaty. In its Wiesbaden Session 1975, the IDI adopted a resolution stating that "[i]n order to eliminate any cause of uncertainty or dispute, it is desirable that every international instrument should include express provisions indicating the solution which ought to be given to such inter-temporal problems as might arise in the course of its application" [319]. This is the approach normally followed by the HCCH. For example, the 1961 HCCH Convention on the Conflicts of Laws Relating to the Form of Testamentary Dispositions applies in cases

---

319. Resolution on the Intertemporal Problem in Public International Law, Article 6, *Annuaire de l'IDI*, Vol. 56 (1975), pp. 536 *et seq.*, and Report by M. Sørensen, *Annuaire de l'IDI*, Vol. 55 (1973), pp. 85 *et seq.*

where the testator dies after its entry into force (Art. 8), the 1980 HCCH Convention on the Civil Aspects of International Child Abduction applies only to wrongful removals or retentions occurring after its entry into force between the State of origin and the State addressed (Art. 35), the 1993 HCCH Convention on Protection of Children and Co-operation in Respect of Intercountry Adoption applies to applications for adoption made after the Convention has entered into force in the State of the habitual residence of the child and of the prospective adoptive person (Art. 41), and so forth. The same approach has been adopted in matters of jurisdiction and judgments. For example, the 1996 HCCH Convention on Jurisdiction, Applicable Law, Recognition, Enforcement and Co-operation in respect of Parental Responsibility and Measures for the Protection of Children applies to measures taken in a State after the Convention has entered into force for that State, and to the recognition and enforcement of measures taken after its entry into force as between the State where the measures have been taken and the requested State (Art. 53). When application to pre-existing facts or situations is provided for, as is the case with the 1970 HCCH Convention on the Recognition of Divorces and Legal Separations, which applies regardless of the date on which the divorce or legal separation was obtained (Art. 24), a reservation has been authorised by the treaty regarding those provisions. Some UNIDROIT conventions also fall into this category (e.g. pursuant to Art. 10, the 1995 Rome Convention on Stolen or Illegally Exported Cultural Objects applies to a cultural object which has been stolen or which has been illegally exported after the Convention enters into force in the relevant States), while other conventions exclude their application to pre-existing rights or interests granted under the law of a contracting State before the Convention entered into force for that State unless a declaration to the contrary is made by the State (Art. 60, 2001 Cape Town Convention on International Interests in Mobile Equipment; Art. 39, 2013 Convention on Substantive Rules for Intermediated Securities). It follows that the Conventions apply to rights and interests created *after* their entry into force. Another example is the 1968 Brussels Convention on Jurisdiction and the Enforcement of Judgments in Civil and Commercial Matters (Art. 54). In case of silence, as is the case with many other treaties (e.g. CIDIP conventions, private international law agreements and protocols concluded between MERCOSUR member States and with associate members, and of course older treaties concluded before the temporal sphere of application of norms of public international law started to be paid due attention), the issue as to whether the treaty applies or not should be determined in accordance with the general principle of law by which any fact, action or situation must be assessed in the light of the rules of law that are contemporaneous with it [320].

114. One last issue related to the application of treaties, besides that of the application of successive treaties relating to the same subject matter, which will be addressed in a subsequent section, concerns the territorial scope of treaties. The question is twofold: first, if a treaty applies to the entire territory of the contracting State or if the State can exclude some provinces, regions, and so on, from the treaty's scope of application; and second, if the treaty extends to the "dependent" territories for the international relations of which the State is responsible. Each raises different problems from the standpoint of public international law and the law of treaties. However, as the status of a territorial unit ultimately depends on the constitutional law of the State, in practice the problem becomes apparent only in the case of non-self-governing territories (i.e. those still under colonial rule) or territories subject to sovereignty dispute. The starting point is that, unless a different intention appears from the treaty or is otherwise established, a treaty is binding upon each party in respect of its entire territory (Art. 29 VCLT). As a corollary, a reference in a treaty to a fact or situation or the law of a State that has different territorial units must be construed as referring to the territorial unit (any of them) of that State where the act or situation presented itself, or the legal system specified by the law of that State.

Modern HCCH conventions and all CIDIP conventions foresee that a State may at the time of signature, ratification, acceptance, approval or accession declare that the convention shall extend to all its territorial units or only to one or more of them and may modify this declaration by submitting another declaration at any time (e.g. Art. 55, 2000 HCCH Convention on the International Protection of Adults; Art. 61, 2007 HCCH Convention on the International Recovery of Child Support and Other Forms of Family Maintenance). The situation foreseen, and the only one with respect to which such declarations are allowed, is if a contracting State has two or more territorial units in which different systems of law are applicable in relation to matters dealt with in the convention. Several countries have made such declarations to HCCH conventions, including federal countries like Canada (regarding its

---

320. Resolution on the Intertemporal Problem in Public International Law, Art. 6, *Annuaire de l'IDI*, Vol. 56 (1975), pp. 536 *et seq.*

provinces and territories), the United States (regarding Puerto Rico and other territories), Denmark (with regard to Greenland and the Faroe Islands) and the United Kingdom (regarding its constituent countries and the so-called British Overseas Territories).

Older HCCH conventions only contemplated the possibility of extending their application to non-metropolitan territories (e.g. Art. 16, Convention du 17 juillet 1905 concernant l'interdiction et les mesures de protection analogues; Art. 30, 1954 Convention on Civil Procedure). As colonialism waned and membership of the HCCH expanded after the 1960s, any reference to dependent territories ("ses territoires, possessions ou colonies, situés hors de l'Europe" in the "old" Conventions, or to "territories for the international relations of which it is responsible" after 1954) disappeared, starting with the 1985 Convention on the Law Applicable to Trusts and on their Recognition. Newer conventions also anticipated that for States with non-unified legal systems it might not be possible to be bound to apply a convention to every territorial unit forming part of the State. Hence starting with the 1971 Convention on the Law Applicable to Traffic Accidents, all HCCH conventions allow States to declare the legal systems forming part of the State to which the convention applies.

115. The extension of a convention to territories to which other States have sovereignty claims has resulted in declarations rejecting such extension. For example, Argentina made a declaration objecting the United Kingdom's right to extend the application of the 1961 HCCH Convention Abolishing the Requirement of Legalisations for Foreign Public Documents to the Malvinas Islands (called the Falkland Islands by the United Kingdom). As a consequence, Argentina is not bound to recognise apostilles issued by the UK-appointed "authorities" of the islands. Spain has also rejected apostilles issued in Gibraltar in which the name of the territory appears as a "country" (*país*), denouncing it as a violation of Article 13 of the Convention which allows dependent territories to issue apostilles pursuant to the extension made by the States responsible of their international relations, "but never as countries" (Note of 4 August 1997 of the Embassy of Spain to the depositary). Cyprus and Greece have objected to declarations made by Turkey that its ratification of the 1996 HCCH Convention on Jurisdiction, Applicable Law, Recognition, Enforcement and Co-operation in respect of Parental Responsibility and Measures for the Protection of Children and the 2007 HCCH Convention on the International Recovery of Child Support and Other Forms of Family Maintenance should not

imply any obligation to enter into any dealings with the Republic of Cyprus within the framework of the said Conventions. For Cyprus and Greece, the Turkish declaration amounts to a reservation contrary to the object and purpose of the Convention as it prevents the realisation of inter-State cooperation under the Conventions. Russia has also rejected all the declarations formulated by Ukraine under each of the HCCH conventions that it is a party to regarding documents or requests made or issued by the "occupying authorities of the Russian Federation, its officials at any level in the Autonomous Republic of Crimea and the city of Sevastopol and by the illegal authorities in certain districts of the Donetsk and Luhansk oblasts of Ukraine" (e.g. Ukrainian declaration concerning the 1980 HCCH Convention on the Civil Aspects of International Child Abduction). Austria, Estonia, Germany, Latvia and Finland made similar declarations as Ukraine. However, Serbia did not object to the "accession" of Kosovo to the 1961 HCCH Convention Abolishing the Requirement of Legalisations for Foreign Public Documents, since the Convention is open to the accession by "States" (Art. 12), and for Serbia and other countries, Kosovo does not meet the conditions of statehood. Thus, objecting to Kosovo's accession could have been interpreted as tacit recognition. Instead, Serbia declared that Kosovo's accession has to be interpreted as an "extension *ratione loci*" of its own making of the Convention to the territory of Serbia's Province of Kosovo and Metohija in accordance with Article 13 (which allows for extension to territories for whose international relations a contracting State to the Convention is responsible).

(c) *Reservations*

116. In the VCLT, a *reservation* is defined as "a unilateral statement, however phrased or named, made by a State, when signing, ratifying, accepting, approving or acceding to a treaty, whereby it purports to exclude or modify the legal effect of certain provisions of the treaty in their application to that State". Article 19 VCLT indicates the general liberty to formulate a reservation with three exceptions: (1) reservations expressly prohibited; (2) not falling within the provisions permitting only specified reservations; and (3) reservations which are "incompatible with the object and purpose of the treaty". Article 20 provides for acceptance of and objection to reservations other than those expressly authorised by the treaty. Aside from reservations, contemporary practice shows a proliferation of declarations in relation

to treaties. The object of an *interpretative declaration* is not, in principle, to exclude or limit the application of a provision but rather to "specify or clarify the meaning or scope of a treaty or of certain of its provisions"[321]. In reality, distinguishing between a reservation and a declaration is complicated as the character of the unilateral statement is determined by the legal effect that its author purports to produce, and States tend to make declarations when reservations have not been anticipated by the treaty. When a declaration qualifies as a reservation the rules concerning the latter apply. Cases of objections to declarations on the grounds that they amount to forbidden reservations abound.

Surveying the reservations permitted by and which have been formulated (and objected) in relation to the various private international law conventions would be of no use for the purposes of these lectures. Rather, the broad trends shall be outlined.

117. Historically the Bustamante Code stands out against standard legislative practice in that, in loosely permitting reservations referring to "one or more Articles of the Code" (Art. 3 of the 1928 Convention on Private International Law that adopted the Code), it planted the seed that may have contributed to its own downfall and it may well have served as a "lesson learned" for future codification undertakings of private international law. Pursuant to Article 3, five countries formulated "general reservations" to the effect of excluding the application of the provisions of the Bustamante Code that conflicted with domestic legislation (Bolivia, Costa Rica, Chile, Ecuador and El Salvador) and two others formulated a substantial number of reservations (44 Venezuela, and 416 Bahamas, the latter of which acceded to the Code in 2017). As a matter of fact, all but one ratifying country (Guatemala) have made reservations or declarations amounting to a reservation. The "transactional character" of the Bustamante Code may be to blame for the high number of reservations made by the contracting countries which, even at the negotiating table, had already expressed little disposition to accept solutions that departed from those enacted in their domestic laws[322]. Nevertheless, since in some of the countries the internal private international law rules are (or were) scarce, despite the considerable latitude of the reservations, the application of the Bustamante Code has not been negligible[323].

---

321. Guide to Practice on Reservations to Treaties, Guideline No. 1.2, *Yearbook ILC* (2011), Vol. 2, Part. 2, p. 26.
322. See Samtleben, *op. cit.* (note 68), at pp. 242-243.
323. *Ibid.*, at p. 106.

118. Departing from this precedent, the standard practice with CIDIP conventions has been to allow reservations provided that each concerns one or more specific provisions and is not incompatible with the purposes and objectives of the convention (e.g. Art. 31, 1989 CIDIP IV Convention on the International Return of Children, whose formula repeats in all CIDIP conventions). The formulation of reservations has been extremely exceptional, and these have drawn no objections.

119. When it comes to the HCCH conventions the situation varies. Roughly half of the conventions (seventeen out of thirty-nine) remain silent on reservations (e.g. 1954 Convention on Civil Procedure; 1961 Convention Abolishing the Requirement of Legalisations for Foreign Public Documents; 2005 Convention on Choice of Court Agreements). The general rules therefore apply. Eighteen Conventions permit only specified reservations (e.g. 1970 Convention on the Taking of Evidence Abroad in Civil or Commercial Matters; 1980 Convention on the Civil Aspects of International Child Abduction; 2000 Convention on the International Protection of Adults). And four conventions expressly prohibit any reservations (1978 Convention on the Law Applicable to Matrimonial Property Regimes; 1993 Convention on Protection of Children and Co-operation in Respect of Intercountry Adoption; 2006 Convention on the Law Applicable to Certain Rights in Respect of Securities held with an Intermediary; 2007 Protocol on the Law Applicable to Maintenance Obligations). Several reservations have been formulated, a few of which have faced objections (e.g. Finland objected to the reservation by Venezuela that all communications to the central authority be drawn up in Spanish and that it is not bound to assume any costs resulting from the participation of legal counsel, as incompatible with Articles 24 (2), 26 (3) and 42 (1) of the 1980 Convention on the Civil Aspects of International Child Abduction).

Leaving aside the category of reservations, all HCCH conventions provide for specified declarations that may be made. Both the clauses and the practice are very diverse. Some declarations have fallen outside the expressly permitted declarations (e.g. Philippines declared that the certification by apostille under the 1961 Convention Abolishing the Requirement of Legalisation for Foreign Public Documents does not satisfy the requirements under the Philippine Extradition Law). In addition to the *declarations relating to the territorial application of the conventions* (as seen in the prior section), the practice provides several instances of *interpretative declarations* (e.g. Chile declared that it understands Art. 3 of the 1980 Convention on the Civil Aspects of

International Child Abduction in the sense that it is not inconsistent with the national legislation which provides that the right to guardianship and custody is exercised until the age of eighteen), *declarations concerning modalities of implementation of the convention at the domestic level* (e.g. Andorra declared with regard to Art. 15 (2) of the 1965 Convention on the Service Abroad of Judicial and Extrajudicial Documents in Civil or Commercial Matters that the judge may give judgment even if no certificate of service or delivery has been received, if all other provisions are fulfilled), and *declarations made under clauses providing for options* (e.g. pursuant to Art. 25 of the 1993 Convention on Protection of Children and Co-operation in Respect of Intercountry Adoption, Armenia declared that it will not be bound to recognise adoptions made in accordance with an agreement concluded by application of Art. 39 (2)). Another type is *reciprocal declarations* like the ones that may be made pursuant to Article 22 of the 2005 Convention on Choice of Court Agreements to extend the scope of the Convention to the recognition and enforcement of judgments given in a "non-exclusive" choice of court agreement. The concept is not entirely new. Another example of reciprocal declarations may be found in Article 94 of the 1980 UN Convention on Contracts for the International Sale of Goods, which allows States that have the same or closely related legal rules not to apply the Convention to contracts where the parties have their place of business in those States.

120. At the ends of the spectrum are most UNIDROIT conventions (only allowing specified reservation or declarations, e.g. Art. 18 of the 1995 Convention on Stolen or Illegally Exported Cultural Objects and Art. 56 (1) of the 2001 Cape Town Convention on International Interests on Mobile Equipment) and the European Conventions on Extradition of 1957 and of Mutual Assistance on Criminal Matters of 1959 (expressly allowing a reservation to be made in respect of "any provision or provisions" of the conventions, in Arts. 26 (1) and 23 (1) respectively).

121. In concluding, the vast majority of the conventions allow reservations which, together with the possibility of making declarations many of which amount to a reservation, begs the question of whether the system sufficiently maintains the balance between the integrity and the effectiveness of the conventions in terms of a firm level of obligation [324]. The reason for reservations lies in the difficulty of

---

324. Crawford, *op. cit.* (note 10), at p. 362.

achieving legal uniformity at an international conference among a large number of States that represent the world's diversity. Thus, in regional treaties, like the Treaties of Montevideo and the CIDIP conventions (which were concluded at the initiative of and ratified mainly by Latin American countries despite their formally Inter-American character), States tend to enter fewer reservations as greater legal uniformity exists among participating States and common rules are easier to agree. Conversely, in multilateral treaties, the general reluctance of States to deviate from nationally enacted or accepted solutions and the perspective that closing the path to reservations may hinder some States from joining the convention means that a considerable margin of appreciation is left to individual States.

As the effect of a reservation is to modify provisions of the treaty in the relations between the reserving State and the other parties (or not to apply the provisions in the relations with a State objecting to the reservation yet not opposing the entry into force of the treaty itself), the existence of reservations inhibit the integral application of the treaty. However, realistically, reservations facilitate the acceptance of treaties in a way as to widen their scope of application, and thus it must be accepted that treaties apply progressively before becoming the rule common to all States [325].

(d) *Interpretation of treaties*

122. There is some risk in presenting the rules of interpretation in terms of the rules and principles dictated by public international law, as it may obscure the needs and objectives embodied in private international law [326]. And yet the presentation of private law treaties as a distinct part of the legal regime requiring its own set of rules and principles is misdirected and unhelpful, as the interpretation of private

---

325. Nguyen Quoc *et al.*, *op. cit.* (note 175), at p. 197.
326. On the application (and suitability) of the law of treaties to conflicts and interpretation of private international law conventions, by private international law jurists, see generally F. Majoros, *Les conventions internationales en matière de droit privé. Abrégé théorique et traité pratique*, Vol. 1: *Le droit des conflits de conventions*, Paris, Pedone, 1976, Vol. 2: *Partie spéciale*, 1980; B. Dutoit and F. Majoros, "Le lacis des conflits de conventions en droit privé et leur solutions possibles", *RCDIP* (1984), pp. 565 *et seq.*; J. Basedow, "Uniform Private International Law and the Law of Treaties", *Unif. L. Rev.*, Vol. 11 (2006), pp. 731 *et seq*; P. Beaumont, "Reflections on the Relevance of Public International Law to Private International Law Treaty Making", *Recueil des cours*, Vol. 103 (2009), pp. 9 *et seq.*; M. B. Noodt Taquela, "Applying the Most Favourable Treaty or Domestic Rules to Facilitate Private International Law Co-operation", *Recueil des cours*, Vol. 377 (2015), pp. 121 *et seq.*

international law treaties presents essentially the same problems as the interpretation of other types of treaties. The interpretation of treaties concerns the question of the meaning and content of the legal norms as applied to the single case, not their modification [327]. And great care should be taken not to alter the application of the treaty without regard to the intention of the parties as expressed in the text, except when a subsequent consistent practice provides cogent evidence of the *common consent* of States to a change [328].

123. Competence to interpret in general, including treaties concerning private international law, lies in principle with the parties by virtue of sovereignty. In addition to the declarations made by States when signing, ratifying or acceding to a convention or at any other time as authorised by the convention, recourse may be had to the transcripts of the debates, the negotiations and preparatory work of the diplomatic sessions including the responses of the governments to questionnaires and their observations on the preliminary draft conventions, which in the case of the HCCH are published in the collection of the *Actes et documents / Proceedings of the Hague Conference* and in the *Acts and Proceedings* of the Diplomatic Conferences of UNIDROIT, and so on. Other (non-diplomatic) evidence may come from the practice of central authorities, judicial decisions, memoranda of "technical" agencies and other information that may be provided by States, for example as "country profiles" or responses to the questionnaires concerning the practical operation of the HCCH conventions, or that may become otherwise available. Interpretation placed upon treaties by States is of great practical importance since, though not conclusive as to their meaning, they have considerable value when they contain recognition by a party of its own obligations under the instrument [329]. Also because *individual* interpretation, in so far it is accepted (or not contested), becomes *collective* interpretation and acquires an authentic character [330]. Thus, several treaties now prescribe that in their interpretation regard is to be had to their "international character" and to "the need to promote uniformity" in their application (e.g. Art. 7, 1980 UN Convention on Contracts for the International Sale of Goods; Art. 5, 2001 Cape Town Convention on the International Interests in Mobile Equipment; Art.

---

327. *Interpretation of Peace Treaties (second phase)*, Advisory Opinion, *ICJ Reports 1950*, p. 229.
328. Brownlie, *op. cit.* (note 120), at p. 630.
329. *International Status of South-West Africa*, Advisory Opinion, *ICJ Reports 1950*, pp. 135-136.
330. Nguyen Quoc *et al.*, *op. cit.* (note 175), at p. 279.

53, 2007 HCCH Convention on the International Recovery of Child Support and Other Forms of Family Maintenance; Art. 4, 1994 CIDIP V Convention on the Law Applicable to International Contracts). However, the statements are question-begging as they do not provide the criteria for uniform interpretation [331]; therefore recourse is to be had to the means of interpretation according to the Vienna Convention.

The VCLT regards the intention of *all the parties* to the treaty *as expressed in the text* as the cornerstone of interpretation (Art. 31). The intention of the parties may result also from other instruments that the States have adopted *simultaneously* with the treaty and which, together with the preamble and any annexes, constitute the *context* of the treaty. This includes other agreements (e.g. the protocols adopted together with and to supplement the 1971 HCCH Convention on the Recognition and Enforcement of Foreign Judgments in Civil and Commercial Matters, and the 2007 HCCH Convention on the International Recovery of Child Support and Other Forms of Family Maintenance), and instruments drawn up with the conclusion of the treaty, such as "explanatory reports" provided that they were approved by the Conference. *Subsequent* concordant practice in the application of the treaty also has probative value, including practice by some States parties *inter se* (although this practice will not be legally opposable to other States parties which did not accept it).

124. Theoretically, a treaty may confer competence to interpret on an *ad hoc* tribunal or the ICJ. However, no multilateral or regional treaty concerning private international law has recourse to this type of procedure. Still, a State may submit a dispute to the International Court by a unilateral application filed against another State in accordance with the ICJ Statute. In the *Guardianship* case [332], the ICJ was asked to interpret and apply the Convention du 12 juin 1902 pour régler la tutelle des mineurs. In its judgment of 1958, the Court held that the Convention did not include within its scope the matter of the protection of children as understood by the Swedish law on the protection of

---

331. But see Protocol 2 on the Uniform Interpretation of the 2007 Lugano Convention on Jurisdiction and the Recognition and Enforcement of Judgments in Civil and Commercial Matters, which set up a Standing Committee of States parties representatives for the purposes of the Convention (with the however limited function of exchanging views on the functioning of the Convention and the appropriateness of starting on particular topics a revision of the Convention and make recommendations).

332. *Case concerning the Application of the Convention of 1902 Governing the Guardianship of Infants (Netherlands* v. *Sweden)*, Judgment of 28 November 1958, *ICJ Reports 1958*, p. 55.

children and young persons and that the Convention could not have given rise to obligations in a field outside the matter with which it was concerned. The jurisdiction of the Court in this case was based on the acceptance by the Netherlands and Sweden of its compulsory jurisdiction by virtue of the declarations they made in pursuance of Article 36 (2) ICJ Statute. In 2009 Belgium instituted proceedings against Switzerland before the ICJ, also on the basis of Article 36 (2), in respect of a dispute concerning the interpretation and application of the 1988 Lugano Convention on Jurisdiction and the Enforcement of Judgments in Civil and Commercial Matters. In its application Belgium stated that the Lugano Convention does not provide for a dispute settlement mechanism and the Standing Committee established by Protocol 2 on the Uniform Interpretation of the Convention does not have jurisdiction in this matter. It submitted also that the ECJ does not have jurisdiction since the "new Lugano Convention", for which the European Commission has exclusive jurisdiction, is not applicable [333]. In 2011 the case was discontinued at the request of Belgium [334]. The possibility of advisory opinions being sought from the International Court is not high as, other than the UN General Assembly or the Security Council which may request an opinion on "any legal question" (Art. 96 (1) UN Charter), requests from other organs of the United Nations or specialised agencies must be concerned in points of law arising from their functions (Art 96 (2)).

Aside from matters specially related to the interpretation of a treaty, issues connected to the meaning and scope of the treaty may arise during the settlement of international disputes as has happened in arbitral proceedings under BITs, including in (though not limited to) the admissibility phase [335]. In both the European Union and MERCOSUR, procedures are in place to ensure that treaties (or EU law) are applied consistently in the form of recourse to the CJEU, as provided for in the 2007 Treaty of Lisbon, and other relevant treaties, and to an *ad hoc* arbitral tribunal (whose awards are appealable to the

---

333. *Jurisdiction and Enforcement of Judgments in Civil and Commercial Matters (Belgium v. Switzerland)*, Application Instituting Proceedings, 21 December 2009, p. 21, at https://www.icj-cij.org/public/files/case-related/145/15763.pdf.
334. *Jurisdiction and Enforcement of Judgments in Civil and Commercial Matters (Belgium v. Switzerland)*, Order of 5 April 2011, *ICJ Reports 2011*, p. 341.
335. E.g. *Biloune and Marine Drive Ltd* v. *Ghana Investments Centre and Government of Ghana*, UNCITRAL, Award on Jurisdiction and Liability of 27 October 1989, 95 ILR 185; *SGS Société Générale de Surveillance SA* v. *Republic of Paraguay*, ICSID Case No. ARB/07/29, Award of 10 February 2012, para. 129.

MERCOSUR Permanent Review Tribunal or "TPR" as per its Spanish/ Portuguese acronym) in accordance with the 2002 Olivos Protocol for Dispute Settlement, respectively. Opinions may be also sought by the competent communities' organs to the CJEU and the TPR. However, while judicial decisions by the European Court cover a wide range of private international law issues, MERCOSUR's TPR has been seized once [336]. Furthermore, important differences lie between the "preliminary question" process in the European Union and the "advisory opinion" in MERCOSUR, notably in that the latter is not binding but only act as guidance as to the meaning of the rule subject to interpretation [337].

125. A question which lacks a straightforward answer is the value of interpretations given by the organs of an international organisation, *viz* HCCH, UNCITRAL, and so on, in the absence of special provisions in the constituent instrument. The doctrine of implied powers may be applied to the interpretation of the *constituent instrument of the organisation* [338], treaties entered into by it and treaties that are invoked before it "as necessary" for the performance of its functions. However, when the interpretation concerns *treaties developed by the organisation* – namely the myriad of conventions forming the *corpus* of multilateral private international law – decisions by conferences and organisations can in principle only bind States accepting them. That being said, expert opinion of legal advisers and officers of the organisation, or expert treaty bodies, while hortatory in form, may give rise to a subsequent agreement or practice by parties.

Clearly documents containing conclusions, recommendations and other practical comments, in whose drawing the views of States were sought, are accorded greater weight. UNCITRAL, for example, issued in 2006 an important Recommendation regarding the interpretation of Articles 2 (2) and 7 (1) of the 1958 New York Convention on

---

336. Advisory Opinion No. 1/2007, requested by María Angélica Calvo, Civil and Commercial Judge of First Instance, First Shift, Jurisdiction of Asunción, Paraguay, in *Norte S.A. Imp. Exp.* v. *Laboratorios Northia Sociedad Anónima, Comercial, Industrial, Financiera, Inmobiliaria y Agropecuaria Re: s/ Compensation for Damages and Loss of Profit*, through the Supreme Court of Justice of the Republic of Paraguay, Decision of 3 April 2007, at https://www.mercosur.int/documento/opinion-consultiva-01-2007/.
337. For a comparison, see C. Espósito and L. Donadio, "Inter-jurisdictional Co-operation in the MERCOSUR: The First Request for an Advisory Opinion of the MERCOSUR's Permanent Review Tribunal by Argentina's Supreme Court of Justice", *The Law and Practice of International Courts and Tribunals*, Vol. 10 (2011), pp. 261 *et seq.* at 273-278.
338. *Reparation for Injuries Suffered in the Service of the United Nations*, Advisory Opinion, *ICJ Reports 1949*, pp. 180, 182.

the Recognition and Enforcement of Foreign Arbitral Awards [339]. Recognising the widening use of electronic commerce and enactments of domestic legislation as well as case law, which are more favourable than the New York Convention in respect of the form requirement governing arbitration agreements, arbitration proceedings and the enforcement of arbitral awards, the Recommendation encourages States to apply Article 2 (2) of the New York Convention "recognizing that the circumstances described therein are not exhaustive" and also to adopt the revised Article 7 of the UNCITRAL Model Law on International Commercial Arbitration, both options of which establish a more favourable regime for the recognition and enforcement of arbitral awards than that provided under the New York Convention. The Recommendation also clarifies that Article 7 (1) "should be applied to allow any interested party to avail itself of rights it may have, under the law or treaties of the country where an arbitration agreement is sought to be relied upon, to seek recognition of the validity of such an arbitration agreement". Since the UNCITRAL Recommendation, courts from several contracting States, in application of Article 7 (1) have enforced arbitration agreements pursuant to any less stringent format requirements under their domestic laws [340].

Other examples are the Conclusions and Recommendations of Special Commissions convened by the Council on General Affairs and Policy of the HCCH every so often to review the practical operation of conventions, and the Guides to Good Practice prepared by the Permanent Bureau. Some recommendations have been followed by many States, including with regard to the use of modern technologies which have profoundly impacted on the operation of some landmark treaties such as the 1961 Convention Abolishing the Requirement of Legalisation for Foreign Public Documents, the 1965 Convention on the Service Abroad of Judicial and Extrajudicial Documents in Civil or Commercial Matters, and the 1970 Convention on the Taking of Evidence Abroad in Civil or Commercial Matters.

However, silence by a party shall not be presumed to constitute subsequent practice under Article 31 (3) *(b)* VCLT, accepting an inter-

---

339. Recommendation regarding the Interpretation of Article II, Paragraph 2, and Article VII, Paragraph 1, of the Convention on the Recognition and Enforcement of Foreign Arbitral Awards, done in New York, 10 June 1958 (2006), Official Records of the General Assembly, Sixty-first Session, Supplement No. 17 (A/61/17), Annex II, https://uncitral.un.org/sites/uncitral.un.org/files/media-documents/uncitral/en/a2e.pdf.

340. E.g. German Federal Court of Justice, Decision of 30 September 2010, III ZB 69/09, SchiedsVZ 2010, 332.

pretation of a treaty as expressed in a pronouncement of an expert treaty body [341].

126. The "General Rule" prescribed in Article 31 VCLT is that "[a] treaty should be interpreted in good faith in accordance with the ordinary meaning to be given to the terms of the treaty in the context and in the light of its object and purpose". The various elements are interdependent as they all relate to the agreement between the parties at the time when or after it received authentic expression in the text. The "ordinary meaning" must emerge in the "context" of the treaty as a whole and in view of its "object and purpose". *Ordinary meaning* refers to the normal sense and constitutes a presumption against which the proponent of a special meaning has the burden of proof. Other logical presumptions apply. Thus, when an instrument lists specific classes of persons or things and then refers to them in general, the general words are limited to the category indicated by the special words (the *ejusdem generis* doctrine), and express mention excludes other items *(expression unius est exclusion alterius)* [342]. For example, letters of request to obtain evidence or to perform some "other judicial act" (Art. 1, 1970 HCCH Convention on the Taking of Evidence Abroad in Civil or Commercial Matters) excludes evidence intended for use in "administrative" proceedings in the requesting State; and no information other than what is required in Article 8 of the 1980 HCCH Convention on the Civil Aspects of International Child Abduction may be demanded by the requested authorities to take measures or institute proceedings for the return of the child.

127. A question which lacks a clear answer is if the language of the treaty must be interpreted in the light of the circumstances at the time of its conclusions or the contemporaneous meaning of the terms. In conferring probative value to subsequent agreements and practice, the Vienna Convention does not confine interpretation to the original will. In its advisory opinion on *Namibia* [343] in 1970, the ICJ stated that "interpretation cannot remain unaffected by the subsequent development of law". Evolutionary interpretation seems to prevail

---

341. Draft Conclusions on Subsequent Agreements and Subsequent Practice in Relation to the Interpretation of Treaties, with Commentaries, Conclusion 13, UN doc. A/73/10, *Yearbook ILC* (2018), Vol. 2, Part 2.
342. Brownlie, *op. cit.* (note 120), at p. 633.
343. *Legal Consequences for States of the Continued Presence of South Africa in Namibia (South West Africa) notwithstanding Security Council Resolution 276 (1970)*, Advisory Opinion, *ICJ Reports 1971*, p. 31.

in the jurisprudence of the ECtHR [344], and has also been used by the CJEU [345], the IACtHR [346], the International Tribunal for the Law of the Sea (ITLOS) [347] and the UN Human Rights Committee [348], among other international tribunals and bodies. However, the application of the doctrine may be criticised if the meaning given to the terms of the treaty departs from the actual intention of the parties as determined through the application of the rules of interpretation of the Vienna Convention.

The 2003 Special Commission on the practical operation of The Hague Apostille, Evidence and Service Conventions concluded that they

> "operate in an environment which is subject to important technical developments. Although this evolution could not be foreseen at the time of the adoption of the three Conventions ... the spirit and letter of the Conventions do not constitute an obstacle to the usage of modern technology and that their application and operation can be further improved by relying on such technologies" [349].

The HCCH has taken a cautious approach in encouraging States parties to embrace usage of modern technology that did not exist in the 1960s and 1970s at the time of conclusion of the Conventions Abolishing the Requirement of Legalisations of Foreign Public Documents, on the Service Abroad of Judicial and Extrajudicial Documents on Civil or Commercial Matters, and on the Taking of Evidence Abroad in Civil or

---

344. *Tyrer* v. *United Kingdom*, No. 5856/72, para. 32, ECtHR 1978 (recalling that the 1950 European Convention for the Protection of Human Rights and Fundamental Freedoms is a "living instrument" which must be interpreted in the light of present-day conditions); *Magyar Helsinki Bizottság* v. *Hungary* [GC], No. 18030/11, paras. 138-148, ECtHR 2016.

345. Judgment of 6 October 1982, *Srl CILFIT and Lanificio di Gavardo SpA* v. *Ministry of Health*, C-283/81, para. 20, ECLI:EU:C:1982:335.

346. *Interpretation of the American Declaration of the Rights and Duties of Man within the Framework of Article 64 of the American Convention on Human Rights*, Advisory Opinion OC-10/99 of 14 July 1989, Series A No. 10, para. 37; *The Right to Information on Consular Assistance in the Framework of the Guarantees of the Due Process of Law*, Advisory Opinion OC-16/99 of 1 October 1999, Series A No. 16, paras. 113-115.

347. *Responsibilities and obligations of States sponsoring persons and entities with respect to activities in the Area*, Advisory Opinion of 1 February 2011, *ITLOS Reports 2011*, p. 43.

348. HR Committee, *Roger Judge* v. *Canada*, Communication No. 829/1998, Views of 5 August 2002, UN doc. CCPR/C/78/D/829/1998 (2003), para. 10.3.

349. HCCH, Conclusions and Recommendations of the Special Commission on the practical operation of The Hague Apostille, Evidence and Service Conventions (28 October to 4 November 2003), para. 4.

Commercial Matters, while having regard to the legal and technological disparities that persist among countries [350].

128. *Object and purpose* is not an independent principle and must not detract from the textual approach, but recourse may be had to resolve any ambiguity of meaning. The following statements are indicative of the general purposes of the conventions: "[d]esiring to create appropriate means to ensure that judicial and extrajudicial documents to be served abroad shall be brought to the notice of the addressee in sufficient time" and "to improve the organisation of mutual judicial assistance for that purpose by simplifying and expediting the procedure" (1965 HCCH Convention on the Service Abroad of Judicial and Extrajudicial Documents in Civil or Commercial Matters), "[d]esiring to facilitate the transmission and execution of Letters of Request" (1970 HCCH Convention on the Taking of Evidence Abroad in Civil or Commercial Matters), "[d]esiring to facilitate the recognition of divorces and legal separations" (1970 HCCH Convention on the Recognition of Divorces and Legal Separations), "[d]esiring to establish common provisions concerning the law applicable to maintenance obligations in respect of adults" (1973 HCCH Convention on the Law Applicable to Maintenance Obligations), "[d]esiring to facilitate the celebration of marriages and the recognition of the validity of marriages" (1978 HCCH Convention on Celebration and Recognition of the Validity of Marriages), "[d]esiring to protect children internationally from the harmful effects of their wrongful removal or retention and to establish procedures to ensure their prompt return to the State of their habitual residence, as well as to secure protection for rights of access" (1980 HCCH Convention on the Civil Aspects of International Child Abduction), "[c]onvinced of the necessity to take measures to ensure that inter-country adoptions are made in the best interests of the child and with respect for his or her fundamental rights, and to prevent the abduction, the sale of, or traffic in children" (1993 HCCH Convention on Protection of Children and Cooperation in Respect of Inter-country Adoption), "[c]onsidering the need to improve the protection of children in international situations" and "[c]onfirming that the best interests of the child are to be a primary consideration" (1996 HCCH Convention on Jurisdiction, Appli-

---

350. Conclusions and Recommendation of the Special Commission on the Practical Operation of the Apostille Convention (6-9 November 2012), paras. 22, 28; Conclusions and Recommendations of the Special Commission on the practical operation of the Hague Service, Evidence and Access to Justice Conventions (20-23 May 2014), paras. 21, 37, 42.

cable Law, Recognition, Enforcement and Cooperation in Respect of Parental Responsibility and Measures for the Protection of Children), "[c]onsidering the need to provide for the protection in international situations of adults who, by reason of an impairment or insufficiency of their personal faculties, are not in a position to protect their interests" and "[a]ffirming that the interests of the adult and respect for his or her dignity and autonomy are to be primary considerations" (2000 HCCH Convention on the International Protection of Adults), "[d]esiring to promote effective access to justice for all" (2019 HCCH Convention of on the Recognition and Enforcement of Foreign Judgments in Civil or Commercial Matters), "[d]etermined to contribute effectively to the fight against illicit trade in cultural objects" and "[e]mphasising that this Convention is intended to facilitate the restitution and return of cultural objects" (1995 UNIDROIT Convention on Stolen or Illegally Exported Cultural Objects), "[d]esiring to provide a common solution to remove legal obstacles to the use of electronic communications in a manner acceptable to States with different legal, social and economic systems" (2005 UN Convention on the Use of Electronic Communications in International Contracts), "[r]ecognising the need to protect persons that acquire or otherwise hold intermediated securities" and "[e]mphasising the importance of the integrity of a securities issue in a global environment for intermediated holding in order to ensure the exercise of investors' rights and enhance their protection" (2009 UNIDROIT Convention on Substantive Rules for Intermediated Securities).

Some purposes are not explicit, but they emerge from the provisions of the treaty as a whole. For example: the 1961 HCCH Convention Abolishing the Requirement of Legalisation for Foreign Public Documents is intended to facilitate the circulation of public documents executed in one contracting party to the Convention and to be produced in another; the 2000 HCCH Convention on International Access to Justice ensures equal treatment of foreigners in respect of legal aid, legal advice and financial requirements for starting proceedings; the 2005 HCCH Convention on Choice of Court Agreements aims at ensuring the effectiveness of "forum selection clauses" between parties to international commercial transactions; the principal aim of the 1958 Convention on the Recognition and Enforcement of Foreign Arbitral Awards (the "New York Convention") is that foreign and non-domestic arbitral awards will not be discriminated against; the 1995 UN Convention on Independent Guarantees and Stand-by Letters of Credit is designed to facilitate the use of independent guarantees and standby letters of credit, in particular where only one or the other of those instruments may be traditionally in use.

It is conspicuous that some purposes are unhelpfully vague in that they provide little legal guidance for deciding controversial issues of interpretation, other than the reasoning behind lawmaking or considerations of policy which, at best, are to be construed by reference to other international instruments (*inter alia* human rights treaties and standards) or national laws. That is why the interpretation and application of human rights instruments reckon specific principles, such as the *pro homine* principle and an evolutionary perspective.

This is not to contest the benefit and the general effect on the application of the treaty of principled formulations by reference to which the decision-maker must assess the (un)reasonableness of a certain result. However, empirically, they may not aid in the choice of possible meanings to the effect of leading to univocal results.

129. When the textual interpretation, on the principles referred to already, leaves the meaning ambiguous or obscure or leads to a result which is manifestly absurd or unreasonable, recourse may be had to supplementary means of interpretation, including the *travaux préparatoires* and the circumstances of the conclusion of the treaty. Such recourse may be had to "confirm" or "to determine" a meaning that stems from the textual interpretation (Art. 32 VCLT). The ICJ, and the PCIJ before it, has refused to resort to preparatory work if the text of a convention is sufficiently clear in itself [351].

130. It has been suggested in lectures at this Academy that the principle of "systemic integration" of international rules should apply to the interpretation of treaties in the field of private international law [352]. The principle may itself be a derivative of the principle expressed in the maxim *magis valeat quam pereat*: when a treaty is open to two interpretations one of which does and the other does not enable the treaty to have appropriate effects, the former interpretation should be adopted. It must be noticed that the VCLT did not adopt a separate formulation of the principle. The ILC considered that, as a matter of existing law, the maxim was embodied in the doctrines of interpretation in good faith in the light of the object and purposes of the treaty [353].

---

351. *Admissions of a State to the United Nations (Charter, Art. 4)*, Advisory Opinion, *ICJ Reports 1948*, p. 63; *Competence of Assembly regarding admission to the United Nations*, Advisory Opinion, *ICJ Reports 1950*, p. 8.
352. Noodt Taquela, *op. cit.* (note 326), at pp. 271-274.
353. Draft Articles on the Law of Treaties with Commentaries, *Yearbook ILC* (1966), Vol. 2, p. 219.

(e) *Application of successive treaties regarding the same subject matter*

131. To resolve normative conflicts of private international law treaties, especially on international judicial cooperation, some writers propound the application of a "principle of maximum effectiveness" proper to conflicts treaties, subsidiary or concomitant to other existing principles developed in this area of the law of treaties. They raise the issue of the suitability of the rules of the VCLT to resolve conflicts of private international law treaties [354] and, drawing inspiration from the doctrine of systemic integration above, lay down the rule of the application of the most favourable treaty to cooperation. The rule rests on the international obligation to cooperate as provided for in the various treaties in the area of international judicial cooperation, and the need to provide effective judicial protection in private international situations [355]. Moreover, when two treaties with the same object conflict, regard must be had to the prevailing interests they intend to protect, for example the interests of the maintenance beneficiary, of the protection of the minor, of the free circulation of judgments, and so on. On this logic, preference should be given to the treaty that best meets these interests [356].

The thesis is attractive. The principle provides an acceptable basis for the resolution of conflicts in so far as the application of the most favourable treaty may be implied by reference to the intention of the parties in accordance with the clauses of the treaties. Somewhat distinct from this procedure is to give effect to the purposes of the treaties when there is no ambiguity of meaning. The textual approach may leave decision-makers with a choice of possible meanings and in exercising that choice it is impossible to keep policy considerations out of account [357]. Yet, deliberately overriding a subsequent incompatible treaty on the ground that an earlier treaty provides a better result would create instability and would be incorrect as a matter of existing law. When effect is given to a request in the mutual legal assistance process which is not contemplated by the parties, such as to serve documents

---

354. A. Malan, *La concurrence des conventions d'unification des règles de conflit de lois*, Aix-en-Provence, PUAM, 2002, at p. 100; Basedow, *op. cit.* (note 326), at pp. 736 *et seq.*

355. Noodt Taquela, *op. cit.* (note 326), at pp. 267-268.

356. Dutoit and Majoros, *op. cit.* (note 326), at pp. 565 *et seq.*; Noodt Taquela, *ibid.*, at pp. 277-284.

357. Brownlie, *op. cit.* (note 120), at p. 636.

or obtain evidence not transmitted pursuant to the applicable treaty, exempt the plaintiff from giving security for costs, or waive the exclusive jurisdiction of the forum State, it can only be based on comity, not law [358]. In the current state of development of international law the criterion of the application of the treaty or domestic law most favourable to cooperation has not crystallised – not yet at least – as a "general principle" in terms of Article 38 (1) *(c)* ICJ Statute nor as a custom that can be inferred from the consistent practice of States, as the proponents of the criterion admit.

132. The relation of treaties between the same parties and with overlapping provisions is primarily a matter of interpretation, aided by presumptions [359]. Treaties not infrequently contain a clause intended to regulate the relation between the provisions of the treaty and those of a prior treaty, sometimes of a future treaty, relating to the matters with which the treaty deals. The pre-eminence of such clauses is acknowledged in Article 30 (2) VCLT. Nowadays, these types of clauses are in place in most modern private international law conventions negotiated at the UN, HCCH, UNIDROIT and CIDIP. As despite coordination efforts, the legislative work of multilateral and regional organisations sometimes overlap, conflict (or compatibility) clauses indicate the intent of the parties to the treaty regarding its relation to other relevant legal regimes. Oftentimes, compatibility clauses in regional arrangements reflect the parties' attempt to reconcile the needs to take account of local realities and to avoid hindrance to the universal vocation of multilateral conventions [360].

The main modalities of compatibility clauses are as follows [361]:

(a) A fairly standard approach is that the convention shall be interpreted "as compatible with" or "without prejudice to" other treaties in force for the contracting States, whether concluded before or after the convention. Despite variants in language, the basic criterion appears to be that the new treaty does not supersede previous treaties, and that they may be applied complementarily. Conflicts between incompatible provisions will then have to be resolved by reference to the general

---

358. See generally M. B. Noodt Taquela, *Relaciones entre tratados de derecho internacional privado en materia de cooperación jurídica internacional*, Buenos Aires, Facultad de Derecho de la Universidad de Buenos Aires and EUDEBA, 2018, at pp. 329 *et seq.*
359. Brownlie, *op. cit.* (note 120), at p. 629.
360. On the influence of the HCCH on CIDIP and the need for coordination, see Fernández Arroyo, *op. cit.* (note 57), at pp. 307 *et seq.*
361. See generally Noodt Taquela, *op. cit.* (note 326), at pp. 208-247.

rules. Examples include Article 25 of the 1965 HCCH Convention on the Service Abroad of Judicial and Extrajudicial Documents in Civil and Commercial Matters; Article 52 (1) of the 1996 HCCH Convention on Jurisdiction, Applicable Law, Recognition, Enforcement and Cooperation in Respect of Parental Responsibility and Measures for the Protection of Children Convention; and Article 10 (7) of the 1961 European Convention on International Commercial Arbitration. Moreover, Article 23 of the 1986 HCCH Convention on the Law Applicable to Contracts for the International Sale of Goods provides that the Convention does not prejudice the application of the 1980 UN Convention on Contracts for the International Sale of Goods, the 1974 UN Convention on the Limitation Period in the International Sale of Goods or the 1980 Protocol amending the latter Convention.

(b) Another approach consists in the application of the treaty most favourable to a certain solution: the recognition of a judgment, the exemption of formalities, more beneficial legal procedures, and so on. Clauses of this sort are in Article 7 (1) of the 1958 New York Convention on the Recognition and Enforcement of Foreign Arbitral Awards; Article 8 of the 1961 HCCH Convention Abolishing the requirement of Legalisation for Foreign Public Documents; Article 52 (1) of the 2007 HCCH Convention on the International Recovery of Child Support and Other Forms of Family Maintenance; and most CIDIP conventions on international cooperation, for example Article 15 of the 1975 CIDIP I Convention on Letters Rogatory and Article 14 of 1975 CIDIP I Convention on the Taking of Evidence Abroad; as well as in Article 35 of the 1992 Las Leñas Protocol on Jurisdictional Assistance and Cooperation regarding Civil, Commercial, Labour and Administrative Matters among MERCOSUR member States (as amended in 2002).

(c) A third criterion is to establish which treaty prevails in case of conflict. There are several variants, including giving priority to the treaty itself, to prior treaties or to future treaties or to both. Examples of some of the variants are Article 34 of the 1980 HCCH Convention on the Civil Aspects of International Child Abduction (the Convention takes priority over the 1961 HCCH Convention Concerning the Powers of Authorities and the Law Applicable in respect of the Protection of Infants); Article 26 of the 2005 HCCH Convention on Choice of Court Agreements (prior treaties, as well as their revision or replacement concluded after the Convention entered into force, in principle take priority over the Convention); and Article 34 of the 1989 CIDIP IV Convention on the International Return of Children (the Inter-American

Convention takes priority over the 1980 HCCH Convention on the Civil Aspects of International Child Abduction but States parties may enter into bilateral agreements to give priority to the HCCH Convention). Several CIDIP conventions provide more broadly that they shall not limit any provisions regarding the same subject matter in bilateral or multilateral agreements that may have been signed or may be signed in the future by the States parties (e.g. Art. 14, 1975 CIDIP I on the Taking of Evidence Abroad; Art. 8, 1978 CIDIP II on Proof of and Information on Foreign Law; Art. 30, 1989 CIDIP IV Convention on Support Obligations). The origin of this provision can be found in Uruguay's interest in that the application of the 1889 and 1940 Treaties of Montevideo would not be affected.

(d) Another standard clause in modern conventions is that they shall not affect the application of the rules of a regional economic integration organisation or treaties concluded by its member States. This category of clauses matters because during an integration process member States may accord primacy to their commonly enacted rules. One example is Article 51 (4) of the 2007 HCCH Convention on the International Recovery of Child Support and Other Forms of Family Maintenance. In practice, currently such clauses only apply to the EU, as neither MERCOSUR nor OHADA constitutive treaties provide expressly that their protocols or uniform acts respectively override incompatible treaties among their member States. Analogues of these treaty clauses are found in European Community law in various contexts, for example Article 40 of the Regulation (EU) No. 2020/1784 on the service in the member States of judicial and extrajudicial documents in civil or commercial matters (service of documents) provides that the Regulation prevails over provisions of bilateral or multilateral treaties concluded by its member States in the relations between them [362]. Of course the Regulation does not affect the obligations under those treaties between EU members and non-EU States [363].

133. When the treaty is silent or ambiguous, recourse must be had to the general rules. A distinction is to be drawn. If all the parties to the earlier treaty are parties also to the later treaty but the earlier treaty

---

362. Cf. CJEU, Judgment of 27 February 1962, *Commission of the European Economic Community* v. *Italy*, C-10/61, ECLI:EU:C:1962:2; Judgment of 7 June 1973, *C. J. Walder* v. *Bestuur der Sociale Verzekeringsbank*, C-82/72, ECLI:EU:C:1973:62.

363. Cf. CJEU, Judgment of 12 December 1972, *International Fruits Company NV and others* v. *Produktschap voor Groenten en Fruit*, Joined cases 21 to 24-72, ECLI:EU:C:1972:115; Judgment of 14 October 1980, *Attorney General* v. *Juan C. Burgoa*, C-812/79, ECLI:EU:C:1980:231.

is not terminated or suspended, the earlier treaty applies only to the extent that its provisions are compatible with those of the latter treaty (Art. 30 (3) VCLT). This rule is but an application of the principle that *lex posterior derogat priori*. However, the rule applies only to successive treaties "on the same subject matter" (i.e. having the same scope). Between a specific treaty and one of a general character, the former prevails by applying the maxim that *specialia generalibus derogant*, unless a different intention of the parties emerges from the later treaty. In State practice, this rule is but an application of the principles applicable to the modification and termination of treaties [364]. Now, if *not all* the parties to the earlier treaty are parties to the later treaty, provided that the conditions set forth in Article 41 (1) VCLT are met, *viz* that derogation is permitted by the earlier treaty or is compatible with its object and purpose, between the parties to both treaties the later treaty prevails even if it is of a general character, except if the parties in the later treaty gave priority to the earlier specific treaty as *lex specialis*. Of course, the later treaty is not opposable to States that are parties only to the prior treaty, and thus between a party to both treaties and a party only to the earlier treaty their mutual rights and obligations are governed by the earlier treaty. Obviously, between a party to both treaties and a party only to the later treaty, the later treaty applies [365]. This is also the solution provided for in Article 30 (4) *(b)* VCLT. If, however, derogation to the earlier treaty was not permitted or is incompatible with its object and purpose, the later treaty would be illegal [366]. The principle of *pacta sunt servanda* commands respect for the general treaty over the specific treaty, as well as for the earlier treaty over the later treaty [367]. Express provision prohibiting the parties from concluding incompatible treaties are rare. One such case is Article 82 of the 1944 Chicago Convention on International Civil Aviation.

134. One last very important point is that the advent of a peremptory norm of general international law would exclude conflicting treaty provisions. Article 53 VCLT does not preclude the creation of norms of *jus cogens* via conventions of a universal or quasi-universal character. The obligations so conferred have *erga omnes* effect. The absolute

---

364. Nguyen Quoc *et al.*, *op. cit.* (note 175), at p. 297.
365. Draft Articles on the Law of Treaties with Commentaries, *Yearbook ILC* (1966), Vol. 2, p. 215.
366. *Reservations to the Convention on Genocide*, Advisory Opinion, *ICJ Reports 1951*, p. 21.
367. Nguyen Quoc *et al.*, *op. cit.* (note 175), at p. 299.

superiority of *jus cogens* entails that of such conventions [368]. To give an instance, the 2007 HCCH Convention on the International Recovery of Child Support and Other Forms of Family Maintenance recalls Articles 3 and 27 1989 UNCRC and attempts to give effect to the latter Convention. In so far "the best interests of the child" has emerged as a peremptory norm of general international law, it would take precedence over the provisions in other private international law treaties. Moreover, some provisions in older treaties, such as Article 8 to both Treaties of Montevideo on International Civil Law of 1889 and 1940 establishing as a default rule the domicile of the husband as the conjugal domicile, must be read in light of the prohibition of discrimination stated in the 1979 UNCEDAW and other human rights treaties, considering the evolving concept of *jus cogens*.

135. Conflicting treaty obligations involving a plurality of parties pose questions of opposability and international responsibility, as the State party to the two treaties cannot invoke its obligation under one treaty as a justification for its failure to perform the other treaty. As the tortfeasor cannot honour one treaty without violating the other, the victim will be entitled to reparation (Art. 30 (5) VCLT). Moreover, under Article 60, the State or States victim are entitled to terminate or suspend the treaty as a consequence of its violation.

136. Conflicts between incompatible provisions of successive treaties is not to be confused with the modification of treaties, which depends on the consent of the parties (Art. 39 VCLT) and is primarily a political decision. However, the principles are essentially the same. Modification of a treaty occurs, as is the case with statutes, to keep up with evolving circumstances. The conclusion of a later treaty to amend a *bilateral* treaty does not present particular problems, unlike the modification of *multilateral* treaties with numerous contracting States.

Some conventions contain procedures for amendment. For example, the Treaties of Montevideo provide that a proposal for amendment may come from any contracting State which must notify it to all the other contracting States. This is also the solution of Article 40 (2) VCLT. However, the practice of the HCCH and CIDIP conventions is not to include rules on modification. Some UNIDROIT conventions do contain provisions, such as Article 61 of the 2001 Cape Town Convention on International Interests on Mobile Equipment, which requires no less

---

368. *Ibid.*, p. 300. Cf. *Barcelona Traction, Light and Power Company, Limited*, Judgment, *ICJ Reports 1970*, p. 32.

than 25 per cent of the States parties to convene review conferences and a 2/3 majority of participating States to approve any amendments. Some UNCITRAL conventions also include an amendment clause, for example Article 10 of the 2014 Mauritius Convention on Transparency in Treaty-Based Investor-State Arbitration states that, upon the proposal by one State party, a review conference may be convened by the UN Secretary General provided that 1/3 of the parties favour such a conference; the amendment shall be adopted by consensus or, if consensus cannot be reached, by a 2/3 majority of participating States.

In practice, the organs of international organisations, to wit the Governing Council of UNIDROIT, the Council on General Affairs and Policy of the HCCH, UNCITRAL, and the OAS General Assembly, the Meeting of Ministers of Justice of MERCOSUR, the Committee of Ministers of the Council of Europe, and so on, are entrusted with convening review conferences and formulating proposals for amendments, in accordance with their constitutive instruments and rules of procedure.

Unlike treaties with a small number of parties where the adoption of the modification requires unanimity, with open conventions the current practice, to facilitate the modification, is consensus or a majority. This practice finds support in Article 39 VCLT, which refers to agreement "between" the parties. As an amending agreement does not bind a party to the treaty that does not become a party to the amending agreement following its ratification, acceptance or approval, setting aside the unanimity criterion for effecting the amendment, does not affect the essence of sovereignty.

An amending agreement may not infrequently come into force only with respect to some of the parties owing to the failure of the others to proceed to ratification. Thus, the amending agreement may operate between a restricted circle of the parties *inter se*. For example, the 1940 Treaty of Montevideo on International Civil Law has superseded its homonyms of 1889, and the 1940 Treaties of Montevideo on International Commercial Terrestrial Law and on International Commercial Navigational Law have superseded the 1889 Treaty of Montevideo on International Commercial Law, between Argentina, Paraguay and Uruguay; however, the nineteenth-century treaties continue to apply between those three countries and Bolivia, Colombia and Peru. Moreover, the 2007 HCCH Convention on the International Recovery of Child Support and Other Forms of Family Maintenance replace between the contracting States the 1973 HCCH Convention on the Recognition and Enforcement of Decisions Relating to Maintenance Obligations and the 1958 HCCH Convention Concerning the Recognition and Enforcement of Decisions Relating to Maintenance Obligations towards Children, as well as the 1956 UN Convention on the Recovery Abroad of Maintenance, in so far as their scope of application as between such States coincides with the scope of application of the 2007 HCCH Convention (Arts. 48 and 49 of the latter Convention). Of course, the amending agreement produces no effect with regard to States which have not accepted it (Art. 40 (4) VCLT). Where the amendment comes into force for all parties to the treaty, including an objector State, is because it has been so provided and thus previously accepted by that State in the treaty (e.g. Art. 16, 1952 International Convention to Facilitate the Crossing of Frontiers for Goods Carried by Rail).

(f) *Treaties as part of the domestic systems of private international law*

137. One unintended "application" of private international law conventions occurs when national legislators integrate them into the corpus of national law sources and, thus, employ them to regulate legal relations connected to countries not bound by the conventions or beyond the material scope of application of the conventions. Based upon the framework provided by Kurt Siehr, the following modalities may be identified [369]:

(a) Reference to conventions: Article 83 (1) of the 1987 Swiss Federal Act on Private International Law provides that the maintenance obligations between parent and child shall be governed by the 1973 HCCH Convention on the Law Applicable to Maintenance Obligations. Several other HCCH Conventions are referred to in the Swiss statute as well as the 1958 New York Convention on the Recognition and Enforcement of Foreign Arbitral Awards (Art. 192 (2)). Also, the 1995 Reform of the Italian System of Private International Law provides for the application in "all cases" of the HCCH Conventions of 1961 on Jurisdiction and the Law Applicable to the Protection of Minors (Art. 42 (1)) and of 1973 on the Law Applicable to Maintenance Obligations and the 1930 Geneva Convention for the Settlement of Certain

---

369. K. Siehr, "National Private International Law and International Instruments", in J. Fawcett (ed.), *Reform and Development of Private International Law: Essays in Honour of Sir Peter North*, Oxford, Oxford University Press, 2004, pp. 335 *et seq.* at 337-341.

Conflicts of Laws in connection with Bills of Exchange and Promissory Notes (Art. 59 (1)).

(b) Extension of conventions. (i) *Ratione materiae*: Article 93 (2) of the Swiss Act applies the 1961 HCCH Convention on the Conflict of Laws Relating to the Form of Testamentary Dispositions "by analogy" to the form requirements in respect of other provisions made for the event of death, besides wills. *(ii) Ratione personae*: While the 1961 HCCH Convention Concerning the Powers of Authorities and the Law Applicable in Respect of the Protection of Infants applies only to minors being minors according to both the laws of their nationality *and* their habitual residence (Art. 12) providing that they are habitually resident in a contracting State (Art. 13 (1), the Italian Law extends the application of the Convention to persons considered to be minors according to their national law only, as well as to persons who do not have their habitual residence in one of the contracting State (Art. 42 (2)). (iii) *Ratione loci*: As reformed, the Swiss Act now also provides that measures taken in a State which is not party to the HCCH Conventions of 1996 on Jurisdiction, Applicable Law, Recognition, Enforcement and Cooperation in Respect of Parental Responsibility and Measures for the Protection of Children and of 2000 on the International Protection of Adults are recognised provided that they have been taken or recognised in the State of the habitual residence of the child or the adult (Art. 85 (4)). *(iv) Clarification*: Article 83 (2) of the Swiss Act states that the 1973 HCCH Convention on the Law Applicable to Maintenance Obligations applies to the expenses incurred in relation to the birth of the child (which is unclear under the Convention), and Article 118 (2) expressly excludes consumer sales from the application of the 1955 HCCH Convention on the Law Applicable to International Sales of Goods (which is in line with the common opinion of the HCCH and member States).

(c) Analogous application of conventions. On the basis of Article 16 of the Civil Code that was in force in Argentina between 1869 and 2015 (as amended), courts have routinely applied treaties to legal relations not regulated by statutes as "principles of analogous laws", that is, to fill legal lacunae or ambiguities in the application of the law. Frequent recourse has been made to the 1979 CIDIP II Convention on General Rules of Private International Law (as the Civil Code precedes the scientific discovery of the "general problems" of private international law with the exception perhaps of *ordre public*), to the 1889 Treaty of Montevideo on International Civil Law (in the absence of rules on

jurisdiction, recognition of judgments and applicable law to filiation), and to the 1940 homonym Treaty (allowing for a limited recourse to party autonomy *post litem*). As the new 2014 Civil and Commercial Code has put into place a systemic and integral regulation of private international law in Articles 2594 to 2671, recourse to treaties outside their scope of application is expected to decrease, also as the new Article 2 (which is the old Article 16 equivalent) appears to confine analogy to the interpretation of the law (as a corollary of the principle of integration).

In the present context, treaties are applied by tribunals and writers not as such, as a source of legal obligations binding the State, or as customary law. The provisions of the treaty are applied as domestic law, with a different status, even if the two norms appear identical in content. This is not to be confused with monism, the doctrine of incorporation or the issue of application of international law within the internal system of law. Where, in a conflict of laws case, a court wrongfully interprets or applies that treaty, no international claim may be brought on grounds of violation of the treaty. However, it is desirable that norms of treaty origin are construed having regard to their international character and the desirability of achieving uniformity in their interpretation and application if efficient integration of international and domestic sources is pursued by this methodology [370].

(g) *Incidences of non-recognition of States, breach of diplomatic relations and State succession*

138. It may be worthwhile addressing three issues briefly. First, as a matter of existing law, a political entity becoming a party to a multilateral convention does not *per se* entail recognition of that entity as a "State" by the other parties [371]. However, a State may consider it prudent to state that it is not its intention to recognise a particular political entity as a party to the convention. The issue presented itself when Kosovo sought to accede to the 1961 HCCH Convention Abolishing the Requirement of Legalisation for Foreign Public Documents in 2015. Twenty-seven States objected the accession by Kosovo and ten others chose to make

---

370. The Argentine Supreme Court of Justice first applied this approach in *Giroldi, Horacio David y otro s/recurso de casación*, Judgment of 7 April 1995, Fallos 318:514 (involving the normative value to be attributed to the interpretation of provisions of the ACHR provided by the IACtHR in a criminal case). See Siehr, *ibid.*, at pp. 343-345.

371. Jennings and Watts, *op. cit.* (note 5), at pp. 170-171; Nguyen Quoc *et al.*, *op. cit.* (note 175), at p. 631.

specific formal declarations with regard to Kosovo. The Netherlands was acrimoniously criticised for abusing its power as depositary by allowing the deposit of the instrument of accession and giving notice to the contracting States pursuant to Article 12 of the Convention which establishes the procedure for objections to the accession of States. The declaration by Spain in a Note of 13 November 2015 to the depositary, to which other States adhered, is well worth quoting:

> "The Embassy of Spain regrets this decision since there is no evidence that the organs of the Hague Conference on Private International Law have ever decided to qualify that territory as a State as required by the Apostille Convention or any other multilateral conventions on private international law. . . . [T]he accession of this territory to the Apostille Convention would be a dangerous precedent with unforeseen consequences, harmful for many States, regarding this and other multilateral Conventions which require statehood for becoming a contracting party. Therefore, this is not a technical issue that could be just solved by a literal interpretation of Article 12 of the Apostille Convention or article 76 of the Vienna Convention on the Law of the Treaties. It would also be important to highlight that the opposition mechanism established by article 12 of the Apostille Convention might be not enough guarantee to avoid the negative consequences on those States parties having expressly objected. That would be the case, for example, in the case of a judicial decision issued by a court from a State that could have previously accepted a document apostilled by this territory if such decision should have to be enforced by a State having previously objected. Taking into account the abovementioned arguments, Spain is on the opinion that it is not up to the Depositary State of the Convention to qualify if a particular applicant complies with the requirement of statehood established by the Apostille Convention. Neither the depositary State could rely on the allegedly neutrality of the ceremony to accept the deposition, because this in fact implies the adoption of a clear position on a political and controverted issue that exceeds its duties as depositary State."

In another Note, dated 1 April 2016, Spain stated further:

> "The Kingdom of Spain wishes to remind the inconvenience caused by the notorious lack of impartiality of the Ministry of

Foreign Affairs of the Netherlands, in a matter that goes far beyond its duties as a depositary. The Kingdom of Spain underlines its right to take appropriate legal action as it considers that the Ministry's actions have infringed international law, particularly the due neutrality of the depositary State of any international treaty within the exercise of its functions according to Article 76 (2) of the Vienna Convention on the Law of Treaties of 1969." [372]

The matter was discussed in the context of a session of the 2016 meeting of the Council on General Affairs and Policy of the HCCH. As no consensus was possible specifically on the accession of Kosovo, the following text was negotiated to serve as guide for future cases. The Conclusions and Recommendations of the Council read as follows:

> "4. The Council took note of the different views expressed on the subject matter. It recalled the relevance of the Vienna Convention of 1969 on the Law of Treaties, in particular its Articles 76 (2) and 77 on the functions of depositories, and the provisions and requirements of the relevant Hague Convention. When, following the deposit of an instrument of ratification, approval, or accession, the depositary subsequently receives an objection from a contracting State, including based on the issue of statehood, the depositary brings the matter to the attention of all contracting States to the convention concerned."

139. Second, the severance of diplomatic or consular relations between parties to a treaty does not affect the legal relations established between them by the treaty, except in so far as the existence of diplomatic or consular relations is indispensable for the application of the treaty (Art. 63 VCLT). The rule applies to both bilateral and multilateral treaties. As many (mainly older) international judicial cooperation treaties foresee the participation of diplomatic or consular officers for communication of documents, effect service, certify documentation or translation, and other functions, the severance of relations may cause some disruption. However, the established practice

---

372. See the different stance taken by the Swiss depositary when in 1989 the Palestine Liberation Organization sought to accede to the 1949 Geneva Conventions. Switzerland transmitted the communication received from the Permanent Observer of Palestine to the United Nations, to the States parties for their information, stating that "it is not in a position to decide whether this communication can be considered as an instrument of accession" due to the uncertainty within the international community as to the existence or non-existence of a State of Palestine.

of opening "interest sections" in the embassies of third States means that fairly normal relations can be maintained. The system of "central authorities" established in more modern conventions may further help the severance of diplomatic relations not make a substantial difference. However, it is not unheard of that when diplomatic relations are broken off, States invoke provisions of the treaty that allow for the rejection of the cooperation requested, for example on grounds that compliance would infringe its sovereignty or security or would be incompatible with its public policy, although it may not be obvious that the severance of diplomatic relations in itself falls into those situations. Mutual cooperation in criminal matters may suffer the most when relations are strained. When Iraq and the United Kingdom breached diplomatic relations in 1990 following the invasion of Kuwait, in each case the application for extradition of Iraqi nationals was refused [373].

Article 63 is an illustration of the general principle of impossibility of performance recognised in Article 61 VCLT [374]. Thus, in situations where the impossibility results from the "permanent disappearance or destruction of an object indispensable for the execution of the treaty", the party may invoke the supervening impossibility of performance to terminate or withdraw from the treaty (or to suspend the operation of the treaty only, if the impossibility is temporary). However, State practice furnishes few examples of the termination of a treaty on this ground.

140. One matter not directly related concerns the effect on treaties of the withdrawal or other forms of termination of membership of an international organisation. Obviously withdrawal of a State from an international organisation does not entail *per se* termination with respect to that State of the treaties negotiated under its aegis or among its member States, unless continuance of membership in the organisation constitutes a requisite *sine qua non* to be a party to the treaties.

A special situation surrounds treaties and other rules adopted in the context of regional economic integration organisations. Because of the *raison d'être* of these organisations, unless otherwise decided, termination of the membership in the organisation implies *ipso facto* termination of the treaties of which the State is a party. However, political considerations are often involved. Between June 2012 and

---

373. A. Aust, *Modern Treaty Law and Practice*, 3rd ed., Cambridge, Cambridge University Press, 2013, at pp. 270-271.
374. *United States Diplomatic and Consular Staff in Tehran*, Judgment, *ICJ Reports 1980*, p. 28.

April 2013 Paraguay was suspended from participating in MERCOSUR organs and decisions pursuant to the 1998 Ushuaia Protocol on Democratic Commitment. However, the decision taken by Argentina, Brazil and Uruguay did not affect the application of the MERCOSUR treaties binding on Paraguay, including those concerning international judicial cooperation. In December 2016 Venezuela was suspended in "all its rights and obligations" as a member of MERCOSUR for having failed to adopt the plexus of MERCOSUR norms within the time period established in the 2006 Protocol of Adherence of Venezuela to MERCOSUR. The decision was taken pursuant to Article 60 (2) *(a) (i)* VCLT (termination or suspension of the operation of a treaty as a consequence of its breach). In August 2017 Venezuela, like Paraguay before, was also suspended under the Ushuaia Protocol. The common understanding of MERCOSUR founding members has been that the few treaties ratified by Venezuela should continue to apply despite the suspension.

141. Third and last, where a treaty has to be given effect in domestic law, as is the case with private international law treaties, the question whether a new State has succeeded to it can cause a very real problem. For example, the application of the 1958 New York Convention on the Recognition and Enforcement of Foreign Arbitral Awards, or the 1980 HCCH Convention on the Civil Aspects of International Child Abduction, will depend on whether the States concerned are parties to it. In such cases, a decision has to be taken at the national level as to whether a State has succeeded to the treaty, for which the national courts may look for guidance from government [375]. The VCLT does not contain provisions concerning the succession of States in respect of treaties, nor is the 1978 Vienna Convention on Succession of States in Respect of Treaties a reliable guide to the rules of customary law on the matter. Although certain general principles may be deduced from State practice, succession to treaties can be messy stuff. It may suffice, for the purposes of these lectures, to summarise what has been the practice on State succession mainly with regard to the UN, the HCCH and UNIDROIT conventions.

Since the Second World War some ninety colonies or other dependent territories have attained independence. Their practice has not been consistent. While former French colonies in Africa regarded themselves as successors to pre-independence treaties, the approach of the former

---

375. Aust, *op. cit.* (note 373), at p. 335.

British colonies was the "clean slate" doctrine, under which the new State is free to pick and choose which treaties it will succeed to [376]. In general, several former colonies in the Caribbean (Antigua and Barbuda, Barbados, Bahamas, Dominica, Saint Vincent and the Grenadines, etc.), Africa (Botswana, Djibouti, Lesotho, etc.) and Asia (Fiji, Tonga, Vanuatu, etc.) eventually became bound by some treaties on private international law if only, in no few instances, years after they became independent. For example, Djibouti *succeeded* to the 1958 New York Convention on the Recognition and Enforcement of Foreign Arbitral Awards in 1983, retroactive to 1977, when it gained independence from France. However, Benin *acceded* to the Convention in 1974 despite achieving independence from France in 1960. France is a party to the Convention since 1959. All former British colonies which are today parties to the Convention *acceded* to it. The same approach has been taken by former US territories (e.g. Liberia, Marshall Islands).

The end of the Cold War brought about the dissolution of the USSR in 1991, Czechoslovakia in 1993 and the Socialist Federal Republic of Yugoslavia between 1990 and 2006, into their component republics. The Russian Federation formally declared in its Note of 13 January 1992 that it continues to perform the rights and fulfil the obligations following from the international agreements signed by the USSR, and thus succeeded to all conventions to which the USSR was a party. The approach taken by Russia is consistent with the "continuity principle" in Article 35 of the 1978 Vienna Convention on Succession of States in Respect of Treaties. In contrast to Russia, the practice of the former Soviet republics has been mixed and often unclear [377]. For example, Ukraine informed the depositary in 1999 that it wished to *succeed* to the 1954 HCCH Convention on Civil Procedure (retroactive to 1991) on the basis of succession to the Soviet Union but *acceded* in 2003 to the 1961 HCCH Convention Abolishing the Requirement of Legalisation for Foreign Public Documents which the USSR had ratified only a few months before it officially dissolved. However, Belarus *succeeded* to both conventions in 1992. Armenia, Azerbaijan, Georgia, Kazakhstan, Moldova, Kyrgyzstan, Tajikistan and Uzbekistan have *acceded* to one or both conventions. Since the Baltic States (Estonia, Latvia and Lithuania) were unlawfully annexed by the Soviet Union in 1949, when they regained independence, they did not regard themselves

---

376. *Ibid.*, at pp. 324-326.
377. *Ibid.*, at pp. 327-329.

as successor States to the Soviet Union. Then they *acceded* to many multilateral treaties to which the USSR had been a party [378].

After the former Czechoslovakia was dissolved, both the Czech Republic and Slovakia declared themselves as bound by virtue of State succession including reservations and declarations made by Czechoslovakia as well as objections by Czechoslovakia in respect of reservations made by other treaty parties. The two States individually sent notes in early 1993 to this effect to depositaries, who circulated them to the interested States. No objections were raised [379]. It followed that the Czech Republic and Slovakia *succeeded* to seven HCCH conventions and four UN conventions on international commercial law. Each country also regarded itself as a signatory of all multilateral treaties that had been signed but not ratified before the dissolution [380], for example the 1988 UNIDROIT Conventions on International Factoring and on International Financial Leasing.

The break-up of the former Socialist Federal Republic of Yugoslavia (SFRY), although less amicable than that of Czechoslovakia, created similar succession questions. Of the former Yugoslav republics, Bosnia and Herzegovina, Croatia, Macedonia (now North Macedonia) and Slovenia all lodged instruments of *succession* with the relevant depositaries. The Federal Republic of Yugoslavia (FRY), formed by Serbia and Montenegro in 1992, known as the State Union of Serbia and Montenegro from 2003 to 2006, asserted that it was the continuation of the SFRY. As this claim was not accepted by neither the other former republics of the SFRY nor many third States, the situation caused problems because States wanted the FRY to abide by the treaties but could not accept the basis of continuation of statehood as it would prejudice the position of the other former Yugoslav republics on the issue of succession [381]. The problems persisted until 2001 when the FRY wrote to each depositary, including the UN Secretary General and the Ministry of Foreign Affairs of the Kingdom of the Netherlands, which acts as depositary of the HCCH conventions, declaring itself to be bound by the conventions. As the declarations did not say on what basis, no objections were received from the contracting States. In 2006, following the declaration of independence of Montenegro, Serbia continued the international personality of the FRY. In 2007 Montenegro

---

378. *Ibid.*, at p. 329.
379. *Ibid.*, at p. 333.
380. *Ibid.*
381. *Ibid.*, at pp. 330-332.

declared itself to *succeed* to the conventions ratified by the SFRY. No objections were raised.

More recently, when the continued application of a number of multilateral treaties to the SAR Hong Kong was agreed between China and the United Kingdom, among them several concerning private international law, although the governing principles with regard to succession to treaties were applied, there was never mention of "succession" as that might have implied that China had previously validly ceded sovereignty to the United Kingdom, which China never accepted [382]. The circumstances of the handover of Macao were similar. As a result, the situation is that China is currently a party to three conventions on behalf of SAR Hong Kong alone, four conventions on behalf of SAR Macao alone and two conventions on behalf of both SARs, none of which bind the central State.

As regards the most recent sovereign State with widespread recognition, the Republic of South Sudan, when it gained independence from the Republic of the Sudan in 2011, as the predecessor State is not a party to mainstream private international law conventions, the problem of succession in respect of them does not ensue.

3. *General principles of law*

142. The debate whether some generally accepted rules of conflict law can be considered "general principles of law" in the sense of Article 38 ICJ Statute is anything but new [383]. The general principles of law are a generalisation of domestic legal rules. Each is stripped of its particular elements. Thus, a number of fundamental principles can be obtained that appear as constant in a considerable number of legislations. Some principles are so widely known that the jurisprudence has characterised them as principles of "common sense" [384]. Certain principles are adopted in the legislation of States often enough to acquire the status of "general principles" on the international plane, without being the predominant rule under which a legal status or relationship is governed, despite the lack of concordance, the occurrence of numerous permutations and possible points of conflict in legislation [385].

---

382. *Ibid.*, at p. 336.
383. See generally Wortley, *op. cit.* (note 15), at pp. 297 *et seq.*; Hambro, *op. cit.* (note 16), at pp. 47 *et seq.*; Lipstein, *op. cit.* (note 31), at pp. 167 *et seq.*
384. *Case of Certain Norwegian Loans*, Judgment of 6 July 1957, *ICJ Reports 1957*, p. 50 (Sep. Op. Judge Lauterpacht).
385. Brownlie, *op. cit.* (note 120), at pp. 388-394.

Influence of Public Int'l Law upon Private Int'l Law 287

143. In the field of private international law three conflict rules are generally – or, rather, universally – accepted: that form is governed by the *lex loci actum*, that immovable property is governed by the *lex rei sitae*, and that the parties may choose the substantive law they want to govern their contract. Another one is the exception of *ordre public*, of public policy, as a reason for the exclusion of foreign law [386]. They are recognised in numerous treaties and domestic legislations. The literature of the law also contains frequent reference to decisions of national courts, and on occasion they have been resorted to by international arbitral tribunals and the ICJ and its predecessor. This being so, they may be properly considered "general principles of law".

Without prejudicing too much the legal status of a certain rule, some of these rules may be considered "normal" in the sense of a sufficient adherence to establish a "principle": *(a)* In the 1970 *Barcelona Traction* case [387] the ICJ observed the criteria confirmed by long practice and by numerous international instruments in allocating corporate entities to States (for purposes of diplomatic protection), *viz* the State under whose laws it is incorporated and in whose territory it has its registered office *(siège social)*; *(b)* In another case, *Nottebohm*, in 1955, the Court, although avoiding the issue of fraud, postulated a general principle of *genuine* link relating to the *causa* for the conferment of nationality [388]; *(c)* the personal status of a party depends on the law of his or her domicile in most countries, and increasingly on the law of their habitual residence pursuant to modern treaties and legislations, although the law of the nationality, believed to be in retreat, applies in France, Germany, Italy, Spain and most other Continental European countries; *(d)* in the absence of choice, as far as the trend with international instruments and legislations is concerned, a contract is governed by the place of the "characteristic performance" (usual reference is made to the habitual residence of the person who is to effect such a performance), although some legal regimes apply the place of contracting, and different rules may apply to special contracts; *(e)* legal systems have, from time to time, considered applicable to the rights and liabilities of the parties the

---

386. *Case concerning the Application of the Convention of 1902 Governing the Guardianship of Infants (Netherlands* v. *Sweden)*, Judgment of 28 November 1958, *ICJ Reports 1958*, p. 92 (Sep. Op. Judge Lauterpacht).
387. *Barcelona Traction, Light and Power Company, Limited*, Judgment, *ICJ Reports 1970*, p. 42.
388. *Nottebohm case (second phase)*, Judgment of 6 April 1955, *ICJ Reports 1955*, pp. 26, 30 (Diss. Op. Judge Klaestad), 48-49 (Diss. Op. Judge Read), 64-65 (Diss. Op. Judge *ad hoc* Guggenheim).

law of the place where a tort was committed *(lex loci delicti commissi)* or the law of the forum *(lex fori)*, sometimes also the law of a third State considered to be the most appropriate [389].

It would be erroneous to insist that rules of municipal law of different States show a certain degree of uniformity, for example a simple or absolute majority, to be recognised as rules of international law [390]. The fact is that municipal law overwhelmingly rests on significant links between the individual or the case and the State. Lack of uniformity in national law is explicable not in terms of a lack of *opinio iuris* but because inevitably municipal law makes the determination in the first place [391].

144. Other general principles governing the judicial process have a role in treaties and national systems of private international law cases, even though they are not specific to conflict law [392]. Thus, there has been increasing focus on international *access to justice* whose facilitation has been the object of a specific convention: the 1980 HCCH Convention on International Access to Justice. The right to court access is domestically established in countries including Australia, Austria, Brazil, Canada, Colombia, Finland, Germany, Japan, Mexico, the Netherlands, Russia, South Africa, Spain, Switzerland and Turkey [393]. The new Argentine Civil and Commercial Code enacted in 2014 provides for "free access to the jurisdiction" to Argentine nationals and permanent residents abroad and that "no security or deposit may be required on grounds that the person is a[n] alien or a foreign resident" (Art. 2610). Moreover, many of the rules of the UNIDROIT Principles of International Commercial Contracts reflect concepts to be found in many, if not all, legal systems and, thus, may be recognised as "general principles" in the sense of Article 38 (1) *(c)* ICJ Statute [394]. However, some caution is warranted to avoid undue generalisations, as the Principles also contain rules considered to be "best practices".

Apart from established principles in cases involving private parties, all national laws recognise sovereign immunity based on the status of the defendant as a sovereign State *(ratione personae)* and in relation to

---

389. *Babcock* v. *Jackson*, 12 N.Y.2d 473, 191 N.E.2d 279, 240 N.Y.S.2d 743 (1963).
390. Cf. Lipstein, *op. cit.* (note 31), at pp. 168-171.
391. See Brownlie, *op. cit.* (note 120), at pp. 394-395.
392. Wortley, *op. cit.* (note 15), at pp. 313 *et seq.*
393. B. Ubertazzi, "Intellectual Property Rights and Exclusive (Subject Matter Jurisdiction): Between Private and Public International Law", *Marquette Intellectual Property Law Review*, Vol. 15 (2011), pp. 357 *et seq.*
394. Fernández Arroyo and Mbengue, *op. cit.* (note 13), at pp. 833-834.

subject matters *(ratione materiae)*, despite controversy over its extent. Some rules have evolved into customary law, and a number of them have been codified in the 1961 Vienna Convention on Diplomatic Relations (VCDR).

145. Critique of the legal status of principles of private international law may be the result of reducing the "general principles of law" to other sources of international law, in particular customary law. Kurst Lipstein affirmed that

> "principles of private international law . . . are not rules of public international law. In the first place, they are not universally applied, and yet no complain has ever been raised on this ground. In the second place, even if these principles were applied by all countries in identical circumstances, such a course of action may lead to a uniform practice only"[395].

Such approach finds no support in Article 38 (2) *(c)* ICJ Statute, which lists "general principles of law" as an independent source together with treaties and international custom. The general principles are rules accepted *in foro domestico*, which differentiates them from international custom and from the general principles of international law. They must be transposable to the international sphere, bearing in mind "that conditions in the international field are sometimes very different from what they are in the domestic, and that rules which this latter's conditions fully justify may be less capable of vindication if strictly applied when transposed onto the international level"[396]. There are cases where transposition is impossible. For example, the principle that all disputes are justiciable is not transposable to the international field as a State cannot be compelled to submit its disputes to peaceful settlement without its express consent. Also, where certain formalities may be mandated by law, in international law parties are free to choose what form they please provided their intention clearly results from it[397].

In general, international commercial arbitration and investor-State arbitration have proven to be fertile ground for transposition of conflict

---

395. Lipstein, *op. cit.* (note 31), at p. 170.
396. *Barcelona Traction, Light and Power Company, Limited*, Judgment, *ICJ Reports 1970*, pp. 64, 66 (Sep. Op. Judge Fitzmaurice).
397. A. Pellet and D. Müller, "Article 38", in A. Zimmermann, C. J. Tams, K. Oellers-Frahm, C. Tomuschat, F. Boos and E. Methymaki (eds.), *The Statute of the International Court of Justice: A Commentary*, Oxford, Oxford University Press, 2019, pp. 870 *et seq.* at 931.

of laws rules and concepts and uniform principles [398]. The ICJ and its PCIJ predecessor have also employed elements of legal reasoning and private international law analogies in the cases referred to above and others [399].

146. Although a "primary" source of the law, the general principles of law are resorted to in the absence of an applicable treaty or customary rule, and to interpret treaty rules when there are no applicable rules of interpretation, established by treaty or custom [400].

4. Judicial decisions

(a) Decisions of the ICJ and its predecessor

147. As international law is a decentralised legal order and procedures for settlement of disputes rest on the consent of the parties, the function of international tribunals (with the notable exception of the CJEU) is very different to that of municipal courts. Firstly, as jurisdiction in contentious cases depends on the will of the States, judicial decisions create a rule of international law binding on the parties whose legal basis is the conventional act, *viz* the arbitral *compromis*, unilateral declarations, a treaty or other valid heads of jurisdiction [401]. Thus, also, failure to comply with a judicial sentence or arbitral award entails responsibility for breach of the engagement on which the jurisdiction is founded. Secondly, judicial decisions, individually considered, are not a source of rules of general obligations under international law. The role of precedents is to aid in the determination of rules of law. In this regard, the characterisation as "subsidiary means" in Article 38 (1) *(d)* ICJ Statute describes accurately what happens in the international practice. However, judicial decisions, at least in some instances, are regarded as authoritative evidence of the state of the law.

148. In private international law, though it may be useful in certain contexts, the practical significance of judicial precedents is not to be exaggerated. Judgments of the PCIJ and the ICJ are scarce and deal

---

398. Fernández Arroyo and Mbengue, *op. cit.* (note 13), at pp. 820-853.

399. *Case Concerning the Payment of Various Serbian Loans issued in France Serbian – Case Concerning the Payment in Gold of the Brazilian Federal Loans issued in France*, Judgment, PCIJ Series A Nos. 20/21 (1929); *Ahmadou Sadio Diallo (Republic of Guinea v. Democratic Republic of the Congo)*, Merits, Judgment, *ICJ Reports 2010*, p. 639; *Jurisdictional Immunities of the State (Germany v. Italy: Greece Intervening)*, Judgment, *ICJ Reports 2012*, p. 99.

400. J. A. Barberis, *Formación del derecho internacional*, Buenos Aires, Ábaco, 1994, at pp. 250-251.

401. *Ibid.*, at p. 206.

laconically with the subject matter of private international law aside from the questions of sovereign immunity and of nationality of individuals and companies in connection with the exercise of diplomatic protection. It would be pointless to seek to extract a body of jurisprudence, let alone consequences for the law binding on States.

149. In the 1929 *Serbian Loans* case, in a much-quoted sentence, the PCIJ stated that "[t]he rules [of private international law] may be common to several States and may even be established by international conventions or customs, and in the latter case may possess the character of true international law governing the relations between States"[402]. The reasoning of the Court, though there is no consensus on the precise significance of the phrase as it refers to rules common to States established by "international conventions or customs", relates very closely to the general principles of municipal jurisprudence as a source of international law. Having referred to private international law as municipal law, the Court had recourse to the choice of law rules adopted by a number of States and applied them as rules of the law of nations. As part of the legal reasoning, the Court also had recourse to *dépeçage* and applied different laws to the substance of the debt and to the currency in which payment had to be made[403]. Presumably, the non-linear narrative can be explained by the fact that the decisions of the Court took place against the backdrop of an intense doctrinal debate concerning the question whether Article 38 (3) of the Statute of the PCIJ (which is identical to Art. 38 (2) *(c)* ICJ Statute) described international practice or introduced a new source of the law. It may be useful to remember that the *chapeau* of Article 38 PCIJ Statute did not expressly provide as a function of the Court "to decide in accordance with international law" the disputes submitted to it (later added to the ICJ Statute). In the *Serbian Loans* case (as well as in the twin *Brazilian Loans* case) the Court was not requested to *apply* municipal law, though the subject of the dispute related to questions of municipal law. Thus the Court referred to both domestic laws and legal institutions, which, it determined, to govern the subject matter, and to international law[404].

Ultimately, in these and other cases where domestic law was relevant, the PCIJ and the ICJ have confined themselves to determining whether an action of the parties, regardless of the legal or non-legal status of

---

402. *Case Concerning the Payment of Various Serbian Loans issued in France*, Judgment, PCIJ Series A Nos. 20/21, p. 41 (1929).
403. *Ibid.*, at p. 44.
404. Pellet and Müller, *op. cit.* (note 397), at p. 870.

the municipal law on which it is grounded, conforms with international law [405]. Nowadays, it is a settled matter that general principles accepted in domestic law constitute a source of international law (as was most probably the case when the *Serbian* and the *Brazilian Loans* cases were decided in 1929) [406]. However, the Court has used this source sparingly, often without any formal reference, as a part of judicial reasoning [407], as in the present cases.

150. In the *Guardianship* case three decades later, the ICJ circumvented the issue of *ordre public* and disposed of the case on the grounds that the Convention du 12 juin 1902 pour régler la tutelle des mineurs did not include within its scope the matter of the protection of children ("protective upbringing") as understood by Swedish law. In a separate opinion Judge Lauterpacht held the firm view that the Court should have relied on considerations of public policy, of *ordre public*, "as a general principle of law in the field of private international law" and as implied in the Convention, to dispose of the case [408]. Despite the compelling argument made by Lauterpacht, it may not come as a surprise that the Court avoided an issue that is still surrounded by some controversy, mitigated by the fact that most modern treaties now provide for the public policy exception: if in the absence of a public policy clause, a State may exclude foreign law applicable under a treaty, to protect public welfare [409].

All in all, the decision of the Court had an immediate impact on the revision of the 1902 Convention [410]. The 1961 HCCH Convention concerning the Powers of Authorities and the Law Applicable in Respect of the Protection of Infants governs measures of protection of minors in general and not only guardianship. It also included expanded language to encompass both judicial and administrative authorities in response

---

405. *Ibid.*, at pp. 870 *et seq.* Cf. e.g. *LaGrand (Germany* v. *United States of America)*, Judgment, *ICJ Reports 2001*, p. 513.
406. See generally Barberis, *op. cit.* (note 400), at pp. 221-233.
407. Crawford, *op. cit.* (note 10), at p. 33.
408. *Case concerning the Application of the Convention of 1902 Governing the Guardianship of Infants (Netherlands* v. *Sweden)*, Judgment of 28 November 1958, *ICJ Reports 1958*, pp. 79-101 (Sep. Op. Judge Lauterpacht).
409. See generally W. Goldschmidt, *Derecho internacional privado*, 8th ed., Buenos Aires, Depalma, 1992, at p. 153; F. Rigaux and M. Fallon, *Droit international privé*, 3rd ed., Brussels, Larcier, 2005, at pp. 309-310.
410. J. H. A. van Loon and S. De Dycker, "The Role of the International Court of Justice in the Development of Private International Law", in Randall Lesaffer, Jeroen Vervliet, J. H. A. van Loon and Stéphanie De Dycker (eds.), *One Century Peace Palace: From Past to Present* (Mededelingen van de Koninklijke Nederlandse Vereniging voor Internationaal Recht, No. 140), The Hague, T.M.C. Asser Press, 2013, pp. 73 *et seq.* at 92.

to the classification challenges present in *Guardianship*. Some authors have further reflected upon the decision's humane [411] and human rights angles [412]. The impact of Lauterpacht's plea on more recent arbitral decisions' recourse to *ordre public* is uncertain [413].

151. The *Nottebohm*, *Barcelona Traction* and *Diallo* cases concern the nationality of individuals and corporations for purposes of diplomatic protection, that is, public international law. The bearing of these cases regarding private international law is not easy to evaluate because the decisions are concerned with very narrow questions and do not provide a suitable basis for generalisation.

The "link" doctrine relied on by the Court in its *Nottebohm* decision may be seen as the reflection of a fundamental concept that has been long inherent in national legislations and State practice: the principle of real and effective nationality [414]. The predominant modes of acquisition of nationality based on descent from a national, the fact of birth within State territory and the grant of naturalisation after residence for a certain period of time all rest on close, factual connection between the person concerned and the State whose nationality is involved, and are surely consonant with the doctrine of effective link as applied by the Court in *Nottebohm* [415]. The Court also gave in the judgment some relevance to the "genuineness" of the connection, in relation to the purpose for which Nottebohm sought naturalisation [416]. The logical corollary would be that naturalisation acquired to produce certain effects should be regarded as invalid.

The judgment did not expound on the doctrine of *fraus legis*, but Judge *ad hoc* Guggenheim delivered a very full argument that arbitral tribunals are entitled to examine the way and the circumstances under which nationality is granted [417]. Guggenheim was obviously cognisant

---

411. H. Batiffol and P. Francescakis, "L'arrêt Boll et la Cour internationale de justice et sa contribution à la théorie du droit international privé", *RCDIP* (1959), pp. 259 *et seq*. at 276.
412. J. G. Sauveplanne, "Developments in Private International Law: A Retrospective Look at the Boll Case", in A. Bos and H. Siblesz (eds.), *Realism in Law-Making: Essays on International Law in Honour of Willem Riphagen*, Dordrecht, Martinus Nijhoff, 1986, pp. 179 *et seq*. at 188.
413. See P. Lalive, "Ordre public transnational (ou réellement international) et arbitrage international", *Revue de l'arbitrage* (1986), pp. 329 *et seq*.
414. Brownlie, *op. cit.* (note 120), at p. 417.
415. *Nottebohm case (second phase)*, Judgment of 6 April 1955, *ICJ Reports 1955*, p. 22.
416. *Ibid.*, at p. 23.
417. *Ibid.*, at pp. 50-65 (Diss. Op. Judge *ad hoc* Guggenheim). See Hambro, *op. cit.* (note 16), at pp. 21-24.

of private international law doctrine [418], as were seemingly the rest of the judges, which probably accounts in part for the remarkable similarity to the legal reasoning in the *Bauffremont* affair decided almost eighty years earlier by the French Cour de cassation [419]. Ultimately the courts did not concern themselves with the naturalisation acts proper, which fall within the domestic jurisdiction of each State. Instead, they excluded the possibility that the naturalisation acts display their purportedly fraudulent effect outside the legal system of the State.

Overall, the practical result of the decision in *Nottebohm* has not been radical because in a vast majority of cases the "real and effective nationality" matches the formal nationality [420].

One final point may be made. The facts in neither the *Nottebohm* case nor the *Bauffremont* affair involved dual nationality. In many cases the individual has nationality in both States in dispute. As a matter of principle, where the question has arisen with regard to the exercise of diplomatic protection, the effective nationality has prevailed in most cases [421]. The opposite holds true for conflict of law cases where legislations and the courts of States more often than not give pre-eminence to the nationality of the forum State (e.g. Art. 19 (2), 1995 Law on the Reform of the Italian System of Private International Law; Art. 23 (1), 1987 Swiss Federal Act on Private International Law; Art. 5 (1), 1994 Introductory Act of the Civil Code of Germany; Art. 4 (1) *(b)*, 2007 Turkish Act on Private International and Procedural Law) [422].

Now, when a "third nationality" is involved, arbitral decisions point to its non-opposability in an international claim, that is, defendant States may not be able to successfully contest the claim of a State whose national is interested in the case by invoking the dominant nationality of another State [423]. However, the rule of non-opposability yields to the principle of effectiveness between States parties to the 1930 HCCH

---

418. See *Nottebohm case (second phase)*, Judgment of 6 April 1955, *ICJ Reports 1955*, p. 64 (Diss. Op. Judge *ad hoc* Guggenheim).
419. *Princesse de Bauffremont* v. *Prince de Bauffremont*, Cour de cassation (Ch. civ.), 18 March 1878, *Recueil Sirey*, 1878, pp. 193-199.
420. Brownlie, *op. cit.* (note 120), at p. 417.
421. *Canevaro Claim*, PCA, Award of 3 May 1912, RIAA, Vol. 11 (1961), pp. 405 *et seq.*; *Mergé Case*, Italian-United States Conciliation Commission, Decision No. 55 of 10 June 1955, RIAA, Vol. 14, pp. 236 *et seq.*, 22 ILR 443.
422. M. Verwilhen, "Conflits de nationalités: plurinationalité et apatridie", *Recueil des cours*, Vol. 277 (1999), pp. 9 *et seq.* at 429.
423. *Salem Case*, Mixed Arbitral Tribunal, Award of 8 June 1932, RIAA, Vol. 2, pp. 1187-1188; *Flegenheimer Case*, Italian-United States Conciliation Commission, Decision No. 182 of 20 September 1958, RIAA, Vol. 14, p. 377, 25 ILR 149-150.

Convention on Certain Questions Relating to the Conflict of Nationality Laws (Art. 5). A majority of legislations also favour the application of the national law to which the person is most closely connected (e.g. Art. 23 (2), Swiss Federal Act; Art. 4 (1) *(c)*, Turkish Act), often defined as the law of the person's domicile or residence (e.g. Art. 19 (2), Italian Law; Art. 5 (1), German Act), although other solutions may be found including the prevalence of the nationality invoked by the person or the common nationality of the parties [424]. EU member States cannot derogate from the EU citizenship rights spelled out in Article 20 TFEU and in the CFREU on the ground that the individual is more closely connected with a third State than the member State whose nationality they hold.

152. In *Barcelona Traction* the ICJ, on the basis also of long practice and numerous international instruments and on an analogy with the rules governing the nationality of individuals, reached two seminal conclusions: *(a)* that the national State of a corporate entity is the one under whose laws it is incorporated, thereby rejecting the admissibility of claims on behalf of shareholders; and *(b)* that a test of substantial connection between the company and the State should be applied to the diplomatic protection. There is probably a presumption of validity of the nationality created by incorporation [425], even though the Court rejected the analogy of the *Nottebohm* case and the principle of "genuine connection" [426].

All matters considered, the implications of the judgment in *Barcelona Traction* for private international law may not go further than this: a company incorporated in State A may be denied recognition in State B whose laws require that the head office or headquarters *(siège réel)* are in its territory, missing an effective link between the company and State A, that is, some form of physical presence in that State. However, as in the absence of treaty no obligation exists under international law to recognise effects to the legal personality granted by a foreign State, the rule only takes us so far. As a matter of fact, the 1956 HCCH Convention concerning the Recognition of the Legal Personality of Foreign Companies, Associations and Institutions allows the State where the *siège reel* is situated not to recognise the legal personality

---

424. See generally Verwilhen, *op. cit.* (note 422), at pp. 428-438.
425. Brownlie, *op. cit.* (note 120), at pp. 484-485.
426. *Barcelona Traction, Light and Power Company, Limited*, Judgment, *ICJ Reports 1970*, p. 42.

acquired elsewhere (Art. 2 (1)). The Convention has been ratified by a handful of States.

As a matter of Community law, the CJEU has embraced the incorporation doctrine, holding that a member State is not entitled to take measures for the mere fact that a company was formed in another member State with the intention to carry on business wholly or mainly in the forum State [427]. In the view of the Court, that the motivation was to avoid the minimum capital requirements of the State in which it intended to operate did not in itself constitute an abuse of the right of establishment. Measures that member States are not permitted to take include: to refuse to establish a branch or its new head office [428], to require reincorporation [429], to disapprove a merger [430], and to create tax obstacles [431].

153. Although the 2007 *Diallo* case raised other issues, regarding the matters above the decision confirmed the views of the Court expounded in *Barcelona Traction* nearly four decades prior. In *Diallo* the Court stated expressly that the current practice and decisions of international tribunals do not reveal, at least at the present time, an exception in customary international law allowing for diplomatic protection by substitution [432]. The situation is different if the protection involves the rights of a national and the shareholder's direct right (e.g. to receive dividends, vote, or participate in meetings) in the company [433]. In such a case a shareholder would have an independent basis for protection. Other exceptions may exist when States have previously agreed to submit to an international jurisdiction claims that are owned indirectly by nationals through ownership of capital stock or other proprietary

---

427. Judgment of 9 March 1999, *Centros Ltd.* v. *Erhvervs- og Selskabsstyrelsen*, C-212/97, ECLI:EU:C:1999:126; Judgment of 30 September 2003, *Kamer van Koophandel en Fabrieken voor Amsterdam* v. *Inspire Art Ltd.*, C-167/01, ECLI:EU:C:2003:512.
428. Judgment of 9 March 1999, *Centros Ltd.* v. *Erhvervs- og Selskabsstyrelsen*, C-212/97, ECLI:EU:C:1999:126.
429. Judgment of 5 November 2002, Überseering BV v. *Nordic Construction Company Baumanagement GmbH* (NCC), C-208/00, ECLI:EU:C:2002:63.
430. Judgment (Grand Chamber) of 13 December 2005, *SEVIC Systems AG* v. *Amtsgericht Neuwied*, C-411/03, ECLI:EU:C:2005:762.
431. Judgment (Grand Chamber) of 29 November 2011, *National Grid Indus BV* v. *Inspecteur van de Belastingdienst Rijnmond/kantoor Rotterdam*, C-371/10, ECLI:EU:C:2011:785.
432. *Ahmadou Sadio Diallo (Republic of Guinea* v. *Democratic Republic of the Congo)*, Preliminary Objections, Judgment, *ICJ Reports 2007*, p. 615.
433. *Ibid.*, at pp. 606, 613, 616; *Ahmadou Sadio Diallo (Republic of Guinea* v. *Democratic Republic of the Congo)*, Merits, Judgment, *ICJ Reports 2010*, pp. 681-682, 690; *Barcelona Traction, Light and Power Company, Limited*, Judgment, *ICJ Reports 1970*, p. 36.

interests in juridical persons [434]. Moreover, arbitral tribunals have generally accepted that shareholders can claim for injury to their direct rights, even though BITs in most cases do not explicitly address the issue of shareholder claims for reflective loss, thus greatly increasing the practical impact of the treaty coverage to minority and indirect shareholders [435].

The novel feature in *Diallo* is embodied in the following paragraph:

> "Owing to the substantive development of international law over recent decades in respect of the rights it accords to individuals, the scope *ratione materiae* of diplomatic protection, originally limited to alleged violations of the minimum standard of treatment of aliens, has subsequently widened to include, *inter alia*, internationally guaranteed human rights." [436]

The Court had previously held that "individual rights" are susceptible of diplomatic protection in the 2001 *LaGrand*[437] and 2004 *Avena*[438] cases, both concerned with the death penalty.

Implications to be drawn from this general comment by the Court require proper care and caution. As a whole the legal experience suggests that diplomatic protection is not a device of redress that individuals can rely upon against a State's decision not to assume jurisdiction in accordance with its domestic private international law rules or not to recognise a decision in contravention of its *ordre public* affecting the rights of foreign nationals [439]. At the outset, the power to exercise protection is discretionary, and subject to requirements of admissibility: exhaustion of local remedies, no extinctive prescription, *locus standi*. Moreover, the violation of a human "right" (access to justice, property, freedom of expression, etc.) incident to the local decision must be established. The breach may arise from the failure to comply with an obligation such as providing consular information

---

434. E.g. Declaration of the Democratic and Popular Republic of Algeria concerning the Settlement of Claims by the Government of the United States of America and the Government of the Islamic Republic of Iran (Claims Settlement Declaration), 19 January 1981, Art. 7 (2).
435. *CMS Gas Transmission Company* v. *Argentine Republic*, ICSID Case No. ARB/01/8, Decision on Jurisdiction of 17 July 2003, para. 48.
436. *Ahmadou Sadio Diallo (Republic of Guinea* v. *Democratic Republic of the Congo)*, Preliminary Objections, Judgment, *ICJ Reports 2007*, p. 599.
437. *LaGrand (Germany* v. *United States of America)*, Judgment, *ICJ Reports 2001*, p. 494.
438. *Avena and Other Mexican Nationals (Mexico* v. *United States of America)*, Judgment, *ICJ Reports 2004*, p. 36.
439. Fernández Arroyo and Mbengue, *op. cit.* (note 13), at p. 812.

and access to an alien detainee pursuant to Article 36 (1) *(b)* of the 1963 Vienna Convention on Consular Relations (VCCR) as it concerns the protection of human rights that constitutes part of due process in criminal proceedings [440].

As far as investor protection is concerned, the statement above must be understood from the perspective that in contemporary international law, the protection of the rights of companies and the rights of their shareholders, and the settlement of the associated disputes, are essentially governed by bilateral or multilateral agreements for the protection of foreign investments, rather than by customary law [441].

(b) *Arbitral awards*

154. A number of arbitral awards contain contributions to the development of private international law by eminent jurists sitting as arbitrators. However, with the still limited publication of awards, differences in the rules used in arbitral proceedings, varied quality of arbitral tribunals and absence in most cases of appellate review that provide consistency and eliminate potential errors, it is not possible to discern in all this a system of *stare decisis* accepted as law. However, some trends can be identified in international commercial arbitration and investor-State arbitration.

The following trends seem to be particular to commercial arbitral proceedings: a concept of the applicable law based on a blend of factual and legal circumstances, varied methodologies or approaches utilised by arbitrators to determine the applicable law to the procedural and substantive aspects of the specific dispute and giving effect to *lois de police* protecting State interests as a counterweight to a denationalisation of the applicable law, in part in response to the self-regulatory aspirations

---

440. IACtHR, *The Right to Information on Consular Assistance in the Framework of the Guarantees of the Due Process of Law*, Advisory Opinion OC-16/99 of 1 October 1999, Series A No. 16, para. 122 (stating that the individual right conferred in Article 36 (1) *(b)* 1963 VCCR must be recognised and counted among the minimum judicial guarantees given in Art. 14 ICCPR). But see *Avena and Other Mexican Nationals (Mexico v. United States of America)*, Judgment, *ICJ Reports 2004*, p. 124 (observing that neither the text nor the purpose of the VCCR, nor the *travaux préparatoires*, support the conclusion that the VCCR rights are human rights).

441. *Barcelona Traction, Light and Power Company, Limited*, Judgment, *ICJ Reports 1970*, pp. 46-47; *Ahmadou Sadio Diallo (Republic of Guinea v. Democratic Republic of the Congo)*, Preliminary Objections, Judgment, *ICJ Reports 2007*, pp. 614-615.

of the world business, and the reduction of non-arbitrable matters [442]. In investor-State arbitration, beyond some generally accepted rules and principles like *Kompetenz-Kompetenz*, non-discrimination and fair and equitable treatment (itself a relatively imprecise standard), discernible trends include the expansion of jurisdiction by ICSID tribunals, broad interpretation of "umbrella clauses" [443], of the most-favoured-nation clause, and of the concepts of "investor" and "investment" [444], as well as broad interpretation of "indirect expropriation" to cover regulatory measures aimed at protecting the environment, health and other welfare interests of society.

However, these trends have been faced with resistance by an increasing number of countries in particular as being oblivious of the sovereign right to regulate in the public interest, hindering their international right to develop, and because of the overall impact of the international investment regime on access to justice and other human rights. Some countries, including the United States and Canada, have responded by attempting to limit fair and equitable treatment to the standard of protection under customary international law, early on in the context of NAFTA and more recently in the negotiations on the CETA. Korea has established a "Foreign Investment Ombudsman" to address the grievances of foreign investors at an early stage. Fewer investment treaties have been concluded in the last five to ten years and new ones reflect more specific definitions of obligations, more precise procedural requirements and more preconditions to trigger a claim. Over sixty countries have recently developed a model BIT, many with sustainable development aspects [445]. Some recent arbitral tribunals have

---

442. H. A. Grigera Naon, "Choice-of-Law Problems in International Commercial Arbitration", *Recueil des cours*, Vol. 289 (2001), pp. 9 *et seq.* at 372-382; Th. M. de Boer, "Choice of Law in Arbitration Proceedings", *Recueil des Cours*, Vol. 375 (2015), pp. 53 *et seq.*; Bermann, *op. cit.* (note 3), at pp. 41 *et seq.*; J.- M. Jacquet, "Droit international privé et arbitrage commercial international", *Recueil des Cours*, Vol. 396 (2019), pp. 9 *et seq.*

443. See C. Yannaca-Small, "Interpretation of the Umbrella Clause in Investment Agreements", in OECD, *International Investment Law: Understanding Concepts and Tracking Innovations*, 2008, pp. 101 *et seq.*, https://www.oecd.org/investment/internationalinvestmentagreements/40471535.pdf.

444. See C. Yannaca-Small, "Definition of Investor and Investment in International Investment Agreements", in OECD, *International Investment Law: Understanding Concepts and Tracking Innovations*, 2008, pp. 7 *et seq.*, https://www.oecd.org/daf/inv/internationalinvestmentagreements/40471468.pdf.

445. See M. Kennear, "2019 John E.C. Brierley Memorial Lecture – Continuity and Change in the ICSID System: Challenges and Opportunities in the Search for Consensus", https://icsid.worldbank.org/news-and-events/speeches-articles/2019-john-ec-brierley-memorial-lecture-continuity-and-change#_ftnref12.

also taken more deferential views – when not directly favourable – to the interests of the State [446]. While there may be difference of opinion as regards these claims, this development in lawmaking and arbitral practice contradicts the pretence that some legal assertions more or less repeatedly found in arbitral awards have crystallised as rules of general application.

155. The ICJ does not refer to the decisions or awards of investment tribunals in general, including the ICSID, showing great caution with regard to an ICSID jurisprudence [447]. In the *Diallo* case the Court, in establishing whether a *lex specialis* has emerged in investment law allowing for diplomatic protection of *associés* and shareholders, observed that:

> "The fact invoked by Guinea that various international agreements, such as agreements for the promotion and protection of foreign investments and the Washington Convention, have established special legal regimes governing investment protection, or that provisions in this regard are commonly included in contracts entered into directly between States and foreign investors, is not sufficient to show that there has been a change in the customary rules of diplomatic protection; it could equally show the contrary." [448]

156. Like the ICJ, arbitral tribunals are not bound by the *stare decisis* rule [449]. However, they refer in general to decisions by the ICJ and precedents by arbitral tribunals and *ad hoc* committees as "subsidiary means for the determination of the rules of law" according to Article 38 (1) *(d)* ICJ Statute. As the tribunal in *Awg* v. *Argentina* reasoned:

> "Although this tribunal is not bound by such prior decisions, they do constitute 'a subsidiary means for the determination of the rules of [international] law'. Moreover, considerations of basic justice would lead tribunals to be guided by the basic judicial principle that 'like cases should be decided alike', unless a strong

---

446. E.g. *L1bre Holding, LLC* v. *United Mexican States*, ICSID Case No. ARB/21/55, Order of the Secretary-General of 7 March 2022 taking note of the discontinuance of the proceeding pursuant to ICSID Arbitration Rule 43 (1); *Eutelsat SA* v. *United Mexican States*, ICSID Case No. ARB(AF)/17/2, Award of 15 September 2021.

447. A. Pellet, "The Case Law of the ICJ in Investment Arbitration", *ICSID Review*, Vol. 28 (2013), pp. 225 *et seq*.

448. *Ahmadou Sadio Diallo (Republic of Guinea* v. *Democratic Republic of the Congo)*, Preliminary Objections, Judgment, *ICJ Reports 2007*, p. 615.

449. Pellet, *op. cit.* (note 447), at p. 227.

reason exists to distinguish the current case from previous ones. In addition, a recognized goal of international investment law is to establish a predictable, stable legal framework for investments, a factor that justifies tribunals in giving due regard to previous decisions on similar issues. Thus, absent compelling reasons to the contrary, a tribunal should always consider heavily solutions established in a series of consistent cases." [450]

In general, investment tribunals use precedents from other investment tribunals. That is explained by the specificity of the subject matter. Great deference is shown to ICJ decisions with regard to the general principles of the law of treaties and of treaty interpretation in particular, the content and limits of the competence of States, the jurisdiction of international courts and tribunals, procedural issues such as preliminary objections to the merits, interim measures, burden of proof, proceedings *in absentia*, interpretation or annulment of awards, and the general principles of State responsibility [451]. However, with regard to the protection of shareholders, arbitral tribunals pay only lip service to the decisions in *Barcelona Traction* and *Diallo* while availing shareholders claims in relation to losses suffered by the company in the name of the treaty or other rules of international law applicable in the given case (the *lex specialis investissmentorum*) [452]. When looking at other issues, such as conditions governing necessity and the meaning and scope of the most favoured nation clause, the analysis of arbitral tribunals to the ICJ case law is inconsistent to say the least, often relying on separate or dissenting opinions rather than on the opinion of the Court [453].

157. Though grounded in international law (it is created by treaty first and foremost), investment arbitration up until today has made use of the structures of commercial arbitration. An example of this is the 1958 New York Convention on the Recognition and Enforcement of Foreign Arbitral Awards, which is still in use for the enforcement of awards rendered by arbitrators appointed for each case as well as administered by permanent bodies such as the PCA and the International Chamber of Commerce. Another example is provided by

---

450. *AWG Group Ltd.* v. *The Argentine Republic*, UNCITRAL, Decision on Liability of 30 July 2010, para 189.
451. Pellet, *op. cit.* (note 447), at pp. 231-232.
452. E.g. *CMS Gas Transmission Company* v. *Argentine Republic*, ICSID Case No. ARB/01/8, Decision on Jurisdiction of 17 July 2003, para. 48, and Decision on Annulment of 25 September 2007, para. 69, note 18; *Tokios Tokelés* v. *Ukraine*, ICSID Case No. ARB/02/18, Decision on Jurisdiction of 29 April 2004, para. 106.
453. Pellet, *op. cit.* (note 447), at pp. 235-239.

the 1976 UNCITRAL Arbitration Rules as amended, which are widely used for the settlement of treaty-based investor-State disputes. The special features of investment arbitration have influenced the use of precedents on a case-by-case basis without the pursuit of consistency in the interpretation or application of international investment law (nor is the annulment mechanism in ICSID, for instance, designed to bring about such consistency), and often as a substitute for the absence of or unclear treaty rules *(fonction de suppléance législative)* [454].

158. All things considered, investment arbitration is not a self-contained closed legal system limited to provide for substantive material rules of direct applicability, but, as noted by the ICSID tribunal in *AAPL* (1990), "it has to be envisaged within a wider juridical context in which rules from other sources are integrated through implied incorporation methods, or by direct reference to certain supplementary rules, whether of international or domestic law nature" [455].

The case for arbitral jurisprudence consists of arguments, reasons and facts in support of that development: the appeal to consistency and coherence, notably in investment and sports arbitration where the general interest or public repercussion respectively create an added value, and that no appellate mechanisms exist to address the lack of consistency in decisions; also that there is no legal obstacle to follow precedent, and arbitral tribunals indeed tend to substantiate their decisions in previous arbitration awards as do sometimes national courts [456]. However well-intentioned the thesis may be, it is programmatic in so far as a rule does not develop, compelling courts and tribunals to follow arbitral precedents in future cases.

(c) *Decisions of national courts*

159. Article 38 (1) *(d)* ICJ Statute is not confined to the decisions of international tribunals, and the decisions of municipal courts have evidential value for the practice of the State of the forum. In fact, the decisions of municipal courts have been an important source for material for example on diplomatic immunity, sovereign immunity and extradition [457].

---

454. *Ibid.*, at pp. 228-229.
455. *Asian Agriculture Products Ltd.* v. *Democratic Socialist Republic of Sri Lanka*, ICSID Case No. ARB/87/3, Award of 27 June 1990, para. 21. See D. P. Fernández Arroyo, "Les décisions arbitrales comme précédent", in A. Niki and C. Kleiner (eds.), *Le précédent en droit international*, Paris, Pedone, 2016, pp. 113 *et seq.* at 113-134.
456. E.g. Fernández Arroyo, *ibid.*, at pp. 114 *et seq.*
457. Crawford, *op. cit.* (note 10), at p. 38.

In the 2012 *Jurisdictional Immunities of the State* case, the ICJ referred compendiously to the judgments of national courts for determining the existence of international custom conferring immunity on States and the scope and extent of that immunity [458]. In this case, Germany claimed that Italy had failed to respect the jurisdictional immunity which Germany enjoys under international law by *(a)* allowing civil claims to be brought against it in the Italian courts seeking reparation for injuries caused by violations of international humanitarian law committed by the Third Reich during the Second World War; *(b)* taking measures of constraint against German State property situated in Italian territory; and *(c)* declaring enforceable in Italy decisions of Greek civil courts rendered against Germany on the basis of acts similar to those which had given rise to the claims brought before Italian courts. In the counter-memorial Italy claimed that a State is no longer entitled to immunity in respect of acts occasioning death, personal injury or damage to property on the territory of the forum State, even if the act in question was performed *jure imperii*.

In its judgment the Court noted that the question which it was called upon to decide was not whether the acts committed by the Third Reich were illegal but whether, in civil proceedings against Germany relating to those acts, the Italian courts were obliged to accord Germany immunity. The Court began by observing that the notion that State immunity does not extend to civil proceedings in respect of acts committed on the territory of the forum State causing death, personal injury or damage to property originated in cases concerning road traffic accidents and other insurable risks, and that the limitation of immunity recognised by some national courts in such cases was treated as confined to *acta jure gestionis*. The Court observed:

> "State practice in the form of judicial decisions supports the proposition that State immunity for *acta jure imperii* continues to extend to civil proceedings for acts occasioning death, personal injury or damage to property committed by the armed forces and other organs of a State in the conduct of armed conflict, even if the relevant acts take place on the territory of the forum State. That practice is accompanied by *opinio juris*, as demonstrated by the positions taken by States and the jurisprudence of a number

---

458. *Jurisdictional Immunities of the State (Germany v. Italy: Greece Intervening)*, Judgment, *ICJ Reports 2012*, pp. 122-123, 125, 127, 131-135, 137, 139.

of national courts which have made clear that they considered that customary international law required immunity. The almost complete absence of contrary jurisprudence is also significant, as is the absence of any statements by States in connection with the work of the International Law Commission regarding State immunity and the adoption of the United Nations Convention [on Jurisdictional Immunities of States and Their Property, adopted on 2 December 2004] or, so far as the Court has been able to discover, in any other context asserting that customary international law does not require immunity in such cases." [459]

In the event, the Court found that the action of the Italian courts in denying Germany immunity constituted a breach of Italy's international obligations. On the question whether the Italian court seized of the application for *exequatur* of the Greek judgment had respected the jurisdictional immunity of Germany, the ICJ observed that "[t]here is nothing to prevent national courts from ascertaining, before granting *exequatur*, that the foreign judgment was not rendered in breach of the immunity of the respondent State" [460]. The following paragraph is worth quoting in full:

> "Where a court is seized, as in the present case, of an application for *exequatur* of a foreign judgment against a third State, it is itself being called upon to exercise its jurisdiction in respect of the third State in question. It is true that the purpose of *exequatur* proceedings is not to decide on the merits of a dispute, but simply to render an existing judgment enforceable on the territory of a State other than that of the court which ruled on the merits. It is thus not the role of the *exequatur* court to re-examine in all its aspects the substance of the case which has been decided. The fact nonetheless remains that, in granting or refusing *exequatur*, the court exercises a jurisdictional power which results in the foreign judgment being given effects corresponding to those of a judgment rendered on the merits in the requested State. The proceedings brought before that court must therefore be regarded as being conducted against the third State which was the subject of the foreign judgment." [461]

---
459. *Ibid.*, at pp. 134-135.
460. *Ibid.*, at p. 150.
461. *Ibid.*, at p. 151.

The dissenting judges [462] and critics of the decision [463] adverted to the inappropriateness of resorting to the distinction between *acta jure imperii* and *acta jure gestionis* as grave violations of human rights and of international humanitarian law are breaches of *jus cogens* for which there is no immunity, regardless of the impact of categorically upholding immunity on court access. Despite some notable differences, the opinions of Judges Cançado Trindade and Yusuf focused on the human person and denounced the strictly inter-State outlook taken by the Court. Judge Cançado Trindade considered that State immunity cannot prevail over the individual "right of access to justice" when *delicta imperii* are involved, in which case "the law, emanating ultimately from human conscience and moved on by this latter, comes to provide the *reparatio*" as a form of satisfaction to the victims and their relatives and a guarantee of non-repetition of the harmful acts [464]. Judge Yusuf, also dissenting, observed that the preliminary nature of immunity from jurisdiction does not preclude national courts from assessing the context in which the claim has been made to ensure a proper legal characterisation of the acts for which immunity is claimed, and where necessary, to balance the different factors underlying the case to determine whether the court has jurisdiction [465]. He did not support the automatic lifting of the immunity but maintained that in exceptional cases where there is a lack of other remedial avenues, assertion of jurisdiction contributes to a better observance of international humanitarian law.

In applying the principle of State immunity, two considerations are relevant. In the first place, there is a presumption of immunity even in cases of violations of international humanitarian law or human rights. Secondly, resort may also be had to the general principles underlying human rights and humanitarian law. Although customary law currently

---

462. *Ibid.*, at pp. 179-290 (Diss. Op. Judge Cançado Trindade), 291-308 (Diss. Op. Judge Yusuf) 309-322 (Diss. Op. Judge *ad hoc* Gaja).

463. See generally S. Shah, "Jurisdictional Immunities of the State: *Germany* v. *Italy*", *Human Rights Law Review*, Vol. 12 (2012), pp. 555 *et seq.*; C. A. Whytock, "Foreign State Immunity and the Right to Court Access", *Boston University Law Review*, Vol. 93 (2013), pp. 2033 *et seq.* at 2078-2082.

464. *Jurisdictional Immunities of the State (Germany v. Italy: Greece Intervening)*, Judgment, *ICJ Reports 2012*, p. 281 (Diss. Op. Judge Cançado Trindade) (referring to his Sep. Op. in IACtHR, *Bulacio* v. *Argentina Case*, Judgment of 18 September 2003, Series C No. 100, para. 35).

465. *Ibid.*, at p. 302 (Diss. Op. Judge Yusuf). Also, Resolution on the Immunity from Jurisdiction of the State and of Persons Who Act on Behalf of the State in case of International Crimes, Art. II (2), *Annuaire de l'IDI*, Vol. 73 (2009), pp. 228-230, and Report by Lady Fox, *ibid.*, at p. 110 *et seq.*

weighs in favour of immunity, the decision of the Italian[466] and other national courts[467] may point in the direction of the crystallisation of an emerging exception to State immunity. However, the overall effect of the ICJ judgment may be to limit the evolution of the law[468].

160. Finally, although not *per se* a legal source, the work of judges has proved influential in identifying gaps in the regulation by existing private international law instruments. Judges have also shaped the development of new instruments when participating in or giving advice to the national delegations to codification conferences. And there has been an influence on the implementation of conventions, for example by the International Hague Networks of Judges (IHNJ) whose development started in Latin America in 2005 and which currently counts judges of eighty-seven States to facilitate cooperation and direct communication between judges from States parties to the 1980 HCCH Convention on the Civil Aspects of International Child Abduction. In the Dominican Republic, Chile, Uruguay and Argentina specifically,

---

466. See Italian Constitutional Court, Judgment No. 238 of 22 October 2014 (declaring unconstitutional Art. 1 of Law No. 848 of 17 August 1957 to the extent that it obliges the Italian judge to comply with the Judgment of the ICJ of 3 February 2012, which requires that Italian courts deny their jurisdiction in case of acts of a foreign State constituting war crimes and crimes against humanity, in breach of inviolable human rights). One effect of the Italian ruling may have been to deter the claimants from seeking redress by the ECtHR for violation of Art. 6 ECHR (right to a fair trial) as derived from Italy's decision to refrain from exercising jurisdiction pursuant to the ICJ's judgment.
467. See e.g. Seoul District Court, Judgment of 8 February 2021 (denying immunity to Japan and ordering it to compensate twelve women who were forced to work in "comfort stations", brothels operated by the Japanese military before and during World War II). But, on 21 April 2021, the Seoul District Court (different composition) recognised Japan's immunity from Republic of Korea's civil jurisdiction in relation to a similar claim, on the basis of customary international law.
468. Shah, *op. cit.* (note 463), at p. 571. See e.g. the decision of the US Supreme Court of 3 February 2021 in *Federal Republic of Germany et al* v. *Philipp et al*, 592 US ___ (2021) (affirming the ICJ's *Jurisdictional Immunities of the State* judgment of 2012); and decision of the Seoul District Court of 21 April 2021 (*supra* note 467). Attention must be made to the decision of the ICJ in the proceedings recently instituted by Germany against Italy for failing to comply with its judgment on the *Jurisdictional Immunities of the State* case. See *Jurisdictional Immunities of the State*, Application Instituting Proceedings and Request for the Indication of Provisional Measures, 29 April 2022, p. 3 (the request for preliminary measures was later withdrawn), https://www.icj-cij.org/public/files/case-related/183/183-20220429-APP-01-00-EN.pdf (in which Germany indicates that, "[n]otwithstanding [the] pronouncements [in the ICJ judgment], Italian domestic courts since 2012 have entertained a significant number of new claims against Germany in violation of Germany's sovereign immunity", referring in particular to Judgment No. 238/2014 of the Italian Constitutional Court).

IHNJ judges have been instrumental in developing national legislation and procedures for the application of the Convention [469].

5. The writings of publicists

161. The ICJ Statute enumerates "the teachings of the most highly qualified publicists of the various nations" as a subsidiary source of the law in Article 38 (1) *(d)*. Despite not being a law-creating factor, *la doctrine* has been very influential in laying the foundation of international law both public and private. Bernard Audit observed that "[e]n raison des questions de méthode qu'elle soulève, la matière des conflits de lois se prête comme peu d'autres à la spéculation intellectuelle et à la construction de systèmes; cela explique que la doctrine y joue un rôle particulier. Ce trait n'est pas spécifique à la France ni à l'époque contemporaine" [470].

In that respect, the formative influence of Savigny has been so enormous that his method has been followed by and still prevails in most domestic conflict of law systems, including in some states of the United States. The influence of Mancini, not only his nationality principle but also the stimulus he provided to international codification of private international law, is noteworthy. In the United States, Brainerd Currie was the driving force of a movement that would forever change the conflict landscape. In Latin America, Antonio Sánchez de Bustamante y Sirvén (1865-1951) authored the Bustamante Code, a comprehensive treaty establishing common private international law rules that still binds a respectable number of mostly Central American countries. The influence of Werner Goldschmidt (1910-1987) is apparent in the adoption by the 1979 CIDIP II Convention on General Rules of Private International Law of his "theory of juridical use", conceived as the correct form of *renvoi*, according to which the "indirect norm" (the conflict rule in his jargon) orders judges and authorities to decide on the case as it would be decided by the court of the country of origin of the norm, hence indicating a "fact" and not "law", by commanding the court to make a "probability judgment" and not to apply "legal norms".

---

469. I. Goicoechea and H. van Loon, "The Key Role of Judges in the Development of Private International Law: Lessons Learned from the Work of the Hague Conference on Private International Law", in Ruiz Abou-Nigm and Noodt Taquela (eds.), *op. cit.* (note 113), pp. 295 *et seq.* at 295-309. See members and meetings of the IHNJ at https://www.hcch.net/en/instruments/conventions/specialised-sections/child-abduction/ihnj.

470. Audit and D'Avout, *op. cit.* (note 182), at p. 30.

The doctrine has established itself as a generally accepted principle in Latin America [471].

162. The ICJ only rarely refers to the writings of publicists in its judgments and advisory opinions. However, evidence that writers are used is reflected not only in express references in dissenting and separate opinions but indirectly in the application of "the general principles of law recognized by civilised nations". The principles being a domestic derivative, writers have been an important source for the exposition of the law of the different countries and the municipal decisions of courts and authorities of particular States on legal questions.

163. From a historical perspective, the weight of legal doctrine has decreased with the growth of judicial activity [472]. Still, the reciprocal influence of doctrine and jurisprudence is significant. Navigating the conundrum of arbitral awards and municipal court decisions would be strenuous were it not for the opinions of writers and other expert bodies who often enter into a subjective assessment of judicial findings. Joseph Story painstakingly organised and analysed over 500 US, English and Scottish cases in a systemic fashion [473]. The influence of Henri Batiffol (1985-1989) on French jurisprudence has been documented [474]. Goldschmidt's teachings were instrumental to the adoption by the Argentine Supreme Court as early as 1960 of a *forum necessitatis* (a forum of necessity) allowing the courts to assume jurisdiction when a case cannot possibly be litigated abroad, provided that it has a sufficient link with Argentina, in order to avoid denial of justice [475].

164. The IDI (alongside the International Law Association) has a certain authority, and references to its resolutions are found in decisions of the ICJ and the opinions of the judges.

---

471. G. Parra-Aranguren, "General Course of Private International Law: Selected Problems", *Recueil des cours*, Vol. 210 (1988), pp. 9 *et seq.* at 74. On the influence of Goldschmidt in Argentina and Latin America, see M. J. A. Oyarzábal, "Das internationale Privatrecht von Werner Goldschmidt: In Memoriam", *Rabels Zeitschrift für ausländisches und internationales Privatrecht*, Vol. 72 (2008), pp. 601 *et seq.*; M. J. A. Oyarzábal, "Goldschmidt", in Basedow *et al.* (eds.), *op. cit.* (note 110), Vol. 1, pp. 852 *et seq.*

472. Pellet and Müller, *op. cit.* (note 397), at p. 961.

473. Juenger, *op. cit.* (note 26), at p. 30 (referencing K. H. Nadelmann, *Conflict of Laws: International and Interstate*, The Hague, Martinus Nijhoff, 1972, pp. 12, 27, 34).

474. Y. Lequette, "L'influence de l'œuvre d'Henri Batiffol sur la jurisprudence française", *Travaux du Comité français de droit international privé*, Vol. 11 (1994), pp. 32 *et seq.* at 32-54.

475. *Emilia Cavura de Vlasof* v. *Alejandro Vlasof*, Argentine Supreme Court of Justice, Judgment of 21 March 1960, Fallos 246:87; note by W. Goldschmidt, "La jurisdicción internacional argentina en materia matrimonial y las Naciones Unidas", *La ley*, Vol. 98 (1960) pp. 287 *et seq.*

B. Other sources

165. Significant changes have taken place in the international community since Article 38 ICJ Statute was adopted that have had an impact upon the sources of international law. In this context, probably the most relevant is the developing role of international organisations [476]. First, States have developed techniques and procedures whereby international organisations may adopt instruments that are legally binding upon member States. A clear example is afforded by regulations made under the 1957 Treaty Establishing the European Economic Community and subsequent treaties. Second, international organisations constitute a forum for collective action, in some respects performing a function similar to permanent international conferences. Through resolutions, principles and other formally non-binding instruments, expression may be given to the general consensus of the international community on a particular matter, so providing evidence or contributing to the development of custom [477]. The activities associated with international organisations can be fitted into the traditional sources of international law, either as deriving their legal force from treaties (the constituent instrument of the organisations) or customary international law [478]. However, the several features of the way in which collective action now affects the sources of the law merit individual attention. Thus, community law, human rights standards and non-legally binding norms will be addressed in this section. Furthermore, although so-called comity is not a rule of law, it has significantly influenced the growth of public and private international law, and shall be looked upon in relation with the reciprocity principle. The international legal status of party autonomy will also be succinctly considered.

1. "Community" law

166. In certain contexts, "regionalism" allows for the appearance of legal orders so specific that one may hesitate to see some elements of international law [479]. These legal orders are characterised by the place occupied by unilateral "authoritative" acts (that is, legal norms elaborated by and on behalf of the regional organisation), the impor-

---

476. Jennings and Watts, *op. cit.* (note 5), at p. 45.
477. *Ibid.*, at pp. 47-48.
478. *Ibid.*, at p. 46.
479. Nguyen Quoc *et al.*, *op. cit.* (note 175), at p. 87.

tance of the jurisdictional procedures that control the behaviour of the member States and eventually also the direct effect of the norms in question in relation with individuals [480]. This is first and foremost the case of the European Union, and also to some extent of OHADA whose "uniform acts" adopted by the Council of Ministers of Justice and Finance in matters identified as part of "business law" become part of the legal system of each State party [481].

167. The purpose of OHADA uniform acts is to establish a common legislation for member States, and thus they contain uniform substantive (not choice of law) rules. By virtue of Article 10 of the OHADA founding Treaty, uniform acts have both mandatory and repealing character in that they override contrary domestic legislation, be it anterior or posterior. Some comparison can be made with European regulations in regard to their direct effect [482]. However, the procedure for adoption of uniform acts is intergovernmental (although drafts are prepared by the Permanent Secretariat and the advice of the Court is sought in the process), and the acts are agreements unanimously accepted under a framework treaty (the 1993 Treaty of Port Louis as revised in Québec in 2008), not secondary law. Another notable feature of OHADA is a Common Court of Justice and Arbitration, ultimately the interpreter of the uniform acts and guarantor of uniform jurisprudence (Art. 14 (1) of the revised Treaty). Judgments of the Court benefit from *res judicata* and are binding in the territory of each State party in accordance with the applicable national rules of civil procedure. In addition to the compulsory jurisdiction, the Court may render advisory opinions on matters relating to the interpretation of the Treaty, the implementing regulations and uniform acts at the request of any State party, the Council of Ministers or national courts (Art. 14 (2)). The Court also administers arbitration procedures on a non-exclusive basis provided that the case has relevant connections to the OHADA territory, *viz* a party to a contract is domiciled or habitually resides or the contract should be executed whole or in part on the territory of a State party. Most relevant for the purposes of this section is the authority of the

---

480. *Ibid.*
481. See generally A. Mouloul, "Understanding the Organization for the Harmonization of Business Laws in Africa (OHADA)", 2nd ed. (June 2009), http://www.ohada.com/content/newsletters/1403/Comprendre-l-Ohada-en.pdf.
482. B. Martor and S. Thouvenot, "L'uniformisation du droit des affaires en Afrique par l'OHADA", *La Semaine Juridique*, No. 44 (28 October 2004), suppl. No. 5, pp. 5 *et seq.* at 5-11. See also P. Meyer, "Le droit OHADA et le droit international privé: les règles d'applicabilité du droit uniforme", *Unif. L. Rev.*, Vol. 23 (2018), pp. 99 *et seq.*

Court to grant *exequatur*, making the award directly enforceable in member States.

168. Furthermore, in the European Union every action taken is founded on the treaties signed between member States setting out the EU objectives, the rules for EU institutions and the relationships between the EU and its members. However, the architecture for integration developed through quasi-constitutional treaties, particularly the 1992 Treaty of Maastricht establishing the European Union, the 1997 Treaty of Amsterdam and the 2007 Treaty of Lisbon, plus the jurisprudence of the European Court, which, short of creating a United States of Europe, has impacted upon private international law on an unprecedented scale. Exploring the historical and institutional aspects of EU integration would be out of place in these lectures. It should suffice to say that the adoption of measures by the EU gives rise to the introduction of common standards throughout the Union (referred to as "positive integration") and the suppression of national rules that conflict with EU law (referred to as "negative harmonisation").

In the field of conflicts law, the Treaty of Amsterdam has transformed the EU into a true legislator [483]. Article 65 EC Treaty provided that the EC could take measures in the field of judicial cooperation in civil matters having cross-border implications in so far as necessary for the proper functioning of the internal market, that shall include: *(a)* improving and simplifying the service of judicial and extrajudicial documents, the cooperation in the taking of evidence, and the recognition and enforcement of decisions in civil and commercial cases, including decisions in extrajudicial cases; *(b)* promoting the compatibility of the rules applicable in the member States concerning the conflict of laws and of jurisdiction; and *(c)* eliminating obstacles to the good functioning of civil proceedings, if necessary by promoting the compatibility of the rules on civil procedure applicable in the member States. The European Commission enjoys the power of initiative and, except in family law matters (where unanimity is required), since the 2001 Treaty of Nice measures are adopted by the Council of the European Union by qualified majority voting after consulting the European Parliament. The 2007 TFEU later introduced a *passerelle* clause whereby the Council may decide by unanimity on a Commission proposal, and after consultation with the Parliament decide that certain aspects of family

---

483. J.-J. Kuipers, "European Union and Private International Law", in Basedow *et al* (eds.), *op. cit.* (note 110), Vol. 1, pp. 687 *et seq*. at 690.

law may be subject to measures adopted by the ordinary legislative procedure (Art. 81 (3)). If a national parliament objects to the proposed decision within six months, the Council may not adopt the measure. It is unclear whether Article 81 (3) vests the EU with the power to harmonise substantive law in the field of private international law, the prevailing opinion being that it does not [484].

Several *regulations* and *directives* have been adopted following the legislative procedures set out in the EU treaties (ordinary or special). Regulations are legal acts that apply automatically and uniformly to all EU countries as soon as they enter into force, without needing to be transposed into national law. They are binding in their entirety on all EU countries. Directives require EU countries to achieve a certain result, but leave them free to choose how to do so. EU countries must adopt measures to incorporate them into national law (transpose) generally within two years to achieve the objectives set by the directive. National authorities must communicate these measures to the European Commission. When a country does not transpose a directive, the Commission may initiate infringement proceedings. The principal regulations on private international law matters adopted pursuant to Article 65 EC Treaty, and some sector-specific directives adopted in accordance with Article 114 TFEU, have been succinctly listed above.

As a matter of EU law, the adoption of internal measures results in the power of the Union to act externally in matters covered by the measure. Thus member States may no longer undertake obligations with third countries that affect common rules. On the one hand, they may not conclude treaties in the respective areas or do so only pursuant to certain procedures, as established by Regulation (EC) No. 662/2009 on matters concerning the law applicable to contractual and non-contractual obligations, and by Regulation (EC) No. 664/2009 on matters concerning jurisdiction, recognition and enforcement of judgments and decisions in matrimonial matters, matters of parental responsibility and matters relating to maintenance obligations, and the law applicable to matters relating to maintenance obligation. On the other hand, participation in international fora may be equally restricted. The accession of the European Union to the HCCH in 2007, for example, implies that in such matters where the EU exercises competence it

---

484. *Ibid.*, at p. 691. See also R. Michaels, "The New European Choice-of-Law Revolution", *Tulane Law Review*, Vol. 82 (2008), pp. 1607 *et seq.*

may approve HCCH conventions binding EU member States (except Denmark) and make any declarations or reservations.

Negative harmonisation entails that domestic rules of an EU member State may not be applied if in a given case it is incompatible with the principle of non-discrimination, European citizenship or the free movement of goods, services, persons and capital (the fundamental freedoms). Article 18 TFEU prohibits any discrimination on grounds of nationality within the scope of application of the treaties. In principle, nationality as a connecting factor does not amount to discrimination in terms of Article 18, as long as the connecting factor is applied without discrimination (i.e. it does not depend on the person's nationality) [485]. With regard to European citizenship (which is held *ipso jure* by the nationals of member States), the most notable implications in conflicts law have been so far in matters of surname. The European Court has ruled that different surnames (as a consequence of the application of the domestic conflict rules of the members concerned) can create a disadvantage merely because a person has exercised the freedom to move and reside in another country [486]. European law thus requires member States to recognise a prior choice of name validly made in accordance with the laws of another member State [487]. Finally, rules or measures adopted by member States which are capable of hindering, directly or indirectly, actually or potentially, trade within the EU are prohibited, which includes any adverse effect caused by a conflict rule.

To ensure that the law, including the various regulations on private international law and procedure, is interpreted and applied uniformly within the EU, the CJEU has been entrusted with the power to determine at the request of a national court whether a national law or practice is compatible with EU law, and to resolve conflicts between the laws of member States which may affect the internal market freedoms (for example, beginning with the 1999 *Centros* case [488] the Court favoured the incorporation doctrine prevalent in some member States against the real seat doctrine adopted by other member States to facilitate the

---

485. Opinion of Advocate General Léger delivered on 14 November 1995, *Ingrid Boukhalfa* v. *Bundesrepublik Deutchland*, C-214/94, ECLI:EU:C:1995:381.
486. Judgment (Grand Chamber) of 14 July 2008, *Stefan Grunkin and Dorothee Regina Paul*, C-353/06, ECLI:EU:C:2008:559.
487. J.-J. Kuipers, *op. cit.* (note 483), at pp. 695-696.
488. Judgment of 9 March 1999, *Centros Ltd.* v. *Erhvervs- og Selskabsstyrelsen*, C-212/97, ECLI:EU:C:1999:126.

free establishment of companies) [489]. One notable feature is the right conferred upon private individuals (and not only governments and EU institutions) to ask the Court to annul an EU act believed to violate EU treaties or fundamental rights. Aside from areas of fundamental relevance for EU law, such as the free movement of corporations, there is some CJEU case law in international civil procedure which has paved the way for important normative reform. It is worth mentioning in particular the jurisprudence of the Court regarding Article 19 (1) TEU, which provides that member States shall provide remedies sufficient to ensure effective legal protection in the fields covered by Union law [490].

169. The emergence of these "supranational" organisations presents the twofold question of the relations between community law and domestic law and between community law and international law. Inwardly, community law appears as a branch of international law vis-à-vis the domestic legal orders of the member States [491]. In the 1963 *Van Gend & Loos* case [492] the European Court observed that the European Economic Community constituted

> "a new legal order of international law for the benefit of which the States have limited their sovereignty rights, albeit within limited fields, and the subjects of which comprise not only member States but also their nationals. Independently of the legislations of member States, community law therefore not only imposes obligations on individuals but is also intended to confer upon them rights which become part of their common heritage".

The pre-eminence of Union law, both treaty and secondary, over national law has since been well affirmed in the jurisprudence of the Court [493]. In OHADA important challenges remain as regards domestic legislation conflicting with OHADA provisions and assumptions of

---

489. See generally H. Rösler, "Court of Justice of the European Union", in Basedow *et al* (eds.), *op. cit.* (note 110), Vol. 1, pp. 483 *et seq.*
490. E.g. Judgment of 16 December 1976, *Rewe-Zentralfinanz eG and Rewe-Zentral AG* v. *Landwirtschaftskammer für das Saarland*, C-33/76, ECLI:EU:C:1976:188; Judgment of 16 December 1976, *Comet BV* v. *Produktschap voor Siergewassen*, C-45/76, ECLI:EU:C:1976:191; Judgment (Grand Chamber) of 3 March 2007, *Unibet (London) Ltd. and Unibet (International) Ltd.* v. *Justitiekanlern*, C-432/05, para. 43, ECLI:EU:C:2007:163.
491. Nguyen Quoc *et al.*, *op. cit.* (note 175), at p. 307.
492. Judgment of 5 February 1963, *Van Gend & Loos*, C-26/62, ECLI:EU:C:1963:1.
493. Judgment of 17 December 1970, *Internationale Handelsgesellschaft mbH* v. *Einfuhr- und Vorratsstelle für Getreide und Futtermittel*, C-11/70, ECLI:EU:C:1970:114; Judgment of 13 December 1979, *Hauer* v. *Land Rheinland-Pfalz*, C-44/79, ECLI:EU:C:1979:290.

jurisdiction by national courts in cases falling within the exclusive authority of the Common Court [494].

Contrary to the prior hypothesis, community law is considered a "domestic" law in relation to general international law [495]. The European Court respects the pre-eminence of international law with regard to its own "internal" legal order, although it has not had the opportunity to determine all the consequences [496]. Although there is some risk in presenting the law in schematic form, the situation is in principle as follows: *(a)* Treaties binding only member States which are contrary to the EU constitutive treaties are either abrogated or non-opposable. Procedures are also in place to avoid incompatibility between EU treaties and subsequent treaties between member States; *(b)* Along the same lines, treaties between member States and third countries are not opposable to EU institutions and other member States, in application of the rules of the law of treaties regarding successive treaties and the relative effect of treaties [497]; *(c)* The solution is basically the same as regards secondary law, since community rules derive their validity from treaties [498]. Furthermore, the pre-eminence given to international law over community law is reflected in the diplomatic practice of the European Union. In regard to treaties, the European Court has stated that "the primacy of international agreements concluded by the Community over provisions of secondary community legislation means that such provisions must, so far as is possible, be interpreted in a manner that is consistent with those agreements" [499].

170. No such problems present themselves as regards MERCOSUR, which has (still) a strong intergovernmental – not supranational – character. The instruments chosen for legal harmonisation have been "protocols", which are treaties concluded in the framework of the Treaty of Asunción. MERCOSUR Protocols have no pre-eminence over other successive treaties binding member States nor are they immediately

---

494. R. Beauchard and M. J. Vital Kodo, "Can OHADA Increase Legal Certainty in Africa?", Justice and Development Working Paper Series, 17/2011, World Bank, http://documents.worldbank.org/curated/en/266761467990085419/pdf/659890 WP00PUBL010Can0OHADA0Increase.pdf, at pp. 25-28.
495. Nguyen Quoc et al., op. cit. (note 175), at p. 308.
496. *Ibid.*
497. *Ibid.*, at p. 309.
498. E.g. Judgment of 12 December 1972, *International Fruits Company NV and others* v. *Produktschap voor Groenten en Fruit*, Joined cases 21 to 24-72, ECLI:EU:C:1972:115; Judgment of 30 April 1974, *R. & V. Haegeman* v. *Belgium State*, C-181/73, ECLI:EU:C:1974:41.
499. Judgment of 10 September 1996, *Commission of the European Communities* v. *Federal Republic of Germany*, C-61/94, ECLI:EU:C:1996:313.

applicable or produce direct effect [500] other than as may be provided by domestic law. Recourse may be had to an *ad hoc* arbitral tribunal in the case of conflicts between States parties concerning the interpretation, application or lack of compliance with MERCOSUR law (both treaties and secondary law) pursuant to the 1991 Brasilia Protocol for the Solution of Controversies, superseded by the 2002 homonym Olivos Protocol in force since 2004. In accordance with the latter Protocol, awards are appealable to the TPR limited to legal questions arising in the dispute and juridical interpretations developed in the award (Art. 17 (2)). States parties acting unanimously and MERCOSUR organs may also seek advisory opinions from the TPR on any legal issues relating to community law, and the Supreme Courts of Justice of the member States may do so exclusively with regard to legal interpretation of the law (Arts. 3 and 4, Rules of Procedure under the Olivos Protocol adopted in 2003 by Decision of the Common Market Council (MERCOSUR/CMC/DEC. No. 37/03)).

So far, advisory proceedings have been used sparingly and only once has the TPR been seized of a matter involving a MERCOSUR private international law instrument. Still the implications of Advisory Opinion No. 1/2007 [501] of the TPR are far-reaching as the majority vote took the position that "[t]he internalized MERCOSUR regulations prevail over the norms of internal law of the Member States. [Consequently] the Buenos Aires Protocol applies in the countries that have internalized it" [502]. In their concurring vote, Arbitrators Fernández and Becerra went further to state that "the norms of the MERCOSUR law must prevail over any internal law norm of the member States applicable to the case, including the internal law as such and the public and private international law of the member States" [503]. The dispute revolved around the law applicable – Paraguayan Law No. 194/93 or the MERCOSUR 1994 Buenos Aires Protocol on International Jurisdiction in Contractual Matters – to determine the jurisdiction of the courts to entertain a lawsuit for contractual liability. The rather unusual nature of the decision lies in that, instead of invoking the public international law principle that internal law cannot be adduced against a treaty obligation as stated in Article 27 VCLT, the Tribunal made use of typical

---

500. L. B. Scotti, *Manual de derecho internacional privado*, Buenos Aires, La Ley, 2017, at p. 33.
501. Advisory Opinion No. 1/2007, Decision of 3 April 2007, *supra* (note 336).
502. *Ibid.*, item 2 of the Decision.
503. *Ibid.*, item 2.1.

(European) community law arguments constructing MERCOSUR law as authentic community law. Such an interpretation is dubious with respect to the MERCOSUR law in general and is clearly wrong when referring to norms contained in international conventions, such as the MERCOSUR protocols that regulate diverse aspects of the private international law [504].

2. Human rights standards

171. Human rights are normative *standards* for the protection of individuals and collectives. Their main corpus consists of an accumulated code of standard-setting multilateral conventions, and the fundamental principles of human rights now form part of customary or general international law. The classical and general method of enforcement is by means of the duty to perform treaty obligations imposed on the States parties. It is the domestic legal systems that are the vehicles of implementation of the treaty provisions and customary law [505]. Monitoring mechanisms have also been developed in respect of the main international conventions, and regional machineries have been created for the promotion and protection of human rights in the form of jurisdiction to hear complaints from individual petitioners and adjudicate cases. The findings and recommendations of the treaty bodies, under the rubric of interpreting and applying a treaty, often develop new standards which become part of the corpus of human rights.

172. One characteristic of human rights standards is that they apply in specific legal contexts. The issues may arise in domestic law, within the framework of a given convention or within general international law. But there must be reference to a specific and relevant "applicable law" [506]. The significance of the role of human rights standards is recognised nowadays in the application of both statutes and conventions of private international law. Moreover, human rights values protected by positive legal principles have obvious connections with general principles of law and with equity, but they need no particular justification [507]. Thus a rotund distinction according to the source of the rights involved (national

---

504. See D. P. Fernández Arroyo "Forum Selection Clauses within the *Mercosouthern* Law: The Hard Implementation of an Accepted Rule", *Unif. L. Rev.*, Vol. 13 (2008), pp. 873 *et seq.* at 877-878.
505. Brownlie, *op. cit.* (note 120), at p. 562.
506. *Ibid.*, p. 554.
507. *Ibid.*, p. 27.

or international) between "fundamental rights" and "human rights", even as a matter of convention [508], can only be a source of confusion and reinforces the cultural relativism maintained by some States and writers concerning the protection of human rights and fundamental freedoms, as between civil and political rights, and economic, social and cultural rights as inferior non-enforceable rights [509].

173. References to human rights appear in preambles to relevant private international law conventions (for example the 1993 HCCH Convention on Protection of Children and Co-operation in Respect of Intercountry Adoption takes account of the principles set forth in international instruments, in particular the 1989 UNCRC and the 1986 UN Declaration on Social and Legal Principles relating to the Protection and Welfare of Children, with Special Reference to Foster Placement and Adoption Nationally and Internationally adopted by UN General Assembly Res. 41/85). This entails that they must be interpreted in the light of the human rights instruments or principles that are so referred to, in accordance with Article 31 (2) VCLT which includes preambles in "the context" of the treaty for the purpose of its interpretation (the principle of integration). Moreover, some HCCH conventions give direct effect to human rights instruments, for example Article 27 (4) UNCRC which provides that States shall secure the international recovery of child support through international cooperation and conclude international agreements for that purpose, which is the object of the 2007 HCCH Convention on the International Recovery of Child Support and Other Forms of Family Maintenance. In like manner, the 2000 HCCH Convention on the International Protection of Adults should operate in conjunction with Articles 12 and 32 of the 2006 UN Convention on the Rights of Persons with Disabilities relating to equal recognition before the law and on international cooperation [510].

174. Also, some new domestic statutes, for example Articles 1 and 2 of the 2014 Argentine Civil and Commercial Code, provide that cases must be resolved in accordance with the relevant legislation and the human rights treaties to which Argentina is a party, and that the law must be interpreted in accordance with the human rights treaties' provisions.

---

508. See, e.g., P. Kinsch, "Droits de l'homme, droit fondamentaux et droit international privé", *Recueil des cours*, Vol. 318 (2005), pp. 9 *et seq.*
509. See generally Salvioli, *op. cit.* (note 201), at pp. 95-100.
510. See H. van Loon, "Embracing Diversity", *op. cit.* (note 113), at pp. 44-46.

175. The vast majority of States and authoritative writers would now recognise that private international law analysis is not immune to the imperatives of human rights. There is also a very substantial body of jurisprudence holding that procedural rights must be accounted for in conflicts cases relating to jurisdiction or recognition of foreign judgments, but a relatively small number of cases where choice of law solutions have been subject to human rights scrutiny.

176. Due in part to its federal system, the United States has been a precursor of judicial control of the jurisdiction of (out-of-State) courts on grounds of due process as guaranteed by the Fourteenth Amendment to the US Constitution adopted in 1868. In the 1878 *Pennoyer* v. *Neff* case [511] the Supreme Court laid the foundation for its requirement that a non-present defendant have "minimum contacts with [the State] . . . such that maintenance of the suit does not offend 'traditional notions of fair play and substantial justice' " developed in the 1945 *International Shoe Co.* v. *Washington* case [512] and later cases [513].

Both under statutes and conventions, procedural and substantial guarantees have long been applied to protect defendants from exorbitant assertions of jurisdiction and the recognition and enforcement of foreign judgments when they were not served with the proceedings or did not have the right to defend themselves (e.g. Art. 5 *(c)*, 1889 Treaty of Montevideo on International Procedural Law, requiring for the recognition of a foreign judgment that the person the judgment ruled against was "legally served and represented"; Art. 2 *€* and *(f)*, 1979 CIDIP II Convention on Extraterritorial Validity of Foreign Judgments and Arbitral Awards, requiring that the defendant has been summoned or subpoenaed in due legal form substantially equivalent to that accepted by the law of the State where the judgment, award or decision is to take effect, and that the parties had an opportunity to present their defence).

The protection of the defendant under US law has proved difficult to accommodate to the provision for a *forum actoris* in consumer and employment disputes where it would be considered desirable to ensure access to jurisdiction for tourists, consumers in the digital market and employees working in overseas locations. The proposal by Brazil on a draft Convention on Cooperation and Access to Justice for International Tourists went down a long and difficult discussion before the HCCH

---

511. *Pennoyer* v. *Neff*, 95 US 714 (1878).
512. *International Shoe Co.* v. *Washington*, 326 US 310 (1945).
513. E.g. *Daimler AG* v. *Bauman*, 571 US 310 (2014).

decided to take up the issue with the view to developing a "practical guide" to access to justice for international tourists and visitors.

177. More novel are rules enacted to ensure access to court and equal treatment before the law, by establishing a *forum necessitatis* (Art. 2, 1984 CIDIP III Convention on Jurisdiction in the International Sphere for the Extraterritorial Validity of Foreign Judgments; European Regulation (EC) No. 4/2009 on jurisdiction, applicable law, recognition and enforcement of decisions and cooperation in matters relating to maintenance obligations; and numerous countries at the domestic level, including Argentina, Belgium, Canada, Costa Rica, Germany, Japan, Luxembourg, Mexico, Russia, Spain, South Africa, Turkey and the United Kingdom) [514]; the exemption from giving security for costs to non-nationals or residents (Art. 14, 1980 HCCH Convention on International Access to Justice; Art. 4, 1992 Las Leñas Protocol on Jurisdictional Assistance and Cooperation regarding Civil, Commercial, Labour and Administrative Matters in MERCOSUR; and many modern conventions and statutes); and the provision of legal assistance beyond criminal matters to foreign nationals and non-habitual residents on the same conditions as if they themselves were nationals of and habitual residents in the forum State, in certain categories of cases such as small and/or uncontended claims (e.g. Art. 1, 1980 HCCH Convention on International Access to Justice; European Legal Aid Directive (Directive 2002/8/CE)) [515].

178. More recently still, the failure to recognise a status acquired abroad (a Peruvian adoption refused recognition under Luxembourg's conflict of law rules) [516] or to give effect to a judgment obtained abroad [517] have also given rise to the perusal of the ECtHR and were ultimately found to be in violation of the "right to respect for private and family life" and the "right to a fair trial" guaranteed in Articles 8 and 6 ECHR respectively. These and other cases stand for the general idea that, in the European context at least, a status validly acquired under a foreign system of conflicts law, whether through a judgment or otherwise, may be entitled to protection under the European Convention, provided that

---

514. V. Rétornaz and B. Volders, "Le for de nécessité: tableau comparatif et évolutif", *RCDIP* (2008), pp. 225 *et seq.* at 227 *et seq.*; Ubertazzi, *op. cit.* (note 393), at pp. 384-395.

515. See M. Cappelletti and B. Garth, "Access to Justice. The Worldwide Movement to Make Rights Effective: General Report", *Buffalo Law Review*, Vol. 27 (1978), pp. 181 *et seq.*

516. *Wagner and JMWL* v. *Luxembourg*, No. 76240/01, ECtHR 2017.

517. *McDonald* v. *France* (december), No. 18648/04, ECtHR 2008.

the status was acquired in good faith and the parties had a legitimate expectation of stability of their status, and contingent on the intensity of the links between the situation and the foreign legal system under which the status was acquired [518].

179. Evolving concepts of human rights have put a strain on the application of long-established choice of law rules eventually leading to their abrogation or reform, such as the rule giving pre-eminence to the nationality of the husband in family matters in countries adopting the connecting factor "nationality" such as Germany [519] and Italy [520], or to adaptation in view of the circumstances of the given case as happened in the 1971 *Spanish* case where the German Federal Constitutional Court found that the application of the prohibition to marry a divorcee under Spanish law infringes upon the fundamental right to marry [521]. Short of allowing the performance of same-sex marriage, some countries also recognise nowadays the marital status acquired abroad by implication of their right to marry (e.g. Israel, Bulgaria, Armenia). Within the American continent, a relatively recent opinion by the IACtHR on gender identity, equality and non-discrimination of same-sex couples (Advisory Opinion OC-24/17) [522] has important implications for persons seeking to change their name or rectify public records and identity documents to conform to their gender identity, or to obtain recognition of their same-sex union with the same rights and obligations as heterosexual couples, which the Court considers to be protected by the ACHR [523].

---

518. P. Kinsch, "Human Rights and Private International Law", in Basedow *et al.* (eds.), *op. cit.* (note 110), Vol. 1, pp. 880 *et seq.* at 882-883.

519. German Federal Court of Justice (Bundesgerichtshof), Decision of 8 December 1982, 86 BGHZ 57.

520. Italian Constitutional Court (Corte costituzionale), Judgment No. 71 of 26 February 1987, Il Foro, 1987, I, 2316.

521. *Spanier-Beschluss*, German Federal Constitutional Court, Decision of 4 May 1971, 31 BVerfGE 58. Comments at the time were made by Henrich, Jayme, Kegel, Lüderitz, Makarov, Müller, Neumayer, Siehr, Wengler and Neuhaus. For a survey of European and US practice, see Kinsch, *op. cit.* (note 508), at pp. 165-192, 295-331; Kinsch, *op. cit.* (note 518), at pp. 883-885.

522. *Gender identity, and equality and non-discrimination with regard to same-sex couples. State obligations in relation to change of name, gender identity, and rights deriving from a relationship between same-sex couples (interpretation and scope of Articles 1 (1), 3, 7, 11 (2), 13, 17, 18 and 24, in relation to Article 1, of the American Convention on Human Rights)*, Advisory Opinion OC-24/17 of 24 November 2017, Series A No. 24.

523. *Ibid.*, at paras. 193-194. On the declaratory or biding effect of advisory opinions of the IACtHR, see generally F. Salvioli, *El sistema interamericano de protección de los derechos humanos. Instrumentos, órganos, prodecimientos y jurisprudencia*, Querétaro, Instituto de estudios constitucionales, 2020, at pp. 217 *et seq.* See also the

180. There is also in international law today a legal principle of non-discrimination. This principle is partly based upon the UN Charter, especially Articles 55 and 56, the 1948 UDHR, the 1969 UN Convention on the Elimination of All Forms of Racial Discrimination, the 1979 UNCEDAW (the second most ratified human rights treaty after the 1989 UNCRC, with 189 States parties), and the Declaration on the Elimination of All Forms of Intolerance and Discrimination Based on Religion and Belief, adopted by the UN General Assembly in 1981 by consensus (Res. 36/55) and intended to be complementary to the Universal Declaration and the International Covenants. The original prohibition of non-discriminations on grounds of race, sex and religion or belief has developed to constitute a basic and general principle relating to the protection of human rights without distinction of any kind or status [524]. The principle of equality before the law allows for factual differences such as sex or age, but a different treatment must have an objective justification, the means employed must be proportionate to the justification for differentiation and the burden of proof lies on the party seeking to establish an exception to the equality principle [525].

The potential for conflict in many States between the objectives of human rights treaties, on one hand, and private international law treaties and statutes, on the other, has become a contemporary concern. At one point authors queried whether the prohibition to discriminate should be transposed onto the field of private international law where "neutral" conflict rules choose the applicable law without regard to its content. At the present time, there is acceptance that the scope of application of human rights is not contingent on the conflict rules and that conflict rules must conform to human rights [526]. Specialised authors recognise the general incidence of the principle of non-discrimination in private international law and underline the incompatibility of certain conflict rules with the equality principle [527].

Certain differential treatment regarding men and women, for example, do not meet the threshold level described above, such as

---

Sep. partially Diss. Op. of Judge Vio Grossi in IACtHR Advisory Opinion OC-24/17, *ibid.*, at paras. 149-150.

524. HR Committee, General Comment No. 18: Non-Discrimination, UN doc. CCPR/C/21/Rev.1/Add.1 (21 November 1989).

525. Brownlie, *op. cit.* (note 120), at p. 573.

526. G. M. Ubertazzi, "Règles de non-discrimination et droit international privé", *Recueil des cours*, Vol. 157 (1977), pp. 333 *et seq.* at 349-350.

527. *Ibid.*, at p. 350.

the loss of the birth nationality of women as a consequence of their marriage to foreign men, matrimonial regimes submitted to the national law of the husband or the law of the husband's domicile and designating the personal law of the father as the applicable law to guardianship, to parental responsibility or to determine jurisdiction with regard to children. The objectives purported: *favor matrimonii, favor filii, favor testamenti*, may not be achieved by the discriminatory rule and other devices are available to attain the desirable aim of having a *statut unique* for family relationships. Besides, harmonisation via conventions of the conflict rules concerning specific matters like marriage, divorce, maintenance obligations and parental responsibility already puts efforts to maintain the said unity at risk [528].

181. In recent times, party autonomy is playing an increasingly important role in the resolution of conflicts of laws regarding *rapports mixtes* [529], concomitant with the freedom given to spouses in recent reforms of family law. The possibility of the parties to choose the applicable law or the competent judge is hereby envisaged as a vehicle for the protection of human rights [530], although party autonomy may also be in detriment of the human rights of women or other weak parties in the relationship.

182. Another orthodox device is the employment of *ordre public* to correct the inequalities caused by the foreign applicable law, for example if it discriminates against illegitimate children or wives as regards the effects of divorce, maintenance obligations or succession rights. The problem arises mainly where there is a conflict of cultures, between for example secular Western tradition and religious Islamic law, notably as regards polygamy, repudiation and the preference of the father in matters of parental authority. Such laws may be given recognition in whole or in part in Western countries when not to act would violate human rights. Thus, for example, offspring of second and later wives in a polygamous marriage should be considered legitimate [531] (although the distinction between legitimate and illegitimate children is in itself

---

528. Jayme, *op. cit.* (note 243), at p. 140.
529. See P. Gannagé, "La pénétration de l'autonomie de la volonté dans le droit international privé de la famille", *RCDIP* (1992), pp. 432 *et seq.*; C. González Beilfuss, "Party Autonomy in International Family Law", *Recueil des cours*, Vol. 408 (2020), pp. 89 *et seq.* See also Jayme, *ibid.*, at pp. 152-158.
530. E. Jayme, "Le droit international privé du nouveau millénaire: La protection de la personne humaine face à la globalisation", *Recueil des cours*, Vol. 282 (2000), pp. 9 *et seq.* at 37.
531. But see French Cour de cassation (Ch. civ. 1re), Appeal No. 89-21997, Judgment of 10 February 1993, Bulletin 1993 I No. 68 p. 45, *RCDIP* (1993), p. 620.

in this day and age a breach of human rights), repudiation should not be deemed to be incompatible with human rights if the divorce law of the State of the judge allows for the dissolution of marriage for other reasons [532], second and later wives should be allowed to inherit even if the first wife is a national of the forum State [533].

183. Universality of human rights is not necessarily irreconcilable with respect for local cultures and norms. The starting point is that a State must not recognise a foreign status or assertion of jurisdiction which are contrary to international human rights standards as that, in itself, may constitute a violation by the recognising State of its own international obligations. The principled position, however, must not lead to a result which violates a human right. For example, like a monogamous marriage, a polygamous marriage should be entitled to the remedies, the adjudication or the relief of the matrimonial law of the forum State [534]. Also, a woman forced into unconsented underage marriage should not be deprived of maintenance because of the non-recognition given to the foreign marriage. The different interests should be balanced in the circumstances of the case, taking account of all relevant elements, including the intensity of the links between the case and the parties to the forum State and also the parties' reasonable expectations and religious beliefs. Human rights may also require reconciling cultural conflicts by adapting the effects of the different applicable laws [535].

3. Non-legally binding norms

184. The legal status of "soft law" – or "non-legally binding norms", as they may more accurately be described – is to be appraised with a degree of caution. In recent decades the concept has been used in reference to norms during the development process such as multilateral conventions which have not yet entered into force, norms that are vague and whose violation is difficult to determine, and model laws and

---

532. Jayme, *op. cit.* (note 243), at p. 236.
533. But see French Cour de cassation (Ch. civ. 1re), Appeal No. 80-17.113, Judgment of 17 February 1982, Bulletin 1982 I No. 76, *RCDIP* (1983), p. 275. See also P. Lagarde, "La théorie de l'ordre public international face à la polygamie et à la répudiation", in *Nouveaux itinéraires en droit. Hommage à François Rigaux*, Brussels, Bruylant, 1993, pp. 263 *et seq.* at 268, 270-272.
534. But see in the United Kingdom, *Hyde* v. *Hyde and Woodmansee*, Judgment of Lord Pezance, (1866) LR 1 P & D 138.
535. Jayme, *op. cit.* (note 243), at pp. 235-237.

other rules adopted by the UN General Assembly and some regional organisations [536].

In international relations, soft law is linked principally to international economic law having originated in the process of decolonisation which started in the 1960s when developing States tried to impose their conception of the norms that should govern their relationship with developed countries through General Assembly resolutions. To convey the importance of the resolutions, some were presented as "Declaration", "Charter" or "Principles". General Assembly Resolution 3281 (XXIX) containing the Charter of Economic Rights and Duties of States, adopted in 1974 by 115 votes to 6 with 10 abstentions, is the most complete representation of this conception [537]. In contrast to the view that resolutions are a normative source, developed countries have underlined the incompetence of the General Assembly to make binding determinations. To resolve this dichotomy, some jurists and political scientists contended that resolutions do not lack juridical value, nor do they have full legal standing: they constitute norms of *soft* law having a precarious binding power [538]. The concept of soft law has since expanded to environmental and other fields, and the argument has been postulated that is not created by certain sources of the law but by "standards" [539].

Since 2004, the ILC has been developing mostly instruments not intended to become treaties, a notable exception being the 2019 Draft Articles on Prevention and Punishment of Crimes Against Humanity. While the reasons for this may be multifarious, including the nature of the subject matter being dealt with and a diminishing appetite of States to negotiate and to join new treaties generally, concerns have been raised that through adjudication and legal discourse drafts formulated by the ILC in regard to which the law has not yet developed may supersede the required State practice in the formation of custom or the acceptance in the domestic law of all civilised States of general principles of law.

---

536. Bibliography is vast. See e.g. P.-M. Dupuy, "Droit déclaratoire et droit programmatoire de la coutume sauvage à la 'soft law'", in *L'élaboration du droit international public*, Société française pour le droit international, Colloque de Toulouse, Paris, Pedone, 1975, pp. 132 *et seq.*; I. Seidl-Hohenveldern, "International Economic 'Soft Law'", *Recueil des cours*, Vol. 165 (1979), pp. 165 *et seq.* at 173 *et seq.*; E. Riedel, "Standards and Sources: Farewell to the Exclusivity of the Sources Triad in International Law", *European Journal of International Law*, Vol. 2 (1991), pp. 58 *et seq.*
537. Barberis, *op. cit.* (note 400), at pp. 283-284.
538. *Ibid.*, at pp. 284-285.
539. Riedel, *op. cit.* (note 536).

Similar reservations have been put forward in relation to soft law instruments developed by international and regional organisations and bodies in the fields of both public and private international law.

185. In private international law, soft law is often referred to in relation to *lex mercatoria*, cyber law and the non-binding instruments (different from treaties) produced by international specialised bodies. First among them are the UNIDROIT Principles of International Commercial Contracts. The Principles – the current, fourth edition was approved in 2016 – were developed as a non-legislative restatement of transnational contract rules, and are composed both of some generally acknowledged principles of contract law and of best practices. The introduction to the 1994 edition (the first edition) reads:

> "For the most part the UNIDROIT Principles reflect concepts to be found in many, if not all, legal systems. Since however the UNIDROIT Principles are intended to provide a system of rules especially tailored to the needs of international commercial transactions, they also embody what are perceived to be the best solutions, even if still not yet generally adopted." [540]

Per the preamble, these Principles shall be applied when the parties have agreed that their contract be governed by them [541], by general principles of law or the *lex mercatoria*, when the parties have not chosen any law to govern their contract, to interpret or supplement international uniform law instruments or domestic law [542], and to serve as a model for national and international legislators. Primarily designed with commercial arbitration in mind, more recently the Principles have been used in investor-State proceedings [543]. Arbitral tribunals have frequently resorted to municipal analogies. Thus it is not surprising that some tribunals have applied them to relations of States.

Apart from cases where the Principles have been expressly or implicitly agreed upon by the parties as law applicable to the substance

---

540. UNIDROIT Principles of International Commercial Contracts 2016, Introduction to the 1994 Edition, Rome, 2016, p. xxix.

541. See generally E. Gaillard, "General Principles of Law in International Commercial Arbitration: Challenging the Myths", *World Arbitration & Mediation Review*, Vol. 5 (2011), pp. 161 *et seq.*, at 161-172.

542. L. G. Radicati di Brozolo, "Non-National Rules and Conflicts of Laws: Reflections in Light of the UNIDROIT and Hague Principles", *Rivista di diritto internazionale private et procesuale* (2012), pp. 841 *et seq.* at 845.

543. See generally Fernández Arroyo and Mbengue, *op. cit.* (note 13), at pp. 833-844.

of the dispute [544], tribunals have also had recourse to certain Principles as general principles of law in the sense of Article 38 (1) *(c)* ICJ Statute. In *Petrobart* v. *Kirgyz Republic* (2005) the tribunal applied Article 7.4.9 of the UNIDROIT Principles to calculate the amount of payable interest (normal interest between the time when payment of the money was due and the time of actual payment) as declaratory of a rule of public international law [545]. In *El Paso* v. *Argentina* (2011), the tribunal had recourse to Articles 6.2.2 relating to hardship (hardship must be beyond the disadvantaged party) and 7.1.7 relating to *force majeure* (excusing a party for non-performance of a contract) of the UNIDROIT Principles, to corroborate the content and status on the preclusion of wrongfulness set out in the ILC Articles on Responsibility of States for International Wrongful Acts [546]. Likewise in *Gemplus* v. *Mexico* (2010) recourse was had to Article 7.4.3 of the UNIDROIT Principles requiring a "reasonable degree of certainty" for establishing compensation for future harm, to confirm that lost profit is an accepted and well-established component in assessing compensation under public international law as exposed in the ILC Articles [547]. Notably in *Gemplus* the tribunal considered the UNIDROIT Principles as sufficient evidence of the general principles of law without a comparative analysis from the several systems (common law and civilian) of its own [548]. In a number of other awards the UNIDROIT Principles were used to confirm the content of national law, for example the duty to mitigate damages under Kazakh law [549], that contracts do not necessarily need to be made in writing following Congolese legislation or international law [550] and that the rate of interest

---

544. *Joseph Charles Lemire* v. *Ukraine*, ICSID Case No. ARB/06/18, Decision on Jurisdiction and Liability of 14 January 2010, paras. 108 and 111.
545. *Petrobart* v. *Kyrgyz Republic*, Stockholm Chamber of Commerce, Arbitration No. 126/2003, Award of 29 March 2005, pp. 87-88.
546. *El Paso Energy* v. *Argentine Republic*, ICSID, Case No. ARB/03/15, Award of 31 October 2011, paras. 613-626. See Draft Articles on Responsibility of States for Internationally Wrongful Acts, with Commentaries, Arts. 23-25, *Yearbook ILC* (2001), Vol. 2, Part 2, pp. 76-84.
547. *Gemplus, SA, SLP SA, Gemplus Industrial SA & Talsud SA* v. *Mexico*, ICSID, Case No. ARB(AF)/04/3, Award of 16 June 2010, paras. 13-82 and 13-88 to 13-90. See Draft Articles on Responsibility of States for Internationally Wrongful Acts, with Commentaries, Art. 36 (2), *Yearbook ILC* (2001), Vol. 2, Part 2, pp. 104-105.
548. *Gemplus, SA, SLP SA, Gemplus Industrial SA & Talsud SA* v. *Mexico*, ICSID, Case No. ARB(AF)/04/3, Award of 16 June 2010, paras. 13-89 and 13-90.
549. *AIG Capital Partner & CJSC Tema Real Estate* v. *Kazakhstan*, ICSID, Case No. ARB/01/6, Award of 7 October 2003, para. 10.6.4; Art. 7.4.8, 2016 UNIDROIT Principles.
550. *African Holding Company of America Inc. & Société Africaine de Construction au Congo SARL* v. *La République Démocratique du Congo*, ICSID, Case

shall be governed by the place of residence of the creditor pursuant to Russian law [551].

The UNIDROIT Principles also contain principles and rules that do not reflect generally acknowledged standards but represent what their authors considered as the best rule. For example, Article 7.4.9 invoked in *Petrobart*, *Sax* and other cases does not constitute a general principle as there are significant differences in methodologies used by various legal systems [552].

186. The content of the previous paragraphs must serve as a warning against facile generalisations on the subject. There are various theories on the nature of *lex mercatoria*: a mixture of general principles, standard clauses and model contracts reinforced by arbitral decisions. An extended theoretical exposition would exceed the scope of these lectures, and yet theoretical questions have a certain influence, though not decisive, on writers dealing with substantive issues and also on arbitral tribunals. The theoretical issue is frequently presented as a clash between *lex mercatoria* as an autonomous legal system and outright rejection of the notion of a non-national law merchant [553]. The former connotes a set of transnational norms that would govern transactions directly, without the intervention of choice of law rules. This suggest that private international law and *lex mercatoria* are incompatible notions, between which there cannot be any common ground [554].

Unification and creation of the law on the transnational plane reflect the commercial realities of modern international business practice, and legal theory has to take account of this phenomenon to avoid claims that it is out of touch with reality [555]. The need for such a supranational kind of law can be expected to increase as international transactions grow

---

No. ARB/05/21, Award of 29 July 2008, paras. 32 and 35; Arts. 1.2 and 2.1.1, 2016 UNIDROIT Principles.

551. *Carl Sax* v. *City of Saint Petersburg*, UNCITRAL, Award of 30 March 2012, para. 209; Art. 7.4.9, 2016 UNIDROIT Principles; Art. 395, Civil Code of the Russian Federation.

552. G. Cordero-Moss, *International Commercial Contracts*, New York, Cambridge University Press, 2014, at pp. 43-51.

553. The literature on *lex mercatoria* is vast. For an introduction to the subject and further reference, see I. Strenger, "La notion de lex mercatoria en droit du commerce international", *Recueil des cours*, Vol. 227 (1991), pp. 207 *et seq.*; F. de Ly, *International Business Law and Lex Mercatoria*, Amsterdam, T.M.C. Asser Press; New York, Emerald Group, 1992; T. E. Carbonneau (ed.), Lex Mercatoria *and Arbitration*, Cambridge, Juris, 1998; K. P. Berger, *The Creeping Codification of the Lex Mercatoria*, 2nd ed., The Hague, London and Boston, Kluwer Law International, 1999.

554. F. K. Juenger, "The *Lex Mercatoria* and Private International Law", *Louisiana Law Review*, Vol. 60 (2000), pp. 1133 *et seq.* at 1133-1134.

555. Berger, *op. cit.* (note 553), at p. 230.

and technological developments put in question traditional notions of sovereignty and legal positivism. Phenomena such as cyberspace, which are at odds with the conception of the world as legal territories divided by fixed borders, suggest the usefulness of a law that knows no boundaries [556]. And yet, the assumption that parties and courts are capable of disposing with positive law altogether is hardly grounded in reality. The private nature of the codification of the UNIDROIT Principles does not negate the fact that many of their rules are of national origin, recognised in several nations, of both major legal cultures (the common and the civil law). In fact, that may amount to the Principles' success. This author knows of no case where an arbitral tribunal has applied a "transnational law" in a vacuum, without reference to some national legal order, or public international law in investor-State disputes. That the practices of international trade *(les usages du commerce international)* become general principles of customary law ultimately depends upon them being accepted in practice.

187. Apart from their utility as a law to which individuals and enterprises subject their international dealings, the *lex mercatoria* or the UNIDROIT Principles may also play a role in choice of law statutes and conventions [557]. The 1994 CIDIP V Convention on the Law Applicable to International Contracts provides that in order to determine the law of the State with which a contract has the closest ties, the court, in addition to a wider range of objective and subjective factors, "shall also take into account the general principles of international commercial law recognized by international organisations" (Art. 9). The Convention further states that "[i]n addition to the provisions in the foregoing articles [which provide for the determination of the applicable law], the guidelines, customs, and principles of international commercial law as well as commercial usage and practices generally accepted shall apply in order to discharge the requirements of justice and equity in the particular case" (Art. 10). Yet the Convention has so far only been ratified by Mexico and Venezuela. The 2014 Argentine Civil and Commercial Code provides that "the generally accepted commercial usages and practices, the customs and the principles of international commercial law, are applicable when the parties have incorporated them to the

---

556. Juenger, *op. cit.* (note 554), at pp. 1140. Studies on the influence of the internet on the law in general include B. Smith, "The Third Industrial Revolution: Law and Policy for the Internet", *Recueil des cours*, Vol. 282 (2000), pp. 229 *et seq.* at 241 *et seq.*; U. Draetta, "Internet et commerce électronique en droit international des affaires", *Recueil des cours*, Vol. 314 (2005), pp. 9 *et seq.*

557. Juenger, *ibid.*, at p. 1147.

contract" (Art. 2651 *(d)*); meanwhile the Argentine Law No. 27.449 on International Commercial Arbitration of 2018 states that "[i]f the parties do not indicate the applicable law, the arbitral tribunal will use the rules of law that it deems appropriate" (Art. 80). The contemporaneous Paraguayan Act No. 5393 on the Law Applicable to International Contracts of 2015 goes further in that it states that references to "law" shall be construed as including "rules of non-State origin, generally accepted as a set of neutral and balanced rules" (Art. 5) [558]. The Act took inspiration from the then draft Hague Principles on Choice of Law of International Commercial Contracts adopted later the same year, whose Article 3 provides that "[t]he law chosen by the parties may be rules of law that are generally accepted on an international, supranational or regional level as a neutral and balanced set of rules, unless the law of the forum provides otherwise" (commentary to Art. 3 indicates that this criterion may include international treaties and conventions which are applicable solely as a result of the parties choice of law, non-binding instruments formulated by established international bodies such as the UNIDROIT Principles and the Principles of European Contract Law developed by an independent group of experts led by Professor Ole Lando). Court decisions in Switzerland, Belgium, France and Brazil have also applied the UNIDROIT Principles and other soft law instruments (including the Rules of FIFA) as the rules of law governing the substance of the dispute in the absence of an express choice by the parties [559]. Moreover, the UNIDROIT Principles have served as a model in reforming national legislation in Europe, Russia, China, as well as in West and Central Africa where a preliminary draft Uniform Act on Contract Law completed in 2004 by UNIDROIT at the request of OHADA Council of Ministers has been proposed for adoption by OHADA member States [560].

---

558. J. A. Moreno Rodríguez, "The New Paraguayan Law on International Contracts: Back to the Past", in *Eppur si muove: The Age of Uniform Law. Essays in Honour of Michael Joachim Bonell*, Vol. 2, Rome, UNIDROIT, 2016, p. 1146 *et seq.*; R. Ruiz Díaz Labrano, "Ley aplicable a los contratos internacionales en base a los principios de La Haya. Ley No. 5393 de fecha 15 de enero de 2015 de la República del Paraguay", *Estudios de derecho empresario*, Vol. 9 (2016), pp. 88 *et seq.* at 95-96.

559. M. J. Bonell, "The Law Governing International Commercial Contracts and the Actual Role of the UNIDROIT Principles", *Unif. L. Rev.*, Vol. 23 (2018), pp. 15 *et seq.* at 27-29. A Swiss court (the Handelsgericht St. Gallen) decided in 2004 that the FIFA Rules are comparable to the UNIDROIT Principles and could therefore be likewise chosen as the law governing the contract (abstract in English at http://www.unilex.info/case.cfm?id=1123).

560. C. M. Whited, "The UNIDROIT Principles of International Commercial Contracts: An Overview of their Utility and the Role they have played in Reforming

188. Other non-State regulatory regimes include guidelines, communications, model laws and similar acts of international organisations (the activity of UNCITRAL is particularly significant in the field of international trade law), as well self-regulation, codes of conduct and other rules and guidelines prepared by international private associations, such as the Incoterms rules published by the International Chamber of Commerce in Paris, and the standards, manuals and guidelines of the International Air Transport Association (IATA) which are the industry reference for everyone involved in air operations. The practical value of this soft law production must not be underestimated. For example, registering to the IATA Operational Safety Audit, the benchmark for global safety management in airlines, is required to maintain IATA membership. As most bookings are done through the IATA portal, airlines have an important incentive to be affiliated with IATA and abide by its regulations.

189. In concluding, soft law production is difficult to reconcile with international law's doctrine of sources [561], and States are not legally bound by it except to the effect that a given rule can be traced to State practice as a customary rule or a general principle of law. However, it is to be acknowledged that even non-legally binding rules may affect social behaviour and influence the development of the law, and thus they play a crucial role in solving transnational problems [562]. The diffidence of domestic courts to apply non-national rules still contrasts with the more friendly attitude of arbitrators [563], although the fact that awards cannot be reviewed as to the merits helps law development. While arguments might weigh in favour of putting non-national rules on the same footing as national law in the same circumstances [564], unless and until parity is acknowledged at State or inter-State level, it remains *de lege ferenda*.

Domestic Contract Law Around the World", *ILSA Journal of International & Comparative Law*, Vol. 18 (2011), pp. 167 *et seq.* at 181-191.

561. *Joseph Charles Lemire* v. *Ukraine*, ICSID, Case No. ARB/06/18, Decision on Jurisdiction and Liability on of 14 January 2010, para. 109 ("It is impossible to place the UNIDROIT Principles . . . within the traditional sources of law. [They] are neither a treaty, nor compilation of usages nor standard terms of contract. They are a manifestation of transnational law").

562. See generally, C. A. Whytock, "The Concept of a Global System", in P. Zumbansen (ed.), *The Many Lives of Transnational Law: Critical Engagement with Jessup's Bold Proposals*, Cambridge, Cambridge University Press, 2020, pp. 72 *et seq.* at 80-82.

563. Radicati di Brozolo, *op. cit.* (note 542), at pp. 846-850.

564. *Ibid.*, at pp. 858 *et seq.*

4. Party autonomy

190. Party autonomy, understood as the ability to choose the court or the applicable law, may be a source of rights of obligations for those concerned, but it is not a source of private international law [565] as such which is to be found in the treaties and statutes (or case law) that allow it and to the extent allowed by them. Reference to the "sovereign will of the parties" by Judge Bustamante in the *Serbian Loans* case [566] must be read in the context of the inter-State nature of the dispute, *viz* that the parties were States which had entered into a commercial dealing, and not as a general affirmation that a customary rule has emerged applicable to all private international law cases [567].

191. The argument has been put forward that an international norm requiring adherence to party autonomy by national law may have emerged, either in the form of a general principle or as an implication of the growing recognition of individual rights and autonomy in international law. The position may hold with regard to choice of law and choice of forum as a general principle applicable to contracts, in light of the virtually universal recognition of party autonomy by national legislations and modern international instruments and in the decisions of arbitral tribunals, in certain circumstances. Notably this may be the case when the agreement has not been – or cannot be considered *ipso iure* to have been – obtained abusively and when the law or the court chosen are not completely unconnected to the dispute (e.g. 2016 UNIDROIT Principles on International Commercial Contracts; 2015 Hague Principles on Choice of Law in International Commercial Contracts; 2005 HCCH Convention on Choice of Court Agreements; 2008 Rome I Regulation on the law applicable to contractual obligations in the EU; 1994 CIDIP V Convention on the Law Applicable to International Contracts; 1994 Buenos Aires Protocol on International Jurisdiction in Contractual Matters in MERCOSUR) [568]. Moreover, the

---

565. But see A. Mills, "Conceptualising Party Autonomy in Private International Law", *RCDIP* (2019), pp. 417 *et seq.*

566. *Case Concerning the Payment of Various Serbian Loans issued in France*, Judgment, PCIJ Series A Nos. 20/21 (1929), p. 53 (Diss. Op. Judge de Bustamante).

567. But see Mills, *op. cit.* (note 304), at pp. 350-351 (suggesting that party autonomy may be viewed as reflecting an agreement by States that the allocation of regulatory authority in the context of private law should not be subject to traditional public international law jurisdictional constraints, but rather should be at least primarily focused on serving the private interests of the parties which they are best placed to determine).

568. See generally Ch. Kohler, "L'autonomie de la volonté en droit international privé: un principe universel entre le libéralisme et étatisme", *Recueil des cours*,

principle meets the requirement to be transposable to international law, as shown by the numerous references and applications by international and arbitral tribunals.

192. Beyond this, party autonomy may only be affirmed at international level as an implication of certain human rights to the extent necessary to guarantee their enjoyment and subject to the threshold that limitations to choose the court or the applicable law impose an undue burden to the exercise of the international right. Thus, too loosely basing party autonomy generally on a "human right" to personal freedom preexistent to the State is far-fetched except as *de lege ferenda*[569]. But choosing a closely connected court or law (of nationality of the person, place of residence or place of birth), for instance to claim recognition, registration or change of a person's name so that it conforms to their own identity on grounds of language, ethnicity or self-perceived gender identity, may be claimed to be mandated by the human rights to personal identity and to private life if the appropriate circumstances are present[570].

5. *Reciprocity*

193. The role of reciprocity in private international law has been the subject of two very learned courses in this Academy by Jean-Paulin Niboyet and Paul Lagarde[571]. The course by Michel Virally on reciprocity in public international law must be mentioned alongside them[572]. Reciprocity is at the origin of international law and may be

---

Vol. 359 (2012), pp. 285 *et seq.*; G. Cordero-Moss, "Limitations on Party Autonomy in International Commercial Arbitration", *Recueil des cours*, Vol. 372 (2014), pp. 129 *et seq.*; K. Boele-Woelki, "Party Autonomy in Litigation and Arbitration in View of The Hague Principles on Choice of Law in International Commercial Contracts", *Recueil des cours*, Vol. 379 (2015), pp. 35 *et seq.*; F. Ferrari (ed.), *Limits to Party Autonomy in International Commercial Arbitration*, New York, NYU Center for Transnational Litigation, Arbitration and Commercial Law, 2016.

569. See Basedow, *op. cit.* (note 1), at p. 182; See also E. Mostermans, "Party Autonomy: Why and When?", in Centre of Foreign Law and Private International Law, University of Amsterdam, *Forty Years On: The Evolution of Postwar Private International Law in Europe*, Deventer, Kluwer, 1990, pp. 123 *et seq.*

570. See generally F. de Varennes and E. Kuzborska, "Human Rights and Person's Names: Legal Trends and Challenges", *Human Rights Quarterly*, Vol. 37 (2015), pp. 977 *et seq.*

571. J.-P. Niboyet, "La notion de réciprocité dans les traités diplomatiques de droit international privé", *Recueil des cours*, Vol. 52 (1935), pp. 253 *et seq.*; P. Lagarde, "La réciprocité en droit international privé", *Recueil des cours*, Vol. 154 (1977), pp. 103 *et seq.*

572. M. Virally, "Le principe de réciprocité dans le droit international contemporain", *Recueil des cours*, Vol. 122 (1967), pp. 1 *et seq.*

said to still constitute the rule in many parts of the law in a system lacking a centralised mechanism of enforcement [573]. Thus, to conclude that reciprocity constitutes a "general principle of international law" is probably correct, even if its content and contours are debatable and evolutionary. The application of the principle in private international law is controversial and has been denounced as regressive ("un facteur de régresion et une source de complications" [574]), except as explanatory of the development of the law. Nevertheless, the notion of reciprocity remains present in numerous private international law treaties (mostly older ones) and national laws.

194. The advent of reciprocity as a justification of the application of foreign laws is linked to the doctrine of *comitas gentium* elaborated by the Dutch school at the end of the seventeenth century. For Ulrich Huber, Johannes Voet and others, reciprocity plays a positive role: out of utility and reciprocal convenience nations are to recognise certain foreign *coutumes* in order for its own *coutumes* to be applied abroad [575]. However, if and when reciprocity is driven not by an attitude of tolerance towards other nations but by fears of *foreign* retorsion, it opens the door to *national* measures of retorsion, either preventively or as a reaction to the foreign measures [576]. That is what happened in the (in)famous *Hilton* v. *Guyot* case [577], where the US Supreme Court in 1895 ruled that in accordance with customary international law ("the comity of nations") the recognition and enforceability of a foreign judgment rested on whether there would be any reciprocity and mutual recognition by the foreign jurisdiction from which the judgment was issued. Today, most US states have rejected a reciprocity requirement (as have the two most widely adopted model laws produced by the Uniform Law Commission (ULC) on foreign judgments [578]).

---

573. *Ibid.*, at pp. 48-54.
574. Lagarde, *op. cit.* (note 571), at p. 189.
575. *Ibid.*, at pp. 114-120.
576. *Ibid.*, at p. 120.
577. *Hilton* v. *Guyot*, 159 US 113 (1895).
578. ULC 1962 Uniform Foreign Money-Judgments Recognition Act, and ULC 2005 Uniform Foreign-Country Money Judgments Recognition Act. There is no federal law governing recognition of foreign judgments in the United States. Twenty-seven states and the District of Columbia have adopted the 2005 Uniform Act, while one state has introduced this legislation. Another eleven states and the US Virgin Islands currently still apply the 1962 Uniform Act. In the remaining twelve states, the recognition of judgments remains primarily a matter of common law or unique statutory provisions. Cf. "New York Updates Law on Recognition of Foreign Country Money Judgments to Bring in Line with Other U.S. Jurisdictions" (22 June 2021), https://www.gibsondunn.com/new-york-updates-law-on-recognition-of-foreign-country-money-judgments-bring-in-line-with-other-us-jurisdictions/.

195. Some countries still demand reciprocity nowadays to enforce foreign judgments. In fact, during the negotiations leading to the adoption of the HCCH Convention on the Recognition and Enforcement of Foreign Judgments in Civil and Commercial Matters in 2019, several proposals were made to include a bilateralisation provision based on reciprocity, originally to the effect that the Convention would have become effective between two contracting parties provided that they confirmed the entry into force between the two States of treaty relations under the Convention, either by an opt-in or an opt-out declaration. The argument was political: that the no entry control mechanism, though open-minded and commendable, would not pass the reality check of national legislatures and could jeopardise the success of the whole project, while including an entry control mechanism should be expected to increase the circulation of judgments [579]. Notwithstanding, the proposals were rejected and Article 28 provides that the Convention shall enter into force for all States following the expiration of a period upon ratification. As a compromise, Article 29 was added to allow States to notify the depositary that the ratification of another State shall not have the effect of establishing relations between the two States pursuant to the Convention.

Japan, for instance, applies the principle of reciprocity as a precondition to granting mutual legal assistance (Art. 4 *(ii)*, Act on International Assistance in Investigation and Other Related Matters) and extradition (Art. 3 *(ii)*, Act of Extradition) in the absence of treaties. Also Bermuda, India, Netherlands, Philippines, Singapore and United Kingdom, to mention only a few. The same goes for Argentina for providing international legal assistance in criminal matters (Art. 3, Law on International Cooperation in Criminal Matters) as well as in civil and commercial matters. Typically, reciprocity takes the form of an undertaking of reciprocity by which the requesting country states that it will comply with a future request from the requested country for similar assistance in a criminal matter involving an offence that corresponds to

---

579. 2001 Interim Text, Art. 42, Option A; see Explanatory Note Providing Background on the Proposed Draft Text and identifying Outstanding Issues, Prel. doc. No. 2 of April 2016 for the attention of the Special Commission of June 2016 on the Recognition and Enforcement of Foreign Judgments, para. 244. Proposals were also made by Switzerland and the United States ahead of the Special Commission on the Recognition and Enforcement of Foreign Judgments (13-17 November 2017), and by Japan, Switzerland and the United States in the 22nd Diplomatic Session (18 June to 2 July 2019).

the foreign offence for which assistance is sought (e.g. Section 16 (2), Singapore's Mutual Assistance in Criminal Matters Act).

Principle 7.6 of the ASADIP Principles on TRANSJUS enunciates that the requirement of reciprocity for giving effect to decisions and acts of foreign authorities is presumed to violate the right to access to justice, but not enough evidence is available that confirms the legal status of the presumption.

196. In the context of a treaty, reciprocity is a matter of the content of the obligations resulting from the agreement of the parties and the law of treaties. The starting point is that a treaty applies only to the parties to it *(pacta tertiis nec nocent nec prosunt)*. A third party only benefits if the treaty expressly or implicitly assents to the creation of the right (Art. 34 VCLT). The 1954 HCCH Convention on Civil Procedure provides that "[n]o security, bond or deposit of any kind, may be imposed by reason of their foreign nationality, or of lack of domicile or residence in the country, upon nationals of one of the contracting States, having their domicile in one of these States, who are plaintiffs or parties intervening before the courts of another of those States" (Art. 17) and that "[i]n civil and commercial matters, nationals of the contracting States shall be granted free legal aid in all the other contracting States, on the same basis as nationals of these States, upon compliance with the legislation of the State where the free legal aid is sought" (Art. 20). In this case, the treaty establishes a standard of equal treatment or reciprocity assimilating aliens and nationals on access to the courts. The standards of national treatment and most-favoured nation are also the cornerstone of the regimes for the protection of foreign investors created by bilateral investment and other agreements. The "four freedoms" of the European Union, of movement of goods, people, services and capital over borders, are the finest example of a privileged legal regime organised for the profit of the citizens of its member States. MERCOSUR is also founded in the reciprocity of rights and obligations among member States (Art. 2 of the founding Treaty of Asunción).

Older HCCH conventions provide that "[a]ucun État ne s'oblige, par la présente Convention, à appliquer une loi qui ne serait pas celle d'un État contractant" (Art. 8, Convention du 12 juin pour régler les conflits de lois en matière de mariage; Art. 9, Convention du 12 juin pour régler les conflits de lois et de jurisdictions en matière de divorce et de separations de corps). However, modern conventions generally contain universal conflict rules, independently of any condition of reciprocity, even if the designated law is not of a contracting State. There are exceptions: the 1985 HCCH Convention on the Law Applicable to Trusts and on their Recognition allows the contracting States to refuse the recognition of foreign trusts the validity of which is not governed by the law of another contracting State (Art. 21).

197. Reciprocity considerations play a greater role in the decision to conclude treaties on recognition, enforcement and cooperation. For example, the principal objective of the 1980 HCCH Convention on the Civil Aspects of International Child Abduction has been said to protect the jurisdiction of the State of habitual residence of the child [580]. The issue of "indirect jurisdiction" is another clear example. The classical requirement that for the effectiveness of a foreign judgment the adjudicating court should have had jurisdiction according to the system of law under which recognition or enforcement is sought, has shown remarkable resistance and States have been more inclined to relinquish that rule towards akin countries in the context of instruments that ensure reciprocity so that the jurisdiction assumed by its own courts is not questioned abroad. For example, as early as 1968 the Brussels Convention on Jurisdiction and the Enforcement of Judgments in Civil and Commercial Matters suppressed that requirement even in situations where a court has relied upon an exorbitant basis of jurisdiction [581].

198. Beyond the incidence of reciprocity for concluding a treaty, there exists a variety of situations in which a State may invoke a material breach of a treaty by another party as a ground for termination or suspension (Art. 60 (1) VCLT). In this case, a State resorting to retorsion would not be internationally responsible. The origin of the rule is in the *non adimpleti contractus* exception of civil law, found also in other legal system, and may qualify today as a "general principle of law" [582]. However, cases where a State applies retorsion with regard to a private international law treaty are rare, probably because the advantages of the treaty surpass those of terminating or suspending it, and because many treaties in the field are multilateral, which means that even if termination or suspension by a State specially affected by the breach may be allowed with regard to the defaulting State (Art. 60 (2) *(b)*), it is usually discouraged.

---

580. Cf. A. Dutta, "Reciprocity", in Basedow *et al.* (eds.), *op. cit.* (note 110), Vol. 2, pp. 1467 *et seq.* at 1469.
581. Fernández Arroyo, *op. cit.* (note 303), at pp. 197-203.
582. *The Diversion of Water from the Meuse*, Judgment, PCIJ Series A/B No. 70 (1937), p. 50 (Diss. Op. Judge Anzilotti).

199. Treaties on one side, it may be all the more appropriate to separate reciprocity as a legal concept from considerations of policy. Moreover, it is difficult and probably misleading to formulate rules of general applicability. Since failing to apply or to recognise a foreign law or decision is in principle not illegal under customary international law, the role of reciprocity as a rule of law is limited [583].

The issue of reciprocity may be best considered in the context of injury to persons and property of aliens on State territory. Internal economic or security policies and aspects of foreign policies may result in certain prohibitions or restrictions on acquisition of immovable, patents and so forth, or the practice of certain professions by aliens generally or nationals of some States. Placing liabilities on (certain) aliens is within the discretion of the State, except as they may infringe the principle of non-discrimination which is part of customary international law. In any event, the rights and guarantees afforded to aliens shall not be less than the fundamental human rights recognised and defined in contemporary international instruments. Thus in legal terms the position is probably as follow: provisions that place conditions on the enjoyment of certain rights of aliens based on reciprocal treatment of nationals in the State of origin are not necessarily unlawful. On the other hand, the liabilities of aliens under the local law may lead to reciprocal treatment in the foreign State. Finally, and most important of all, neither the measures nor the countermeasures may result in human right violations and, in the latter case, the means employed to protect national victims may not include identical measures, as the application of the principle of reciprocity provides no justification for the disregard of the "international minimum standard" let alone violation of fundamental human rights (for example, the obstruction of access to court under foreign law does not justify reciprocal restriction under the local law, and confiscation of property of alien residents is not the lawful response to foreign expropriation without compensation affecting nationals of the host State).

But even if reciprocity is admissible under public international law, the problem of reciprocity is that it could be ill adequate as a basis for private international law. The pitfalls of reciprocity in conflicts law have been described by Paul Lagarde: in private international law the subject of the law is the private person (exceptionally the State). However, it is not the person who makes the concession but the State of which he or she is a national. And yet it is the person who will benefit or suffer from

---

583. Niboyet, *op. cit.* (note 571), at pp. 272-275.

the concession made or rejected by its national State. This *décalage* between the parties to the reciprocity (the States) and the parties to the law (the private persons) explains why reciprocity does not adapt to private legal relationships [584]. Still, reciprocity may provide some incentive for a State wanting to guarantee its nationals the enjoyment of certain rights abroad. It has been pointed out that reciprocity does not equate to identical treatment, and it may only satisfy the national not the international standard [585]. Moreover, the experience shows that lack of reciprocity is frequently used as a pretext for denying rights to alien visitors when not residents. On the whole, reciprocity has been a source of difficulty and the application of the concept calls for sophisticated treatment in treaties in order to support a particular solution between States.

Note on comity

200. As soon as comity is set apart from the notion of reciprocity, and is not understood as involving a legal obligation, it may be said to denote acts, practices and rules of goodwill, amity and courteous treatment habitually observed by States in their interaction with one another [586]. To be sure, comity is not listed or acknowledged as a source of international law under Article 38 ICJ Statute. At best, it might be a factor influencing the development of rules of public international law [587].

201. If no obligation exists under treaty or customary international law or as a matter of human rights to apply foreign law, a statutory or judicial designation of a law other than the forum law as applicable to a case may be said to be founded on comity. The premise is rooted in Huber's third axiom that "rights acquired within the limits of a government retain force everywhere" [588] and, as a matter of US law, it may prescribe the recognition and application of foreign law as long as it is not contrary to the public policy of the forum (Section 90, Restatement (First and Second) on the Conflict of Laws). On the other

---

584. Lagarde, *op. cit.* (note 571), at pp. 189-190.
585. Niboyet, *op. cit.* (note 571), at pp. 286-293.
586. P. Macalister-Smith, "Comity", in R. Bernhardt, Max-Planck-Institut für ausländisches öffentliches Recht und Völkerrecht *et al.*, *Encyclopaedia of Public International Law*, Vol. 1, Amsterdam, Kluwer Law International, 1992, pp. 671 *et seq.* at 671-672.
587. *Ibid.*
588. Huber, *op. cit.* (note 28), at pp. 136-137.

hand, the effect of comity is to restrict the extraterritorial reach of domestic law. Here, in addition to limiting the lawmaker's power (e.g. in international regulatory law and human rights litigation), comity has been construed by the courts as requiring that an ambiguous statute be interpreted not to apply to conduct outside the US territory [589]. Comity considerations also pervade the act of State doctrine according to which the judiciary will not examine the validity of an act of another State within its own territory, more commonly an expropriation by a foreign sovereign [590].

202. On the contrary, in English law and other common law countries comity is used, not as an explanation for the system of the conflict of laws, but rather as "a tool for applying or re-shaping the rules of the conflict of laws" [591], as "a principle or a doctrine which a judge has at hand to help him or her to decide cases in which the cross-border elements are in need of careful treatment" [592]. Thus, more than allowing the court to make an exception to the principles of State sovereignty and territoriality by finding that there is a "sufficient connection" with the English court, or questioning the conclusiveness of foreign judgments or the lawfulness of foreign State acts, the observance of the principle of comity is the rule of the common law principle of private international law [593].

203. To recapitulate: comity has a distinct role in the private international law of common law countries, with contours that vary from country to country. It is a species of accommodation, not required by international law, except that particular rules of comity established by treaty or maintained over a long period may develop into rules of customary international law in the field of conflict of laws.

Note on international conferences and organisations concerned with private international law

204. Multilateral legal codification has long been the redoubt of international organisations. This is by and large the case with private

---

589. E.g. *EEOC* v. *Arabian Am. Oil Co.*, 499 US 244, 248-249 (1991). See A. Briggs, "Principle of Comity in Private International Law", *Recueil des cours*, Vol. 354 (2011), pp. 96 *et seq.*; T. W. Dornis, "Comity", in Basedow *et al.* (eds.), *op. cit.* (note 110), Vol. 1, p. 385.
590. *Banco Nacional de Cuba* v. *Sabbatino*, 376 US 398, 431-432 (1964).
591. Collins (gen. ed.), *op. cit.* (note 149), at p. 6.
592. Briggs, *op. cit.* (note 589), at p. 89.
593. *Ibid.*, pp. 82, 85.

international law. Created by treaty (the HCCH and UNIDROIT) or as a subsidiary body of the General Assembly of the United Nations (UNCITRAL), and holding international legal personality, international organisations have carried out successful conferences of plenipotentiaries and provided the basis for the resulting multilateral private international law conventions. The membership of international organisations combines technical quality and the experience of government work, so that drafts are more likely to adopt solutions which are acceptable to governments [594]. The model is replicated at regional level (OAS, Council of Europe, EU, MERCOSUR, OHADA).

One distinctive feature is the capacity of international organisations to influence the agenda and the outcome of resulting texts, as they are in charge of preparing the drafts or overseeing experts' work. Another feature is the consensus basis on which they operate which, as membership has expanded, has resulted in the adoption of complex public international law devices (opt-in and opt-out clauses, provisions for non-unified legal systems, reservations, etc.) to achieve private international law unification.

The influence of codification undertaken by international conferences and organisations largely exceeds the participating States, as State legislators and courts often look for internationally designed solutions for the application and reform of domestic conflict rules.

205. The product of professional and academic organisations is not unrelated but must be distinguished from intergovernmental codification, nevertheless. They work on various topics and some hold observer status in international organisations allowing them to intervene in debates and sometimes to submit documents alongside member States, without the right to vote. For instance, ASADIP has been participating as observer in the HCCH, UNIDROIT and UNCITRAL. In practice, NGOs are valued for their technical expertise and the rules and principles that they lay down, for example the resolutions of the IDI, have had some success in influencing the shaping of international solutions. ASADIP Principles on TRANSJUS [595] were adopted relatively recently for their impact to be properly assessed, although they are being widely taught at universities and discussed in academic and professional fora in Latin America and also, albeit less so, in Europe.

---

594. Brownlie, *op. cit.* (note 120), at p. 29.
595. *Supra* (note 221).

CHAPTER III

THE INFLUENCE OF PUBLIC INTERNATIONAL LAW
UPON THE *APPLICATION* OF PRIVATE INTERNATIONAL
LAW: SELECTED PROBLEMS

"There are only three powers on earth: the United States, the Soviet Union and FIFA."

Former FIFA President João Havelange

1. *Jurisdictional immunities and the right of access to justice*

(a) *The distinction between non-justiciability and jurisdictional immunity of States*

206. The present section has the modest object of presenting how public and private international law are concerned with situations involving acts of foreign States and their agents in broad outline. Even a synopsis, let alone a short analysis, of the current international law of State immunity would be reckless here in view of the complexity of the issues and the agenda of legal problems before national courts. Attention to US and UK statutes and court decisions is explained by the influence that they have had in the development of the law at international level.

207. The immunities of foreign States and dignitaries are usually ascribed to public international law, and yet no good reason appears for excluding them from private international law [596]. Immunities probably go back to the medieval feudal rule *par in parem non habet imperium*. They are governed primarily by treaty and custom, and failing that by municipal law, although the practice of domestic courts and governments has been most relevant in determining the extent to which immunity is afforded to States on the international plane over time. The question arises, therefore, regarding the characterisation of certain doctrines and practices as "general principles of law recognised by civilised nations".

208. Except as the matter is brought up before an international tribunal, immunity constitutes a defence to an action entertained before

---

596. Stevenson, *op. cit.* (note 251), at pp. 563.

the municipal courts of another sovereign. Immunity as a jurisdictional bar, which can be waived by the beneficiary State, may be distinguished from non-justiciability where the national courts have no competence to assert jurisdiction, for example, as to the validity of a law or the policy of the executive of a foreign independent State. In the latter case, immunity is based on the principle of non-intervention in the internal affairs of another State [597]. However, it is difficult to catalogue such issues, and it may be questioned whether it is a sound distinction at all. With the introduction of the restrictive doctrine, it has become very much in vogue to base the plea on the nature of the dispute rather than on the status of an independent State [598]. However, the formulation of the plea on subject matter cannot disguise the fact that the matters identified as immune all depend on the public persona of the foreign State [599]. The "procedural" (or "preliminary") nature of State immunity was affirmed recently in the *Jurisdictional Immunities of the State* case [600] by the ICJ.

209. In US law, the *act of State* and *the political question doctrine* are rooted in the separation of powers and the deference of the courts to the executive in foreign and diplomatic affairs. In the leading 1964 case *Banco Nacional de Cuba* v. *Sabbatino* [601], the US Supreme Court held that under the act of State doctrine US courts could not question the validity of an expropriatory seizure of sugar by Castro's government by reference to international law. It declared that: "[t]he judicial branch will not examine the validity of a taking of property within its own territory by a foreign sovereign government, extant and recognized by this country at the time of suit, in the absence of treaty or other unambiguous agreement regarding controlling legal principles, even if the complaint alleges that the taking violates customary international law" [602]. The Court treated the matter, the validity of a foreign State's act, as one of status of a foreign State as does immunity, and yet gave positive effect to its legislative acts [603].

---

597. I. Brownlie, *Principles of Public International Law*, 6th ed., Oxford, Oxford University Press, 2003, at pp. 320-321.
598. H. Fox, *The Law of State Immunity*, 2nd ed., Oxford, Oxford University Press, 2008, at p. 101.
599. *Ibid.*, at p. 103.
600. *Jurisdictional Immunities of the State (Germany v. Italy: Greece Intervening)*, Judgment, *ICJ Reports 2012*, pp. 140.
601. *Banco Nacional de Cuba* v. *Sabbatino*, 376 US 398 (1964).
602. *Ibid.*, at 428.
603. Fox, *op. cit.* (note 598), at p. 107.

Subsequently, however, the act of State doctrine has come to operate more as a choice of law rule than as a jurisdictional bar [604]: act of State is only applicable where the court is asked to declare invalid the official act of a foreign government within its own territory, as the acts of the foreign sovereigns taken within their own jurisdictions shall be deemed valid. The *situs* requirement established in *Sabbatino* has been emphasised by subsequent decisions of lower courts [605]. The Foreign Sovereign Immunities Act (FSIA) of 1976 also required the territorial nexus: only acts that took place or produced direct effects beyond the State's territory raised any possibility of jurisdiction in US courts (28 USC 1605 *(a)* (2)). In *Republic of Argentina* v. *Weltover* (1992) the Supreme Court upheld that an effect is direct if it follows "as an immediate consequence of the defendant's . . . activity" [606]. For States generally this position still holds, except for States designated as sponsors of terrorism in which case FSIA, as amended by the 1996 Anti-Terrorism and Effective Death Penalty Act, extends US jurisdiction over specified acts performed solely in the foreign State's territory (now codified at 28 USC 1605A under the National Defence Authorisation Act for Fiscal Year 2008).

210. In turn, the political question doctrine requires deference to the State Department's suggestion of interest (SoI) for the implications of a claim on US foreign policy and the potentiality of embarrassment from multifarious pronouncements by various departments on one question [607], although the principle of separation of powers seems to suggest that an independent judicial analysis would be necessary. The SoI is not controlling, however, of the court's determination whether there is any international norm intended to protect individuals [608]. Lately, in *Kiobel* v. *Royal Dutch Petroleum Co.* (2013) the Supreme Court held that the Alien Tort Statute (ATS) was intended to cover international law violations occurring in the United States, and that violations elsewhere must "touch and concern" US territory "with sufficient force" to displace the presumption against extraterritorial application [609]. There was a similar result in the *Rio Tinto PLC* v. *Sarei* case of the same

---

604. *Ibid.*, at p. 108. See *WS Kirkpatrick & Co.* v. *Environmental Tectonics*, 493 US 400 (1990); *Riggs National Corporation* v. *IRS*, 163 F.3d 163 (DCC Cir. 1999).
605. *Braka* v. *Bancomer*, 762 F.2d 222 (2nd Cir. 1985).
606. *Republic of Argentina* v. *Weltover*, 504 US 617 (1992).
607. *Baker* v. *Carr*, 369 US 186, 217 (1962).
608. *Sosa* v. *Alvarez-Machain*; *United States* v. *Alvarez-Machain*, 542 US 692 (2004).
609. *Kiobel* v. *Royal Dutch Petroleum Co.*, 569 US 108 (2013).

year [610]. Since *Kiobel* and *Rio Tinto*, federal courts have dismissed a variety of ATS claims arising out of conduct occurring entirely abroad.

211. Act of State is also a rule of English law giving effect to judicial restraint narrower than the doctrine of non-justiciability [611]. The rule is described by Dicey, Morris and Collins in the following way: "The courts will not investigate the propriety of an act of a foreign government performed in the course of its relations with another State nor enforce any rights alleged to have been created by such an act unless the right has been incorporated into English law." [612] The defence has been mainly applied in cases of confiscation of property. The grounds for giving effect to foreign expropriatory legislation vary: it was in conformity with the general rule of private international law by which the law of the State within whose territory the property was located *(lex situs)* determined its validity, there was no generally accepted rule of international law relating to compensation for expropriation to justify English courts disregarding foreign legislation, and comity favoured recognition [613]. However, in the 2002 *Kuwait Airways Corp.* v. *Iraqi Airways Co. (Nos. 4 and 5)* [614] the UK House of Lords held that English public policy would not permit recognition or enforcement of foreign law which constituted "a gross violation of established rules of international law of fundamental importance", a "flagrant international wrong". In Lord Steyn's words, "the conception of public policy is and should be narrower and more limited in private international law than international law . . . local values ought not lightly to be elevated into public policy on a transnational level". A distinction between "cases of private rights" and "matters of sovereignty" continues to be made [615], but respect for the *lex situs* rule has been displaced by inquiry as to whether the laws are contrary to international law [616].

212. Additionally English law recognises the doctrine of restraint on grounds of non-justiciability on general issues related to the validity of foreign marriages, testamentary directions and incapacities imposed on account of slavery, religion, nationality, race and divorce. Heads of judicial review include foreign affairs and international relations,

---

610. *Rio Tinto PLC* v. *Sarei*, 569 US 945 (2013).
611. Fox, *op. cit.* (note 598), at p. 112.
612. Collins (gen. ed.), *op. cit.* (note 149), at p. 121.
613. Fox, *op. cit.* (note 598), at p. 116.
614. *Kuwait Airways Corp.* v. *Iraqi Airways Co. (Nos. 4 and 5)* [2002] UKHL 19, [2002] 2 AC 883.
615. As per *Buttes Gas and Oil Co.* v. *Hammer* [1981] UKHL 3, [1982] AC 888.
616. Fox, *op. cit.* (note 598), at pp. 117-118.

defence, national security, interpretation of international law, political questions and transactions between foreign States. Regardless of whether raised by direct suit against a foreign State or in proceedings between private parties, the reasons for the rejection of many of the claims are explicable on lack of conformity with the general rules of private international law, and in particular of a jurisdictional requirement such as the *lex situs*, or the absence of some other jurisdictional connection with the forum territory[617]. The doctrine is subject to the public policy exception. A court will not enforce the penal or fiscal laws of another country, discriminatory legislation directed against particular individuals or a particular class of individuals[618], or gross violations of established rules of international law of fundamental importance[619]. Recent cases also support an exception to the rejection of a claim on grounds of public policy where some domestic law right or interest (a "foothold on domestic law") can be demonstrated on the facts[620].

213. Overall, in many cases the result of the plea of act of State would equally be achieved by the application of the ordinary rules of private international law and of the *lex situs* to determine title to property located within the foreign State's territory. The extent to which public policy grounds may apply when an act of State is involved also becomes the same as when non-justiciability is raised[621].

(b) *State immunity as a personal jurisdictional bar*

214. It is difficult to state the current legal position regarding the extent of State immunity in terms of general international law. The basic premise as a matter of existing law is that, while under customary international law States continue to enjoy absolute immunity for "sovereign acts", that is no longer the case with respect to their private or business activities. The 2004 UN Convention on Jurisdictional Immunities of States and their Property, although not yet having entered into force, is the most authoritative statement on the current law on State immunity. As of 2022 it was signed by twenty-eight States in all five continents (including China, Iran, Mexico, the Russian Federation

---

617. H. Fox and Ph. Webb, *The Law of State Immunity*, 3rd ed., New York, Oxford University Press, 2015, at p. 64.
618. As per *Oppenheimer v. Cattermole* [1976] AC 279.
619. As per *Kuwait Airways Corp. v. Iraqi Airways Co. (Nos. 4 and 5)* [2002] UKHL 19, [2002] 2 AC 883. Cf. in general Fox and Webb, *op. cit.* (note 617), at pp. 64-66.
620. Fox and Webb, *ibid.*, at pp. 66-69.
621. *Ibid.*, at p. 63.

Influence of Public Int'l Law upon Private Int'l Law 347

and many EU members, the United Kingdom among them) and ratified by twenty-two States (including France, Japan and Switzerland). The Convention was the result of a laborious process of the ILC and the UN General Assembly Sixth Committee over almost thirty years.

215. The Convention has side-stepped such controversial issues as the necessity to establish a jurisdictional connection of an act of a State giving rise to a claim of immunity with the forum State (as required, for example, by the FSIA), or the determination of the applicable law (for example, the entities which come within the Convention's definition of "State", the nature and purpose of a commercial transaction and the use or intended use of State property subject to execution) [622]. Such determinations will be a necessary stage in proceedings brought against a foreign State, as in respect of proceedings relating to private individuals a court would proceed by reference to the applicable choice of forum and choice of law rules. Presumably, to establish jurisdiction over another State a court will turn to the forum law and then identify and apply national (municipal) law subject to "international law restrictions" as they may exist [623], for example to the qualification of an act as sovereign or non-sovereign. In the context of the Convention, resort to the law of the forum is greatly reduced as immunity is to be determined in accordance with its provisions. On occasion, reference to the forum law is expressly made, for example in Article 2 (2) to determine the relevance of the "purpose" of a transaction in establishing its non-commercial character. On other occasions, to determine if "agencies or instrumentalities of the State or other entities" fall within the definition of State, references are made to both the foreign law to the extent that they are entitled to perform and the forum law to the extent that they are actually performing acts in the exercise of sovereign authority of the State (Art. 2 (1) *(b) (iii)*).

216. The Convention follows the universal State practice of treating separately adjudicative and enforcement jurisdiction. It declares a general rule of immunity from jurisdiction subject to exceptions (Art. 5). The rule is purported to be a statement of a current rule of international law [624]. However, even at the time of adoption, it may have been more accurate to present the law stating two rules: one permitting

---

622. Fox, *op. cit.* (note 598), at pp. 388-390.
623. *Claim against the Empire of Iran Case*, German Federal Constitutional Court, Decision of 30 April 1963, 16 BVerfGE 27, 45 ILR 57.
624. See Draft Articles on Jurisdictional Immunities of States and Their Property, with Commentaries, *Yearbook ILC* (1991), Vol. 2, Part 2, pp. 22-23.

proceedings against a State for *acta gestionis*, the other providing for immunity for *acta imperii* [625]. Article 10 (1) establishing the exception for commercial transactions includes a conflict of law requirement: commercial transactions within the restriction are those "with a foreign natural or juridical person" and where "by virtue of the applicable rules of private international law [of the forum State], differences relating to the commercial transaction fall within the jurisdiction of a court of another State". This paragraph represents a "compromise formulation". As the ILC admits in its Commentary,

> "[i]t is the result of continuing efforts to accommodate the differing viewpoints of those who are prepared to admit an exception to the general rule of State immunity in the field of trading or commercial activities, based upon the theory of implied consent, or on other grounds, and those who take the position that a plea of State immunity cannot be invoked to set aside the jurisdiction of the local courts where a foreign State engages in trading or commercial activities" [626].

Catherine Kessedjian and Christopher Schreuer have criticised the ILC draft as failing to ensure the *principe d'égalité procédurale* (equal treatment as an essential principle of a good administration of justice) which is the underlying justification for the restrictive doctrine. In their view, the draft has mistakenly accepted the need for State immunity to provide protection to developing States against the sophisticated market devices of rapacious multinational corporations. Rather, it may create legal insecurity and discourage foreign investment by making non-immunity dependent on the discretion of the forum State (Art. 2 (2)), excluding commercial transactions between States (Art. 10 (2)), imposing additional jurisdictional connections in employment, intellectual and industrial property, company and shipping to those required in proceedings between private parties (Arts. 11, 14, 15 and 16), limiting the exceptions to commercial transactions that nationals of the foreign State may bring, and an over-generous designation of diplomatic and central bank assets as non-immune [627]. Although some of the criticism

---

625. See Resolution on Contemporary Problems Concerning the Immunity of States in Relation to Questions of Jurisdiction and Enforcement, *Annuaire de l'IDI*, Vol. 64 (1991), pp. 388 *et seq.*
626. Draft Articles on Jurisdictional Immunities of States and Their Property, with Commentaries, *Yearbook ILC* (1991), Vol. 2, Part 2, p. 34.
627. C. Kessedjian and Ch. Schreuer, "Le Projet d'Articles de la Commission du droit international des Nations-Unies sur les immunités des Etats", *RGDIP*, Vol. 96 (1992), p. 299 *et seq.*

may be unjustified as a matter of existing law, independently of the Convention, the overwhelming majority of States support a rule of restrictive immunity [628].

217. That a commercial or private law exception to State jurisdiction is now recognised in common law countries as well as in the civil law may obliviate the fact that State practice varies significantly as to the concept of commerciality, beyond the use of the commercial "character" or "nature" of the act (as opposed to its "purpose" used in earlier cases) as a determinant for immunity purposes, and some types of acts which have been recognised as falling within the exception to the rule of immunity in a diversity of countries. Acts categorised as falling within recognised exception to the rule of immunity have been enumerated in some common law States (e.g. Section 3 of the UK State Immunity Act of 1978 as amended). To be certain, no authoritative list exists of acts recognised as commercial under international law (or list of sovereign acts held immune for that matter). Nonetheless, some general designation of commercial and sovereign acts can be made.

The Convention enumerates in Article 2 (1) the core categories of commercial transactions which would not be held immune in most States nowadays: *(a)* contracts for the sale of goods or the supply of services; and *(b)* loans or other transactions or any other financial obligation. Also, certain narrowly defined contracts of employment and transactions relating to patents, trademarks, membership of companies, commercial arbitration and admiralty (maritime law) proceedings are generally classified as activities of a commercial nature [629].

On the other hand, internal, administrative and legislative acts of State including nationalisation, expropriation and public loans have been classified as activities of a governmental nature, even though in recent decades there has been some redrawing of the boundary line [630]. In *Republic of Argentina* v. *Weltover* (1992) [631] the US Supreme Court overruled previous cases and treated the issuance of State bonds to private individuals and subsequent restriction of payment due to shortage of foreign reserves as related to commercial activity and hence not immune. More recently, the US Court of Appeals for the District of Columbia Circuit held in *Yang Rong* v. *Liaoning Province*

---

628. Fox and Webb, *op. cit.* (note 617), at p. 324.
629. Fox, *op. cit.* (note 598), at pp. 518-519.
630. *Ibid.*, at pp. 523-524.
631. *Republic of Argentina* v. *Weltover*, 504 US 607 (1992).

Government(2006) [632] that the commercial activity exception of the FSIA does not apply to a claim based on seemingly commercial acts that "flow" from an expropriation. The US Court of Appeals for the Ninth Circuit had held in *Silverman de Blake* v. *Republic of Argentina*(1992) [633] that a claim based on commercial use of previously expropriated property may be asserted under the commercial activity exception. However, in the 2018 *Petersen Energía Inversora SAU* v. *Argentine Republic* [634] case (certiorari denied), the US Court of Appeals for the Second Circuit compounded the confusion as it allowed claims that are by-products of a sovereign expropriation (*viz* the refusal to extend a tender offer in accordance with YPF bylaws) to proceed under the commercial activity exception. Argentina and YPF (Argentina's State-controlled oil company) contended that the lawsuit falls outside the commercial activity exception because the alleged violation of contractual obligations were "inextricably intertwined with" the sovereign act of expropriation, that they "directly followed from", were "the direct result of" and occurred "in connection with" the expropriation. In interpreting the terms "based upon" and "commercial" of FSIA (28 USC 1605 *(a)* (2)) and relevant case law, the US Government took the rather formalistic view that even though Argentina's sovereign act of expropriation led to that alleged violation, that does not make the expropriation the basis of the lawsuit which was based upon the alleged violation of the tender offer rules of YPF bylaws, and that a failure to comply with a tender offer requirement does not become any less commercial because the alleged violator is a foreign State [635]. The systemic implications of this ruling are serious, including as regards the weak jurisdictional nexus of this case with US territory (based solely on YPF trading on the New York Stock Exchange and despite the fact that the expropriated shareholders were Argentine nationals) and that access to Argentine courts was not precluded nor sought by plaintiffs. A lawsuit based upon the failure to extend a tender offer does amount to a challenge to the expropriation, which is universally recognised as an intrinsically sovereign act. Furthermore, the decision has been

---

632. *Yang Rong* v. *Liaoning Province Government*, 452 F.3d 883, 889 (DC Cir. 2006).
633. *Silverman de Blake* v. *Republic of Argentina*, 965 F.2d 699, 708-9 (9th Cir. 1992).
634. *Petersen Energía Inversora SAU* v. *Argentine Republic*, 895 F.3d 194 (2d Cir. 2018).
635. *Argentine Republic* v. *Petersen Energía Inversora SAU (Petition for a Writ of Certiorari)*, Brief *amicus curiae* of United States of America, 24 May 2019, pp. 9-14.

said to transgress the historical limits on US judicial interference with sovereign acts and threaten to disrupt international comity [636].

218. Overall, the restrictive doctrine and the criteria of private law and commerciality have failed to produce reliable guidance as to when a national court will assume or refuse jurisdiction. A State responsible for the care of a territory and population under international law should not be subject to another State's jurisdiction save in certain circumstances. Thus, the general tendency of establishing a rule of immunity subject to exceptions may reflect more accurately the correct relationship between public and private acts that the restrictive doctrine endeavours to formulate [637].

219. Two further matters should be given brief attention. One is the exception for compensation for non-contractual personal injuries and loss of property in Article 12 UN Convention. The exception covers intentional, accidental or negligent acts and makes no distinction between public and private acts [638]. The article requires both the act and the author causing the damage to be within the territory of the forum State. It draws inspiration from the 1971 HCCH Convention on the Recognition and Enforcement of Foreign Judgments in Civil and Commercial Matters (Art. 10 (4)), but the jurisdictional connection is stricter than the 1968 Brussels Convention on Jurisdiction and Enforcement of Judgments (and the later 2001 EC Brussels Regulation). A breach of municipal law and a violation of international law may be difficult to distinguish in respect of delictual acts and, thus, the rigorous jurisdictional connection may just provide one method of discrimination [639]. Under private international law rules generally a court may exercise jurisdiction over acts of a private individual or corporation where consequent damage occurs within the forum State. Also, some national legislation, *viz* the US Anti-Terrorism and Effective Death Penalty Act of 1996, removes immunity for personal injury or death caused by torture, extrajudicial killing, aircraft sabotage, hostage taking, or provision of material support or resources for such acts committed outside US territory. It is therefore not surprising that the stricter jurisdictional connection required by Article 12 has come

---

636. *Argentine Republic* v. *Petersen Energía Inversora SAU (Petition for a Writ of Certiorari)*, Brief *amicus curiae* of the United Mexican States, 3 December 2018, pp. 4-9.
637. Fox and Webb, *op. cit.* (note 617), at pp. 415-416.
638. Draft Articles on Jurisdictional Immunities of States and Their Property, with Commentaries, *Yearbook ILC* (1991), Vol. 2, Part 2, pp. 44-45.
639. Fox, *op. cit.* (note 598), at p. 575.

under attack [640]. The justification as provided for in the Commentary of the ILC is that "[s]ince the damaging act or omission has occurred in the territory of the State of the forum, the applicable law is clearly the *lex loci delicti commissi* and the most convenient court is that of the State where the delict was committed. A court foreign to the scene of the delict might be considered as a *forum non conveniens*. The injured individual would have been without recourse to justice had the State been entitled to invoke its jurisdictional immunity" [641]. Also, as the Commission observed, "the present article does not address itself to the question of State responsibility but strictly to non-immunity of a State from jurisdiction before a court of another State in respect of damage caused by an act or omission of the State's agents or employees which is 'alleged' to be attributable to that State; the determination of attribution or responsibility of the State concerned is clearly outside the scope of the present article" [642]. This important observation supports the argument that the removal of immunity does not necessarily result in the imputation of the act to the State because, while jurisdictional immunity is procedural in nature, criminal responsibility is a matter of substantive law [643]. Furthermore, international responsibility requires the violation of an international norm by the defendant State, attributable to the State under international law, for example if the injured individual did not have recourse to justice. However, the ICJ, in the 2012 *Jurisdictional Immunities of the State* case, made clear that a procedural requirement applies in customary international law with respect to all exceptions to State immunities, whether the claim is made in respect of a tort which "derogates from substantive rules which possess *jus cogens* status" (such as serious violations of international human rights law or the international law of armed conflict as were at stake there) or "where no alternative redress is available" [644]. Thus, a challenge arises as to the continued legal validity of an exception to the plea of immunity as in Article 12 of the Convention for delictual loss based on tortious acts of a State committed within the forum State territory [645].

---

640. *Ibid.*, at pp. 575-576.
641. Draft Articles on Jurisdictional Immunities of States and Their Property, with Commentaries, *Yearbook ILC* (1991), Vol. 2, Part 2, p. 44.
642. *Ibid.*, at pp. 139 and 142-145.
643. Fox, *op. cit.* (note 598), at p. 578.
644. *Jurisdictional Immunities of the State (Germany* v. *Italy: Greece Intervening)*, Judgment, *ICJ Reports 2012*, pp. 140.
645. Fox and Webb, *op. cit.* (note 617), at p. 461.

The second issue relates to the exception of immovable property located in the territory of the forum State, succession and administration of States as provided for in Article 13 of the Convention. The exercise of jurisdiction of the forum State over property situated in its territory has long been recognised in private international law. The provision gives effect to an exception that is well established under international law. No exception exists under international law denying immunity for the taking of property in violation of international law or in connection with a commercial activity carried on by a foreign state, such as is provided under US law (Section 1605 *(a)* (3) of the 1976 FSIA). Regardless, the taking of property contrary to international law (arbitrary or discriminatory nationalisation by the State of property without prompt, adequate and effective compensation) entails international responsibility of the State.

(c) *The relationship between foreign State immunity and the right to court access*

220. A major problem with State immunity is that court access may be denied to injured individuals including for the most egregious abuses. Or as Christopher Whytock, who has probably studied the problem the most, put it: "[t]he problem is that foreign State immunity doctrine can prohibit what the right to court access requires"[646]. Court access plays an important role in protecting rights, compensating for injuries, implementing the rule of law and facilitating the peaceful and just resolution of disputes[647]. As a consequence, since the mid-twentieth century a right to court access has obtained ample recognition in international human rights instruments and a growing number of national legislations. Because State immunity can preclude court access in all States other than the foreign State itself and domestic rules of immunity may preclude suit against it in its own courts[648], the question is posed whether international law recognises an exception to the customary rule of State immunity where local remedies provide no reasonable possibility of redress.

221. In the *Jurisdictional Immunities of the State* case, the ICJ rejected the argument that the Italian courts were justified in denying Germany the immunity to which it would otherwise have been entitled,

---

646. Whytock, *op. cit.* (note 463), at p. 2035.
647. *Ibid.*, at pp. 2035, 2048.
648. *Ibid.*, at pp. 2037, 2060-2062.

because all other attempts to secure compensation for the various groups of victims involved in the Italian proceedings had failed, in the following terms:

> "The Court can find no basis in the State practice from which customary international law is derived that international law makes the entitlement of a State to immunity dependent upon the existence of effective alternative means of securing redress. Neither in the national legislation on the subject, nor in the jurisprudence of the national courts which have been faced with objections based on immunity, is there any evidence that entitlement to immunity is subjected to such a precondition." [649]

If any such condition indeed existed, for the Court its application would be exceptionally difficult in practice, particularly when claims have been the subject of extensive intergovernmental discussion, as national courts in one of the countries concerned are unlikely to be well placed to determine when prospects for an inter-State settlement are considered to have disappeared and immunity would presumably cease to apply [650].

It follows that for the ICJ, unless international law provides an applicable exception to State immunity under the facts of the case, immunity will be granted and the suit dismissed, regardless of the impact on court access [651].

222. Following the *Jurisdictional Immunities of the State* case, the ECtHR applied its settled case law in 2014 in *Jones* v. *United Kingdom* [652] involving allegations of torture. The Court held that the grant of immunity to Saudi Arabia and its State officials in civil proceedings reflected generally recognised rules of public international law. As the Court found in the 2001 *Al-Adsani* case [653], the grant of immunity pursued the legitimate aim of complying with international law to promote comity and good relations between States through the respect of another State's sovereignty. Therefore, dismissal of the case by the English courts on grounds of State immunity cannot be said to have amounted to an unjustified restriction on the applicant's access to

---

649. *Jurisdictional Immunities of the State (Germany v. Italy: Greece Intervening)*, Judgment, *ICJ Reports 2012*, p. 143.
650. *Ibid.*, at pp. 143-144.
651. Whytock, *op. cit.* (note 463), at p. 2079.
652. *Jones and Others* v. *United Kingdom*, Nos. 34356/06 and 40528/06, ECtHR 2014.
653. *Al-Adsani* v. *United Kingdom* [GC], No. 35763/97, ECtHR 2001.

court guaranteed by Article 6 (1) ECHR. In particular, the Court held that there was no access to court violation. According to the ECtHR, while in recent years a number of national jurisdictions have considered whether there is now a *jus cogens* exception to State immunity in civil claims against the State, it is not necessary for the Court to examine these developments in detail since the recent judgment of the ICJ in *Germany* v. *Italy*, which the Court considered as authoritative as regards the content of customary international law, clearly establishes that, by February 2012, no *jus cogens* exception to State immunity had yet crystallised [654].

223. Against the backdrop of the ICJ and ECtHR jurisprudence, Whytock proposes a "proportionality approach" that would require a case-by-case determination of the foreign relations benefit and court access consequences of the grant of immunity, aided by presumptions: if the foreign State will provide a fair and public hearing within reasonable time by an impartial tribunal established by law, there is a rebuttable presumption that the grant of immunity will not have a disproportionate impact on the claimant's ability to obtain court access; otherwise there is a rebuttable presumption that a grant of immunity will have a disproportionate impact on the claimant's ability to obtain court access [655]. Whytock's approach is reminiscent of the balancing test sought by Judge Yusuf in the *Jurisdictional Immunities of the State* case, between the intrinsic functions and purposes of immunity and the protection and realisation of fundamental human rights and humanitarian law principles [656]. A main objection with regard to Whytock's approach is that it confers upon the court seized by the claimant the assessment about the foreign legal system, its independence and impartiality and the adequacy of the available legal rights and defences to obtain court access.

224. As the impact of State immunity on court access becomes apparent, pressure for forum States to lift immunity to foreign State defendants will likely mount. Defendant States, for their part, will find it increasingly difficult to sustain their claim to immunity where the national legal system offers no meaningful access to court. As the ECtHR recognised in 2014 in *Jones* v. *United Kingdom*, in recent years

---

654. *Jones and Others* v. *United Kingdom*, Nos. 34356/06 and 40528/06, paras. 197-198, ECtHR 2014.
655. Whytock, *op. cit.* (note 463), at pp. 2082-2089.
656. *Jurisdictional Immunities of the State (Germany* v. *Italy: Greece Intervening)*, Judgment, *ICJ Reports 2012*, pp. 298-299 (Diss. Op. Judge Yusuf).

a number of national jurisdictions have considered whether there is now a *jus cogens* exception to State immunity in civil claims for which appropriate reparations have not been made [657]. Domestic court decisions have shaped to a large degree the customary law on State immunity, and thus it is plausible that subsequent court decisions (alongside the positions adopted by governments) will also bring changes to the current position of international law [658]. The paradox, as noted by Whytock, is that while on the one hand, customary international law is expected to change as domestic judicial practice changes; on the other hand, assertions of jurisdiction over foreign States based on a supposed *jus cogens* (or other) exception that the ICJ rejected in *Germany* v. *Italy* may be seen as a violation of customary international law rather than State practice creating new custom.

(d) *Diplomatic immunity and the demise of private international law*

225. The topic of the immunity of diplomats and diplomatic missions needs a standalone course [659]. A diplomatic mission is an organ of the State and, thus, acts performed by diplomats on behalf of the State, whether public or commercial, are attributed to the State. Therefore, the so-called immunity *ratione materiae* of diplomats is a matter of attribution, not a matter of immunity. A diplomat in post enjoys immu-

---

657. *Jones and Others* v. *United Kingdom*, Nos. 34356/06 and 40528/06, para. 197, ECtHR 2014 (citing *Siderman de Blake* v. *Argentina*, 965 F.2d 699 (9th Cir. 1992), *Princz* v. *Germany*, 26 F.3d 1166 (DC Cir. 1994), and *Sampson* v. *Germany*, 250 F.3d 1145 (7th Cir. 2001) in the United States; *Bouzari* et al. v. *Islamic Republic of Iran*, Court of Appeal of Ontario, Decision of 30 June 2004, 71 OR (3d) 675 in Canada; *Ferrini* v. *Germany*, Court of Cassation, Decision No. 5044/2004 of 11 March 2004, 128 ILR 658 in Italy; *Prefecture of Voiotia* v. *Germany* (Distomo Massacre Case), Court of Cassation (Άρειος Πάγος), Case No. 11/2000, Judgment of 4 May 2000, 129 ILR 514 in Greece; *Natoniewski* v. *Germany*, Supreme Court, Case No. IV CSK 465/09, Decision of 29 October 2010, *Polish Yearbook of International Law*, Vol. 30, 2010, pp. 299-303 in Poland; *Bucheron* v. *Germany*, Cour de cassation, No. 02-45961, Judgment of 16 December 2003, Bulletin Civil, 2001, I, No. 258 (2003), *Grosz* v. *Germany*, Cour de cassation, No. 04-475040, Judgment of 3 January 2006, in France; *AA* v. *Germany*, Constitutional Court, No. IP-13/99, Judgment of 8 March 2001) in Slovenia; *Al-Adsani* v. *Government of Kuwait*, House of Lords [2006] UKHL 26, [2007] 1 AC 270 in the United Kingdom).
658. See generally I. Wuerth, "International Law in Domestic Courts and the Jurisdictional Immunities of the State Case", *Melbourne Journal of International Law*, Vol. 13 (2012), pp. 1 *et seq.*
659. Several great ones have been delivered at this Academy: C. Hurst, "Les immunités diplomatiques", *Recueil des cours*, Vol. 12 (1926), pp. 115 *et seq.*; G. Stuart, "Le droit et la pratique diplomatiques et consulaires", *Recueil des cours*, Vol. 48 (1934), pp. 459 *et seq.*; M. Giuliano, "Les relations et immunités diplomatiques", *Recueil des cours*, Vol. 100 (1960), pp. 75 *et seq.*; S. E. Nahlik, "Development of Diplomatic Law: Selected Problems", *Recueil des cours*, Vol. 222 (1990), pp. 187 *et seq.*

nity *ratione personae* which means that his or her person (and those of the members of his or her family) are not liable to any form of arrest or detention and have immunity from criminal jurisdiction, as well as from civil and administrative jurisdiction for private acts subject to exceptions. These issues are regulated by Articles 29 and 31 of the 1961 VCDR which reflect customary law. Despite occasional public outrage caused by the abuse of diplomatic privileges and immunities, they are widely considered as essential to ensure the efficient performance of functions free from interference from the territorial State [660]. Immunity, however, should not lead to impunity. Thus Article 31 (4) VCDR provides that the immunity of a diplomatic agent from the jurisdiction of the receiving State "does not exempt him from the jurisdiction of the sending State".

226. During the deliberations in the ILC, J. P. A. François proposed the addition of the following paragraph to draft Article 20 VCDR:

> "A diplomatic agent shall be justiciable in the courts of the sending State. The competent tribunal shall be that of the Government of the sending State, unless some other is designated under the law of that State."

Gerald Fitzmaurice, having noted that "international law did not, to the best of his knowledge, impose any positive obligation on States to allow their diplomatic agents to be sued before its own courts", pointed out that "[t]he rules of the sending State on conflicts of jurisdiction might well make it impossible for the local courts to hear cases where, for example, a diplomatic agent had contracted debts in the receiving State. Even without François' amendment, there was nothing to prevent anyone from attempting to sue a diplomatic agent in the sending State's courts, but whether he would be successful in his attempt would depend on the sending State's rules on conflicts of jurisdiction" [661]. The doubts expressed by Fitzmaurice were shared by Grigory Tunkin who observed that if the amendment were adopted "a great many States might find themselves obliged to make far-reaching changes in their municipal law" [662].

---

660. See R. Higgins, "The Abuse of Diplomatic Privileges and Immunities: Recent United Kingdom Experience", *AJIL*, Vol. 79 (1985), pp. 641 *et seq.*
661. "Consideration of the Draft for the Codification of the Law Relating to Diplomatic Intercourse and Immunities", *Yearbook ILC* (1957), Vol. 1, pp. 105-106.
662. *Ibid.*, at p. 106.

The problem of jurisdiction was again raised at the Vienna Conference. The Netherlands proposed, borrowing on François's amendment, that the sending State shall designate a competent court for hearing cases of diplomats abroad with the sufficient expertise, and linked its proposal to an amendment to draft Article 29 (1) which would make immunity from civil jurisdiction in cases of traffic accidents conditional upon the possibility of bringing actions directly against an insurance company in the receiving State. These and other proposals aimed at ensuring that where a diplomat is recalled or expelled, he or she does not avoid legal action, did not gather sufficient support for legal as much as practical reasons.

227. There are indeed many practical obstacles to raising a civil or commercial action before the courts of the diplomat's home State. The prospective plaintiff must seek legal advice in the sending State and pay the cost involved in litigating abroad. If proceedings are commenced while the diplomat is in post, it may be impossible to serve process on the diplomat while he or she is entitled to inviolability in the receiving State. It may be difficult for witnesses to give evidence in another State. There may also be concrete legal barriers. An action may not be brought because the courts of the sending State lack jurisdiction to entertain the case in accordance with the forum law. In some countries, the problem of personal jurisdiction is solved, at least in part, by the rule to the effect that diplomatic agents while in mission abroad remain domiciled in their home country. But the absence of subject matter jurisdiction with regard to acts occurred abroad that are not criminal may be insurmountable. All things considered, even if an appropriate forum exists, the chance of succeeding on an action pursued in a foreign State, based on circumstances which occurred outside that State, are highly remote [663].

Some of the above difficulties also apply in the case of criminal proceedings. The diplomat cannot be extradited in order to be physically present to stand trial in the sending State, witnesses in the receiving State cannot be compelled to travel to testify in the sending State and the courts of the sending State may take a more lenient stance at least in regard to some kinds of offences [664]. Unlike civil and commercial cases,

---

663. J. C. Baker, *The Abuse of Diplomatic Privileges and Immunities: A Necessary Evil?*, Aldershot and Dartmouth, Ashgate, 1998, at pp. 116-117. See also J. Foakes and E. Denza, "Privileges and Immunities of Diplomatic Agents", in I. Roberts (ed.), *Satow's Diplomatic Practice*, 7th ed., Oxford, Oxford University Press, pp. 246 *et seq.* at 264.

664. E. Denza, *Diplomatic Law: Commentary on the Vienna Convention on Diplomatic Relations*, 4th ed., Oxford, Clarendon Press, 2016, pp. 266.

the penal codes of many States do give jurisdiction to the national courts over offences committed abroad by diplomats and other representatives (the *nationality principle* of jurisdiction). There are some examples of jurisdiction being upheld and convictions introduced, though in most (if not all) cases by application of the criminal substantive law of the sending State [665], and these often involve crimes that have taken place within the premises of the diplomatic mission or against a colleague in the mission [666]. However, a major problem would present itself if an offence under the laws of the receiving State were not considered as such under the laws of the sending State.

For all the above reasons, recourse to proceedings in the sending State seems to have been rarely used in regard to diplomatic representatives. Instead, recourse to amicable solution, when such venue is appropriate, and the waiver of immunity by the sending State under Article 32 VCDR may be the only available options. Yet as States are usually reluctant to waive immunity, offences in practice may go unpunished except for the application of administrative sanctions leading occasionally to the ousting of the officer from the foreign service ranks and the even more rare institution of judicial proceedings in the sending State.

228. It remains to be seen whether developments in international judicial cooperation will result in more cases being brought before the jurisdiction of the sending State. In the absence of domestic legislation or case law providing for the jurisdiction of the courts of the sending State, the purpose of avoiding a denial of justice and of guaranteeing access to the judge, as provided in international human rights and other instruments, may be argued in support of establishing jurisdiction on the basis of necessity *(forum necessitatis)*. In civil and commercial cases, a lawsuit can be commenced in the receiving State after the diplomat has left the post as the immunity ceases when they leave the country, and notifications and recognition of a judgment may then be pursued through the available instruments of international judicial assistance. A recent decision by the UK Supreme Court – to allow for compensation claims against a serving diplomat for the exploitation of a domestic worker – has resonated internationally. Building on previous jurisprudence, the Court, while rejecting human rights and right of access to court arguments, ruled that the assumed facts could fall within the "commercial activity" exception to immunity under

---

665. See J. Salmon, *Manuel de droit diplomatique*, Brussels, Bruylant, 1994, at pp. 348-350.
666. Denza, *op. cit.* (note 664), at p. 267.

Article 31 (1) *(c)* VCLT[667]. The case remains unique, precluding the making of any predictions, yet the implications may be far reaching.

(e) *Problems raised by the immunity of international organisations*

229. Theoretically, although a State may enjoy immunity before a foreign court it may still be sued before its own courts. Diplomats may also in principle be made accountable before the courts of their home State. The problem with international organisations is that where the headquarter agreement provides for functional or personal immunity, no forum remains available for justice to be made or relief to be sought. Immunities remain essential for the performance by international organisations of their functions, and yet may result in gross denial of justice for persons who contract with or are affected by a tort committed by the organisation or its personnel.

230. International organisations derive their existence and their immunities from treaties. No standard exists as a matter of general international law regarding the enjoyment or the scope of jurisdictional immunities before the national courts of such organisations[668]. In the absence of a treaty provision, organisations enjoy immunity in so far as it is provided by national legislation. The distinction between a public and a private act has little direct relevance in determining the extent of immunities of an organisation. If the activity is performed in accordance with the functions granted by the treaty the organisation will be entitled to protection by immunity[669]. Difficult questions arise where the activity is *ultra vires* or as to how far profit-making activities (e.g. selling merchandise or gift articles or running an eatery) are justiciable.

231. Recently, the United Nations, followed by other organisations, have adopted the increasingly general practice of providing for some method of settlement of disputes arising out of contracts or other disputes of a private character to which the organisation is a party and disputes involving personnel of the organisation who enjoy immunity if immunity has not been waived. It is also usual nowadays that international organisations provide recourse to arbitration tribunals

---

667. *Basfar (Respondent)* v. *Wong (Appellant)*, UK Supreme Court, Judgment of 6 July 2022, Trinity Term [2022] UKSC 20. See e.g. H. Siddique and P. Wintour, "Diplomats who Exploit Domestic Staff Cannot Rely on Immunity, says UK Supreme Court", *The Guardian* (6 July 2022).

668. See discussion in A. Reinisch, *International Organizations before National Courts*, Cambridge, Cambridge University Press, 2000, at pp. 144 *et seq.*

669. Fox, *op. cit.* (note 598), at pp. 727.

Influence of Public Int'l Law upon Private Int'l Law 361

and appeal boards to adjudicate employment disputes. Such alternative procedures aim at making a forum available to aggrieved individuals without compromising the autonomy of the organisation and exposing it to interference from the receiving State [670].

232. Still, the total exclusion of international organisations of the jurisdiction from national courts has been adversely compared to the restrictive immunity now enjoyed by States where national courts exercise jurisdiction over disputes concerning commercial or private law acts. As with State immunity, the immunities of international organisations are increasingly under scrutiny for compliance with the requirements of international human rights law [671]. The UN refusal to accept any legal responsibility or to pay compensation for the cholera outbreak caused by UN peacekeepers in Haiti in 2010 – the ongoing saga has included an investigation by a UN-appointed panel, a class action suit in a US federal court (which in 2016 upheld the UN's immunity for damages [672]) and setting up a trust fund to help victims – is symptomatic of the denial of justice that victims could endure (although this case is the gravest involving an international organisation).

233. The response of some national courts when confronted with such lack of recourse has been to equate the immunities of international organisations to those enjoyed by States [673]. In the United States, the International Organisations Immunities Act (IOIA) of 1945 provides that "[i]nternational organisations . . . shall enjoy the same immunity from suit and every form of judicial process as is enjoyed by foreign governments" (Section 2 *(b)*). In the 1980 *Broadbent* v. *Organization of American States* case [674] the Court of Appeals for the District of Columbia found that "restrictive" immunity was the standard applicable to international organisations. However, in the Court's view, the relationship of an international organisation with its internal administrative staff is not properly characterised as "commercial activity" (as defined in Section 1603 of the FSIA) and, in the absence of a waiver, may not be the basis of an action regardless of whether international organisations enjoy absolute or restrictive immunity. In a very recent case, *Jam* v. *International Finance Corp.* in 2019 [675], the US Supreme Court held that international organisations do not have absolute

---

670. *Ibid.*, at p. 728.
671. *Ibid.*, at pp. 728, 733-734.
672. *Georges* v. *United Nations*, 84 F 3d 88 (2nd Cir, 2016).
673. Fox, *op. cit.* (note 598), at p. 728.
674. *Broadbent* v. *Organization of American States*, 628 F.2d 27 (DC Cir. 1980).
675. *Jam* v. *International Finance Corp.*, 139 S. Ct. 759 (2019).

immunity in a case alleging injuries from environmental pollution caused by a power plant funded and supervised by the International Finance Corporation (IFC). The Court held that international organisations are not immune from all suits, such as when those organisations are engaged in commercial activity. It found that the plain language of the IOIA does not appear to create a static level of immunity, but rather the IOIA "seems to continuously link the immunity of international organisations to that of foreign governments", thus rejecting the IFC's argument that the IOIA should not incorporate current developments in foreign immunity law because international organisation immunity and sovereign immunity serve two different purposes. The impact of this decision may be limited by the fact that, as the majority explained in *Jam*, the IOIA only sets the default rules for immunity and international organisations may specify different and therefore broader parameters of immunity in their charters.

The Supreme Court of Argentina in *Cabrera, Washington JE* v. *Comisión Técnica Mixta de Salto Grande* (1983) found Article 4 of the 1977 Seat Agreement concluded between Argentina and the Commission to be unconstitutional as it exempted the Commission from the jurisdiction not only of the Argentine courts but also of any foreign or international tribunal, thus resulting in plain denial of justice and of the right of access to the judge. In the Court's view, the said provision is void as it derogated from a peremptory norm of customary international law (from which no derogation is permitted as reflected in Article 53 VCLT) which sets a limit to the right to enter into international agreements providing for jurisdictional immunity in line with international instruments that guarantee a sufficient and adequate judicial protection in private law cases (e.g. Arts. 8 and 10 UDHR; Arts. 3 and 14 ICCPR; Art. 8, 1948 American Declaration of the Rights and Duties of Men: Art. 8 ACHR) [676]. The *Cabrera* precedent has been reiterated by the Court in several cases, although without articulating analysis of the strict requirements necessary for the emergence of *jus cogens* [677]. The Argentine jurisprudence remains unique, even in

---

676. *Cabrera, Washington J. E.* v. *Comisión Técnica Mixta de Salto Grande*, Argentine Supreme Court of Justice, Judgment of 5 December 1983, Fallos 305:2150 at 2167-2169. See R. E. Vinuesa, "Direct Applicability of Human Rights Conventions within the Internal Legal Order: The Situation in Argentina", in B. Conforti and F. Francioni (eds.), *Enforcing International Human Rights in Domestic Courts*, The Hague, Martinus Nijhoff, 1997, pp. 149 *et seq*. at 154 *et seq*.

677. R. Pavoni, "Human Rights and the Immunities of Foreign States and International Organizations", in E. De Wet and J. Vidmar (eds.), *Hierarchy in*

the contemporary (especially European) trend of making immunities of international organisations conditional upon the right of access to justice [678].

In *Banque Africaine de Developpement* v. *Degboe* (2005) [679], the Supreme Court of France held that the non-payment of compensation without the possibility to appeal amounted to the impossibility "d'accéder au juge chargé de se prononcer sur sa prétention et d'exercer un droit qui relève de l'ordre public international", thus resulting in denial of justice which conferred jurisdiction on the French courts on the basis of the employee's French nationality. The Court of Appeals of Kenya applied a similar standard with regard to the right of access to the judge by a corporation. In *Tononoka Steels Ltd.* V. *The Eastern and Southern Africa Trade and Development Bank* (1998/1999), the Court which handles appeal cases from the High Court lifted the immunity of the international organisation in a case concerning the failure to discharge certain contractual obligations on the grounds, *inter alia*, that the deprivation of access to Kenyan courts "would be contrary to public policy" [680].

234. These and other cases may be taken as attempts to reconcile the competing obligations of immunity of international organisations with the right of access to justice. A balance between the competing obligations has been found in the necessary existence of effective "alternative means of legal process" open to aggrieved individuals who are unable to sue international organisations because of their immunity. Whenever such alternative means are absent or patently ineffective, immunity ought to be lifted [681]. In *Waite and Kennedy* v. *Germany* (1999) the ECtHR, in addressing the compatibility of the immunity enjoyed by the European Space Agency with the right of access to justice in Article 6 ECHR, performed the classic two-tier test of legitimacy and proportionality of restrictions of the Convention's rights. The Court underscored that the availability of "reasonable alternative means to

---

International Law: The Place of Human Rights, Oxford, Oxford University Press, 2012, pp. 71 *et seq.* at 99-100.

678. *Ibid.*, at p. 100.

679. *Banque Africaine de Developpement* v. *Degboe*, Cour de cassation (Ch. soc.), Appeal No. 04-41012, Judgment of 25 January 2005, Bulletin 2005 V No. 16, p. 13, *Clunet* (2005), p. 1143 (note by L. Corbion), *RGDIP*, Vol. 110 (2006), p. 217 (note by N. Houpais).

680. *Tononoka Steels Ltd.* v. *The Eastern and Southern Africa Trade and Development Bank*, Court of Appeals, Civil Appeal No. 255 of 1998, Judgment of 13 August 1999, [2000] 2 EA 536 (CAK).

681. Pavoni, *op. cit.* (note 677), at pp. 103-104.

protect effectively [the applicant's rights] under the Convention" was to be considered "a material factor" to assess the proportionality of the remedy *vis-à-vis* the legitimate aim behind immunity rules of ensuring proper function of international organisations [682]. The ECtHR built upon earlier domestic decisions and has since spurred a new wave of cases whereby the recognition of immunity of international organisations has been made dependent upon the existence of alternative forums competent to hear private claims, not without controversy [683].

235. The European test may not be automatically transposed to other contexts. Although a broad consensus seems to exist on the necessity of alternative remedies, the appropriateness of available solutions is under debate. The two most discussed alternatives are the judicial or quasi-judicial bodies whose jurisdiction is accepted or established by the concerned international organisation and/or compensatory remedies provided by the organisation's member States [684]. Regarding the former, a significant reform has been carried out by the United Nations with the replacement of the UN Administrative Tribunal by a two-tier structure made up of the UN Dispute Tribunal and the UN Appeals Tribunal, adopted in 2008 by General Assembly Resolution 63/253. The new system provides for a standing, professionalised office of counsel to provide legal advice and representation to staff members. However, the so-called UN system of administration of justice does not go beyond the settlement of employment disputes narrowly defined as those concerning contracts of employment and terms of appointment (Art. 2, Statute of the UN Dispute Tribunal), to the exclusion of employment-related incidents amounting to violations of human rights, such as discrimination, sexual harassment and non-compliance with health and safety standards. The second alternative of joint or residual responsibility of all member States of an international organisation on the grounds of their collective decision to endow the organisation with immunity is more complex and so far there is no precedent [685] nor indication of States' willingness to take up on that liability.

236. The problem with human rights and denial of justice in particular is that the threshold that it imposes for the lifting of the immunity of an international organisation may be too high. A reasonable

---

682. *Waite and Kennedy* v. *Germany*, No. 26083/94, 1999, paras. 68, 73, ECtHR.
683. Pavoni, *op. cit.* (note 677), at pp. 104-105. See also, C. Ryngaert, "The Immunity of International Organizations Before Domestic Courts: Recent Trends", *International Organizations Law Review*, Vol. 7 (2010), pp. 121 *et seq.*
684. Pavoni, *ibid.*, at p. 108.
685. *Ibid.*, at p. 109.

progressive approach should include, on the one hand, the tailoring of the immunities of international organisations strictly to functional needs in new agreements to be concluded and renegotiation of older ones. Provision should be made also for an obligation of the organisation to renounce its immunities and those of its personnel when doing so would not compromise the organisation's independence. This has been Argentina's practice since the *Cabrera* case. On the other hand, international organisations must accept adjudicatory mechanisms to compensate victims for their wrongful acts beyond labour disputes. If they fail to do so, they run the risk of losing their immunity before domestic courts [686].

At its 3582nd meeting, on 17 May 2022, the ICL decided to include the topic settlement of international disputes to which international organisations are parties, in its programme of work. However, it will be for further decision whether certain disputes of a private character, such as those arising under a contract or out of a tortious act by or against an international organisation, might also be covered.

2. From mutual recognition to international legal cooperation

237. One perceived trend in what may be loosely called international procedural law is emphasis on international legal cooperation rather than on the mutual recognition and enforcement of decisions (which is a concept based on the "outdated" notion of reciprocity and comity). Rooted on the ideal of the "international community" and more recently on the legal (human) right of access to justice, "international legal cooperation" as found in the practice of States may be regarded as a principle generating legal rights and obligations. True, the system is deficient as States still rely on mutuality as the basis for cooperation. However, this climate is beginning to change. This touches many areas of civil and criminal procedure conducted by domestic and international tribunals. The following two issues illustrate the transition.

(a) *Recognition and enforcement of foreign judgments in civil and commercial matters: New developments*

238. On 2 July 2019 a Diplomatic Session of the HCCH adopted the Convention on the Recognition and Enforcement of Foreign Judgments in Civil and Commercial Matters.

---

686. *Ibid.*, at p. 111.

The origin of the "Judgments Project" dates back to 1992, and in 1999 a preliminary draft Convention was adopted by a Special Commission accompanied by a report by Peter Nygh and Fausto Pocar [687]. Originally it was thought that the convention would include rules on the jurisdiction of the courts. However, it became apparent as work proceeded that it would not be possible to draw up a satisfactory text for a "mixed" convention within a reasonable period of time. The reasons for this included the wide differences in the existing rules of jurisdiction in different States and the unforeseeable effects of technological developments, including the internet, on the jurisdictional rules that might be laid down in the Convention [688]. This led to the elaboration of a separate instrument: the 2005 Convention on Choice of Court Agreements aimed at ensuring the effectiveness of choice of court agreements in civil and commercial matters. The 2005 Convention entered into force in 2015. At the time of writing, Mexico, Singapore, Montenegro, the United Kingdom and the European Union and all of its member States are parties to the Convention. The United States, China, Israel, Ukraine and North Macedonia have also signed the Convention but have not yet ratified it. As recently as 2021, the HCCH also established a Working Group to develop draft provisions on matters related to jurisdiction in civil and commercial matters, including rules for concurrent proceedings (parallel proceedings and related actions and claims) for a possible future convention [689].

Reverting to the issue of judgments, to continue advancing the work in this domain, in 2012 the HCCH established a Working Group to prepare proposals for consideration by a Special Commission in relation to provisions for inclusion in a future instrument relating to recognition and enforcement of judgments [690]. The Judgments Convention is the

---

687. Preliminary draft Convention on Jurisdiction and Foreign Judgments in Civil and Commercial Matters, adopted by the Special Commission and Report by Peter Nygh and Fausto Pocar, Prel. doc. No. 11 of August 2000, *Proceedings of the Twentieth Session (2005)*, Vol. 2: *Judgments*, Antwerp and Portland, Cambridge University Press and Intersentia, 2013, pp. 191 *et seq.*

688. Preliminary draft Convention on Exclusive Choice of Court Agreement, drawn up by Masato Dogauchi and Trevor C. Hartley, Prel. doc. No. 26 of December 2004, *Proceedings of the Twentieth Session (2005)*, Vol. 3: *Choice of Court Agreements*, Antwerp and Portland, Cambridge University Press and Intersentia, 2013, pp. 169-171.

689. See Report of the Working Group on Jurisdiction, Prel. doc. No. 7 of March 2022 for the attention of the Council on General Affairs and Policy (March 2022), Annex to Annex I (containing a draft of the provisions on parallel proceedings for future discussion).

690. See Conclusions and Recommendations adopted by the Council, Council on General Affairs and Policy (17-20 April 2012), paras. 16-19.

result of the work completed by a Working Group between 2012 and 2015, four Special Commissions convened between 2016 and 2018, and the 22nd Diplomatic Session of the HCCH which adopted the text.

239. The recently adopted Convention seeks to promote access to justice globally through enhanced judicial cooperation and, by reducing risks and costs associated with cross-border legal relations and dispute resolution, to facilitate international trade, investment and mobility [691]. The substantive public law issues in relation to the Convention will be addressed in the following paragraphs, not the Convention as a whole.

240. The recognition and enforcement of judgments related to public law issues was one of the initial concerns of many States. One option considered was to exclude judgments against States altogether. But this approach was quickly rejected as it was argued that in many instances States can act as private persons. Such wide exclusion was thus deemed to be disproportionate. It was further sustained that excluding States only as defendants (and not as complainants) would create an imbalance with respect to private persons. To tackle these concerns, different provisions were adopted.

241. For a start, the concept of "civil and commercial matters" is used to distinguish public and criminal law where the State acts in its sovereign capacity. Unlike the 2005 Convention on Choice of Court Agreements, Article 1 (1) clarifies that the Convention does not apply "in particular to revenue, customs or administrative matters". At the request of the States, the Explanatory Report further clarifies that this enumeration is not exhaustive, and that other matters of public law are also excluded from the scope of the Convention [692]. A key element distinguishing public law matters from civil or commercial matters is whether one of the parties is exercising governmental or sovereign powers that are not enjoyed by ordinary persons [693]. The terms *sovereign*, *governmental* or *public* power(s) (or duties) are considered equivalent for that purpose. As a result, unless a declaration is made under Article 19, the Convention applies when a State or a governmental agency is acting as a private person, that is, without exercising sovereign powers, and regardless of whether the public entity is the judgment creditor

---

691. Explanatory Report on the Convention of 2 July 2019 on the Recognition and Enforcement of Foreign Judgments in Civil and Commercial Matters (HCCH 2019 Judgments Convention) by Francisco Garcimartín and Geneviève Saumier, https://assets.hcch.net/docs/a1b0b0fc-95b1-4544-935b-b842534a120f.pdf, at para. 12.
692. *Ibid.*, para. 34.
693. *Ibid.*, para. 35.

or the judgment debtor. Three core criteria are considered relevant to determining the application of the Convention to disputes involving States parties: *(i)* the conduct upon which the claim is based is conduct in which a private person can engage; *(ii)* the injury alleged is an injury which can be sustained by a private person; and *(iii)* the relief requested is of a type available to private persons seeking a remedy for the same injury as the result of the same conduct [694].

242. Next, specific exclusions were carved out in Article 2 where a matter was of particular sensitivity for many States and it would be difficult to reach broad acceptance on how the Convention should deal with it, and to avoid any uncertainty based on diverging interpretations under national law whether a certain matter was civil or commercial [695].

243. On this account, one general important distinction must be made between matters excluded from the scope of the Convention listed in Article 2 and matters regarding which States are permitted to make declarations pursuant to Article 18. If an excluded matter is an object of the proceedings, the judgment is not recognisable or enforceable on the basis of the Convention. Contrariwise, where a State declares that it will not apply the Convention to a specific matter (falling within the scope of the Convention), the Convention does not apply: *(a)* in the contracting State that made the declaration; and *(b)* in other contracting States where recognition or enforcement of a judgment given by a court of a contracting State that made the declaration is sought. It follows that a judgment given by the court of a contracting State that has effect in a country that has made the declaration would be eligible for recognition and enforcement in other contracting States. As the distinction between civil and commercial matters, on one hand, and public and criminal law matters (excluded from the Convention), on the other, is blurred in certain contexts, and the application of the Convention is not affected by the mere fact that a State (including a government, a governmental agency or any person acting for a State) was a party to the proceedings in accordance with Article 2 (4), it should come as no surprise that arduous and long negotiations went on with regard to the substantive scope of application of the Convention.

244. Among the excluded matters in Article 2 (1) are the resolutions of financial institutions enacted in many jurisdictions to prevent the failure of financial institutions (para. *(e)*). A resolution may include

---

694. *Ibid.*, para. 83.
695. *Ibid.*, para. 44.

liquidation and depositor reimbursement, transfer and/or sale of assets and liabilities, establishment of a temporary bridge institution and write-down or conversion of debt to equity. Most of these measures are outside the scope of the Convention because they are administrative rather than civil or commercial matters. However, at the Second Meeting of the Special Commission many delegations considered appropriate an explicit reference to avoid any ambiguity.

245. Also, the Convention does not apply to marine pollution. Paragraph *(g)* can be traced back to the 2005 Choice of Court Convention (Art. 2 (2) *(g)*). However, at the proposal of China, "marine pollution beyond national jurisdiction" and "ship-source marine pollution" are specifically excluded. This exclusion may be explained in that marine pollution may involve the invocation of the international responsibility of a State, and that special public international law regimes are in place, notably the 1982 UN Convention on the Law of the Sea (UNCLOS), and the 1973 International Convention for the Prevention of Pollution from Ships (MARPOL) its Protocols and Annexes, both of which set out dispute settlement procedures – Part XV, Art. 287 (providing for choice of procedure before the ITLOS, the ICJ, an arbitral tribunal constituted in accordance with Annex VII, and/or special arbitration) and Articles 297 and 298 of UNCLOS; Article 10 of MARPOL and 1978 Protocol II (binding arbitration).

246. Also excluded is liability for nuclear damage (para. *(h)*). Where the operators of the nuclear power plants benefit from limited liability under the law of the State in question, or where compensation for damage is paid out of public funds, a single collective procedure in that State under its internal law would be necessary for a uniform resolution of liability and an equitable distribution of a limited fund among the victims. This exclusion addresses nuclear accidents and therefore does not cover tortious medical claims regarding nuclear medicine (including radiation therapy, for example) [696].

247. Validity or nullity of entries in public registries (e.g. land or intellectual property registries) is also excluded (para. *(j)*) as they are kept by public authorities and imply the exercise of sovereign power and actions must be normally brought before the authorities of that State. However, the exclusion does not extend to the legal effects of the entry (e.g. the contract that gave rise to that entry) [697].

---

696. *Ibid.*, para. 56.
697. Report by Nygh and Pocar (note 687), at p. 172.

248. Defamation and privacy matters are also outside the scope of the Convention (paras. *(k)* and *(l)*) because they involve constitutional rights.

249. Three exclusions from the Convention were carved out in paragraphs *(n)*, *(o)* and *(q)*, when proposals to keep out judgments against States did not succeed. Contracting States are not obliged to recognise or enforce judgments on matters concerning activities of armed forces irrespective of whether those activities qualify as *acta jure imperii* in the State of origin or in the requested State (para. *(n)*). However, only activities of military personnel "in the exercise of their official duties" are excluded. Thus, for example, a judgment on a civil claim against a soldier deriving from a car accident during a holiday trip is covered, but if the accident occurs in the context of a military exercise it is excluded. Judgments relating to law enforcement activities, including the activities of law enforcement personnel (such as police or border control officers) in the exercise of their duties are excluded as well (para *(o)*). Israel and the United States were the proponents of these exclusions.

250. Likewise, the Convention excludes legal actions concerning sovereign debt restructuring as per paragraph *(q)*. This paragraph was added at the request of the Argentine delegation during the Diplomatic Session, which had sought to exclude broadly sovereign debt and sovereign debt restructuring processes and measures taken by central banks and/or monetary authorities in the exercise of their sovereign functions as well as pension funds. In the end, only sovereign debt restructuring through unilateral measures were excluded, as opposed to actions by creditors resulting from a negotiated restructuring. The specific paragraph in the Explanatory Report reads:

> "The concept of 'sovereign debt restructuring' is taken from the resolutions of the United Nations in this matter, which recognize the right of a sovereign State, in the exercise of its discretion, to design its macro-economic policy, including restructuring its sovereign debt [in reference in particular to principle 1 of UN General Assembly Resolution 69/319 on the Basic Principles on Sovereign Debt Restructuring Processes]. The word 'unilateral' is included, however, to reduce the scope of the exclusion. It covers compulsory debt restructuring measures adopted by a State, i.e. measures that were not provided for in the initial borrowing terms and are adopted without or against the consent of the investors.

Conversely, the Convention does not exclude debt restructuring measures adopted in accordance with the borrowing terms or that were freely negotiated with the investors. To a large extent, unilateral measures of sovereign debt restructuring fall outside the scope of the Convention under Article 1 (1). But the Twenty-Second Session considered it appropriate to add an express exclusion of those matters to prevent any misinterpretation." [698]

It follows that presumably enforcement may be sought under the Convention with regard to rights and obligations arising out of non-restructured sovereign debt, or restructured debt when a sovereign bondholder voluntarily accepted the debt exchange, provided also that they can be characterised as "civil and commercial matters" pursuant to Article 1 (1) which in itself is controversial.

Moreover, the wording of Article 2 (1) *(q)* leaves uncertainty about issues that ordinarily arise out of the management of sovereign debt. Countries may face a delay in servicing their debt, suspend interest and principal payments, and modify the place of payment and other terms of the bonds by legislative fiat. Some bonds link debt repayment obligations to the level or growth of GDP (GDP-linked bonds or "GLBs"), allowing a country to pay less on its obligations to the investors if the country has poor economic performance and vice versa. But countries may modify bond indexes in relation to the rate of growth of GDP, and investors may ultimately remain at the mercy of the issuing country with respect to economic data. Whether these and other like policy decisions can be characterised as unilateral State measures of sovereign debt restructuring is debatable and may be decided differently in different jurisdictions.

The Convention exacerbates uncertainties further in that it may pave the way for holdouts and other opportunistic actors to forum shop for the most favourable substantive law, in order to afterwards pursue enforcement procedures as the Convention does not allow review of the merits of the judgment in the requested State (Art. 4 (2)). Even if declarations are made by a State that it will not apply the Convention with respect to a specific matter pursuant to Article 18, or to judgments pertaining to a State pursuant to Article 19, investors may seek to circumvent the declaration by attempting to enforce a judgment against

---

698. Explanatory Report by Garcimartín and Saumier (note 691), at para. 74.

State property in a State other than the State making the declaration (Art. 18 (1) *(a)*) or another State where recognition or enforcement of a judgment given by a court of a State that made the declaration is sought, defeating the purpose of the declaration as envisaged by the Convention (para. *(b)*).

251. As mentioned previously, several delegations were reluctant to include judgments involving States within the scope of the Convention, as the limitation of the application to civil and commercial matters only could be challenging to apply with regard to States. A further concern was that the preservation of State immunities in Article 2 (5) may be insufficient to protect State interests. A last-minute proposal presented by the Russian delegation during the Diplomatic Session did not gather enough support. Unless a declaration is made under Article 19, the Convention applies when a State or a governmental agency is not exercising sovereign powers, and regardless of whether the public entity is the judgment creditor or the debtor (Art. 2 (4)). Articles 2 (4) and 2 (5) are rooted in Articles 2 (5) and 2 (6) of the 2005 Convention on Choice of Court Agreements. But while the 2005 Convention deals with jurisdiction of the court or courts designated in an exclusive choice of court agreement and the recognition and enforcement of judgments given by the chosen court (both direct and indirect jurisdiction), the 2019 Convention establishes the bases for recognition and enforcement of foreign judgments in civil and commercial matters (only indirect jurisdiction). The restrictive doctrine has laid open a wide area of procedural and substantive law to enable national courts to exercise jurisdiction over foreign States with respect to commercial transaction. However, State immunity continues to bar to a very large extent the enforcement of judgments given against foreign States [699]. Enforcement against States constitutes a greater interference with a State's freedom to manage its own affairs and to pursue its public purposes than does the pronouncement of judgments [700], and hence States are more reluctant to allow exceptions to the general rule. Moreover, as the determination of whether a matter is civil or commercial is made by the court of the State of origin and no review of the merits of the case is allowed in the requested State (Art. 4 (2)), the latter would have to ultimately rely on the determination made by another State in sensitive issues that may concern international relations. Article 19 (1) responds

---

699. Fox and Webb, *op. cit.* (note 617), at p. 484.
700. *Ibid.*, at p. 486.

to these concerns by allowing contracting States to make a declaration excluding judgments which arose from proceedings to which such a State was a party. Those who may be included in the declaration are the State itself, a government agency of that State, or a person acting on behalf of either. It follows that a declaration under Article 19 could not target an enterprise owned by a State, except as it performs some distinct public functions [701].

252. One last matter to which the Convention does not apply is "antitrust (competition) matters", except where the judgment is based on a violation on which there appears to be global consensus, that is, conduct that constitutes an anti-competitive agreement or concerted practice among actual or potential competitors to fix prices, make rigged bids, establish output restrictions or quotas, or divide markets by allocating customers, suppliers, territories or lines of commerce (the "hardcore cartels"), and provided that the anti-competitive conduct and its effects both occurred in the State of origin (Art. 2 (1) *(p)*) [702]. Evidently, enforcement orders brought by antitrust (competition) authorities who seek to require compliance or to prevent non-compliance with regulatory requirements are excluded, as those actions derive from the exercise of public powers. On the other hand, judgments on contractual or non-contractual claims are included regardless of the nature of the parties and irrespective of whether or not they are based on an anti-competitive agreement or a prior decision concerning a violation of competition laws [703]. Paragraph *(p)* constitutes a compromise proposal between delegations which favoured including this matter without restrictions and delegations that were concerned about the potential extraterritorial effect – antitrust (competition rules) are jurisdiction-specific and allowing judgments in such matters to circulate under the Convention might lead to a "spill-over" effect [704].

253. Besides the matters excluded, the Convention does not apply to arbitration and related proceedings. Article 2 (3) is intended to prevent overlap with the 1958 New York Convention on the Recognition and Enforcement of Foreign Arbitral Awards. Both investor-State and commercial arbitration are, thus, excluded. It has been reasoned that, as one purpose of this exclusion is for the Convention not to interfere with arbitration, the requested State may refuse the recognition and

---

701. Explanatory Report by Garcimartín and Saumier (note 691), at para. 345.
702. *Ibid.*, para. 71.
703. *Ibid.*, para. 73.
704. *Ibid.*, para. 69.

enforcement of a judgment given in another State if the judgment is irreconcilable with an arbitral award [705].

254. Article 2 (2) clarifies that a judgment is not excluded where one of the excluded matters arises merely as a preliminary issue, and in particular where it is raised by way of defence. However, recognition or enforcement of a judgment may be refused if, and to the extent that, the judgment was based on a ruling on a matter to which the Convention does not apply, or on rights *in rem* in immovable property on which a court of a State other than the State where the property is situated ruled (Art. 8 (2)). Discussions on Article 8 were pervaded by the question of intellectual property rights. There was a common understanding in the Special Commission that certain judgments on contract law that have an intellectual property aspect are included in the scope of the Convention, but contracting States may refuse recognition or enforcement in accordance with Article 8 (2) if those judgments are based on a ruling on intellectual property as a preliminary question. If a judgment for a dispute of a contract related to a patent includes a ruling on the validity of patent as a preliminary question, the judgment may be: *(a)* out of the scope of the Convention if the contractual matter in the dispute is characterised as an intellectual property matter; *(b)* in the scope of the Convention and refused recognition and enforcement in the requested State in accordance with Article 8 (2); or *(c)* in the scope of the Convention and recognised or enforced in the requested State under the Convention. In any case, the ruling on intellectual property matters as a preliminary question in those judgments shall not be recognised or enforced under the Convention (Art. 8 (1)). During the Diplomatic Session, Switzerland proposed that recognition or enforcement may only be postponed or refused where the ruling is inconsistent with a judgment or decision of a competent authority on that matter given in the State under the law of which the right arose (or alternatively, in the case of an intellectual property right required to be granted or registered, where the ruling is inconsistent with a judgment or decision of a competent authority on that matter given in the State in which grant or registration has taken place, or, under the terms of an international or regional instrument, is deemed to have taken place), or where proceedings concerning the validity of that right are pending in that State. The Swiss proposal to amend Article 8 however came to no avail.

---

705. *Ibid.*, para. 80.

255. The Judgments Convention has a degree of sophistication commensurate with modern complexities where public law and the State interact with private law and persons in an international setting. Some exclusions may be explained by the specificity of the subject matter and by the fact that more suitable international instruments are already in place or may be warranted. Other exclusions stem from the sensitivity of the matter, the prevalence of public law over private law interests and the reluctance of States generally to enable international judicial cooperation that may amount to measures of enforcement against themselves and their public entities abroad or where important economic, social or political interests are perceived to be at stake. Still, the Convention stands out for carefully crafted clauses and the position that declarations must not be broader than necessary and that exclusions from scope must be clearly and precisely defined so as not to defy the goal of the Convention to enhance judicial cooperation to the extent possible.

256. The Convention has been signed by Uruguay, Israel, Ukraine, Costa Rica and the Russian Federation, the latest signatory being the United States in 2022. On 29 August 2022, the European Union and Ukraine deposited their instruments of accession and ratification respectively, triggering the entry into force of the Convention on 1 September 2023. The European Union's accession will bind all EU member States except for Denmark, and it excludes judgments on commercial tenancies of immovable property situated in the Union where the EU does not exercise competence.

(b) *Mutual legal assistance in the investigation and prosecution of international crimes*

257. Since 2011, Belgium, the Netherlands and Slovenia, joined later by Argentina, Senegal and Mongolia (the "Core Group"), have been proposing the adoption of a multilateral treaty on mutual legal assistance and extradition for the most serious crimes of international concern ("MLA Initiative"). Initially, the new instrument was envisaged to be adopted within the UN framework, but several States opposed for political reasons. As a result, formal negotiations opened in 2017 for a treaty to be negotiated and adopted outside the United Nations. A draft Convention on International Cooperation in the Investigation and Prosecution of the Crime of Genocide, Crimes against Humanity and War Crimes was expected to be adopted at a Diplomatic Conference in

Ljubljana, Slovenia, in June 2020 (postponed to 2023 due to the global Covid-19 pandemic) [706]. The draft treaty (current version is of 20 April 2021 but a third and last draft is expected to be put forward in 2022) is presented as complementary to the ILC's work on crimes against humanity [707], which contains a definition of crimes against humanity and other substantive provisions but does not cover the crimes of genocide and war crimes, and the measures of mutual legal assistance that it provides are narrower.

258. All States are under the obligation to investigate and prosecute these crimes effectively. UN General Assembly Resolution 3074 (XXVIII) on the principles of international cooperation in the detection, arrest, extradition and punishment of persons guilty of war crimes and crimes against humanity adopted in 1973 provides that "States shall cooperate with each other on a bilateral and multilateral basis with a view to halting and preventing war crimes and crimes against humanity, and shall take the domestic and international measures necessary for that purpose". However, the more than seventy supporting States of the MLA Initiative consider that the existing network of multilateral and bilateral treaties does not provide a suitable framework for inter-State cooperation. Treaties addressing international crimes, such as the 1948 UN Convention on the Prevention and Punishment of the Crime of Genocide and the 1949 Geneva Conventions that establish the standards of international law for humanitarian treatment in war, contain only limited and largely out-of-date provisions for mutual legal assistance and extradition. In turn, multilateral treaties that do contain such provisions, as is the case with the 2000 UN Convention against Transnational Organized Crime (the "Palermo Convention") and the 1985 UN Convention against Torture, apply only to the crimes covered by the respective conventions. The crimes of genocide, crimes against humanity and war crimes do not fit the legal definition of the crimes to which the above conventions apply. Moreover, international cases are by nature not confined within the territory of a State as perpetrators, victims and witnesses flee or are displaced and evidence or assets may be deliberately moved across borders. Problems frequently include unspecified extradition procedures, legalisation requirements and the identification of channels of communication. Therefore, it is thought that a multilateral system establishing a procedure for cooperation

---

706. History and relevant documents concerning the MLA initiative at https://www.centruminternationaalrecht.nl/mla-initiative.

707. Draft Articles on Prevention and Punishment of Crimes Against Humanity, *Yearbook ILC* (2019), Vol. 2, Part 2.

in the investigation and prosecution of these crimes would provide a more efficient and coherent approach than the current *ad hoc* system of bilateral agreements (where they exist or are applicable).

259. While the definition of the three core crimes is taken *verbatim* from the 1998 Rome Statute of the ICC (with a possibility of extending the scope to other crimes, such as torture and enforced disappearances), the provisions on mutual legal assistance and extradition of the draft Convention draw largely from similar, previously adopted and widely accepted provisions from modern treaties on MLA dealing with other crimes which have an intrinsic transnational dimension, such as the Palermo Convention and the 2003 UN Convention against Corruption.

260. The draft Convention establishes the grounds for jurisdiction, and yet it does not exclude any criminal jurisdiction exercised in accordance with domestic law (Art. 5 (3)). If the State party in whose territory the alleged criminal is found does not extradite (nationals, for example), it shall prosecute them or surrender them to a competent international tribunal *(aut dedere, aut judicare)* (Art. 7 (1)). Each State party must establish in its national legislation the liability (criminal, civil or administrative) of the persons participating in the crimes (Art. 8). Without going into specifics, the draft Convention relies on the use of central authorities (Art. 13) which has become archetypal in mutual legal assistance requests including for the purpose of confiscation of proceeds of crimes covered by the Convention, temporary transfer of detainees, testimony, joint investigations, provisional arrest, extradition, transfer of sentenced persons, protection of victims, witnesses and experts.

261. As the Diplomatic Conference was called, some issues remained unsettled, largely whether to include in the treaty the definition of the crimes and the provisions on criminalisation. Some States consider that they should be omitted in order to allow the law's progressive development, and rely instead on the double criminality principle according to a proposal which would narrow the scope of the treaty to its MLA provisions. Another important issue is the relation between the MLA treaty and other existing conventions as there may be conflicting obligations for States parties, with many agreeing that the new treaty runs on the premise that the treaty offering the broadest cooperation shall prevail.

262. The draft Convention represents the last frontier in the quest to secure international cooperation in criminal matters. The current scene is composed of a myriad of multilateral and bilateral agreements

and bodies concentrated on drugs trade, international terrorism and commercial crime generally (money laundering, the proceeds of crime, bank secrecy and insider trading, etc.)[708]. The ICC has also concluded bilateral cooperation agreements with States parties for regulating successful cooperation in investigations and prosecutions and related Court activities. More specifically, agreements are concerned with witness relocation, release of persons including interim release and enforcement of sentences. However, despite its universal aim, roughly a third of UN member States have not become parties to the Rome Statute as of yet. Furthermore, the draft Convention aims to strengthen the tools available to national authorities for the effective investigation and prosecution of gravest crimes at domestic level, and to enhance their capabilities to do so. If effective, this would render unnecessary the referral of a situation to the ICC which runs on the "principle of complementarity" (it only exercises jurisdiction if a State is unwilling or unable to carry out the investigation or prosecution).

263. Overall, the draft Convention reflects the position that progress in eradicating public international law crimes requires techniques and procedures for cooperation developed in the civil, private international law area.

264. In a separate development, there has been at least one initiative to establish a supranational tribunal in the Latin American and Caribbean region to prosecute members or persons complicit with transnational criminal networks, and to recover the illegally obtained goods[709]. The initiative has not gained traction among States and a successful argument still needs to be made for creating a system of regional criminal justice to extend to crimes under a multilateral treaty that does not impose criminal responsibility directly on individuals (the 2000 Palermo Convention against Transnational Organized Crime is touted by proponents for this purpose). This notwithstanding, it must be noted that the draft by the Preparatory Committee that served as the basis for the ICC Statute included the illicit traffic in narcotic drugs and psychotropic substances[710]. However, consensus was not achieved at the Rome Diplomatic Conference to extend the jurisdiction of the

---

708. See generally McClean, *op. cit.* (note 152), at pp. 125 *et seq.*
709. https://en.coalicioncopla.org.
710. Report of the Preparatory Committee on the Establishment of the International Criminal Court, *United Nations Diplomatic Conference of Plenipotentiaries on the Establishment of an International Criminal Court, Rome, 15 June-17 July 1998*, Official Records, Vol. 2: Reports and Other Documents, UN doc. A/CONF.183/13 (Vol. 3) (2002), pp. 21-22.

ICC beyond the core crimes regarding which customary international law exists. Another initiative supported officially by the Governments of Canada and the Netherlands [711] promotes an International Anti-Corruption Court, similar to the ICC, aimed at combatting "grand corruption" with kleptocrats in the world's most corrupt regimes as main targets.

The question of whether or not other international criminal prohibitions, including transnational organised crime and corruption, are recognised as "crimes under international law" depends on normative developments of the international criminal law field. At present, the criminalisation of such conduct occurs at the domestic not the international level and multilateral treaties envisage prevention and punishment under domestic criminal law. Moreover, it remains an open question how international criminal tribunals can effectively respond to transnational crimes, let alone how States would swiftly defer to their competence in relation to organised crime which is often supported by corrupt public officers.

3. Sovereign debt restructuring: Public and private law litigation

(a) *The absence of an adequate mechanism for sovereign debt restructuring*

265. All countries have bankruptcy laws that set down the procedure to handle the insolvency of individuals and companies. However, no statutory procedure exists when sovereign States find themselves in a situation of insolvency. Someone is insolvent when he or she is unable to pay the money owed. Insolvency is usually a balance sheet concept based around the valuation of assets. When the value of the assets is less than the value of liabilities, a person or company is technically insolvent. Usually a repayment schedule is worked out with creditors via a restructuring process. But countries are not corporations. Technically almost every country would be insolvent if it were asked to pay all of the debt using available assets. In practice, all governments secure their national debts on their abilities to levy taxes. A country cannot be repossessed. When a sovereign State borrows too much, it either pushes the debt into the future by rolling it over, or failing that, defaults

---

711. Speech by the Dutch foreign Minister Wopke Hoekstra at the Panel Discussion on Establishing an International Anti-Corruption Court, 1 June 2022, https://www.government.nl/documents/speeches/2022/06/01/speech-minister-hoekstra-panel-discussion-on-establishing-an-international-anti-corruption-court.

on some or all of the debt. In fact, the history of sovereign debt is the history of sovereign default. Before the European sovereign debt crisis that started around 2008, where Iceland, Ireland, Greece, Portugal, Spain, Italy and Cyprus flirted with national insolvency, being termed "insolvent" by the markets, very little attention was paid to this idea of national insolvency [712].

266. The current system for sovereign restructuring features a decentralised market-based process where the sovereign debtor engages in intricate and complicated negotiations with many creditors, with different interests, often under the backdrop of conflicting national legal regimes, and where outcomes are often determined not on the basis of principles but of economic power [713]. The lack of a rule of law leads to several problems. For a start, it precludes a rapid fresh start for the State which aggravates its economic situation, and the social and political problems connected with that. Furthermore, it favours behaviour that severely distorts the working of sovereign lending markets, such as the emergence of holdout activists that buy defaulted debt on the cheap and demand payment in full, disrupting the restructuring process. It also enables extensive and costly multi-jurisdictional litigation. The recent cases of Greece and Argentina restructuring have caused consensus to grow on the necessity of moving to a different framework, although there are different views as to which one.

267. Ever since the emergence of the modern fiscal and borrowing State in the nineteenth century, disputes arising out of non-payment of sovereign debt have become common [714]. In the 1820s, for example, sovereign bond issuance by Latin American nations surged as the new countries were striving to secure their territories and build infrastructure. In less than two years, at the peak of the first emerging-markets crisis, Peru, Gran Colombia (formed by Colombia, Ecuador and Venezuela), Chile, Brazil, Mexico, Argentina and the Federal Republic of Central America (that consisted of the present-day Central American countries of Costa Rica, El Salvador, Guatemala, Honduras and Nicaragua, as well as the southern Mexican state of Chiapas) had defaulted on their debt.

---

712. S. Kinsella, "Remember: A Country is Not a Company", *Harvard Business Review* (25 March 2013).

713. M. Guzman and J. E. Stiglitz, "Creating a Framework for Sovereign Debt Restructuring that Works", in M. Guzman, J. A. Ocampo and J. E. Stiglitz (eds.), *Too Little, Too Late: The Quest to Resolve Sovereign Debt Crises*, New York, Columbia University Press, 2016, pp. 3 *et seq.* at 4.

714. M. Waibel, *Sovereign Defaults before International Courts and Tribunals*, Cambridge, Cambridge University Press, 2011, at p. 8.

It would take over three decades before the debts were renegotiated and capital flows to Latin America resumed. In 1890, with the crisis set off by the near failure of the Baring Brothers, the underwriter of Argentine Government loans, another wave of sovereign defaults rattled financial markets. In order to secure collection for funds that their nationals or residents lent to other governments, European powers pressed claims before mixed claims commissions, intervened diplomatically, imposed bans on lendings and in some cases used military force such as against Mexico in 1862 and Venezuela in 1902. The use of force relating to sovereign defaults gave rise to strong objections by affected debtor States. The most prominent of these critiques is the Drago Doctrine. As the United Kingdom, Germany and Italy intervened militarily in Venezuela, Luis Maria Drago, the Argentine Foreign Minister between 1902 and 1903, contended that the use of force to enforce sovereign debt was an illegitimate foreign policy tool that violated international law, and framed it as an extension of the Monroe Doctrine [715]. The Doctrine was subversive at the time, in that it carried the potential of undermining compliance with sovereign debt obligations, a concern which was widespread among creditors [716].

268. By some accounts, in the period between the end of World War II and the 1980s, the intergovernmental debt of over sixteen debtor States was rescheduled at least forty-seven times [717]. The 1980 oil price shock caused widespread defaults in Latin America, hitting hard on banks and cutting affected countries off from international credit markets. The biggest developing economies, notably Mexico, Brazil and Argentina, had established substantial industrial bases and had responded favourably to the availability of unconditional commercial loans which official sources (typically the International Monetary Fund (IMF), the World Bank and the Inter-American Development Bank) seldom provided [718]. In contrast, the recent European sovereign debt crisis saw default risks transferred from banks to taxpayers as troubled

---

715. L. M. Drago, *Cobro coercitivo de deudas públicas*, Buenos Aires, Coni Hermanos, 1906; L. M. Drago, "State Loans in their Relation to International Law", *AJIL*, Vol. 1 (1907), pp. 692 *et seq.*; L. M: Drago, "Les emprunts d'Etat et leurs rapports avec la politique internationale", *RGDIP*, Vol. 14 (1907), pp. 251 *et seq.*
716. Waibel, *op. cit.* (note 714), at p. 36.
717. B. W. Nichols, "The Impact of the Foreign Sovereign Immunities Act on the Enforcement of Lenders' Remedies", *University of Illinois Law Review*, Vol. 1 (1982), pp. 252 *et seq.*
718. B. C. Barnett, S. J. Galvis and G. Gouraige Jr., "On Third World Debt", *Harvard International Law Journal*, Vol. 25 (1984), pp. 91 *et seq.*

countries were bailed out by the European Central Bank, the IMF and other Eurozone governments [719].

269. Sovereign defaults carry heavy consequences: currency can be devalued, austerity measures might follow, including spending cuts and tax increase, the living standards of people may also be impacted, and the path to sustainable development may narrow.

(b) *The issue of "vulture" investors*

270. But not everyone is unhappy about the desperate straits of sovereign debt defaults [720]. Since the 1990s a group of financial "investors" have profiteered on debts of countries facing crisis. Holdouts (known also as "vultures" or "vulture funds" in academic, legal and journalist debates and publications) "invest" on weak or in-default bonds at a highly discounted price on a secondary market. They then "hold out" against any write-down on the debt, hoping to get paid out in full. Since they paid a small fraction of the value of the debt, receiving a bond's face value represents an exorbitant return. When countries refuse to pay, holdouts attempt to seize the overseas assets of the country in question and to block the restructuring of a unique series of bonds or the whole restructuring of the country's debt.

Holdouts have targeted developing and some of the most impoverished countries. Elliott Associates, a US hedge fund that pioneered the model, won a case against Peru in 1998 getting back 400 per cent of what they paid for the debt. The case *Elliott Associates, LP* v. *Republic of Peru*(1997/1998) [721] was also a game changer for the interpretation of legal frameworks affecting sovereign immunity, as the US Court of Appeals for the Second Circuit considered that Elliott's intent in purchasing the Peruvian debt in default was to be paid in full or otherwise to sue, and thus did not meet the "Champerty defence" (an English common law doctrine, later adopted by US legislatures, that prohibits the purchase of debt with the intent of bringing suit against the debtor) [722]. NML Capital, a Cayman Island-based fund linked to Elliott, took on Argentina after it defaulted back in 2001, and it is also believed

---

719. T. Hirst, "This is What Happens When Countries Default on their Debt", *Business Insider* (5 March 2015), https://www.businessinsider.com/a-history-of-sovereign-debt-defaults-2015-3.
720. N. Dearden, "Greece: Here Come the Vulture Funds", *The Guardian* (17 May 2012).
721. *Elliott Associates, LP* v. *Republic of Peru*, 961 F. Supp. 82 (SDNY 1997), 194 F.3d 363 (2d Cir. 1998).
722. Guzman and Stiglitz, *op. cit.* (note 713), at pp. 12-13.

to own some of Greece's debt. Dart Management meanwhile took $600 million from Brazil following its 1993 crisis, and an estimated $400 million from Greece in 2012. In 2016 Argentina agreed to pay $2.28 billion to Elliott, Aurelius Capital Management (another hedge fund also involved in Puerto Rico's restructuring) and Dart, a 1180 per cent return on their $177 million investment (in 2012 a New York State Judge had ordered Argentina to pay the bonds' full value which would have cost the government $4.65 billion and would have allowed NML a 1500 per cent return on its initial investment) [723]. By that time, the ruling had caused Argentina to be declared in selective default by Standard & Poor's and in restrictive default by Fitch Ratings, two of the three biggest credit rating companies, paradoxically not for lack of liquidity of the Argentine Government but because the ruling explicitly prohibited any institution, US or foreign, from facilitating payments to other creditors unless the plaintiffs were paid. FG Hemisphere Associates, another US holdout which purchases the debt of countries rich in natural resources, obtained a ruling by a court in the Jersey Islands ordering the Democratic Republic of the Congo to pay over $100 million for a decades-old debt acquired for $2.6 million. In 2012, the Privy Council of the United Kingdom blocked the speculator from collecting on the debt. The African Development Bank documents that at least twenty heavily indebted poor countries (or "HIPCs") have been threatened with or have been subjected to legal actions by commercial creditors and hedge funds since 1999, yielding nearly $1 billion [724]. Other countries that have been targeted include Nicaragua, Panama and Ecuador.

271. The consequences of holdout litigation are manifold. Beyond legal fees, it is associated with loss of governments' access to international capital markets or higher borrowing costs and thus to much-needed resources to support welfare-enhancing policies. Moreover, it can lead to the total impossibility of debt restructuring. In addition to the economic and social consequences for the affected country, holdout activism creates huge inefficiencies and inequities in trade and financial markets. Countries may need to trade in roundabout ways to avoid seizures, and lawsuits filed through subsidiaries sometimes

---

723. M. Guzman and J. E. Stiglitz, "How Hedge Funds Held Argentina for Ransom", *The New York Times* (1 April 2016).

724. "Vulture Funds in the Sovereign Debt Context", https://www.afdb.org/en/topics-and-sectors/initiatives-partnerships/african-legal-support-facility/vulture-funds-in-the-sovereign-debt-context.

based in non-cooperative jurisdictions tend to be secretive with limited or no information regarding ultimate ownership and compromise the financial market integrity [725].

In 2016 an Advisory Committee presented a Report on the Activities of Vulture Funds and the Impact on Human Rights, requested by Resolution 27/30 of the HRC two years prior. This report shows how holdouts negatively impact human rights and gives recommendations on how the international community, as well as individual countries, should address this situation. The Report concludes that: "A State's obligation to ensure the enjoyment of at least the minimum core of economic and social rights should take priority over its *debt service* obligations, particularly when such payments further limit the country's ability to fulfil its human rights obligations." [726] An argument here is that holdout rampancy not only creates economic inefficiencies but also gross inequities which at a minimum tampers the (human) right to development.

Holdouts (ab)use the court system of countries by bringing suit to sometimes geographically unrelated jurisdictions, forcing sovereign debtors to consume resources on proceedings for frozen or seized governmental assets.

272. A small number of jurists and economists have argued that holdouts may actually bring some social good by dissuading governments from opportunistic default, irresponsible borrowing and repudiation of contractual obligations disregarding the rule of law and without bearing the full cost of the risk. It has been suggested that holdouts do help developing countries on a practical level by keeping the cost of capital down, as without an enforcement mechanism such as litigation less capital would be available to emerging economies that need it for infrastructure and new investment. Also by creating secondary markets for debt, holdout activities increase liquidity as they provide buyers to investors who seek to unload their holdings [727].

---

725. Background Note: "Vulture Funds in Action: Economic and Social Impact", *Sovereign Debt Restructuring: Lessons Learned from Legislative Steps Taken by Certain Countries and Other Appropriate Action to Reduce the Vulnerability of Sovereigns to Holdout Creditors – Side-Event of the Second Committee of the UNGA organized by UNCTAD, 26 October 2016, UN Headquarters, New York*, at https://www.un.org/en/ga/second/71/se2610bn.pdf, at pp. 15-21.

726. . Report on the Activities of Vulture Funds and the Impact on Human Rights, UN doc. A/HRC/33/54 (20 July 2016), para. 69.

727. See e.g. J. Goren, "State-to-State Debts: Sovereign Immunity and the 'Vulture' Fund", *George Washington International Law Review*, Vol. 41 (2010), pp. 681 *et seq.* at 690-694.

(c) *Sovereign bonds litigation: Treaty versus contractual rights*

273. In the second half of the nineteenth century and up until the Second World War, arbitration clauses in sovereign debt instruments were common. After World War II, litigation by private creditors against defaulting States was rare because official lending prevailed. Since the 1980s most sovereign debt instruments submit to the jurisdiction of national courts in important financial centres (such as New York or London). The move towards restricted sovereign immunity in important financial centres has enhanced creditor protection as national courts routinely qualify the issuance of sovereign debt as commercial transactions [728].

Today's sovereign bonds rarely contain arbitration clauses (the one case being Brazilian bonds, which occasionally incorporate UNCITRAL arbitration rules alongside providing for the jurisdiction of Brazilian courts as submission to foreign courts is prohibited by law) [729]. The experience of sovereign lending stands in sharp contrast to the general trend in favour of arbitration as the preferred method of resolving transnational business disputes [730]. Several factors may explain why: *(a)* sovereign debt instruments embody complex financial transactions subjected to municipal law; *(b)* many government bonds involve issuance and placement with banks and financial institutions, leaving little room for (developing) States to negotiate terms and conditions (the concept of "contract of adhesion" applies); *(c)* sovereign bonds are the most "conservative" financial instruments with standardised contract terms that carry considerable inertia; *(d)* financial market participants, especially underwriters and bond purchasers, may be wary of arbitrators' tendencies to render equitable awards, judicial resolution being perceived as "more predictable" [731]. Notwithstanding this, international arbitration of sovereign debt instruments is propounded by some critics of the current system, who point in particular to the

---

728. Waibel, *op. cit.* (note 714), at p. 121.
729. *Ibid.*, at p. 157.
730. K. Halverson Cross, "Arbitration as a Means of Resolving Sovereign Debt Disputes", *American Review of International Arbitration*, Vol. 17 (2006), pp. 335 *et seq.* at 337-338.
731. See Waibel, *op. cit.* (note 714), at pp. 167-168. Literature on preference of bankers for litigation over arbitration include Goren, *op. cit.* (note 727), at pp. 681 *et seq.*; O. Sandrock, "Is International Arbitration Inept to Solve Disputes Arising out of International Loan Agreements", *Journal of International Arbitration*, Vol. 11 (1994), pp. 33 *et seq.*; G. Delaume, "ICSID and the Transnational Financial Community", *ICSID Review*, Vol. 1 (1986), pp. 237 *et seq.*

enforceability of awards and the neutrality of the arbitral forum as important considerations, the former on the creditor side and the latter from the sovereign debtor's perspective [732].

274. The International Court has been seized in only three cases involving sovereign debt instruments which are of little interest from the perspective of sovereign defaults in particular. The *Serbian Loans* [733] and *Brazilian Loans* [734] cases decided by the PCIJ raised the question whether default on sovereign bonds governed by municipal law gave rise to a "dispute of an international character". Constrained by its jurisdictional limits (the PCIJ, like the ICJ today, can only entertain disputes between States on the basis of international law), the Court considered the cases admissible not because a controversy existed between the Serb-Croat-Slovene and Brazilian governments and the French bondholders, but because France was acting in the exercise of its right to protect its nationals, thus the disputes before the Court were between the two governments. Whether the disputes referred to the Court relate only to questions of fact or municipal law was considered to be immaterial in light of the fact that Article 36 *(c)* of the PCIJ Statute provides that States may recognise as compulsory the jurisdiction of the Court in legal disputes concerning "the existence of any fact which, if established, would constitute a breach of an international obligation".

Contrariwise, in the 1957 *Norwegian Loans* case [735] the ICJ found that the bonds, being governed by Norwegian law, fell within the domain of municipal law and thus outside the purview of international law. However, the incompetence of the Court stemmed from France's very declaration limiting its consent to disputes involving international law. In dissenting, Judge Read observed that when France undertook diplomatic action as the result of the suspension of payment by Norway to French creditors, it transformed the dispute which came solely within the plane of national law into a question of international law [736]. Judge Lauterpacht, also dissenting, considered that the fact that a matter is governed by national law does not mean that it is wholly outside the orbit of international law: "The question of conformity of national legislation

---

732. See Goren, *ibid.* See also Waibel, *ibid.*, at pp. 209 *et seq.*
733. *Case Concerning the Payment of Various Serbian Loans issued in France*, Judgment, PCIJ Series A Nos. 20/21, pp. 16-20 (1929).
734. *Case Concerning the Payment in Gold of the Brazilian Federal Loans issued in France*, Judgment, PCIJ Series A Nos. 20/21, p. 101 (1929).
735. *Case of Certain Norwegian Loans*, Judgment of 6 July 1957, *ICJ Reports 1957*, pp. 21-27.
736. *Ibid.*, pp. 86-88.

with international law, is a matter of international law ... There may be little difference between a Government breaking unlawfully a contract with an alien and a Government causing legislation to be enacted which makes it impossible for it to comply with the contract." [737] In conclusion, these statements are to the effect that creditor claims based on unsecured debts may give rise to the exercise of diplomatic protection if certain conditions are present, and that municipal law may be evidence of conduct in violation of a rule of treaty or customary law.

275. It has been argued, with considerable justification, that the basis for investor-State arbitration over debt instruments under current rules is generally weak, particularly under the 1965 Convention on the Settlement of Investment Disputes between States and Nationals of Other States (ICSID Convention), even when protection is provided in BITs [738]. The Convention does not define "investment", and the *travaux préparatoires* also yield no conclusive evidence on the intent of the parties to include bonds and loans. Also, the divergent definitions of investment in BITs illustrate the absence of a generally accepted meaning in international law [739]. The case has been made further that sovereign debt instruments are ordinary commercial transactions that do not display the typical features of an investment as required by ICSID tribunals, in particular with respect to significance for the host country's economic development, duration, risk sharing and territorial link with the host country, and thus fall outside the scope of Article 25 dealing with the submission to the jurisdiction of the Centre [740]. Despite the ambiguity in Article 25, ICSID tribunals have generally accepted jurisdiction over debt instruments [741].

A separate matter is coverage of sovereign debt instruments under BITs. Few BITs define investment widely so as to include sovereign bonds. One such case is, arguably, the 1990 Argentina-Italy BIT,

---

737. *Ibid.*, p. 37 (Diss. Op. Judge Lauterpacht).
738. See Waibel, *op. cit.* (note 714), at p. 250.
739. M. Sornarajah, *The International Law on Foreign Investment*, Cambridge, Cambridge University Press, 2010, at pp. 9-18, 304 *et seq.*
740. Waibel, *op. cit.* (note 714), at pp. 230-244.
741. *Fedax NV* v. *Republic of Venezuela*, ICSID Case No. ARB/96/3, Award of 9 March 1998, para. 29; *Československá Obchodní Banka, AS* v. *The Slovak Republic*, ICSID Case No. ARB/97/4, Decision on Jurisdiction of 24 May 1999, para. 76; *Abaclat & Others* v. *The Argentine Republic*, ICSID Case No. ARB/07/5, Decision on Jurisdiction and Admissibility of 4 August 2011; *Ambiente Ufficio SpA & Others* v. *Argentine Republic*, ICSID Case No. ARB/08/9, Decision on Jurisdiction and Admissibility of 8 February 2013; *Giovanni Alemanni & Others* v. *Argentine Republic*, ICSID Case No. ARB/07/8, Decision on Jurisdiction and Admissibility of 17 November 2014.

although the interpretation of its Article 1 *(c)* is contentious. Article 1 *(c)* considers as investment the "[o]bligations, private or public securities or any other right to benefits or services having an economic value, as well as the profits capitalised". A more recent innovation in BITs are specific sovereign debt restructuring annexes that subject obligations relative to the rescheduling to national and most-favoured-nation treatment, for example the 2003 US-Chile Free Trade Agreement (Art. 10 (2) and (3)). Other countries have sought to exclude expressly the "sovereign debt of a Party or debt of a state enterprise" as they negotiate or renegotiate their BITs, as was the case with the ones signed by Argentina in 2018 with the United Arab Emirates (Art. 1) and with Japan (Art. 1 *(a) (iii)*). Since subjecting sovereign bonds to the jurisdiction of New York or London courts is virtually unavoidable, the exclusion aims at protecting the State from the risk of double jeopardy (even though theoretically both claims can be severed as one would be based on the violation of contract and the other of treaty).

In the end, for jurisdiction to be assumed under Article 25 of the ICSID Convention, if the *double-barrel* test is applied, a transaction still needs to amount to an investment under the BIT [742]. Given the particular nature of UNCITRAL rules, arbitrability can rest solely on the definition of investment under the BIT.

276. One last issue must be addressed briefly: whether contractual choice of forum in sovereign bonds excludes ICSID or UNCITRAL arbitration based on a BIT. Arbitration of sovereign bonds being a relatively novel idea, one may only present guidance based on general principles. First, clauses found in sovereign bonds conferring *exclusive* jurisdiction on the domestic courts of New York or another financial centre as a matter of principle bar creditors from resorting to BIT-based arbitration or any other venue. Second, a *non-exclusive* domestic jurisdiction clause in a sovereign bond does not exclude *a priori* submission to ICSID or UNCITRAL arbitration when there is subject matter jurisdiction and State consent. Third, once domestic proceedings are initiated, no claims in respect of any related proceedings should be brought to arbitration, and *vice versa*.

---

742. C. H. Schreuer, L. Malintoppi, A. Reinisch and A. C. Sinclair, *The ICSID Convention: A Commentary*, 2nd ed., Cambridge, Cambridge University Press, 2001, at Art. 25, pp. 117-119; A. Parra, "The Institutions of ICSID Arbitration Proceedings", *News from ICSID*, Vol. 2, No. 2 (2003), https://icsid.worldbank.org/sites/default/files/publications/2003%20Winter%20Volume%2020%20%28No.%202%29%20-%20Download.pdf.

(d) *The impact of holdout investors on sovereign debt default*

277. Like no other, the case of NML against Argentina exemplifies the kind of litigation that holdouts pursue and its potential impact on the restructuring of sovereign debt.

In December 2001, in the midst of a severe financial crisis, Argentina announced a moratorium on its debt service payment. It was at the time of the largest sovereign debt default in history, involving $95 billion in public indebtedness largely to non-resident bondholders and to a lesser extent to official creditors and foreign aid agencies (Greece's default in 2012 set a new record with a restructuring involving approximately $245 billion, and yet it attracted not a single lawsuit)[743]. After prolonged, contentious and unsuccessful negotiations to restructure the debt, in 2005 Argentina made its first unilateral bond exchange offer, to be followed by a second one in 2010. Between both exchange offers Argentina was able to restructure 91.3 per cent of the foreign debt on which it had defaulted in 2001. The Argentine authorities described it as "the most successful debt restructuring in history".

An explanation of the origins of Argentina's financial crisis and the justifications for the measures taken to the detriment of foreign investors exceeds a lecture in an international law course. It may suffice to say that Argentina's saga involved more than fifty cases registered with just ICSID, including three brought by Italian bondholders, in addition to lawsuits filed in domestic courts of the United States, Italy, Germany, Japan, Spain and other countries. The requests for arbitration relied not on a violation of Argentina's obligations under bond contracts (a claim which had been pursued unsuccessfully before Italian courts) but on the Argentina-Italy BIT. In all three cases, the tribunals reached the controversial decision that they had authority to adjudicate collective claims and that bonds fell within the definition of "investment" pursuant to both Article 25 ICSID Convention and Article 1 *(c)* Argentina-Italy BIT [744], although the proceedings were later suspended or discontinued and never reached the merits stage.

---

743. A. Porzecanski, "The Origins of Argentina's Litigation and Arbitration Saga, 2002-2014", *Fordham International Law Journal*, Vol. 40 (2016), pp. 41 *et seq*. at 52-53.

744. *Abaclat & Others* v. *The Argentine Republic*, ICSID Case No. ARB/07/5, Decision on Jurisdiction and Admissibility of 4 August 2011; *Ambiente Ufficio SpA & Others* v. *Argentine Republic*, ICSID Case No. ARB/08/9, Decision on Jurisdiction and Admissibility of 8 February 2013; *Giovanni Alemanni & Others* v. *Argentine Republic*, ICSID Case No. ARB/07/8, Decision on Jurisdiction and Admissibility of 17 November 2014.

Among creditors that did not tender their bonds (holdouts) there were institutional funds representing corporations and investment banks, retail (individual) creditors who had invested their savings and retirement pensions, and also hedge funds specialising in distressed debt. One such fund was NML Capital Ltd., an offshore subsidiary of Paul Singer's US hedge fund Elliott Associates LP. According to Bloomberg News, the company bought at least $182 million of Argentine debt for 15-30 cents on the dollar. In disapproval of the debt restructuring, NML sought judgments against Argentina in a number of jurisdictions, including the United States, for the full value of the bonds.

278. In *NML* v. *Argentina*, NML filed suit because Argentina "had been paying creditors which had agreed to its punishing restructuring terms, but had not paid anything to its lawful restructuring holdouts [such as NML]" [745]. Judicial action was made possible by provisions in the Fiscal Agency Agreement bonds which contained a sovereign immunity waiver allowing for jurisdiction in New York courts, and a *pari passu* clause that is supposed to ensure equal treatment among equally ranked creditors. For Argentina, paying holdouts full value would be deceiving to creditors who restructured their debt in good faith with the risk that they would claim the same terms as well referring to the rights upon future offers (or "RUFO") clause in the original bond that was set to expire in 2015. In a highly controversial decision in December 2011 Judge Thomas Griesa of the US District Court for the Southern District of New York interpreted the *pari passu* clause as prohibiting Argentina from discriminating against the holdout bondholders in favour of the exchange bondholders. The Court found that Argentina violated the clause when it made payments due under the exchange bonds, while refusing to satisfy payment obligations on the original defaulted bonds, and that it thus "lowered the rank" of NML bonds [746].

In Judge Griesa's broad interpretation of the *pari passu* clause, "if 100 percent of what is currently due to the exchange bondholders is paid, then 100 percent of what is currently due to plaintiffs must also be paid" [747]. Thus, while exchange bondholders were being paid a fraction of the original defaulted bonds, Argentina was mandated to pay holdout bondholders full value on theirs. The Court's order that Argentina

---

745. *NML Capital, Ltd.* v. *Republic of Argentina*, 99 F.3d 246 (2d Cir. 2012) (No. 12-105(L)).
746. *NML Capital, Ltd.* v. *Republic of Argentina*, No. 08 Civ. 6978 (TPG) (SDNY 7 December 2011).
747. *NML Capital, Ltd.* v. *Republic of Argentina*, No. 08 Civ. 6978 (TPG) (SDNY 21 November 2012) ("NML Capital Remand").

"make 'rateable payments' to plaintiffs concurrent with or in advance of its payments to holders of the 2005 and 2010 restructured debt" was not a totally novel outcome. The argument had been made and won over by Elliott before the Brussels Court of Appeals in 2000 in a lawsuit against Peru [748]. But while Peru settled, Argentina refused. Meanwhile, in February 2012 Judge Griesa had granted a permanent injunction to prevent Argentina from making payments to exchange bondholders without also making payments to the holdouts [749]. Large banks, investors and the US Treasury Department objected to the judge's order, arguing that the sanction could cause financial losses for innocent bystanders and lead to unnecessary disruption in the bond markets [750].

On appeal, the US Government submitted an *amicus curiae* in which it argued that upholding the district court's decision could "undermine the decades of effort the United States has expended to encourage a system of cooperative resolution of sovereign debt crises" and would permit "a single creditor to thwart the implementation of an internationally supported restructuring plan" [751]. However, in October 2012 the US Court of Appeals for the Second Circuit affirmed Judge Griesa's decision, upholding the injunction and the district court's interpretation of the *pari passu* clause [752]. In supporting Argentina's petition for a writ of certiorari, France filed an *amicus curiae* brief in which it argued that the rateable payment injunction affirmed by the Court of Appeals upset well-settled market understanding and threatened wider public and private interests. In particular, France maintained that the decision jeopardised the ability of sovereign debtors to achieve orderly and negotiating restructurings of their external debt, and also threatened sovereign lending, particularly development aid in the form of loans to developing countries [753]. As expected, the decision by the US Supreme Court in June 2014 to deny review without comment [754] prompted Argentina to default anew on its restructured debt rather than pay the

---

748. Cour d'appel de Bruxelles (8ème ch.), lettre 2000/QR/92, 26 September 2000 (unpublished).
749. *NML Capital, Ltd.* v. *Republic of Argentina*, Nos. 08 Civ. 6978 (TPG), 09 Civ. 1707 (TPG), 09 Civ. 1708 (TPG) (SDNY 23 February 2012).
750. P. Eavis, "Banks Fear Court Ruling in Argentina Bond Debt", *The New York Times* (25 February 2013).
751. *NML Capital, Ltd.* v. *Republic of Argentina*, Brief *amicus curiae* of United States of America, 4 April 2012, p. 5.
752. *NML Capital, Ltd.* v. *Republic of Argentina*, 699 F.3d 246 at 265.
753. *NML Capital, Ltd.* v. *Republic of Argentina (Petition for a Writ of Certiorari)*, Brief *amicus curiae* of the Republic of France, 24 March 2014, pp. 14-21.
754. Order List, 573 US 5 (16 June 2014).

successful plaintiffs what the courts had deemed they were owed [755]. As the judge included third-party banks in his injunction, payments to holders of the exchange bonds could not be processed unless all debtholders were paid. After Argentina failed to make interest payment on its restructured debt, it was judged to be in "technical default", a rubric which the Argentine government challenged as it continued to deposit payments into accounts held by US banks with Argentina's Central Bank, as a sign of its willingness to comply with the terms of its exchange bonds [756].

279. In August 2014, Argentina sought to institute proceedings against the United States before the ICJ regarding a "[d]ispute concerning judicial decisions of the United States of America relating to the restructuring of the Argentine sovereign debt". Argentina contended that the United States committed violations of Argentine sovereignty and immunities and other related violations as a result of judicial decisions adopted by US tribunals concerning the restructuring of the Argentine public debt [757]. However, no action was taken as Argentina found the jurisdiction on Article 38 (5) of the Rules of Court (consent yet to be given or manifested by the State against which the application is made), and the United States did not consent to the Court's jurisdiction in the case [758].

280. With the stakes in this litigation so high, various solutions have been sought to achieve efficient and fair solutions to sovereign debt crises and to prevent other countries from falling victims of holdout activism. A brief account of the main approaches is given below.

281. Failing to negotiate a settlement with the holdouts, Argentina had limited access to foreign credit markets until February 2016 when the government (a new administration that had assumed office in December 2015) reached a deal to pay holdout bondholders [759] and

---

755. Porzecanski, *op. cit.* (note 743), at p. 46.
756. V. Rodrigues and L. Cohen, "Argentina's Payment Illegal, Says US District Judge", *Financial Times* (27 June 2014). See also C. Kleiner, "L'affaire du siècle: *NML c. République d'Argentine* ou la 'contribution' des fonds vautours au droit international", in *Mélanges en l'honneur du Professeur Pierre Mayer* (Lextenso éditions), Paris, LGDJ, 2015, pp. 391 *et seq.* at 409-412 (on the efficacity of Law No. 26.984 enacted by the Argentine Congress following Judge Griesa's decision and providing for local payment of Argentina's foreign debt).
757. ICJ, Press Release 2014/25, 7 August 2014.
758. "EE.UU. rechaza demanda argentina en La Haya por 'fondos buitre'", *BBC News Mundo* (8 August 2014), https://www.bbc.com/mundo/ultimas_noticias/2014/08/140808_ultnot_argentina_eeuu_la_haya_jgc.
759. A. Stevenson, "How Argentina Settled a Billion-Dollar Debt Dispute with Hedge Funds", *The New York Times* (25 April 2016).

the injunction was lifted in April 2016 allowing Argentina to resume payment on its debt. For Joseph Stiglitz (Nobel Prize Laureate in Economics) and Martín Guzman, "[t]his resolution will carry a high price for the international financial system, encouraging other funds to hold out and making debt restructuring virtually impossible. Why would bondholders accept a haircut if they could wait and get exorbitant returns for a small investment?" [760]

(e) *Holdouts actions against sovereigns*

282. Part of NML's strategies to obtain payment that it claimed it was owed it by Argentina was to go after Argentina's assets held in the United States and other countries.

283. In addition to seeking an injunction to obtain payment on an "equal footing" with other bondholders referred to above, in 2010 NML sought attachment of funds held in accounts of Argentina's Central Bank (BCRA) at the Federal Reserve Bank of New York (FRBNY). If NML could successfully obtain a court order for attachment and execution of these funds, it would facilitate the judgment's enforceability by giving NML an interest in Argentine assets already held in US territory rather than requiring Argentina to produce payment [761]. At first the New York District Court agreed with NML holding that the funds were Argentina's property (not BCRA's property) "held for its own account" and that they were used for commercial purpose [762]. But the decision was vacated on appeal. For the Second Circuit, the funds held at the FRBNY were actually the property of Argentina's Central Bank "held for its own account" [763]. Moreover, the bond covenant did not mention "'instrumentalities' of the Republic of Argentina or BCRA in particular, much less BCRA's reserves at FRBNY" [764]. Therefore, the Court concluded that BCRA's immunity from suit as a central bank had not been waived by Argentina. The applicable law was the so-called central bank exemption, 28 USC para. 1611 *(b)* (1) FSIA, even though the immunity for property of the central bank or other monetary

---

760. Guzman and Stiglitz, 2016, *op. cit.* (note 723).
761. A. Kelly, "Flight of the Condors: The Impact of Vulture Investors on Argentina's Sovereign Debt default", *Florida Journal of International Law*, Vol. 30 (2018), pp. 27 *et seq.* at 37-38.
762. *EM Ltd.* v. *the Republic of Argentina*, 720 F. Supp. 2d 273 (SDNY 2010).
763. *NML Capital, Ltd.* v. *Banco Central de la República Argentina*, 652 F.3d 172 at 196 (2d Cir. 2011).
764. *Ibid.*

authority of the State under customary international law is recognised in Article 21 (1) *(c)* of the 2004 UN Convention on Jurisdictional Immunities of States and Their Properties. Such immunity does not depend on whether the central bank is "independent" from the parent State (an *alter ego* theory devised by plaintiffs) but only on whether the assets are used for "central banking functions" [765]. Where funds are held in an account in the name of a central bank or monetary authority, they are presumed to be immune from attachment. This presumption may be rebutted by demonstrating with specificity that the funds are not being used for central banking functions as such functions are normally understood, irrespective of their "commercial" nature [766].

That same year, another attempt of NML to freeze assets belonging to Argentina's Central Bank held at the Bank for International Settlements (BIS) based in Basel failed when the Federal Supreme Court of Switzerland confirmed the immunity enjoyed by international organisations such as the BIS [767]. The Court recalled the core function of the BIS, which is to accept and hold deposits of central banks, and found that the interim measure sought by NML threatened BIS operation. The limitation to the right of access to court, protected by Article 29*a* of the Swiss Constitution and Article 6 ECHR, which NML alleged was being violated, was found by the Court to be proportional and justified by the aim of preserving monetary and financial stability at the international level.

284. NML was also behind the freezing in 2011 of Argentina's government bank accounts in Belgium and France, including those used by embassies and other public entities or missions before international organisations such as UNESCO. Attachments were facilitated by legislation allowing for conservatory measures to be ordered *ex parte*, that is, without requiring the other party in the dispute to be present. Argentina initiated proceedings against NML before the enforcement judges requesting both the release of the attachments and compensation for damages. Ultimately both the Belgian [768] and the French [769] Supreme

---

765. *Ibid.*, at 187-188.
766. *Ibid.*, at 196.
767. *NML Capital, Ltd. and EM Limited* v. *Bank for International Settlements and Debts Enforcement Office Basel-Stadt*, Swiss Federal Tribunal, Judgment of 12 July 2010, BGE 136 III 379 (partial).
768. *Argentina* v. *NML Capital Limited*, Cour de cassation, Appeal Judgment, No C.11.0688.F, 22 November 2012, Justel F-20121122-3.
769. *NML Capital Limited* v. *Argentine Republic*, Cour de cassation (Ch. civ. 1re), Appeal No. 10-25938, Judgment of 28 March 2013; Cour de cassation (Ch. civ. 1re),

Courts held that governmental accounts, diplomatic or otherwise (used for the performance of public functions), enjoyed immunity from execution, and that renunciation must be "expresse et spéciale" (France), "spécifique" (Belgium), a general waiver of immunity from execution by the State not holding up. Although Argentina had waived immunity from enforcement measures in the bonds covenants (it was explicit), the categories of public assets susceptible of being seized were not mentioned (waiver was not specific).

For the French court, said immunity does not run contrary to Article 6 ECHR. Since immunity from execution and the requirement for explicit and specific waiver are established by customary international law as reflected in the UN Convention, the court concluded that the limitation of the right to a court was in conformity with the Convention [770]. An application lodged by NML before the ECtHR on grounds that there had been a violation by France of Article 6 of the Convention and also Article 1 of Protocol No. 1 (protection of property) was rejected as inadmissible for failure to exhaust domestic remedies [771] (NML could still bring an action to establish liability against the State before the administrative courts).

In finding that bank accounts used for the purposes of the diplomatic mission of a State enjoy immunity from attachment on the basis of Articles 22 (3) and 25 VCDR and the principle of *ne impediatur legatio*, the Belgian court also relied on customary law as expressed in the UN Convention. That custom, binding "à tout le moins [l'Argentine] et la Belgique en vertu de laquelle la renonciation générale d'un État à son immunité d'exécution ne concerne pas les comptes bancaires de ses missions diplomatiques, l'immunité d'exécution dont ceux-ci bénéficient devant l'objet d'une renonciation spécifique". Reference by the Court to Article 21 of the UN Convention seems to suggest that its ruling applies equally to the other categories of property listed in that article (property of military character, of the central bank, forming part of the cultural heritage of a foreign State, etc.).

An analysis of the sources, conditions and scope of application of the waiver of immunity from execution, including Article 19 of the UN Convention, is not the object of this lecture, and yet the conclusion

---

Appeal No. 11-10450, Judgment of 28 March 2013; Cour de cassation (Ch. civ. 1re), Appeal No. 11-13323, Judgment of 28 March 2013.

770. *NML Capital Limited* v. *Argentine Republic*, Cour de cassation (Ch. civ. 1re), Appeal No. 11-10450, Judgment of 28 March 2013.

771. *NML Capital Ltd.* v. *France* (December), No. 23242/12, ECtHR 2015.

may be drawn from the Belgian and French Supreme Court decisions that State practice continues to support State immunity from measures of attachment, by applying a presumption that funds in embassy bank accounts are used for governmental non-commercial purposes [772].

285. The seizure of an Argentine military vessel in Ghana in 2012, following a court order obtained by NML, is of particular interest as it sheds light not only on issues relating to public international law (law of the sea and the procedure of international tribunals), but also private international law (enforcement of foreign judgments). It also shows the audacity of vulture investors. For those that argue (quite rightfully) that the effect of ITLOS provisional measures was to render moot a decision on the merits of the case, or that ITLOS might have ordered the release of the ARA *Libertad* to a more friendly location or the posting of the bond that NML sought, to protect creditors' rights [773], one can only wonder what the attitude of the United States, Russia or China would have been had one of their warships been the object of a measure of attachment abroad.

The basic facts were the following: The frigate ARA *Libertad* is a training ship for officers of the Argentine Navy (like the *Amerigo Vespucci* of the Italian Navy, the USTS *Empire State VI* (T-AP-1001), which serves as training vessel of the US Maritime Service, the eight *Léopard*-class training ships used by the French Navy, and the like). Every year the ARA *Libertad* sails on a "diplomatic mission" that includes scheduled stops previously agreed upon via diplomatic channels between Argentina and the host country. The itinerary is publicised well in advance. On 2 October 2012, the day following the warship's arrival in Tema, NML filed an injunction which resulted in the landing of the ARA *Libertad* for over two months [774]. Previously, NML had applied for enforcement *(exequatur)* of the judgment rendered in 2011 by the New York District Court in the English High Court. The decision of the High Court granting *exequatur* was appealed by Argentina and ultimately upheld by the UK Supreme Court. In interpreting the renunciation clause more broadly than other jurisdictions, the British

---

772. C. Ryngaert, "Embassy Bank Accounts and State Immunity from Execution: Doing Justice to the Financial Interests of Creditors", *Leiden Journal of International Law*, Vol. 26 (2013), pp. 73 *et seq.*

773. T. E. Robins, "The Peculiar Case of the ARA *Libertad:* Provisional Measures and Prejudice to the Arbitral Tribunal's Final Result", *Harvard Negotiation Law Review*, Vol. 20 (2015), pp. 265 *et seq.* at 285-287.

774. *NML Capital Ltd.* v. *The Republic of Argentina*, Superior Court of Judicature in the High Court of Justice (Comm. Div.), Accra, A.D. 2012, Suit No. MISC/58/12.

Supreme Court considered that by the bond covenant Argentina had waived its immunity and that "State immunity cannot be raised as a bar to the recognition and enforcement of a foreign judgment if, under the principles of international law recognized in this jurisdiction, the State against whom the judgment was given was not entitled to immunity in respect of the claims" [775]. With the US and UK decisions in mind, NML filed suit in Ghana. The argument was that Argentina in the bond agreement agreed to waive its immunity from execution by accepting that any judgment rendered against it in the "specified courts" (any New York State or Federal Court sitting in the borough of Manhattan, the City of New York and the Courts of the Argentine Republic) would be "conclusive and binding" upon it and enforceable in the specified courts or "any other courts to the jurisdiction of which the Republic is or may be subject". Ghana was an "other court". Justice Richard Adjei-Frimpong of the High Court of Accra granted the injunction. While the New York ruling was the base for the Ghanaian injunction, the English ruling provided its rationale. The High Court's reasoning was twofold: *(a)* that despite the fact that it was the "predominant practice" to grant immunity to sovereign military assets, there was no "clear rule of customary international law"; and *(b)* even if military assets could be considered immune, Argentina had waived such immunity [776]. As diplomatic and judicial efforts were proving to be ineffective, Argentina turned to the ITLOS [777].

286. In a letter from the Argentine Ambassador in Ghana to the Ghanaian Foreign Minister dated 29 October 2012, one month after the High Court's judgment, Argentina invoked the 1982 UNCLOS and instituted proceedings against Ghana before an arbitral tribunal established under Annex VII of the Convention [778]. On 5 November, Judge Frimpong rendered an order to the Port Authority to move the warship. As local authorities attempted to move the warship, the

---

775. *NML Capital Ltd.* v. *Republic of Argentina*, British Supreme Court, Judgment of 6 July 2011, [2011] *UKSC* 31 at 49; 47 ILR 575.
776. *NML Capital Ltd.* v. *The Republic of Argentina*, Superior Court of Judicature in the High Court of Justice (Comm. Div.), Accra, Suit No. RPC/243/12, Ruling, 11 October 2012.
777. S. Ruiz Cerutti, "The UNCLOS and the Settlement of Disputes: The ARA *Libertad* Case", in L. del Castillo (ed.), *Law of the Sea, From Grotius to the International Tribunal for the Law of the Sea. Liber Amicorum Judge Hugo Caminos*, Leiden and Boston, Brill Nijhoff, 2015, pp. 713 *et seq.* at 714.
778. *The ARA Libertad Arbitration (Argentina* v. *Ghana)*, Notice of Arbitration, 29 October 2012, https://pcacases.com/web/sendAttach/424.

military crew raised in arms [779]. In this context, on 14 November, Argentina requested the following *and only* provisional measure under Article 290 (5)

> "that Ghana unconditionally enables the Argentine warship *Frigate ARA Libertad* to leave the Tema port and the jurisdictional waters of Ghana, and be resupplied to that end" [780].

Argentina's principal argument was that by detaining the warship ARA *Libertad*, keeping it detained, not allowing it to refuel and adopting several judicial measures against it, the Republic of Ghana "violate[d] the international obligation of respecting the immunities from jurisdiction and execution enjoyed by such vessel pursuant to Article 32 of UNCLOS and Article 3 of the 1926 Convention for the Unification of Certain Rules concerning the Immunity of State-owned Vessels as well as pursuant to well-established general or customary international rules in this regard" [781]. In support of its position, Argentina invoked the well-known case of the *Schooner Exchange* [782] and argued that UNCLOS had not established any exclusion to the immunities of warships and that the exceptions mentioned in Article 32 did not apply to the present case and therefore did not allow measures of constraint by the coastal State against the warship. In rebuking Judge Frimpong's statement that "if under US law it is not permissible to attach military assets, then that is the US law not Ghana law", Argentina observed that "the immunity of execution of foreign warships is not a matter governed by domestic law, but rather by international law, and the effect of national legislation existing in some States with regard to State immunity is to implement what is determined by international law and within the limits thereof" [783]. At a hearing called by Judge Frimpong, the Legal Adviser to the Ghanaian Foreign Ministry had also backed up Argentina's position, stating that "it became the Court's duty in conformity to established principles to release the vessel and proceed

---

779. I. J. Dugan and Sh. Romig, "Drama over Ship Intensifies: Argentine Sailors on Vessel Detained in Debt-Collection Case Threaten Workers", *The Wall Street Journal* (11 November 2012).
780. *"ARA Libertad" (Argentina v. Ghana)*, Request for Provisional Measures submitted by Argentina, 14 November 2012, para. 28, https://www.itlos.org/fileadmin/itlos/documents/cases/case_no.20/C20_Request_Argentina.pdf.
781. *Ibid.*, para. 31.
782. *The Exchange* v. *McFaddon*, 11 US 116 (1812).
783. *"ARA Libertad" (Argentina v. Ghana)*, Request for Provisional Measures submitted by Argentina, 14 November 2012, para. 40.

no further in the course" [784]. For Argentina, "military property is either considered to be absolutely excluded from any kind of execution measure, or – even in the case in which it is considered that a State can waive its immunity of execution with regard to military assets – this waiver should be explicit and specific to the related military asset at stake. In other words, a general waiver cannot affect any military or any diplomatic assets, no matter whether either a broad or a strict approach is followed in this regard" [785].

287. The main arguments of Ghana could be synthesised as follows. First, whereas Article 32 UNCLOS refers to the immunity of warships in the territorial sea, it does not refer to any such immunity when in internal waters. The port at Tema is considered internal waters. For Ghana, to the extent that such a rule might exist it could only be found outside the Convention, whether under other rules of customary or conventional international law. Thus, while seemingly conceding that warships are beyond the purview of foreign courts according to UNCLOS [786], it contended that Article 32 could not be a legal basis for Argentina's claim, and therefore neither the Annex VII Tribunal nor ITLOS can establish jurisdiction on the basis of that provision. Second, for Ghana the central issue was whether Argentina had waived immunity, a question to be resolved by private international law (the law applicable to the interpretation and application of the bond, namely New York law, and possibly also the law of Ghana) or general international law, not by UNCLOS [787].

288. In its order of 15 December 2012, ITLOS agreed with Argentina's argument that "in accordance with general international law, a warship enjoys immunity, including in internal waters" [788] and that "any act which prevents by force a warship from discharging its mission and duties is a source of conflict that may endanger friendly relations among States" [789]. It unanimously prescribed that "Ghana

---

784. Statement by Mr. Ebenezer Appreku, Director of the Legal and Consular Bureau of the Ministry of Foreign Affairs and Regional Integration, in the Superior Court of Judicature in the High Court of Justice Accra held on 9 October 2012, *ibid.*, Annex D.
785. *Ibid.*, para. 41.
786. Robins, *op. cit.* (note 773), at p. 280.
787. *"ARA Libertad" (Argentina* v. *Ghana)*, Response of Ghana, 28 November 2012, paras. 11-12, 16-17, https://www.itlos.org/fileadmin/itlos/documents/cases/case_no.20/C20_Response_Ghana.pdf.
788. *"ARA Libertad" (Argentina* v. *Ghana)*, Order of 15 December 2012, *ITLOS Reports 2012*, p. 348.
789. *Ibid.*, p. 349.

shall forthwith and unconditionally release the frigate *ARA Libertad*, shall ensure that the frigate *ARA Libertad*, its Commander and crew are able to leave the port of Tema and the maritime areas under the jurisdiction of Ghana, and shall ensure that the frigate *ARA Libertad* is resupplied to that end". On 19 December the ARA *Libertad* set sail. The Arbitral Tribunal was constituted on 4 February 2013. While the arbitration was gearing up, on 20 June the Supreme Court of Ghana reversed Judge Frimpong's order and hailed that "[t]here is no doubt that, under customary international law, warships are covered by sovereign immunity in foreign ports" [790].

289. The Supreme Court's ruling allowed for the possibility of initiating diplomatic negotiations to terminate the arbitration [791]. On 27 September, Argentina and Ghana concluded an agreement in relation to their dispute. Argentina considered that the publicisation at the international level of the ruling of the Ghanaian Supreme Court and other measures taken by Ghana "constitute sufficient satisfaction to discharge any injury occasioned by the injunction measure over the Argentine warship frigate *ARA Libertad*". As requested by the parties, on 11 November 2013 the Arbitral Tribunal issued an order terminating the proceeding [792].

290. Without aiming to be exhaustive, some aspects relating to this case are worth consideration here. ITLOS's order has been criticised notably on two grounds: the decision on *prima facie* jurisdiction, and the disposal of the issue of renunciation of immunity from execution. Both questions are closely related.

On the first question, Argentina argued that "the detention of the *ARA Libertad* violate[d] the rights recognized by the Convention" and that "the dispute between Argentina and Ghana relate[d] to the interpretation and application of the Convention [UNCLOS], in particular Articles 18, paragraph 1 *(b)* [right of innocent passage in the territorial sea], 32 [immunities of warships], 87, paragraph 1 *(a)*, and 90 [right of navigation in the high seas]" [793]. Ghana contended that "there [was] no dispute between Ghana and Argentina on the interpretation or

---

790. *ARA Libertad Case, Ghana and NML Capital Limited (joining)* v. *Attorney-General and Argentina (joining)*, Ghana Supreme Court, Ruling, Civil Motion No J5/10/2013, p. 24, *AJIL*, Vol. 108 (2014), pp. 73 *et seq.*

791. Ruiz Cerutti, *op. cit.* (note 777), at p. 721.

792. *The ARA Libertad Arbitration (Argentina* v. *Ghana)*, Termination Order, 11 November 2013, https://pcacases.com/web/sendAttach/424.

793. *"ARA Libertad" (Argentina* v. *Ghana)*, Order of 15 December 2012, *ITLOS Reports 2012*, p. 341.

application of the Convention" as the provisions invoked by Argentina were not applicable to acts occurring in internal waters [794]. In its order, the Tribunal based jurisdiction solely on Article 32. It observed that "Article 18, paragraph 1 *(b)*, of the Convention on the meaning of passage in the territorial sea and Articles 87 and 90 concerning the right and freedom of navigation on the high seas do not relate to the immunity of warships in internal waters and therefore do not seem to provide a basis for *prima facie* jurisdiction of the Annex VII arbitral tribunal" [795]. The implication of this statement is problematic as it seems to suggest that the right of innocent passage or the right of navigation in the high seas have no bearing whatsoever in internal waters [796]. This conclusion does not follow from UNCLOS preparatory work, even if not all activities in internal waters and ports are governed by the Convention, as Judges Wolfrum and Cot pointed out in their joint separate opinion [797].

Contrariwise, Article 32 was considered to be applicable at least *prima facie* [798]. For the Tribunal, Article 32 does not specify the geographical scope of its application [799] and thus might be applicable to interior waters. It may be worth recalling that Article 32 does not expressly provide that warships are immune, but rather that "nothing in this Convention affects the immunities of warships". If immunity enjoyed by warships stems from general international law as the Tribunal affirms [800], the question whether this rule has been incorporated into the UNCLOS regime by the operation of Article 32 would be dispositive, because if the answer is negative, ITLOS would have no jurisdiction over the dispute. This is a complex issue relating to the relationship between jurisdiction and applicable law [801] ultimately to be determined after the contentions and arguments of the parties have been fully considered by the Arbitral Tribunal. This led some to argue that ITLOS might have overstepped its authority by rendering a decision that affected the merits of the case [802]. However, as Judge Lucky observed, "the parties have presented differing arguments on the scope of the application of

---

794. *Ibid.*, p. 342.
795. *Ibid.*, pp. 343-344.
796. S. El Sawah and J. E. Vinuales, Note: "L'immunité d'exécution dans l'affaire de l'Ara Libertad devant le TIDM", *Clunet* (2013), p. 867 *et seq.* at 873.
797. *"ARA Libertad" (Argentina v. Ghana)*, Order of 15 December 2012, *ITLOS Reports 2012*, pp. 369-372 (Joint Sep. Op. Judges Wolfrum and Cot).
798. *Ibid.*, p. 344.
799. *Ibid.*
800. *Ibid.*, p. 348.
801. El Sawah and Vinuales, *op. cit.* (note 796), at p. 876.
802. Robins, *op. cit.* (note 773), at p. 285.

Article 32 of the Convention". While Argentina contended that Article 32 is not limited to the territorial sea, but rather also applies to the internal waters of Ghana, Ghana contended that Article 32 does not provide for immunity in internal waters, including the port. Thus, for Judge Lucky, "it is necessary to examine the relevant articles in the Convention to determine whether they are interrelated. There is a dispute over the interpretation or application of Articles 18 (1), 87 (1) and 32 of the Convention". Therefore, *prima facie*, the Tribunal had jurisdiction to hear and determine the Request [803].

A closely related question is the objective of the provisional measure requested by Argentina, which was akin to the one to be obtained from the decision on the merits [804]. By ordering the release of the ARA *Libertad*, ITLOS effectively disposed of the case. That is why Argentina and Ghana have since requested that the arbitral proceedings be terminated, as the only benefits of the final award would have been a declaratory judgment as to the (il)legality of Ghana's act or pecuniary compensation [805]. The decision taken by ITLOS was a principled one, and one that was required, as any other solution (such as moving the frigate to a more friendly location or requiring a guarantee [806]) would have meant in essence denying the immunity from execution enjoyed by warships [807]. Moreover, procedurally ITLOS had to resort to Article 290 (5) UNCLOS under which the prescription of provisional measures was submitted. Reference could not be made to Article 292, which provides for the prompt release of vessels and crews, as the ARA *Libertad* is not a commercial vessel and the application for release requires that the State detaining a foreign-flagged vessel has not complied with the prompt release provisions of the Convention upon the posting of a reasonable bond or other financial security in two cases, namely: vessels arrested to ensure compliance with the laws and regulations of the coastal State regarding living resources in the Exclusive Economic Zone (Art. 73 *(c)*) and vessels detained for violations of laws and regulations relating to the protection of the marine environment (Arts. 220 (6) and 226 (2)). Argentina's submission was that the detention of the frigate violated Articles 18 (1) *(b)*, 32, 87 (1) *(a)* and 90 of UNCLOS. These articles refer to, respectively, the right to leave the port in the exercise of the

---

803. *"ARA Libertad" (Argentina v. Ghana)*, Order of 15 December 2012, *ITLOS Reports 2012*, pp. 383-384 (Sep. Op. Judge Lucky).
804. El Sawah and Vinuales, *op. cit.* (note 796), at p. 878.
805. Robins, *op. cit.* (note 773), at pp. 285-286.
806. *Ibid.*, at p. 286.
807. El Sawah and Vinuales, *op. cit.* (note 796), at p. 878.

right of innocent passage, immunities of warships, freedom of navigation, and the right of navigation. In that case, the power of decision of ITLOS was to be exercised with respect to the provisional measure sought by Argentina. On this basis, ITLOS was not at fault if in deciding the request for provisional measures that sought the same result as the arbitration, it effectively pre-empted the decision of the arbitral tribunal [808].

The second question relates to Argentina's renunciation of its immunity from execution. As ITLOS' order did not address the matter, only a general conclusion may be drawn. Argentina's position before ITLOS did not depart from the position it sustained before national jurisdictions where NML sought to seize other State property: that the renunciation clause in the bonds was deprived of any effect with regard to the property that NML attempted to take forcible possession of (and not only with regard to the warship) pursuant to customary international law as reflected in the UN Convention, to deviate from the execution immunity of the Argentine State [809]. It has been suggested that the current state of the law may be less clear than Argentina and the ITLOS order seem to represent. On one hand, a renunciation clause may not be construed as allowing any State property to be protected by sovereign immunity. On the other hand, it may not be considered to be lacking any practical reach [810]. Be that as it may, what the decisions of ITLOS and of other domestic high courts suggest is that the test to waivers of sovereign immunity from execution may be tightening, by requiring explicit and specific renunciation when certain State property, warships and embassy accounts included, is concerned [811]. Horatia Muir Watt has pointed out the "significant" contribution that vulture funds have made to the orientation of the jurisprudence in defining the boundaries of State immunities [812].

(f) *Market-based versus institutional models to restructuring*

291. For many, recent controversies surrounding debt restructuring show the weaknesses of the current market-based system in achieving

---

808. See P. C. Rao and Ph. Gautier, *The International Tribunal for the Law of the Sea: Law, Practice and Procedure*, Cheltenham, Edward Elgar, 2018, at p. 129.
809. El Sawah and Vinuales, *op. cit.* (note 796), at p. 879.
810. *Ibid.*
811. *Ibid.*, at pp. 879 *et seq.* See also Ryngaert, *op. cit.* (note 683), at pp. 121 *et seq.*
812. H. Muir Watt, "L'immunité souveraine et les fonds 'vautour'. A propos de la *Générale des carrières et des mines* v. *FG hemisphere Associates LLC*", *RCDIP* (2012), pp. 789 *et seq.* at 792.

efficient and fair solutions to sovereign debt crises [813]. The ultimate goal of sovereign debt restructuring is "the restoration of sustainability of public debt with a high probability" [814]. However, the evidence suggests that the current "non-system" is often insufficient for achieving the main goal of a restructuring, delaying the recovery from recessions or depressions, with large negative social consequences [815]. As sovereignty is vilified in the name of the rights of bondholders and "the market", public interests lag behind and the fundamental problems remain unresolved.

292. Recent decisions have also highlighted the interplay between multiple jurisdictions, none of which seems willing to give up jurisdiction in favour of others. An example of this is the judicial decision of a British court in July 2014 establishing that Argentina's interest payments on bonds issued under UK law are covered by UK law, not US judicial rulings [816]. The implication of the UK decision is that the US decisions (Judge Griesa's and others' affecting sovereign decisions to restructure debt) cannot be expected to hold sway over contracts executed in other countries.

293. The IMF and the International Capital Market Association or ICMA (a self-regulatory organisation and trade association for participants in the capital markets) recognise that the current system does not work well and have proposed new model wording for *pari passu* and collective action clauses (CACs) included in international sovereign bond contracts. The new ICMA terms include a formula for the aggregation of CACs providing that the decisions of a supermajority (defined by acceptance of the aggregate principal amount of outstanding debt securities of all the affected series) would be binding to all the bondholders across all series [817]. In turn, the clarification of the *pari passu* clause establishes, unlike Judge Griesa's interpretation in Argentina's case, that "the issuer shall have no obligation to effect equal or rateable payment(s) at any time" with respect to any other external

---

813. Guzman and Stiglitz, *op. cit.* (note 713), at pp. 3-6.
814. M. Guzman and J. E. Stiglitz, "A Soft Law Mechanism for Sovereign Debt Restructuring: Based on the UN Principles", in I. Bantekas and C. Lumina (eds.), *Sovereign Debt and Human Rights*, Oxford, Oxford University Press, 2018, pp. 446 *et seq.* at 446.
815. *Ibid.*
816. England and Wales High Court (Chancery Div.), Case No. HC-2014-000704, Judgment of 13 February 2015.
817. ICMA, Standard Collective Action Clauses, Pari Passu and Creditor Engagement Provisions for the Terms and Conditions of Sovereign Notes, https://www.icmagroup.org/resources-2/Sovereign-Debt-Information/.

indebtedness of the issuer and in particular "shall have no obligation to pay other external indebtedness at the same time or as a condition of paying sums due on the notes and vice versa"[818]. A formula for the aggregation of CACs, either at the level of each security or over different classes of bonds, would constrain holdouts' behaviour in relation to bonds issued under the new terms, without eradicating the problem completely, as they can still buy the minimum fraction that would block the restructuring[819].

294. Moreover, sovereign debt restructuring involves dealing with contracts issued under different terms, different legislations from different jurisdictions and different currencies. The issues are not solved according to efficiency or equity considerations, but on the basis of the relative bargaining power[820].

295. These are the limitations of the private contractual approach. As the complexities of sovereign debt restructuring are manifold, the need for a statutory approach is larger[821].

(g) *Principles of sovereign debt restructuring processes*

296. On 10 September 2015 the UN General Assembly adopted Resolution 69/319 on the Basic Principles on Sovereign Debt Restructuring Processes. The Resolution was a proposal by the Group of 77 (G77) and China, and was driven by Argentina. The G77 is a coalition of 135 developing countries, designed to promote its members' collective economic interests and create an enhanced joint negotiating capacity in the United Nations. Developed countries did not engage in the negotiations. The Resolution was adopted by 136 votes in favour, 6 against (the United States and United Kingdom, the two major jurisdictions for sovereign debt issuance by emerging economies, as well as Canada, Germany, Israel and Japan) and 41 abstentions.

The precedent was General Assembly Resolution 68/304 adopted on 9 September 2014, which decided to "elaborate and adopt through a process of intergovernmental negotiations . . . a multilateral legal framework for sovereign debt restructuring processes with a view, inter alia, to increasing the efficiency, stability and predictability of the international financial system and achieving sustained, inclusive and

---

818. Guzman and Stiglitz, *op. cit.* (note 713), at p. 15.
819. *Ibid.*, at pp. 11-12.
820. *Ibid.*, at p. 15.
821. *Ibid.*, at p. 15.

equitable economic growth and sustainable development, in accordance with national circumstances and priorities". On 29 December 2014 UN General Assembly Resolution 69/247 decided to establish an *ad hoc* committee with the said objective, open to the participation of all member States and observer States, and to invite relevant bodies and organisations including in particular the World Bank and the IMF, as well as the private sector and academia, with an interest in the matter to contribute.

297. Resolution 69/319 declared that sovereign debt restructuring processes should be guided by basic principles, as included in the report of the *Ad Hoc* Committee. The nine basic principles are:

"1. A Sovereign State has the right, in the exercise of its discretion, to design its macroeconomic policy, including restructuring its sovereign debt, which should not be frustrated or impeded by any abusive measures. Restructuring should be done as the last resort and preserving at the outset creditors' rights.

2. Good faith by both the sovereign debtor and all its creditors would entail their engagement in constructive sovereign debt restructuring workout negotiations and other stages of the process with the aim of a prompt and durable re-establishment of debt sustainability and debt servicing, as well as achieving the support of a critical mass of creditors through a constructive dialogue regarding the restructuring terms.

3. Transparency should be promoted in order to enhance the accountability of the actors concerned, which can be achieved through the timely sharing of both data and processes related to sovereign debt workouts.

4. Impartiality requires that all institutions and actors involved in sovereign debt restructuring workouts, including at the regional level, in accordance with their respective mandates, enjoy independence and refrain from exercising any undue influence over the process and other stakeholders or engaging in actions that would give rise to conflicts of interest or corruption or both.

5. Equitable treatment imposes on States the duty to refrain from arbitrarily discriminating among creditors, unless a different treatment is justified under the law, is reasonable, and is correlated to the characteristics of the credit, guaranteeing inter-creditor equality, discussed among all creditors. Creditors have the right to receive the same proportionate treatment in accordance with

their credit and its characteristics. No creditors or creditor groups should be excluded ex ante from the sovereign debt restructuring process.

6. Sovereign immunity from jurisdiction and execution regarding sovereign debt restructurings is a right of States before foreign domestic courts and exceptions should be restrictively interpreted.

7. Legitimacy entails that the establishment of institutions and the operations related to sovereign debt restructuring workouts respect requirements of inclusiveness and the rule of law, at all levels. The terms and conditions of the original contracts should remain valid until such time as they are modified by a restructuring agreement.

8. Sustainability implies that sovereign debt restructuring workouts are completed in a timely and efficient manner and lead to a stable debt situation in the debtor State, preserving at the outset creditors' rights while promoting sustained and inclusive economic growth and sustainable development, minimizing economic and social costs, warranting the stability of the international financial system and respecting human rights.

9. Majority restructuring implies that sovereign debt restructuring agreements that are approved by a qualified majority of the creditors of a State are not to be affected, jeopardized or otherwise impeded by other States or a non-representative minority of creditors, who must respect the decisions adopted by the majority of the creditors. States should be encouraged to include collective action clauses in their sovereign debt to be issued."

298. Sovereign debt specialists predict the usefulness of the UN principles to resolve most of the deficiencies observed in recent restructuring processes [822]. Argentina adopted the principles by act of Congress on 4 November 2015. Law No. 27.207 declared the UN principles to be of "public order" and to form part of Argentina's legislation, which entails that they must be followed by the Argentine authorities in debt negotiations.

299. The adoption of the principles contributes to a positive norm setting process. This explains the hostility of some States from the

---

822. See Guzman and Stiglitz, *op. cit.* (note 814), at pp. 449-454. See also J. P. Bohoslavsky and M. Goldmann, "An Incremental Approach to Sovereign Debt Restructuring: Sovereign Debt Sustainability as a Principle of Public International Law", *Yale Journal of International Law*, Vol. 41 (2016), pp. 13 *et seq.* at 34-42.

outset towards the United Nations taking up the issue and with regards to some particular principles or statements. The United States, in voting against Resolution 69/319, objected to the existence of a unilateral "right" of States to restructure their debt when any restructuring efforts need to be a multilateral negotiation between debtors and creditors. The representative of the European Union, most of whose member States abstained from the vote, stated that the Resolution contained a number of statements that did not accurately reflect international law or treaties. For developed countries, the IMF and not the UN was the appropriate institution to host global discussions on the subject.

300. The question of the normative character of the UN principles is probably one that requires more than a yes or no answer. Many of the principles are so widely accepted in State practice that they may already be said to constitute general principles of law in terms of Article 38 (1) *(c)* ICJ Statute, either standing alone or as emanations of other principles. Even so, the precise application of the principles involves reference to the relevant circumstances. Thus, the nuanced European statement might hold true to some extent. Establishing the legal significance of the individual principles may be problematic, but some account may be given on the state of the law.

For example, it is arguable that the US opposition to an international *right to restructuring* stands more as a political statement than a statement of the law, as the sovereign right of a State to define its macroeconomic policy, of which the right to restructure its debt is a corollary, can hardly be put into question, provided that the restructuring is not carried out in a confiscatory or discriminatory manner. *Good faith* is today widely accepted as a general principle of law that manifests itself in almost every international legal regime. The principle of good faith encompasses the protection of legitimate expectations, the prohibition of the abuse of rights and the prevention of unjustified advantage from unlawful acts. The anti-vulture fund legislation adopted by Belgium in 2015 provides practical guidance: holdout behaviour could be considered abusive when the debt was purchased in default or at a price manifestly disproportionate with its face value, and the amount that the bondholder claims is out of proportion to what could be reasonably expected at the time of purchase, as reflected in market prices and the state of the sovereign debtor's economy [823]. Good faith also requires debtors and creditors to enter into negotiations once the debt of a State

---

823. Guzman and Stiglitz, *ibid.*, at p. 5.

has become unsustainable and to allow negotiations to be successful [824]. Thus creditors must not take enforcement action, and debtors must not repudiate their debt, while negotiations are ongoing.

Transparency requires disclosure of credit default swaps as well as of restructuring terms applicable to all external and domestic creditor groups [825]. *Impartiality* is a component of legitimacy [826], and may also be related to equitable treatment. *Equitable treatment* does not necessarily mean identical treatment. For example, different creditors may acquire debt instruments with different characteristics associated with different risk exposure, it could be justified to give seniority status to creditors that lend into arrears, and so forth. In *Argentina* v. *NML Capital* Judge Griesa's ruling violated the principle of equitable treatment of creditors as it secured minority holdouts returns of approximately 1200 per cent, while good faith creditors received a discount of about two thirds [827]. The principle of *sovereign immunity* probably reflects the state of the law, undoubtedly so when immunity from execution of assets used in the exercise of sovereign function or devoted to public purposes is concerned, as has been reaffirmed in recent jurisprudence. The principle of *majority restructuring* may be defined by reference to collective action clauses, which typically set the threshold at 75 per cent of creditors within a bonds issue. Several principles apply equally to creditors and States, such as good faith, transparency and impartiality.

The principles of *legitimacy* and of *sustainability* of the debt restructuring have a strong political and programmatic flavour, especially sustainability, which is not to deny the legal consequences that may arise if debt restructuring results in the violation of a treaty or customary rule such as the enjoyment of human rights. Holdout litigation challenges the principle of debt sustainability at a normative level when the sanctity of contract prevails so that unanimity of creditors is required to make a restructuring agreement binding on every creditor, and also when courts refuse to recognise state of necessity as a defence or it cannot be invoked if the debtor State has contributed to the state of

---

824. M. Goldmann, "Putting Your Faith in Good Faith: A Principled Strategy for Smoother Debt Workouts", *Yale Journal of International Law*, Vol. 41 (2016), pp. 117 *et seq.* at 130.
825. Guzman and Stiglitz, *op. cit.* (note 814), at p. 451; A. Gelpern, "Sovereign Debt: Now What?", *Yale Journal of International Law*, Vol. 41 (2016), pp. 45 *et seq.* at 93.
826. O. Lienau, "Legitimacy and Impartiality as Basic Principles for Sovereign Debt Restructuring", *Yale Journal of International Law*, Vol. 41 (2016), pp. 97 *et seq.* at 99.
827. Guzman and Stiglitz, *op. cit.* (note 814), at p. 452.

necessity (rendering the defence toothless for sovereign debt litigation providing for compensation)[828]. The Sustainable Development Goals (approved by UN General Assembly Res. 70/1 adopted by consensus) establish a connection between sovereign debt sustainability and human development, which comprises the progressive realisation of economic, social, and cultural rights[829]. SGD 17 is to "[s]trengthen the means of implementation and revitalise the global partnership for sustainable development" and encompasses improving north-south and south-south cooperation and public/private partnerships. The target here is to "[a]ssist developing countries in attaining long-term debt sustainability through coordinated policies aimed at fostering debt financing, debt relief and debt restructuring, as appropriate, and address the external debt of highly indebted poor countries to reduce debt distress" (Target 17.4). One indicator used to measure progress towards reaching the target is debt service as a proportion of exports of goods and services (Indicator 17.4.1)[830].

301. A key feature of the UN process and the vote of Resolution 69/319 was the emphasis placed by opposing and abstaining countries on the inappropriateness of the forum or on moving towards an institutional approach to debt restructuring, rather than on the diagnosis of the problem or the content of the principles. Some of those countries have filed *amici curiae* in support of Argentina's position on the merits (United States and especially France), some have adopted "anti-vulture fund legislation" (the United Kingdom in 2010, Belgium in 2015, France in 2017, and the European Parliament in 2018 in its resolution on "Enhancing developing countries debt sustainability" (2016/2241(INI)), which calls on the member States to adopt, on the Commission's initiative, a regulation based on the Belgian law on combatting vulture fund debt speculation), and some have supported reform for existing models of contractual clauses in the IMF. This attitude of developed countries contradicts the thesis that the UN principles do not constitute evidence of the existing law, as least in

---

828. See also Bohoslavsky and Goldmann, *op. cit.* (note 822), at pp. 27-28. In 2015, the German Federal Court of Justice rejected the view that there was a rule of customary international law making majority restructurings binding for the dissenting minority, also holding that good faith did not constitute a defence against holdout litigation (German Federal Court of Justice (Bundesgerichtshof), Decision of 24 February 2015, *Neue Juristische Wochenschrift* 2328 (2015)).

829. J. P. Bohoslavsky, "Economic Inequality, Debt Crisis and Human Rights", *Yale Journal of International Law*, Vol. 41 (2016), pp. 177 *et seq.* at 179.

830. https://unstats.un.org/sdgs/metadata/?Text=&Goal=17&Target=17.4.

principle, without prejudice to some individual propositions or their application which may give rise to real differences of opinion on the law.

4. International law on the rights of the child

(a) *International human rights of children in private international law*

302. The last century witnessed landmark developments in international law and legislations around the world towards the realisation of human rights of children, starting with the 1924 Geneva Declaration of the Rights of the Child, followed by the 1959 United Nations Declaration of the Rights of the Child (adopted by UN General Assembly Res. 1386 (XIV)), and the 1989 UNCRC. Rights such as to a name and a nationality, to express views, and to equality or non-discrimination, recognised and affirmed in these instruments, have exerted a tangible influence on modern private international law.

And yet arguably none has permeated the field more profoundly than the *principle of the best interests of the child* embedded in the 1989 UNCRC (Art. 3 and others), but that may ultimately be traced back to the 1924 and 1959 Declarations which provide that humankind "owes to the child the best it has to give". The incorporation of the principle is concomitant with the shift from the concept of child as an object in need of attention and protection that prevails in the old instruments to one as a subject of rights in the Convention. The Convention defines the principle broadly as it states that "[i]n all actions concerning children, whether undertaken by public or private social welfare institutions, courts of law, administrative authorities or legislative bodies, the best interests of the child shall be a primary consideration" (Art. 3 (1)).

303. As private international law reform has incorporated human rights advancements, the principle of the best interests of the child has shaped solutions at international, regional and domestic levels [831]. All three relevant HCCH Conventions adopted after 1989 confirm that the best interests of the child are a primary consideration, that is, the 1993 Convention on Protection of Children and Co-operation in Respect to Intercountry Adoption, the 1996 Convention on Jurisdiction, Applicable Law, Recognition, Enforcement and Cooperation in

---

831. See generally A. Grammaticaki-Alexiou, "Best Interests of the Child in Private International Law", *Recueil des cours*, Vol. 412 (2020), pp. 253 *et seq.*

Respect of Parental Responsibility and Measures for the Protection of Children, and the 2007 Convention on the International Recovery of Child Support and Other Forms of Family Maintenance. The same goes for post-1989 regional instruments in Europe (Council Regulation (EC) No. 2201/2003 of 27 November 2003 concerning jurisdiction and the recognition and enforcement of judgments in matrimonial matters and the matters of parental responsibility, repealing Regulation (EC) No 1347/2000 (also called Brussels IIA or II *bis*); and Council Regulation (EU) No. 2019/1111 of 25 June 2019 on jurisdiction, the recognition and enforcement of decisions in matrimonial matters and the matters of parental responsibility, and on international child abduction (Brussels IIA recast)), and in the American context (1994 CIDIP V Convention on International Traffic in Minors). All the above instruments confer jurisdiction on the basis of habitual residence, in the light of the best interests of the child. It is generally recognised that the authorities of the country of the child's habitual residence, the country of the centre of the child's life, of his or her social integration, are best placed to understand the social and family environment and act accordingly in matters of parental responsibility and measures for the protection of children. The best interests of the child are further protected by the efficiency and practicability associated with proximity.

304. The trend in national laws is also towards the application of the law of the child's habitual residence to the relationship between parents and child, maintenance obligations and the acknowledgement of a child, in pursuit of the best interests of the child (e.g. Arts. 68 (1), 72 (1) and 82 (1), 1987 Swiss Federal Act on Private International Law; Arts. 19 and 21, 1994 Introductory Act of the Civil Code of Germany; Arts. 24, 29 and 30, China's 2010 Law on the Laws Applicable to Foreign-Related Civil Relations; Art. 2639, 2014 Argentine Civil and Commercial Code). In some cases, the application of the law of a country other than the habitual residence is provided for if it is more favourable to the child's best interests (the Argentine and Chinese legislations). In this line, the 1989 CIDIP IV Convention on Support Obligations provides for the application of whichever of the following laws the competent authority finds the most favourable to the (child) creditor: that of the State of domicile or habitual residence of the creditor; or that of the State of domicile or habitual residence of the debtor (Art. 6). The applicable law pursuant to Article 6 shall determine the amount of support due and the timing of and conditions for payment, who may bring a support claim on behalf of the creditor and any other condition

necessary for enjoyment of the right to support (Art. 7). When it comes to jurisdiction, the Convention provides that at the option of the creditor, support claims may be heard by the judicial or administrative authorities of the State of domicile or habitual residence of the creditor or of the debtor, or of the State to which the debtor is connected by personal links such as possessing property, receiving income or obtaining financial benefits, or of another State if the defendant appears before it without challenging its jurisdiction (Art. 8).

It is to be acknowledged, however, that other legislation and treaties, some older, still provide for the application of the national law of the child or of a parent, or the domicile of the latter (e.g. Art. 36 (1), 1995 Law on the Reform of the Italian System of Private International Law; Arts. 14, 18, 19 and 21, 1889 Treaty of Montevideo on International Civil Law; and Arts. 18, 22, 25 and 27, 1940 homonym Treaty, although the provisions are circular and confusing as to what law actually applies [832]).

305. Furthermore, in some jurisdictions, the best interests standard established by treaty or statute may be doomed when the parents wield a constitutional right to custody such as in the United States [833]. In doctrine, the best interests standard has been criticised by some mostly older practitioners for proving "indeterminate" in practice, often failing to provide any direction for judicial choices, and therefore best interests decisions depend on the character, values and prejudices of the adjudicating court [834]. It should be remembered, however, that the United States is not a party to the UNCRC.

306. In custody cases, in particular, cultural differences affect the determination of the best interests of the child [835]: while Western custody laws focus on the child's care, the family environment and the rights and needs with regard to health and education, and the parents' ability and willingness to provide them, Islamic law (Shari'a) places utmost importance on Islamic social and religious values and believes that it is in the child's best interests to be raised Muslim. Cultural differences also explain why it has proven more problematic for Islamic countries to join the HCCH 1980 Convention on the International Civil Aspects of Child

---

832. Boggiano, *op. cit.* (note 303), Vol. 1, at pp. 851-856.
833. W. A. Fitzgerald, "Maturity, Difference and Mystery: Children's Perspectives and the Law", *Arizona Law Review*, Vol. 36 (1994), pp. 61 *et seq.*
834. See the seminal critique by R. H. Mnookin, "Child Custody Adjudication: Judicial Functions in the Face of Indeterminacy", *Law and Contemporary Problems*, Vol. 39 (1975), pp. 226 *et seq.*
835. See generally Grammaticaki-Alexiou, *op. cit.* (note 831), at pp. 313 *et seq.*

Abduction, as the Convention relies in principle solely on jurisdiction based on the habitual residence of the child, whereas Shari'a law relies on the gender of the parents, as well as the religious upbringing of the child [836]. Even so, several Muslim-majority States have ratified the Convention (Albania, Burkina Faso, Guinea, Kazakhstan, Iraq, Morocco, Pakistan, Tunisia, Turkmenistan, Turkey and Uzbekistan), which can be attributed to the so-called Malta Process initiated by the HCCH in 2004. Morocco and Turkey have also ratified the 1996 HCCH Convention on Jurisdiction, Applicable Law, Recognition, Enforcement and Co-operation in Respect of Parental Responsibility and Measures for the Protection of Children.

The Malta Process is a dialogue between senior judges and high-ranking government officials from contracting States of the HCCH 1980 and 1996 Conventions, and non-contracting States whose legal systems are based on or influenced by Islamic law, aimed at bridging differences between legal systems to solve international child abduction, access or custody disputes when these Conventions do not apply. Guided by the principles contained in the UNCRC and in particular the right of the child to maintain on a regular basis, save in exceptional circumstances, personal relations and direct contact with both parents (Arts. 9 (3) and 10 (2)), over the course of 2009 and 2010 the Working Party on Mediation established in the framework of the Malta Process has drafted Principles for the establishment of mediation structures in the context of the Malta Process ("Malta Principles") and an accompanying Explanatory Memorandum which call for the establishment of a Central Contact Point for international family mediation in each State. This is intended to facilitate the provision of information about mediation services available in that country, to assist with locating the other parent or the child within the country concerned, as well as to furnish information about where to obtain advice on family law and legal procedures, and to promote cooperation between various experts by promoting networking, training programmes and the exchange of best practices [837].

---

836. S. Aiyar, "International Child Abductions Involving Non-Hague Convention States: The Need for a Uniform Approach", *Emory International Law Review*, Vol. 21 (2007), pp. 277 *et seq.*, at 292-293.

837. See Working Party on Mediation in the Context of the Malta Process. Principles for the establishment of mediation structures in the context of the Malta Process, drawn up by the Working Party with the assistance of the Permanent Bureau (November 2010), https://assets.hcch.net/docs/30dc5a61-b930-460f-a10d-0ad13fdb8ad6.pdf.

307. Despite evident shortcomings, in the last three decades the standard of the best interests of the child has become a cornerstone in the law's regulation in family matters, both as a principle and a rule of procedure. The adoption in 1989 of the UNCRC, which now has 196 States parties (three more than the UN member States), and the concomitant work of the UN Committee on the Rights of the Child (CRC Committee) to monitor the Convention's implementation and to interpret the content of human rights provisions (published as "general comments" on thematic issues), have contributed significantly to unifying and elevating international standards on child protection worldwide. As part of the national measures of implementation of the UNCRC, the CRC Committee, in General Comment No. 5 published in 2003, encouraged States to consider ratifying the 1980 HCCH Convention on the International Civil Aspects of Child Abduction, the 1993 HCCH Convention on Protection of Children and Co-operation in Respect of Intercountry Adoption and the 1996 HCCH Convention on Jurisdiction, Applicable Law, Recognition, Enforcement and Co-operation in Respect of Parental Responsibility and Measures for the Protection of Children – that is all The Hague children's conventions except the 2007 HCCH Convention on the International Recovery of Child Support and Other Forms of Family Maintenance, which was adopted years later [838]. This has led some to suggest that States are under an international obligation to ratify the HCCH children's conventions [839]. More recently, in General Comment No. 14 published in 2013, the CRC Committee has provided guidance aimed at ensuring the application and respect for the best interests of the child, as a right, a principle and a rule of procedure, especially in judicial and administration decisions, and the implementation of all measures concerning children in general or a specific group, covering separation from parents, parental responsibilities, adoption, asylum, immigration and access to nationality, among others [840].

---

838. General Comment No. 5. (2003): General Measures of Implementation of the Convention on the Rights of the Child (Arts. 4, 42 and 44, para. 6), UN doc. CRC/GC/2003/5 (27 November 2003).

839. I. Goicoechea, "Implementing the CRC Through the HCCH Children's Conventions", in F. M. Prus (ed.), *Family Law: Challenges and Developments from an International Perspective*, [S.I.], UIA and LexisNexis, 2020, pp. 89 *et seq.*

840. General Comment No. 14 (2013) on the Right of the Child to Have His or Her Best Interests taken as a Primary Consideration (Art. 3, para. 1), UN doc. CRC/C/GC/14 (29 May 2013).

308. The prevalent consensus supports the idea that despite differences on the elements of a best interests' assessment and determination process and on the procedural safeguards in best interests' determinations, the principle of the best interests of the child has moved beyond the confines of treaty law and acquired the status of a general principle, if not already of a general or customary rule of international law [841], applicable in the area of conflicts law.

(b) *Best interests of abducted children*

309. Article 11 (1) UNCRC provides that "States parties shall take measures to combat the illicit transfer and non-return of children abroad". Article 9 (3) provides that "States parties shall respect the right of the child who is separated from one or both parents to maintain personal relations and direct contact with both parents on a regular basis, except if it is contrary to the child's best interests". The objects of the 1980 HCCH Convention on the Civil Aspects of International Child Abduction, as stated in Article 1, are: *(a)* "to secure the prompt return of children wrongfully removed to or retained in any contracting State"; and *(b)* "to ensure that rights of custody and of access under the law of one contracting State are effectively respected in the other contracting States". The HCCH Convention further guarantees access to justice (Arts. 8 *et seq.*), the right of the child to be heard during proceedings and to object being returned (Art. 13 (2)), and visitation rights (Art. 21). In spite of the fact that the HCCH Convention predates the UNCRC by almost ten years, the HCCH Convention complements the UN Convention by guaranteeing and giving effect to Articles 9 (3) and 11 rights [842]. It is recalled that Article 41 UNCRC provides that "[n]othing in the present Convention shall affect any provisions which are more conducive to the realisation of the rights of the child and which may be contained in: *(a)* The law of a State party; or *(b)* International law in force for that State".

310. The best interests of the child require that priority is given to the full realisation of a child's rights which, in the HCCH Convention, are the right not to be wrongfully removed or retained, to visit his or her parents whether or not they are a guardian, and the right of access

---

841. Cf. generally *Neulinger and Shuruk* v. *Switzerland* [GC], No. 41615/07, para. 135, ECtHR 2010.

842. R. Pérez Manrique, "El interés superior del niño en el Convenio de La Haya de 1980. Orientaciones para su interpretación", *Revista de derecho de familia*, Vol. 56 (2012), pp. 236 *et seq.*

to justice including the judicial authority competent to determine what the best interests of the child are in cases of disagreement between the parents. This determines as the right of the child, prevailing over the rights of the adults in the dispute (the abductor and the one seeking the return of the child), their prompt return in order for the judge of their habitual residence to decide upon questions of custody and access [843].

For the most part, the rationale underpinning the 1980 HCCH Convention has prevailed: wrongfully removed or retained children should ordinarily be returned to the country where they habitually resided, and the return should be achieved promptly to negate the harmful effects of the unilateral removal or retention [844]. Return is considered moreover to be in the best interests of the child for it allows the appropriate forum to decide upon their future, besides deterring unilateral action [845]. In the limited number of cases where the return may not be in the best interests of the child, the exceptions provided for in Articles 13, 12 (2) and 20 afford courts a discretion as to how to proceed [846].

311. In the last decade in particular, courts in many jurisdictions have struggled to reconcile the prioritisation of prompt return in abduction cases with competing interests and objectives, that is, the interests of the individual abducted child to ensure that the actual solution arrived at is in his or her best interests, the interests of abductors where domestic violence is at issue, and application of the summary return remedy where children were removed or retained by primary care mothers and where the mother does not have a strong connection with the child's country of habitual residence or may face financial challenges there [847].

In *Neulinger and Shuruk* v. *Switzerland* (2010) [848], the Grand Chamber of the ECtHR placed increased emphasis on the individual abducted child rather than the policy of return. For the majority judgment, the child's rights under Article 8 ECHR (right to respect for private and family life) ought to be respected, and to this end domestic courts were to conduct "an in-depth examination of the entire family situation and of a whole series of factors, in particular of a factual, emotional,

---

843. *Ibid.*, at p. 237.
844. P. McEleavy, "The European Court of Human Rights and the Hague Child Abduction Convention: Prioritising Return or Reflection", *Netherlands International Law Review*, Vol. 62 (2015), pp. 365 *et seq.*
845. *Ibid.*, at pp. 365-366.
846. *Ibid.*, at p. 366.
847. See cases in McEleavy, *ibid.*, at pp. 368, 374-75.
848. *Neulinger and Shuruk* v. *Switzerland* [GC], No. 41615/07, ECtHR 2010.

psychological, material and medical nature, and made a balance and reasonable assessment of the respective interests of each person, with a constant concern for determining what the best solution would be for the abducted child in the context of an application for his return to his country of origin" [849].

Against the backdrop of the criticism [850] and impact [851] of the *Neulinger* judgment, the Grand Chamber in *X* v. *Latvia* (2013) decided that national courts were not obliged to conduct an in-depth examination of the entire case. Rather they must apply the HCCH Convention, in the light of Article 8 ECHR. Firstly, exceptions raised by one of the parties must be genuinely taken into account by the requested court, in particular when there is a known risk if the child is returned to the State of the habitual residence. Secondly, the decision of the court must be sufficiently reasoned on this point [852]. Thus the concept of the best interests of the child must be evaluated in the light of the exceptions provided for by the HCCH Convention [853], which are to be interpreted strictly [854].

However, the Court's emphasis on and threshold for judicial review has further-reaching implications. In the words of a commentator "*Neulinger* has acted as a catalyst for the international child abduction human rights debate to be re-framed and, *X* v. *Latvia* notwithstanding, it has created the conditions, sometimes taken, sometimes not, for Chambers of the Strasbourg Court to stray some distance from the spirit of the HCCH Convention" [855].

312. At the time of writing, the IACtHR has been called upon to hear its first ever case on international restitution process [856]. In its

---

849. *Ibid.*, para. 139.
850. See HCCH, Conclusions and Recommendation of the Special Commission on the Practical Operation of the 1980 and 1996 Hague Conventions (1-10 June 2011), para. 48 (noting serious concerns that language used in *Neulinger* might be read as requiring national courts to abandon the swift, summary approach that the Hague Convention envisages, and to move away from a restrictive interpretation of the Art. 13 exceptions to a thorough, free-standing assessment of the overall merits of the situation). See also "Interaction Between Recent Case-law of the European Court of Human Rights *and the Hague Convention of 25 October 1980 on the Civil Aspects of International Child Abduction*", Statement by Hans van Loon, Secretary General of the Hague Conference on Private International Law at the 41st Meeting of the Committee of Legal Advisers on Public International Law of the Council of Europe (17 March 2011), http://www.hcch.net/upload/coe2011.pdf.
851. See e.g. *B.* v. *Belgium*, No. 4320/11, ECtHR 2012.
852. *X.* v. *Latvia*, No. 27853/09, para. 106-107, ECtHR 2013.
853. *Ibid.*, para. 101.
854. *Ibid.*, para. 107.
855. McEleavy, *op. cit.* (note 844), at p. 381.
856. *Arnaldo Javier Córdoba y D. Case*, No 13.399, filed by the Inter-American Commission of Human Rights on 7 January 2022, https://www.oas.org/es/cidh/

Merits Report leading to the filing of the application for judicial review, the Inter-American Commission on Human Rights concluded that Paraguay was responsible for violating the rights to humane treatment, a fair trial, private life, protection for the family, children's rights and judicial protection enshrined in the ACHR in relation to the obligations established in Articles 1.1 and 2, to the detriment of D. (the abducted child) and Arnaldo J. Córdoba (his Argentine father). The State's responsibility would stem from the failure of its authorities to prevent D.'s disappearance and take consistent action to ascertain the child's whereabouts, to carry out a comprehensive analysis of the situation to support the custody decision and to facilitate a reunion with D.'s father and implement a visitation regime in accordance with the child's best interests.

313. The answer to the question of how to apply the best interests' standard to child abduction cases is not linear. The problem was anticipated when the HCCH Convention was drafted, which resulted in the dispositive part of the Convention containing no explicit reference to the interests of the child to the extent of their qualifying the Convention's stated object. Regard was had to the risk that recourse by internal authorities to such a notion could impose particular cultural or social attitudes which themselves derive from a given national community, thus basically projecting their own subjective value judgments upon the national community from which the child has recently been snatched [857]. Against such a context, the HCCH Convention encapsulates the problem posed by international child abduction by establishing a balance of rights and interests whereas the principle of summary return in general allows for the application of a very few narrowly tailored exceptions as the facts of the case demand. It also facilitates a holistic approach of the UNCRC, allowing account to be taken in particular of Articles 11 and 41 [858]. In this regard, while court decisions may continue to bring uncertainty concerning the resolution of international child abduction cases in terms very different than those set out in the HCCH Convention, the principle of summary

---

decisiones/corte/2022/py_13.399_nderes.pdf (in Spanish). See "IACHR Brings Paraguay Case on International Restitution Process before the IA Court" (16 February 2022), at https://www.oas.org/es/CIDH/jsForm/?File=/es/cidh/prensa/comunicados/2022/033.asp.

857. See "Preliminary draft Convention on the Civil Aspects of International Child Abduction, adopted by the Special Commission, and Report by Elisa Pérez-Vera", Prel. doc. No. 6 of May 1980, *Acts and Documents of the Fourteenth Session* (1980), Vol. 3: *Child Abduction*, The Hague, Imprimerie Nationale, 1982, at pp. 178-179, paras. 22-23.

858. See McEleavy, *op. cit.* (note 844), at p. 401.

return remains in the best interests of the individual child and children collectively [859].

314. One last issue requires brief consideration. In the last few years, a number of cases have arisen where courts were seized with a return application under the HCCH Convention where the abducting parent also applied for asylum for him or herself and the child or both. The question that presents itself concerns the weight to be given to a refugee claim or to a decision granting refugee status on a Hague return application [860]. Courts in Canada and the United States have generally refused to suspend HCCH Convention proceedings during the refugee claim process, on the basis that the purpose of the HCCH Convention would be defeated if applications for the return of abducted children are not dealt with expeditiously [861]. After a decision granting refugee asylum is in place, the courts have generally accepted that it should be considered as a relevant factor in a HCCH Convention proceeding, just as a decision under the HCCH Convention should be considered in an asylum claim, although the courts dealing with Hague applications and asylum claims have not been deemed to be bound by the decision of the other court [862]. The principled position is that courts should treat the asylum grant as giving rise to a rebuttable presumption of a risk of persecution or other serious harm which constitute exceptions to mandatory return under Articles 13 (1) *(b)* (grave risk of harm) and 20 (protection of human rights and fundamental freedoms) of the HCCH Convention [863]. However, a right to remain in the country on the basis of refugee status does not *per se* – nor should it – create any exception to the obligation to return the child to the State of habitual residence arising under Article 12

---

859. See generally McEleavy, *ibid.*, at pp. 401-403. But see Grammaticaki-Alexiou, *op. cit.* (note 831), at pp. 357-358 (proposing to modify the Hague Convention to set clearer standards on the exceptions of Art. 13 and on the determination of the best interests of the child).

860. See generally C. Harnois, "1980 Hague Convention on the Civil Aspects of International Child Abduction: The Impact of a Refugee Claim or the Grant of Refugee Status on a Hague Return Application", *Canadian Family Law Quarterly*, Vol. 38 (2019), pp. 121 *et seq.*

861. See *GB* v. *VM*, Ontario Court of Justice, 2012 ONCJ 745, and *RG et KG (N)*, Court of Queen's Bench of New Brunswick, 2019 NBBR 46 in Canada; *García Meza* v. *Agrella Díaz*, 2015 US Dist. NEXIS 62912 (WD Wash) in the United States. See also Harnois, *ibid.*, at pp. 126-128.

862. See generally Harnois, *ibid.*, at p. 147.

863. See *AMRI* v. *KER*, Court of Appeal for Ontario, 2011 ONCA 416 in Canada; *Sánchez* v. *Hernández*, 761 F.3d 945, 2014 US App. LEXIS 14849 (on appeal from W.D. Tex) in the United States. See also Harnois, *ibid.*, at pp. 132-142.

HCCH Convention [864]. A comparative law study encompassing recent trends in other jurisdictions on the interplay between the 1951 Geneva Convention relating to the Legal Status of Refugees and the HCCH 1980 Convention on the Civil Aspects of International Child Abduction is yet to be undertaken.

(c) *The protection of the best interests of migrant children*

315. Child migration encompasses different situations of the phenomenon of children on the move between States, both accompanied by their parents and separated or unaccompanied: trafficked children for sexual exploitation, forced labour and other reasons, children abducted in breach of rights of custody, children moved after being adopted or for the purposes of adoption by spouses or a person habitually resident abroad, children refugees fleeing armed conflict and persecution, and children of migrant families, legal or undocumented, who chose to move to improve their lives, including children left behind by migrant parents with the intention that they follow at a later date. The distinction between refugees and migrants in particular may be blurred in certain contexts. Each situation raises separate issues, the children need specific legal protection and a different set of rules may apply, treaty and domestic, including criminal, immigration and civil laws. In either event, the principled position under international law is that the child migrant is to be treated as a child first and a migrant second, and that all the rights recognised by the universal Convention on the Rights of the Child ought to be respected. This follows from Articles 2 and 3 UNCRC, which provide that the rights of the Convention apply to "each child" in accordance with two basic principles: non-discrimination, and the best interests of the child.

International human rights have born heavily upon the traditional freedom of States in regard to access to territory of children seeking asylum, nationality of stateless children born on territory and the conduct of administrative and judicial proceedings. As a rule of procedure, the principle of the best interests of the child requires assessment and determination of the possible impact of any decision on the concerned child, including that the views of the child are given due weight in

---

864. See *Kovacs* v. *Kovacs*, Ontario Supreme Court of Justice, 2002 CanLII 49485 in Canada; *Re: H (Child Abduction: Mother's Asylum)*, England and Wales High Court, [2003] EWHC 1280 in the United Kingdom (ordering a return to a non-Hague State party).

accordance with age and maturity (Art. 12 (1) UNCRC)[865]. Recourse must be had to General Comment No. 14 of the CRC Committee with regard to the protection of the best interest of migrant children[866]. The non-discrimination clause of the Convention (Art. 2) is particularly important because it protects children from being discriminated against on grounds of their legal status. It follows that migrant children who do not (yet) have a residency permit have rights equal to national children[867].

316. The practical importance of the 1996 HCCH Convention on Jurisdiction, Applicable Law, Recognition, Enforcement and Co-operation in respect of Parental Responsibility and Measures for the Protection of Children has been recognised by various bodies and documents of the United Nations in the context of international migration, as a complement to other universal or regional instruments relating to the protection of children, including those dealing with unaccompanied and separated migrant and asylum-seeking children. The 2000 Optional Protocol to the 1989 UN Convention on the Rights of the Child on the Sale of Children, Child Prostitution and Child Pornography in its preamble *notes* the provisions of the 1996 HCCH Convention. The UN General Assembly[868] and the CRC Committee[869] have in turn called upon States to ratify or accede to the 1996 HCCH Convention to ensure appropriate international cooperation and child protection. Furthermore, the UN Committee on the Protection of the Rights of all Migrant Workers and Members of their Families and the CRC Committee have jointly drawn the attention of States to Article 6 of the HCCH 1996 Convention under which the judicial or administrative authorities of the contracting State have jurisdiction to take measures directed to the protection of the child's person or property with regard to refugee children and children who, due to disturbances occurring in their country, are internationally displaced and are present on the territory

---

865. See generally M. Kalverboer, D. Beltman, C. van Os and E. Sijlstra, "The Best Interests of the Child in Cases of Migration: Assessing and Determining the Best Interests of the Child in Migration Procedures", *International Journal of Children's Rights*, Vol. 25 (2017), p. 119 *et seq*.

866. General Comment No. 14 (2013) on the Right of the Child to Have His or Her Best Interests Taken as a Primary Consideration (Art. 3, para. 1), UN doc. CRC/C/GC/14 (29 May 2013).

867. Kalverboer *et al., op. cit.* (note 865), at p. 117.

868. See Guidelines for the Alternative Care of Children, adopted by General Assembly Res. 64/142 (18 December 2009).

869. General Comment No. 6 (2005): Treatment of Unaccompanied and Separated Children Outside Their Country of Origin, UN doc. CRC/GC/2005/6 (1 September 2005).

as a result of their displacement. The Committees also reaffirmed the need to address international migration through international, regional and bilateral cooperation and dialogue, and through a comprehensive and balanced approach, recognising the roles and responsibilities of countries of origin, transit, destination and return in promoting and protecting the human rights of children in the context of international migration, so as to ensure safe, orderly and regular migration, with full respect for human rights and avoiding approaches that might aggravate their vulnerability. In this regard, the Committees called in particular for cross-border management procedures to be established in an expeditious manner in conformity with the 1989 UNCRC, the 1990 UN Convention on the Protection of the Rights of All Migrant Workers and Members of Their Families, the 1951 Convention relating to the Status of Refugees and the 1967 Protocol thereto, and the 1996 HCCH Convention on Jurisdiction, Applicable Law, Recognition, Enforcement and Cooperation in Respect of Parental Responsibility and Measures for the Protection of Children [870].

The 1996 HCCH Convention does not apply to decisions that would grant or would not grant asylum or a resident permit to accompanied and separated children (Art. 4 *(j)*), which are governed by the immigration law or the refugee law of the State(s) concerned, nor does the Convention affect the principle of *non-refoulement*. However, the representation and protection of children who are applying for asylum or a resident permit do fall within the scope of application of the Convention [871], including for the purpose of a civil lawsuit and the taking of welfare and protection measures such as a foster care placement. After confirming in the preamble that the best interests of the child are to be a primary consideration, Article 1 (1) sets the objects of the Convention which are: *(a)* to determine the State whose authorities have jurisdiction to take measures directed to the protection of the person or property of the child; *(b)* to determine which law is

---

870. Joint General Comment No. 4 (2017) of the Committee on the Protection of the Rights of All Migrant Workers and Members of Their Families and No. 23 (2017) of the Committee on the Rights of the Child on State obligations regarding the Human Rights of Children in the Context of International Migration in Countries of Origin, Transit, Destination and Return, UN doc. CMW/C/GC/4-CRC/C/GC/23 (16 November 2017), paras. 39, 64.

871. Explanatory Report [on the HCCH 1996 Convention on Jurisdiction, Applicable Law, Recognition, Enforcement and Cooperation in Respect of Parental Responsibility and Measures for the Protection of Children] by Paul Lagarde, *Proceedings of the Eighteenth Session (1996)*, Vol. 2: *Protection of Children*, The Hague, SDU Publishers, 1998, at p. 553.

to be applied by such authorities in exercising their jurisdiction; *(c)* to determine the law applicable to parental responsibility; *(d)* to provide for the recognition and enforcement of such measures of protection in all contracting States; and *(e)* to establish such cooperation between the authorities of the contracting States as may be necessary in order to achieve the purposes of this Convention.

The Convention grants general jurisdiction to take measures of protection to the State where the child is present, for refugee children and for children who have been internationally displaced due to disturbances occurring in their country or for those whose residence cannot be established (Art. 6). General jurisdiction entitles authorities to take all necessary measures of protection whether or not the situation is urgent. Transfer of general jurisdiction to a State party better placed to assess the child's best interests (of which the child is a national or with which the child has a substantial connection) is allowed by Articles 8 and 9 provided that there is mutual acceptance of the competent authorities of the States concerned. The best interests of the child must be assessed "in the particular case" that is "at the moment when a certain need for protection is felt" [872], for example when returning the child to the care of the parents or to an extended family member in the child's State of origin or another State. In the case of trafficked, exploited or runaway refugee or displaced children, Articles 11 and 12 would also allow the authorities of the State party of the child's presence to assume exceptional jurisdiction in cases of urgency and to adopt provisional measures of territorial effect [873].

As a matter of principle, the authorities of the country exercising jurisdiction will apply their own law to the measures for the protection of children (Art. 15 (1)), except that consideration may be exceptionally given to the law of another State with which the situation has a substantial connection (Art. 15 (2)), for example where the child is expected to relocate in that State in the short term. Additional provisions complement the general rules (Arts. 15 (3), 16, 17, 18, 19, 21 and 22).

The Convention also sets forth the principle that measures taken in one State party shall be recognised "by operation of law" in all other States parties, except as provided therein (Art. 23). The duty to

---

872. *Ibid.*, at p. 561.
873. The Application of the 1996 Child Protection Convention to Unaccompanied and Separated Children, Prel. doc. 7 of February 2020 for the attention of the Seventh Meeting of the Special Commission on the Practical Operation of the 1980 Child Abduction Convention and the 1996 Child Protection Convention (10-17 October 2017), at p. 15.

consult, transmit a report on the child and obtain consent is provided for in Article 33 where the placement of the child in a foster family or institutional care, or the provision of care by *kafala* or an analogous institution, is contemplated and if such placement or such provision of care is to take place in another State. Furthermore, the Convention puts in place cooperation mechanisms to achieve the purposes of the Convention (Arts. 29 *et seq.*).

317. At the regional level, in 2014, at the request of MERCOSUR member States (Argentina, Brazil, Paraguay and Uruguay), the IACtHR issued an advisory opinion which expands on the procedures to identify the international protection needs of migrant children and calls on States to adopt, as appropriate, some of the following: measures of special protection, guarantees of due process applicable in immigration proceedings involving children, the principle of non-deprivation of liberty of children owing to their irregular migratory situation, characteristics of the priority measures for the comprehensive protection of the rights of child migrants and guarantees for their application, basic conditions for places to accommodate child migrants and State obligations corresponding to custody for migratory reasons, guarantees of due process in measures that entail restrictions or deprivation of personal liberty of children for migratory reasons, the principle of *non-refoulement*, proceedings to ensure the right of children to seek and receive asylum, and the right to family life of children in the context of procedures for the expulsion or deportation or their parents for migratory reasons, based on the interpretation of Articles 1 (1), 2, 4 (1), 5, 7, 8, 11, 17, 19, 22 (7), 22 (8), 25 and 29 of the 1969 ACHR, Articles 1, 6, 7, 8, 25 and 27 of the 1948 American Declaration of the Rights and Duties of Man, and Article 13 of the 1985 Inter-American Convention to Prevent and Punish Torture (Advisory Opinion OC-21/14)[874].

Within its function of interpreting the ACHR and other treaties concerning the protection of human rights in the American States (Art. 64 of the said Convention), the IACtHR considered that

> "[w]hen the protection of the rights of the child and the adoption of measures to achieve this protection is involved, the following four guiding principles of the Convention on the Rights of the

---

874. *Rights and Guarantees of Children in the Context of Migration and/or in Need of International Protection*, Advisory Opinion OC-21/14 of 9 August 2014, Series A No. 21.

Child should transversely inspire and be implemented throughout every system of comprehensive protection: the principle of non-discrimination, the principle of the best interests of the child, the principle of respect for the right to life, survival and development, and the principle of respect for the opinion of the child in any procedure that affects her or him in order to ensure the child's participation. When interpreting the provisions cited in the request, the Court will also apply these guiding principles, as appropriate, in order to respond to each question and to identify the special measures that are required to make the rights of the child effective" [875].

It is recalled that the ACHR (as well as the ECHR for that matter) precedes the UNCRC and the emergence of the principle of the best interests of the child. However, in the view of the IACtHR, the UNCRC contains various provisions that should help the Court establish the content and scope of the general provision established in Article 19 (rights of the child) of the ACHR [876], hence incorporating the best interests of the child enshrined in the UN Convention into the legal hermeneutics of the American Convention on the basis of the evolutive interpretation of international protection instruments.

318. Lastly, mention should be made, in the American context, of the 1994 CIDIP V Convention on International Traffic in Minors, whose purpose is the prevention and punishment of the international traffic in minors as well as the regulation of its civil and penal aspects, with a view to protecting the fundamental rights of minors and their best interests (Art. 1).

319. These developments contrast with judgments of the ECtHR in which the application of the principle of the best interests of the child has been especially limited where immigration is concerned, particularly in expulsion and first entry cases, despite the fact that the Court has routinely referred to the principle since *Rodrigues Da Silva and Hoogkamer* v. *The Netherlands* in 2006 [877].

---

875. *Ibid.*, para. 69.
876. *Villagrán Morales et al. Case ("Street Children" Case)*, Judgment of 19 November 1999, Series C No. 77, paras. 193-195.
877. *Rodrigues Da Silva and Hoogkamer* v. *The Netherlands*, No. 50435/99, ECtHR 2006. Cf. C. Smyth, "The Best Interests of the Child in the Expulsion and First-Entry Jurisprudence of the European Court of Human Rights: How Principled is the Court's Use of the Principle", *European Journal of Migration and Law*, Vol. 17 (2015), pp. 70 *et seq.*

320. Commensurate with the times, the 2000 Charter of Fundamental Rights of the European Union, replaced by the homonymous Convention in 2012, expressly incorporates within the right to family life an obligation to consider the best interests of the child (Art. 24 (2)). Likewise, the Family Reunification Directive (Council Directive 2003/86/EC) obliges member States to take the interests of children into account, and the obligation of Article 3 (1) UNCRC is codified in Article 24 (2) European Charter.

So far, the CJEU has not referred to the best interests of the child in its family reunification jurisprudence, which does not mean that the notion has not been present in the reasoning of the Court. In *Chen* (2004) [878] and more recently in *Ruiz Zambrano* (2011) [879], the Court held that a member State cannot refuse a right of residence (and to work) to a parent who is the carer of a child who is an EU citizen, as this would deprive citizens of the Union of the genuine enjoyment of the substance of the rights conferred by virtue of this status. It has been observed that the idea that a child cannot live on his or her own originated in the basic notion that a child should be with the parents [880]. The principle has found express recognition, however, in asylum law where the Court has found the transfer of unaccompanied minor asylum seekers to be incompatible with the best interests of the child [881].

321. Among MERCOSUR member States, the 2008 Agreement on Regional Cooperation for the Protection of the Rights of Vulnerable Children and Adolescents stipulates that when a vulnerable minor who may have been the victim of crime is found in a member State, he or she will be placed urgently in protective care "taking into consideration the best interests of the child recognized in the human rights conventions in effect among and between the States parties" (Art. 4 (2)), and that on the same rationale, proceedings under the Agreement are confidential (Art. 9). Child abduction cases are not the object of the Agreement, and thus are excluded from its scope of application. The 2002 twin Agreements on Residence for nationals of MERCOSUR member States

---

878. Judgment (Full Court) of 19 October 2004, *Kunqian Catherine Zhu and Man Lavette Chen* v. *Secretary of State for the Home Department*, C-200/02, ECLI:EU:C:2004:639.
879. Judgment (Grand Chamber) of 8 March 2011, *Gerardo Ruiz Zambrano* v. *Office national de l'emploi (ONEm)*, C-34/09, ECLI:EU:C:2011:124.
880. M. Klaassen and P. Rodrigues, "The Best Interests of the Child in EU Family Reunification Law: A Plea for More Guidance on the Role of Article 24 (2)", *European Journal of Migration and the Law*, Vol. 19 (2017), pp. 191 *et seq.* at 206.
881. Judgment of 6 June 2013, *MA and Others* v. *Secretary of State for the Home Department*, C-648/11, ECLI:EU:C:2013:367.

and of MERCOSUR member States, Bolivia and Chile, short of setting out the best interests of the child standard, prescribe for the national treatment of children born in the territory of undocumented immigrants with respect to access to nationality and education (Art. 9 (6)).

(d) *Best interests of the child in intercountry adoption*

322. Transposing the best interests of the child international principle to intercountry adoption raises difficult issues. A central aspect is whether intercountry adoption is in itself in the best interests of the child. Opinions are not unrelated to the different sociocultural realities that shape the outlook on what constitutes the best interests of the child. The conditions in the country of origin and in the receiving country influence the policy approaches, not infrequently without regard to the best interests of the child. Poverty in particular has long been used to justify the removal of children from parental care including for intercountry adoption, with the occasional legal argument not supported by international human rights law that children have a "right to be adopted" stemming from the right to family life which the 1989 UNCRC recognises but with regard to their existing family and an adoptive family (after the adoption has taken place) save in exceptional circumstances [882]. On many occasions, receiving countries (e.g. Australia, Japan, Italy, Netherlands, Spain, Switzerland) all but prohibit the adoption of their own children abroad by requiring that adopters be nationals or legal residents (permanent residents for five years or more before applying for adoption in Argentina). This position has been denounced as paternalistic or nationalist even when it could once be vindicated on grounds of lack of a legal protection system in order to prevent the phenomenon of the sale of children and child trafficking (e.g. the reservation made by Argentina to Art. 21 *(b)*, *(c)*, *(d)* and *(e)* of the UN Convention upon ratification in 1990). Then there are the *kafala* placements, prevalent in Islamic law, which the UNCRC recognises as a protection measure alongside adoption (Art. 20 (2)) but whose recognition and the transposition of legal effects outside the country where it was constituted still poses challenges including for potential conversion into adoption [883].

---

882. N. Cantwell, "The Best Interests of the Child in Intercountry Adoption", *Innocenti Insight*, Florence, UNICEF, 2014, https://www.unicef.nl/files/UNICEF%20REPORT%20-%20The%20best%20interests%20of%20the%20child%20in%20intercountry%20adoption.pdf, at p. 73.

883. See M. S. Najurieta, "Adoption internationale des mineurs et les droits de l'enfant", *Recueil des cours*, Vol. 376 (2014), pp. 418 *et seq.*

Given the divergence in State practice and the vagueness of the concept of "best interests of the child", the most that may be said as the statement of the law is that intercountry adoption shall not be deemed to be in violation of the best interests of the child provided that certain conditions are met.

323. The 1993 HCCH Convention on Protection of Children and Cooperation in Respect of Intercountry adoption – which has at present 104 contracting parties – is generally accepted to provide the underpinning for intercountry adoptions that are in the child's best interests. The object and purpose of the Convention is not to sanction intercountry adoption. In fact, Article 28 provides that "[t]he Convention does not affect any law of a State of origin which requires that the adoption of a child habitually resident within that State take place in that State or which prohibits the child's placement in, or transfer to, the receiving State prior to adoption". However, there is in the preamble the recognition that "intercountry adoption may offer the advantage of a permanent family to a child for whom a suitable family cannot be found in his or her State of origin". To this end, the Convention establishes common provisions to ensure that intercountry adoptions are made in the best interests of the child and with respect for his or her fundamental rights, and to prevent the abduction, the sale of, or traffic in children, taking into account the principles set forth in international instruments, in particular the 1989 UNCRC and the 1986 UN Declaration on Social and Legal Principles relating to the Protection and Welfare of Children, with Special Reference to Foster Placement and Adoption Nationally and Internationally (UN General Assembly Res. 41/85).

324. This begs the question of what the best interests of the child are in intercountry adoption. There are two elements which are interrelated. On the one hand, intercountry adoption may be considered as an alternative means of a child's care, if the child cannot be placed in a foster or an adoptive family or cannot in any suitable manner be cared for in the child's country of origin. The principle of subsidiarity of intercountry adoption to suitable in-country care is formulated in Article 21 *(b)* UNCRC and, as noted, it also constitutes the rationale of the HCCH Convention. The principle takes the form of an international human rights standard and a general principle of law in the sense of Article 38 (1) *(c)* ICJ Statute, even though in practice it is violated in many situations facilitated by the lack of clarity of the principle's precise contours. For example, if there is a lack of a suitable national adoptive family or carers, are institutionalisation or a temporary home

in the country of origin preferable to intercountry adoption in the light of the best interests of the child [884]? A corollary to the subsidiarity principles is that States have a duty to enhance domestic responses to children needing alternative care or adoption.

The second element is broadly speaking procedural as it relates to the issues to be considered when determining the best interests of each child for whom adoption abroad may be envisaged. Emphasis here is on the determination process to be carried out systematically for every child in that situation [885]. The premise is that ensuring that the best interests of any given child will be served by adoption abroad requires a formal process with strict procedural safeguards. In general, this should facilitate adequate child participation without discrimination, involve decision-makers with relevant expertise and balance all relevant factors in order to assess the best option [886].

325. In addition to establishing certain requirements for intercountry adoptions in the State of origin and the receiving State, the Convention provides a system of international cooperation among the States and secures in contracting States the recognition of adoptions made in accordance with the Convention [887]. The measures supporting the best interests principle outlined in the 2008 HCCH Guide to Practice No. 1 for implementing the Convention point at ensuring that the child is genuinely adoptable to combat the abduction, sale and trafficking of children, preserving information about the child's origins, background, family and medical history, and matching the needs of the child with the qualities of the adoptive parents following assessments by professionals [888]. Recourse must also be had to General Comment No. 14 of the CRC Committee [889], which indicates the different elements that should be taken into account when coming to a decision on the best interests of the child, whatever the question at hand, and to the Guidelines on Determining the Best Interests of the Child published

---

884. See Cantwell, *op. cit.* (note 882), at pp. 2, 54-70.
885. *Ibid.*, at p. 32.
886. See UNHCR, Guidelines on Determining the Best Interests of the Child (May 2008), at pp. 47 *et seq.*
887. Preliminary draft Convention adopted by the Special Commission and Report by Gonzalo Parra-Aranguren, Prel. doc. No. 7 of September 1992, *Proceedings of the Seventeenth Session (1993)*, Vol. 2: *Adoption-Cooperation*, The Hague, SDU Publishers, 1994, at pp. 185, 189.
888. The Implementation and Operation of the 1993 Hague Intercountry Adoption: Guide to Good Practice, Guide No. 1 (2008), at pp. 31-32, paras. 58-64.
889. General Comment No. 14 (2013) on the Right of the Child to Have His or Her Best Interests Taken as a Primary Consideration (Art. 3, para. 1), UN doc. CRC/C/GC/14 (29 May 2013).

by the UN High Commissioner for Refugees (UNHCR) in 2008 [890] as applicable.

326. A final warning: as noted by Nigel Cantwell, "perceptions of what constitutes the best interests of the child have varied widely over the decades and still do" [891]. The evolution of the principle will depend on changes in domestic law, but developments in international human rights law may mould State practice and even modify treaty rules relating to the relevant elements to be taken into account for a best interests assessment and determination process on intercountry adoption.

5. *International sports law*

(a) *International sports organisations: Personality and lawmaking and law enforcement*

327. The title of this section may be misleading as it implies that such an area of the law has developed. What is clear is that the world of sports, with its institutions, principles, laws and enforcement mechanisms, is very closely related to the notion of a separate self-regulatory system where sports players, sports executives and sports associations aspire to control sports activities to the exclusion of international law and domestic institutions [892].

Strictly speaking, there are no international rules of general application or created by treaties aimed at sports activities, except for the 2005 UNESCO International Convention against Doping in Sport in force since 2007, and the European conventions referred to below. Nor have many States enacted domestic rules applicable specifically to sports activities with an international dimension [893]. And yet sports activities are universal, and the division of the world among sovereign States has not prevented the emergence and development of a sports order without borders [894].

---

890. UNHCR, Guidelines on Determining the Best Interests of the Child (May 2008). See also N. Cantwell, J. Davidson, S. Elsley, I. Milligan, and N. Quinn, "Moving Forward: Implementation of the 'Guidelines for the Alternative Care of Children' ", Centre for Excellence for Looked After Children in Scotland (CELSIS), Glasgow, 2013 (drawing much from the UNHCR Guidelines).
891. Cantwell, *op. cit.* (note 882), at pp. 5 *et seq.*
892. See generally J.-P. Karaquillo, "Droit international du sport", *Recueil des cours*, Vol. 309 (2004), pp. 9 *et seq.*
893. *Ibid.*, at p. 23.
894. F. Alaphilippe, "Légitimité et légalité des structures internationales du sport: une toile de fond", *Revue juridique et économique du sport*, No. 26 (1993), pp. 3 *et seq.*

328. In the 2030 Agenda for Sustainable Development, the UN General Assembly has recognised sport as an important enabler for sustainable development (Res. 70/1), and in its most recent Resolution 73/24 adopted in 2018 the General Assembly has reaffirmed the universality of sport and its unifying power to foster peace, education, gender equality and sustainable development at large. The latter Resolution further recognised the role of UNESCO in promoting the educational, cultural and social dimensions of sport and physical education, and in particular: "*[e]ncourages* member States to adopt best practices and means to promote the practice of sport" (para. 12); "*[s]upports* the independence and autonomy of sport" (para. 13); "*[e]ncourages* relevant entities involved in delivering mega sport events to respect applicable laws and international principles, including the Guiding Principles on Business and Human Rights: Implementing the United Nations "Protect, Respect and Remedy" Framework [A/HRC/17/31, annex]" (para. 15); and "*[c]alls* upon member States to enhance their efforts to prevent and fight corruption in sport and, in this regard, stresses the importance of robust legislative and law enforcement measures, and also calls upon member States to improve cooperation and the coordination and exchange of information in accordance with the fundamental principles of their legal system" (para. 16).

329. The International Olympic Committee and the international sports federations are the main entities that bring together the national sports organisations: national Olympic committees and national sports associations. The Global Association of International Sports Federations (previously SportAccord) is the umbrella organisation for all (Olympic and non-Olympic) international sports federations as well as organisers of multi-sports games and sport-related international associations, including: the Fédération Internationale de Football Association (FIFA), most famous for organising the World Cup every four years; the International Tennis Federation, which regulates the Grand Slam tournaments; the Fédération Internationale de l'Automobile, whose most prominent role is in the licensing and regulating of Formula One; the Fédération Internationale de Gymnastique, the world's oldest existing international sports organisation founded in 1881; World Rugby; the International Golf Federation; the Fédération Internationale de Ski; the name but a few among ninety-five members and twenty associate members.

International sports organisations are non-governmental entities established under the national laws of Switzerland (a great deal of them), Belgium, France, Japan and other countries. They do not have international legal personality, they are not subjects of public international law, and yet important functions are performed today by them on the international plane. They engage in activity in more States other than the State under the laws of which they were incorporated, the resources available to them may be greater than those of smaller States, they make agreements with foreign governments and they have the power to impose upon States standards and conditions to which these have to abide by if they want to host a sports event. For these reasons, some jurists have argued that the relations between States and major international sports associations should be treated on the international plane [895].

330. To achieve their goals, international sports organisations adopt rules related to sports, ensure that the rules are applied correctly to the competitions that they license or regulate, control that the rules are replicated and put into practice by affiliated national sports federations, dictate to affiliated national federations to ensure that affiliated clubs respect those rules, adopt measures to prevent violation of the adopted rules, institute procedures for the settlement of disputes and sanction the transgression of the rules [896]. Special place is occupied by the rules aimed at ensuring the competitiveness and integrity of professional leagues and clubs, and on the registration, eligibility (of an association player to represent a particular country in officially recognised international competitions and friendly matches) and the transfer of players. Sports leaders and organisations claim authority in the first place to interpret and to apply this "private order" [897]. Such a stance is justified by the advantages of having available international instances to address a multitude of cross-border situations, tailored to the specificities of the organisation and the practice of the sports activity [898]. The originality and the difficulty lie in that the "private order" generated by international sports structures must be conciliated with the "legal order" of the State where the sport activity takes place [899].

---

895. See J. A. R. Nafziger, "Globalizing Sports Law", *Marquette Sports Law Review*, Vol. 9 (1999), pp. 225 *et seq.* at 237.
896. Karaquillo, *op. cit.* (note 892), at p. 56. See for example the Olympic Charter, which codifies the fundamental principles of Olympism and the rules and by-laws adopted by the IOC (first published in 1908, under the title *Annuaire du Comité International Olympique*, the current Charter is in force as of 26 June 2019).
897. Karaquillo, *ibid.*, at p. 22.
898. *Ibid.*, at p. 25.
899. *Ibid.*, at pp. 25-26.

Karaquillo speaks of "l'interpénétration" of international and national sports activities and rules.

As a matter of practicality, internationally enacted sports rules are unanimously respected and are almost never the object of dispute before domestic courts. Hence the perils of excessive theorising about their juridicity. Whatever the need for caution, it would be a mistake to assert that sports rules are usages divested of any juridical value because they were not accepted by a State. Their juridical value is not dependent on reception by national legal orders, but rather on their effectiveness, on the fact that they produce the expected effects [900], that they are not contested by the addressees or even State authorities. They are not auxiliary to sports activity. They are *the* rules that govern the games properly or sanction any anomaly [901].

331. In actuality, State authorities and groupings of States tend to give effect to the international rules. The European Council in its 2000 Nice Declaration on Sports recognised the role of sports federations and that "with due regard for national and Community legislation and on the basis of a democratic and transparent method of operation, it is the task of sporting organisations to organise and promote their particular sports, particularly as regards the specifically sporting rules applicable and the make-up of national teams, in the way which they think best reflects their objectives" [902]. Also the CJEU in its 2000 judgment on the *Ch. Deliège* v. *Ligue francophone de judo et disciplines associées ASBL* et al. case decided that "[a] rule requiring professional or semi-professional athletes or persons aspiring to take part in a professional or semi-professional activity to have been authorised or selected by their federation in order to be able to participate in a high-level international sports competition, which does not involve national teams competing against each other, does not in itself, as long as it derives from a need inherent in the organisation of such a competition, constitute a restriction on the freedom to provide services prohibited by Article 59 of the EC Treaty (now, after amendment, Article 49 EC)" [903].

---

900. P. Deumier, *Le droit spontané*, Paris, Economica, 2002, at pp. 316-317.
901. Karaquillo, *op. cit.* (note 892), at pp. 59-60.
902. Declaration on the specific characteristics of sport and its social function in Europe, of which account should be taken in implementing common policies (7-10 December 2000), Conclusions of the Presidency, Annex IV, para. 7.
903. Judgment of 11 April 2000, *Christelle Deliège* v. *Ligue francophone de judo et disciplines associées ASBL, Ligue belge de judo ASBL, Union européenne de judo (C-51/96) and François Pacquée C-191/97)*, Joined cases C-51/96 and C-191/97, ECLI:EU:C:2000:199.

332. Notwithstanding the foregoing, in the infrequent cases that are brought before domestic judges, national rules including choice of law ones may have to be conciliated with the sports rules. Sports rules themselves sometimes explicitly defer to applicable national laws (e.g. Arts. 1 (3) *(b)* and 18 (2) of the FIFA Regulations on the Status and Transfer of Players, concerning respect to mandatory national laws and collective bargaining agreements, and length of contracts, respectively). But even when they do not, courts have asserted the need for sports contracts between clubs and professional players to respect labour law. In a case before the Court of Appeal of Grenoble in France the judges affirmed that "le choix par les parties de la loi applicable ne peut, dans le contrat de travail, avoir pour résultat de priver le salarié de la protection que lui assurent les dispositions impératives à la loi qui serait applicable à défaut de choix, c'est-à-dire de la loi où le salarié, en exécution du contrat, accomplit habituellement son travail"[904]. In France also, the Code du sport purports to apply to situations with a sufficient link with France, when it provides that "[l]'exercice à titre occasionnel de l'activité d'agent sportif par un ressortissant d'un Etat membre de la Communauté européenne ou d'un État partie à l'accord sur l'Espace économique européen non établi sur le territoire national est subordonné au respect des conditions de moralité définies aux articles L. 222-7 et L. 222-8" (Art. L222-9).

333. Recent decisions, notably by the ECtHR, have also cast doubt on the immunity to interference of decisions of sports arbitral tribunals when breaches of recognised human rights are invoked. In the 2018 *Mutu/Pechstein* cases [905] (two independent claims which were merged into one decision of the Court), and in line with its previous case law, the Court reiterated that arbitral tribunals are in principle compatible with the "right to a court" under Article 6 (1) ECHR. The Court distinguished between compulsory *(arbitrage forcé)* and voluntary arbitration, holding that in compulsory arbitration all guarantees provided for in Article 6 (1) must be safeguarded under all circumstances, and thus a waiver of the right to a public hearing is not possible. In contrast, if parties voluntarily consent to arbitration proceedings, those rights may be waived under the condition that this is being done "in a free and non-equivocal fashion"[906]. In the view of the Court, "even though

---

904. *S.A. Prosport-Festina/Willy Voet*, Cour d'appel de Grenoble, Decision of 24 March 2003, Petites affiches, No. 179 (2003), pp. 7 *et seq.* (note by F. Buy).
905. *Mutu and Pechstein* v. *Switzerland*, Nos. 40575/10 and 67474/10, ECtHR 2018.
906. *Ibid.*, para. 115.

the [arbitration] clause was not imposed by law but by the regulations of the ISU [International Skating Union], the acceptance of the jurisdiction of the CAS [Court of Arbitration for Sport] by the claimant must be understood as a 'forced' arbitration in the sense of [the Court's] jurisprudence" [907]. Consideration was given by the Court to the fact that not accepting the arbitration clause would have meant that the German speed skater Claudia Pechstein could no longer pursue her professional activities and, as a consequence, to earn her living by practising her sport. This situation set the case of the Romanian football player Adrian Mutu apart, because according to the contractual agreements applicable to him, he had also the possibility of submitting his dispute to the ordinary courts. As a result, Switzerland was found to be liable under the Convention because of the Swiss Federal Tribunal ruling that upheld the CAS decisions which were alleged to have violated Mutu's and Pechstein's human rights. The financial dependence of the CAS (a private quasi-judicial entity based in Lausanne, Switzerland) on the Olympic movement was not found *per se* to threaten the independence of the CAS. In the crucial part of the decision, the Court acknowledged that while it "is prepared to acknowledge that the organisations which were likely to be involved in disputes with athletes before the CAS had real influence over the mechanism for appointing arbitrators, as applicable at the relevant time, it cannot conclude that, solely on account of this influence, the list of arbitrators, or even a majority thereof, was composed of arbitrators who could not be regarded as independent and impartial, on an individual basis, whether objectively or subjectively, *vis-à-vis* those organisations" [908]. Henceforth, the majority of the Court decided that it had no reason to diverge from the assessment of the Swiss Federal Tribunal in this regard. In dissenting, Judges Keller and Serghides pointed to the influence from interested groups on the CAS and on the selection of arbitrators, which ultimately jeopardises the independence and impartiality of CAS tribunals.

Other protected rights under the European Convention have been the object of judgments or decisions on admissibility, among them: on the prohibition of inhuman or degrading treatment (Art. 3) [909] and right to liberty and security (Art. 5) [910] in cases concerned with detention

---

907. *Ibid.*, para. 115.
908. *Ibid.*, para. 157.
909. *Hentschel and Stark* v. *Germany*, No. 47274/15, ECtHR 2017.
910. *Ostendorf* v. *Germany*, No. 15598/08, ECtHR 2013; *S., V. and A.* v. *Denmark* [GC], Nos. 35553/12, 36678/12 and 36711/12, ECtHR 2018.

to prevent hooligan violence; on the right to respect for private and family life and home (Art. 8) and to freedom of movement (Art. 2, Protocol No. 4) regarding the requirement for a targeted group of sports professionals to notify their whereabouts for the purposes of unannounced anti-doping tests [911]; on freedom of assembly and association (Art. 11) in cases of dissolution of football team supporters following insults to certain groups and violence [912]; and on the right not to be tried or punished twice (Art. 4, Protocol No. 7) in proceedings banning a football supporter from attending sports events to prevent him from committing further violence [913].

334. Finally, certain relatively modern developments should be mentioned in this regard. First, for over four decades, the Council of Europe has advocated fair play and respect in sport, tackling corruption and helping make sport safe, ethical and accessible to all. This has manifested itself in the adoption of several instruments, including four conventions and one protocol ratified mostly by European countries, even though they are open to accession by non-Council members on invitation by the Committee of Ministers, namely: the 1985 Convention on Spectator Violence and Misbehaviour at Sports Events and in particular at Football Matches; the 1989 Anti-Doping Convention and its 2002 Additional Protocol; the 2014 Convention on the Manipulation of Sports Competitions (the Macolin Convention); and the 2016 Convention on an Integrated Safety, Security and Service Approach at Football Matches and Other Sports Events.

Second, the intervention of EU institutions on transfer rules has had important repercussions in the world of professional team sports. It has questioned the self-regulatory power of sporting bodies, and set a number of limits and safeguards aimed at ensuring that sports rules are compliant with EU law principles on free movement and competition. The 1995 ruling of the CJEU in the *Bosman* case [914], in which it found that sports rules restricting the ability of a player to move to another club on the expiry of a contract and rules on nationality clauses were

---

911. *Fédération Nationale des Syndicats Sportifs (FNASS) and Others* v. *France*, Nos. 48151/11 and 77769/13, ECtHR 2018.
912. *Association Nouvelle Des Boulogne Boys* v. *France* (December), No. 6468/09, ECtHR 2011; *Les Authentiks* v. *France and Supras Auteuil 91* v. *France*, No. 4696/11, ECtHR 2016.
913. *Seražin* v. *Croatia* (December), No. 19120/15, ECtHR 2018.
914. Judgment of 15 December 1995, *Union royale belge des sociétés de football association ASBL* v. *Jean-Marc Bosman, Royal club liégeois SA* v. *Jean-Marc Bosman and others and Union des associations européennes de football (UEFA)* v. *Jean-Marc Bosman*, C-415/93, ECLI:EU:C:1995:463.

contrary to EU law, dramatically improved the contractual situation of players enabling legal control over certain abusive club practices, and yet has been accused of contributing to the deregulation of the football market and to encouraging a spiralling of costs to the detriment of the game and its values [915]. In turn, the European Court's ruling in the *Meca Medina* case [916] in 2006 set the rules and scope for the assessment of the validity of transfer rules. For the Court, transfer rules can escape prohibition if they pursue a legitimate aim compatible with the EC Treaty: they must be applied in a non-discriminatory manner, they must be justified by overriding reasons in the public interest, they must be suitable for securing the attainment of the objective they pursue and they must not go beyond what is necessary for that purpose. Finally, transfer rules in football have also been subject to an informal agreement between the European Commission and international football bodies since 2001: "The 2001 Agreement". This "political" agreement has led to a profound reform of the transfer system in football as set by FIFA rules [917].

Third, as concern about the use of drugs in sports has grown, the World Anti-Doping Agency (WADA) composed in 2004 (and amended several times since then) the World Anti-Doping Code, harmonising anti-doping policies, rules and regulations within sport organisations and among public authorities around the world. The Code has been accepted by many sports organisations (including the major ones) and most national Olympic committees, and has proven to be a powerful and effective tool in the harmonisation of anti-doping efforts worldwide. This has been demonstrated by the overwhelming support of governments and sports, in addition to the growing body of jurisprudence from the CAS, despite controversy raised by individual WADA decisions such as the ban on Russia from the 2020 Tokyo Olympic and Paralympic Games (held in 2021) and football's 2022 World Cup in Qatar, after Rusada (Russia's Anti-Doping Agency) was declared non-compliant for manipulating laboratory data handed over to investigators in January 2019 [918]. Thus, despite its private character,

---

915. See KEA–CDES, "Study on the economic and legal aspects of transfers of players" (January 2013), p. 92, https://ec.europa.eu/assets/eac/sport/library/documents/cons-study-transfers-final-rpt.pdf.
916. Judgment of 18 July 2006, *David Meca-Medina and Igor Majcen* v. *Commission of the European Communities*, C-519/04, ECLI:EU:C:2006:492.
917. See KEA–CDES, *ibid.* (note 915), at pp. 89-90.
918. See "Russia Banned from Tokyo Olympics and 2022 World Cup after Cas Ruling", *BBC Sport* (17 December 2020), https://www.bbc.com/sport/olympics/5534

WADA's Anti-Doping Code may be considered as a code of general application. In turn, the UNESCO Convention against Doping in Sport, adopted in 2005, helps to ensure the effectiveness of the World Anti-Doping Code by providing the legal framework under which governments can address specific areas of the doping problem that are outside the domain of the sports movement.

(b) *The case of FIFA*

335. The Fédération Internationale de Football Association (FIFA; French for International Federation of Association Football) is the world's football governing body. Founded in 1904 under Swiss law by seven European countries and based in Zurich, it currently comprises 211 national and other football associations which are also required to be members of six geographical confederations (AFC in Asia, CAF in Africa, CONCACAF in North and Central America and the Caribbean, CONMEBOL in South America, UEFA in Europe, and OFC in Oceania). Having started as a small network to organise international competitions, FIFA has developed into a global association regulating almost all aspects of organised football. Former FIFA President João Havelange is reported to have compared the international scope of FIFA with the United Nations and noted that the United States, the Soviet Union and FIFA were the three major powers in the world[919].

FIFA's objectives, as outlined in the organisational Statutes, include improving and developing football globally, ensuring that football is accessible to everyone and advocating integrity and fair play (Art. 2 *(g)*, May 2021 edition). In so doing, FIFA is responsible for staging major tournaments, notably the World Cup (the first one was in Montevideo in 1930) and the Women's World Cup (since 1991). In the Cold War period, World Cups became a staged war through sporting means. In the 1980s and 1990s FIFA grew exponentially into a powerful organisation that generates billions of dollars in annual revenues through sales of media and marketing rights. Today, FIFA encompasses a wide spectrum of stakeholders ranging from its member associations to players, referees, players' agents, clubs, confederations, marketing professionals, sponsors, the fan community and the public at large.

9156. See also D. Roan, "Russia Ban: Wada Doping Penalty Throws more Questions than Answers", *BBC Sport* (12 December 2019), https://www.bbc.com/sport/olympics/50740083.

919. M. Ziegler, "Havlange, Father of FIFA Corruption, Dies Aged 100", *The Times* (17 August 2016).

As the interest of countries and the general public to take part in tournaments and host the Word Cup increased, in order to attract audiences, FIFA's rules and regulations extended to many aspects beyond the rules of the game, encompassing media rights, labour regulations, merchandising, and so forth, and departing from State-made laws in many ways. This was made possible, in turn, by the historical reluctance of States to intervene in the regulation of sports generally. Hence, invoking the "autonomy of sports", FIFA filled the regulatory gap and strengthened its regulatory monopoly position [920].

336. FIFA purports to "act as the legislator in all kinds of football activities" [921]. Through its Congress, the FIFA Council or the Secretary General, it passes various types of "legal" documents that have an impact on the day-to-day activities of football all over the world. These include FIFA Governance Regulations (basic principles and detailed regulations regarding FIFA's corporate governance), Regulations Governing International Matches, Regulations on the Status and Transfer of Players, a Code of Ethics (applicable to all matches and competitions organised by FIFA and to association football, it determines sanctions and the organisation and functions of FIFA's judicial bodies), a Disciplinary Code (applicable to associations, clubs, players, match officials, intermediaries, licensed match agents and all others involved with regard to a match organised by FIFA), Data Protection Regulations (providing for the application of the Swiss Federal Act on Data Protection, and other applicable laws as appropriate), Regulations on Working with Intermediaries (persons who represent players or clubs in contracts and transfer agreements), and Rules Governing the Procedures of the Players' Status Committee and the Dispute Resolution Chamber. According to Article 15 (6) of the Governance Regulations, the FIFA Secretary General also issues circular letters which complement or clarify certain aspects of FIFA's decisions, rules and regulations, such as on WADA's 2020 List of Prohibited Substances and Methods, legal aid and pro bono counsel, the categorisation of clubs, registration period and eligibility, the FIFA diploma in football law, and on debtor clubs.

---

920. S. Gomtsian, A. Balvert, B. Hock and O. Kirman, "Between the Green Pitch and the Red Tape: The Private Legal Order of FIFA", *Yale Journal of International Law*, Vol. 43 (2018), pp. 91 *et seq.* at 130-133.

921. FIFA, Legal > "Rules & Reports", https://www.fifa.com/about-fifa/who-we-are/legal/rules-and-regulations/. See also FIFA Statutes (May 2021), Arts. 8 (8), 14 (1)*(e)*, 15 *(j)* and 24 (1).

FIFA applies its rules directly to the national member associations and everyone participating in matches and tournaments organised by FIFA. FIFA rules also have an indirect effect on all actors involved with national member associations, as they provide the standards to which associations have to abide by when they design national rules. As a result, FIFA's influence stretches to the very bottom of the structure [922]. To protect its monopoly, FIFA further requires regional confederations to ensure that international football leagues with the participation of local clubs are not organised without the consent of the respective confederation and the approval of FIFA [923]. The premise is that the presence of so many interested parties requires common and predictable rules of behaviour if the game is to be played internationally with equal conditions for all [924].

337. The success of the private "legal" order established by FIFA relies on the effectiveness of its dispute resolution and enforcement mechanisms [925]. Disputes within FIFA are resolved by its internal "judicial" bodies pursuant to Articles 50 to 53 of the 2021 Statute: the Disciplinary Committee, the Ethics Committee and the Appeals Committee (responsible for hearing appeals against decisions from the Disciplinary and the Ethics Committees). The decisions of the Appeals Committee are irrevocable and binding, and are subject only to review by the Court of Arbitration for Sport (CAS).

Founded in 1984 and independent from FIFA, CAS is recognised by FIFA as the final appeals jurisdiction against decisions passed by FIFA's legal bodies and decisions passed by confederations, member associations or leagues (Arts. 56 to 58, FIFA Statute). In adjudicating disputes, CAS shall primarily apply the various regulations of FIFA and, additionally, Swiss law (Art. 56 (2)). Significantly, the Statute expressly "prohibits" recourse to ordinary courts including for all types of provisional measures, and mandates that the association's statutes or regulations should provide the same and instead make recourse available to arbitration (Art. 58 (2) and (3)). Decisions by ordinary courts of law are perceived to pose a challenge to the "case law" of the internal dispute resolution bodies.

338. To ensure compliance with FIFA's "laws", including not to seek justice elsewhere, a system of sanctions and incentives is in

---

922. Gomtsian *et al.*, *op. cit.* (note 920), at p. 99.
923. *Ibid.*
924. *Ibid.*, at pp. 96-97.
925. *Ibid.*, at pp. 103.104.

place [926]. Sanctions include fines, temporary bans or ostracism, which may be applied by member associations. Since to play in national leagues players must register with member associations, by registering players become bound by the rules of FIFA, the respective confederation and the national association. Under FIFA's Club Licensing Regulations, an applicant must recognise as legally binding FIFA's private order and commit not to have recourse to ordinary courts. In the absence of non-FIFA affiliated tournaments that can generate significant financial rewards, compliance with the established rules and abidance by FIFA's rulings is in most cases an inevitable decision.

FIFA has developed sanctions that punish the entire collective if one of the actors fails to comply with the ruling entered against them. Accordingly, everyone in the collective is strongly interested in ensuring compliance by the wrongdoer [927]. The saga of the Egyptian goalkeeper Essam El-Hadary is revealing. Following Swiss club FC Sion's announcement in early 2008 of the signing of El-Hadary despite the objection of his former club Al Ahly (which claimed that El-Hadary was still under contract), FIFA suspended the goalkeeper and penalised Sion with a one-year ban on signing new players. Notwithstanding the ban, Sion proceeded to sign six new players, five of which took part in Sion's 3-1 aggregate win against Scottish club Celtic FC in the Europa League play-off round in 2011. Even though UEFA, the European confederation, had approved the list of players submitted by Sion, on complaint of FIFA, Sion was expelled from the competition. UEFA's decision was upheld by CAS [928], but Sion appealed to Swiss courts and obtained an interim measure ordering the reinstatement of the club in the Europa League. In December 2011 FIFA stepped up the dispute and threatened the Swiss Football Association (SFV) to enforce the registration ban imposed on Sion or risk all its member clubs being excluded from football. SFV ultimately complied with FIFA's demands and penalised Sion thirty-six standing points, moving the club to last place in the league and threatening the club with relegation if the Swiss court's ruling stood. The case demonstrates the coercive power of FIFA and the incentive mechanisms that complement its system of organised sanctions.

---

926. *Ibid.*, at pp. 106-110.
927. *Ibid.*, at pp. 91-97.
928. *FC Sion* v. *Fédération Internationale de Football Association (FIFA) & Al-Ahly Sporting Club*, Arbitration CAS 2009/A/1880, and *E.* v. *Fédération Internationale de Football Association (FIFA) & Al-Ahly Sporting Club*, Arbitration CAS 2009/A/1881, Award of 1 June 2010.

More recently, in what entailed a major challenge to FIFA's global monopoly, the re-edition of a European Super League (proposals for a ESL in association football have been made since 1998 but were unsuccessful) founded on 18 April 2021 died almost before it was born, after the President of UEFA Aleksander Čeferin stated on 19 April that the organisation would look to ban clubs and players involved "as soon as possible"[929] and FIFA President Gianni Infantino warned on 20 April that clubs would have to "live with the consequences" of their decision to join[930]. The ESL was planned as a breakaway competition among some of the largest clubs in Europe – including English clubs (Arsenal, Chelsea, Liverpool, Manchester City, Manchester United and Tottenham Hotspur), Italian clubs (Inter Milan, Juventus and A.C. Milan), and Spanish clubs (Atlético Madrid, Barcelona and Real Madrid) – to rival or replace the Champions League, Europe's premier championship tournament organised by UEFA. Despite obtaining a preliminary ruling from a Spanish commercial court that FIFA, UEFA and all its associated football federations must not adopt "any measure that prohibits, restricts, limits or conditions in any way" the creation of the Super League[931], in a mere three days into its founding all twelve member clubs announced their intention to withdraw or to reconsider the project in the face of the widespread condemnation that it received from all football governing bodies, broadcasters, fans and even governments. JP Morgan Chase, a bank of key importance to the global economy, which had financed a $3.25 billion funding package for the plan, even saw its sustainability rating downgraded in light of ESL backing[932].

339. FIFA's private order presents challenges to State laws and authorities. Several of its rules may amount to violations of employee discrimination laws (on grounds of place of origin) and freedom to choose employment under national labour laws. Its association rules, for instance, restrict the number of foreign players that a football club is allowed to register and their eligibility to play – as occurs with the "6+5

---

[929]. See "UEFA President Ceferin Says Breakway Clubs Will Be Banned As Soon As Possible", *Reuters* (19 April 2021), https://www.reuters.com/world/uk/uefa-president-ceferin-says-breakaway-clubs-will-be-banned-soon-possible-2021-04-19/.
[930]. See "European Super League: FIFA Boss Gianni Infantino, 'Strongly Disapproves' Breakaway League", *BBC Sports* (20 April 2021), https://www.bbc.com/sport/football/56813819.
[931]. See L. J. Moniño, "La gigantesca batalla legal de la Superliga", *El País* (20 April 2021).
[932]. See J. Jolly, "JP Morgan Given Lower Sustainability Rating After Funding Failed European Super League", *The Guardian* (21 April 2021).

rule", which establishes that at the start of each match, a club must field at least six players who would be eligible for the national team of the country of the club, and which is applied by the overwhelming majority of national associations; or the "home-grown player rule" in European football, of which an English Premier League version exists, but that generally speaking requires clubs to designate a minimum of players that, regardless of their nationality, were trained by clubs of the same national league. Similarly, FIFA's transfer system may also fall foul of those laws, as it severely restricts players' ability to enact the early termination of their contracts without compensation to the club and it may result in a temporary ban from playing. In the European ambit, both quotas and transfers rules have been said to constitute obstacles to the exercise of freedom of movement rights established by Articles 12, 18 and 39 to 42 EC Treaty, although they have been ultimately upheld as not conflicting with EU law by the European Parliament [933] and the CJEU [934]. Furthermore, the near-monopoly of FIFA in organising official football tournaments runs afoul of anti-competition laws, as FIFA can restrict access to the market by refusing to authorise an event organised by a potential competitor or prohibit the participation of its members, and thus football clubs and players, in such events. Moreover, as observed above, access to justice may be severely restricted by FIFA's prohibition to filing complaints in public courts.

340. Furthermore, FIFA has the practice of seeking to impose its rules and policies on sovereign States [935]. For example, ahead of the 2010 World Cup, South Africa agreed to create "World Cup courts" to speed up justice in connection with violations of World Cup related offences, such as petty larceny or selling non-FIFA sponsor products within a World Cup designated area [936]. In 2012 Brazil overturned a law

---

933. European Parliament Resolution of 8 May 2008 on the White Paper on Sport (2007/2261(INI)), EU Official Journal C 271E, 12 November 2009, pp. 51 *et seq*. Also White Paper on Sport (11 July 2007) (COM(2007) 391 final); and the independent study "UEFA rule on 'home-grown players': compatibility with the principle of free movement of persons", published by the EC, IP/08/807 (28 May 2008).

934. Judgment of 15 December 1995, *Union royale belge des sociétés de football association ASBL* v. *Jean-Marc Bosman, Royal club liégeois SA* v. *Jean-Marc Bosman and others and Union des associations européennes de football (UEFA)* v. *Jean-Marc Bosman*, C-415/93, ECLI:EU:C:1995:463.

935. B. Bean, "The Perfect Crime? FIFA and the Absence of Accountability in Switzerland", *Maryland Journal of International Law*, Vol. 32 (2017), pp. 68 *et seq*. at 108-109. See also J. G. Hylton, "How FIFA Used the principle of Autonomy of Sports to Shield Corruption in the Sepp Blatter Era", *Maryland Journal of International Law*, Vol. 32 (2017), pp. 134 *et seq*. at 140-158.

936. Government Notice No. 423, Magistrate's Courts Act (32/1944): Annexure of certain districts to other districts for the duration of the 2010 FIFA World Cup Tournament, *Government Gazette/Staatskoerant*, No. 33208 (21 May 2010).

banning the sale of alcohol in football stadiums, as required by FIFA to host the 2014 World Cup. FIFA Secretary General Jérôme Valcke had made it clear that "the fact that we have the right to sell beer has to be a part of the law" (brewer Budweiser is a big FIFA sponsor) [937]. Sanctions on clubs and football associations have also been effective in ensuring compliance by authorities. For example, when in 2011 Belize attempted to hold its national association under the scrutiny of its domestic law, FIFA suspended Belize from international football, citing "severe government interference" [938]. Pressure from clubs and the general public provides a motive for States to not get in the way of FIFA's rules and decisions.

341. Under current policy, FIFA also requires the implementation of human rights and labour standards by the bidding member associations, the government and other entities involved in the organisation of World Cups, such as those responsible for the construction and renovation of stadiums, training sites, hotels and airports, pursuant to Articles 3 and 4 of its Statute (added in 2016) and in line with the UN Guiding Principles on Business and Human Rights. For many years, FIFA largely denied that it was in any way responsible for the rights of people affected by its events. In 2017, an independent human rights Advisory Board was established to help strengthen efforts to respect human rights, making FIFA one of the first sporting bodies to do so. Still today, FIFA's commitment to upholding human rights is questioned by advocates, most recently with regard to safety of human rights defenders and the anti-LGBTI "propaganda law" in Russia during the 2018 World Cup [939], and to potential widespread exploitation of migrant workers providing construction and other services for the 2022 World Cup under the *kafala* system (migrant workers are not allowed to change jobs or leave the country without employer approval) prevailing in Qatar and the human rights risks associated with a possible expansion to other Gulf countries as co-hosts (later scrapped) [940]. It has been argued further that progress

---

937. See "Brazil World Cup Beer Law Signed by President Rousseff", *BBC News* (6 June 2012), https://www.bbc.com/news/world-latin-america-18348012.
938. See "FIFA Suspends Belize", *Amandala* newspaper (21 June 2011).
939. See Amnesty International UK, "Russia 2018: Why Human Rights Matter at the World Cup" (21 June 2018), https://www.amnesty.org.uk/russia-2018-why-human-rights-matter-world-cup.
940. See Amnesty International, "Qatar World Cup of Shame", https://www.amnesty.org/en/latest/campaigns/2016/03/qatar-world-cup-of-shame; N. Ghoshal, "Will Qatar World Cup Expansion Meet FIFA Rights Standards? In Kuwait and Oman, Migrant Workers and Transgender Rights at Stake", Human Rights Watch (14 March 2019), https://www.hrw.org/news/2019/03/14/will-qatar-world-cup-expansion-meet-fifa-rights-standards.

on women and LGBT rights in Qatar should be part of any legacy from the country hosting the World Cup [941], which holds the implication that FIFA events should become an instrument for the promotion of human rights worldwide (rather than merely ensuring compliance in relation to the event).

342. In a similar vein, since 2001 FIFA has moved progressively towards developing a regulatory framework to protect young players from the exposure to emotional and physical harm, financial exploitation and human trafficking that come with the high mobility in the football industry. The Regulations on the Status and Transfer of Players (RSTP) prohibit the international transfer of minors (defined as persons under eighteen years of age) except in the following cases: (1) when their family moves to the country of the new club for a reason that is not linked to football (the parents rule) [942]; (2) transfers of minors aged between sixteen and eighteen within the European Union and the European Economic Area provided that their new clubs guarantee their sporting training in line with the highest national standards, as well as their academic/educational training, to allow the players to pursue an alternative career if they cease playing football, and puts in place arrangements to ensure their welfare in the best possible way (the EU-EEA rule); and (3) young players living no further than 50 km from a national border registered with a club in a neighbouring association also located within 50 km of the border, and the minor must continue to live at home (the 50+50 rule) (Art. 19 (2)). Unless one of the exceptions under Article 19 (2) is present, a minor cannot be registered to play with a club for the first time if he or she is not a national of the country or has not lived there continuously for five years (the five-year rule) (Art. 19 (3)). There are two other exceptions developed through the "jurisprudence" of the Sub-committee and the CAS. In particular the Sub-committee, which is appointed by the Players' Status Committee, exceptionally accepts applications relating to unaccompanied refugee players and exchange students while players [943]. Key procedural safeguards are

---

941. P. MacInnes, "Qatar World Cup Must Leave Legacy on Women's and LGBT Rights, Says Dutch FA", *The Guardian* (9 December 2021).

942. See *Cádiz C.F. and Carlos Javier Acuña* v. *FIFA and Asociación Paraguaya de Fútbol*, Arbitration CAS 2005/A/955, Award of 30 December 2015, para. 7.2.2 (stating that the contested FIFA rules limiting the international transfer of players who are less than eighteen years old do not violate any mandatory principle of public policy *(ordre public)* under Swiss Law or any other national or international law).

943. S. Yilmaz, "Protection of Minors: Lessons about the FIFA RSTP from the Recent Spanish cases at the Court of Arbitration for Sports", *The International Sports Law Journal*, Vol. 18 (2018), pp. 18 *et seq*.

the approval by the Sub-committee of every international transfer and first registration of minors, and the issuance of the international transfer certificate (or "ITC") by the player's former association to the new association in the territory where the new club is based (Art. 19 (4)). Recent decisions by the CAS in three cases involving the Spanish clubs Barcelona and Real Madrid and the Real federación española de fútbol (the governing body of football in Spain) have elucidated that the regulatory framework under the RSTP applies to all minors and that the national associations have an oversight responsibility to ensure that their members comply with it [944].

343. The principle of autonomy of sports has also been used by FIFA to not adopt internationally accepted standards to combat corruption and ensure a transparent management, as recent (and not so recent) scandals involving FIFA officials have unveiled [945]. As a not-for-profit entity, FIFA enjoys the benefits provided under Swiss civil law to sports governing associations, including exemption from income tax, and there are currently few Swiss laws that can be applied to such an organisation [946]. Moreover, Switzerland has been slammed as complicit in the failure to impose accountability [947]. This lack of action has been attributed to the economic significance of FIFA and the more than sixty international sports governing associations headquartered in Switzerland, and the rise of Dubai as a competitor in hosting international sports organisations [948].

344. Recent charges brought against top officials of FIFA signal that governments may be more willing to intervene, not only to protect weaker interest groups, but also to address the mishandling of FIFA's internal governance matters and finance.

In 2015 the US Department of Justice unsealed two indictments charging more than forty individuals and entities affiliated with FIFA with bribery and other corrupt transactions in the Western Hemisphere

---

944. *Ibid.*, at p. 27. See *Fútbol Club Barcelona* v. *Fédération Internationale de Football Association (FIFA)*, Arbitration CAS 2014/A/3793, Award of 24 April 2015; *Real Federación Española de Fútbol (RFEF)* v. *Fédération Internationale de Football Association (FIFA)*, Arbitration CAS 2014/A/3813, Award of 27 November 2015; and *Real Madrid Club de Fútbol* v. *Fédération Internationale de Football Association (FIFA)*, Arbitration CAS 2016/A/4785, Award of 3 May 2017.
945. Hylton, *op. cit.* (note 935), at pp. 134 *et seq.* See also D. Goldblatt, *The Ball is Round: A Global History of Soccer*, 2nd ed., New York, Riverhead Books, 2008.
946. Bean, *op. cit.* (note 935), at pp. 117.
947. *Ibid.*, at pp. 117-119.
948. Bean, *ibid.*, at pp. 120-122.

alone[949]. Officials at FIFA and the continental confederations CONCACAF and CONMEBOL allegedly solicited and received hundreds of millions of dollars in bribes and kickbacks in connection with lucrative media and marketing rights to various tournaments and matches, the selection of South Africa as the host country for the 2010 World Cup, the 2011 FIFA presidential election and sponsorship of the Brazilian national football federation by a major US sportswear company. Even though this case features substantial international elements – in that it involves the US government in the prosecution of mostly foreign nationals for corrupt conduct related to football tournaments and broadcasting rights outside of the United States and in connection with FIFA, a Swiss entity – the indictment apparently targets only conduct that took place in the United States: the use of the US financial system, in facilitating the corrupt practices of the football officials and marketing executives, by conducting business via accounts at US banks and by wiring money to and from US bank accounts. The indictments were, therefore, based on the territorial principle and the US laws did not apply extraterritorially[950]. The indictments by the United States led to the arrest of seven senior FIFA officials in Zurich at the request of the US Federal Bureau of Investigation (FBI) and a raid on CONCACAF offices in Miami, and triggered criminal investigations in several countries, including Switzerland, Germany, the United Kingdom and the home countries of the indicted. In turn this led to an internal investigation by FIFA which was completed in 2017 and is said to have been used to make specific changes to FIFA's governance, compliance and finance functions[951].

Other investigations have since ensued. In early 2020 US prosecutors charged three media executives and a sports marketing company with a number of crimes, including wire fraud and money laundering, in

---

949. US Department of Justice, Office of Public Affairs, "Nine FIFA Officials and Five Corporate Executives Indicted for Racketeering Conspiracy and Corruption" (27 May 2015), https://www.justice.gov/opa/pr/nine-fifa-officials-and-five-corporate-executives-indicted-racketeering-conspiracy-and; "Sixteen Additional FIFA Officials Indicted for Racketeering Conspiracy and Corruption" (3 December 2015), https://www.justice.gov/opa/pr/sixteen-additional-fifa-officials-indicted-racketeering-conspiracy-and-corruption.

950. C. Rose, "The FIFA Corruption Scandal from the Perspective of Public International Law", *ASIL Insights*, Vol. 19, No. 23 (23 October 2015), https://www.asil.org/insights/volume/19/issue/23/fifa-corruption-scandal-perspective-public-international-law#_ednref7.

951. See FIFA, "FIFA Completes Internal Investigation, Shares Findings with Authorities", Media Release (31 March 2017), https://www.fifa.com/about-fifa/who-we-are/news/fifa-completes-internal-investigation-shares-findings-with-authorities-2878303. See also Bean, *op. cit.* (note 935), at pp. 100-117 (expressing doubts on FIFA's eagerness to reform).

connection with bribes to secure television and marketing rights for international soccer tournaments. The indictment revealed details about money paid to five members of the FIFA Council ahead of the 2010 vote to choose Russia and Qatar as World Cup hosts in 2018 and 2022 [952]. Seemingly, the basis for jurisdiction rests again upon the use of the US financial system to further corrupt ends and the fact that CONCACAF (whose President at the time was Jack Warner of Trinidad and Tobago) is headquartered in the United States.

345. In conclusion FIFA is a private actor that over time has developed a public-like order, having evolved into a transnational private authority structured in institutions that apply across national borders and which contains elements of rule-making, dispute resolution and enforcement. FIFA deems itself to be a supranational institution [953], and acts in consequence, often overstepping the mandatory legal constraints defined by public orders by expressly deviating from State-made laws [954]. Formally not a subject of international law, FIFA has developed certain *indicia* of personality, and while it cannot claim to coexist alongside States and other undisputed subjects of the law, it is not reducible to a simple NGO. Host city agreements and other undertakings between FIFA and local governments or its agencies, for example on hosting the World Cup, are not governed by the law of treaties. Nor do FIFA or its officials enjoy State-like or diplomatic privileges and immunities. No treaty or national law is known that confers upon FIFA a privileged status, or rights and duties and the capability of bringing international claims. However, it has been apparent that FIFA enjoys in practice considerable independence from national law, in addition to having organs with autonomy in decision and rule-making, which are typical characteristics of an international organisation.

6. *International art law*

(a) *Cultural internationalism and cultural nationalism*

346. There are two ways of thinking about cultural property [955]. One way is as a component of common human culture, regardless

---

952. US Department of Justice, US Attorney's Office, Eastern District of New York, "Three Media Executives and Sports Marketing Company Indicted in FIFA Case" (6 April 2020), https://www.justice.gov/usao-edny/pr/three-media-executives-and-sports-marketing-company-indicted-fifa-case.
953. Bean, *op. cit.* (note 935), at pp. 108.
954. See generally Gomtsian *et al.*, *op. cit.* (note 920), at pp. 91 *et seq.*
955. See generally J. H. Merryman, "Two Ways of Thinking about Cultural Property", *AJIL*, Vol. 80 (1986), pp. 831 *et seq.*

of the place of origin or present location, property rights or national jurisdiction [956]. *Cultural internationalism* seeks to preserve cultural property from damage or destruction. This is the philosophy of the 1954 Hague Convention for the Protection of Cultural Property in the Event of Armed Conflict. Although it has been ratified by a large number of countries (133 States parties), this Convention has a rather limited scope as it deals only with the protection of cultural property from acts of belligerents in time of war, and does not apply retroactively to offences committed before 1956 when the Convention entered into force. Despite this caveat, the Hague Convention provides the rationale for the international protection of cultural property [957]. The language of the preamble has been considered memorable for this reason alone:

> "Being convinced that damage to cultural property belonging to any people whatsoever means damage to the cultural heritage of all mankind, since each people makes its contribution to the culture of the world;
> Considering that the preservation of the cultural heritage is of great importance for all peoples of the world and that it is important that this heritage should receive international protection."

The other way of thinking about cultural property is as a part of "national cultural heritage". This gives nations a special interest, attributes cultural objects a national character, regardless of their location or ownership, and legitimises national export controls and demands for repatriation [958]. As a corollary, the world is divided into "source" and "market" countries – regard may be had to a third category of "transit countries" for certain purposes. In source countries (Egypt, Greece, Mexico, India, China and Iraq are obvious examples) the supply of cultural objects exceeds the internal demand, while in market countries (France, Germany, Japan, the Scandinavian countries, Switzerland and the United States especially), demand exceeds supply. This encourages the export of cultural property despite, and for some, in part due to [959], national restraints on trade. Most source countries nowadays prohibit or severely restrict the export of cultural objects. *Cultural nationalism* is embodied in the 1970 UNESCO Convention on

---
956. *Ibid.*, at p. 831.
957. *Ibid.*, at p. 836.
958. *Ibid.*, at p. 832.
959. See M. Colley, "The Effect of Efforts to Control Illicit Art Traffic on Legitimate International Commerce", *Georgia Journal of International & Comparative Law*, Vol. 8 (1978), pp. 462 *et seq.*

the Means of Prohibiting and Preventing the Illicit Import, Export and Transfer of Ownership of Cultural Property. The Convention has been characterised as "the keystone of a network of national and international attempts to deal with the 'illicit' international traffic in smuggled and/ or stolen cultural objects" [960]. In this vein, the parties agree to oppose the "impoverishment of the cultural heritage of the countries of origin" through the "the illicit import, export and transfer of ownership of cultural property" (Art. 2.1), and the Convention establishes that the trade of cultural objects contrary to the law of the country of origin is "illicit" (Art. 3), and that parties undertake to prevent the import of such objects and to facilitate their return to the source country (Arts. 7, 9 and 13).

The UNESCO Convention has also gained wide acceptance (141 States parties), including by developed countries which until the 1990s had been mostly reluctant to accept it. This is significant, as it indicates that the current tide is towards cultural nationalism. However, this conclusion tends to cover up real differences of interpretation on the purposes of the Convention. Like the Hague Convention, the UNESCO Convention seeks the protection of cultural property, but the term "protection" is given different meanings. The UNESCO Convention is largely about national retention of cultural property, that is, protection from removal [961]. That is the prevailing interpretation among source mostly developing countries, and yet the Convention also imposes an obligation on them to care for cultural property in their national territories (Art. 5 *(c)* and *(d)*), an angle which developed market countries often point out. The term "illicit" is also given an expansive meaning [962], which raises the question whether total prohibition or undue restriction of trade in cultural property and restitution in any circumstances, even in cases that might be called "destructive retention" or "covetous neglect", is justifiable under the Convention.

347. As the late Professor John Henry Merryman, a pioneer in the field of "arts and the law", once observed, "[b]oth ways of thinking about cultural property are in some measure valid. There are broad areas in which they operate to reinforce each other's values" [963]. Problems arise when retention and restitution policies forgo the care that cultural property needs from lack of resources, result in removal of cultural

---

960. Merryman, *op. cit.* (note 955), at p. 833.
961. *Ibid.*, at p. 844.
962. See generally Merryman, *ibid.*, at pp. 844-847.
963. Merryman, *ibid.*, at p. 852.

objects from public display or vulnerability to looting or theft, or in the insistence that artworks regardless of their historical importance have become an essential part of national culture (Merryman gives the example of a Matisse painting that happened to be acquired by an Italian collector). This has led many to posit that prevailing cultural nationalism and the validity of its premises require re-examination, consistent with a concern for humanity's cultural heritage and the decline of national sovereignty that characterises modern international law [964].

(b) *The public and the private international law approaches* [965]

348. The evolution of international art law is concomitant with the development of international law generally. As efforts were undertaken by the end of the nineteenth century to address the conduct of warfare, the issue of the protection of cultural property, of their seizure and ultimate ownership, naturally arose. Based on the Lieber Code (a General Order signed in 1863 by US President Abraham Lincoln to the Union Forces during the American Civil War that dictated how soldiers should conduct themselves in wartime), the Hague Conventions II of 1899 with respect to the Laws and Customs of War on Land and IV of 1907 respecting the Laws and Customs of War on Land and its Annex included provisions on the protection of cultural property, albeit subject to military necessity. In the aftermath of the Second World War, as the focus shifted from warfare proper to making war more humane, five years after the adoption of the 1949 Geneva Conventions, the Hague Convention for the Protection of Cultural Property in the Event of Armed Conflict was adopted in 1954. It is symptomatic that, like the Geneva Conventions, the 1954 Hague Convention incorporates the principle of individual international responsibility, affirmed in the Nuremberg trials, in Article 28 for offenses against cultural property, without limiting jurisdiction to try offenses to the country of the offender. This

---

964. See generally Merryman, *ibid.*, at pp. 852-853. Also J. H. Merryman, "The Public Interest in Cultural Property", *California Law Review*, Vol. 77 (1989), pp. 339 *et seq.*

965. See generally the courses at this Academy by L. V. Prott, "Problems of Private International Law for the Protection of the Cultural Heritage", *Recueil des cours*, Vol. 215 (1989), pp. 215 *et seq.*; K. Siehr, "International Trade and The Law", *Recueil des cours*, Vol. 243 (1993), pp. 9 *et seq.*; W. W. Kowalski, "Restitution of Works of Art Pursuant to Public and Private International Law", *Recueil des cours*, Vol. 288 (2001), pp. 9 *et seq.* at 11 *et seq.*

is all the more remarkable given that during World War II not only the Axis powers but also the Allies carried out many aerial bombardments of cities containing monuments of historical and cultural importance (e.g. the bombing of Coventry in the United Kingdom, which gutted St. Michael's Cathedral and destroyed the centre of the city; and the firebombing of the German city of Dresden, which reduced the "Florence of the Elbe" to rubble and flames; to name but two examples) which would constitute war crimes nowadays (even falling under the definition of the ICC Statute), if not back then.

At the end of the 1960s and the beginning of the 1970s, thefts were increasing both in museums and at archaeological sites, particularly in developing countries. In turn, in developed countries, private collectors and, sometimes, official institutions were increasingly offered objects that had been fraudulently imported or were of unidentified origin. In order to address such situations, the UNESCO Convention on the Means of Prohibiting and Preventing the Illicit Import, Export and Transfer of Ownership of Cultural Property was adopted in 1970. In order to inhibit the illicit international trade in cultural objects, the Convention seeks to strengthen cooperation among and between States parties. In cases where cultural patrimony is in jeopardy from pillage, Article 9 provides a possibility for specific undertakings for the control of exports and imports and international commerce in the specific materials. Moreover, the Convention requires States parties to adopt preventive measures: inventories, export certificates, monitoring trade and imposition of penal or administrative sanctions, information and education campaigns, and so forth. Of relevance also are restitution provisions. Per Article 7 *(b) (ii)*, at the request of the State of origin, other States must take appropriate steps to recover and return cultural property imported after the entry into force of the Convention in both States concerned, provided that the requesting State shall pay just compensation to an innocent purchaser or to a person who has valid title to that property. Requests for recovery and return shall be made through diplomatic offices. More indirectly and subject to domestic legislation, Article 13 also lays down provisions on restitution and cooperation.

349. The 1970 UNESCO Convention is a typical international agreement providing for inter-State administrative cooperation and the implementation of legal controls to curb the illicit traffic of cultural property. On the other hand, the 1995 UNIDROIT Convention on Stolen or Illegally Exported Cultural Objects aims at establishing a unified private law code for resolving international claims demanding

the restitution of stolen cultural objects and the return of illegally exported objects [966]. In doing so, the UNIDROIT Convention seeks to harmonise civil law and common law principles in the field.

When it comes to international claims in respect of cultural objects, the common law offers no satisfactory solutions, and the existing conventions do not cover, or do so only in part, the private law aspects of cultural property protection (one of the chief obstacles to the international recognition by some States of rules in this area is the protection of the good faith buyer). UNESCO therefore asked UNIDROIT to draft a new instrument that would take its cue from the 1970 UNESCO Convention but would also incorporate twenty-five years of reflection on the subject of illicit trafficking following an upsurge of this threat worldwide [967]. The UNIDROIT Convention underpins the provisions of the 1970 UNESCO Convention, supplementing them by formulating minimal legal rules on the restitution and return of cultural objects. It guarantees the rules of private international law and international procedure that make it possible to apply the principles set down in the UNESCO Convention. The UNIDROIT Convention entered into force in 1998 and it currently has fifty-two States parties.

350. The chief problems in a case of theft are transfer of title and the conflict of interests between the person, usually the owner who has been dispossessed of an object, and the purchaser in good faith of that object. Legal systems approach the problem of acquisition *a non domino* in very different ways: common law systems follow the *nemo dat quod non habet rule* (a purchaser cannot acquire valid title unless the transferor has valid title), whereas the vast majority of civil law systems accord greater protection, albeit to varying degrees, to the acquirer in good faith of stolen property *(en fait de meubles, possession vaut titre)* [968]. The UNIDROIT Convention affirms the common law principle that "stolen" cultural objects shall be returned to their true owner (Art. 3 (1)). It does not distinguish between public or private property or between good or bad faith purchasers, the latter being decisive only in relation to the purchaser's right to compensation

---

966. B. Hoffman, "How UNIDROIT Protects Cultural Property", Part. II, *New York Law Journal* (10 March 1995).

967. See Overview – UNIDROIT Convention on Stolen or Illegally Exported Cultural Objects (Rome, 1995), https://www.unidroit.org/instruments/cultural-property/1995-convention/overview/.

968. UNIDROIT Secretariat, "UNIDROIT Convention on Stolen or Illegally Exported Cultural Objects: Explanatory Report", *Unif. L. Rev.*, Vol. 3 (2001), et p. 480.

(Art. 4)[969]. A claim for restitution shall be brought within a period of three years from the time when the claimant knew the location of the object and the identity of its possessor (Art. 3 (3)), but claims for objects belonging to a "public collection" may be subject to a time limitation of seventy-five years or such longer period as is provided in national law (Art. 3 (4-5)). "Reasonable compensation" is provided for the *bona fide* dispossessed owner of the stolen cultural object, as long as it exercised due diligence in verifying that the object was not stolen (Art. 4), usually by providing the object's export certificate.

One logical feature of the UNIDROIT Convention is that it allows private parties to bring claims before the courts or other competent authorities of the States parties for the return of stolen cultural objects (Art. 8), while the UNESCO Convention only provides for claims to be brought from signatory governments to other signatory governments. There is one public exception. An inter-State claim may be brought under the UNIDROIT Convention if the removal of the object from the territory of a State significantly impairs: *(a)* the physical preservation of the object or of its context; *(b)* the integrity of a complex object; *(c)* the preservation of information of, for example, a scientific or historical character; *(d)* the traditional or ritual use of the object by a tribal or indigenous community, or "the object is of significant cultural importance for the requesting State" (Art. 5 (3)). This last inclusion was opposed by importing countries, which proposed to limit the definition of cultural property to objects of "outstanding cultural significance", and may explain in part why the Convention has been ratified almost only by culture-rich countries.

(c) *Free market and exports control*

351. In the European Union, the protection of cultural property is an exception to the "single market". Article 36 TFEU (former Art. 30 EC Treaty) provides that the provisions of Articles 34 and 35 (prohibiting quantitative restrictions on imports and exports and all measures having equivalent effect between member States) "shall not preclude prohibitions or restrictions on imports, exports or goods in transit justified on grounds of . . . protection of national treasures possessing artistic, historic or archaeological value".

In the 1990s, the European Community began to promulgate rules defending cultural objects against illegal exportation and ensuring

---

969. *Ibid.*, at p. 502.

their return. Council Regulation (EEC) 3911/92 has been repealed by Council Regulation (EC) 116/2009 of 18 December 2008 which provides uniform control measures on the export of cultural goods outside the European Union. In turn, Council Directive 93/7/EEC aimed at the return of cultural objects unlawfully removed from the territory of a member State was recast by current Directive 2014/60/EU of the European Parliament and the Council, which came into force on 19 December 2015.

Perhaps the most distinctive feature of Directive 2014/60/EU for the modest purpose of the present section is that it provides for the possibility of using the Internal Market Information System to simplify the search for a specific cultural object suspected to have been unlawfully removed, aid in the identification of the possessor, simplify the notification of the discovery and seizure, and act as an intermediary for its return [970]. It is for each member State to determine whether a good has cultural value and thus is subject to recovery (Arts. 1 and 2 (1)). Return proceedings shall be enacted no later than three years after the central authority of the requesting member State became aware of the location of the object and the identity of its possessor or holder (Art. 8). For possessors to be awarded "fair compensation" they shall provide proof that they acted with "due care and attention" in acquiring the object (Art. 10).

The EU architecture has been complemented recently with the adoption of European Parliament and Council Regulation (EU) No 2019/880 of 17 April 2019, which lays down the rules and conditions for the temporary or permanent import in the Union of cultural goods which were created or discovered in third countries, as well as for shipments of such goods in transit. Due to its external trade dimension the new Regulation was primarily inspired by the 1970 UNESCO Convention. *Ad hoc* Union measures have also been taken to prohibit trade in cultural goods with Iraq and Syria (Council Regulation (EC) No 1210/2003 and Council Regulation (EU) No 36/2012).

(d) *Human rights considerations*

352. There is a tendency to emphasise the human rights violations resulting in particular from Nazi-confiscated artworks and from the destruction of cultural heritage in armed conflict.

---

970. C. Roodt, *Private International Law, Art and Cultural Heritage*, Cheltenham and Northampton, Edward Elgar, 2015, at pp. 196 *et seq.*

In *Republic of Austria* v. *Altmann* (2004), the US Supreme Court applied the Foreign Sovereign Immunities Act of 1976 (28 USC para. 1605 *(a)* (3)), which exempts from State immunity certain cases involving "rights in property taken in violation of international law", despite the fact that the expropriation occurred prior to the FSIA's enactment [971]. Thus, "expropriations carried out by the Nazi regime and subsequent acts of State immediately linked to such expropriations cannot expect to benefit from principles revolving around legal certainty that would usually bar retroactive application of statutory law" [972]. *Altmann* has been interpreted as a landmark case in favour of the retroactive application of human rights [973]. It is to be noticed however that although at issue was a Holocaust victim's longstanding effort to reclaim six paintings (including *Adele Bloch-Bauer I*, arguably the most famous Gustav Klimt portrait apart from *The Kiss*) looted by the Nazis in the 1930s, and despite the effect of the outcome of this case on the international art market and other claims by Holocaust victims, nowhere in its ruling does the high Court speak of human rights, as it is concerned narrowly and specifically with the question of personal jurisdiction and statutory interpretation. In fact, as has been observed by one author, in *Altmann* the Court focused so strongly on the FSIA that "it appeared to have lost sight of the international law lying behind it" [974]. Yet, in the aftermath of the *Altmann* decision, other claims to artworks by Holocaust victims and their heirs have been raised in the United States and Europe mostly. Erik Jayme argues that the UNIDROIT Convention, which provides for "reasonable compensation" to good faith purchasers of stolen cultural objects, might be a model for settling Holocaust cases [975].

353. The UN Security Council has fallen short of explicitly connecting the destruction and looting of cultural heritage with human rights' violations. However, such connection has been established by the 2013 UNESCO Declaration concerning the Intentional Destruction of Cultural Heritage. The Declaration recognises that "cultural heritage is an important component of the cultural identity of communities, groups

---

971. *Republic of Austria* v. *Altmann* 541 US 677.
972. E. Jayme, "Human Rights and Restitution of Nazi-Confiscated Artworks from Public Museums: The Altmann Case as a Modern for Uniform Law", *Unif. L. Rev.*, Vol. 11 (2006), pp. 393 *et seq.* at 396.
973. *Ibid.*, at p. 397.
974. G. L. Neuman, "The Abiding Significance of Law in Foreign Relations", *Supreme Court Review* (2004), pp. 111 *et seq.* at 138-139.
975. Jayme, *op. cit.* (note 972), at p. 398.

and individuals, and of social cohesion, so that its intentional destruction may have adverse consequences on human dignity and human rights" (preambular para. 5). It also states that "[i]n applying this Declaration, States recognize the need to respect international rules related to the criminalisation of gross violations of human rights and international humanitarian law, in particular, when intentional destruction of cultural heritage is linked to those violations" (Art. 9). The ICC also for the first time in 2016 convicted a defendant for the war crimes of intentionally directing attacks against religious buildings and historic monuments and buildings (Faqi Al Mahdi was co-perpetrator of the destruction by the groups Ansar Dine and Al-Qaeda in the Islamic Maghreb of well-known sites in Timbuktu, Mali, in 2012) [976].

(e) *Anti-seizure statutes*

354. In a globalised world, loans between museums allow for public access to artwork in other countries. The question arises whether third parties alleging property rights over art objects on loan may seize such objects, or seek their preservation by applying for an order restraining a party from removing the objects from the jurisdiction of the court pending resolution on the merits.

355. Claims have typically affected objects which were lost during the Nazi era, or nationalised without compensation by Lenin following the 1917 Revolution. But also in other contexts governments as well as individuals may lay claim to particular works of art. One much publicised case involved the Prince and Principality of Liechtenstein before various jurisdictions. In 1991, Prince Hans-Adam II of Liechtenstein, acting in his personal capacity, brought a claim in Germany to a painting by the Dutch master Pieter van Laer on loan to a museum in Cologne for inclusion in an exhibition from the Brno Historical Monuments Office in the Czech Republic. Litigation resulted in the painting being sequestrated until 1998 when it was finally returned to the Czech Republic, after the interim injunction was discharged. In 2001, the ECtHR found no violation by Germany of the Prince's right to access to court under the ECHR [977]. That same year, the Principality of Liechtenstein instituted proceedings against Germany before the ICJ for treating as German assets which had been confiscated by

---

976. *The Prosecutor* v. *Ahmad Al Faqi Al Mahdi*, Judgment and Sentence, Decision of the Trial Chamber VIII of 27 September 2016, ICC-01/12-01/15-171.
977. *Prince Hans Adam II of Lichtenstein* v. *Germany*, No. 42527/98, ECtHR 2001.

Czechoslovakia from Liechtenstein's nationals, including Prince Franz Jozef II of Liechtenstein, in 1945 pursuant to the "Beneš Decrees", which authorised the confiscation of "agricultural property" (including buildings, installations and movable property) of "all persons belonging to the German and Hungarian people, regardless of their nationality". In 2005 the International Court ruled that it lacked jurisdiction *ratione temporis* to entertain the application filed by Liechtenstein [978].

356. In order to prevent this kind of litigation and protect the exhibited work from third parties claims and ensure restitution to the lender, some countries have enacted laws prohibiting actions against or the sequestration of art objects during the time of the exhibition. Anti-seizure statutes, as they are commonly known, are justified in the global interests in public access to artwork [979]. Statutes are to be found, for example, in Austria, Belgium, Canada, France, Germany, Switzerland and the United States. In 2016 the United States enacted the Foreign Cultural Exchange Jurisdictional Immunity Clarification Act whose purpose is to protect from seizure by private plaintiffs claiming superior title or creditor status artwork loaned to US museum exhibitions by foreign governments and museums that are foreign State institutions (28 USC para. 1603 *(h)*). The new law amends the FSIA by clarifying that works loaned by a foreign government or foreign State museum for temporary exhibition or display in the United States are not to be considered "commercial activity" and are therefore immune from US jurisdiction. However, the legislation carves out an exception under which claims to artwork taken in connection with the acts of the Nazi government or other European collaborationist governments does not fall within the statute's protection. Another exception involves property confiscated or misappropriated from vulnerable groups by oppressive governments after the year 1900. This legislation was prompted by several expropriation claims being brought before US courts against foreign collections temporarily present for exhibition in US territory. One of the most notable was *Malewicz* v. *City of Amsterdam* (2005) in which the US District Court for the District of Columbia found that Amsterdam's loan of artwork (fourteen pieces in the Malewicz Collection) to the Solomon R. Guggenheim Museum in New York

---

978. *Certain Property (Liechtenstein* v. *Germany)*, Preliminary Objections, Judgment, *ICJ Reports 2005*, p. 6.
979. E. Jayme, "Globalization in Art Law: Clash of Interests and International Tendencies", *Vanderbilt Journal of Transnational Law*, Vol. 38 (2005), pp. 927 *et seq.* at 931.

City and the Menil Collection in Houston was "commercial activity"[980].

Here, special note should be made of Article 21 *(e)* of the 2004 UN Convention on Jurisdictional Immunities of States and Their Property, which provides that "property forming part of the cultural heritage of the State or part of its archives and not placed or intended to be placed on sale" shall be considered to have "non-commercial purposes" and thus be guaranteed immunity. The inclusion of this category in the draft of the ILC was novel and probably unsupported by State practice at the time[981].

357. These developments have led Erik Jayme to affirm that a new principle of public international law is in the making: the principle of "no seizure of artwork on loan during the time of an international exhibition" belonging to foreign entities like State museums. The underlying policy is said to be that "art works are immune because they act like ambassadors of the foreign State; they fulfil public functions and are protected as peace envoys"[982]. Although uncertainty and differences in practice continue, Jayme is probably correct in that where the presence of cultural objects is restricted to their temporary public exhibition, recent State practice seems more favourable to conferment of immunity[983]. Nevertheless, one should not neglect the fact that artwork-lending State entities and governments continue to seek express recognition of immunity from host governments before objects enter the foreign country, which reveals that the law on the matter is still unsettled. On the other side, an exception denying immunity in respect of claims relating to the taking of property in violation of international law as provided in US legislation is not to be found in the practice of other States, perhaps not surprisingly given the controversial nature of what constitutes a "taking" of property contrary to international law[984]. In any case, the justification of immunity of cultural property should probably be found somewhere other than through analogy to diplomatic law. Cultural property or property forming part of an exhibition are generally regarded as included in the general rule relating to immunity from execution against State property, which continues as an effective

---

980. *Malewicz* v. *City of Amsterdam*, 362 F. Supp. 2d 298 (D.D.C. 2005).
981. H. Fox, *The Law of State Immunity*, 1st ed., Oxford, Oxford University Press, 2002, at p. 394.
982. E. Jayme, "Narrative Norms in Private International Law: The Example of Art Law", *Recueil des cours*, Vol. 375 (2014), pp. 9 *et seq.* at 31.
983. Fox, *op. cit.* (note 598), at p. 649.
984. *Ibid.*, at p. 598.

principle of the law of State immunity today [985]. Moreover, the loan of objects in use or intended to be used for cultural exchange should be classified as activities of a governmental nature, not subject to commercial exception in jurisdictions that apply the restrictive doctrine to attachment of foreign State property, probably even if compensation was paid by the receiving institution to accomplish the loan.

(f) *Conflicts law in illegally exported works of art*

358. "In the absence of express undertaking by a forum State in an international convention relevant to the claim, title and right of possession to cultural objects are determined by the *lex rei sitae* at the time of derivation of such title." [986] The statement by Lady Hazel Fox expresses the prevailing solution for choice of law [987], except in the European Community where Article 13 of Directive 2014/60/EU (previously Art. 12 of Directive 93/7/EEC) seems to favour the *lex originis* where it reads that "[o]wnership of the cultural object after return shall be governed by the law of the requesting member State" [988]. However, Article 13 is limited to the question of ownership *after* the return of the cultural object, and whether the rule can be extended to the time *before* the return is unsettled [989]. To be sure, the *lex originis* presupposes that the origin of the cultural object is known [990]. The definition of the country of origin put forward by the IDI, *viz* the country "with which the property concerned is most closely linked from the cultural point of view" [991], poses too many questions.

359. The *lex rei sitae* rule derives from treating works of art as normal chattels. The problem with this principle is that it favours the "laundering of stolen art" and, if taken together with the principle of protection of the *bona fide* purchaser, "ha[s] a very destructive effect on efforts to protect the cultural heritage" [992]. In addition, the *lex situs*

---

985. See generally Fox, *ibid.*, at pp. 599, 634-635, 647-651.
986. Fox, *op. cit.* (note 598), at p. 648.
987. See generally Prott, *op. cit.* (note 965), at pp. 262-269; Siehr, 1993, *op. cit.* (note 965), at pp. 74-76; Kowalski, *op. cit.* (note 963), at pp. 218-225; M. Frigo, "Circulation des biens culturels, détermination de la lois applicable et méthodes de règlement des litiges", *Recueil des cours*, Vol. 375 (2014), pp. 89 *et seq.*
988. Jayme, *op. cit.* (note 979), at p. 937.
989. Jayme, *op. cit.* (note 982), at pp. 36-37.
990. *Ibid.*, at p. 37.
991. Resolution on the International Sale of Works of Art from the Angle of the Protection of Cultural Heritage, Art. 1 (1) *(a)*, *Annuaire de l'IDI*, Vol. 64 (1992), at p. 405.
992. Prott, *op. cit.* (note 965), at p. 268.

adds considerable uncertainty to the question of title. This has led some to question the suitability of current private international law rules in their general effect on efforts to protect cultural heritage, and to advocate for the development of more appropriate solutions for the highly international nature of the art trade today: a more flexible approach to the rule of *lex rei sitae* rule to achieve better protection [993]; the adoption of proper uniform rules changing current national rules which are harmful to the protection of cultural heritage [994]; and the "objectivisation" of the criterion of good faith, to be determined by effective verification by the acquirer that the object does not appear in the registry of stolen artworks [995].

Aside from the possibility of commencing *in rem* proceedings in the courts of the country where a cultural object is situated for an attachment to prohibit removal or sale, the *lex rei sitae* may also render the courts jurisdictionally competent to entertain the claim, that is, to determine the rights of the parties regarding title. That is the case in the European Union (Art. 7 (4) and Consideration 17 of Recast Brussels Regulation (EC) No. 1215/2012), and among States parties to the 1995 UNIDROIT Convention on the International Return of Stolen or Illegally Exported Cultural Objects (Art. 8 (1)). In general, there is no separate basis of jurisdiction founded on the presence of movables. Thus the Brussels Regulation and the UNIDROIT Convention introduce an additional basis of competence for claims related to cultural property, concurrent with the general forum of the domicile of the defendant.

(g) *Cultural heritage, peace and security*

360. On 24 March 2017, at the initiative of France and Italy, the UN Security Council adopted unanimously Resolution 2347 (2017), which considers attacks against cultural heritage to be a threat to international peace and security. In past resolutions, the Security Council had considered cultural heritage in relation to country-specific situations (e.g. UN Security Council Res. 1267 (1999) on Afghanistan; Res. 1483 (2003) and 1546 (2004) on Iraq; Res. 2056 (2012), 2071 (2012), 2085 (2012) and 2100 (2013) on Mali; Res. 2139 (2014), 2170 (2014) and

---

993. *Ibid.*, at pp. 281, 315.
994. G. Droz, "The International Protection of Cultural Property from the Standpoint of Private International Law", in Council of Europe, *International Legal Protection of Cultural Property*, Strasbourg, Council of Europe Publishing, 1984, pp. 114 *et seq.* at 114-115.
995. Kowalski, *op. cit.* (note 965), at p. 224.

2199 (2015) on Syria). In addition to addressing the destruction and looting of cultural heritage, the Security Council has also pinpointed the link with terrorism, and the Islamic State of Iraq and the Levant (ISIL/Da'esh) in particular which has regularly targeted sites of holy, historical and cultural significance for ideological reasons (e.g. Res. 2199 (2015) with regard to Iraq and Syria; Res. 2249 (2015) primarily concerned with a series of terrorist attacks which occurred in Tunisia, Turkey, Lebanon and Paris in 2015). Resolution 2199 (2015) in particular affirmed the link between trafficking in cultural objects and terrorist financing, that is, the generation of income from looting and the smuggling of cultural heritage for recruitment efforts and strengthening of operational capabilities to organise and carry out terrorist attacks. In turn, Resolution 2322 (2016) underlined the role of international cooperation in preventing trafficking of cultural property [996].

The importance of Resolution 2347 (2017) is that it focuses exclusively on cultural heritage and affirms cultural heritage protection as a priority on the international agenda. It also underlines that addressing the trafficking of cultural objects is a legitimate part of the UN counter-terrorism regime [997]. The Resolution stresses that member States have the primary responsibility in protecting their cultural heritage, and it encourages States to take preventive measures to safeguard their cultural property, including as appropriate through "safe havens" in their own territories. The Resolution also encourages ratification of the 1954 Hague Convention for the Protection of Cultural Property in the Event of Armed Conflict and its Protocols, as well as "other relevant international conventions" without identifying specifically the 1970 UNESCO Convention Against Illicit Trafficking in Cultural Property (although the Convention is recalled in the Resolution's preamble). However, the Resolution does not mention the 1995 UNIDROIT Convention on Stolen or Illegally Exported Cultural Objects, of which only one Security Council permanent member (China) is a party. The Resolution also welcomes the central role played by UNESCO in protecting cultural heritage and promoting culture as an instrument to bring people together and foster dialogue.

Pursuant to Article 25 UN Charter, member States have agreed to accept and carry out the decisions of the Security Council, regardless of the fact that Resolution 2347 (2017) does not invoke Chapter VII

---

996. See generally, K. Hausler, "Cultural Heritage and the Security Council: Why Resolution 2347 Matters", *Questions of International Law* (2018), pp. 5 *et seq.*
997. *Ibid.*, at p. 12.

as the basis for Security Council action. However, regard must be had to the language of the Resolution, which is mostly exhortatory. This notwithstanding, despite its political nature, in carrying out its function to maintain international peace and security, decisions by the Security Council undoubtedly play a significant role in the determination and promotion of international law [998].

7. International norms and standards in cyberspace

361. The internet has exerted a noticeable impact on norm development and norm enforcement at all levels. The theoretical debate is normally presented as a clash between jurists and policymakers that postulate that existing international instruments and norms apply outright in cyberspace [999] and others for whom international law fails to address what non-State actors do in cyberspace. It follows from the latter postulate that either a new special normative framework must be put in place for internet governance and activities or the private sector is left to assert itself in the legal lacunae and develop its own set of rules – a transnational law for the cyberspace or *lex electronica* [1000]. Unsurprisingly, the opinions cut transversely the two branches of international law.

362. In reality, the solution is not simple nor linear, and despite some normative developments, the result is that the law is lagging behind technological advancements. Both at domestic and international level, States have undertaken to regulate aspects of the new phenomenon (e.g. the 2021 Budapest Convention on Cybercrime; the three model laws developed by UNCITRAL on Electronic Commerce in 1996, on Electronic Signatures in 2001 and on Electronic Transferable Records in 2017, in addition to the 2005 UN Convention on the Use of Electronic Communications in International Contracts; the Directive 2000/31/EC of the European Parliament and of the Council of 8 June 2000 on certain legal aspects of information society services, in particular electronic

---

998. See generally S. R. Ratner, "The Security Council and International Law", in D. M. Malone (ed.), *The UN Security Council: From the Cold War to the 21st Century*, Boulder and London, Lynne Rienner, 2004, pp. 592 *et seq.* at 593-595, 598-601.

999. See e.g. J. L. Goldsmith, "Against Cyberanarchy", *University of Chicago Law Review*, Vol. 65 (1998), pp. 1199 *et seq.*

1000. See D. R. Johnson and D. Post, "Law and Borders: The Rise of Law in Cyberspace", *Stanford Law Review*, Vol. 48 (1996), pp. 1367 *et seq.* However, the theory presented in this seminal work has since been abandoned, while *lex electronica* commonly refers to the substantive non-legally binding rules applicable in the framework of electronic commerce.

commerce, in the Internal Market (Directive on electronic commerce); the 1980 Computer Fraud And Abuse Act, the 1986 Electronic Communications Privacy Act, and the 2000 Children's Online Privacy Protection Act in the United States relating to Internet and Data Security; Argentine Law No. 27.078 on Information Technology and Communications of 2014, which guarantees access to and the neutrality of the networks; China's Cyber Security Law, which entered into effect in 2017; and Loi No. 2020-766 du 24 juin 2020 visant à lutter contre les contenus haineux sur internet (also called the "Avia Law") in France).

On the one hand, the fact that this has taken place suggests that norms developed with a territorial, physical conception of the world have not always been deemed to capture the social, economic, technological and cultural changes associated with the rapid development and widespread use of information and communication technologies. On the other hand, the development of new regulatory frameworks has been rather limited in scope, under the premise of and with the consequence that most traditional norms are applied and their enforcement is sought online as much as offline. Statutory interpretation and other considerations applied by national courts have had a decisive influence in this process, together with the work of international bodies (such as UNCITRAL on electronic commerce, OECD on digital economy, and the HRC on human rights on the internet), statements by national authorities (e.g. the New Zealand position statement on the application of international law to State activity in cyberspace issued on 1 December 2020 [1001]), and the formative influence of writers (such as the influential 2013 Tallinn Manual on International Law on Cyber Warfare produced by an international team of legal scholars at the request of the NATO Cooperative Cyber Defence Centre for Excellence, and the publications of individual writers).

363. An extensive account of the "applicable law" governing internet activities would be unpractical within the limited scope of this research, as it would have to comprise a number of complex problems raised under public and private international law, at the very least those regarding cyber warfare, State responsibility for malicious cyber activity, cybercrime, e-commerce and data protection. Because of the enormity of undertaking such task, this section will only briefly address

---

1001. https://dpmc.govt.nz/publications/application-international-law-state-activity-cyberspace.

the interplay between public and private international law in the matter of cybercrime and the somewhat novel issue of cryptocurrencies.

(a) *Cybercrime, rights and global politics*

364. The ongoing discussions at the United Nations, exacerbated when the Russian Federation submitted in 2017 a draft UN Convention on Cooperation in Combatting Cybercrime [1002], reveal the links between cybercrime, internet governance and access to data, and the interdependence of public and private interests involved in cyberspace activity.

On the one hand, the ubiquity of internet connectivity that increases the number and locations of targets for cybercrime and makes it easier for perpetrators to escape identification and for investigators to collect evidence, creates the need for greater and wider cooperation and cross-border data sharing than is provided for under a "regional plus" mutual legal assistance treaty, namely the 2001 Budapest Convention on Cybercrime (which was drawn up by the Council of Europe but is open to the ratification by non-Council States by invitation of the Committee of Ministers upon unanimous consent of the contacting parties). On the other hand, limiting the ability of a State party to provide access to requested data as proposed in the draft Convention raises concerns about the enjoyment of fundamental freedoms and human rights such as freedom of expression, access to information and privacy.

365. The Russian initiative as a whole is denounced by Western countries as an attempt to curb the global connectivity of individuals by censorship and other restrictions and to impose the idea of a State-controlled internet and mass surveillance of the internet [1003]. Reference is made to the surge in recent years in cybercrime laws around the world, some of which are overly broad and often used by governments (initially co-sponsoring the global convention) to persecute political opponents, journalists and human rights defenders, and thus there is increasing awareness of the dangers that a global comprehensive treaty could pose [1004].

1002. Letter dated 11 October 2017 from the Permanent Representative of the Russian Federation to the United Nations addressed to the Secretary-General, UN doc. A/C.3/72/12 (16 October 2017).
1003. See European Parliament Resolution of 11 February 2015 on the renewal of the mandate of the Internet Governance Forum (2015/2526(RSP)), EU Official Journal C 310712, 25.8.2016, pp. 12-14, para. 13.
1004. See D. Brown, "Cybercrime is Dangerous, But a New UN Treaty Could Be Worse for Rights", *Just Security* (13 October 2021), https://www.justsecurity.org/77756/cybercrime-is-dangerous-but-a-new-un-treaty-could-be-worse-for-rights.

366. Paradoxically, the Budapest Convention has long been criticised for not having stronger safeguards for human rights by limiting the treaty obligation of States parties to act in accordance with human rights law to procedural matters only (Art. 15), for not including a *ne bis in idem* rule, and for its contentious provision on cross-border "pulling" of data by law enforcement agencies [1005].

In fact, a global convention could provide an opportunity to enshrine stronger human rights protection in cybercrime law, while bridging digital and human rights divides that may have deterred some countries from joining a convention perceived as having a strong Western approach.

These and other considerations may have steered initial opponents of the treaty, such as Australia, the United States, Japan and Estonia, towards vice-chairing the *Ad hoc* Committee established by the UN General Assembly to draft it (Res. 75/282), although substantive differences remain concerning the criminalisation of certain conducts, in terms of crimes related to terrorism and extremism in particular, and procedural powers and safeguards, thus foreboding extremely difficult negotiations [1006].

367. In the background of the discussion lay the strong differences of views between major Western and non-Western powers on cybersecurity and model of governance in the field of information and communications technology. China and Russia define the problem as one of "information security" caused by the increasing militarisation of the internet by Western States, and advocate for a sovereignty-based model of governance through an international treaty. The United States, the United Kingdom and other Western States characterise the problem as one of "cybersecurity" where the real concern is the need to protect against cyber offenses by criminals and terrorists, and defend a multi-stakeholder model of governance that includes State and non-State actors in the formulation of soft law cyber norms [1007]. In advocating for the negotiation of a treaty on cybersecurity, Russia contends that

---

[1005]. See "The Rule of Law on the Internet and in the Wider Digital World", issue paper published by the Council of Europe Commissioner for Human Rights (December 2014).

[1006]. Note from EEAS and European Commission services to Delegations, "Position for a UN Convention on countering the use of information technology and communications technologies for criminal purposes", European Council doc. 12642/21 (13 October 2021).

[1007]. Roberts, *op. cit.* (note 4), at pp. 306 *et seq.* Also K. E. Eichensehr, "The Cyber-Law of Nations", *Georgetown Law Journal*, Vol. 103 (2015), pp. 317 *et seq.* at 330-331.

current laws either do not apply to or are not suited to regulate cyber activities. By contrast, the United States considers that the existing law of armed conflict should apply to State behaviour in cyberspace.

368. While the opening of negotiations of a UN convention on cybercrime may be seen as loosely reinforcing the general non-Western position that special rules are needed at the international level to cope with internet phenomena, it does come after consensus has begun to materialise also at the UN that "[i]nternational law, and in particular the Charter of the United Nations, is applicable" [1008] to information security and cybersecurity as preconised by Western States.

369. A second emerging principle from the UN process is that States should consider how best to cooperate to exchange information, assist each other and prosecute terrorist and criminal use of information and communications technologies [1009]. However, requests for cooperation are often conditional upon the application of mutual legal assistance treaties, and States tend to depart from the principle when the circumstances of the case are such as to affect national interests or important values of the forum State.

(b) *The rise of cryptocurrency*

370. Cryptocurrencies are a relatively novel development, and thus the conclusions in this note are preliminary. Difficulties arise in part from their *sui generis* nature and the different public and private law problems that they pose. Policymakers have generally defined cryptocurrencies as a subset of virtual currencies (the IMF [1010], World Bank [1011], European Central Bank [1012], Financial Action Task Force or

---

[1008]. Group of Governmental Experts on Developments in the Field of Information and Telecommunications in the Context of International Security – Note by the Secretary-General, UN doc. A/68/98 (24 June 2013), para. 19.

[1009]. Group of Governmental Experts on Developments in the Field of Information and Telecommunications in the Context of International Security – Note by the Secretary-General, UN doc. A/70/174 (22 July 2015), para. 13 *(d)*.

[1010]. "Virtual Currencies and Beyond: Initial Considerations", IMF Staff Discussion Notes, SDN/16/03 (January 2016), p. 7, https://www.imf.org/external/pubs/ft/sdn/2016/sdn1603.pdf.

[1011]. World Bank Group, "Distributed Ledger Technology (DLT) and Blockchain", FinTech Note No. 1 (2017), http://documents.worldbank.org/curated/en/177911513714062215/pdf/122140-WP-PUBLIC-Distributed-Ledger-Technology-and-Blockchain-Fintech-Notes.pdf.

[1012]. European Central Bank and Eurosystem, "Virtual Currency Schemes" (October 2012),https://www.ecb.europa.eu/pub/pdf/other/virtualcurrencyschemes201210en.pdf, at p. 13.

"FAFT"[1013], and the Superintendent of Financial Services of the State of New York[1014], among others). Yet as they are not issued by a central bank or public authority and do not have the legal status of currency (except in one country[1015]) they can be properly defined as property. It may well also be that cryptocurrencies are best treated as money or commodities in different contexts. As a matter of fact, the concept of money has evolved and adapted to the character of the era. In early times, people used commodities as means of payment. These days, cryptocurrencies can be used to buy virtual goods and services (and exceptionally also to buy real goods and services) as agreed by contract, and companies can use cryptocurrencies for financing purposes. The difference between cryptocurrencies and physical commodities lies in that they are specific to the digital world, and may or may not be exchanged for real currency.

371. The intrinsically cross-border nature of cryptocurrencies, crypto markets and crypto players (users, "miners", "cryptocurrency exchanges", trading platforms, wallet providers, coin inventors and coin offerors) poses major challenges for regulators[1016], and the point has been made that rules may only be adequate when they are taken at a sufficiently international level[1017]. So far, the recent legal discourse on Bitcoin and subsequent virtual currencies has been heavily centred on regulatory issues such as money-laundering and financial regulation. Less attention has been paid to their proprietary implications[1018].

The anonymity (or pseudo-anonymity) that surrounds cryptocurrency transactions make it difficult for tax authorities to know who enters a taxable transaction and sanction tax evasion. There is concern also about criminals using cryptocurrencies to finance illicit activities,

---

1013. FATF Report: Virtual Currencies: Key Definitions and Potential AML/CFT Risks (June 2014), http://www.fatf-gafi.org/media/fatf/documents/reports/Virtual-currency-key-definitions-and-potential-aml-cft-risks.pdf, at p. 4.
1014. Official Compilation of Codes, Rules and Regulations of the State of New York, Title 23: Financial Services, Chap. I: Regulations of the Superintendent of Financial Services, Part 200, 23 CRR-NY 200.2 NY-CRR.
1015. See N. De, "It's Official: El Salvador's Legislature Votes to Adopt Bitcoin as Legal Tender", *Coindesk* (9 June 2021), https://www.coindesk.com/its-official-el-salvadors-legislature-votes-to-adopt-bitcoin-as-legal-tender.
1016. See M. Audit, "Le droit international privé confronté à la blockchain", *RCDIP* (2020), pp. 669 *et seq.* at 669-694.
1017. See generally R. Houben and A. Snyers, "Cryptocurrencies and Blockchain: Legal Context and Implications for Finance Crime, Money Laundering and Tax Evasion", Study requested by the European Parliament's Special Committee on Financial Crimes, Tax Evasion and Tax Avoidance, PE 619.024 (5 July 2018), p. 54.
1018. M. Ng, "Choice of Law for Property Issues Regarding Bitcoin under English Law", *Journal of Private International Law*, Vol. 15 (2019), pp. 315 *et seq.* at 315-316.

including terrorism [1019] and drug trafficking [1020]. Cryptocurrencies' connection to the illicit marketplace first received attention after the FBI and Europol shut down the Silk Road in 2013, the first modern "dark market" (an online black market for mostly selling illegal drugs) where buyers and sellers conducted all transactions using Bitcoins [1021]. In 2015, seventeen-year-old American citizen Ali Shukri Amin pleaded guilty to using Twitter to provide instructions on how to use Bitcoin to mask the provision of funds to ISIL and its supporters [1022].

372. Legislation is adapting to cope with the new phenomenon. Canadian Bill C-31 (An Act to Implement Certain Provisions of the Budget Tabled in Parliament on 11 February 2014, and Other Measures), which includes amendments to Canada's Proceeds of Crime (Money Laundering) and Terrorist Financing Act, is regarded as the world's first national law to bring cryptocurrency transactions and institutions that facilitate them under the ambit of money-laundering and counter-terrorist financing laws. The European Union has updated the Anti-Money Laundering Directive (AMLD) for the fifth time to extend its scope to custodian wallet providers and virtual currency exchange platforms, who are now obligated to fulfil due diligence requirements and have in place policies and procedures to detect, prevent and report money laundering and terrorist financing (Directive (EU) 2018/843 of the European Parliament and of the Council of 30 May 2018 amending Directive (EU) 2015/849 on the prevention of the use of the financial system for the purposes of money laundering or terrorist financing, and amending Directives 2009/138/EC and 2013/36/EU). The member States were to transpose this Directive by 10 January 2020. Furthermore, as AMLD5 explicitly lists tax authorities among competent authorities that must be granted access to the beneficial ownership register (Art. 49), in so far as cryptocurrency is held through a custodian wallet provider or transactions occur via a virtual currency platform exchange, there will be information available for the tax administration, as the case may be brought to the attention of the tax

---

1019. US Department of the Treasury, "National Terrorist Financing Risk Assessment 2018", 2018 NTFRA, pp. 25-27.

1020. US Department of Justice, Drug Enforcement Administration, "2018 National Drug Threat Assessment", 2018 NDTA, pp. 126-129.

1021. See A. Greenberg, "End Of The Silk Road: FBI Says It's Busted The Web's Biggest Anonymous Drug Black Market", *Forbes* (2 October 2013).

1022. US Department of Justice, Office of Public Affairs, "Virginia Teen Pleads Guilty to Providing Material Support to ISIL" (11 June 2015), https://www.justice.gov/opa/pr/virginia-teen-pleads-guilty-providing-material-support-isilrt.

administration by a financial intelligence unit reporting a suspicious transaction linked to tax evasion [1023]. Notwithstanding the foregoing, the European Banking Authority has advocated for a more comprehensive approach to be developed in time, introducing licensing requirements for cryptocurrency service providers. A difficult balance needs to be struck between the purposes of anti-money laundering and counter-terrorist financing and of potential welfare-enhancing innovations coming from cryptocurrencies and blockchain technology.

373. Emerging national laws tend to distance themselves from defining cryptocurrencies and regulating peer-to-peer (P2P) and contractual relations [1024]. Disputes over ownership of cryptocurrencies are likely to give rise to choice of law problems when an exchange (a person or entity who offers exchange services to cryptocurrency users for a commission fee) becomes insolvent, or is hacked or makes a transfer without the customer's authorisation, or a creditor obtains a judgment to attach Bitcoins, Ethereums, Ripple XRPs, and so forth [1025]. Not being recognised as legal tender in most countries, cryptocurrencies amount to property by default and are subject to the law applicable to the latter (any variants of the *lex rei sitae*). The alternative of characterising the ownership of cryptocurrency as one of obligations would be inappropriate as cryptocurrencies bear little resemblance to intellectual property rights, shares and other intangibles [1026]. However, ultimately, the issue would be one of characterisation to be decided by the governing law.

The ubiquitousness of cryptocurrencies has been said to require deviation from the *lex situs* in favour of the "closest and most real connection", identified as the law of the State being most closely connected to the Bitcoin or the otherwise relevant network. In the case of Bitcoin, Massachusetts law holds the closest connection as the developers reside in Massachusetts and their work is being funded by the Massachusetts Institute of Technology Media Lab's Digital Initiative, whose software (the MIT Licence) is also being used by the

---

1023. See generally Houben and Snyers, *op. cit.* (note 1017), at pp. 71-72.
1024. For the legal status of cryptocurrency according to different legislations, see The Law Library of Congress, "Regulation of Cryptocurrency Around the World, November 2021 Update" (November 2021).
1025. Ng, *op. cit.* (note 1018), at p. 316. See also F. Guillaume, "Aspects of Private International Law related to Blockchain Transactions", in D. Kraus, Th. Obrist and O. Hari (eds.), in *Blockchains, Smart Contracts, Decentralised Autonomous Organisations and the Law*, Cheltenham, Edward Elgar, 2019, pp. 49 *et seq.* at 62-66.
1026. Ng, *ibid.*, at pp. 326-331. Guillaume, *ibid.*, at pp. 62-63.

network participants [1027]. Appealing as it may appear, as a default rule at least when the *situs* of the Bitcoin or the identity of the defendant exchange or user remain unknown, the proposal can only be regarded as *de lege ferenda*. In the absence of special statutory or contractual rules, recourse is to be had to the general principles of conflicts law. Besides, the problem with activities conducted through or taking place entirely on the internet is not new. Participants in a network are always real persons and entities situated or conducting business somewhere, whose laws are more closely connected to the obligations contracted or the goods exchanged than the place of the software developer or licensor, except that the latter may provide an appropriate enforcement forum should the developer's technology allow for Bitcoin seizure or freeze requested by a foreign court. In so far as participants in a cryptocurrency exchange are unidentifiable, lacking the regulatory incentive to apply penal or tax law, breaches of contracts and torts may remain unsanctioned, and justify the argument that no country's or international law should govern cryptocurrency disputes, leaving the dispute resolution to the consensus mechanism of the blockchain (a *lex cryptographia* or algorithmic legal order not yet defined and recognised that might be emerging propelled by the recent dissemination of distributed ledger technology (DLT) application in business and governance environment).

374. A carefully thought-through attempt has been made by Florence Guillaume to reconcile a technology with which no location may be established and the application of private international law rules, which would require States to recognise the legal existence of blockchain transactions and subject them to private international law rules specially adapted to this technology. This would make it possible to institute proceedings in its courts, have recourse to the conventions that the country is a party to (2005 HCCH Convention on Choice of Court Agreements, 2007 Lugano Convention on Jurisdiction and the Recognition and Enforcement of Judgments in Civil and Commercial Matters, etc.), and determine the applicable law. *Lex fori* is put forward as the only possible fallback rule when the parties have not chosen a different law provided that there is a connection of any kind with the forum [1028]. Supposedly, if a State does not recognise blockchain

---

1027. Ng, *ibid.*, at pp. 336-338.
1028. Guillaume, *op. cit.* (note 1025), at pp. 75-82. See also the draft bill adopted by Monaco's Conseil National setting out a general experimental framework governing the use of blockchain technology in the Principality, Proposition de loi No. 237 de

transactions, dispute resolution will be reliant on trust in the system. Overall, the theory is seemingly anchored in the international doctrine of jurisdiction.

Another view that may reflect the state of affairs for the foreseeable future sustains that it might be possible to maintain the conflicts rules interpreting the law in a form that is compatible with DLT running on the presumption that the distribution of assets foreseen by the technology is legitimate; this without precluding the possibility of an international instrument (a convention, a legislative guide or a model law) that endows a blockchain record with some legal protection [1029].

On the same premise, the HCCH has recently undertaken to identify conflicts of law issues in relation to distributed ledger technology for potential future work, which might include characterisation of records on distributed ledgers for private international law purposes, possible approaches to applicable law, connecting factors and asset tokenisation [1030], potentially leading to the development of a set of harmonised private international law rules that could be followed around the world before differing national positions become entrenched.

Note on nationality

375. Some continental, mostly French, private international law writers still include in their treatises and manuals the rules of a particular State governing the acquisition and loss of nationality [1031]. Such rules are important in deciding a private international law case in a jurisdiction where personal law is governed by a person's nationality [1032]. Notwithstanding this, nationality, in contrast to other localising factors such as domicile or habitual residence, is determined in respect of political and constitutional considerations. This, together with the affirmation of habitual residence as pre-eminent connecting factor in HCCH

M. Thierry Poyet relative à la blockchain (21 December 2017) (Art. 5 applies Monaco's law to block chains, smart contracts, algorithmic processes and cryptocurrencies that produce effects on Monaco's territory).

1029. M. Lehmann, "Who Owns Bitcoin? Private Law Facing the Blockchain", *Minnesota Journal of Law, Science & Technology*, Vol. 21 (2019), pp. 93 *et seq*.

1030. See Developments with Respect to PIL Implications of Digital Economy, including DLT, Prel. doc. No. 4 of November 2020 for the attention of the Council on General Affairs and Policy (March 2021).

1031. See e.g. Audit and D'Avout, *op. cit.* (note 182), at pp. 74 *et seq.*; Mayer *et al.*, *op. cit.* (note 40), at pp. 639 *et seq*.

1032. A.-L. Calvo Caravaca and J. Carrascosa González, *Derecho internacional privado*, Vol. 1, 18th ed., Granada, Comares, 2018, at p. 45.

conventions and the ECC/EU, may explain why nationality rules are consistently getting dropped from private international law books [1033].

376. Drawing on François Rigaux and Marc Fallon [1034], the effects of a nationality in a country other than the one where the nationality was acquired, such as when the conflict rule decides that the personal status of a foreign person is subject to his or her national law, are different from the effects under its own national legal system and under international law. The foreign nationality is not the condition of applicability of a merely domestic norm (e.g. providing for the right to vote or to hold public office) or an international norm (e.g. allowing for the exercise of diplomatic protection), as even when the conflict rule belongs to the national law of a certain country, the object of the situation envisaged presents a foreign element. Thus, within the legal system of a particular country, a foreign nationality is a condition of applicability of an international norm (e.g. a treaty rule allowing residence rights to nationals of another State party, as within the European Union under Article 21 TFEU, or a customary rule relating to the treatment of aliens), as well as of a rule of conflict of laws forming part of the national legislation.

377. In either case the necessity for the application of the rules of international law concerning nationality in a conflicts case when nationality is adopted as the connecting factor is apparent. Nationality must rest on significant links between the individual and the State (the "effective link" principle in *Nottebohm*) to be opposable on the international plane. That is commonly in connection with dual citizenship, except that in great many instances the practice favours the application of the law of the nationality of the forum State against a foreign nationality that is in fact more closely connected with the individual. In this regard, an exception to the general rule might well be said to have emerged in this particular context. Besides cases where a court is posed to elect one or other nationality, States could avoid the application of the conflict rule in case of manipulation of the law of nationality, as a corollary of the general principle of a genuine link relating to the *causa* for conferment of nationality, but there is a

---

1033. See T. Ballarino, *Diritto internazionale privato*, 3rd ed., Padova, Cedam, 1999, at pp. 221-227 (containing a detailed account of Italian rules on nationality) and compare with 8th edition (with E. Ballarino and I. Petrelli, Padova, Cedam, 2016, at pp. 149-150).

1034. Rigaux and Fallon, *op. cit.* (note 409), at pp. 195-196.

presumption of validity of an act of naturalisation as acts of government are presumed to have been performed in good faith [1035].

378. As a matter of fact, the application of general principles to conflict cases is complex and curvilinear. Admittedly, the relations of nationality are governed by public international law, but including the topic in private international books may be justified as a matter of practical utility in countries that adopt nationality as one of the connecting factors of personal status. Matters of nationality are not totally unrelated to the unsettled question of the resolution of the conflicts between the law of nationality and the law of domicile which, as the application of the nationality law is not mandated by international law in conflicts cases nor is its prevalence over the application of the law of domicile, falls clearly within the purview of private international law and thus exceeds the scope of the current summary perusal.

379. One novel development, second only to the emergence of the right to a nationality as a fundamental human right, is the institutionalisation of the European citizenship and, to a much lesser extent, of other integrated spaces such as MERCOSUR. By the 1992 TEU, member States resolved to establish a citizenship common to nationals of their countries, as a political concept concomitant to the Community evolution from a strictly economic area (Art. 8 (1)) [1036] with the objective of strengthening the protection of the rights and interests of the nationals of its member States (Arts. 2, 3, 7 and 9 to 12 TEU; Articles 18 to 25 TFEU; and Arts. 39 to 46 CFREU).

Conceived as a derivative of the citizenship of a member State, citizenship of the European Union entails a body of rights and obligations associated with the latter that cannot be limited in an unjustified manner by the former [1037]. The classic study by Elisa Pérez Vera obviates the need to elaborate further on the issue of EU citizenship [1038]. For the purpose of this course, it suffices to say that the application of the principle of nationality to personal and family status in European member States has had implications for private international law in relation to certain fundamental rights derived (directly) from European citizenship. At present, cases brought before the CJEU have revolved around the issue of surnames, and whether the application of national law constitutes

---

1035. Crawford, *op. cit.* (note 10), at p. 506.
1036. E. Pérez Vera, "Citoyenneté de l'Union européenne, nationalité et condition des étrangers", *Recueil des cours*, Vol. 261 (1996), pp. 243 *et seq.* at 328.
1037. Opinion of Advocate General Poiares Maduro delivered on 30 September 2009, *Janko Rottmann* v. *Freistaat Bayern*, C-135/08, ECLI:EU:C:2009:588.
1038. Pérez Vera, *op. cit.* (note 1036), at pp. 243 *et seq.*

discrimination or a restriction on the freedom of movement pursuant to Articles 12 and 18 EC Treaty [1039]. Besides this particular context, it is highly dubious whether the violation of the basic right to a nationality (which encompasses the right not to be arbitrarily deprived of nationality nor denied the right to change it, giving equal rights to men and women in the determination of nationality, and reinforced guarantees against statelessness) could constitute the basis for applying, as the personal law in a conflicts case, the law of a country which does not consider or no longer considers an individual its national. Indeed, the international responsibility that the State may incur on the international plane does not neglect the fact that inevitably it is municipal law that allocates nationality in the first place.

Note on deep seabed mining and the protection of the marine environment

380. Article 39 of Annex VI of the 1982 UNCLOS establishing the Statute of the ITLOS states:

> "The decisions of the [Seabed Disputes] Chamber shall be enforceable in the territories of the States parties in the same manner as judgments or orders of the highest court of the State party in whose territory the enforcement is sought."

The peculiarity of Article 39 relies on the direct recognition and enforcement that is required from the judgments of the Seabed Chamber, without *exequatur* or any other intermediary procedure, against the State, State enterprises and natural or juridical persons sponsored by the State, over whom the Chamber had jurisdiction to entertain a claim (Art. 187 UNCLOS).

An open question is whether direct enforcement may be sought in the territory of a third State, other than the liable (sponsoring) State or where contractor's assets are found. This seems to be the opinion

---

1039. Judgment of 2 October 2003, *Carlos García Avello* v. *Belgian State*, C-148/02, ECLI:EU:C:2003:539; Judgment (Grand Chamber) of 14 October 2008, *Stefan Grunkin and Dorothee Regina Paul*, C-353/06, ECLI:EU:C:2008:559; Judgment of 22 December 2010, *Ilonka Sayn-Wittgenstein* v. *Landeshauptmann von Wien*, C-208/09, ECLI:EU:C:2010:806; Judgment of 12 May 2011, *Runevič-Vardyn and Warden*, C-391/09, ECLI:EU:C:2011:291; Judgment of 2 June 2016, *Nabiel Peter Bogendorff von Wolffersdorff* v. *Standesamt der Stadt Karlsruhe and Zentraler Juristischer Dienst der Stadt Karlsruhe*, C- 438/14, ECLI:EU:C:2016:401. See T. Ballarino and B. Ubertazzi, "On Avello and Other Judgments: A New Point of Departure on the Conflict of Laws?", *Yearbook of Private International Law*, Vol. 6 (2004), pp. 85 *et seq.*

of the Seabed Chamber in its advisory opinion on the responsibility and liability for international seabed mining where it observed that "decisions of the Chamber shall be enforceable in the territories of the States Parties" [1040].

381. What is clear is that this feature was in 1982 and remains today unique among decisions of other international courts and tribunals, including the judgments of the ICJ which each UN member State has undertaken to comply with in accordance with Article 94 UN Charter. However, no provision has been made to give effect to the judgment other than recourse by the other party to the Security Council, and awards of ICSID tribunals whose execution pursuant to Article 54 ICSID Convention is governed by the domestic laws relating to the execution of judgments in each State where enforcement is sought. Aside from the question that resisting enforcement and not implementing a decision may amount to the violation of international obligations, the execution of judgments and awards may require recognition and enforcement in domestic courts (e.g. pursuant to Arts. 3 and 5 of the 1958 New York Convention on the Recognition and Enforcement of Foreign Arbitral Awards).

382. The rationale of Article 39 of Annex VI rests on the special status of the Seabed Area as common heritage of humankind (Art. 136 UNCLOS), and on the role attributed to the International Seabed Authority as the organisation through which the States parties to the Convention regulate, organise and control deep seabed mineral mining in the Area. With the stakes so high, a major preoccupation of developing States represented at the Third UN Conference on the Law of the Sea was to ensure effect to the judgments of the Seabed Chamber, by dispensing with private international law's *exequatur* procedure.

Note on sea level rise

383. In 2014 news came to light that Kiribati's Government had purchased land in Fiji where its residents would be relocated in the event that sea level rise submerges the Pacific island nation and displaces its population of just over 100,000 people [1041]. The strip of land – of about

---

1040. *Responsibilities and obligations of States sponsoring persons and entities with respect to activities in the Area*, Advisory Opinion, 1 February 2011, *ITLOS Reports 2011*, p. 78.
1041. "Kiribati President Purchases 'Worthless' Resettlement Land as Precaution Against Rising Sea", *Inter Press Service* (9 June 2014), https://news.trust.org/item/2014 0609120036-fgtf8/.

8 square miles in an elevated area – was purchased from the Church of England, which was accused of taking advantage of an inexperienced buyer representing the world's first climate refugees. Anote Tong, then President of Kiribati, was reported to say that his government "would hope not to put everyone on [this] one piece of land, but if it became absolutely necessary, yes, we could do it". Having originally announced ambitious development plans for the newly acquired property which would include exploring options of commercial, industrial and agricultural undertakings such as fish canning, beef/poultry farming, and fruit and vegetable farming, President Tong later acknowledged that the main value of the purchase had been raising international awareness and giving his people a sense of security [1042]. One of the world's most low-lying nations, Kiribati is predicted to be the first country to be inundated by 2030 as a result of melting glaciers and ice sheets caused by climate change. Other countries facing similar threats, such as Tuvalu, the Marshall Islands and the Maldives, have also announced their intention to buy land in countries such as Australia, New Zealand or India where their population could eventually be relocated.

384. There are numerous examples of countries buying other countries' land. On a few not-so-recent occasions, territories were purchased from a sovereign nation by another sovereign nation, as was notably the case when the United States expanded its territory considerably during the nineteenth century through the purchase of Louisiana from France in 1803, Florida from Spain in 1919, California, Nevada, Utah, Arizona and New Mexico from Mexico in 1848 and 1853, and Alaska from Russia in 1867.

More often, countries purchase land abroad to accommodate a diplomatic mission. The acquisition shall be facilitated by the receiving State (Art. 21.1 VCDR) and the premises of the mission so acquired benefit from protection and the immunity of the sending State. Regardless of these and other "public" international law issues that may arise from time to time with regard to the premises of the mission, the purchase including its use and sale are governed by the domestic laws of the receiving State. Occasionally, the non-extraterritorial status of property privately owned abroad by a foreign State or monarch has

---

1042. "Kiribati Climate-Induced Migration to Start in Five Years", *RNZI/PACNEWS* (15 February 2016), https://m.reliefweb.int/report/1401031?lang=es.

raised political questions and the application of the local law has been reasserted [1043].

The same can also be affirmed of the purchase of land by Kiribati in Fijian territory, which is governed by the national laws of Fiji. Moreover, no customary or treaty rule of international law recognises at present a right to settle population in foreign territory by virtue of a private purchase, or to establish a government with power to enforce and enact legislation, levy taxes and take other decisions affecting its population in the purchased area.

385. While the private purchasing of land abroad by a foreign State may be governed by the private international law rules of the State where the land is located, transplanting population and governing a State from the territory of another State are matters for public international law, even though no prohibiting rule of international law exists at present, except that by virtue of its sovereignty the opposition of the host State ought to be respected.

Continuation of statehood in spite of lack of territory and the concept of climate refugees are difficult matters regarding which international rules are evolving. The fiction of "government in exile" may be a useful analogy for the recognition of a government which has lost its territory as a consequence of sea level rise. There are also the international standards and rules relating to the protection of individuals and groups, including human rights, refugee law and those on the protection of persons in the event of disaster as they may be applicable in a given case. Another related aspect concerns the global/individual international responsibility for the effects of climate change on small island States. There can be little doubt that the problems illustrated above can only be resolved through the application of the principles of international cooperation and the norm development process on the international plane [1044], including in the field of private international law.

1043. "Cabasson ne constitue en rien un Monaco luxembourgeois", *Luxemburger Wort* (26 August 2020), https://www.wort.lu/fr/luxembourg/cabasson-ne-constitue-en-rien-un-monaco-luxembourgeois-5f4668a9da2cc1784e3646c3.

1044. See generally the ongoing work of the ILC on sea level rise in relation to international law at https://legal.un.org/ilc/guide/8_9.shtml.

CRITICAL RECAP AND OUTLOOK

386. Originated under Roman law, private international law precedes the State and the inter-State system that constitutes the foundation of the modern law of nations. During its first eight centuries of existence, private international law was characterised by its internationalism [1045]. Many of its rules developed between the fourteenth and seventeenth centuries are still universally admitted, together with more recent ones. The *statuta* were developed by scholars – the Glossators and the Post Glossators – and applied by judges not because they came from a higher authority but because of their scientific universal validity [1046]. The resolution of cases was made easier and led to more uniform results by the sentiment of the existence of a common superior law: Roman law [1047].

387. "Legal" or statutory private international law naturally accompanied the rise of the national State and its assertion of normative authority. As a corollary, during the nineteenth and the twentieth centuries, no authority, legal or moral, superior to States would introduce harmony to international conflicts [1048]. Thus, the problem of *sources* became crucial [1049]. Gradually, towards the end of the nineteenth century, the divergence between the conflict rules of individual countries started to raise problems, as the uniformity of results dreamed of by Savigny presupposed that his system would be adopted everywhere [1050]. This expectation soon proved to be unrealistic as Mancini's successful advocacy of the nationality principle, a political tenet, divided countries between those that adopted it and those retaining the domiciliary nexus [1051]. Also, problems with the application of the choice of law rule did not take long to present themselves, the first being *renvoi* in 1878, followed by "characterisation" in 1891.

388. The discovery of such difficulties would not lead, however, to international codification until well into the twentieth century, except

---

1045. M. Gutzwiller, "Le développement historique du droit international privé", *Recueil des cours*, Vol. 29 (1929), pp. 287 *et seq* at 292.
1046. *Ibid.*, at pp. 293-294.
1047. Mayer *et al.*, *op. cit.* (note 40), at pp. 31-32.
1048. *Ibid.*, at p. 32.
1049. *Ibid.*
1050. Von Savigny, *op. cit.* (note 49), at p. 114.
1051. Juenger, *op. cit.* (note 26), at p. 69.

in Latin America where treaty-based private international law, *viz* the 1889 Treaties of Montevideo, preceded most national legislations on the subject. However, for the most part during the nineteenth century the object and sources of private international law remained domestic. It would not be until half a century later that the universal spirit promoted the growth of the international sources of private international law, through the work of the Hague Conference, still under the premise that treaties were emanations of State sovereignty and that decisional harmony could be achieved through treaty-based uniform conflict rules.

Today, globalisation has challenged the monopoly of the State over the production of law as it relates in particular to transnational activity, in and beyond international economic activity with party autonomy becoming more prevalent in cross-border family matters. As a result, the theory of the sources of private international law has also been called into question.

389. Unlike the problem with the sources of private international law, its *method* remained long unaffected. Under Savigny's influence, neutral and objective choice of law rules, national or international, tell the court which law to pick. Justice is satisfied by allocating legal relationships to the legal system in which they have their "seat" (so-called conflicts justice). It would be wrong to say that Savigny (or earlier writers) were unconcerned with the interests of individuals or inter-State commerce (whether "substantive justice" is achieved) [1052]. But the preoccupation was to assure foreign laws the same consideration as local ones, except for the most objectionable foreign rules whose application would be unjust or prejudicial, to which end the public policy reservation was devised.

Gradually, towards the latter decades of the twentieth century, substantive law approaches gained influence driven by "the crisis of conflict of laws" brought forth by the American conflicts revolution which denounced the danger of the highly abstract nature of the classical system [1053]. Similar trends occurred in Europe with the introduction of substantive law *(règles matérielles)* and *lois de police* (or *lois d'application immédiate*), which, alongside conflict rules, resulted in the "plurality of methods" that is characteristic of modern private

---

1052. See von Savigny, *op. cit.* (note 49), at p. 116.
1053. See generally G. Kegel, "The Crisis of Conflict of Law", *Recueil des cours*, Vol. 112 (1964), pp. 91 *et seq.*

international law [1054]. In this way, the preoccupation with decisional harmony of the classical doctrine gave room to teleology as a factor in the resolution of multi-State disputes, both in legislation and international conventions. In order to dispense justice, courts may be required to consult two or more laws to determine which one is the most favourable to a certain category of individuals (e.g. minors) or to a certain result (e.g. the validity of the contract or the divorce), and override choice of law provisions that would have frustrated important substantive values of the forum's positive law to foster socially desirable results [1055].

Devices seeking to reconcile the needs for rules with the demands of justice have included open-ended connecting factors such as the "closest and most real relationship" and the Second Restatement's "most significant relationship" (or the concept of the "manifestly more appropriate law" proposed in the draft Third (Conflicts) Restatement), the residual recourse to the *lex fori* or the extraterritorial application of local policies through "laws of immediate application", and broadening the parties' power to designate the applicable law beyond the field of contracts. It can be gleaned from various sources (multilateral conventions, national statutes, court rulings and scholarly writing) that result-selective approaches will continue to make themselves felt in different ways. And yet questions may be raised over whether focus on "justice" and "fairness", unless driven by universal standards (rather than the standards of justice of the individual countries), may come at the cost of the ordering or systematisation that private international law purports to achieve on the international plane.

390. While the impact of the human rights movement on the evolution of the method proper of private international law is arguable, it holds nonetheless true that the provisions of the UN Charter and the ensuing universal and regional instruments concerning the protection of human rights and fundamental freedoms and evolving concepts of ethical behaviour, justice and human dignity have been important in the recent development of private international law. Admittedly, on no rare occasion the resolution of multi-State cases now involves the interpretation and application of human rights standards, derived from the general multilateral conventions, regional treaties and treaties

---

1054. See generally H. Batiffol, "Le pluralisme des méthodes en droit international privé", *Recueil des cours*, Vol. 139 (1973), pp. 75 *et seq.*; P. Piccone, "Caratteri ed evoluzione del metodo tradizionale dei conflitti di leggi", *Rivista di diritto internazionale* (1998), pp. 5 *et seq.*

1055. See Juenger, *op. cit.* (note 26), at pp. 179 *et seq.*

protecting particular categories or groups, for example, women, children and refugees. References to human rights appear in preambles to the modern Hague conventions, and considerations of human values protected by positive legal principles today play a significant role in judicial reasoning in many jurisdictions.

391. For good reason, the focus today is on access to justice, which as an important value and in its various manifestations, is increasingly underpinning and shaping the development of private international law [1056]. This is linked to the greater importance gained by jurisdictional issues and cooperation between authorities over choice of law, although the reciprocal causation with the development of the human right to access to justice is not apparent. Nevertheless, a shift in the basis of jurisdiction is taking place based on the fundamental character of the right to access to justice as part of this development [1057]. As a corollary, focus is nowadays less on the appropriateness of the forum or the links between the dispute and the adjudicating court, and more on the concept of "protective jurisdiction" (not to be confused with the effects doctrine of public international law) understood as a forum – whatever the jurisdictional basis for exercising jurisdiction might be – that guarantees access to justice to the parties in a dispute, particularly with regard to the weaker party, by allowing them to litigate in their own country, even a third country, and not be forced to litigate where they cannot defend themselves [1058]. So far the concept of "universal civil jurisdiction" has been argued upon and applied – often abusively, particularly by US courts – to exercise jurisdiction with regard to the civil consequences of criminal acts under international law without a clear nexus with the forum State [1059]; but a case could be made beyond those situations with regard to private law conflicts for the purpose of guaranteeing access to justice. A concomitant postulate extends the access to justice rationale, beyond problems of jurisdiction and cooperation of authorities, to

---

1056. See T. John, R. Gulati and B. Köhler (eds.), *Elgar Companion to the Hague Conference on Private International Law (HCCH)*, Cheltenham, Edward Elgar, 2020, at p. xxviii.

1057. Fernández Arroyo, *op. cit.* (note 222), at pp. 73-74.

1058. See e.g. HCCH, Overview of the findings of the Experts' Group on cross-border recognition and enforcement of agreements in family matters involving children in relation to the development of a normative instrument, Prel. doc. No. 2 of January 2020 for the attention of the Council on General Affairs and Policy (March 2020).

1059. See generally J.-F. Flauss, "Compétence civile universelle et droit international général", in C. Tomuschat and J.-M. Thouvenin (eds.), *The Fundamental Rules of the International Legal Order: Jus Cogens and Obligations Erga Omnes*, Leiden, Nijhoff, 2006, pp. 385 *et seq.*; A. Bucher, "La compétence universelle civile", *Recueil des cours*, Vol. 372 (2015), pp. 9 *et seq.*

choice of law problems and the recognition and enforcement of judicial and arbitral decisions [1060].

From a wider perspective, it might be recalled that the UN Sustainable Development Goal 16, namely to "[p]romote just, peaceful and inclusive societies", recognises that "limited access to justice remain[s] a great threat to sustainable development". In this respect, it may be posited that private international law can and should do more to ensure access to justice for vulnerable sections of society.

392. Meanwhile, the long-held ambition of uniform private law has proven elusive, except in the particular contexts of regional integration in the European Union and among the African countries members of OHADA, as States are still generally reluctant to forfeit legislative power, seen as a loss of their sovereignty. Model laws, principles and legal and contractual guides, and on occasion international conventions, have allowed for some progress in achieving the objectives of modernising, harmonising and coordinating private and in particular commercial law between States and groups of States. But beyond the sphere of commercial law, unification has been pursued almost exclusively as part of a political project among like-minded States and only half-heartedly.

It is not to deny the positive harmonisation of substantive law and conflict rules on choice of law that is underway, via international instruments – by treaties and the influence of binding and non-binding instruments at domestic level –, nor the role played by comparative law whose importance has increased enormously facilitated by ease of communications and the gathering of information via the internet, as legislators and judges often refer to foreign statutes, judicial precedents and experiences when applying and reforming domestic laws.

However, this relative denationalisation has not led to the formation of a "global law" in a meaningful way except in certain contexts and to a limited extent, including in the field of private international law, the concept being more of an inspiration for globalists shedding light on the correct path than a specific goal that is attainable and realistic, except at the level of some general principles alongside more concrete rules in certain areas [1061].

393. Partly due to the slow progress in the unification of choice of law and uniform private rules and partly out of compromise between

---

1060. Fernández Arroyo, *op. cit.* (note 222), at p. 73.
1061. For a more optimistic view, see Fernández Arroyo, *ibid.*, at p. 79.

universalism and respect for legal diversity, and the increasingly recognised party autonomy in private international rules beyond contractual obligations and commercial matters, recent preoccupation has focused on strengthening the global framework for "international legal cooperation" including the recognition of foreign decisions and of private arrangements concluded abroad or their effects thereof. This can be gleaned from the ambit of recent HCCH work and the trends of specialised literature.

One current issue is to ensure voluntary cross-border recognition and enforceability of private arrangements while protecting relevant interests (including confidentiality and the possibility to go to court) particularly in matters where public policy runs high, for example an agreement on mutually agreed return (or not return) concluded in the context of international child abductions, an agreement concluded in the context of international relocation, or an agreement on matrimonial property issues or post-divorce financial provisions falling outside the scope of spousal support or matters related to inheritance. The enforceability of these agreements presents a complex set of issues that vary depending on whether their content falls under or outside the scope of international conventions [1062].

The rise of private adjudication, which reached a peak with the use of arbitration as the primary method of dispute resolution for international commerce, and the emphasis on jurisdictional issues, recognition of foreign decisions, procedural matters and cooperation between national authorities, have smoothed out the problem with the applicable law (international, national or non-national), as the enforcement of contracts, arbitration agreements and other private arrangements generally lies on voluntary compliance without the intervention of a court, and foreign decisions and arbitration awards presented for recognition and enforcement are not in principle revisable on the merits.

394. One issue that has proven elusive for mainstream private international lawyers, other than US scholars, is how to deal with foreign "public law". Surely the recognition of foreign judgments has long been considered as one object of private international law (together

---

1062. See Revised draft Practical Guide: Cross-border recognition and enforcement of agreements reached in the course of family matters involving children, Prel. doc. No. 4 of January 2019 for the attention of the Council on General Affairs and Policy (March 2019); and Report of the Experts' Group on Cross-Border Recognition and Enforcement of Agreements in Family Matters Involving Children (meetings of 14-15 September and 29-30 November 2021), Prel. doc. No. 3A of December 2021 for the attention of the Council on General Affairs and Policy (March 2022).

with choice of law and the jurisdiction of the courts). And the circulation of foreign public documents is dealt with in private international law instruments and manuals alike. But these are judgments and documents in the field of civil and commercial law, that is, private law, despite the public nature of the acts and the authorities involved. The situation differs when it comes to public law proper which, for historical and methodological reasons, is either excluded from the scope of private international law entirely (or treated as a "related field" [1063]) in the case of criminal or administrative law, or is considered to concern public international law in the case of regulatory matters in the economic field.

It has been submitted that private international law, having developed the technique to determine the applicable law and to apply and enforce the foreign chosen law, is uniquely suited to address the problems posed by the extraterritorial application of foreign public laws, within the limits imposed by the legislation and the security and political considerations in the State where the foreign law is to display its effects, or to the effect that applying a foreign public law becomes necessary to comply with an international obligation under public international law or international human rights law [1064].

395. It is perhaps an oversimplification to claim that these tendencies will continue. There is a vast array of evidence of the long-term expansion of markets and transnational activity and of the empowerment of individuals. But it is far less certain that States will surrender the protection of collective interests to the mercy of individual self-determination and self-enforcement.

396. In recent years, rising nationalist and populist leaders in several parts of the world have begun to question the ideological doxas of globalism and, in some cases, neoliberalism. And in terms of international cooperation and multilateralism, the pace of the world's economic integration has waned, with some governments questioning whether international institutions such as the World Trade Organization or the World Health Organization are fit for purpose. Cross-border trade in goods and services has also slowed in recent years in terms of

---

1063. E.g. H. Batiffol and P. Lagarde, *Traité de droit international privé*, Vol. 1, 8th ed., Paris, LGDJ, 1993, at pp. 411-420. In Argentina, see Goldschmidt, *op. cit.* (note 409), at pp. 521-567 (developing in certain depth topics which the author considers necessary for a private international lawyer to be familiarised with and hence to be addressed in private international law books – called "materias afines al derecho internacional privado" – even though they are technically excluded from its scope); Boggiano, *op. cit.* (note 303), Vol. 3.

1064. See generally Piombo, *op. cit.* (note 154), at pp. 45-52, 181-191, 226-236.

volume and relative to GDP, a slowdown that can be traced to variation in supply chains, accounting principles, escalating protectionism and most recently Covid-19, which has severely disrupted the physical movement of people, goods and services. As the world struggles to overcome the pandemic crisis, the Western sanctions on Russia, triggered by Russia's military aggression against Ukraine, further create myriad downsides for the global economy, which will likely suffer from higher food costs, lower corporate profits and reduced travel and tourism [1065]. The war in Ukraine has further deepened the ideological and power struggle. Russia's attack on Ukraine is seen in the West as an assault on democratic values and fundamental freedoms [1066], and the conflict is likely to exacerbate nationalism and isolationism elsewhere (for example, Russia is being blocked from and limiting free access to the global internet, and is reportedly building its own internal internet [1067]) with the result that global cooperation in trade, culture, legal and enforcement issues, human rights and environmental protection may be severely degraded, and economic protectionism and cultural relativism may be advanced. Others are denouncing the double standards of the Western world where some countries appear more concerned with maintaining the "settled international order" (i.e. the US *dominat status quo*) than defending the "international rule of law". The global trends have also contributed to the crisis of confidence in regional integration processes with the impact on the development of community law difficult to predict. All this may signal the slowing of globalisation as we know it (termed "slowbalisation").

Conversely, globalisation in other areas has continued to expand through the slowbalisation period, examples being tourism and migration, which did not slow until the sudden arrival of the global

---

1065. S. Constable, "How Sanctions on Russia Will Hurt – and Help – the World's Economies", *Time* (7 March 2022), https://time.com/6155581/russia-sanctions-global-economic-impact/.
1066. S. Stokes, "The Global Struggle for Democracy is in Ukraine", *Project Syndicate* (4 March 2022), https://www.project-syndicate.org/commentary/ukraine-center-of-global-struggle-for-democracy-by-susan-stokes-2022-03; M. McCance, "How Russia's Attack on Ukraine Threatens Democracy Globally", *UVA Today* (5 March 2022), https://news.virginia.edu/content/how-russias-attack-ukraine-threatens-democracy-everywhere.
1067. C. Timberg, C. Zakrzewski and J. Menn, "A New Iron Curtain is Descending across Russia's Internet", *The Washington Post* (4 March 2022), https://www.washingtonpost.com/technology/2022/03/04/russia-ukraine-internet-cogent-cutoff/; A. Satariano and V. Hopkins, "Russia, Blocked From the Global Internet, Plunges Into Digital Isolation", *The New York Times* (7 March 2022), https://www.nytimes.com/2022/03/07/technology/russia-ukraine-internet-isolation.html.

health pandemic, and international data flows, which have accelerated due to social distancing and restrictions to international travel. In the last couple of years, crypto markets, crypto projects and crypto investments have grown exponentially, and more and more governments, investment funds and corporates are formulating their crypto economy strategy [1068], despite the recent crash [1069]. All this indicates that perhaps globalisation is merely changing shape [1070].

This dichotomy forecasts tension in the international order.

* * *

397. Firstly, what appears certain is that the gradual internationalisation of private relations brought about by the process of globalisation in any of the pathways it may be taking will continue to require more public/private international law solutions at least in three areas because of the interconnectivity of actors, activities and norms that they present: international economic law, international data flows, and where vulnerable individuals or groups are involved.

398. In international relations, like in domestic law, economic issues more than any other have resisted the division among the branches of law. Economic agents, corporations and individuals operate in a world divided by national borders. Being a branch of domestic law, private international law implies a national control over the international relations maintained by private actors. And yet, these agents are keen to relocate their operations and avoid the effective control of the States [1071]. In particular, the connections between public international law and private international law and the rules to which economic agents submit themselves – *lex mercatoria*, law merchant, transnational law – are close [1072].

[1068]. P. Samaties and F. Sanaulla, "The Rise of the Crypto Economy", *Roland Berger* (17 January 2022), https://www.rolandberger.com/en/Insights/Publications/The-rise-of-the-Crypto-Economy.html.

[1069]. J. Dillian, "This Crypto Winter Will Be Long, Cold and Harsh", *The Washington Post* (22 May 2022), https://www.washingtonpost.com/business/this-crypto-winter-will-be-long-cold-and-harsh/2022/05/18/546c4d9e-d6bb-11ec-be17-286164974c54_story.html; M. Singh and L. P. Mattackal, "Cryptoverse: Is the End of the Bitcoin Winter Night?", *Reuters* (24 May 2022), https://www.reuters.com/markets/europe/cryptoverse-is-end-bitcoin-winter-nigh-2022-05-24/.

[1070]. See J. Titievskaia, V. Kononenko, C. Navarra, C. Stamegna and K. Zumer, "Understanding the dynamics of 'Slowbalisation' ", European Parliament, PE 659.383 (December 2020), at p. i.

[1071]. Rigaux and Fallon, *op. cit.* (note 409), at p. 73.

[1072]. *Ibid.*

Slowbalisation, for instance, has not stopped flagship Dutch companies of the international stature of Shell from moving their headquarters to London to avoid tax charged on dividends and/or to help the purported transition to clean energy [1073]. Nor is there evidence that the current slowing of globalisation may not be reversed. Thus, the clout that globalisation may continue to carry on the development of international law and the legal issues raised by an increasingly interconnected world may not be ignored.

399. One by-product of the hyperglobalisation of the 1990s and 2010s, which has continued during the slowbalisation phase and is likely to continue after Covid-19, is deepening inequality, caused by government policies affecting income distribution, including taxation and the strength of multinational corporations [1074]. Another result of globalisation is increased emissions, habitat loss and climate change. With just under ten years left to achieve the Sustainable Development Goals by 2030, the situation is that more people around the world are living better lives than ever before in terms of access to better healthcare, decent work and education, but inequalities and climate change are threatening to undo the gains [1075]. Greater leadership, more resources and smarter solutions are needed at the global level, together with transitions in policies, institutions and regulatory frameworks by governments, and people action including by the private sector, academia and other stakeholders [1076]. International law – public and private – cannot be oblivious to the need to act in conformity with community principles and values and do its part to contribute to the sustainable development goals.

One significant recent development in this area is the future work that may be undertaken by UNCITRAL on climate change, mitigation, adaptation and resilience, aimed at addressing private law issues relating to clean investment including carbon trading (buying and selling so-called carbon credits, in view of the lack of legal certainty

---

1073. T. Wilson, "Shell Investors Back Moving HQ from Netherlands to UK", *Financial Times* (10 December 2021). See also "Unilever Officially No Longer Dutch Company", *NL Times* (29 November 2020), https://nltimes.nl/2020/11/29/unilever-officially-longer-dutch-company.
1074. See Titievskaia *et al.*, *op. cit.* (note 1070), at p. i.
1075. See UN, "The Sustainable Development Goals Report 2020" (7 July 2020), https://unstats.un.org/sdgs.
1076. UN Secretary-General António Guterres, Remarks to High-Level Political Forum on Sustainable Development (24 September 2019), https://www.un.org/sg/en/content/sg/speeches/2019-09-24/remarks-high-level-political-sustainable-development-forum.

and divergences in the legal treatment under domestic laws, and exposure of market participants to regulatory risks) and commercial use of captured carbon, and/or issues relating to the incorporation of climate considerations into business decisions to potentially include disclosure of climate-related financial information, fiduciary duties of directors and officers regarding climate change and climate lawsuits against corporations for alleged breach of tort law duty of care or breach of statutory duty of vigilance [1077].

400. Investor-State dispute settlement is also undergoing a crisis and institutional changes. One preoccupation behind initiatives to reform ISDS lies in the lack of consistency and coherence in case law. So far, the jurisprudence of the ICJ, and international law more generally, has been applied by arbitral tribunals selectively. Indeed it could be interesting to research what relationship there may be between decisions concerning the interpretation and application rules of public international law and the composition of the arbitral tribunals (those composed primarily of public international lawyers *vis-à-vis* those composed of private international law or international arbitration lawyers).

It also remains to be seen what the final direction of the UNCITRAL negotiations that began in 2017 to reform investor-State arbitration will be. In another development, in 2019 the ILC included in its long-term programme of work the topic of the fair and equitable treatment standard in international investment law. It is hoped that these initiatives at the United Nations, at both its private and its public international legal bodies, will provide a body of law that is a natural source of guidance to States as well as adjudicators and investors. Most importantly, one might dream that this body of law will ensure that foreign investment positively influences development and SDG scores.

Human rights and environmental protection are obvious preoccupations to be incorporated into the international foreign investment regime. The draft legally binding instrument to regulate, in international human rights law, the activities of transnational corporations and other business enterprises – which is the basis for the State-led negotiations that are taking place pursuant to HRC Resolution 26/9 – provides that States parties shall ensure that all existing trade and investment agreements that a State may enter into are interpreted and implemented in a manner that is consistent with relevant human rights conventions

---

[1077]. Possible Future Work on Climate Change, Mitigation, Adaptation and Resilience – Note by the Secretariat, UN docs. A/CN.9/1120 (2022) and A/CN.9/1120/Add.1 (2022).

and instruments (Art. 14 (5) *(a)*), and that all new bilateral or multilateral investment agreements shall be compatible with the State's human rights obligations (para. *(b)*). While the primacy of human rights law over investment treaty law may already reflect the state of the art – at the very least as *jus cogens* obligations are involved – Article 14 carries the potential to subvert the law applicable to investment disputes involving a BIT binding the same States that are parties to this treaty, as the application of human rights standards by arbitral tribunals has continued to prove elusive in the absence of applicable legal provisions expressly providing for the application of human rights norms to investment matters in the BIT itself.

The model for environmental protection so far has been to incorporate express provisions into international investment agreements (IIAs), acknowledging a State's right to regulate the environment and exclusions from substantive treaty provisions (e.g. Art. 10.10, 2006 US-Oman Free Trade Agreement; Art. 23, 2016 Morocco-Nigeria Bilateral Investment Treaty; 2017 Hong Kong, China SAR-ASEAN Investment Agreement), and incorporating environmental obligations for investors (e.g., 2012 Model BIT of the Southern African Development Community; Art. 14, 2016 Morocco-Nigeria BIT). Environmental protection could also be encouraged by limiting IIAs' protection to those investors that comply with their environmental obligations, establishing a respondent State's right to assert counterclaims, or reducing damages to reflect, as a mitigating factor, harm that the investor has caused to the environment (e.g. Art. 26 (4), 2015 India BIT) [1078].

401. Another relevant and very recent development that transcends the investment regime is the proposal by the European Commission for a Directive on Corporate Sustainability Due Diligence and amending Directive (EU) 2019/1937 (on the protection of persons who report breaches of Union law). The proposed directive provides due diligence guidelines for both human rights and environmental issues throughout global value chains, and will further extend the accountability of companies outside of their own operations giving potential victims better opportunities for legal action. Under the proposed directive, EU-based companies (of a certain size) as well companies established outside the EU that generate substantial turnover in the EU, are

---

1078. See T. Pasipanodya, "Environmental Considerations in Investment Arbitration and Treaties", in *Investor-State Arbitration Laws and Regulations 2022*, https://iclg.com/practice-areas/investor-state-arbitration-laws-and-regulations/1-environmental-considerations-in-investment-arbitrations-and-treaties.

expected to monitor and optimise their performance in relation to issues like child labour, exploitation of workers, safe and healthy working conditions and biodiversity loss and pollution throughout different due diligence obligations integrated into the organisation's policy, or they will be subject to fines and to pay compensation for damages to victims. Covered companies would have to identify actual and potential adverse human rights and environmental impacts arising from both their own operations and those of their subsidiaries, to take measures to prevent and mitigate potential impacts, to end actual adverse impacts, to allow interested parties (i.e. affected persons, trade unions and relevant civil society organisations) to submit complaints to them, to carry out periodic assessments of their operations and measures, and to publicly report on due diligence. Described as "a watershed moment for human rights and the environment" [1079], the proposed directive is controversial in light of the far-reaching and potentially costly obligations it would impose on companies, and the potential penalties (including for company directors) and civil liability that it could entail [1080]. The cautious reaction of the business sector further showcases the limitations of the self-regulatory private approach to address the human rights and environmental externalities of business activities.

402. Very recent and ongoing climate litigation also highlights the limitations, yet the necessity, of the private international law approach. Some cases are being held against the background of – and in relation with – evolving domestic frameworks increasingly influenced by the 2015 Paris Agreement, for example the 2019 *Urgenda* [1081] case in the Netherlands, the 2020 *Heathrow* [1082] case in the United Kingdom, and

---

1079. Richard Gardiner of advocacy group Global Witness, in A. White, A. Nardelli and S. Bodoni, "Unethical Firms Risk Massive Bills in EU Supply-Chain Crackdown", *Bloomberg Europe Edition* (21 February 2022).

1080. See "European Commission Issues Major Proposal on Due Diligence Obligations to Protect Human Rights and the Environment Across Supply Chains", *White & Case Publications and Events* (22 February 2022) https://www.whitecase.com/publications/alert/european-commission-issues-major-proposal-due-diligence-obligations-protect.

1081. *The State of the Netherlands (Ministry of Economic Affairs and Climate Policy) (claimant in Cassation)* v. *Stichting Urgenda (defendant in Cassation)*, Supreme Court of the Netherlands Civil Division, Judgment of 20 December 2019, ECLI:NL:2019:2007 (involving a civil suit by the Dutch NGO Urgenda to compel the Dutch Government to limit the volume of Dutch GHG emissions).

1082. *R (on the application of Friends of the Earth Ltd and others) (Respondents)* v. *Heathrow Airport Ltd (Appellant)*, UK Supreme Court, Judgment of 16 December 2020 [2020] UKSC 52 (the respondents challenged the decision by the ANPS (Airports National Policy Statement) to support the development of a new runway at Heathrow Airport, on the basis of its failure to take account of the Paris Agreement).

the 2021 *KSG* [1083] case in Germany. Other cases have raised issues regarding the responsibility, accountability and liability of companies for contributing to global warming, for example *Milieudefensie* v. *RDS* [1084] in the Netherlands, *Lliuya* v. *RME* [1085] in Germany, and most recently *Four Islanders of Pari* v. *Holcim* in Switzerland [1086]. An analysis of these and other cases from international environmental law and international human rights law would greatly exceed the scope of these lectures [1087]. It would also beg the complex question of the appropriateness of (transnational) climate litigation as a vehicle to address global warming.

Beyond those questions, one overriding private international aspect of climate litigation relates to extraterritoriality: whether courts and other authorities may (must?) order measures to address environmental damage worldwide or damage happening beyond the territory of the forum State. Examples include ordering a multinational company to reduce its "global" CO_2 emissions or awarding money for loss occurred in a foreign country as a result of climate change due to CO_2 emissions from the forum State territory.

So far, in asserting jurisdiction, courts have taken account of the personal links between the claimants (or some of the defendants) and the (allegedly polluting) defendant with the forum State, and that the

---

1083. *Klimaschultzgesetz "KSG"*, German Constitutional Court, Judgment of 29 April 2021, 1 BvR 2656/18, 1 BvR 288/20, 1 BvR 96/20, 1 BvR 78/20 (the plaintiffs, mostly young people from Germany but also from Nepal and Bangladesh challenged the German Climate Protection Act (KSG) for its lack of ambition and urgency in reducing German CO2 emissions).

1084. *Milieudefensie et al.* v. *RDS*, Hague District Court, Judgment of 26 May 2021, ECLI:NL:RBDHA:2021:5339 (granting a claim brought by a group of Dutch NGOs and ordering global energy company Royal Dutch Shell PLC (RDS) to cut its global CO2 emissions by 45 per cent by 2030, as compared with 2019 levels).

1085. *Luciano Lliuya* v. *RWE Ag*, District Court of Essen, appealed to Hamm State Appellate Court (pending) (involving a civil lawsuit brought by a Peruvian farmer against the German energy company asking compensation for the safety measures that he had taken to reduce the risk of flooding on a lake above his village Huaraz in the Andes).

1086. *Four Islanders of Pari* v. *Holcim*, request for conciliation filed in July 2022 before the Justice of the Peace of the Canton of Zug, Switzerland (case brought by the inhabitants of the Indonesian Island of Pari against the Swiss cement industry Holcim asking for reduction of GHGs and compensation for climate change-related damages in Pari).

1087. See H. van Loon, "Warming up for Climate Change Litigation Around the World: Recent Cases from The Netherlands, Germany and the United Kingdom", in J. Harris and C. McLachlan (eds.), *Essays in International Litigation for Collins*, Oxford, Oxford University Press, 2022, pp. 84 *et seq*. See also K. Pouikli, "A Short History of the Climate Change Litigation Boom Across Europe", *ERA Academy of European Law* (2022), https://link.springer.com/content/pdf/10.1007/s12027-022-00700-1.pdf.

measures of mitigation and adaptation sought after and the "principal" interests of population and individuals are local, thus avoiding difficult jurisdictional and applicable law issues. Although the entire world population is served by curving dangerous climate change, there are huge differences in the time and manner in which the global population at various locations is being affected by climate change caused by CO_2 emissions [1088]. Inhabitants of developing countries – the "Global South" – are most vulnerable to the adverse effects of climate change (as recognised in the Kyoto Protocol and the Paris Agreement). Yet CO_2 emissions result primarily from the activity of multinational corporations, the majority of which are based in the United States, Japan and the major economic forces of Western Europe – the "Global North" – (although China might well be included in this group) whose infrastructures and well-established financial markets are conducive to the operation and potential success of multinational corporations [1089]. The "principal" interest requirement, though a sound jurisdictional threshold, is instrumental to the interests of multinational corporations and amounts to a *de facto* limitation of transnational climate litigation as a tool to fight climate change.

403. Last but not least, unilateral economic and financial sanctions have been used for quite some time by individual States or groups of States as instruments of foreign policy. As a result of the invasion of Ukraine, Russia and its nationals (including its leadership, banks, companies and individuals) have been targeted with sanctions at an unprecedented scale in terms of their severity and scope by the United States, the European Union and other countries. Cuba, the Democratic People's Republic of Korea, Iran, Syria and Venezuela are other countries currently facing unilateral sanctions.

The legality and legitimacy of unilateral sanctions in international law is the object of intense debate. Western States and literature generally assume that unilateral sanctions are lawful (at least if the principles of necessity and proportionality are respected and they respect humanitarian and human rights law); while most other countries (including Russia and China) consider them to run contrary to the principle of non-intervention and therefore to be illegal unless they

---

1088. H. van Loon, *ibid.*, at pp. 84-106.
1089. By some accounts, only 100 corporations in the world are responsible for 71 per cent of all global emissions. See Ávila & Arauz, "Decolonise the Green New Deal", *Progressive International*, https://progressive.international/blueprint/1d2b3058-2466-4f04-b36d-af7618ac44d3-vila-arauz-decolonise-the-green-new-deal/en.

are endorsed by the UN Security Council, as well as being ineffective. As more countries have recourse to unilateral sanctions while other countries continue to oppose them, this is an area where the law is still developing.

Unilateral sanctions may and often do consist of extraterritorial measures which prohibit foreign legal and natural persons from trading with or investing in the targeted country. Those who do not comply with the extraterritorial legislation are faced with a variety of limitations, including access restrictions, fines and penalties.

Unilateral sanctions can impact the full enjoyment of human rights [1090]. They can also affect legal relations between foreign investors and host States (even when the host State is not the one imposing the sanction), and between private parties principally in contract. In such cases, the court or arbitral tribunal seized must decide whether to give effect to the economic sanction in question. In both investment and commercial arbitration the defendant State or person may raise a *force majeure* defence to excuse the non-performance of a treaty or contractual obligation due to a unilateral sanction [1091]. One current discussion is whether arbitral tribunals should apply unilateral economic sanctions to the dispute, as overriding mandatory rules, regardless of the parties' choice of law, on the basis that the sanctions (the case being the sanctions against Russia) seek to preserve certain fundamental values of the international community as a whole, and therefore can be construed as international public policy as reflected in the (alleged) consensus reached by several States imposing sanctions [1092].

Private international law literature has large skipped the issue of unilateral economic and financial sanctions despite their obvious implications on private commercial relationships [1093]. However, given

---

1090. See HRC, Resolution on Human Rights and Unilateral Coercive Measures, UN doc. A/HRC/RES/27/21 (3 October 2014).

1091. See *National Oil Corporation* v. *Libyan Sun Oil Company*, ICC Case No. 4462/AS/JRI, Awards of 31 May 1985 (First Award) and 23 February 1987 (Final Award). See also "Petroecuador Lifts Force Majeure over Two Russian Diesel Cargoes After Payment Deal", *Reuters* (24 March 2022), https://www.reuters.com/article/ecuador-russia-forcemajeure/petroecuador-lifts-force-majeure-over-two-russian-diesel-cargoes-after-payment-deal-idUSL2N2VR2XH.

1092. See e.g. A. Mazuera, "Should Arbitral Tribunals Apply Sanctions Against Russia as Overriding Mandatory Rules?", *Kluwer Arbitration Blog* (9 April 2022), http://arbitrationblog.kluwerarbitration.com/2022/04/09/should-arbitral-tribunals-apply-sanctions-against-russia-as-overriding-mandatory-rules/.

1093. Among the recent scarce literature, see T. Szabados, *Economic Sanctions in EU Private International Law*, Oxford, Hart, 2020; C. Kleiner, "L'application des *'sanctions économiques'* adoptées par l'Union Européenne contre la Russie à la suite

the magnitude of the impact of the sanctions imposed against Russia, it would be important for private international law to get involved. It should suffice to say here that sanctions are mandatory rules of internal law (EU measures, although "international" or "supranational" to member States, are "domestic" *vis-à-vis* international law) that provide for their own personal, territorial and temporal scope of application and are applicable as *loi de police*[1094]. For example, the Council Regulation (EU) No 833/2014 of 31 July 2014 concerning restrictive measures in view of Russia's actions destabilising the situation in Ukraine applies within the territory of the Union, on board aircrafts and vessels under the jurisdiction of a member State, to EU citizens, to legal persons incorporated or constituted under the law of a member State, and to any persons doing business in whole or in part within the Union (Art. 13). It originally excluded contracts concluded before 16 March 2022 to be performed before 17 June 2022, their ulterior performance being contrary to EU law, as well as contracts concluded after 17 June which are considered invalid[1095]. The freezing of funds established by the Regulation extends to funds and economic resources held by sanctioned persons or entities with foreign branch offices of EU credit institutions, which are obligated to abide by the EU Regulation even though the State where the office is located has not adopted sanctions towards Russia, presenting challenges relating to the extraterritorial application of sanctions[1096].

404. Secondly, the internet is the typical example of an intergenerational issue that posits the question of whether the pre-existing normative framework can cope with the new paradigm. The emerging principle that international law applies online as it does offline should not obscure the fact that cyber activity creates or exacerbates legal problems. One such problem – and one that is very important – not always separable from other problems such as cyber piracy, is privacy protection in relation to personal data. On the one hand, the development of automatic data processing, which enables vast quantities of data to be transmitted within seconds across national frontiers, has made it necessary for national authorities to consider privacy protection in relation to personal data. On the other hand, there is a danger that

---

de l'invasion de l'Ukraine: éléments de droit international privé", *Clunet* (2022), pp. 749 *et seq.*
1094. Kleiner, *ibid.*, at p. 760.
1095. *Ibid.*, at pp. 762-765.
1096. *Ibid.*, at pp. 765-766.

disparities in national legislations could hamper the free flow of personal data across frontiers, causing serious disruption in important sectors of the economy, such as banking and insurance. The OECD has been working on the subject since 1980, developing Guidelines on the Protection of Privacy and Transborder Flows of Personal Data, updated in 2013. In 2021 the topic of "Protection of personal data in transborder flow of information" was included in the long-term programme of work of the ILC, although the actual inclusion of the topic in the programme and the scope of the work to be undertaken will require a separate decision by the Commission. Be that as it may, there is growing concern with regard to the (human) right to privacy in the digital age in the context of the speeding up of transborder flow of personal data [1097], which may require further development in the fields of public international law including international human rights law and private international law and their interplay. A very recent case in the United Kingdom, *Al Masarir* v. *Kingdom of Saudi Arabia*, where the High Court denied State immunity as respects proceedings involving a spyware attack concerning a human rights activist [1098], reveals the multifaceted and complex nature of issues in the field of privacy and data protection, which includes the question of whether such acts could be considered done *jure imperii* or done *jure gestionis* or whether the distinction is dispositive at all for the purpose of asserting jurisdiction.

405. Beyond privacy protection, the scale of digital exchanges, particularly free cross-border digital services such as online communication platforms, video streaming and social media is already enhancing old problems, such as libel or copyright violations. Telework of cross-border workers has also increased particularly during the Covid-19 crisis, raising issues relating to the determination of the social security legislation applicable to the workers concerned, and the tolerance threshold in terms of days worked in the country of residence applicable for tax purposes, among others. Moreover, cybercrime has grown in importance as computers have become central to commerce, entertainment and government. That includes identity theft, ATM and wire fraud, piracy, counterfeiting, child pornography, hacking, computer viruses, spam and sabotage (of a government or corporation website). Distribution channels have also shifted, as e-commerce replaces high street shopping and online banking grows at the expense

---

1097. See The Right to Privacy in the Digital Age, Report of the United Nations High Commissioner for Human Rights, UN doc. A/HRC/48/31 (13 September 2021).
1098. *Al Masarir* v. *Kingdom of Saudi Arabia* [2022] EWHC 2199.

of branches, raising legal issues concerning liability and contractual information, and managing fraud and securing electronic transactions. With digitalisation on the rise, the law will have to adapt to what will become, at least in some respects, a part of our life and work.

In addition to domestic initiatives in relation to the digital economy, work is currently underway by the three sister organisations of private international law. The focus of UNCITRAL has been substantive private law issues arising in contract law, property law, securities law, secured transactions law, the law of negotiable instruments and insolvency law [1099]. UNIDROIT is developing a legal instrument containing principles and legislative guidance on private law and digital assets [1100]. The HCCH is monitoring private international law implication of the digital economy, including DLT and blockchain, cloud economies and metaverses, asset tokenisation, digital and cryptocurrencies and "fintech" [1101].

406. Thirdly, having taken up sequentially since the 1970s the international problems facing children (child abduction, adoption, parental responsibility and child support), the HCCH went on in the 1990s to address the protection in international situations of adults who, by reason of an impairment or insufficiency of their personal faculties, are not in a position to protect their interests. In both cases the conventions adopted at the HCCH (1980 Convention on the Civil Aspects of International Child Abduction, 1993 Convention on Protection of Children and Cooperation in Respect of Intercountry Adoption, 1996 Convention on Jurisdiction, Applicable Law, Recognition, Enforcement and Cooperation in Respect of Parental Responsibility and Measures for the Protection of Children on one hand, and 2000 Convention on the International Protection of Adults on the other) preceded the UN conventions (2000 Convention on the Rights of the Child and 2006 Convention on the Rights of Persons with Disabilities, respectively). The HCCH conventions, also in the cases of both children and adults, have been furthering important objectives of the universal human rights conventions and affirming that the best interests of the protected persons in question are to be primary considerations.

1099. See Legal Issues Related to the Digital Economy – Digital Assets, UN doc. A/CN.9/1012&Add.3 (2020).
1100. See Digital Assets and Private Law Working Group, Study LXXXII – W.G.2 – doc. 2 (rev. 1) of March 2021.
1101. See Developments with Respect to PIL Implications of the Digital Economy, Prel. doc. No. 4 REV of January 2022.

The last frontier in this area may be the protection of the human rights of older adults through a UN convention which has been promoted by Argentina and other countries for several years now, and its impact on a myriad of bilateral agreements on social security worldwide, and private international law more generally, including in the work of the HCCH beyond the scope of the 2000 Convention on the International Protection of Adults.

407. In a separate development, both the World Tourism Organisation (UNWTO), a UN agency, and the HCCH have undertaken the issue of the protection of tourists, another vulnerable group, from different yet complementary angles. A draft UNWTO Convention on the Protection of Tourists and on the Rights and Obligations of Tourism Service Providers was presented in 2017, aimed at establishing uniform standards and recommended practices for States parties to ensure an appropriate degree of protection for tourist-consumers [1102]. The draft Convention, which is not fully finalised yet, would complement other UNWTO work: the 2017 Convention on Tourism Ethics, not yet into force, which has been hailed as an important step forward in combating the exploitation of children in travel and tourism, and in promoting their rights [1103]; and the most recent International Code for the Protection of Tourists, which is to be presented for adoption by resolution of the UN General Assembly in 2022. Heralded as a "landmark legal code", the Code aims to provide minimum standards and consumer rights for travellers in emergency situations. While UNWTO focuses on substantive rules, HCCH addresses the issue of access to justice for international tourists and visitors.

A proposal made by Brazil in 2013 in respect of a possible future Convention on Co-operation and Access to Justice for International Tourists (Tourism Project) was faced with resistance. The understanding reached in the Council of General Affairs and Policy (CGAP) of the HCCH in 2021 was that work would be undertaken to develop a Practical Guide to access to justice for international tourists and visitors – that is, a soft law instrument rather than a binding one. The

---

1102. See Report of the Secretary General to the 22nd General Assembly (11-16 September 2017), doc. A/22/10(I)(c) (20 July 2017), https://www.e-unwto.org/doi/pdf/10.18111/unwtogad.2017.1.g51w645001604534.

1103. "Convention on Tourism Ethics is Major Step Towards Tackling Child Exploitation, say UN Human Rights Experts" (19 November 2019), https://www.ohchr.org/EN/NewsEvents/Pages/DisplayNews.aspx?NewsID=25317&LangID=E&fbclid=IwAR2J_5PG8Q5i1htUe4y_J2OsU1CwVNqLuKwxIHg3QJatB-UDBU3uyBb19qs.

Guide adopted by the HCCH-CGAP in March 2022 is intended to assist international tourists and visitors to foreign countries seeking access to justice for disputes arising from their tourism experience by providing information on online dispute resolution mechanisms that may be available and HCCH legal instruments that may be relevant in a given case. Whether continuing to push for a binding instrument – in the form of a standalone convention or as an additional protocol to the 1980 Convention on International Access to Justice as was at some point envisaged – would have achieved the desired result is counterfactual thinking. The truth is that, whatever the advantages of soft law instruments may be, mutual assistance often requires a treaty that establishes the obligations of the States to be effective.

408. Finally, private international law should be addressed alongside and in relation to the public international legal framework including refugee law and human rights law applicable to migrants to meaningfully enhance their protection. Migrants are not inherently vulnerable. Rather, vulnerability is the result of multiple and intersecting forms of discrimination, inequality and structural and societal dynamics that lead to diminished and unequal levels of power and enjoyment of rights. The OHCHR, working with other UN partners, has led the development of a set of principles and guidelines on the human rights protection of migrants in vulnerable situations, who may not qualify as refugees, yet are in need of protection, such is the case of smuggled migrants, "irregular" migrant domestic workers, women travelling alone, children and persons who normally suffer from discrimination like LGBTIQ+ individuals, persons with some physical or mental illness or those temporarily lacking from shelter [1104]. The role of private international law in helping to strengthen States' obligations to respect, protect and fulfil the human rights of migrants who are in vulnerable situations may not be negligible. Even during the slowbalisation period, migration has continued to grow in absolute terms, whether for voluntary or humanitarian reasons.

As international mobility continues, pressure may mount to revise domestic legal frameworks, for example to allow "irregular" migrants to acquire a domicile, and to recognise personal status acquired abroad for migration status (e.g. recognition of a *kafala*) and other purposes

---

1104. See OHCHR and Global Migration Group, Principles and Guidelines, supported by practical guidance, on the human rights protection of migrants in vulnerable situations (2018), https://www.ohchr.org/sites/default/files/Documents/Issues/Migration/PrinciplesAndGuidelines.pdf.

(e.g. to allow women in a polygamous marriage, or children forced into marriage, to divorce or claim inheritance or allowance rights under the foreign or the forum law). It may also require that cooperation procedures are adapted, including in relation to the situation of different countries of origin (e.g. when applicants are unable to provide foreign documents concerning their personal status that are required under the rules on the recognition of foreign decisions and authentic acts: marriage and birth certificates, dissolutions of marriage, etc.) [1105].

Although conflict migration is hardly a new phenomenon, the exodus of Ukrainian refugees from their war-torn country (estimated at 2.5 million after two weeks of conflict) will likely exacerbate human rights and private international law problems at an unprecedented scale in Europe, requiring cooperation and coordination most urgently with regard to cases of human trafficking and exploitation, missing children, children being sent abroad to relatives or friends by desperate parents [1106], and surrogate babies facing uncertain fates as biological parents are unable to travel to Ukraine [1107] or being moved by the biological parents to their home country without the birth registration as required by Ukrainian law (as the Vital Statistics Office was reported to be inoperative) and as may be necessary for immigration and nationality proceedings in the country of destination.

Luckily, legal solutions developed in the context of the Ukrainian calamity will have a spill-over effect and help address future problems arising out of other migrant crises. Among these is migration caused by environmental change (for which a term has even been coined: "climigration"), including sea level rise, which may well present one of the largest global challenges.

* * *

409. Whatever the sentiment regarding developments of the last few decades and those that may ensue, private international law has continued to take account of developments at inter-State level,

---

1105. See Directorate General for Internal Policies of the EU – Legal Affairs, "Private International Law in a Context of Increasing International Mobility: Challenges and Potential", Study commissioned by the European Parliament's Policy Department for Citizens' Rights and Constitutional Affairs at the request of the JURI Committee, PE 583.157 (June 2017).
1106. "Children Going Missing Amid Chaos at Ukrainian Border, Aid Groups Report", *The Guardian* (12 March 2022).
1107. E. Kramer and M. Varenikova, "In a Kyiv Basement, 19 Surrogate Babies Are Trapped by War but Kept Alive by Nannies", *The New York Times* (12 March 2022).

globalisation, changes in domestic political preferences and shifts in political power, human rights and rising environmental concerns, a process that is susceptible to continue.

Private international lawyers need to be sensitive to these dynamics.

A sceptic might say that by embracing public international law norms, human rights standards and transnational processes, private international law may further dilute its distinctive character of conflicts law. At one level that is true. But considering the profound transformations that international society is undergoing, it also represents progress.

EPILOGUE

Professor Rodolfo De Nova once taught at this Academy that without private international law, conflicting private law rules would produce law breeding disorder instead of order and have a contradictory effect on social behaviour [1108]. For example, ownership of property could be subjected to the laws of other countries, marriage could have validity only within borders, and documents could not be used abroad. Similarly, Judge Rosalyn Higgins wrote in a much-acclaimed book that without public international law, safe aviation could not be agreed, resources could not be allocated, people could not safely choose to dwell in foreign lands – it would all be chaos and disputes would ensue [1109].

The reality is also that without private international law, commercial aviation could not be logistically and economically feasible, international commercial transactions could not prosper, people could not work or buy property in a foreign country – public international law would not suffice. Without public international law, countries could prescribe rules over acts occurred and producing effect entirely abroad, authorities could arbitrarily refuse to recognise an alien personal status, international legal cooperation could not be enhanced – private international law alone would not do. In recent times, global interconnectedness has made this mutual dependence all the more important. Thus, only addressing one aspect – either the public or the private side – of problems appears almost counterintuitive.

This is all but new. And yet, many public international lawyers nowadays still tend to underestimate the significance of private regulation [1110], while many private international lawyers have yet to master all the singularities in the formation and application of the international normative system. The result is that the two disciplines tend to continue to ignore each other, isolated in their own specific dogmas, methodologies, scholars and attitudes. And although greater attention has been devoted in recent decades to the historical and theoretical underpinning for an international systemic perspective on private international law [1111], little actual work has been carried out on

---

1108. De Nova, *op. cit.* (note 277), at p. 441.
1109. Higgins, *op. cit.* (note 20), at p. 1.
1110. Mills, *op. cit.* (note 304), at p. 331.
1111. See e.g. Mills, *op. cit.* (note 53), and bibliography cited *supra* in note 1.

the public and private international law interplay in the different areas or issues affected by the international movement of people, property and capital in modern life, except in the field of investor-State arbitration. This study helps its readers just do that. More importantly, I hope that these lectures encourage more and more students and lawyers interested in the public or the private side of international law to cross the divide.

SELECTED BIBLIOGRAPHY

Abbott, K. W., "International Relations Theory, International Law, and the Regime Governing Atrocities in Internal Conflicts", *Studies in Transnational Legal Policy*, Vol. 36 (2004), pp. 137 *et seq.*
Ago, R. "Règles générales des conflits de lois", *Recueil des cours*, Vol. 58 (1936), pp. 243 *et seq.*
Alaphilippe, F. "Légitimité et légalité des structures internationales du sport: une toile de fond", *Revue juridique et économique du sport*, No. 26 (1993), pp. 3 *et seq.*
Aiyar, S. "International Child Abductions Involving Non-Hague Convention States: The Need for a Uniform Approach", *Emory International Law Review*, Vol. 21 (2007), pp. 277 *et seq.*
Alston, P., and R. Goodman, *International Human Rights*, Oxford, Oxford University Press, 2013.
Alvarez, J. E., "The Public International Law Regime Governing International Investment", *Recueil des cours*, Vol. 344 (2009), pp. 193 *et seq.*
Alvarez, J. E., "Is Investor-State Arbitration "Public"?", *Journal of International Dispute Settlement*, Vol. 7 (2016), pp. 534 *et seq.*
Alvarez, J. E., "The Use (and Misuse) of European Human Rights Law in Investor-State Dispute Settlement", in F. Ferrari (ed.), *Impact of EU Law on International Commercial Arbitration*, New York, Juris, 2017, pp. 519 *et seq.*
Andrés Sáenz de Santa María, P. "The European Union and the Law of Treaties: A Fruitful Relationship", *European Journal of International Law*, Vol. 30 (2019), pp. 721 *et seq.*
Anzilotti, D., *Studi critici di diritto internazionale privato*, Rocca San Casciano, Licinio Cappelli, 1898.
Arrighi, J. M., "La coexistence du droit civil et de la common law dans les conventions interaméricaines", *Revue générale de droit*, Vol. 32 (2002), pp. 131 *et seq.*
Asser, T. M. C., "Droit international privé et droit uniforme", *Revue de droit international et de législation comparée*, Vol. 12 (1880), pp. 4 *et seq.*
Aubry, J., "De la notion de territorialité en droit international privé", *Clunet* (1901), pp. 643 *et seq.*
Audit, B., "The Vienna Sales Convention and the *Lex Mercatoria*", in T. E. Carbonneau (ed.), *Lex Mercatoria and Arbitration*, New York, Juris, 1990, pp. 173 *et seq.*
Audit, B., and L. D'Avout, *Droit international privé*, 8th ed., Paris, LGDJ, 2018.
Audit, M., "Le droit international privé confronté à la blockchain", *RCDIP* (2020), pp. 669 *et seq.*
Aust, A., *Modern Treaty Law and Practice*, 3rd ed., Cambridge, Cambridge University Press, 2013.
Badiali, G., "Le droit international privé des Communautés européennes", *Recueil des cours*, Vol. 191 (1985), pp. 9 *et seq.*
Baker, J. C., *The Abuse of Diplomatic Privileges and Immunities: A Necessary Evil?*, Aldershot and Dartmouth, Ashgate, 1998.
Ballarino, T., *Diritto internazionale privato*, 3rd ed., Padova, Cedam, 1999; 8th ed. with E. Ballarino and I. Petrelli, 2016.
Ballarino, T., and B. Ubertazzi, "On Avello and Other Judgments: A New Point of Departure on the Conflict of Laws?", *Yearbook of Private International Law*, Vol. 6 (2004), pp. 85 *et seq.*
von Bar, L., *The Theory and Practice of Private International Law*, trans. G. R. Gillespie, 2nd ed., Edinburgh, W. Green & Sons, 1892.
Barazzutti, L. A., "Limitación a la protección de los nacionales en el exterior", in

H. D. Piombo (ed.), *Doctrinas argentinas de derecho internacional*, Buenos Aires, Astrea, pp. 92 *et seq.*
Barberis, J. A., *Formación del derecho internacional*, Buenos Aires, Ábaco, 1994.
Barnett, B. C., S. J. Galvis and G. Gouraige Jr., "On Third World Debt", *Harvard International Law Journal*, Vol. 25 (1984), pp. 91 *et seq.*
Batiffol, H., "Le pluralisme des méthodes en droit international privé", *Recueil des cours*, Vol. 139 (1973), pp. 75 *et seq.*
Batiffol, H., and P. Francescakis, "L'arrêt Boll et la Cour internationale de justice et sa contribution à la théorie du droit international privé", *RCDIP* (1959), pp. 259 *et seq.*
Batiffol, H., and P. Lagarde, *Droit international privé*, Vol. 1, 7th ed., Paris, LGDJ, 1981.
Batiffol, H., and P. Lagarde, *Traité de droit international privé*, Vol. 1, 8th ed., Paris, LGDJ, 1993.
Basedow, J., "Uniform Private International Law and the Law of Treaties", *Unif. L. Rev.*, Vol. 11 (2006), pp. 731 *et seq.*
Basedow, J., "The Law of Open Societies: Private Ordering and Public Regulation of International Relations" (General Course on Private International Law), *Recueil des cours*, Vol. 360 (2012), pp. 9 *et seq.*
Basedow, J., *The Law of Open Societies: Private Ordering and Public Regulation in the Conflict of Laws*, Leiden, Brill Nijhoff, 2015.
Basedow, J., "Brexit und das Privat- und Wirtschaftsrecht", *Zeitschrift für europäisches Privatrecht* (2016), pp. 567 *et seq.*
Basedow, J., G. Rühl, F. Ferrari and P. de Miguel Asensio (eds.), *Encyclopaedia of Private International Law*, 3 vols., Cheltenham, Edward Elgar, 2017.
Beale, J. H., *3 Cases on the Conflict of Laws*, Cambridge, MA, Harvard Law Review Publishing Association, 1902.
Beale, J. H., *A Treatise on the Conflict of Laws*, Vol. 3, New York, Baker, Voorhis & Co., 1935.
Bean, B., "The Perfect Crime? FIFA and the Absence of Accountability in Switzerland", *Maryland Journal of International Law*, Vol. 32 (2017), pp. 68 *et seq.*
Beauchard R., and M. J. Vital Kodo, "Can OHADA Increase Legal Certainty in Africa?", Justice and Development Working Paper Series, 17/2011, World Bank, http://documents.worldbank.org/curated/en/266761467990085419/pdf/659890WP 00PUBL010Can0OHADA0Increase.pdf.
Beaumont, P., "Reflections on the Relevance of Public International Law to Private International Law Treaty Making", *Recueil des cours*, Vol. 103 (2009), pp. 9 *et seq.*
Bennouna, M., *Droit international du développement: tiers monde et interpellation du droit international*, Paris, Berger-Levrault, 1983.
Bentham, J., *Introduction to the Principles of Morals and Legislation*, Oxford, Clarendon Press, 1879.
Berger, K. P., *The Creeping Codification of the Lex Mercatoria*, 2nd ed., The Hague, London and Boston, Kluwer Law International, 1999.
Bermann, G. A., "International Arbitration and Private International Law" (General Course on Private International Law), *Recueil des cours*, Vol. 381 (2016), pp. 41 *et seq.*
Besson S., "Reconstruire l'ordre institutionnel international", in *Leçons inaugurales du Collège de France*, Paris, Collège de France, Fayard, 2021.
Boele-Woelki, K., "Party Autonomy in Litigation and Arbitration in View of The Hague Principles on Choice of Law in International Commercial Contracts", *Recueil des cours*, Vol. 379 (2015), pp. 35 *et seq.*
de Boer, Th. M., "Choice of Law in Arbitration Proceedings", *Recueil des cours*, Vol. 375 (2015), pp. 53 *et seq.*
Boggiano, A., "The Contribution of the Hague Conference to the Development

of Private International Law in Latin America. Universality and *genius loci*", *Recueil des cours*, Vol. 233 (1992), pp. 99 *et seq.*
Boggiano, A., *Derecho internacional privado*, 3 vols., 6th ed., Buenos Aires, La Ley, 2017.
Bohoslavsky, J. P., "Economic Inequality, Debt Crisis and Human Rights", *Yale Journal of International Law*, Vol. 41 (2016), pp. 177 *et seq.*
Bohoslavsky, J. P., and M. Goldmann, "An Incremental Approach to Sovereign Debt Restructuring: Sovereign Debt Sustainability as a Principle of Public International Law", *Yale Journal of International Law*, Vol. 41 (2016), pp. 13 *et seq.*
Boguslavskii, M. M., *Private International Law: The Soviet Approach*, trans. D. Winter and W. B. Simons, Dordrecht, Martinus Nijhoff, 1988.
Boisson de Chazournes, L., "Environmental Protection and Investment Arbitration: Yin and Yang?", *Anuario colombiano de derecho internacional*, Vol. 10 (2017), pp. 371 *et seq.*
Bonell, M. J., "The Law Governing International Commercial Contracts and the Actual Role of the UNIDROIT Principles", *Unif. L. Rev.*, Vol. 23 (2018), pp. 15 *et seq.*
Bonfanti, A., "Accountability of Multinational Corporations for Human Rights and Environmental Abuse: How Far Can Extraterritorial Jurisdiction Go?", in Ch. Sampford, S. Zifcak and D. Aydin Okur (eds.), *Rethinking International Law and Justice*, Dorchester, Ashgate, 2015, pp. 152 *et seq.*
Briggs, A., "Principle of Comity in Private International Law", *Recueil des cours*, Vol. 354 (2011), pp. 96 *et seq.*
Brilmayer, L., "Interest Analysis and the Myth of Legislative Intent", *Michigan Law Review*, Vol. 78 (1980), pp. 392 *et seq.*
Brilmayer, L., and D. B. Listwa, "Continuity and Change in the *Draft Restatement (Third) of Conflict of Laws*: One Step Forward and Two Steps Back?", *The Yale Law Journal Forum*, Vol. 128 (2018), pp. 266 *et seq.*, https://www.yalelawjournal.org/forum/continuity-and-change-in-the-draft-restatement-third-of-conflict-of-laws.
Brownlie, I., *Principles of Public International Law*, Oxford, Oxford University Press, 6th ed., 2003; 7th ed., 2008.
Bucher, A., "La compétence universelle civile", *Recueil des cours*, Vol. 372 (2015), pp. 9 *et seq.*
Buxbaum, H. L., "Extraterritoriality in the Public and Private Enforcement of US Regulatory Law", in F. Ferrari and D. P. Fernández Arroyo (eds.), *Private International Law: Contemporary Challenges and Continuing Relevance*, Cheltenham and Northampton, Edward Elgar, 2019, pp. 236 *et seq.*
Buxbaum, H. L., "Public Regulation and Private Enforcement in a Global Economy: Strategies for Managing Conflict", *Recueil des cours*, Vol. 399 (2018), pp. 267 *et seq.*
Carbonneau, T. E. (ed.), *Lex Mercatoria and Arbitration*, Cambridge, Juris, 1998.
van Calster, G, *European Private International Law: Commercial Litigation in the EU*, 3rd ed., Oxford and New York, Hart, 2021.
Calvo, C., *Le droit international théorique et pratique*, 5th ed., Paris, A. Rousseau, 1896.
Calvo Caravaca, A.-L., and J. Carrascosa González, *Derecho internacional privado*, Vol. 1, 18th ed., Granada, Comares, 2018.
Cantwell, N., "The Best Interests of the Child in Intercountry Adoption", *Innocenti Insight*,Florence,UNICEF,2014,https://www.unicef.nl/files/UNICEF%20REPORT%20-%20The%20best%20interests%20of%20the%20child%20in%20intercountry%20adoption.pdf.
Cantwell, N., J. Davidson, S. Elsley, I. Milligan and N. Quinn, "Moving Forward: Implementation of the 'Guidelines for the Alternative Care of Children'", Centre for Excellence for Looked After Children in Scotland (CELSIS), Glasgow, 2013.
Cappelletti M., and B. Garth, "Access to Justice. The Worldwide Movement to

Make Rights Effective: General Report", *Buffalo Law Review*, Vol. 27 (1978), pp. 181 *et seq.*

de Casas, C. I., "Principios y objetivos para un tratado sobre empresas y derechos humanos", in H. Cantú Rivera (ed.), *El tratado sobre las empresas y los derechos humanos: Perspectivas latinoamericanas*, Madrid, Tirant Lo Blanch, 2022, pp. 75 *et seq.*

Cavers, D. F., "A Critique of the Choice-of-Law Problems", *Harvard Law Review*, Vol. 47 (1933), pp. 173 *et seq.*

Cerdeira, J. J., *Cooperación internacional contra el crimen organizado*, Buenos Aires, Ad Hoc, 2011.

Charlesworth, H., "Worlds Apart: Public/Private Distinctions in International law", in M. Thornton (ed.), *Public and Private: Feminist Legal Debates*, Oxford, Oxford University Press, 1995, pp. 243 *et seq.*

Charlesworth, H., C. Chinkin and S. Wright, "Feminist Approaches to International Law", *AJIL*, Vol. 85 (1991), pp. 615 *et seq.*

Cheshire, G. C., *Private International Law*, 4th ed., Oxford, Clarendon Press, 1952.

Colley, M., "The Effect of Efforts to Control Illicit Art Traffic on Legitimate International Commerce", *Georgia Journal of International & Comparative Law*, Vol. 8 (1978), pp. 462 *et seq.*

Collins, L. (gen. ed.), *Dicey, Morris & Collins on The Conflict of Laws*, Vol. 1, 15th ed., London, Sweet & Maxwell, 2012.

Cook, W. W., "The Logical and Legal Bases of the Conflict of Laws", *Yale Law Journal*, Vol. 33 (1924), pp. 457 *et seq.*

Cordero-Moss, G., "Limitations on Party Autonomy in International Commercial Arbitration", *Recueil des cours*, Vol. 372 (2014), pp. 129 *et seq.*

Cordero-Moss, G., *International Commercial Contracts*, New York, Cambridge University Press, 2014.

Crawford, J., *Brownlie's Principles of Public International Law*, 9th ed., Oxford, Oxford University Press, 2019.

Currie, B., "Notes on Methods and Objectives in the Conflict of Laws", *Duke Law Journal* (1959), pp. 171 *et seq.*

Cutler, A. C., "Artifice, Ideology and Paradox: The Public/Private Distinction in International Law", *Review of International Political Economy*, Vol. 4 (1997), pp. 261 *et seq.*

Damrosch, L. F., and S. D. Murphy, *International Law*, 7th ed. St. Paul, West Academic, 2019.

Dasser, F., " 'Soft Law' in International Commercial Arbitration", *Recueil des cours*, Vol. 402 (2009), pp. 385 *et seq.*

Daudet, Y., "1919-2019, le flux du multilatéralisme", *Recueil des cours*, Vol. 403 (2019), pp. 9 *et seq.*

Delaume, G., "ICSID and the Transnational Financial Community", *ICSID Review*, Vol. 1 (1986), pp. 237 *et seq.*

Denza, E., *Diplomatic Law: Commentary on the Vienna Convention on Diplomatic Relations*, 4th ed., Oxford, Clarendon Press, 2016.

Déprez, J., "Droit international privé et conflits de civilisations. Aspects méthodologiques (Les relations entre systèmes d'Europe occidental et systèmes islamiques en matière de statut personnel)", *Recueil des cours*, Vol. 211 (1988), pp. 9 *et seq.*

Deumier, P., *Le droit spontané*, Paris, Economica, 2002.

Dicey, A. V., *Digest of the Law of England with Reference to the Conflict of Laws*, London, Stevens and Sons, 1896; 2nd ed., 1908.

Dickinson, A., "Back to the Future: The UK's EU Exits and the Conflict of Laws", *Journal of Private International Law*, Vol. 12 (2016), pp. 195 *et seq.*

Dornis, T. W., "Comity", in J. Basedow, G. Rühl, F. Ferrari and P. de Miguel Asensio (eds.), *Encyclopaedia of Private International Law*, Vol. 1, Cheltenham, Edward Elgar, 2017, pp. 382 *et seq.*

Draetta, U., "Internet et commerce électronique en droit international des affaires", *Recueil des cours*, Vol. 314 (2005), pp. 9 *et seq.*

Drago, L. M., *Cobro coercitivo de deudas públicas*, Buenos Aires, Coni Hermanos, 1906.
Drago, L. M., "Les emprunts d'État et leurs rapports avec la politique internationale", *RGDIP*, Vol. 14 (1907), pp. 251 *et seq.*
Drago, L. M., "State Loans in their Relation to International Law", *AJIL*, Vol. 1 (1907), pp. 692 *et seq.*
Droz, G., "The International Protection of Cultural Property from the Standpoint of Private International Law", in Council of Europe, *International Legal Protection of Cultural Property*, Strasbourg, Council of Europe Publishing, 1984, pp. 114 *et seq.*
Droz, G., M. Pelischet and A. Dyer, "La Conférence de la Haye de droit international privé vingt-cinq ans après la création de son bureau permanent", *Recueil des cours*, Vol. 168 (1980), pp. 123 *et seq.*
Dupuy, P.-M., "Droit déclaratoire et droit programmatoire de la coutume sauvage à la 'soft law'", in *L'élaboration du droit international public*, Société française pour le droit international, Colloque de Toulouse, Paris, Pedone, 1975, pp. 132 *et seq.*
Dutoit B., and F. Majoros, "Le lacis des conflits de conventions en droit privé et leur solutions possibles", *RCDIP* (1984), pp. 565 *et seq.*
Dutta, A., "Reciprocity", in Basedow, J., G. Rühl, F. Ferrari and P. de Miguel Asensio (eds.), *Encyclopaedia of Private International Law*, Vol. 2, Cheltenham, Edward Elgar, 2017, pp. 146 *et seq.*
Eek, H., "Peremptory Norms and Private International Law", *Recueil des cours*, Vol. 139 (1973), pp. 1 *et seq.*
Ehrenzweig, A. A., "Interstate and International Conflict of Law: A Plea for Segregation", *Minnesota Law Review*, Vol. 41 (1957), pp. 717 *et seq.*
Ehrenzweig, A. A., "The Lex Fori: Basic Rule in the Conflict of Laws", *Michigan Law Review*, Vol. 58 (1960), pp. 637 *et seq.*
Eichensehr, K. E., "The Cyber-Law of Nations", *Georgetown Law Journal*, Vol. 103 (2015), pp. 317 *et seq.*
El Sawah, E., and J. E. Vinuales, Note: "L'immunité d'exécution dans l'affaire de l'Ara Libertad devant le TIDM", *Clunet* (2013), p. 867 *et seq.*
Engels, F., *Socialism: Utopian and Scientific*, trans. E. Avelin, London, Swan Sonnenschein & Co., 1892.
Espósito C., and L. Donadio, "Inter-jurisdictional Co-operation in the MERCOSUR: The First Request for an Advisory Opinion of the MERCOSUR's Permanent Review Tribunal by Argentina's Supreme Court of Justice", *The Law and Practice of International Courts and Tribunals*, Vol. 10 (2011), pp. 261 *et seq.*
Fallon, M., "Les conflits de lois et de juridictions dans un espace économique intégré", *Recueil des cours*, Vol. 253 (1995), pp. 9 *et seq.*
Fawcett, J. J., "General Report", in J. J. Fawcett (ed.), *Declining Jurisdiction in Private International Law*, Oxford, Clarendon Press, 1995, pp. 1 *et seq.*
Fawcett, J. J., M. Shúilleabháin and S. Shah, *Human Rights and Private International Law*, Oxford, Oxford University Press, 2016.
Fernández Arroyo, D. P., *La codificación del derecho internacional privado (Ambitos de aplicación jurídica y orientación metodológica)*, Madrid, Universidad Complutense de Madrid, 1993, https://eprints.ucm.es/id/eprint/53495/1/5312297645.pdf.
Fernández Arroyo, D. P., "¿Qué CIDIP para cuál América?", in J. Kleinheisterkamp and G. A. Lorenzo Campos (eds.), *Avances del derecho internacional privado en América Latina: Liber Amicorum Jürgen Samtleben*, Montevideo, FCU, 2002, pp. 31 *et seq.*
Fernández Arroyo, D. P., "What's New in Latin American Private International Law", *Yearbook of Private International Law*, Vol. 7 (2005), pp. 85 *et seq.*
Fernández Arroyo, D. P., "Compétence exclusive et compétence exorbitante dans les relations privée internationales", *Recueil des cours*, Vol. 223 (2006), pp. 197 *et seq.*
Fernández Arroyo, D. P., "Forum Selection Clauses within the *Mercosouthern* Law:

The Hard Implementation of an Accepted Rule", *Unif. L. Rev.*, Vol. 13 (2008), pp. 873 *et seq.*

Fernández Arroyo, D. P., "Les décisions arbitrales comme précédent", in A. Niki and C. Kleiner (eds.), *Le précédent en droit international*, Paris, Pedone, 2016, pp. 113 *et seq.*

Fernández Arroyo, D. P., "The Progressive Evolution of Private International Law: From State Centralisation to Denationalisation and Beyond", in A. Parise and E. V. Popov (eds.), *Globalisation and Private International Law: Proceedings of the 2017 Annual Symposium of the International Association of Legal Sciences (IALS) Hosted by the Russian Academy of Legal Sciences*, Moscow, Jurist, 2019, pp. 61 *et seq.*

Fernandez Arroyo, D. P. (ed.), *Derecho internacional privado de los Estados del MERCOSUR (Argentina, Brasil, Paraguay, Uruguay)*, Buenos Aires, Zavalía, 2003.

Fernández Arroyo D. P., and M. Mbengue, "Public and Private International Law in International Courts and Tribunals?", *Columbia Journal of Transnational Law*, Vol. 56 (2018), pp. 798 *et seq.*

Fernández Arroyo D. P., and A. Senegacnik, "Global Governance's Inescapable Legitimacy Conundrum: A Call to Reform International Commercial Arbitration", in A. Bjorklund, F. Ferrari and S. Kröll (eds.), *Cambridge Compendium of International Commercial and Investment Arbitration*, Cambridge, Cambridge University Press, 2022, pp. 1802 *et seq.*

Fernández Rozas, J. C., "Le rôle des juridictions étatiques devant l'arbitrage commercial international", *Recueil des cours*, Vol. 290 (2002), pp. 9 *et seq.*

Ferrari, F. (ed.), *Limits to Party Autonomy in International Commercial Arbitration*, New York, NYU Center for Transnational Litigation, Arbitration and Commercial Law, 2016.

Fiorini, A., "The Evolution of European Private International Law", *ICLQ*, Vol. 57 (2008), pp. 970 *et seq.*

Fitzgerald, W. A., "Maturity, Difference and Mystery: Children's Perspectives and the Law", *Arizona Law Review*, Vol. 36 (1994), pp. 61 *et seq.*

Fitzmaurice, G., "The General Principles of International Law Considered from the Standpoint of the Rule of Law", *Recueil des cours*, Vol. 92 (1957), pp. 1 *et seq.*

Flauss, J.-F., "Compétence civile universelle et droit international général", in C. Tomuschat and J.-M. Thouvenin (eds.), *The Fundamental Rules of the International Legal Order: Jus Cogens and Obligations Erga Omnes*, Leiden, Nijhoff, 2006, pp. 385 *et seq.*

Foakes, J., and E. Denza, "Privileges and Immunities of Diplomatic Agents", in I. Roberts (ed.), *Satow's Diplomatic Practice*, 7th ed., Oxford, Oxford University Press, pp. 246 *et seq.*

Fox, H., *The Law of State Immunity*, Oxford, Oxford University Press, 1st ed., 2002; 2nd ed., 2008; 3rd ed., with Ph. Webb, 2015 (New York).

Francescakis, P., "Quelques précisions sur les lois d'application immédiate et leur rapports avec les règles de conflits de lois", *RCDIP* (1966), pp. 1 *et seq.*

Franzina, P. (ed.), *The External Dimension of EU Private International Law after Opinion 1/13*, Cambridge, Intersentia, 2016.

Freiherr von der Heydte, F. A., *Völkerrecht. Ein Lehrbuch*, Vol. 1, Cologne, Verlag für Politik und Wirtschaft, 1958.

Frigo, M., "Circulation des biens culturels, détermination de la lois applicable et méthodes de règlement des litiges", *Recueil des cours*, Vol. 375 (2014), pp. 89 *et seq.*

Gallala-Arndt, I., "Interreligious Law", in J. Basedow, G. Rühl, F. Ferrari and P. de Miguel Asensio (eds.), *Encyclopaedia of Private International Law*, Vol. 2, Cheltenham, Edward Elgar, 2017, pp. 1020 *et seq.*

Gaillard, E., "General Principles of Law in International Commercial Arbitration: Challenging the Myths", *World Arbitration & Mediation Review*, Vol. 5 (2011), pp. 161 *et seq.*

Galvão Teles, P., "Direitos Humanos e Alterações Climáticas", *Anuário do Instituto hispano-luso americano*, Vol. 24 (2019), pp. 93 *et seq.*
Gannagé, P., "La pénétration de l'autonomie de la volonté dans le droit international privé de la famille", *RCDIP* (1992), pp. 432 *et seq.*
Gelpern, A., "Sovereign Debt: Now What?", *Yale Journal of International Law*, Vol. 41 (2016), pp. 45 *et seq.*
Giuliano, M., "Les relations et immunités diplomatiques", *Recueil des cours*, Vol. 100 (1960), pp. 75 *et seq.*
Godio, L., "Los buques públicos y el derecho internacional contemporáneo: el caso de la 'Fragata ARA Libertad'", *Prudentia Iuris*, Vol. 79 (2015), pp. 100 *et seq.*
Goicoechea, I., "Implementing the CRC Through the HCCH Children's Conventions", in F. M. Prus (ed.), *Family Law: Challenges and Developments from an International Perspective*, [S.l.], UIA and LexisNexis, 2020, pp. 89 *et seq.*
Goicoechea, I., and H. van Loon, "The Key Role of Judges in the Development of Private International Law: Lessons Learned from the Work of the Hague Conference on Private International Law", in V. Ruiz Abou-Nigm and M. B. Noodt Taquela (eds.), *Diversity and Integration in Private International Law*, Edinburgh, Edinburgh University Press, 2019, pp. 295 *et seq.*
Goldblatt D., *The Ball is Round: A Global History of Soccer*, 2nd ed., New York, Riverhead Books, 2008.
Goldmann, M., "Public and Private Authority in a Global Setting: The Example of Sovereign Debt Restructuring", *Indiana Journal of Global Legal Studies*, Vol. 25 (2018), pp. 331 *et seq.*
Goldmann, M., "Putting Your Faith in Good Faith: A Principled Strategy for Smoother Debt Workouts", *Yale Journal of International Law*, Vol. 41 (2016), pp. 117 *et seq.*
Goldsmith, J. L., "Against Cyberanarchy", *University of Chicago Law Review*, Vol. 65 (1998), pp. 1199 *et seq.*
Goldschmidt, W., "La jurisdicción internacional argentina en materia matrimonial y las Naciones Unidas", *La ley*, Vol. 98 (1960), pp. 287 *et seq.*
Goldschmidt, W., *Derecho internacional privado*, 8th ed., Buenos Aires, Depalma, 1992.
Gomtsian, S., A. Balvert, B. Hock and O. Kirman, "Between the Green Pitch and the Red Tape: The Private Legal Order of FIFA", *Yale Journal of International Law*, Vol. 43 (2018), pp. 91 *et seq.*
González Beilfuss, C., "Party Autonomy in International Family Law", *Recueil des cours*, Vol. 408 (2020), pp. 89 *et seq.*
González Campos, J. D., "Diversification, spécialisation, flexibilisation et matérialisation des règles de droit international privé. Cours général", *Recueil des cours*, Vol. 287 (2000), pp. 9 *et seq.*
González Napolitano, S. (ed.), *Lecciones de derecho internacional público*, Buenos Aires, Errepar, 2015.
Goren, J., "State-to-State Debts: Sovereign Immunity and the 'Vulture' Fund", *George Washington International Law Review*, Vol. 41 (2010), pp. 681 *et seq.*
Grammaticaki-Alexiou, A., "Best Interests of the Child in Private International Law", *Recueil des cours*, Vol. 412 (2020), pp. 253 *et seq.*
Greenman, K., "The Law of State Responsibility and the Persistence of Investment Protection", in I. Venzke and K. J. Heller (eds.), *Contingency in International Law: On the Possibility of Different Legal Opinions*, Oxford, Oxford University Press, 2021, pp. 391 *et seq.*
Grigera Naon, H. A., "Choice-of-Law Problems in International Commercial Arbitration", *Recueil des cours*, Vol. 289 (2001), pp. 9 *et seq.*
Grossman Guiloff, C., "Suing the Sovereign from the Latin American Perspective", *George Washington International Law Review*, Vol. 35 (2003), pp. 653 *et seq.*
Grotius, H., *De Jure Belli ac Pacis*, trans. F. Kelsey, Washington, Carnegie Institution of Washington, 1925.

Guillaume, F. "Aspects of Private International Law related to Blockchain Transactions", in D. Kraus, Th. Obrist and O. Hari (eds.), *Blockchains, Smart Contracts, Decentralised Autonomous Organisations and the Law*, Cheltenham, Edward Elgar, 2019, pp. 49 *et seq.*

Gutzwiller, M., "Le développement historique du droit international privé", *Recueil des cours*, Vol. 29 (1929), pp. 287 *et seq.*

Guzman, M., and J. E. Stiglitz, "Creating a Framework for Sovereign Debt Restructuring that Works", in M. Guzman, J. A. Ocampo and J. E. Stiglitz (eds.), *Too Little, Too Late: The Quest to Resolve Sovereign Debt Crises*, New York, Columbia University Press, 2016, pp. 3 *et seq.*

Guzman, M., and J. E. Stiglitz, "A Soft Law Mechanism for Sovereign Debt Restructuring: Based on the UN Principles", in I. Bantekas and C. Lumina (eds.), *Sovereign Debt and Human Rights*, Oxford, Oxford University Press, 2018, pp. 446 *et seq.*

Hafner, G., M. G. Kohen and S., Breau, *State Practice Regarding State Immunities / La Pratique des Etats concernant les immunités des Etats*, Leiden and Boston, Council of Europe, 2006.

Halverson Cross, K., "Arbitration as a Means of Resolving Sovereign Debt Disputes", *American Review of International Arbitration*, Vol. 17 (2006), pp. 335 *et seq.*

Hambro, E., "The Relations between International Law and Conflict Law", *Recueil des cours*, Vol. 105 (1962), pp. 1 *et seq.*

Hay, P., P. J. Borchers, S. C. Symeonides, and C. A. Whytock, *Conflict of Laws*, 6th ed., St. Paul, West Academic, 2018.

Harnois, C., "1980 Hague Convention on the Civil Aspects of International Child Abduction: The Impact of a Refugee Claim or the Grant of Refugee Status on a Hague Return Application", *Canadian Family Law Quarterly*, Vol. 38 (2019), pp. 121 *et seq.*

Hausler, K., "Cultural Heritage and the Security Council: Why Resolution 2347 Matters", *Questions of International Law* (2018), pp. 5 *et seq.*

van den Herik, L. J., "Sidestepping the Security Council: The Use of Non-UN Sanctions for UN Purposes", *Belgisch Tijdschrift voor Internationaal Recht / Revue Belge de Droit International*, Vol. 50 (2017), pp. 474 *et seq.*

Hess, B., "The Private-Public Divide in International Dispute Resolution", *Recueil des cours*, Vol. 388 (2016), pp. 49 *et seq.*

Higgins, R., "The Abuse of Diplomatic Privileges and Immunities: Recent United Kingdom Experience", *AJIL*, Vol. 79 (1985), pp. 641 *et seq.*

Higgins, R., *Problems and Process: International Law and How We Use It*, Oxford, Oxford University Press, 1994.

Higgins, R., Ph. Webb, D. Akande, S. Sivakumaran and J. Sloan (eds.), *Oppenheim's International Law: United Nations*, 2 vols., Oxford, Oxford University Press, 2017.

Hoffman, B., "How UNIDROIT Protects Cultural Property", Part. II, *New York Law Journal* (10 March 1995).

van Hoogstraten, M. H., "La codification par traités en droit international privé dans le cadre de la Conférence de la Haye", *Recueil des cours*, Vol. 122 (1967), pp. 337 *et seq.*

Houben, R., and A. Snyers, "Cryptocurrencies and Blockchain: Legal Context and Implications for Finance Crime, Money Laundering and Tax Evasion", Study requested by the European Parliament's Special Committee on Financial Crimes, Tax Evasion and Tax Avoidance, PE 619.024 (5 July 2018).

Huber, U., "De conflictu legum diversarum in diversis imperiis", in *Praelectiones iuris romani et hodierni*, 1689, pars. 2, lib. 1, lit. 3, reprinted in E. G. Lorenzen, *Selected Articles in the Conflict of Laws*, New Haven, CT, Yale University Press, 1947, pp. 162 *et seq.* (with English trans).

Hunt, L., *Inventing Human Rights: A History*, New York, W. W. Norton & Co., 2007.

Hurst, C., "Les immunités diplomatiques", *Recueil des cours*, Vol. 12 (1926), pp. 115 *et seq.*
Hylton, J. G., "How FIFA Used the Principle of Autonomy of Sports to Shield Corruption in the Sepp Blatter Era", *Maryland Journal of International Law*, Vol. 32 (2017), pp. 134 *et seq.*
Jacquet, J.-M., "Droit international privé et arbitrage commercial international", *Recueil des Cours*, Vol. 396 (2019), pp. 9 *et seq.*
Jalloh, Ch., K. Clarke and V. Nmehielle, *The African Court of Justice and Human and Peoples' Rights in Context: Development and Challenges*, Cambridge, Cambridge University Press, 2019.
Jarrett, M., "A New Frontier in International Investment Law: Adjudication of Host Citizen-Investor Disputes?", *Zeitschrift für ausländisches öffentliches Recht und Völkerrecht*, Vol. 81 (2021), pp. 969 *et seq.*
Jayme, E., "Menschenrechte und Theorie des Internationalen Privatrechts", *Internationale Juristenvereinigung Osnäbruck* (1991/1992), pp. 8 *et seq.*
Jayme, E., "Identité culturelle et intégration. Le droit international privé postmoderne" (Cours general de droit international privé), *Recueil des cours*, Vol. 251 (1995), pp. 9 *et seq.*
Jayme, E., "Le droit international privé du nouveau millénaire: La protection de la personne humaine face à la globalisation", *Recueil des cours*, Vol. 282 (2000), pp. 9 *et seq.*
Jayme, E., "Globalization in Art Law: Clash of Interests and International Tendencies", *Vanderbilt Journal of Transnational Law*, Vol. 38 (2005), pp. 927 *et seq.*
Jayme, E., "Human Rights and Restitution of Nazi-Confiscated Artworks from Public Museums: The Altmann Case as a Modern for Uniform Law", *Unif. L. Rev.*, Vol. 11 (2006), pp. 393 *et seq.*
Jayme, E., "Narrative Norms in Private International Law: The Example of Art Law", *Recueil des cours*, Vol. 375 (2014), pp. 9 *et seq.*
Jayme, E., and C. Kholer, "L'interaction des règles de conflit contenues dans le droit dérivé de la communauté européenne et des conventions de Bruxelles et de Rome", *RCDIP* (1995), pp. 1 *et seq.*
Jennings, I., "General Course on Principles of International Law", *Recueil des cours*, Vol. 121 (1967), pp. 323 *et seq.*
Jennings, R., and A. Watts (eds.), *Oppenheim's International Law*, Vol. 1, 9th ed., New York, Longman, 1996.
Jessup, Ph. C., *Transnational Law*, New Haven, CT, Yale University Press, 1956.
Jia, B. B., "International Case Law in the Development of International Law", *Recueil des cours*, Vol. 382 (2015), pp. 175 *et seq.*
John, T., R. Gulati and B. Köhler (eds.), *Elgar Companion to the Hague Conference on Private International Law (HCCH)*, Cheltenham, Edward Elgar, 2020.
Johnson, D. R., and D. Post, "Law and Borders: The Rise of Law in Cyberspace", *Stanford Law Review*, Vol. 48 (1996), pp. 1367 *et seq.*
Juenger, F. K., "The *Lex Mercatoria* and Private International Law", *Louisiana Law Review*, Vol. 60 (2000), pp. 1133 *et seq.*
Juenger, F. K., *Choice of Law and Multistate Justice*, Special ed., New York, Transnational Publishers, 2005.
Kahn, F., *Abhandlungen zum internationalen Privatrecht*, Vol. 1, Munich and Leipzig, Verlag von Duncker & Humblot, 1928.
Kalverboer, M., D. Beltman, C. van Os and E. Sijlstra, "The Best Interests of the Child in Cases of Migration: Assessing and Determining the Best Interests of the Child in Migration Procedures", *International Journal of Children's Rights*, Vol. 25 (2017), p. 119 *et seq.*
Kamto, M., *Gouvernance mondiale et droit international*, Brussels, Bruylant, 2015.
Karaquillo, J.-P., "Droit international du sport", *Recueil des cours*, Vol. 309 (2004), pp. 9 *et seq.*
Kegel, G., "The Crisis of Conflict of Law", *Recueil des cours*, Vol. 112 (1964), pp. 91 *et seq.*

Kelly, A., "Flight of the Condors: The Impact of Vulture Investors on Argentina's Sovereign Debt default", *Florida Journal of International Law*, Vol. 30 (2018), pp. 27 *et seq.*
Kelsen, H., *Pure Theory of Law*, Berkeley and Los Angeles, University of California Press, 1967.
Klaassen, M., and P. Rodrigues, "The Best Interests of the Child in EU Family Reunification Law: A Plea for More Guidance on the Role of Article 24 (2)", *European Journal of Migration and the Law*, Vol. 19 (2017), pp. 191 *et seq.*
Kennear, M., "2019 John E.C. Brierley Memorial Lecture – Continuity and Change in the ICSID System: Challenges and Opportunities in the Search for Consensus", https://icsid.worldbank.org/news-and-events/speeches-articles/2019-john-ec-brierley-memorial-lecture-continuity-and-change#_ftnref12.
Kessedjian, C., and Ch. Schreuer, "Le Projet d'Articles de la Commission du droit international des Nations-Unies sur les immunités des États", *RGDIP*, Vol. 96 (1992), pp. 299 *et seq.*
Kinsch, P., "Droits de l'homme, droit fondamentaux et droit international privé", *Recueil des cours*, Vol. 318 (2005), pp. 9 *et seq.*
Kinsch, P., "Human Rights and Private International Law", in J. Basedow, G. Rühl, F. Ferrari and P. de Miguel Asensio (eds.), *Encyclopaedia of Private International Law*, Vol. 1, Cheltenham, Edward Elgar, 2017, pp. 880 *et seq.*
Kleiner, C., "L'affaire du siècle: *NML c. République d'Argentine* ou la 'contribution' des fonds vautours au droit international", in *Mélanges en l'honneur du Professeur Pierre Mayer* (Lextenso éditions), Paris, LGDJ, 2015, pp. 391 *et seq.*
Kleiner, C., "L'application des '*sanctions économiques*' adoptées par l'Union Européenne contre la Russie à la suite de l'invasion de l'Ukraine: éléments de droit international privé", *Clunet* (2022), pp. 749 *et seq.*
Koh, H. H., "American Schools of International Law", *Recueil des cours*, Vol. 410 (2020), pp. 9 *et seq.*
Kohen, M., and P. Dumberry, "State Succession and State Responsibility in the Context of Investor-State Dispute Settlement", *ICSID Review*, Vol. 37 (2022), pp. 85 *et seq.*
Kohen, M., G. Hafner and S. Breau (eds.), *State Practice Regarding State Immunities*, Leiden, Nijhoff and Council of Europe, 2006.
Kohler, Ch., "L'autonomie de la volonté en droit international privé: un principe universel entre le libéralisme et étatisme", *Recueil des cours*, Vol. 359 (2012), pp. 285 *et seq.*
Kong, Q., and H. Minfei, "The Chinese Practice of Private International Law", *Melbourne Journal of International Law*, Vol. 3 (2002), pp. 414 *et seq.*
Koskenniemi, M., "The Pull of the Mainstream", *Michigan Law Review*, Vol. 88 (1990), pp. 1946 *et seq.*
Koskenniemi, M., *The Gentle Civilizer of Nations: The Rise and Fall of International Law 1870-1960*, Cambridge, Cambridge University Press, 2001.
Kowalski, W. W., "Restitution of Works of Art Pursuant to Public and Private International Law", *Recueil des cours*, Vol. 288 (2001), pp. 9 *et seq.*
Kuipers, J.-J., "European Union and Private International Law", in J. Basedow, G. Rühl, F. Ferrari and P. de Miguel Asensio (eds.), *Encyclopaedia of Private International Law*, Vol. 1, Cheltenham, Edward Elgar, 2017, pp. 687 *et seq.*
Lagarde, P., "La réciprocité en droit international privé", *Recueil des cours*, Vol. 154 (1977), pp. 103 *et seq.*
Lagarde, P., "Le principe de proximité dans le droit international privé contemporain" (Cours général de droit international privé), *Recueil des cours*, Vol. 196 (1986), pp. 9 *et seq.*
Lagarde, P., "La théorie de l'ordre public international face à la polygamie et à la répudiation", in *Nouveaux itinéraires en droit. Hommage à François Rigaux*, Brussels, Bruylant, 1993, pp. 263 *et seq.*
Lalive, P., "Ordre public transnational (ou réellement international) et arbitrage international", *Revue de l'arbitrage* (1986), pp. 329 *et seq.*

Leflar, R. A., "Choice-Influencing Considerations in Conflicts Law", *New York University Law Review*, Vol. 41 (1966), pp. 267 *et seq.*
Leflar, R. A., "More on Choice-Influencing Considerations", *California Law Review*, Vol. 54 (1966), pp. 1584 *et seq.*
Lehmann, M., "Who Owns Bitcoin? Private Law Facing the Blockchain", *Minnesota Journal of Law, Science & Technology*, Vol. 21 (2019), pp. 93 *et seq.*
Lehmann, M., "New Challenges of Extraterritoriality: Superposing Laws", in F. Ferrari and D. P. Fernández Arroyo (eds.), *Private International Law: Contemporary Challenges and Continuing Relevance*, Cheltenham and Northampton, Edward Elgar, 2019, pp. 236 *et seq.*
Lequette, Y., "L'influence de l'œuvre d'Henri Batiffol sur la jurisprudence française", *Travaux du Comité français de droit international privé*, Vol. 11 (1994), pp. 32 *et seq.*
Lienau, O., "Legitimacy and Impartiality as Basic Principles for Sovereign Debt Restructuring", *Yale Journal of International Law*, Vol. 41 (2016), pp. 97 *et seq.*
Lipstein, K., "The Hague Conventions on Private International, Public Law and Public Policy", *ICLQ*, Vol. 8 (1959), pp. 508 *et seq.*
Lipstein, K., "The General Principles of Private International Law", *Recueil des cours*, Vol. 135 (1972), pp. 97 *et seq.*
Lipstein, K., "One Hundred Years of Hague Conferences on Private International Law", *ICLQ*, Vol. 42 (1993), pp. 553 *et seq.*
van Loon, J. H. A., "The Global Horizon of Private International Law", *Recueil des cours*, Vol. 380 (2015), pp. 9 *et seq.*
van Loon, J. H. A., "Embracing Diversity. The Role of the Hague Conference in the Creation of Universal Documents", in V. Ruiz Abou-Nigm and M. B. Noodt Taquela (eds.), *Diversity and Integration in Private International Law*, Edinburgh, Edinburgh University Press, 2019, pp. 31 *et seq.*
van Loon, J. H. A., "Warming up for Climate Change Litigation Around the World: Recent Cases from The Netherlands, Germany and the United Kingdom", in J. Harris and C. McLachlan (eds.), *Essays in International Litigation for Collins*, Oxford, Oxford University Press, 2022, pp. 84 *et seq.*
van Loon, J. H. A. and S. De Dycker, "The Role of the International Court of Justice in the Development of Private International Law", in Randall Lesaffer, Jeroen Vervliet, J. H. A. van Loon and Stéphanie De Dycker (eds.), *One Century Peace Palace: From Past to Present* (Mededelingen van de Koninklijke Nederlandse Vereniging voor Internationaal Recht, No. 140), The Hague, T.M.C. Asser Press, 2013, pp. 73 *et seq.*
Lorenzen, E. G., "The Theory of Qualifications and the Conflict of Laws", *Columbia Law Review*, Vol. 20 (1920), pp. 269 *et seq.*
Lorenzen, E. G., *Selected Articles in the Conflict of Laws*, New Haven, CT, Yale University Press, 1947.
Lowenfeld, A. F., "Public Law in the International Arena: Conflict of Laws, International Law, and Some Suggestions for Their Interaction", *Recueil des cours*, Vol. 163 (1979), pp. 311 *et seq.*
Lowenfeld, A. F., "International Law and the Quest For Reasonableness" (General Course on Private International Law), *Recueil des cours*, Vol. 245 (1994), pp. 9 *et seq.*
Lunz, L. A., "L'objet et les principes fondamentaux du droit international privé en URSS et dans les autres pays socialistes européens", *Clunet* (1973), pp. 97 *et seq.*
de Ly, F., *International Business Law and Lex Mercatoria*, Amsterdam, T.M.C. Asser Press; New York, Emerald Group, 1992.
Macalister-Smith, P., "Comity", in R. Bernhardt, Max-Planck-Institut für ausländisches öffentliches Recht und Völkerrecht, *et al.* (eds.), *Encyclopaedia of Public International Law*, Vol. 1, Amsterdam, Kluwer Law International, 1992, pp. 671 *et seq.*
de Maekelt, T. B., "General Rules of Private International Law in the Americas: New Approach", *Recueil des cours*, Vol. 177 (1982), pp. 193 *et seq.*

Majoros, F., *Les conventions internationales en matière de droit privé. Abrégé théorique et traité pratique*, Vol. 1: *Le droit des conflits de conventions*, Paris, Pedone, 1976, Vol. 2: *Partie spéciale*, 1980.
Malan, A., *La concurrence des conventions d'unification des règles de conflit de lois*, Aix-en-Provence, PUAM, 2002.
Maljean-Dubois, S., "Le droit international de la biodiversité", *Recueil des cours*, Vol. 407 (2020), pp. 123 *et seq.*
Mancini, P. S., *Della nazionalità come fondamento del diritto delle genti*, Turin, Tipografia Eredi Botta, 1851.
Mancini, P. S., "De l'utilité de rendre obligatoire pour tous les États, sous la forme d'un ou de plusieurs traités internationaux, un certain nombre de règles générales de droit international privé pour assurer la décision uniforme des conflits entre les différentes législations civiles et criminelles", *Journal du droit international privé et de la jurisprudence comparée* (1874), pp. 221 *et seq.*
Mann, F. A., "The Doctrine of Jurisdiction in International Law", *Recueil des cours*, Vol. 111 (1964), pp. 1 *et seq.*
Mann, F. A., "Conflict of Laws and Public Law", *Recueil des cours*, Vol. 132 (1971), pp. 107 *et seq.*
Mann, F. A., "The Doctrine of International Jurisdiction Revisited after Twenty Years", *Recueil des cours*, Vol. 186 (1984), pp. 9 *et seq.*
Martor, B., and S. Thouvenot, "L'uniformisation du droit des affaires en Afrique par l'OHADA", *La Semaine Juridique*, No. 44 (28 October 2004), suppl. No. 5, pp. 5 *et seq.*
Marx, C., "The Class Struggles in France", *Neue Rheinische Zeitung* (1950).
Mayer, P., V. Heuzé and B. Remy, *Droit international privé*, 12th ed., Paris, LGDJ, 2019.
Mazuera, A., "Should Arbitral Tribunals Apply Sanctions Against Russia as Overriding Mandatory Rules?", *Kluwer Arbitration Blog* (9 April 2022), http://arbitrationblog.kluwerarbitration.com/2022/04/09/should-arbitral-tribunals-apply-sanctions-against-russia-as-overriding-mandatory-rules/.
McEleavy, P., "The European Court of Human Rights and the Hague Child Abduction Convention: Prioritising Return or Reflection", *Netherlands International Law Review*, Vol. 62 (2015), pp. 365 *et seq.*
Meyer, P., "Le droit OHADA et le droit international privé: les règles d'applicabilité du droit uniforme", *Unif. L. Rev.*, Vol. 23 (2018), pp. 99 *et seq.*
McClean, J. D., "The Contribution of the Hague Conference to the Development of Private International Law in the Common Law Countries", *Recueil des cours*, Vol. 233 (1992), pp. 267 *et seq.*
McClean, J. D., *International Judicial Assistance*, Oxford, Clarendon Press, 1992.
McClean, J. D., *International Co-operation in Civil and Criminal Matters*, 3rd ed., Oxford, Oxford University Press, 2012.
von Mehren, A. T., and D. T. Trautman, *The Law of Multistate Problems*, Boston, Little, Brown & Co., 1965.
Merryman, J. H., "Two Ways of Thinking about Cultural Property", *AJIL*, Vol. 80 (1986), pp. 831 *et seq.*
Merryman, J. H., "The Public Interest in Cultural Property", *California Law Review*, Vol. 77 (1989), pp. 339 *et seq.*
Michaels, R., "German View on Global Issues", *Journal of Private International Law*, Vol. 4 (2008), pp. 121 *et seq.*
Michaels, R., "The New European Choice-of-Law Revolution", *Tulane Law Review*, Vol. 82 (2008), pp. 1607 *et seq.*
Michaels, R., and N. Jansen, "Private Law Beyond the State? Europeanization, Globalization, Privatization", *AJIL*, Vol. 54 (2006), pp. 843 *et seq.*
Michaels, R., V. Ruiz Abou-Nigm and H. van Loon (eds.), *The Private Side of Transforming Our World: UN Sustainable Development Goals 2030 and the Role of Private International Law*, Cambridge, Intersentia, 2022.

De Miguel Asensio, P. A., "Derechos humanos, diversidad cultural y derecho internacional privado", *Revista de derecho privado* (1998), pp. 541 *et seq.*
De Miguel Asensio, P. A., "International Conventions and European Instruments of Private International Law: Interrelation and Codification", in P. A. De Miguel Asensio and J.-S. Bergé, "The Place of International Agreements and European Law in a European Code of Private International Law", in M. Fallon, P. Lagarde and S. Poillot Peruzzetto (eds.), *Quelle architecture pour un code européen de droit international privé?*, Frankfurt, Peter Lang, 2011, pp. 186 *et seq.*
De Miguel Asensio, P. A., "The Future of Uniform Private Law in the European Union: New Trends and Challenges", *Spanish Yearbook of International Law*, Vol. 11 (2005), pp. 1 *et seq.*
Mills, A., "The Private History of International Law", *ICLQ*, Vol. 55 (2006), pp. 1 *et seq.*
Mills, A., *The Confluence of Public and Private International Law*, Cambridge, Cambridge University Press, 2009.
Mills, A., "Conceptualising Party Autonomy in Private International Law", *RCDIP* (2019), pp. 417 *et seq.*
Mills, A., "Private Interests and Private Law in Public International Law Jurisdiction", in S. Allen, D. Costelloe, M. Fitzmaurice, P. Gragl and E. Guntrip (eds.), *Jurisdiction in International Law*, Oxford, Oxford University Press, 2019, pp. 330 *et seq.*
Mnookin, R. H., "Child Custody Adjudication: Judicial Functions in the Face of Indeterminacy", *Law and Contemporary Problems*, Vol. 39 (1975), pp. 226 *et seq.*
Moarbes, Ch. A., "Agreement for the Termination of Bilateral Investment Treaties Between the Member States of the European Union", *International Legal Materials*, Vol. 60 (2021), pp. 99 *et seq.*
Moreno Rodríguez, J. A., "The New Paraguayan Law on International Contracts: Back to the Past", in *Eppur si muove: The Age of Uniform Law. Essays in Honour of Michael Joachim Bonell*, Vol. 2, Rome, UNIDROIT, 2016, pp. 1146 *et seq.*
Mostermans, E., "Party Autonomy: Why and When?", in Centre of Foreign Law and Private International Law, University of Amsterdam, *Forty Years On: The Evolution of Postwar Private International Law in Europe*, Deventer, Kluwer, 1990, pp. 123 *et seq.*
Mouloul, A., "Understanding the Organization for the Harmonization of Business Laws in Africa (OHADA)", 2nd ed. (June 2009), http://www.ohada.com/content/newsletters/1403/Comprendre-l-Ohada-en.pdf.
Muir Watt, H., "Droit public et droit privé dans les rapports internationaux (ver la publicisation des conflits de lois?)", in "Le privé et le public", special issue, *Archives de philosophie du droit*, Vol. 41 (1997), pp. 207 *et seq.*
Muir Watt, H., "Private International Law Beyond the Schism", *Transnational Legal Theory*, Vol. 2, No. 3 (2011), pp. 347 *et seq.*
Muir Watt, H., "L'immunité souveraine et les fonds 'vautour'. A propos de la Générale des carrières et des mines v. F.G. hémisphère Associates LLC", *RCDIP* (2012), pp. 789 *et seq.*
Muir Watt, H., "The Relevance of Private International Law to the Global Governance Debate", in H. Muir Watt and D. P. Fernández Arroyo (eds.), *Private International Law and Global Governance*, Oxford, Oxford University Press, 2014, pp. 1 *et seq.*
Murase, S., and S. Zhou (eds.), *Epidemics and International Law*, Hague Academy of International Law, Centre for Studies and Research on Epidemics and International Law, Leiden and Boston, Brill Nijhoff, 2021.
Nadelmann, K. H., *Conflict of Laws: International and Interstate*, The Hague, Martinus Nijhoff, 1972.
Nafziger, J. A. R., "Globalizing Sports Law", *Marquette Sports Law Review*, Vol. 9 (1999), pp. 225 *et seq.*

Nahlik, S. E., "Development of Diplomatic Law: Selected Problems", *Recueil des cours*, Vol. 222 (1990), pp. 187 *et seq.*
Najurieta, M. S., "Adoption internationale des mineurs et les droits de l'enfant", *Recueil des cours*, Vol. 376 (2014), pp. 418 *et seq.*
Newcombe, A., and L. Paradell, *Law and Practice of Investment Treaties: Standards of Treatment*, Alphen aan den Rijn, Kluwer Law International, 2009.
Neuman, G. L., "The Abiding Significance of Law in Foreign Relations", *Supreme Court Review* (2004), pp. 111 *et seq.*
Nguyen Quoc, D., P. Daillier, M. Forteau and A. Pellet, *Droit international public*, 8th ed., Paris, LGDJ, 2009.
Ng, M., "Choice of Law for Property Issues Regarding Bitcoin under English Law", *Journal of Private International Law*, Vol. 15 (2019), pp. 315 *et seq.*
Niboyet, J.-P., "La notion de réciprocité dans les traités diplomatiques de droit international privé", *Recueil des cours*, Vol. 52 (1935), pp. 253 *et seq.*
Nichols, B. W., "The Impact of the Foreign Sovereign Immunities Act on the Enforcement of Lenders' Remedies", *University of Illinois Law Review*, Vol. 1 (1982), pp. 252 *et seq.*
Nieto-Navia, R., *La doctrina de Monroe. Presencia histórica*, Bogotá, Ediciones Americanas, 1962.
Niyitani, Y., *Mancini und die Parteiautonomie im Internationalen Privatrecht*, Heidelberg, Universitätsverlag C. Winter, 2000.
Niyitani, Y., "Identité culturelle en droit international privé de la famille", *Recueil des cours*, Vol. 401 (2019), pp. 127 *et seq.*
Noodt Taquela, M. B., "Applying the Most Favourable Treaty or Domestic Rules to Facilitate Private International Law Co-operation", *Recueil des cours*, Vol. 377 (2015), pp. 121 *et seq.*
Noodt Taquela, M. B., *Relaciones entre tratados de derecho internacional privado en materia de cooperación jurídica internacional*, Buenos Aires, Facultad de Derecho de la Universidad de Buenos Aires y EUDEBA, 2018.
De Nova, R., "I conflitti di legge e le norme con apposite delimitazione della sfera di efficacia", *Diritto internazionale* (1959), pp. 13 *et seq.*
De Nova, R., "Historical and Comparative Introduction to Conflict of Laws", *Recueil des cours*, Vol. 118 (1966), pp. 435 *et seq.*
Novak, F., "The Inter-American Court of Human Rights and its Contribution to the Protection of Children's Rights", in N. Boschiero, T. Schovazzi, C. Pitea, and C. Ragni, *International Courts and the Development of International Law: Essays in Honour of Tullio Treves*, The Hague, T.M.C. Press; Berlin, Springer, 2013, pp. 535 *et seq.*
Nussbaum, A., "Rise and Decline of the Law-of-Nations Doctrine in the Conflict of Laws", *Columbia Law Review*, Vol. 42 (1942), pp. 192 *et seq.*
Okowa, Ph., "The International Court and the Legacy of the Barcelona Traction Case", in Ch. Jalloh and O. Elias (eds.), *Shielding Humanity: Essays in International Law in Honour of Judge Abdul Koroma*, Leiden, Brill, 2015, pp. 104 *et seq.*
Oral, N., "International Law as an Adaptation Measure to Sea-level Rise and its Impacts on Islands and Offshore Features", *International Journal of Marine and Coastal Law*, Vol. 34 (2019), pp. 415 *et seq.*
Opertti Badán, D., *Restitución internacional de menores. Aspectos civiles*, Montevideo, Instituto Interamericano del Niño, 1989.
Ouguergouz, F., S. Villapando and J. Morgan-Foster, "Functions of Depositaries", in O. Corten and P. Klein (eds.), *Commentary to the Vienna Conventions on the Law of Treaties*, Oxford, Oxford University Press, 2011, pp. 1715 *et seq.*
von Overbeck, A. E., "La contribution de la Conférence de la Haye au développement du droit international privé", *Recueil des cours*, Vol. 233 (1992), pp. 9 *et seq.*
von Overbeck, A. E., "Essai sur la délimitation du domaine des Conventions de droit international privé", in Juristische Fakultät der Universität Freiburg (ed.), *Ius et Lex. Festgabe zum 70. Geburstag von Max Gutzwiller*, Basel, Helbing and Lichtenhahn, 1959, pp. 325 *et seq.*

Paparinskis, M., "Investment Treaty Arbitration and the (New) Law of State Responsibility", *European Journal of International Law*, Vol. 24 (2013), pp. 617 *et seq.*
Paredes, S., "Protection of the Individual in Recent Private International Law Codification in Latin America", in V. Ruiz Abou-Nigm and M. B. Noodt Taquela (eds.), *Diversity and Integration in Private International Law*, Edinburgh, Edinburgh University Press, 2019, pp. 251 *et seq.*
Parra, A., "The Institutions of ICSID Arbitration Proceedings", *News from ICSID*, Vol. 2, No. 2 (2003), https://icsid.worldbank.org/sites/default/files/publi cations/2003%20Winter%20Volume%2020%20%28No.%202%29%20–%20 Download.pdf.
Parra-Aranguren, G., "Recent Developments of Conflict of Laws Conventions in Latin America", *Recueil des cours*, Vol. 164 (1979), pp. 55 *et seq.*
Parra-Aranguren, G., "General Course of Private International Law: Selected Problems", *Recueil des cours*, Vol. 210 (1988), pp. 9 *et seq.*
Pasipanodya, T., "Environmental Considerations in Investment Arbitration and Treaties", in *Investor-State Arbitration Laws and Regulations 2022*, https:// iclg.com/practice-areas/investor-state-arbitration-laws-and-regulations/1-environ mental-considerations-in-investment-arbitrations-and-treaties.
Paulsson, J., "Issues Arising from Findings of Denial of Justice", *Recueil des cours*, Vol. 405 (2019), pp. 9 *et seq.*
Pavoni, R., "Human Rights and the Immunities of Foreign States and International Organizations", in E. De Wet and J. Vidmar (eds.), *Hierarchy in International Law: The Place of Human Rights*, Oxford, Oxford University Press, 2012, pp. 71 *et seq.*
Pellet, A., "The Case Law of the ICJ in Investment Arbitration", *ICSID Review*, Vol. 28 (2013), pp. 225 *et seq.*
Pellet, A., and D. Müller, "Article 38", in A. Zimmermann, C. J. Tams, K. Oellers-Frahm, C. Tomuschat, F. Boos and E. Methymaki (eds.), *The Statute of the International Court of Justice: A Commentary*, Oxford, Oxford University Press, 2019, pp. 870 *et seq.*
Pérez Manrique, R., "El interés superior del niño en el Convenio de La Haya de 1980. Orientaciones para su interpretación", *Revista de derecho de familia*, Vol. 56 (2012), pp. 236 *et seq.*
Pereznieto Castro, L., "La tradition traditionaliste en droit international privé dans les pays d'Amérique latine", *Recueil des cours*, Vol. 190 (1984), pp. 271 *et seq.*
Pérez Vera, E., "Citoyenneté de l'Union européenne, nationalité et condition des étrangers", *Recueil des cours*, Vol. 261 (1996), pp. 243 *et seq.*
Pertegás, M., "Treaties in Private International Law", in J. Basedow, G. Rühl, F. Ferrari and P. de Miguel Asensio (eds.), *Encyclopaedia of Private International Law*, Vol. 2, Cheltenham, Edward Elgar, 2017, pp. 1743 *et seq.*
Phillipson, C., *The International Law and Custom of Ancient Greece and Rome*, London, Palgrave Macmillan, 1911.
Piccone, P., "Caratteri ed evoluzione del metodo tradizionale dei conflitti di leggi", *Rivista di diritto internazionale* (1998), pp. 5 *et seq.*
Pillet, A., *Traité pratique de droit international privé*, Vol. 1, Paris, Allier, 1923.
Pinto, M., "El principio *pro homine*: Criterios de hermenéutica y pautas para la regulación de los derechos humanos", in M. Abregú and C. Courtis (eds.), *La aplicación de los tratados de derechos humanos por los tribunales locales*, Buenos Aires, CELS and Del Puerto, 1997, pp. 163 *et seq.*
Pinto, M., *Temas de derechos humanos*, Buenos Aires, Editores del Puerto, 2009.
Piombo, H. D., *Extraterritorialidad del derecho extranjero. Aplicación de su método a todas las ramas*, Buenos Aires, Astrea, 2020.
Porzecanski, A., "The Origins of Argentina's Litigation and Arbitration Saga, 2002-2014", *Fordham International Law Journal*, Vol. 40 (2016), pp. 41 *et seq.*
Pouikli, K., "A Short History of the Climate Change Litigation Boom Across Europe", *ERA Academy of European Law* (2022), https://link.springer.com/ content/pdf/10.1007/s12027-022-00700-1.pdf.

Prott, L. V., "Problems of Private International Law for the Protection of the Cultural Heritage", *Recueil des cours*, Vol. 215 (1989), pp. 215 *et seq.*
Radicati di Brozolo, L. G., "Non-National Rules and Conflicts of Laws: Reflections in Light of the UNIDROIT and Hague Principles", *Rivista di diritto internazionale private et procesuale* (2012), pp. 841 *et seq.*
Raimondo, F., "General Principles of Law, Judicial Creativity and the Development of International Criminal Law", in S. Darcy and J. Powderly (eds.), *Judicial Creativity at the International Criminal Tribunals*, New York, Oxford University Press, 2010, pp. 45 *et seq.*
Rao, P. C., and Ph. Gautier, *The International Tribunal for the Law of the Sea: Law, Practice and Procedure*, Cheltenham, Edward Elgar, 2018.
Ratner, S. R., "The Security Council and International Law", in D. M. Malone (ed.), *The UN Security Council: From the Cold War to the 21st Century*, Boulder and London, Lynne Rienner, 2004, pp. 592 *et seq.*
Ratner, S., and A.-M. Slaughter, "Appraising the Methods of International Law: A Prospectus for Readers", in S. Ratner and A.-M. Slaughter (eds.), "Symposium on Method in International Law", special issue, *AJIL*, Vol. 93 (1999), pp. 291 *et seq.*
Reinisch, A., *International Organizations before National Courts*, Cambridge, Cambridge University Press, 2000.
Remiro Brotóns, A., "La reconnaissance et l'exécution des sentences arbitrales étrangères", *Recueil des cours*, Vol. 184 (1984), pp. 169 *et seq.*
Rétornaz, V., and B. Volders, "Le for de nécessité: tableau comparatif et évolutif", *RCDIP* (2008), pp. 225 *et seq.*
Richman, W. M., and D. Riley, "The First Restatement of Conflict of Laws on the Twenty-Fifth Anniversary of Its Successor: Contemporary Practice in Traditional Courts", *Maryland Law Review*, Vol. 56 (1997), pp. 1196 *et seq.*
Riedel, E., "Standards and Sources: Farewell to the Exclusivity of the Sources Triad in International Law", *European Journal of International Law*, Vol. 2 (1991), pp. 58 *et seq.*
Rigaux, F., "Droit public et droit privé dans l'ordre juridique international", in *Mélanges en l'honneur de Jean Dabin*, Vol. 1, Brussels, Bruylant; Paris, Sirey, 1963, pp. 247 *et seq.*
Rigaux, F., and M. Fallon, *Droit international privé*, 3rd ed., Brussels, Larcier, 2005.
Roberts, A., "Traditional and Modern Approaches to Customary International Law: A Reconciliation", *AJIL*, Vol. 95 (2001), pp. 757 *et seq.*
Roberts, A., "Clash of Paradigms: Actors and Analogies Shaping the Investment Treaty System", *AJIL*, Vol. 107 (2013), pp. 45 *et seq.*
Roberts, A., *Is International Law International?*, Oxford, Oxford University Press, 2017.
Robins, T. E., "The Peculiar Case of the ARA *Libertad*: Provisional Measures and Prejudice to the Arbitral Tribunal's Final Result", *Harvard Negotiation Law Review*, Vol. 20 (2015), pp. 265 *et seq.*
Roodt, C., *Private International Law, Art and Cultural Heritage*, Cheltenham and Northampton, Edward Elgar, 2015.
Rooney, J., "Extraterritorial Corporate Liability for Environmental Harm: Okpabu v. Royal Dutch Shell", *Northern Ireland Legal Quarterly*, Vol. 71 (2019), pp. 157 *et seq.*
Rose, C., "The FIFA Corruption Scandal from the Perspective of Public International Law", *ASIL Insights*, Vol. 19, No. 23 (23 October 2015), https://www.asil.org/insights/volume/19/issue/23/fifa-corruption-scandal-perspective-public-international-law#_ednref7.
Rösler, H., "Court of Justice of the European Union", in J. Basedow, G. Rühl, F. Ferrari and P. de Miguel Asensio (eds.), *Encyclopaedia of Private International Law*, Vol. 1, Cheltenham, Edward Elgar, 2017, pp. 483 *et seq.*
Rühl, G., "Judicial Cooperation in Civil and Commercial Matters after Brexit: Which Way Forward?", *ICLQ*, Vol. 67 (2018), pp. 99 *et seq.*
Ruiz Cerutti, S., "The UNCLOS and the Settlement of Disputes: The ARA *Libertad*

Case", in L. del Castillo (ed.), *Law of the Sea, From Grotius to the International Tribunal for the Law of the Sea. Liber Amicorum Judge Hugo Caminos*, Leiden and Boston, Brill Nijhoff, 2015, pp. 713 *et seq.*
Ruiz Díaz Labrano, R., "Ley aplicable a los contratos internacionales en base a los principios de La Haya. Ley No. 5393 de fecha 15 de enero de 2015 de la República del Paraguay", *Estudios de derecho empresario*, Vol. 9 (2016), pp. 88 *et seq.*
Ryngaert, C., "The Immunity of International Organizations Before Domestic Courts: Recent Trends", *International Organizations Law Review*, Vol. 7 (2010), pp. 121 *et seq.*
Ryngaert, C., "Embassy Bank Accounts and State Immunity from Execution: Doing Justice to the Financial Interests of Creditors", *Leiden Journal of International Law*, Vol. 26 (2013), pp. 73 *et seq.*
Ryngaert, C., *Jurisdiction in International Law*, 2nd ed., Oxford, Oxford University Press, 2015.
Salmon, J., *Manuel de droit diplomatique*, Brussels, Bruylant, 1994.
Salvioli, F., *Introducción a los derechos humanos*, Valencia, Tirant lo Blanch, 2020.
Salvioli, F., *El sistema interamericano de protección de los derechos humanos. Instrumentos, órganos, prodecimientos y jurisprudencia*, Querétaro, Instituto de Estudios Constitucionales, 2020.
Salvioli, F., *El rol de los órganos internacionales de protección de los derechos humanos, y el valor jurídico de sus pronunciamientos: La edad de la razón*, San José, Investigaciones Jurídicas SA, 2022.
Samtleben, J., "Die Interamerikanischen Spezialkonferenzen für Internationales Privatrecht", *Rabels Zeitschrift für ausländisches und internationales Privatrecht*, Vol. 44 (1980), pp. 257 *et seq.*
Samtleben, J., *Derecho internacional privado en América Latina. Teoría y práctica del Código Bustamante*, Buenos Aires, Depalma, 1983.
Sandrock, O., "Is International Arbitration Inept to Solve Disputes Arising out of International Loan Agreements", *Journal of International Arbitration*, Vol. 11 (1994), pp. 33 *et seq.*
Sauveplanne, J. G., "Developments in Private International Law: A Retrospective Look at the Boll Case", in A. Bos and H. Siblesz (eds.), *Realism in Law-Making: Essays on International Law in Honour of Willem Riphagen*, Dordrecht, Martinus Nijhoff, 1986, pp. 179 *et seq.*
von Savigny, F. C., *System des Heutigen Römischen Rechts*, Vol. 8, Berlin, Neudr. der Ausg., 1849.
von Savigny, F. C., *A Treatise on the Conflict of Laws, and the Limits of their Operation in Respect of Place and Time*, trans. W. Guthrie, 2nd ed., Edinburgh, T. & T. Clark, 1880.
Scelle, G., *Cours de droit international public*, Paris, Domat-Montchrestien, 1948.
Schachter, O., "International Law in Theory and Practice: General Course in Public International Law", *Recueil des cours*, Vol. 178 (1982), pp. 9 *et seq.*
Schiff Berman, P., "From International Law to Law and Globalization", *Columbia Journal of Transnational Law*, Vol. 43 (2005), pp. 485 *et seq.*
Schreuer, C. H., L. Malintoppi, A. Reinisch and A. C. Sinclair, *The ICSID Convention: A Commentary*, 2nd ed., Cambridge, Cambridge University Press, 2001.
Schrijver, N. J., *Sovereignty over Natural Resources: Balancing Rights and Duties*, Cambridge, Cambridge University Press, 2008.
Scotti, L. B., *Manual de derecho internacional privado*, Buenos Aires, La Ley, 2017.
Seidl-Hohenveldern, I., "International Economic 'Soft Law' ", *Recueil des cours*, Vol. 165 (1979), pp. 165 *et seq.*
Shah, S., "Jurisdictional Immunities of the State: Germany v. Italy", *Human Rights Law Review*, Vol. 12 (2012), pp. 555 *et seq.*
Sicilianos, L.-A., "The Human Face of International Law: Interactions between

General International Law and Human Rights: An Overview", *Human Rights Law Journal*, Vol. 32 (2012), pp. 1 *et seq.*
Sidney Woolf, C. N., *Bartolus of Sassoferrato: His Position in the History of Medieval Political Thought*, Cambridge, Cambridge University Press, 1913.
Siehr, K., "International Trade and The Law", *Recueil des cours*, Vol. 243 (1993), pp. 9 *et seq.*
Siehr, K., "National Private International Law and International Instruments", in J. Fawcett (ed.), *Reform and Development of Private International Law: Essays in Honour of Sir Peter North*, Oxford, Oxford University Press, 2004, pp. 335 *et seq.*
Simma, B., "Foreign Investment Arbitration: A Place for Human Rights?", *ICLQ*, Vol. 60 (2011), pp. 573 *et seq.*
Simma, B., and A. Th. Müller, "Exercise and Limits of Jurisdiction", in J. Crawford and M. Koskenniemi (eds.), *International Law*, Cambridge, Cambridge University Press, 2012, pp. 134 *et seq.*
Slaughter, A.-M., and W. Burke-White, "The Future of International Law is Domestic (or The European Way of Law)", *Harvard International Law Journal*, Vol. 47 (2006), pp. 327 *et seq.*
Smith, B., "The Third Industrial Revolution: Law and Policy for the Internet", *Recueil des cours*, Vol. 282 (2000), pp. 229 *et seq.*
Smyth, C., "The Best Interests of the Child in the Expulsion and First-Entry Jurisprudence of the European Court of Human Rights: How Principled is the Court's Use of the Principle", *European Journal of Migration and Law*, Vol. 17 (2015), pp. 70 *et seq.*
Sornarajah, M., *The International Law on Foreign Investment*, Cambridge, Cambridge University Press, 2010.
Steinhardt, R. G., "The Privatization of Public Law", *George Washington Journal of International Law and Economics*, Vol. 25 (2001), pp. 523 *et seq.*
Steininger, S., and J. von Bernstorff, "Who Turned Multilateral Corporations into Bearers of Human Rights? On the Creation of Corporate 'Human' Rights in International Law", in I. Venzke and K. J. Heller (eds.), *Contingency in International Law: On the Possibility of Different Legal Opinions*, Oxford, Oxford University Press, 2021, pp. 281 *et seq.*
Stevenson, J. R., "The Relationship of Private International Law to Public International Law", *Columbia Law Review*, Vol. 52 (1952), pp. 561 *et seq.*
Stowell, E. C., *International Law: A Restatement of Principles in Conformity with Actual Practice*, New York, Henry Holt and Co., 1931.
Story, J., *Commentaries on the Conflict of Laws*, 1st ed., Boston, Hilliard, Gray and Co., 1834.
Strenger, I., "La notion de *lex mercatoria* en droit du commerce international", *Recueil des cours*, Vol. 227 (1991), pp. 207 *et seq.*
Struycken, A. V. M., "Les conséquences de l'intégration européenne sur le développement du droit international privé", *Recueil des cours*, Vol. 232 (1992), pp. 257 *et seq.*
Stuart, G., "Le droit et la pratique diplomatiques et consulaires", *Recueil des cours*, Vol. 48 (1934), pp. 459 *et seq.*
Symeonides, S. C., and W. Collins Perdue, *Conflict of Laws: American, Comparative, International*, 3rd ed., St. Paul, West, 2012.
Szabados, T., *Economic Sanctions in EU Private International Law*, Oxford, Hart, 2020.
Taft, W. H., "A View from the Top: American Perspectives on International Law After the Cold War", *Yale Journal of International Law*, Vol. 31 (2006), pp. 503 *et seq.*
Thouvenin, J.-M., and V. Grandaubert, "The Material Scope of State Immunity from Execution", in T. Ruys, N. Angelet and L. Ferro (eds.), *The Cambridge Handbook of Immunities and International Law*, Cambridge, Cambridge University Press, 2019, pp. 245 *et seq.*

Titievskaia, J., V. Kononenko, C. Navarra, C. Stamegna and K. Zumer, "Understanding the dynamics of 'Slowbalisation'", European Parliament, PE 659.383 (December 2020).
Tomka, P., "Defences Based on Necessity under Customary International Law and on Emergency Clauses in Bilateral Investment Treaties", in M. Kinnear, G. R. Fischer, J. Minguez Almeida, L. F. Torres and M. Uran Bidegain (eds.), *Building International Investment Law: The First 50 Years of ICSID*, Alphen aan den Rijn, Kluwer, 2015, pp. 415 *et seq.*
Torremans, P. (ed.), *Cheshire, North & Fawcett Private International Law*, 15th ed., Oxford, Oxford University Press, 2017.
Treves, T., *Diritto internazionale, Problemi fondamentali*, Milan, Giuffrè, 2005.
Treves, T., "The Expansion of International Law" (General Course on Public International Law), *Recueil des cours*, Vol. 398 (2018), pp. 9 *et seq.*
Trooboff, P., "Globalization, Personal Jurisdiction and the Internet Responding to the Challenge of Adapting Settled Principles and Precedents", *Recueil des cours*, Vol. 415 (2021), pp. 1 *et seq.*
Tunkin, G. I., *Theory of International Law*, trans. W. E. Butler, Cambridge, MA, Harvard University Press, 1974.
Ubertazzi, B., "Intellectual Property Rights and Exclusive (Subject Matter Jurisdiction): Between Private and Public International Law", *Marquette Intellectual Property Law Review*, Vol. 15 (2011), pp. 357 *et seq.*
Ubertazzi, G. M., "Règles de non-discrimination et droit international privé", *Recueil des cours*, Vol. 157 (1977), pp. 333 *et seq.*
Uzal, M. E., "Ley aplicable y Juez competente en el Sistema del Mercosur", *Revista del derecho comercial y de las obligaciones*, (1993-B), pp. 215 *et seq.*
Valladão, H., "Le droit international privé des états américains", *Recueil des cours*, Vol. 81 (1952), pp. 1 *et seq.*
Valladão, H., *Direito internacional privado*, 2nd ed., Rio de Janeiro, Freitas Bastos, 1970.
de Varennes, F., and E. Kuzborska, "Human Rights and Person's Names: Legal Trends and Challenges", *Human Rights Quarterly*, Vol. 37 (2015), pp. 977 *et seq.*
Vázquez, M., and J. Grandino Rodas, "CIDIP VII y etapas sucesivas: Cuestiones generales", https://www.oas.org/dil/esp/derecho_internacional_privado_conferencias_cuestionesgenerales.htm.
de Vattel, E., *The Law of Nations, or the Principles of Natural Law applied to the Conduct and the Affairs of Nations and Sovereigns*, trans. C. G. Fenwick, Washington, Carnegie Institution of Washington, 1916.
Verwilhen, M., "Conflits de nationalités: plurinationalité et apatridie", *Recueil des cours*, Vol. 277 (1999), pp. 9 *et seq.*
Vieira, M. A., "Le droit international privé dans le développement de l'intégration latino-américaine", *Recueil des cours*, Vol. 130 (1970), pp. 315 *et seq.*
Villapando, S., "The Law of the International Civil Service" and "International Administrative Tribunals", in J. K. Coogan, I. Hurd and I. Johnstone (eds.), *The Oxford Handbook of International Organizations*, Oxford, Oxford University Press, 2017, pp. 1069 *et seq.* and 1085 *et seq.*
Vinuesa, R. E., "Direct Applicability of Human Rights Conventions within the Internal Legal Order: The Situation in Argentina", in B. Conforti and F. Francioni (eds.), *Enforcing International Human Rights in Domestic Courts*, The Hague, Martinus Nijhoff, 1997, pp. 149 *et seq.*
Vinuesa, R. E., "Bilateral Investment Treaties and the Settlement of Investment Disputes under ICSID: The Latin American Experience", *Law and Business Review of the Americas*, Vol. 8 (2002), pp. 501 *et seq.*
Virally, M., "Le principe de réciprocité dans le droit international contemporain", *Recueil des cours*, Vol. 122 (1967), pp. 1 *et seq.*
Vitta, E., "International Conventions and National Conflict Systems", *Recueil des cours*, Vol. 126 (1969), pp. 111 *et seq.*

Vogel, K., "Double Tax Treaties and Their Interpretation", *International Tax & Business Lawyer*, Vol. 4 (1986), pp. 4 *et seq.*
von Wächter, C. G., "Uber die Collision der Privatrechtsgesetze verschiedener Staaten", *Archiv für die civilistische Praxis*, Vol. 24. (1841), pp. 230 *et seq.* (article cont. in Vol. 25 (1842), pp. 261 *et seq.*).
Wai, R. S., "Transnational Liftoff and Juridical Touchdown: Regulatory Function of Private International Law in an Era of Globalization", *Columbia Journal of Transnational Law*, Vol. 40 (2002), pp. 209 *et seq.*
Waibel, M., *Sovereign Defaults before International Courts and Tribunals*, Cambridge, Cambridge University Press, 2011.
Wegher Osci, F., "Aportes para la inclusión de reglas de jurisdicción international en el Tratado de Empresas y Derechos Humanos", in H. Cantú Rivera (ed.), *El tratado sobre las empresas y los derechos humanos: Perspectivas latinoamericanas*, Madrid, Tirant Lo Blanch, 2022, pp. 473-499.
Weinberg, I. (ed.), *Convención sobre los derechos del niño*, Buenos Aires, Rubinzal-Culzoni, 2002.
Weinberg, I., *Nuevo derecho internacional privado*, Buenos Aires, Erreius, 2021.
Westlake, J., *A Treatise on Private International Law: Conflict of Laws, with Principal References to its Practice in the English and other Cognate Systems of Jurisprudence*, London, W. Maxwell, 1858.
Whited, C. M., "The UNIDROIT Principles of International Commercial Contracts: An Overview of their Utility and the Role they have played in Reforming Domestic Contract Law Around the World", *ILSA Journal of International & Comparative Law*, Vol. 18 (2011), pp. 167 *et seq.*
Whytock, C. A., "Domestic Courts and Global Governance", *Tulane Law Review*, Vol. 84 (2009), pp. 67 *et seq.*
Whytock, C. A., "Myth or Mess? International Choice of Law in Action", *New York University Law Review*, Vol. 84 (2009), pp. 719 *et seq.*
Whytock, C. A., "Foreign State Immunity and the Right to Court Access", *Boston University Law Review*, Vol. 93 (2013), pp. 2033 *et seq.*
Whytock, C. A., "The Concept of a Global System", in P. Zumbansen P. (ed.), *The Many Lives of Transnational Law: Critical Engagement with Jessup's Bold Proposals*, Cambridge, Cambridge University Press, 2020, pp. 72 *et seq.*
Whytock, C. A., "Transnational Access to Justice", *Berkeley Journal of International Law*, Vol. 38 (2020), pp. 154 *et seq.*
Whytock, C. A., and C. Burke Robertson, "*Forum Non Conveniens* and the Enforcement of Foreign Judgments", *Columbia Law Review*, Vol. 111 (2011), pp. 1444 *et seq.*
Wolff, M., *Private International Law*, 2nd ed., Oxford, Clarendon Press, 1950.
Wood, D. P., "Extraterritorial Enforcement of Regulatory Laws", *Recueil des cours*, Vol. 401 (2019), pp. 9 *et seq.*
Wortley, B. A., "The Interaction of Public and Private International Law Today", *Recueil des cours*, Vol. 85 (1954), pp. 239 *et seq.*
Wouters, J., "Le statut juridique des standards publics et privés dans les relations économiques internationals", *Recueil des cours*, Vol. 407 (2020), pp. 9 *et seq.*
Wuerth, I., "International Law in Domestic Courts and the Jurisdictional Immunities of the State Case", *Melbourne Journal of International Law*, Vol. 13 (2012), pp. 1 *et seq.*
Yannaca-Small, C., "Definition of Investor and Investment in International Investment Agreements", in OECD, *International Investment Law: Understanding Concepts and Tracking Innovations*, 2008, pp. 7 *et seq.*, https://www.oecd.org/daf/inv/internationalinvestmentagreements/40471468.pdf.
Yannaca-Small, C., "Interpretation of the Umbrella Clause in Investment Agreements", in OECD, *International Investment Law: Understanding Concepts and Tracking Innovations*, 2008, pp. 101 *et seq.*, https://www.oecd.org/investment/internationalinvestmentagreements/40471535.pdf.

Yepes, J. M., "La contribution de l'Amérique Latine au développement du droit international public et privé", *Recueil des cours*, Vol. 32 (1930), pp. 1 *et seq.*

Yilmaz, S., "Protection of Minors: Lessons about the FIFA RSTP from the Recent Spanish cases at the Court of Arbitration for Sports", *International Sports Law Journal*, Vol. 18 (2018), pp. 18 *et seq.*

Yusuf, A. A., "Pan-Africanism and International Law, *Recueil des cours*, Vol. 369 (2013), pp. 361 *et seq.*

PUBLICATIONS DE L'ACADÉMIE
DE DROIT INTERNATIONAL
DE LA HAYE

PUBLICATIONS OF THE
HAGUE ACADEMY OF INTERNATIONAL
LAW

RECUEIL DES COURS

Depuis 1923, les plus grands noms du droit international ont professé à l'Académie de droit international de La Haye. Tous les tomes du *Recueil* qui ont été publiés depuis cette date sont disponibles, chaque tome étant, depuis les tout premiers, régulièrement réimprimé sous sa forme originale.

Depuis 2008, certains cours font l'objet d'une édition en livres de poche.

En outre, toute la collection existe en version électronique. Tous les ouvrages parus à ce jour ont été mis en ligne et peuvent être consultés moyennant un des abonnements proposés, qui offrent un éventail de tarifs et de possibilités.

INDEX

A ce jour, il a paru sept index généraux. Ils couvrent les tomes suivants:

1 à 101	(1923-1960)	379 pages	ISBN 978-90-218-9948-0
102 à 125	(1961-1968)	204 pages	ISBN 978-90-286-0643-2
126 à 151	(1969-1976)	280 pages	ISBN 978-90-286-0630-2
152 à 178	(1976-1982)	416 pages	ISBN 978-0-7923-2955-8
179 à 200	(1983-1986)	260 pages	ISBN 978-90-411-0110-5
201 à 250	(1987-1994)	448 pages	ISBN 978-90-04-13700-4
251 à 300	(1995-2002)	580 pages	ISBN 978-90-04-15387-7

A partir du tome 210 il a été décidé de publier un index complet qui couvrira chaque fois dix tomes du *Recueil des cours*. Le dernier index paru couvre les tomes suivants:

311 à 320	(2004-2006)	392 pages	Tome 320A	ISBN 978-90-04-19695-7

COLLOQUES

L'Académie organise également des colloques dont les débats sont publiés. Les derniers volumes parus de ces colloques portent les titres suivants: *Le règlement pacifique des différends internationaux en Europe: perspectives d'avenir* (1990); *Le développement du rôle du Conseil de sécurité* (1992); *La Convention sur l'interdiction et l'élimination des armes chimiques: une percée dans l'entreprise multilatérale du désarmement* (1994); *Actualité de la Conférence de La Haye de 1907, Deuxième Conférence de la Paix* (2007).

CENTRE D'ÉTUDE ET DE RECHERCHE

Les travaux scientifiques du Centre d'étude et de recherche de droit international et de relations internationales de l'Académie de droit international de La Haye, dont les sujets sont choisis par le Curatorium de l'Académie, faisaient l'objet, depuis la session de 1985, d'une publication dans laquelle les directeurs d'études dressaient le bilan des recherches du Centre qu'ils avaient dirigé. Cette série a été arrêtée et la dernière brochure parue porte le titre suivant: *Les règles et les institutions du droit international humanitaire à l'épreuve des conflits armés récents*. Néanmoins, lorsque les travaux du Centre se révèlent particulièrement intéressants et originaux, les rapports des directeurs et les articles rédigés par les chercheurs font l'objet d'un ouvrage collectif.

Les demandes de renseignements ou de catalogues et les commandes doivent être adressées à

MARTINUS NIJHOFF PUBLISHERS

B.P. 9000, 2300 PA Leyde   Pays-Bas   http://www.brill.nl

COLLECTED COURSES Since 1923 the top names in international law have taught at The Hague Academy of International Law. All the volumes of the *Collected Courses* which have been published since 1923 are available, as, since the very first volume, they are reprinted regularly in their original format.
Since 2008, certain courses have been the subject of a pocketbook edition.
In addition, the total collection now exists in electronic form. All works already published have been put "on line" and can be consulted under one of the proposed subscription methods, which offer a range of tariffs and possibilities.

INDEXES Up till now seven General Indexes have been published. They cover the following volumes:

1 to 101	(1923-1960)	379 pages	ISBN 978-90-218-9948-0
102 to 125	(1961-1968)	204 pages	ISBN 978-90-286-0643-2
126 to 151	(1969-1976)	280 pages	ISBN 978-90-286-0630-2
152 to 178	(1976-1982)	416 pages	ISBN 978-0-7923-2955-8
179 to 200	(1983-1986)	260 pages	ISBN 978-90-411-0110-5
201 to 250	(1987-1994)	448 pages	ISBN 978-90-04-13700-4
251 to 300	(1995-2002)	580 pages	ISBN 978-90-04-15387-7

From Volume 210 onwards it has been decided to publish a full index covering, each time, ten volumes of the *Collected Courses*. The latest Index published covers the following volumes:
311 to 320 (2004-2006) 392 pages Volume 320A ISBN 978-90-04-19695-7

WORKSHOPS The Academy publishes the discussions from the Workshops which it organises.
The latest titles of the Workshops already published are as follows: *The Peaceful Settlement of International Disputes in Europe: Future Prospects* (1990) ; *The Development of the Role of the Security Council* (1992); *The Convention on the Prohibition and Elimination of Chemical Weapons: A Breakthrough in Multilateral Disarmament* (1994); *Topicality of the 1907 Hague Conference, the Second Peace Conference* (2007).

CENTRE FOR STUDIES AND RESEARCH The scientific works of the Centre for Studies and Research in International Law and International Relations of The Hague Academy of International Law, the subjects of which are chosen by the Curatorium of the Academy, have been published, since the Centre's 1985 session, in a publication in which the Directors of Studies reported on the state of research of the Centre under their direction. This series has been discontinued and the title of the latest booklet published is as follows: *Rules and Institutions of International Humanitarian Law Put to the Test of Recent Armed Conflicts*. Nevertheless, when the work of the Centre has been of particular interest and originality, the reports of the Directors of Studies together with the articles by the researchers form the subject of a collection published by the Academy.

Requests for information, catalogues and orders for publications must be addressed to

MARTINUS NIJHOFF PUBLISHERS

P.O. Box 9000, 2300 PA Leiden   The Netherlands   http://www.brill.nl

TABLE PAR TOME DES COURS PUBLIÉS CES DERNIÈRES ANNÉES
INDEX BY VOLUME OF THE COURSES PUBLISHED THESE LAST YEARS

Tome/Volume 333 (2008)

Müllerson, R. : Democracy Promotion : Institutions, International Law and Politics, 9-174.

Pisillo Mazzeschi, R. : Responsabilité de l'Etat pour violation des obligations positives relatives aux droits de l'homme, 174-506.

(ISBN 978-90-04-17284-5)

Tome/Volume 334 (2008)

Verhoeven, J. : Considérations sur ce qui est commun. Cours général de droit international public (2002), 9-434.

(ISBN 978-90-04-17289-0)

Tome/Volume 335 (2008)

Beaumont, P. R. : The Jurisprudence of the European Court of Human Rights and the European Court of Justice on the Hague Convention on International Child Abduction, 9-104.

Moura Vicente, D. : La propriété intellectuelle en droit international privé, 105-504.

(ISBN 978-90-04-17290-6)

Tome/Volume 336 (2008)

Decaux, E. : Les formes contemporaines de l'esclavage, 9-198.
McLachlan, C. : *Lis Pendens* in International Litigation, 199-554.

(ISBN 978-90-04-17291-3)

Tome/Volume 337 (2008)

Mahiou, A. : Le droit international ou la dialectique de la rigueur et de la flexibilité. Cours général de droit international public, 9-516.

(ISBN 978-90-04-17292-0)

Tome/Volume 338 (2008)

Thürer, D. : International Humanitariam Law : Theory, Practice, Context, 9-370

(ISBN 978-90-04-17293-7)

Tome/Volume 339 (2008)

Sicilianos, L.-A. : Entre multilatéralisme et unilatéralisme : l'autorisation par le Conseil de sécurité de recourir à la force, 9-436.

(ISBN 978-90-04-17294-4)

Tome/Volume 340 (2009)

Beaumont, P. R. : Reflections on the Relevance of Public International Law to Private International Law Treaty Making (Opening Lecture, Private International Law Session, 2009), 9-62.

Carbone, S. M.: Conflits de lois en droit maritime, 63-270.
Boele-Woelki, K.: Unifying and Harmonizing Substantive Law and the Role of Conflict of Laws, 271-462.
(ISBN 978-90-04-17295-1)

Tome/Volume 341 (2009)

Bucher, A.: La dimension sociale du droit international privé. Cours général, 9-526.
(ISBN 978-90-04-18509-8)

Tome/Volume 342 (2009)

Musin, V.: The Influence of the International Sale of Goods Convention on Domestic Law Including Conflict of Laws (with Specific Reference to Russian Law), 9-76.
Onuma, Y.: A Transcivilizational Perspective on International Law. Questioning Prevalent Cognitive Frameworks in the Emerging Multi-Polar and Multi-Civilizational World of the Twenty-First Century, 77-418.
(ISBN 978-90-04-18510-4)

Tome/Volume 343 (2009)

Abou-el-Wafa, A.: Les différends internationaux concernant les frontières terrestres dans la jurisprudence de la Cour internationale de Justice, 9-570.
(ISBN 978-90-04-18513-5)

Tome/Volume 344 (2009)

Villiger, M. E.: The 1969 Vienna Convention on the Law of Treaties — 40 Years After, 4-192.
Alvarez, J. E.: The Public International Law Regime Governing International Investment, 193-452.
(ISBN 978-90-04-18512-8)

Tome/Volume 345 (2009)

Meziou, K.: Migrations et relations familiales, 9-386.
Lauterpacht, Sir Elihu: Principles of Procedure in International Litigation, 387-530.
(ISBN 978-90-04-18514-2)

Tome/Volume 346 (2009)

Kawano, M.: The Role of Judicial Procedures in the Process of the Pacific Settlement of International Disputes, 9-474.
(ISBN 978-90-04-18515-9)

Tome/Volume 347 (2010)

Salmon, J.: Quelle place pour l'Etat dans le droit international d'aujourd'hui? 9-78.
Boisson de Chazournes, L.: Les relations entre organisations régionales et organisations universelles, 79-406.
(ISBN 978-90-04-18516-6)

Tome/Volume 348 (2010)

Bogdan, M.: Private International Law as Component of the Law of the Forum. General Course, 9-252.
Baratta, R.: La reconnaissance internationale des situations juridiques personnelles et familiales, 253-500.
(ISBN 978-90-04-18517-3)

Tome/Volume 349 (2010)

Malenovský, J.: L'indépendance des juges internationaux, 9-276.
Wang, G.: Radiating Impact of WTO on Its Members' Legal System: The Chinese Perspective, 277-536.
(ISBN 978-90-04-18518-0)

Tome/Volume 350 (2010)

Van Gerven, W.: Plaidoirie pour une nouvelle branche du droit: le «droit des conflits d'ordres juridiques» dans le prolongement du «droit des conflits de règles» (conférence inaugurale), 9-70.
Bonomi, A.: Successions internationales: conflits de lois et de juridictions, 71-418.
Oxman, B. H.: Idealism and the Study of International Law (Inaugural Lecture), 419-440.
(ISBN 978-90-04-18519-7)

Tome/Volume 351 (2010)

Reisman, W. M.: The Quest for World Order and Human Dignity in the Twenty-first Century: Constitutive Process and Individual Commitment. General Course on Public International Law, 9-382.
(ISBN 978-90-04-22725-5)

Tome/Volume 352 (2010)

Daví, A.: Le renvoi en droit international privé contemporain, 9-522.
(ISBN 978-90-04-22726-2)

Tome/Volume 353 (2011)

Meeusen, J.: Le droit international privé et le principe de non-discrimination, 9-184.
Gowlland-Debbas, V.: The Security Council and Issues of Responsibility under International Law, 185-444.
(ISBN 978-90-04-22727-9)

Tome/Volume 354 (2011)

Lamm, C. B.: Internationalization of the Practice of Law and Important Emerging Issues for Investor-State Arbitration (Opening Lecture), 9-64.
Briggs, A.: The Principle of Comity in Private International Law, 65-182.
Davey, W. J.: Non-discrimination in the World Trade Organization: The Rules and Exceptions, 183-440.
(ISBN 978-90-04-22728-6)

Tome/Volume 355 (2011)

Chemillier-Gendreau, M.: A quelles conditions l'universalité du droit international est-elle possible? (conférence inaugurale), 9-40.
Xue Hanqin: Chinese Contemporary Perspectives on International Law — History, Culture and International Law, 41-234.
Arrighi, J. M.: L'Organisation des Etats américains et le droit international, 235-438.
(ISBN 978-90-04-22729-3)

Tome/Volume 356 (2011)

Talpis, J.: Succession Substitutes, 9-238.
Lagrange, E.: L'efficacité des normes internationales concernant la situation des personnes privées dans les ordres juridiques internes, 239-552.
(ISBN 978-90-04-22730-9)

Tome/Volume 357 (2011)

Dugard, J.: The Secession of States and Their Recognition in the Wake of Kosovo, 9-222.
Gannagé, L.: Les méthodes du droit international privé à l'épreuve des conflits de cultures, 223-490.
(ISBN 978-90-04-22731-6)

Tome/Volume 358 (2011)

Brand, R. A.: Transaction Planning Using Rules on Jurisdiction and the Recognition and Enforcement of Judgments, 9-262.
Hafner, G.: The Emancipation of the Individual from the State under International Law, 263-454. (ISBN 978-90-04-22732-3)

Tome/Volume 359 (2012)

Opertti Badán, D.: Conflit de lois et droit uniforme dans le droit international privé contemporain: dilemme ou convergence? (conférence inaugurale), 9-86.
Chen Weizuo: La nouvelle codification du droit international privé chinois, 87-234.
Kohler, Ch.: L'autonomie de la volonté en droit international privé: un principe universel entre libéralisme et étatisme, 285-478.
(ISBN 978-90-04-25541-8)

Tome/Volume 360 (2012)

Basedow, J.: The Law of Open Societies — Private Ordering and Public Regulation of International Relations. General Course on Private International Law, 9-516. (ISBN 978-90-04-25550-0)

Tome/Volume 361 (2012)

Pinto, M. C. W.: The Common Heritage of Mankind: Then and Now, 9-130.
Kreindler, R.: Competence-Competence in the Face of Illegality in Contracts and Arbitration Agreements, 131-482. (ISBN 978-90-04-25552-4)

Tome/Volume 362 (2012)

Arsanjani, M. H.: The United Nations and International Law-Making (Opening Lecture), 9-40.
Alland, D.: L'interprétation du droit international public, 41-394.
(ISBN 978-90-04-25554-8)

Tome/Volume 363 (2012)

Sur, S.: La créativité du droit international. Cours général de droit international public, 9-332.
Turp, D.: La contribution du droit international au maintien de la diversité culturelle, 333-454. (ISBN 978-90-04-25556-2)

Tome/Volume 364 (2012)

Gaja, G.: The Protection of General Interests in the International Community. General Course on Public International Law (2011), 9-186.
Glenn, H. P.: La conciliation des lois. Cours général de droit international privé (2011), 187-470. (ISBN 978-90-04-25557-9)

Tome/Volume 365 (2013)

Crawford, J.: Chance, Order, Change: The Course of International Law. General Course on Public International Law, 9-390.

(ISBN 978-90-04-25560-9)

Tome/Volume 366 (2013)

Hayton, D.: "Trusts" in Private International Law, 9-98.
Hobér, K.: Res Judicata and Lis Pendens in International Arbitration, 99-406.

(ISBN 978-90-04-26395-6)

Tome/Volume 367 (2013)

Kolb, R.: L'article 103 de la Charte des Nations Unies, 9-252.
Nascimbene, B.: Le droit de la nationalité et le droit des organisations d'intégration régionales. Vers de nouveaux statuts de résidents?, 253-454.

(ISBN 978-90-04-26793-0)

Tome/Volume 368 (2013)

Caflisch, L: Frontières nationales, limites et délimitations. — Quelle importance aujourd'hui? (conférence inaugurale), 9-46.
Benvenisti, E.: The International Law of Global Governance, 47-280.
Park, K. G.: La protection des personnes en cas de catastrophes, 281-456.

(ISBN 978-90-04-26795-4)

Tome/Volume 369 (2013)

Kronke, H.: Transnational Commercial Law and Conflict of Laws: Institutional Co-operation and Substantive Complementarity (Opening Lecture), 9-42.
Ortiz Ahlf, L.: The Human Rights of Undocumented Migrants, 43-160.
Kono, T.: Efficiency in Private International Law, 161-360.
Yusuf, A. A.: Pan-Africanism and International Law, 361-512.

(ISBN 978-90-04-26797-8)

Tome/Volume 370 (2013)

Dominicé, Ch.: La société internationale à la recherche de son équilibre. Cours général de droit international public, 9-392.

(ISBN 978-90-04-26799-2)

Tome/Volume 371 (2014)

Lagarde, P.: La méthode de la reconnaissance est-elle l'avenir du droit international privé?, 9-42.
Charlesworth, H.: Democracy and International Law, 43-152.
de Vareilles-Sommières, P.: L'exception d'ordre public et la régularité substantielle internationale de la loi étrangère, 153-272.
Yanagihara, M.: Significance of the History of the Law of Nations in Europe and East Asia, 273-435.

(ISBN 978-90-04-28936-9)

Tome/Volume 372 (2014)

Bucher, A. : La compétence universelle civile, 9-128.
Cordero-Moss, G. : Limitations on Party Autonomy in International Commercial Arbitration, 129-326.
Sinjela, M. : Intellectual Property : Cross-Border Recognition of Rights and National Development, 327-394.
Dolzer, R. : International Co-operation in Energy Affairs, 395-504.
(ISBN 978-90-04-28937-6)

Tome/Volume 373 (2014)

Cachard, O. : Le transport international aérien de passagers, 9-216.
Audit, M. : Bioéthique et droit international privé, 217-447.
(ISBN 978-90-04-28938-3)

Tome/Volume 374 (2014)

Struycken, A. V. M. : Arbitration and State Contract, 9-52.
Corten, O., La rébellion et le droit international : le principe de neutralité en tension, 53-312.
Parra, A. : The Convention and Centre for Settlement of Investment Disputes, 313-410.
(ISBN 978-90-04-29764-7)

Tome/Volume 375 (2014)

Jayme, E. : Narrative Norms in Private International Law – The Example of Art Law, 9-52.
De Boer, Th. M. : Choice of Law in Arbitration Proceedings, 53-88.
Frigo, M. : Circulation des biens culturels, détermination de la loi applicable et méthodes de règlement des litiges, 89-474.
(ISBN 978-90-04-29766-1)

Tome/Volume 376 (2014)

Cançado Trindade, A. A. : The Contribution of Latin American Legal Doctrine to the Progressive Development of International Law, 9-92.
Gray, C. : The Limits of Force, 93-198.
Najurieta, M. S. : L'adoption internationale des mineurs et les droits de l'enfant, 199-494.
(ISBN 978-90-04-29768-5)

Tome/Volume 377 (2015)

Kassir, W. J. : Le renvoi en droit international privé – technique de dialogue entre les cultures juridiques, 9-120.
Noodt Taquela, M. B. : Applying the Most Favourable Treaty or Domestic Rules to Facilitate Private International Law Co-operation, 121-318.
Tuzmukhamedov, B. : Legal Dimensions of Arms Control Agreements, An Introductory Overview, 319-468.
(ISBN 978-90-04-29770-8)

Tome/Volume 378 (2015)

Iwasawa, Y. : Domestic Application of International Law, 9-262.
Carrascosa Gonzalez, J. : The Internet – Privacy and Rights relating to Personality, 263-486.
(ISBN 978-90-04-32125-0)

Tome/Volume 379 (2015)

Lowe, V.: The Limits of the Law.
Boele-Woelki, K.: Party Autonomy in Litigation and Arbitration in View of The Hague Principles on Choice of Law in International Commercial Contracts.
Fresnedo de Aguirre, C.: Public Policy: Common Principles in the American States.
Ben Achour, R.: Changements anticonstitutionnels de gouvernement et droit international.

(ISBN 978-90-04-32127-4)

Tome/Volume 380 (2015)

Van Loon, J. H. A.: The Global Horizon of Private International Law.
Pougoué, P.-G.: L'arbitrage dans l'espace OHADA.
Kruger, T.: The Quest for Legal Certainty in International Civil Cases.

(ISBN 978-90-04-32131-1)

Tome/Volume 381 (2015)

Jayme, E.: Les langues et le droit international privé, 11-39.
Bermann, G.: Arbitrage and Private International Law. General Course on Private International Law (2015), 41-484.

(ISBN 978-90-04-33828-9)

Tome/Volume 382 (2015)

Cooper, D., and C. Kuner: Data Protection Law and International Dispute Resolution, 9-174.
Jia, B. B.: International Case Law in the Development of International Law, 175-397.

(ISBN 978-90-04-33830-2)

Tome/Volume 383 (2016)

Bennouna, M.: Le droit international entre la lettre et l'esprit, 9-231.
Iovane, M.: L'influence de la multiplication des juridictions internationales sur l'application du droit international, 233-446.

(ISBN 978-90-04-34648-2)

Tome/Volume 384 (2016)

Symeonides, S. C.: Private International Law Idealism, Pragmatism, Eclecticism, 9-385. (ISBN 978-90-04-35131-8)

Tome/Volume 385 (2016)

Berman, Sir F.: Why Do we Need a Law of Treaties?, 9-31.
Marrella, F.: Protection internationale des droits de l'homme et activités des sociétés transnationales, 33-435.(ISBN 978-90-04-35132-5)

Tome/Volume 386 (2016)

Murphy, S. D.: International Law relating to Islands, 9-266.
Cataldi, G.: La mise en œuvre des décisions des tribunaux internationaux dans l'ordre interne, 267-428.

(ISBN 978-90-04-35133-2)

Tome/Volume 387 (2016)

Lequette, Y.: Les mutations du droit international privé: vers un changement de paradigme?, 9-644. (ISBN 978-90-04-36118-8)

Tome/Volume 388 (2016)

Bonell, M. J.: The Law Governing International Commercial Contracts: Hard Law versus Soft Law, 9-48.
Hess, B.: The Private-Public Divide in International Dispute Resolution, 49-266.
(ISBN 978-90-04-36120-1)

Tome/Volume 389 (2017)

Muir Watt, H.: Discours sur les méthodes du droit international privé (des formes juridiques de l'inter-altérité). Cours général de droit international privé, 9-410. (ISBN 978-90-04-36122-5)

Tome/Volume 390 (2017)

Rau, A. S.: The Allocation of Power between Arbitral Tribunals and State Courts, 9-396.
(ISBN 978-90-04-36475-2)

Tome/Volume 391 (2017)

Cançado Trindade, A. A.: Les tribunaux internationaux et leur mission commune de réalisation de la justice : développements, état actuel et perspectives, Conférence spéciale (2017), 9-101.
Mariño Menéndez, F. M. : The Prohibition of Torture in Public International Law, 103-185.
Swinarski, C.: Effets pour l'individu des régimes de protection de droit international, 187-369.
Cot, J.-P.: L'éthique du procès international (leçon inaugurale), 371-384.
(ISBN 978-90-04-37781-3)

Tome/Volume 392 (2017)

Novak, F.: The System of Reparations in the Jurisprudence of the Inter-American Court of Human Rights, 9-203.
Nolte, G.: Treaties and their Practice – Symptoms of their Rise or Decline, 205-397. (ISBN 978-90-04-39273-1)

Tome/Volume 393 (2017)

Tiburcio, C.: The Current Practice of International Co-Operation in Civil Matters, 9-310.
Ruiz De Santiago, J.: Aspects juridiques des mouvements forcés de personnes, 311-468. (ISBN 978-90-04-39274-8)

Tome/Volume 394 (2017)

Kostin, A. A.: International Commercial Arbitration, with Special Focus on Russia, 9-86.
Cuniberti, G.: Le fondement de l'effet des jugements étrangers, 87-283.
(ISBN 978-90-04-39275-5)

Tome/Volume 395 (2018)

Salerno, F. : The Identity and Continuity of Personal Status in Contemporary Private International Law, 9-198.
Chinkin, C. M. : United Nations Accountability for Violations of International Human Rights Law, 199-320. (ISBN 978-90-04-40710-7)

Tome/Volume 396 (2018)

Jacquet, J.-M. : Droit international privé et arbitrage commercial international, 9-36.
Brown Weiss, E. : Establishing Norms in a Kaleidoscopic World. General Course on Public International Law, 37-415. (ISBN 978-90-04-41002-2)

Tome/Volume 397 (2018)

D'Avout, L. : L'entreprise et les conflits internationaux de lois, 9-612.
(ISBN 978-90-04-41221-7)

Tome/Volume 398 (2018)

Treves, T. : The Expansion of International Law, General Course on Public International Law (2015), 9-398. (ISBN 978-90-04-41224-8)

Tome/Volume 399 (2018)

Kanehara, A. : Reassessment of the Acts of the State in the Law of State Responsibility, 9-266.
Buxbaum, H. L. : Public Regulation and Private Enforcement in a Global Economy : Strategies for Managing Conflict, 267-442. (ISBN 978-90-04-41670-3)

Tome/Volume 400 (2018)

Chedly, L. : L'efficacité de l'arbitrage commercial international, 9-624.
(ISBN 978-90-04-42388-6)

Tome/Volume 401 (2019)

Wood, P. : Extraterritorial Enforcement of Regulatory Laws, 9-126.
Nishitani, Yuko : Identité culturelle en droit international privé de la famille, 127-450. (ISBN 978-90-04-42389-3)

Tome/Volume 402 (2019)

Kinsch, P. : Le rôle du politique en droit international privé. Cours général de droit international privé, 9-384.
Dasser, F. : "Soft Law" in International Commercial Arbitration, 385-596.
(ISBN 978-90-04-42392-3)

Tome/Volume 403 (2019)

Daudet, Y. : 1919-2019, le flux du multilatéralisme, 9-48.
Kessedjian, C. : Le tiers impartial et indépendant en droit international, juge, arbitre, médiateur, conciliateur, 49-643.
(ISBN 978-90-04-42468-5)

Tome/Volume 404 (2019)

Rajamani, L. : Innovation and Experimentation in the International Climate Change Regime, 9-234.
Sorel, J.-M. : Quelle normativité pour le droit des relations monétaires et financières internationales ?, 235-403. (ISBN 978-90-04-43142-3)

Tome/Volume 405 (2019)

Paulsson, J. : Issues arising from Findings of Denial of Justice, 9-74.
Brunée, J. : Procedure and Substance in International Environmental Law, 75-240. (ISBN 978-90-04-43300-7)

Tome/Volume 406 (2019)

Bundy, R. : The Practice of International Law, Inaugural Lecture, 9-26.
Gama, L. : Les principes d'UNIDROIT et la loi régissant les contrats de commerce, 27-343. (ISBN 978-90-04-43611-4)

Tome/Volume 407 (2020)

Wouters, J. : Le statut juridique des standards publics et privés dans les relations économiques internationales, 9-122.
Maljean-Dubois, S. : Le droit international de la biodiversité, 123-538.
(ISBN 978-90-04-43643-5)

Tome/Volume 408 (2020)

Cançado Trindade, A. A. : Reflections on the Realization of Justice in the Era of Contemporary International Tribunals, 9-88.
González, C. : Party Autonomy in International Family Law, 89-361.
(ISBN 978-90-04-44504-8)

Tome/Volume 409 (2020)

Shany, Y : The Extraterritorial Application of International Human Rights Law, 9-152.
Besson, S. : La *due diligence* en droit international, 153-398.
(ISBN 978-90-04-44505-5)

Tome/Volume 410 (2020)

Koh, H. H. : American Schools of International Law, 9-93.
Peters, A. : Animals in International Law, 95-544. (ISBN 978-90-04-44897-1)

Tome/Volume 411 (2020)

Cahin, G : Reconstrution et construction de l'Etat en droit international, 9-573.
(ISBN 978-90-04-44898-8)

Tome/Volume 412 (2020)

Momtaz, D : La hiérarchisation de l'ordre juridique international, cours général de droit international public, 9-252.
Grammaticaki-Alexiou, A. : Best Interests of the Child in Private International Law, 253-434. (ISBN 978-90-04-44899-5)

Tome/Volume 413 (2021)

Ferrari, F. : Forum Shopping Despite Unification of Law, 9-290.
(ISBN 978-90-04-46100-0)

Tome/Volume 414 (2021)

Pellet, A. : Le droit international à la lumière de la pratique : l'introuvable théorie de la réalité. Cours général de droit international public, 9-547.
(ISBN 978-90-04-46547-3)

Tome/Volume 415 (2021)

Trooboff, P. D. : Globalization, Personal Jurisdiction and the Internet. Responding to the Challenge of adapting settled Principles and Precedents. General Course of Private International Law, 9-321.
(ISBN 978-90-04-46730-9)

Tome/Volume 416 (2021)

Wolfrum, R : Solidarity and Community Interests: Driving Forces for the Interpretation and Development of International Law. General Course on Public International Law, 9-479.
(ISBN 978-90-04-46827-6)

Tome/Volume 417 (2021)

d'Argent, P. : Les obligations internationales, 9-210.
Schabas, W. A. : Relationships Between International Criminal Law and Other Branches of International Law, 211-392.
(ISBN 978-90-04-47239-6)

Tome/Volume 418 (2021)

Bollée, S. : Les pouvoirs inhérents des arbitres internationaux, 9-224.
Tladi, D. : The Extraterritorial Use of Force against Non-State Actors, 225-360.
(ISBN 978-90-04-50380-9)

Tome/Volume 419 (2021)

Kolb, R. : Le droit international comme corps de « droit privé » et de « droit public ». Cours général de droit international public, 9-668.
(ISBN 978-90-04-50381-6)

Tome/Volume 420 (2021)

Perrakis, S. : La protection internationale au profit des personnes vulnérables en droit international des droits de l'homme, 9-497.
(ISBN 978-90-04-50382-3)

Tome/Volume 421 (2021)

Estrella Faria, J. A. : La protection des biens culturels d'intérêt religieux en droit international public et en droit international privé, 9-333.
(ISBN 978-90-04-50829-3)

Tome/Volume 422 (2021)

Karayanni, M.: The Private International Law of Class Actions: A Functional approach, 9-248.
Mahmoudi, S.: Self-Defence and "Unwilling or Unable" States, 249-399.
(ISBN 978-90-04-50830-9)

Tome/Volume 423 (2022)

Kinnear, M.: The Growth, Challenges and Future Prospects for Investment Dispute Settlement, 9-36.
Weller, M.: "Mutual Trust": A Suitable Foundation for Private International Law in Regional Integration Communities and Beyond?, 37-378.
(ISBN 978-90-04-51411-9)

Tome/Volume 424 (2022)

Asada, M.: International Law of Nuclear Non-proliferation and Disarmament, 9-726.
(ISBN 978-90-04-51769-1)

Tome/Volume 425 (2022)

Metou, B. M.: Le contrôle international des dérogations aux droits de l'homme, 9-294.
Silva Romero, E.: Legal Fictions in the Language of International Arbitration, 295-423.
(ISBN 978-90-04-51770-7)

Tome/Volume 426 (2022)

Kuijper, P. J.: Delegation and International Organizations, 9-240.
McCaffrey, S. C.: The Evolution of the Law of International Watercourses, 241-384.
(ISBN 978-90-04-51771-4)

Tome/Volume 427 (2022)

Kaufmann-Kohler, G.: Indépendance et impartialité du juge et de l'arbitre dans le règlement des différends entre investisseurs et Etats (leçon inaugurale), 9-50.
Boyle, A.: International Lawmaking in an Environmental Context, 51-108.
Weller, M.-P.: La méthode tripartite du droit international privé: désignation, reconnaissance, considération, 109-210.
Mourre, A.: La légitimité de l'arbitrage, 211-288.
(ISBN 978-90-04-52770-6)

LES LIVRES DE POCHE DE L'ACADÉMIE
POCKETBOOKS OF THE ACADEMY

(Par ordre chronologique de parution) (By chronological order of publication)

Gaillard, E.: Aspects philosophiques du droit de l'arbitrage international, 2008, 252 pages. (ISBN 978-90-04-17148-0)

Schrijver, N.: The Evolution of Sustainable Development in International Law: Inception, Meaning and Status, 2008, 276 pages.
(ISBN 978-90-04-17407-8)

Moura Vicente, D.: La propriété intellectuelle en droit international privé, 2009, 516 pages. (ISBN 978-90-04-17907-3)

Decaux, E.: Les formes contemporaines de l'esclavage, 2009, 272 pages.
(ISBN 978-90-04-17908-0)

McLachlan, C.: Lis Pendens in International Litigation, 2009, 492 pages.
(ISBN 978-90-04-17909-7)

Carbone, S. M.: Conflits de lois en droit maritime, 2010, 312 pages.
(ISBN 978-90-04-18688-0)

Boele-Woelki, K.: Unifying and Harmonizing Substantive Law and the Role of Conflict of Laws, 2010, 288 pages. (ISBN 978-90-04-18683-5)

Onuma, Y.: A Transcivilizational Perspective in International Law, 2010, 492 pages.
(ISBN 978-90-04-18689-7)

Bucher, A.: La dimension sociale du droit international privé. Cours général, 2011, 552 pages. (ISBN 978-90-04-20917-6)

Thürer, D.: International Humanitarian Law: Theory, Practice, Context, 2011, 504 pages. (ISBN 978-90-04-17910-3)

Alvarez, J. E.: The Public International Law Regime Governing International Investment, 2011, 504 pages.
(ISBN 978-90-04-18682-8)

Wang, G.: Radiating Impact of WTO on Its Members' Legal System: The Chinese Perspective, 2011, 384 pages.
(ISBN 978-90-04-21854-3)

Bogdan, M.: Private International Law as Component of the Law of the Forum, 2012, 360 pages.
(ISBN 978-90-04-22634-0)

Davey, W. J.: Non-discrimination in the World Trade Organization: The Rules and Exceptions, 2012, 360 pages.
(ISBN 978-90-04-23314-0)

Xue Hanqin: Chinese Contemporary Perspectives on International Law — History, Culture and International Law, 2012, 288 pages. (ISBN 978-90-04-23613-4)

Reisman, W. M.: The Quest for World Order and Human Dignity in the Twenty-first Century: Constitutive Process and Individual Commitment. General Course on Public International Law, 2012, 504 pages. (ISBN 978-90-04-23615-8)

Dugard, J. : The Secession of States and Their Recognition in the Wake of Kosovo, 2013, 312 pages.
(ISBN 978-90-04-25748-1)

Gannagé, L. : Les méthodes du droit international privé à l'épreuve des conflits de cultures, 2013, 372 pages.
(ISBN 978-90-04-25750-4)

Kohler, Ch. : L'autonomie de la volonté en droit international privé : un principe universel entre libéralisme et étatisme, 2013, 288 pages.
(ISBN 978-90-04-25752-8)

Kreindler, R. : Competence-Competence in the Face of Illegality in Contracts and Arbitration Agreements, 2013, 504 pages.
(ISBN 978-90-04-25754-2)

Crawford, J. : Chance, Order, Change : The Course of International Law. General Course on Public International Law, 2014, 540 pages.
(ISBN 978-90-04-26808-1)

Brand, R. A. : Transaction Planning Using Rules on Jurisdiction and the Recognition and Enforcement of Judgments, 2014, 360 pages.
(ISBN 978-90-04-26810-4)

Kolb, R. : L'article 103 de la Charte des Nations Unies, 2014, 416 pages.
(ISBN 978-90-04-27836-3)

Benvenisti, E. : The Law of Global Governance, 2014, 336 pages.
(ISBN 978-90-04-27911-7)

Yusuf, A. A. : Pan-Africanism and International Law, 2014, 288 pages.
(ISBN 978-90-04-28504-0)

Kono, T. : Efficiency in Private International Law, 2014, 216 pages.
(ISBN 978-90-04-28506-4)

Cachard, O. : Le transport international aérien de passagers, 2015, 292 pages.
(ISBN 978-90-04-29773-9)

Corten, O. : La rébellion et le droit international, 2015, 376 pages.
(ISBN 978-90-04-29775-3)

Frigo, M. : Circulation des biens culturels, détermination de la loi applicable et méthodes de règlement des litiges, 2016, 552 pages.
(ISBN 978-90-04-32129-8)

Bermann, G. A. : International Arbitration and Private International Law, 2017, 648 pages.
(ISBN 978-90-04-34825-7)

Bennouna, M. : Le droit international entre la lettre et l'esprit, 2017, 304 pages.
(ISBN 978-90-04-34846-2)

Murphy, S. D. : International Law relating to Islands, 2017, 376 pages.
(ISBN 978-90-04-36153-9)

Hess, B : The Private-Public Divide in International Dispute Resolution, 2018, 328 pages.
(ISBN 978-90-04-38488-0)

Rau, A. : The Allocation of Power between Arbitral Tribunals and State Courts, 2018, 608 pages.
(ISBN 978-90-04-38891-8)

Nolte, G. : Treaties and Their Practice – Symptoms of Their Rise or Decline, 2018, 288 pages.
(ISBN 978-90-04-39456-8)

Muir Watt, H. : Discours sur les méthodes du droit international privé (des formes juridiques de l'inter-altérité, 2019, 608 pages.
(ISBN 978-90-04-39558-9)

Cuniberti, G. : Le fondement de l'effet des jugements étrangers, 2019, 288 pages.
(ISBN 978-90-04-41180-7)

D'Avout, L. : L'entreprise et les conflits internationaux de lois, 2019, 880 pages.
(ISBN 978-90-04-41668-0)

Brown Weiss, E. : Establishing Norms in a Kaleidoscopic World, 2020, 536 pages.
(ISBN 978-90-04-42200-1)

Rajamani, L. : Innovation and Experimentation in the International Climate Change Regime, 2020, 336 pages. (ISBN 978-90-04-44439-3)

Kessedjian, C. : Le tiers impartial et indépendant en droit international, juge, arbitre, médiateur, conciliateur, 2020, 832 pages. (ISBN 978-90-04-44880-3)

Brunnée, J. : Procedure and Substance in International Environmental Law, 2020, 240 pages. (ISBN 978-90-04-44437-9)

Dasser, F. : "Soft Law" in International Commercial Arbitration, 2021, 300 pages.
(ISBN 978-90-04-46289-2)

Maljean-Dubois, S. : Le droit international de la biodiversité, 2021, 590 pages.
(ISBN 978-90-04-46287-8)

Peters, A. : Animals in International Law, 2021, 641 pages.
(ISBN 978-90-04-46624-1)

Besson, S. : La *due diligence* en droit international, 363 pages.
(ISBN 978-90-04-46626-5)

Ferrari, F. : Forum Shopping Despite Unification of Law, 446 pages.
(ISBN 978-90-04-46626-5)

Wolfrum, R. : Solidarity and Community Interests: Driving Forces for the Interpretation and Development of International Law. General Course on Public International Law, 2022, 688 pages. (ISBN 978-90-04-50832-3)

Kolb, R. : Le droit international comme corps de «droit privé» et de «droit public», 2022, 976 pages. (ISBN 978-90-04-51836-0)

Tladi, D. : The Extraterritorial Use of Force against Non-State Actors, 2022, 208 pages.
(ISBN 978-90-04-52147-6)

Schabas, W. A. : Relationships between International Criminal Law and Other Branches of International Law, 2022, 272 pages. (ISBN 978-90-04-52149-0)